중세 서원과 대학,
그리고 전환기 중국 서원의 변모

이 저서는 2022년 대한민국 교육부와 한국연구재단의
지원을 받아 수행된 연구임(NRF-2022S1A5C2A02093518)

중세 서원과 대학,
그리고 전환기 중국 서원의 변모

영남대학교 민족문화연구소 편

책을 펴내며

　영남대학교 민족문화연구소는 지난 2019년 '동아시아 서원 문화와 글로컬리즘'이란 주제로 한국연구재단의 인문사회연구소 지원 사업에 선정되었다. 이와 관련해 6년 동안 우리 연구팀은 동아시아 서원에 관한 심도 있는 연구를 진행하였고, 그 결과물로 『동아시아 서원의 기원과 제의례의 완성』(2021), 『동아시아 서원 아카이브와 지식 네트워크』(2022), 『동아시아 서원의 일반성과 다양성』(2023), 『한국 서원의 로컬리즘』(2023), 『근대 이후 동아시아 서원의 변용과 전개』(2024), 『역주 옥원사실』(2021), 『영남서원자료선집』 I (2024) 등 5편의 연구총서와 2편의 자료총서를 간행하였다. 그 중에서도 『동아시아 서원의 기원과 제의례의 완성』은 학술적 가치를 인정받아 2022년 대한민국학술원 우수학술도서로 선정되었다.

　이번에 간행하는 『중세 서원과 대학, 그리고 전환기 중국 서원의 변모』는 본 연구 과제의 5차 연도 성과물이다. 5차 연도에서는 '동아시아 서원과 서양 대학의 학제간 비교'라는 주제로 연구를 진행하였다. 중세로 접어들면서 동아시아와 서양의 각국은 고급 인재를 양성하기 위한 고등교육기관을 설립하였다. 동아시아 서원과 서양의 중세 대학은 이 무렵 설립된 대표적인 고등교육기관이라 할 수 있다. 이에 본 연구팀은 양 기관의 출현과 전개, 운영체제, 지식 보급 기지로서의 역할, 교육 목표, 대학과 서원을 중심으로 전개된 동·서양의 사상적 조류 등을 종합적으로 비교 연구함으로써, 새로운 학술사적 가치를 확인하는 동시에 한국 서원의 세계적 보편성과 특수성을 제고하였다.

『중세 서원과 대학, 그리고 전환기 중국 서원의 변모』는 크게 2부로 구성하였다. 제1부 '동아시아 서원과 서양 중세 대학 비교'는 5차 연도 연구 결과를 담은 것이다. 모두 9장으로 구성되어 있으며, 서원과 대학의 출현 배경을 비롯해 장서·운영 규정·경제적 기반·구성원 등 양 기관의 지향점과 운영 양상을 비교·검토하였다. 제2부는 '전환기 중국 서원의 변모'이다. 모두 5장으로 구성하였는데, 중세 이후 새로운 사유 체계의 등장과 정치의 변화, 서양 문물의 유입, 현대 교육의 실시라는 시대적 전환기에 대응하는 중국 서원의 제 양상을 규명하였다.

이 책이 출판되기까지 여러 연구자들의 도움이 있었다. 배현숙·정순우·이수환·정병석·이우진·류준형·황혜진·이병훈 선생님은 본 연구사업의 공동연구원으로서 연구 방향과 주제 설정에 조언을 아끼지 않았다. 이번 연차에서도 송호영·배다빈 선생님은 중국·대만 서원 연구자와의 소통 및 연구물 번역에 힘써 주었다. 김순한·이광우·채광수·박소희 네 분의 연구교수는 본 연구 사업의 성과물이 나오기까지 여러 업무를 전담하였다. 바쁘신 와중에도 본 사업의 연구와 저술을 맡아주신 중국의 등홍파(鄧洪波)·장효신(張曉新)·유하연(劉河燕)·조위(趙偉) 선생님, 대만의 오진안(吳進安)·임엽연(林葉連) 선생님과 한국의 김국진 선생님께도 감사의 인사를 드린다. 마지막으로 어려운 여건 속에서도 책자 편집과 간행에 노고를 아끼지 않으신 신학태 온샘 사장님께도 감사드린다.

2025년 5월
연구책임자 조 명 근

차례

책을 펴내며

제1부 동아시아 서원과 서양 중세 대학 비교

조선조 서원과 중세 대학의 출현 과정과 그 이념적 토대 ■ 정순우 ············ 3
  Ⅰ. 머리말 ·· 3
  Ⅱ. 초기 서원과 중세 대학의 이념적 기저 ·· 4
  Ⅲ. '지혜'의 길과 '성성'(成聖)의 길 ·· 10
  Ⅳ. 초기 대학과 서원의 신분 문제 ·· 14
  Ⅴ. 결어 ·· 18

중세 대학과 한국 서원 형성기의 교육자들-비교사적 시론- ■ 이우진 ····· 21
  Ⅰ. 머리말 ·· 21
  Ⅱ. 중세 대학의 형성 배경 ·· 23
  Ⅲ. 중세 대학 형성기의 주요 교육자들 ·· 29
  Ⅳ. 한국 서원의 형성 배경 ·· 46
  Ⅴ. 한국 서원 형성기의 교육자들 ·· 53
  Ⅵ. 맺음말 ·· 65

서원과 대학 초창기 장서(藏書) 관리와 서적 제작 ■ 배현숙 ····················· 71
  Ⅰ. 서언 ·· 71
  Ⅱ. 서원과 대학 문고의 성립과 장서 관리 ·· 72
  Ⅲ. 서원(書院)과 대학(大學)의 서적(書籍) 제작(製作) ·································· 92
  Ⅳ. 결언(結言) ·· 102

송대 서원과 유럽 중세 대학의 교육 방식 및 평가 비교 ■ 유하연(劉河燕) ··· 107
  Ⅰ. 송대 서원의 교육 방식, 방법 및 평가 ·· 107
  Ⅱ. 유럽 중세 대학의 교육 방식, 방법 및 시험평가 ································ 130
  Ⅲ. 비교와 분석 ·· 144

전근대 중국(1733-1840) 성급(省級) 대형 서원의 번영·곤경과 변화:
서양의 대학교와 비교를 중심으로 ■ 조위(趙偉) ················· 157
  Ⅰ. 들어가는 말 ················· 157
  Ⅱ. 청대(淸代) 성도(省會) 서원의 건설 ················· 158
  Ⅲ. 성도 서원의 제도 설계 및 고충 ················· 165
  Ⅳ. 고경정사(詁經精舍)·학해당(學海堂)의 새로운 변화 ················· 176
  Ⅴ. 결론 ················· 182

중세 이탈리아 대학과 조선시대 서원 비교 연구
  -아레초대학 규정과 이산서원 원규를 중심으로- ■ 김국진 ················· 187
  Ⅰ. 머리말 ················· 187
  Ⅱ. 아레초대학과 이산서원 ················· 194
  Ⅲ. 아레초대학 규정과 이산서원 원규 비교 ················· 199
  Ⅳ. 맺음말 ················· 204

한국 서원의 원생과 서양 중세 대학 학생의 성격 비교
  -원생과 학생의 특권을 중심으로- ■ 이광우 ················· 211
  Ⅰ. 머리말 ················· 211
  Ⅱ. 서양 중세 대학 학생의 자치와 특권 ················· 213
  Ⅲ. 한국 서원 원생의 자격과 특권 ················· 221
  Ⅳ. 맺음말 ················· 230

중세 유럽 대학의 운영과 조선 후기 서원의 경제 운영
  -이탈리아 볼로냐대학과 상주 옥동서원을 중심으로- ■ 김순한 ················· 233
  Ⅰ. 머리말 ················· 233
  Ⅱ. 볼로냐(Bologna) 대학의 건립과 운영 변화 ················· 236
  Ⅲ. 상주 옥동서원의 재정 운영과 변화 ················· 243
  Ⅳ. 맺음말 ················· 276

차례

서원과 대학의 규정 비교 연구
 −소수서원과 파리대학을 중심으로− ■ 채광수 ································· 279
  Ⅰ. 서문 ··· 279
  Ⅱ. 소수서원과 파리대학 설립 ··· 281
  Ⅲ. 소수서원 원규(院規)와 파리대학의 학제(學制) ···························· 293
  Ⅳ. 맺음말 ··· 302

제2부 전환기 중국 서원의 변모상

송대(宋代) 서원 부흥의 원인 및 관방(官方)과의 상호 협력 관계에 대한 연구
 ■ 임엽연(林葉連) ··· 307
  Ⅰ. 들어가는 말 ··· 307
  Ⅱ. 송대 서원 부흥의 원인 ··· 308
  Ⅲ. 송대 서원의 관방과의 상호 협력 관계 ·· 319
  Ⅳ. 결론 ··· 367

서양 교회의 중국서원 ■ 등홍파 ··· 377
  Ⅰ. 중국 교회서원 개황 ··· 377
  Ⅱ. 서양 교회서원의 발전 과정과 단계적 특징 ································· 385
  Ⅲ. 서양 교회서원의 중국에 대한 영향 ··· 393

이념과 실천의 변혁:
 청말 서원 장서의 전환과 근대 도서관 ■ 장효신(張曉新)·등홍파(鄧洪波) ·· 397
  Ⅰ. 이념의 전환: 청말 서원 장서기(藏書記)의 내용 변화 ················· 398
  Ⅱ. 실천의 발전: 청말 서원 장서 목록의 속성 변화 ························· 415
  Ⅲ. 근대 도서관에 대한 청말 서원 장서 근대화의 영향 ··················· 428

차 례

현대신유가(現代新儒家)와 서원의 현대적 전승(傳承) ■ 정병석 ·············· 439
  I. 머리말 ··· 439
  II. 현대신유가의 특성과 계보 ··· 441
  III. 마일부의 복성서원과 육예(六藝) ··· 445
  IV. 양수명의 면인서원과 웅십력의 강학(講學) ···································· 449
  V. 장군매의 민족문화서원과 동서(東西)의 융합 ································· 453
  VI. 맺음말 ··· 457

대만 서원 정신의 실천:
봉원서원(奉元書院)을 중심으로 ■ 오진안(吳進安) ································ 461
  I. 서문 ··· 461
  II. 대만 서원의 발전 회고 ··· 466
  III. 봉원서원의 설립 연원과 목표 ·· 470
  IV. 봉원서원의 현대적 의의 ·· 476
  V. 결론 ·· 481
  VI. 부록 ··· 482

제1부

동아시아 서원과 서양 중세 대학 비교

조선조 서원과 중세 대학의 출현 과정과 그 이념적 토대

정 순 우

I. 머리말

서원과 대학은 서로 이질적인 문화권에서 출현하였다. 유교 문화로부터 발아한 서원은 기독교 문화의 소산인 대학과는 많은 부분에서 그 성격이 이질적이다. 18세기, 서양의 학제가 조선에 소개되자 많은 성리학자들이 서양의 교육제도에 대해 맹렬하게 비판하였다. 이것은 두 문화의 이질성에 대한 당혹감의 표현이라고 할 수 있다. 두 서로 다른 문화가 지닌 지식체계의 형식, 내용, 교육의 목표 등에서의 차이는 쉽게 융합할 수 없는 간극으로 받아졌으리라 본다.

그러나 이제 우리 문화는 서구의 대학체제와 지향점에 대해서는 비교적 익숙하지만, 오히려 조선조의 서원문화에 대해서는 매우 생소한 것이 현실이다. 오늘 우리의 고등교육 체제는 서구의 대학시스템을 거의 전적으로 수용하였고, 그 내용과 형식에서 조선조의 전통적인 이념이나 교육시스템은 사실상 방기하였던 것이다. 이에 본고에서는 왜 이러한 현상이 나타나게 되었는지 그 원초적 단서를 서원과 대학의 출현과정을 통해서 살펴보고자 한다. 우리는 그 과정에서 서원의 이념적 기저가 되는 성리학과 초기 대학의 뿌리인 토미즘과는 상호 매우 강한 친연성이 있었다는 사실과 함께, 사회경제적인 차원에서는 커다란 이질성이 자리하고 있었음을 확인할 수 있을 것이다.

II. 초기 서원과 중세 대학의 이념적 기저

퇴계는 그가 제정한 이산서원 원규(院規)를 통하여 조선조 서원의 나아갈 방향을 제시하였다. 그는 서원을 통해 이 땅에 성리학적 질서를 구축하고자 염원하였다. 그가 원규에서 가장 먼저 강조한 것은 유생을 '난도혹지(亂道惑志)' 시키는 이단들의 학설이 서원의 담장을 넘어오지 못하게 한 것이다. 퇴계가 지적한 '사탄 요망한 학문(詐誕妖異)'에는 노불과 양명은 물론 소설 패관문이 망라된다. 그의 이러한 엄정한 도통론에 근거해 볼 때, 서학에 대한 평가도 비판적이었으리라 짐작할 수 있다.

그러나 우리는 퇴계 사후 2세기를 지나 서학의 유입이 본격화될 때, 그의 문도들이 척서파와 신서파로 나뉘어 날카롭게 대립하였음을 주목할 필요가 있다. 성호의 제자인 하빈 신후담은 서학을 허학(虛學)으로 규정하고, 서양의 교육제도를 교위(巧僞)한 제도라고 평가절하한다. 반면 신서파인 이벽, 권일신, 정약종 등은 보유론(補儒論)에 근거한 서학의 상제(上帝)관에 깊이 경도되어 그들의 육신을 신의 제단에 바친다. 조선은 서양의 선교사들에 의해서가 아니라, 서원에서 교육받은 지식인들이 스스로의 학습을 통해 자생적으로 서양종교를 받아들인 매우 희귀한 문화권이다.

오늘날 다수의 학자들도 신서파의 상제론은 퇴계의 상제관에서부터 그 연원을 찾고자 한다. 요컨대 퇴계의 상제관에서는 이학적 해석에 근거한 이법천(理法天)적인 요소뿐만 아니라, 원시유가에서 나타나는 종교적이고 신앙적인 형식의 인격천(人格天)의 모습도 함께 갖고 있음을 주장한다. 이런 점에서 우리는 서원의 모태인 성리학적 세계관과 중세 대학의 이념적 기저로 작용하였던 스콜라 철학과 그 적자인 토미즘의 상관성에 대해 주목할 필요가 있다.

특히 주자학과 토미즘의 유사성에 대해서는 이미 오래전부터 학계의 상당한 관심사였다. 13세기 중세 대학은 아리스토텔레스 철학을 새롭게 해석, 수용하였고, 당시 대학의 활발한 토론 문화는 토마스 아퀴나스 특유의 '존재의 '형이상학'을 배태하는 원동력이 되었다. 13세기 중세 대학의 설립은 그리스도 신학이 지배하던 당시의 지성계에 아리스토텔레스 철학이 새롭게 수용되기 시작하면서 촉발되었다. 아리스토텔레스 사상체계의 수용은 신학, 의학, 법학의 상위학문과 이를 보조하기 위한 예비학문으로서의 7 자유학과로 축소되어 있던 학문 세계에 대하여 고대 철학에서 연구되었던 전 연구 분야를 제공함으로써 새로운 관찰과 이론이 태동 될 계기를 제공하였다는 점이다.[1] 또한 그의 철학체계의 수용은 신앙과 이성, 철학과 신학의 변증법적 종합을 꿈꾸는 사상적 기반을 제공하였다. 도미니크 수도회의 수사이자 교수였던 토미스 아퀴나스의 철학은 이러한 파리대학의 지적 풍토에서 발아되었다.

주자학이나 토미즘은 공히 경험적인 인식의 단계를 중시한다는 공통점을 안고 있다. 유학에서 공부론의 핵심은 현실의 나(我)와 우주적 대아(大我)로서의 '성인'과의 간극을 어떻게 메울 것인가 하는 실존적인 고민에 있다. 그 가장 견고하고 착실한 공부가 격물치지(格物致知)의 도문학(道問學) 과정이다. 격물치지의 사전적 의미는 사물이나 현상에 내재하고 있는 이치를 탐구하여 나의 지식을 완전히 이룬다는 것이다.[2] 주희는《대학장구》에서 이 부분을 좀 더 소상히 설명하여 '격물(格物)'은 사물에 이르러 그 이치를 궁구하는 것이고, '치지(致知)'는 이미 내가 가지고 있던 지식을 더욱 끝까지 미루어 궁리하는 것으로 설명한다. 그에 의하면 사물의 이치를 하나하나 철저하게 궁구하여 그 극처에 도달하게 되면 궁극적으로 인식 주체의 지식이 천하의 모든 사물의 이치(事物之理)에 활연관통(豁然貫通)하게 되어 본래 가지고 있었던 마음의 지혜(心知)를 밝힐 수 있다는 것이다.[3]

---

1) 박승찬(2001),「아리스토텔레스 철학의 수용과 스콜라 철학의 발전」,『카톨릭 철학』 3.
2)『大學章句』"致知在格物": "致 推極也 知 猶識也 推極吾之知識 欲其所知 無不盡也 格 至也 物 猶事也 窮至事物之理 欲其極處 無不到也
3) 상동, "所謂致知在格物者 言欲致吾之知 在卽物而窮其理也 蓋人心之靈 莫不有知 而 天下之物 莫不有理 惟於理有未窮 故其知有不盡也 是以 大學始敎 必使學者 卽凡天下之物 莫不因其已知之理 而益窮之 以求至乎其極 至於用力之久 而一旦 豁然貫通焉

여기에서 주자가 말하고 있는 격(格)의 의미는 크게 세가지 층위로 점진적으로 발전하고 있음을 볼 수 있다. 주자가 격물(格物)에서의 '격'을 '이르다(至)'라고 풀이한 것은 단순히 우리의 인식작용이 외부 사물에 '이르다(至)'라는 것에 그치는 것이 아니라, 외부 사물의 이치를 궁구하고(窮), 마침내는 그 사물의 존재 이유와 본질까지도 완전하게 이해하여 활연관통의 상태에 이르도록 한다는 의미이다. 일상에서 만나는 일에 관해 하나하나 그것이 나타난 원인으로서의 소이연(所以然)과, 사물의 마땅한 원리로서의 소당연(所當然)을 탐구해 가면 어느 순간 이 우주의 참다운 의미가 이해되는 순간이 온다는 것이다. 이렇게 격물의 진정한 의미는 구체적인 일상의 세계를 떠나서는 결코 도를 체인할 수 없다는 것에 있다.[4]

그런 맥락에서 유학의 격물론은 외부사물에 대한 단순한 인식론적 관심에 한정되는 것이 아니다. 유학의 격물론은 공부론의 관점을 아우르고 있다. 그런 점에서 주자학은 토미즘처럼 실재론적 주지주의로 끝나는 것이 아니라, 스스로 성인이 되고자 하는 의지를 지니고 있음을 주목할 필요가 있다. 그것은 이미 주자가 격물에서의 '물(物)'을 단순히 외부 사물이 아닌, 인간의 구체적인 행위와 활동을 포괄하는 '사(事)'의 의미까지 확대하여 설명할 때 예견된 바다. 주자학에서 공부의 대상으로서의 '물(物)'이란 단순히 객관적인 외부 사물만을 대상으로 한 것이 아니라, 인간 삶의 기본적인 질서와 규범까지도 아우르는 매우 포괄적인 개념이다. 따라서 유학의 격물치지는 객관적인 지식을 구하는 방법인 동시에 수양의 방법이라는 주장은 정당한 것이다.[5] 격물치지를 수양론적 관점에서 이해하지 않고, 오로지 서양철학에서의 인식론적 관점이나 과학적 추론과 같은 맥락에서만 설명하는 것은 격물의 뜻을 곡해하는 것이다.[6] 이 말은 유학의 격물론은 외부 사물에 대한 객관적인 인

則衆物之表裏精粗無不到 而吾心之全體大用 無不明矣 此謂物格 此謂知之至也"
4) 정순우(2007), 『공부의 발견』, 현암사, 41~44쪽.
5) 方立天(1998), 『중국철학과 지행의 문제』, 예문서원.
6) 馮友蘭(1961), 『中國哲學史(下)』, 北京, 中華書局.

식에 한정되는 것이 아니라, 자기 자신의 내적 변화를 수반하는 행위라는 것을 의미한다.

그런데 마음이 외부세계와 접하게 되면 이는 이미 마음이 활동성을 지니고 있는 것을 의미한다. 즉 마음이 이미 본체의 상태를 벗어나 외물과 관계를 지니는 이발(已發)의 상태가 됨을 뜻한다. 마음이 외부세계와 관계를 맺으면서 기뻐하고 분노하고, 혹은 사랑하고 혹은 미워하면서 자칫 마음의 균형상태를 잃어버리고 외물에 대한 참다운 인식에 장애를 가져 올 수 있다. 따라서 사람들은 그의 마음이 언제나 본래적이고 선천적으로 주어진 마음의 리(理)에 의해 통제되어야 한다. 이를 위해서 우선적으로 가장 요구되는 것이 궁리(窮理)의 공부가 선행해야 한다. 궁리의 공부 이후에는 자신의 다양한 행위가 과연 리(理)에 부합하는지를 부단히 살피는 성찰(省察)의 공부가 필요한 것이다.

따라서 유학에서 공부의 초점은 언제나 마음으로 모아진다. 생성 소멸하고 부단히 변화하는 이 세계 속에서 어떻게 하면 마음의 고요한 본체를 회복하는가 하는 점이 그들의 가장 큰 관심사의 하나이다. 성리학에서 말하는 마음은 이기(理氣)의 결합물로서 바깥세상과 부단한 관련을 맺으면서 서로 교호하고 감응하는 가운데 끊임없는 변화를 되풀이 한다. 그런데 이들은 마음이 이미 바깥 외물(外物)과 접한 때의 상태의 이발(已發) 보다는, 아직 마음이 외물과 접촉하지 아니한 미발(未發)의 상태를 더욱 본질적인 것으로 생각한다. 물론 미발시의 공부뿐만 아니라 이발시의 공부도 중요시하고, 동과 정 어느 순간에도 천리를 맞게 행동할 것을 요구한다. 그러나 마음공부의 최종목적은 개인의 사욕과 사정(私情)이 개입된 인심(人心)의 세계로부터 하늘로부터 품부된 온전한 본성을 회복한 도심(道心)의 세계로 옮겨 가는 것이다. 사욕을 걷어 내고 마음속에 내재한 도덕적 본체, 즉 리(理)를 찾고자 하는 부단한 노력은 곧 마음의 본성을 회복하는 것에 다름 아니다. 이에 아이반호(Philip Ivanhoe)는 성리학의 마음공부란 본래적으로 있는 인간의 자연성을 '정화' 혹은 '회복'해 간다는 의미에서 이를 '회복의 모델'(recovery model)이라고 칭한다.[7) 서원이란 이런 순수 무잡한 리를 체인하는 공간이다.

이제 토미즘에서의 이성의 역할을 보자. 토미즘에서는 신으로부터 솟아나는 '은총의 빛'과 인간 본성으로부터 출현하는 '이성의 빛'을 구분하나, 인간 이성의 힘으로 신성을 깨우칠 수 있다고 본다. 그런 점에서 주자학이나 토미즘은 다 인간중심주의, 즉 휴머니즘의 철학으로 이해될 수 있다.[8] 물론 그가 철학은 신학에 종속되어야 한다고 믿었다는 점에서는 정통 신학자의 모습을 지니고 있으나, 계시와 이성의 조화를 꿈꾼다는 점에서 새로운 대학 문화를 견인할 수 있었던 것이다.

김형효에 따르면, 토미즘의 존재(esse)의 개념은 주자학의 리(理)또는 성리(性理)의 개념과 치환할 수 있다.[9] 이때 리가 통체(統體)로서의 리, 즉 만수지리(萬殊之理)로서의 태극과 각각의 사물들 속에 담겨 있는 분수지리(分殊之理)로서의 이치로 나뉘어지고, 그 리를 공부하는 곳이 곧 서원인 것이다. 토미즘에서도 이와 같은 동향 개념이 작동한다. 즉 토미즘에서의 '존재'는 본연지리(本然之理), '존재자'는 기질지성이나 유행지리(流行之理)로 자리매김할 수 있다. 이때 존재 자체로서의 신은 '존재하는 원리'이자 '존재케 하는 현행'의 리와 같다. 이때 흥미로운 사실은, 토마스에 따르면 존재와 본질이 법적으로는 분리되어 논의될 수 있으나, 사실적으로는 서로 분리될 수 없는 공동의 원리라고 하였다는 것이다.[10] 이 말은 주자학에서 리상간(理上看)에서는 리와 기의 상호 분리가 가능하나, 사상간(事上看)에서는 상호분리 할 수 없다는 주장과 맥을 같이한다.

그러나 퇴계의 리(理)를 토미즘에서 말하는 '모범적 원인(causa exemplaris)'의 개념으로 이해하는 것에는 선뜻 동의하기 어렵다. 즉 퇴계는 태극의 리

---

7) 그는 덕성을 가꾸어 가는 패턴이 크게 내재된 본래적인 선의지를 회복해 가는 '회복형'(recovery model)과 일상과 사회적 삶 속에서 도덕성을 '형성'시켜 나가는 '발전형'(development model)으로 대비된다고 보았다(Philip Ivanhoe(1993), Confucian Moral Self Cultivation, Peter Lang).
8) 김형효(2004), 『철학적 사유와 진리에 대하여』, 청계, 89쪽.
9) 김형효(2004), 상게서, 110쪽.
10) 김형효(2004), 상게서, 111쪽.

(理)를 상제의 권능과 같은 개념으로 이해하고, 리를 일종의 모범적 원인으로 파악하였다는 것이다. 말하자면 이황의 성리학이란 태극의 정태적 리를 인정하면서도, 동태적 현행(現行)[11]의 의미를 발양시키는 주자학이라는 것이다. 이에 퇴계의 신학은 '자연신학'으로 명명된다.[12]

퇴계가 서원 교육에서 찾고자 하였던 리가 과연 토미즘에서 말하는 '모범적 원인(causa exemplaris)'으로서의 리였을까? 유자들이 도달하고자 하는 '성인'의 경계가 과연 완전한 존재로서의 신이었을까? '세계내'의 도덕철학을 성립하고자 하는 유학의 교리 속에서 인간은 과연 완전한 신적 존재로서 자유를 회복할 수 있을까? 레비나스에 따르면, 모든 보편철학은 기본적으로 '성스러움'을 추구하고 있다. 유학이나 불교, 혹은 기독교를 막론하고 저들이 지향하는 세계는 인간의 한계를 초월할 '성스러움'의 영역이다. 바람직한 사제관계란 이런 인간의 '성스러움'을 서로 확인하고, 주고 넘겨 받는 관계라 할 수 있다.

그런데 레비나스는 여기에서 신성함(le sacré)과 성스러움(sainteté)의 의미를 분리시킨다. 성스러움은 '세계로부터 빠져나옴'이라는 초월성을 근간으로 하고, 신성함은 '세계에 빠져 듬'이란 세속성을 내부에 간직한 것이다. 주자학에서 말하는 '성(性)' 즉 우리의 본성의 내용은 초월적 리, 즉 내면의 영성 보다는 당연지리(當然之理), 즉 당위적 사회적 규범에 가까운 것으로 보고 있다. 따라서 '성즉리'는 우리의 본성에 부합한다는 명목으로 사회질서를 신성화하는 이데올로기적 명제로 작용한다는 것이다.[13] 가장 바람직한 서원상은 백록동규에 잘 적시되어 있듯이, '명륜(明倫)'이라는 유학적 이상을 잘 전해주고 넘겨받는 관계인 것이다. 즉 서원이란 세계내의 존재로서 살아가야 하는 인간들의 궁리처인 것이다.

---

11) 현행(actus)이란 개념은 모든 행동들의 다양성에 대해 하나의 완전한 통일된 형상을 취하고 있다는 의미이다.
12) 김형효(2004), 상게서, 113~128쪽.
13) 이종영(2016), 『마음과 세계』, 울력, 262쪽.

III. '지혜'의 길과 '성성'(成聖)의 길

16세기 조선의 서원은 그 도덕적 지향성이나 구도적 성향만을 두고 볼 때에는 4세기 후반부터 나타난 수도원 체제와 상당 부분 닮은 점이 있다. 물론 수도자가 하나님의 영성을 추구하는 사도적 삶(Vita Apostolica)을 추구한다는 점에서는 초월적 신성을 거부하는 서원과 엄격히 구분된다. 그러나 일상생활에서 금욕과 경건을 중시하는 것이나, 실용적인 학문을 낮게 평가하는 태도에서는 일치된 모습을 보인다. 우리는 7세기 후반에 작성되어 이후 모든 수도원 규칙의 전범이 된 성 베네딕트의 수도원 규칙과 퇴계의 이산서원 원규가 많은 규정을 함께 공유하고 있음을 쉽게 찾을 수 있다. 즉 양자는 수행과정에서 원생들이 감당해야 할 절제와 금욕, 그리고 경건함을 추구했다는 점에서는 종교적 지향성을 공유한다.

그러나 사막교부들을 포함한 수도사들이 합리성에 근거한 지식을 평가절하하고, 근원적 지혜만을 중시했다는 점에서는 서원의 원생들과는 구별된다. 중세의 신비주의자 십자가의 성 요한(John of the cross)은 "모든 것을 아는 데 이르려고 한다면 아무것도 알려고 하지 말아라."[14]라고 세속적 지식을 경계하였다. 따라서 수도원 중심세력은 대학교육 자체를 반대하였다. 1139년 파리를 방문한 베르나르(Bernard of Clairvaux)는 도시에서의 야심과 세속적인 것, 탐욕으로부터 벗어 날 것을 주장하면서 "바빌론의 한가운데서 벗어나 너의 영혼을 구원하라"라고 주장하였다.[15] 수도회의 시토 교단은 제도로서의 학교도 반대했지만, 학자풍적인 학문(scholastic learning)의 방법과 이론이 수도원으로 들어오는 것을 경계하였다. 시토교단이 인식하는 '철학 학교'(school of philosophy)의 본질적인 목적은 실용적인 교육을 제공하는 것이 아니라 신을 이해하는 것이었다.[16] 도시 학교의 교육을 반대하는 수도원 신학자들은

---

14) 페터 제발트, 손성현 역(2005), 『수도원의 가르침』, 시아출판사.
15) 이석우(1999), 『대학의 역사』, 한길사, 158쪽.
16) 이석우(1999), 앞의 책, 161쪽.

아벨라르 같은 사변 신학자(speculative theologians)들이 두 가지 결정적인 문제점을 가지고 있다고 보았다. 첫째는 그들이 합리적 개념(rational concept)을 신에 적용할 수 있다는 믿음이 잘못되었다는 것이다. 둘째는 인간 이성의 한계를 인정하지 않는다는 점이다. 즉 이들은 인간 이성과 '믿음의 이성'(reason of faith)의 차이를 구별하지 못한다는 것이다.

중세 대학의 학생은 반은 성직자(clerius)적, 반은 일반인(layman)의 특성을 지니고 있었다.[17] 르 코프에 의하면, 서양 중세의 지식인은 도시와 함께 태어난다. 상업적, 산업적 기능과 연관된 도시의 발흥과 더불어, 그는 노동의 분화가 이루어지는 도시에 정착하는 하나의 직업인이었다.[18] 12세기의 '방랑하는 지식인들(wandering scholars)'은 지적 자유를 누리고자 하는 사람들이었다. 더 이상 교리에 굴종하지 않는 사람들[19]이었고, 학교란 사상이 상품처럼 유통되는 공간이었다. 대학은 '도시적 제도(urban institution)'의 소산이었다. 성당 학교나 도시 학교도 인구 증가와 도시화에 따른 사회의 필요에 부응하려는 세속적 의도를 지니고 있었다. 파리대학은 길드가 교육적 원리와 가치 구현을 목적으로 설립한 최초의 대학으로 평가받는다.[20] 중세의 서구 지식인들의 역할은 자유 학예들을 연구하고 가르치는 것이다. 학예(art)란 학문이 아니라 기술이다. 아트(Art)란 곧 테크닉 기술이며, 그것이 교수의 특기인 것은 목수나 대장장이가 나름대로의 특기를 지닌 것과 같다. 그는 더는 학문이 보고에 간직되어야 하는 것이 아니라 유통되어야 하는 것이라고 생각한다. 학교는 사상이 마치 상품과도 같이 거래되는 작업장인 것이다.[21]

이러한 비교적 개방적인 대학의 분위기는 교과과정 구성에서도 나타난다. 파리대학에서 가장 큰 학부는 인문학부였다. 교과과정은 일곱 개의 자유

---

17) 이석우(1999), 앞의 책, 349쪽.
18) 자크 르 코프(1999), 『중세의 지식인들』, 동문선, 35쪽.
19) 이석우(1999), 앞의 책, 40쪽.
20) 이석우(1999), 앞의 책, 49~50쪽.
21) Jacque Le Goff(1957), 『Les Intellectuela au moyen Age』.

학예에 기초를 두었는데, 삼학(三學 trivium)을 구성하는 문법, 수사, 변증학과 사과(四科 quadrvium)라고 하는 음악, 산수, 기하학, 천문학 등으로 이루어졌다. 13세기에는 삼학의 과목에 관심을 집중하였다면, 14세기에는 사과의 좀 더 과학적인 과목으로 이전하였다.[22] 학문의 분위기가 좀 더 실용적이고 예술적인 쪽으로 이전하고 있었다. 대학은 여러 나라에서 온 동향단(Landmannscaft)에 의해 구성되었다.

물론 이러한 지적 분위기를 거부하는 흐름도 있었다. 중세의 시토 교단은 대학은 전문화나 비좁은 목표를 지향해야 할 일이 아니고, 가치 중심의 인간 교육을 해야 한다고 주장하였다. 전문학부에 가기 전에 인문학부에서 5~7년의 교육을 받도록 하였다. 지금까지의 통설에서는 로마 이후 계승된 교양 교육의 전통은 중세 대학의 성립과 함께 스콜라 철학의 우위시대가 오게 되어 그만큼 교양 교육은 예속적인 자리를 차지하게 되었다는 주장이었다. 그러나 메커너니(R.McInerny)에 따르면 대학설립 이후 교양 교육은 더욱 강화된 측면이 있다는 것이다.[23]

반면 중세 대학 연구자인 그룬트만(H. Grundmann)은 초기 대학의 모습을 좀 더 보수적인 시각에서 바라본다. 그에 따르면, 초기의 대학은 순수하게 학문적인 목적에서 설립되었다. 그는 훔멜(Hummel)의 말을 빌려, "대학은 '지혜'가 스스로 거처할 수 있는 집"을 지은 것이라고 말한다. 볼로냐 파리대학의 교사와 학생은 국가나 사회의 요구나 간섭에 대항하여 공동 방위를 위하여 설립된 자치적인 공동체, 즉 '유니베르시타스(universitas)의 일원이라고 주장한다.[24] 그룬트만은 대학 설립의 기원과 본질은 국가나 교회, 그리고 제반 사회경제적인 동인에 의해서가 아니라 순수한 학문적인 관심, 즉 지식에의 의지와 인식에의 의지에서 비롯되었음을 볼로냐와 파리대학 등의 사례를 들어 강조한다.[25] 그는 중세 유럽은 세 개의 지배권(principatus), 즉 교권(教

---

22) 프리드리히 헤르(1997), 『중세의 세계』, 현대지성사, 315쪽.
23) 이석우(1999), 앞의 책, 422쪽.
24) H. 그룬트만, 이광주 역(1993), 『중세대학의 기원』, 탐구당, 29~30쪽.

權), 왕권, 그리고 학문(wissenschaft)이 지배하는 사회였다고 설명한다. 중세 대학은 근원적인 지식욕과 인식욕, 그리고 학문에 대한 사랑(amegor sciendi)에서 비롯되었다는 것이다.[26]

그러나 이내 유럽의 대학사는 황제권과 교황권, 그리고 지방정부인 코뮨, 대학 당국 간의 끊임없는 게임에 의해 여러 모습으로 착색되었다. 예컨대 13세기 대학의 또 다른 면모는 교황권의 충실한 일군으로 기능한 것에서 찾을 수 있다. 이 시기 대학은 세속권력인 왕권과 곧잘 마찰을 불러왔다. 파리대학의 경우, 이때 교황권은 왕권을 견제하고 대학의 독립성을 승인하고자 하였다. 교황은 대학을 세속 사법권으로부터 벗어나게 하는 대신 그들을 교회 사법권에 존치하였다.[27] 당시의 스콜라 철학은 인격의 고결, 즉 '세속적인 영성'의 가치를 높이 평가하였다. 스콜라 정신이 지배하는 대학의 지적 분위기는 오락이나 유희 등에 별달리 관심을 기울이지 않았다. 이는 육신을 부정하는 교회의 영향 때문이었다. 스포츠나 놀이, 게임이나 도박 등을 권장하지 않는 분위기가 팽배하였다.

그럼 중세 대학과 비교하여 서원의 교육목표는 어디에서 찾을 수 있을까? 나는 실천적인 유학자들이 가리키는 방향의 끝에는 공부론이 자리하고 있다고 확신한다. 성성(成聖)에 이르는 길, 그 길을 분명하게 알려주기 위한 치밀한 사전 지적 설계가 바로 이기론이나 심성론이라 할 수 있다. 공부론은 인간의 선의지에 대한 유학자들의 도저한 믿음에 근거한다. 유학교육은 학문을 통해 성인의 문정(門庭)에 들어갈 수 있다는 확신에 근거한다. 공부론의 핵심은 참된 '나'를 찾아가는 과정이다. 그것은 공부를 통해 인간의 마음에 있는 본성(本然之性)을 되찾아, 참된 나를 회복하고 마침내 성인(聖人)의 세계에 다다르게 되는 과정이다. 서원이란 이러한 학문적 노력을 할 수 있는 최적의 공간을 확보하고자 하는 노력에서 출현하였다. 선비들은 경(敬)과 성

---

25) H. 그룬트만, 이광주 역(1993), 앞의 책, 58쪽.
26) H. 그룬트만, 이광주 역(1993), 앞의 책, 79~87쪽.
27) 자크 르 코프(1999), 앞의 책, 122쪽.

(誠)의 정신을 내면화하여 공부가 삶과 분리되지 않도록 삶의 진실성에 집중한다. 공부란 사욕을 버리고 이 세계를 깨어 있는 의식으로 바라볼 수 있는 수행과 수양의 과정을 의미한다. 그것이 곧 경(敬)의 공부론이다.

퇴계의 경 철학도 공부의 주체가 인간의 마음이라는 사실은 부정하지 않는다. 그러나 퇴계 심학에서의 마음은 결코 신성(神聖)을 드러내는 영혼이나, 모든 것의 총 근거가 되는 유심주의(唯心主義)적 주체가 아니다. 마음도 역시 이기(理氣)로 구성된 하나의 물(物)에 지나지 않는다. 다만 차이가 있다면, 마음을 구성하는 기는 매우 깨끗하고 맑은 상태의 최상의 기로 되어 있다는 점일 뿐이다. 마음은 살아 있는 활물(活物)로서 부단히 이 우주적 질서에 동참하고자 할 뿐이다. 마음속에 오롯이 살아 있는 본성은 이 우주에 충만한 선의지와 호흡을 함께 하려고 한다는 점에서 유학의 교육론은 생명력의 약동을 보여 준다.[28] 공부론은 서원이 새로운 문명 대안의 한 축으로 자리 잡을 수 있는 매우 중요한 요소임이 명백하게 보여 준다.

Ⅳ. 초기 대학과 서원의 신분 문제

대학의 기원은 크게 두 가지로 대별된다. 하나는 밑으로부터 형성된 자생적 대학의 경우로 볼로냐, 파리, 옥스퍼드대학을 들 수 있다. 다른 하나는 위로부터 세워진 대학으로 관헌이나 교황에 의해 설립된 대학이다. 1224년 황제 프리드리히 2세는 나폴리 대학을 세우고, 1229년 교황 그레고리우스 2세는 툴루즈 대학을 세웠다.[29] 중세 대학의 사회적 계보는 대부분 명문가나 귀족 출신의 학생이었다.

지식인, 혹은 독서인들이 사회적인 특권을 부여받았던 사실은 동서양에

---

28) 졸저(1997), 『공부의 발견』, 현암사, 제1장.
29) 이석우(1999), 앞의 책, 61쪽.

서 공통적으로 일어나는 현상이었다. 중세유럽의 경우, 대학 형성 초기에 대학구성원들은 성직자에 준하는 특권을 부여받았다. 그들의 인신이나 재산을 압류하거나 구속하는 것이 이론적으로 금지되어 있었다. 법적으로 지역교회 당국의 사법 치하에 있지 않았고 교황에 직접 상소할 수 있었다. 이탈리아의 경우 이미 13세기 초부터 대학을 졸업한 법률가들은 더 이상 평민으로 취급하지 않고 성직자에 준하는 대접을 받았다. 하이델베르크 대학에서는 속인의 평복으로 밤에 돌아다니는 것을 금하였고, 성직자의 복장은 아니었지만 유사한 복장을 고안하여 다니게 하였다.[30] 그러나 귀족이 아닌 시민이나 농민 출신들도 상당수 있었다. 학생의 출신 배경에 따라 학생들을 대하는 학교의 태도에도 차이가 있었다.

대학에서는 귀족 출신이냐, 교회의 고위직이냐, 혹은 입학 당시 등록금을 얼마나 냈느냐에 따라 그 대접이 달라졌다. 따라서 재력을 가진 상인이나 장인 직업을 가진 가문들의 자손들이 대거 진출하였다.[31] 코뮨이나 자치 도시들은 길드들의 대표들이 모여 공동으로 도시들을 운영하였기 때문에 대학이 자연히 길드의 강한 영향력 아래에 있었다. 빈민(pauper) 출신도 상당수 있었다. 퀼른 대학의 경우 15세기의 70년대 초에 있어 빈민층의 학생들은 언제나 16~20%를 차지하였고, 16세기 뷔텐베르크 대학의 기록에서는 상당수의 빈민층 자제들이 가난으로 학업을 포기한 기록도 나타난다.[32] 가난한 인문주의자 신분에서 마침내 교황의 지위까지 오른 피우스 2세(Pius II)는 1459년 바젤대학의 창립식에서 "학문의 연구는 하층계급의 출신을 귀족에까지 출세시킬 수 있다."라고 강조하였다.[33] 중세의 대학은 새로운 '지적 귀족'(intellectual nobility)을 형성하였다. 즉 혈통에 따라 귀족이 되는 것이 아니라, 사회적 봉사와 공적에 따라 귀족이 된다는 생각으로, 대학교수나 법학박사 그리고 그

---

30) 이석우(1999), 앞의 책, 383쪽.
31) 이석우(1999), 앞의 책, 347쪽.
32) H. 그룬트만, 이광주 역(1993), 앞의 책, 35~36쪽.
33) H. 그룬트만, 이광주 역(1993), 앞의 책, 37쪽.

에 준하는 사회적 책임을 지닌 자들에게 특전을 줌으로써 '지적 귀족'이 형성되도록 하였다.[34] 대학생들은 심지어 일반과는 달리 자체의 규칙을 갖는 대학의 재판권에 예속되었으며 교회법이나 일반적인 국가의 법률, 도시의 법률에 구애받지 않았다.[35]

그럼 초기 서원의 신분적 특징은 무엇인가? 초기 서원의 설립은 상당한 경제력을 가진 유력 사족 집단을 중심으로 활발하게 진행되었다. 즉. 16세기 이후의 초기 서원과 서당의 설립 및 운영에는 경제적 요인이 무시할 수 없는 변인이었다. 교육에 대한 국가의 일방적인 관리를 벗어나 사족 집단이 스스로의 교육이념을 구현할 수 있었던 현실적 힘의 상당 부분이 경제적 토대에서 비롯된 곳이다. 16세기 영남 사림파의 경우 그들의 안정적인 토지 소유가 서원 설립의 모태가 되었음은 명백한 사실이다. 퇴계와 그의 문도들이 주도하여 설립한 역동서원(易東書院)의 경우는, 그 주도층의 경제적 배경을 고려할 때, 지주층의 연합체적 성격이 강하다.[36] 역동서원의 설립에 적극 참여한 김부필(金富弼), 김부의(金富儀) 등의 오천(烏川) 광산김씨의 경우는 최소한 700여 두락의 전답과 230여 구의 노비를 소유한 대지주였음을 알 수 있다.[37] 또한 분천인 이숙량(李叔樑)은 이현보의 아들로서 조상 전래의 전답과 황무지 개간, 폐사(廢寺)의 개축을 통한 주위 전민의 영점 등으로 광대한 대토지를 점유하고 있다.[38] 이와 같은 양상은 하회(河回) 유씨(柳氏)의 병산서원(屛山書院)이나 양동(良洞) 여강 이씨의 옥산서원(玉山書院)의 설립 과정에서도 나타난다.

그럼 초기 서원이 성립한 16세기의 지적 풍토는 어땠을까? 이 시기는 기묘사화(1519)로 인해 사림 세력이 급격하게 위축되었다가 서서히 그 영향력을 회복해 가는 시기였다. 실록에는 1544년(중종 39) 『소학』에 관한 매우 흥

---

34) 이석우(1999), 앞의 책, 385쪽.
35) H. 그룬트만, 이광주 역(1993), 앞의 책, 47쪽.
36) 琴輔, 梅幹先生文集, 卷 2, 〈易東書院記事〉.
37) 이수건(1981), 慶北地方古文書集成, 영남대 민족문화자료총서2, 51.
38) 졸저(2013), 『서당의 사회사』, 태학사, 464~466쪽.

미로운 기사가 실려 있다.[39] 『소학』의 교화적 기능을 계속 강조하는 측과, 『소학』보다는 이학(理學)에 더욱 중점을 두어야 한다는 견해가 서로 팽팽하게 대립하였다. 이에 중종은 "『소학』은 작은 절목이니, 심학(心學)을 앞세워야 마땅하다."라고 결론을 내리고 있다. 교화서로서의 『소학』보다는 인간의 내면을 문제시하는 '심학'의 공부로 방향이 차츰 이전하고 있던 당시의 학문적 흐름을 드러내고 있는 것은 명백하다. 이 말은 곧 책에 대한 수요도 그 취향이 달라질 수 있음을 뜻한다. 사림 세력을 중심으로 교화류의 서책보다는 성리학서가 더욱 많은 수요가 발생하고 있음을 말한다.

성리학이 중심이 된 지식의 유통구조는 무엇을 의미하는가? 외견상, 16세기는 다수의 서원이 전국 곳곳에 속속 설립되고 촌락 내부에는 서당의 설립이 본격화되는 문화의 새로운 부흥기를 보여 준다. 새로운 사림층이 등장하고 있음에도 불구하고 지식의 유통은 제한적이었다. 유몽인에 따르면 그가 남원 부사로 재직할 때, 그곳에 박고서사(博古書肆)란 서사가 있어 책을 유통시키고 있었던 사실을 기록하고 있다.[40] 그리고 최초의 서원인 백운동서원을 설립할 당시 주세붕은 서원에 서책이 필요함을 알리고 한성에서 서책을 구입해 오기도 하였다.[41] 그러나 명종 시절의 한 기록에는 "온갖 물건을 매매하는 점포는 다 있는데 유독 서적을 매매하는 서점이 없으므로 서사를 세우자."라는 한 관료의 주장으로 보아 서사의 운영은 사실상 없었다. 또한 정문부(1565~1624)의 기록에서도 "지금은 서책이 상당히 많아졌다. 그런데도 나라 안에 서책을 사고 팔 서사가 여전히 없는 형편이다."라는 대목에서 당시의 상황을 알 수 있다.

이런 조선의 현상은 중세 대학의 경우와 비교하여 상당한 차이가 드러난다. 그러면 이들 새로운 사림 세력들은 지식의 자유로운 유통에 소극적이었을까? 이들 사림들은 토착적인 기반이 강한 지주계급이었다. 이들의 지식과

---

39) 『중종실록』 101권, 39년(1544), 1월 26일.
40) 유몽인, 『於于集』, 후집 권3, 「博古書肆序」.
41) 『중종실록』 95권, 36년(1541) 5月 丁未.

학문에 대한 접근방법은 기본적으로 서구 중세 지식인들과는 근본적인 차이가 있었다. 사림들에게 지식과 학문은 유통의 대상이 아니라, 오히려 침잠과 안정의 도구로 이해되었다. 심학이란 내성적인 성찰을 중시하고, 윤리적이고 도학적인 성격을 띠고 있다. 그들은 향촌 사회 내부에 토착적인 기반을 마련하고 안정된 삶을 영위해 나가길 원했다. 그들은 자유롭게 떠다니는 지식인들을 소위 방외인(方外人)이라고 하여 경멸하였다. 중세의 파리가 기회의 도시였던 사실과 비교된다. 당시 필립 2세를 포함한 여러 왕들이 경쟁적으로 대학의 발전을 후원하였고, 아벨라르(Abélard)뛰어난 학자와 학생들이 몰려드는 인재의 저수지였다.[42] 반면 16세기 조선의 지식인은 실생활에 관계되는 다양한 주제들, 예컨대 성·음식·건축 등을 잡학으로 분류하고 그들의 공개적인 담론으로부터 제외시켰다. 따라서 지식의 상업적 유통을 전제로 하는 학교나 교육기관의 설립은 이루어지기 힘들었다.

조선의 경우, 16세기 사족들은 교육을 통해 문자를 장악함으로써 쉽게 관직과 권력을 독점할 수 있었다. 그들은 교화권을 국가권력과 분점 혹은 공유하면서 촌락사회를 관리하였다. 사족 집단은 이른바 이단이라고 하는 불교와 도교 그리고 공리적인 성격의 책과 지식의 확산을 억제하는 권한을 국가권력과 공유하였다. 그들은 차츰 그들만의 세계관이 지배하는 '학식의 공화국(Republica litteraria)'을 서원을 중심으로 건설하였다. 16세기에는 교육의 두 주요한 주체인 국가와 사림의 시각이 상호 길항하고 있었다. 서원을 통한 신분의 유동성은 매우 낮은 수준을 유지하였다.

V. 결어

본고에서는 중세 대학은 '도시적 제도(urban institution)'의 소산이었고,

---

42) 이석우(1999), 앞의 책, 제4장.

서원은 농촌 경제의 산물이었다는 사실에 기초해 양자를 비교하였다. 두 교육제도 모두 당시의 사회경제적 필요에 부응하려는 세속적 의도를 지니고 있었다. 또한 이들 교육제도는 리(理) 즉, 이성의 빛으로 이 세상의 근원적 질서를 헤아리고 궁극적 실체를 이해할 수 있다는 믿음을 공유하고 있었다. 그러나 유자들이 도달하고자 하는 '성인'의 경계는 토미즘에서 말하는 신과는 구별된다는 점에서 두 교육 제도는 이후 흐름을 달리하였다.

그러나 오늘날 두 교육제도를 다시 재해석해야 할 당위성은 그룬트만(H. Grundmann)의 주장처럼 대학을 실용적인 차원에서만 바라볼 것이 아니라, 대학을 "지혜가 스스로 거처할 수 있는 집"으로 규정하고 그 원래 의미로 복원하고자 하는 우리 모두의 소망 속에서 발견할 수 있을 것이다.

【참고문헌】

1. 원자료

『중종실록』, 『대학』, 『梅幹先生文集』, 『於于集』

2. 단행본

김형효(2004), 『철학적 사유와 진리에 대하여』, 청계.
이석우(1999), 『대학의 역사』, 한길사.
이수건(1981), 慶北地方古文書集成, 영남대 민족문화자료총서2.
이종영(2016), 『마음과 세계』, 울력.
정순우(2007), 『공부의 발견』, 현암사.
자크 르 코프(1999), 『중세의 지식인들』, 동문선.
페터 제발트, 손성현 역(2005), 『수도원의 가르침』, 시아출판사.
H. 그룬트만, 이광주 역(1993), 『중세대학의 기원』, 탐구당.
方立天(1998), 『중국철학과 지행의 문제』, 예문서원.
馮友蘭(1961), 『中國哲學史(下)』, 北京, 中華書局.

3. 논문

박승찬(2001), 「아리스토텔레스 철학의 수용과 스콜라 철학의 발전」, 『카톨릭 철학』 3.

중세 대학과 한국 서원 형성기의 교육자들
- 비교사적 시론 -

이 우 진

I. 머리말

한국의 서원 연구는 이제 일국사(一國史)의 틀을 넘어 중국, 일본, 베트남의 서원과 비교하는 동아시아 문화권의 비교사 연구로 확장되고 있다.[1] 이러한 학계의 경향은 한국 서원의 역사적 맥락을 더욱 풍부하고 정교하게 이해하는 데 기여한다. 이는 아날학파(Annales School)의 역사학자인 앙리 피렌(Henri Pirenne, 1862~1935)의 표현을 빌리면, 한국 서원사 연구가 "생동감과 독창성을 더하고, 더욱 풍부하고 정확한 이해를 제공하며, 비판적 자료 접근을 통해 놀라운 발전과 인상적인 발견을 이루는 단계"[2]로 진입하는 과정이라 할 수 있다.

---

1) 한국 서원의 동아시아 차원의 비교사적 연구 동향과 전개 양상에 대해서는 다음의 두 연구를 참조하라: 정수환(2022), 「동아시아 서원, 일반성과 다양성의 경계 - 조선시대 서원과 비교 관점에서 - 」, 『한국서원학보』 14, 한국서원학회, 155~188쪽 ; 이우진(2020), 「일본과 베트남의 서원 연구 현황과 제언」, 『한국서원학보』 10, 한국서원학회, 143~163쪽.
2) Henri Pirenne(2021), "On the Comparative Method in History," Anna Martonfi (trans.), Balázs Trencsényi, et al. (ed.)., *The Rise of Comparative History*, New York: Central European University Press, p. 75. 또한 앙리 피렌은 "편견을 벗어나기 위해서는 그 편견을 가져오는 인종, 정치, 국가의 범위를 벗어나지 않으면 너무도 강한 영향을 미치기에, 비교를 통해서만, 역사는 과학이 될 수 있고, 감정의 우상에서 벗어날 수 있다(Ibid.)"면서, 비교사 연구의 필요성을 강력하게 주장하였다.

이 글은 이러한 비교사적 접근을 더욱 확장하여, 한국 서원과 유럽의 중세 대학이라는 두 전통적 고등교육기관을 비교 분석하고자 한다. 특히 두 기관의 형성기에 초점을 맞추어, 각각 동아시아와 서구 문명의 지적 전통을 형성하고 전수하는 과정에서 어떠한 역할을 수행했는지를 살펴본다. 시대와 지역의 차이에도 불구하고, 중세 대학과 한국 서원은 여러 중요한 공통점을 지닌다. 우선, 두 기관 모두 당대 최고 수준의 지식을 교육하고 연구하는 중추적 역할을 수행하였으며, 일정한 학문적 자율성을 유지하였다. 또한 지식인 양성의 중심지로서 사회의 엘리트 계층을 배출하며, 당대의 사회, 정치, 문화에 지대한 영향을 미쳤다.

그러나 현재까지 한국 서원과 중세 대학을 직접적으로 비교한 연구는 거의 이루어지지 않았다. 이러한 점에서 이 연구는 새로운 연구 지평을 개척하는 시론적 시도로서 학술적 의미를 지닌다. 마르크 블로크(Marc Bloch, 1886~1944)의 지적대로, 비교사적 연구는 "역사학자들에게 새로운 연구 질문을 발굴하고, 기존 가설을 검증하며, 연구 대상의 공통점과 고유한 특성을 파악하는 기회"[3]를 제공한다. 따라서 이 연구는 한국 서원과 유럽 중세 대학을 비교함으로써, 두 전통적 고등교육기관의 역사적 의의를 더욱 심층적으로 조명하는 계기를 마련하고자 한다.

이 글은 중세 대학과 한국 서원을 비교 연구하며, 다음 세 가지 핵심 질문을 중심으로 논의를 전개한다. 첫째, 중세 대학과 한국 서원의 형성을 가능하게 한 사회적·학문적 배경은 무엇인가? 둘째, 형성기에 활동한 주요 교육자는 누구이며, 그들의 역할과 영향력은 어떠했는가? 셋째, 이들 교육자는 각 기관을 통해 어떤 인재를 양성하고자 했으며, 이는 당시 사회와 어떠한 관계를 맺었는가?

이러한 질문에 대한 답을 모색하기 위해, 본 연구는 다음과 같은 구조로 진

---

3) Marc Bloch(2021), "A Contribution Towards a Comparative History of European Societies," J. E. Anderson(trans.), Balázs Trencsényi, Op. cit., pp.89-98.

행된다. 2장에서는 중세 대학이 출현한 배경을 고찰하고, 3장에서는 중세 대학의 형성 과정에서 중요한 역할을 한 교육자들의 활동과 영향을 분석한다. 특히 파리대학의 피에르 아벨라르(Pierre Abelard, 1079~1142)와 솔즈베리의 존(John of Salisbury, 1125~1180), 볼로냐대학의 이르네리우스(Irnerius, 1050~1125)와 그라티아누스(Gratianus, ?~1158)를 중심으로 살펴본다. 4장에서는 한국 서원의 형성 배경을 검토하고, 5장에서는 서원 교육에 기여한 주요 인물들의 사상과 활동을 분석한다. 특히 퇴계 이황(退溪 李滉, 1502~1571)과 율곡 이이(栗谷 李珥, 1536~1584)를 중심으로 이들이 서원 교육에 미친 영향을 고찰한다. 마지막으로, 6장 결론에서는 앞선 논의를 종합적으로 정리하고, 중세 대학과 한국 서원의 비교사적 검토를 바탕으로 그 의의를 논의한다.

이 연구는 시대와 문화적 차이가 초래하는 비교의 한계를 충분히 인식하고 있다. 따라서 각 기관이 처한 고유한 역사적·사회적 맥락을 존중하면서도, 교육기관으로서 공유하는 보편적 특성에 주목하여 비교를 수행하고자 한다. 이를 통해 비교 연구의 한계를 보완하는 동시에, 한국 서원 교육이 지닌 보편성과 독자성을 세계사적 관점에서 시론적으로 검토하는 것을 목표로 한다.

II. 중세 대학의 형성 배경

7세기부터 11세기까지 유럽의 고등교육은 주로 수도원 학교(monastic schools)와 대성당 학교(cathedral schools)를 중심으로 이루어졌다. 이들 교육기관은 기독교 교리와 전통을 전수하는 것을 주요 목적으로 삼았으나, 동시에 고전 학문의 보존과 전수에도 중요한 역할을 하였다. 특히 성경 연구에 필요한 라틴어 문법, 수사학, 논리학 등의 학문이 발전하면서, 당시 교육은 신학적 기반 위에서 점차 체계화되었다.

그러나 이 시기는 봉건제도의 강화와 더불어 정치적 불안정이 극심했던 시기로, 무슬림, 헝가리인, 노르드인 등의 이교도들이 유럽 각지를 공격하고 약탈하면서 많은 수도원과 대성당이 파괴되었다. 이로 인해 교육 시설이 소실되고 학문적 활동이 위축되는 어려움을 겪었다. 하지만 보다 근본적인 문제는 당시 사회가 고등교육의 필요성을 절실하게 인식하지 못했다는 점이었다. 고등교육은 주로 교회의 성직자들에게만 필수적인 것으로 여겨졌으며, 이들은 라틴어를 공통 언어로 활용하여 학문과 지식을 교류하였다. 라틴어는 교육과 학문의 보편적 언어로 자리 잡으며, 지역 간 의사소통을 가능하게 하여 지식의 확산과 보존에 결정적인 역할을 하였다.

또한, 이 시기에 '교사가 곧 학교'라는 전통이 형성되었다. 이는 특정한 물리적 장소보다 유능한 교사가 있는 곳이 교육의 중심이 된다는 의미로, 중세 교육의 중요한 특징이 되었다. 이러한 수도원 학교와 대성당 학교의 발전, 그리고 '교사가 곧 학교'라는 개념은 이후 중세 대학의 설립과 발전을 위한 중요한 토대로 작용하였다.[4]

12세기 후반, 유럽 사회는 중세 대학의 출현을 가능하게 한 여러 중요한 변화를 경험하였다. 그중 첫 번째는 '길드(guild) 사회의 성립'이었다. 길드는 상인과 장인을 비롯한 다양한 직업군에서 형성된 조직으로, 경제 활동을 규제하고 회원의 권익을 보호하며, 기술과 지식을 전수하는 역할을 수행하였다. 길드 제도의 발달은 유럽 도시의 성장과 경제적 번영을 촉진하였으며, 이는 곧 시민 문화의 성장을 이끌었다. 도시의 발전과 함께 교육에 대한 관심도 증가하였다. 특히, 상인과 장인 계층에서도 법률, 의학, 철학 등 실용적이고 세속적인 지식에 대한 수요가 확대되면서, 종교적 교육을 넘어선 보다 체계적인 학문적 교육 기관의 필요성이 대두되었다. 이러한 변화 속에서 길드 사회는 중세 대학의 주요 원형이 되었으며, 특히 파리대학과 볼로냐대학의 설립에 중요한 영향을 미쳤다.

---

4) Lowrie J. Daly, S.J.(1961), *The Medieval University 1200-1400*, New York: Sheed and Ward, pp.1-5.

파리대학은 교사 길드에 의해 형성되었다. 당시 교육자들은 자신들의 권익을 보호하고 교육의 질을 유지하기 위해 독자적인 조직을 결성하였으며, 이는 점차 제도화되어 대학으로 발전하였다. 반면, 볼로냐대학은 학생 길드에 의해 형성되었다. 학생들은 교육의 주체로서 조직을 구성하여 학문 활동을 주도하고, 대학 운영에도 적극적으로 참여하였다. 이처럼 길드 사회의 성립과 발전은 중세 대학의 설립과 발전을 촉진하는 핵심적인 요인으로 작용하였으며, 대학이 하나의 독립적 기관으로 자리 잡을 수 있는 제도적 기반을 제공하였다.[5]

12세기의 두 번째 주요 변화는 '이슬람 문화와의 접촉을 통한 유럽의 지적 발전'과 '아리스토텔레스 철학의 재발견'이었다.[6] 이슬람 문명은 고대 그리스 학문과 중세 유럽을 연결하는 '지적 다리' 역할을 하였으며, 이는 유럽의 학문적 부흥에 결정적인 기여를 하였다.[7]

유럽은 십자군 전쟁과 이베리아(Iberia) 반도의 재정복 과정에서 이슬람 세계와의 교류가 활발해졌고, 이를 통해 다양한 분야의 지식이 전파되었다. 당시 이슬람 세계는 학문과 과학의 중심지로, 특히 이븐 시나(Avicenna, 980~1037)와 이븐 루시드(Averroes, 1126~1198)와 같은 이슬람 철학자들이 아리스토텔레스의 사상을 체계적으로 정리하고 발전시켰다. 그들은 논리학, 형이상학, 자연철학에 대한 아리스토텔레스의 사상을 해석하면서, 유럽 철학자들에게 새로운 학문적 자극을 제공하였다.

특히, 이베리아 반도의 코르도바(Córdoba)와 톨레도(Toledo) 등의 주요

---

5) Hastings Rashdall(2010), *The Universities of Europe in the Middle Ages, Vol. 1: Salerno, Bologna, Paris - Reissue Edition -*, London: Cambridge University Press, p. 18.
6) Charles Homer Haskins(1927), 『12세기 르네상스』, 이희만(옮김), 서울: 혜안, 제9장.
7) Anna Akasoy(2020), "Arabic Texts: Philosophy, Latin Translations of," Henrik Lagerlund (ed.), *Encyclopedia of Medieval Philosophy: Philosophy between 500 and 1500*, E-Book: Springer, pp.171-175.

도시는 이슬람 문화의 영향으로 학문과 문화가 번성한 중심지였다. 톨레도가 기독교 세력에 의해 재정복된 후, '톨레도 번역학파(Toledo School of Translators)'가 설립되었으며, 이는 이슬람 학문과 과학을 서유럽에 전달하는 주요 경로로 기능하였다. 번역학파는 아리스토텔레스와 이슬람 철학자들의 저작을 포함하여, 의학, 수학, 과학 분야의 고대 그리스 저작들을 아랍어에서 라틴어로 번역하였으며, 이를 통해 서유럽의 학문적 전통에 새로운 전환점을 제공하였다.[8]

이 과정에서 아리스토텔레스는 '학문의 제왕'으로 재등장하였으며, 그의 철학은 중세 대학의 학문 체계에 지대한 영향을 미쳤다. 특히, 논리학은 연역적 추론의 기초를 제공하며, 중세 대학 학자들이 복잡한 철학적 문제와 신학적 논쟁을 다루는 데 핵심적인 방법론적 틀을 마련하였다.[9] 그 결과, 대학의 학예학부(Faculty of Liberal Arts)에서는 철학, 특히 논리학이 점점 더 중심적인 지위를 차지하게 되었다.[10]

아울러, 아리스토텔레스의 형이상학(Metaphysics)은 신의 존재와 속성을 논증하는 신학적 논의에 중요한 기초를 제공하였다.[11] 파리대학의 경우

---

8) 톨레도 번역학파는 철학 분야에서 아리스토텔레스의 『오르가논』(Organon)과 여러 저작과 이븐 시나와 이븐 루시드의 주석서, 그리고 아리스토텔레스의 중요한 해설자로 알려진 테미스티우스(Themistius)의 저작을 아랍어에서 라틴어로 번역하였다. 의학 분야에서는 히포크라테스(Hippocrates)와 갈레노스(Galenus)의 저작을, 수학과 과학 분야에서는 아르키메데스(Archimedes), 유클리드(Euclid), 프톨레마이오스(Ptolemy)의 저작을 번역하고 소개하였다.
9) 볼프강 E. J. 베버(2020), 『유럽 대학의 역사』, 김유경 옮김, 대구: 경북대학교 출판부, 47~48쪽.
10) Gordon Leff (1991), "The Trivium and the Three Philosophies," Hilde de Ridder-Symoens (ed.), *A History of the University in Europe, Volume I: Universities in the Middle Ages*, Cambridge: Cambridge University Press, pp.307-319.
11) 특히, 신의 본질과 속성에 관한 아리스토텔레스의 형이상학적 논의는 신학적 논증을 강화하고 체계화하는 데 기여하였다. 그러나 아리스토텔레스의 자연철학에 관한 저서와 그 주석들은 우주론, 운동, 시간, 물리학, 생물학 등의 주제를 다루고 있었으나, 공개적, 사적 강의가 금지되었다. 이를 위반할 경우 교회에서 추방될

아리스토텔레스 철학이 교육과정의 중심 축으로 작동하였다. 교양 학사(bachelor of arts) 과정에서는 아리스토텔레스의 논리학을 집대성한 『오르가논(Organon)』을 필수적으로 학습해야 했으며, 석사 학위 신청자(licentiate)는 『형이상학(Metaphysics)』을 숙달해야 했다. 또한, 교육 면허 취득 과정에서는 『윤리학(Nicomachean Ethics)』과 『기상학(Meteorology)』의 완전한 이해가 요구되었다.[12]

결과적으로, 이슬람 문명과의 접촉을 통한 지식의 확산은 유럽의 학문적 재도약을 이끌었으며, 특히 아리스토텔레스 철학의 재발견은 중세 대학에서 철학과 신학의 체계를 정립하는 데 중요한 기초를 형성하였다.

중세 대학의 형성에 있어 세 번째 주요 요인은 '교회와 세속 권력의 교육에 대한 인식 변화'였다. 이들은 각자의 이유로 대학 발전에 기여하였으며, 특히 교회의 적극적인 지원은 중세 대학의 성립과 성장에 결정적인 영향을 미쳤다.

1179년 제3차 라테란 공의회(Lateran Council)에서 교황 알렉산더 3세(Pope Alexander III)의 주재로 열린 회의에서는 교회의 교육적 사명을 명확히 하고, 교육의 중요성을 사회 전반에 인식시키는 데 기여하였다.[13] 이 공

위협이 있었다. 이는 아리스토텔레스의 특정 논리, 즉 '세계의 영원성', '영혼의 불멸성', '최고 존재에 대한 개념' 등이 기독교 계시와 조화되지 않으며, 기독교 신앙을 지닌 젊은 학생들에게 불온한 사상을 심어줄 수 있다는 우려에서 비롯된 것이었다. 이처럼 아리스토텔레스의 자연철학과 기독교 교리는 '세계의 영원성', '영혼의 불멸성', '신에 대한 개념'에서 상충점을 드러냈다. 이에 대해서는 "Lowrie J. Daly, S.J.(1961), Op. cit., pp.79-82."을 참조하라.
12) ibid., pp.83-84.
13) 이 공의회의 선언은 다음과 같은 내용을 담고 있다: "신의 교회는 친절한 어머니와 같이 육체의 복지와 영혼의 진보에 필요한 것들을 제공해야 하기에, 부모의 자원이 부족한 가난한 아이들이 독서와 교육의 기회를 놓치지 않도록 해야 한다. 각 대성당 교회에 충분한 수익을 제공하여 그 교회의 성직자들과 가난한 학자들을 가르치는 교사를 두어야 하며, 또한 다른 교회나 수도원에서도 이 목적을 위해 과거에 마련된 제도가 있다면 재수립해야 할 것이다." Thorndike, Lynn(1944), *University Records and Life in the Middle Ages*, New York: Columbia University

의회는 교회의 교육 지원 의지를 공식적으로 표명하였으며, 이에 따라 대성당 학교(cathedral schools)의 발전이 촉진되었고, 이들 학교가 이후 대학으로 발전하는 기반이 마련되었다.

또한, 여러 교황들이 대학에 칙서(bull)와 인가(charter)를 내려 다양한 혜택을 부여하였다. 교회의 이러한 지원에는 '학문적 자율성 보장, 경제적 지원, 교육 시설 확충' 등이 포함되었다. 특히, 학문적 자율성 보장은 대학이 독립적인 학문 공동체로 자리 잡는 데 필수적인 요소였으며, 이는 교수와 학생들이 외부의 간섭 없이 연구하고 학습할 수 있도록 하는 제도적 기반을 제공하였다.

한편, 세속 권력 또한 중세 대학의 발전에 중요한 역할을 하였다. 봉건 군주제가 점차 중앙집권화되면서 행정, 법률, 의료 분야의 전문 인재에 대한 수요가 증가하였고, 이에 따라 황제와 군주들은 대학을 통해 국가 운영에 필요한 인재를 양성하고자 하였다. 또한, 대학을 통해 종교적 권위와 지식을 장려함으로써 자신의 정치적 권력을 공고히 하려는 목적도 있었다.

이러한 맥락에서, 신성 로마 제국의 프리드리히 1세(Friedrich I, 1155~1190)는 볼로냐대학에 〈하비타 신칙법(Authentica Habita)〉을 반포하였다. 이 법령은 대학 교수와 학생들에게 자율성을 보장하는 다양한 특권을 부여하였으며, 특히 대학 구성원들이 지역 영주나 세속 권력의 간섭을 받지 않고 자유롭게 연구하고 학문 활동을 할 수 있도록 보호하였다. 〈하비타 신칙법〉은 교회법보다 민사법(로마법)의 우위를 강조하였으며, 이를 통해 황제는 종교적·정치적 권력을 더욱 강화하고자 하였다. 이는 대학을 황제의 권위 확장 수단으로 활용하려는 의도를 내포하고 있었다.[14]

Press, p. 10. (as cited in Lowrie J. Daly, S.J.(1961), Op. cit., pp.7-8)

14) Cobban, A. B.(1975). *The Medieval Universities: Their Development and Organization*, Chatham: Methuen & Co Ltd. pp.51-53. "Cobban에 따르면, 〈하비타 신칙법〉에는 황제가 신의 종으로 묘사되며, 이는 제국의 권력이 교회의 중재 없이 직접 신으로부터 유래된 것임을 주장하는 교리이며, 표면상의 이타적 동기

결과적으로, 교회와 세속 권력 간의 긴장 관계는 중세 대학의 형성과 발전에 결정적인 영향을 미쳤다. 두 세력은 각자의 이익을 위해 대학을 지원하였으며, 이러한 경쟁적 후원은 대학의 자율성과 제도적 발전을 촉진하는 계기가 되었다. 이로써 중세 대학은 종교와 세속 권력의 균형 속에서 독립적인 학문 기관으로 성장할 수 있는 기반을 마련하였다.

정리하자면, 중세 대학의 형성은 초기 중세의 교육 전통, 12세기의 사회·경제적 변화, 그리고 교회와 세속 권력의 적극적인 지원이 결합된 결과였다. 구체적으로 수도원 학교와 대성당 학교의 교육 전통은 학문의 계승과 발전의 기초를 마련하였으며, '교사가 곧 학교'라는 개념은 중세 대학의 학문적 자율성과 이동성을 가능하게 하였다. 그리고 길드 사회의 성립은 대학 조직의 형성과 운영에 영향을 미쳤으며, 이슬람 문화와의 접촉을 통한 지적 발전과 아리스토텔레스 철학의 재발견은 대학 교육과 학문적 연구의 기반을 강화하였다. 무엇보다도, 교회와 세속 권력의 경쟁적 지원은 대학의 제도적 발전과 학문적 자율성 확보에 중요한 역할을 하였다. 교회는 교육적 사명을 바탕으로 대학을 후원하였으며, 세속 권력은 행정·법률·의료 분야의 인재 양성을 목적으로 대학을 지원하였다. 이러한 다양한 요소들이 복합적으로 작용하면서, 중세 대학은 유럽 사회에서 중요한 교육기관으로 자리 잡고, 이후 유럽 학문 전통의 핵심적인 역할을 수행하는 기관으로 발전하게 되었다.

Ⅲ. 중세 대학 형성기의 주요 교육자들

중세 대학은 '스투디움 게네랄레(Studium Generale)'로 불렸다. 이는 단순히 학문이 교육되는 장소나 기관을 의미하는 것이 아니라, 다양한 지역에서 온 학생들을 끌어모을 만큼 뛰어난 평판과 권위를 지닌 고등 교육기관을 가

들 이면에 제국주의적 태도가 담겨있다고 한다(Ibid.)."

리키는 용어였다.[15] 이러한 명성을 가능하게 한 핵심 요소는 각 학문 분야의 최고 권위자이자 선구자들이 대학 교육의 중심에 있었다는 점이었다.

당시 널리 알려진 격언인 "어느 특정한 선생에게 속하지 않은 사람은 파리의 학생일 수 없다"[16]는 말은 중세 대학에서 교사의 중요성을 단적으로 보여준다. 실제로, 파리대학에서는 피에르 아벨라르(Pierre Abelard)와 솔즈베리의 존(John of Salisbury)이, 볼로냐대학에서는 이르네리우스(Irnerius)와 그라티아누스(Gratianus)가 대표적인 교사로 활약하였다. 이제부터, 이들이 중세 대학의 형성과 발전에 어떠한 기여를 했는지 살펴보도록 하겠다.

1. 파리대학의 '피에르 아벨라르'와 '솔즈베리의 존'

1) 변증법적 신학자, 피에르 아벨라르

피에르 아벨라르(Pierre Abelard)는 12세기 중세 유럽을 대표하는 철학자이자 신학자로, 파리대학의 발전에 지대한 영향을 미친 인물이었다. 그는 탁월한 교육자이자 논변가로서 명성을 얻었으며, 독창적이고 대담한 강의 스타일로 인해 '강의실의 명인'이라는 별칭을 얻을 만큼 수많은 학생들을 매료시켰다.[17]

아벨라르는 노트르담 대성당학교의 교사로 활동하면서 스승인 샹포의 윌리엄(William of Champeaux, 1070~1121)과 철학적 논쟁을 벌였으며, 이 논쟁은 당대 지성계에 큰 반향을 일으켰다. 논쟁의 핵심은 '보편자의 존재(existence of universals)'에 관한 실재론(realism)과 유명론(nominalism) 사이의 철학적 대립이었다. 윌리엄은 실재론적 입장을 옹호하였으나, 아벨라르는

---

15) Hastings Rashdall(2010), Op. cit., pp.4-5.
16) 볼프강 E. J. 베버, 앞의 책, 40쪽.
17) Charles Homer Haskins(1965), *The Rise of Universities*, Ithaca & London: Cornell University Press, p. 40.

이를 비판하며 반박하였다. 윌리엄은 자신의 주장을 수정하여 다시 논지를 세웠지만, 다시 한 번 아벨라르의 논박을 받게 되었다.[18]

이 과정에서 스승과의 갈등이 깊어지면서, 아벨라르는 노트르담 대성당 학교에서 교사직을 수행할 기회를 잃게 되었다. 이에 대응하여 그는 몽 생트 쥬느비에브(Mont St. Geneviève) 학교를 설립하였으며, 이곳에서 후학을 양성하며 자신의 철학적 사상을 전파하였다. 그의 가르침은 아벨라르 학파(Abelardian School)의 형성으로 이어졌으며, 이는 중세 철학과 신학 발전에 중요한 영향을 미쳤다.[19] 아벨라르는 이러한 철학적 논쟁과 교육 활동을 통

---

18) 샹포의 윌리엄은 실재론의 입장에서 '질료적 본질 실재론(material essence realism)'을 제기하였다. 그는 존재하는 모든 것은 질료적 본질(material essence)을 가지고 있으며, 이는 개별자의 '종(species)'이나 '속(genus)'으로 식별된다고 주장한다. 또한, 동일한 본질을 공유하는 개체들이 서로 다른 이유는 특정한 우연적 형상(forms)에 의해 구별되기 때문이라고 설명하였다. 이에 대해, 아벨라르는 다음과 같은 논리적 문제를 제기하며 윌리엄의 주장을 반박하였다. 첫째, 만약 '동물성(animality)'이 보편자라면, 모든 개별 동물들은 본질적으로 동일한 존재가 되어야 하며, 개별 동물들 간의 차이를 설명할 수 없다는 것이다. 즉, 개별 동물들을 구분할 기준이 없게 되어 동물성을 공유하는 개별 동물들의 존재론적 개별성이 사라지는 문제가 발생한다는 것이다. 두 번째로, 만약 개체를 구별하는 요소가 본질이 아니라 우연적 형상이라면, 우연적 형상이 본질보다 형이상학적으로 우선하게 되는 결과를 초래한다는 것이다. 이는 우연적 형상과 본질의 관계에 대한 일반적인 형이상학적 개념과 충돌하는 논리적 모순을 일으킨다는 것이다. 이러한 비판에 직면하자, 윌리엄은 '무차별 실재론(Indifference Realism)'이라는 새로운 이론을 제시하였다. 이 이론에 따르면, 동일한 종(species) A에 속하는 개체들(x, y)은 존재론적 측면에서 (A)로서 다르지 않으므로, 무차별적으로 동일하다는 것이다. 그러나 이 새로운 이론 역시 아벨라르의 논리적 반박을 피하지 못하고 논파되었다. 샹포의 윌리엄과 아벨라르 간의 논쟁은 중세 철학에서 '보편론 문제(universals problem)'를 둘러싼 핵심적인 대립을 보여준다. 이 논쟁은 보편 개념의 존재 방식에 대한 철학적 논의의 중요한 전환점을 마련하였다. 이에 대한 자세한 논의는 "Ian Wilks(2020), "Peter Abelard," Henrik Lagerlund (ed.), Op. cit., pp. 1409-1410 ; Margaret Camero(2020), "William of Champeaux," ibid., p. 2063."을 참조하라.
19) 이희만(2003), 「12세기 지식인상 - Peter Abelard를 중심으로 -」, 『서양중세연구』 11, 한국서양중세사학회, 63~70쪽.

해 중세 철학과 신학의 대가로 인정받았다. 그는 신학과 철학에서 논리적 분석의 중요성을 강조하였으며, 특히 논리적 추론과 비판적 분석을 통해 신학적 진리를 탐구하는 '변증법적 신학'을 제안하였다.

그러나 아벨라르의 이러한 접근법은 당대의 보수적인 신학자들과 교육자들에게 불안감을 불러일으켰다. 솔즈베리의 존(John of Salisbury)이나 클레르보의 성 베르나르(St. Bernard of Clairvaux, 1090~1153)와 같은 보수주의 학자들은 그의 변증법적 신학이 신앙에 대한 위협이 될 수 있다고 우려하였다. 그들은 "신앙의 영역에 속하는 진리는 이성으로 논쟁하거나 해석할 수 없으며, 오직 신앙으로 받아들여야 한다"고 주장하며, 아벨라르의 사상이 신학적 전통을 훼손할 가능성이 있다고 경계하였다.[20]

이러한 비판과 논란에도 불구하고, 아벨라르의 변증법적 신학은 당시 학문적 관심을 끌며 수천 명의 학생을 유치할 만큼 큰 인기를 얻었다. 그의 교육 방식과 논리적 접근법은 파리대학의 전신인 '스투디움 게네랄레(Studium Generale)' 형성에 중요한 기여를 하였으며, 이후 중세 대학에서 논리학과 신학 연구의 기초를 제공하는 중요한 학문적 전통으로 자리 잡았다.

아벨라르는 교사의 역할에 대해 명확한 견해를 가지고 있었다. 그는 "교사의 관심사는 얼마나 유창하게 가르치느냐가 아니라, 얼마나 명확하게 가르치느냐에 있다"고 강조하였다.[21] 이는 당시 학문 세계에서 흔히 중시되던 수사학적 기교보다 논리적 사고와 철학적 탐구를 중시해야 한다는 그의 교육 철학을 반영한 것이다. 아벨라르는 이를 변증법적 신학의 필수 도구로 간주하였으며, 학생들에게 유창한 말솜씨보다 논리적 분석과 비판적 사고를 강조하였다.

아벨라르의 대표적인 저작인 『긍정과 부정(Sic et Non)』은 이러한 그의

---

20) Lowrie J. Daly, S.J.(1961), Op. cit., p. 10.
21) Peter Abailard(1976-1977), *Sic et Non : A Critical Edition*, B. Boyer & R. McKeon (ed.), Chicago and London: Univ. of Chicago Press, Prologue, 27-28.
   *재인용: 이희만(2003), 상게 논문, 66쪽.

교육 철학을 잘 보여준다. 이 저작에서 그는 신학적 질문을 제기하고, 이에 대한 다양한 권위자들의 상반된 견해를 모아 비교 분석하도록 유도하였다. 그는 기독교 교리에서 논쟁이 되는 158가지 주제를 선정하여 질문을 던졌다. 대표적인 예로, '인간의 신앙이 이성에 기초해야 하는가?', '신은 실체인가?', '신은 악의 창조자인가?', '우리는 때때로 자발적으로 죄를 짓는가?' 등과 같은 질문이 있었다.[22] 아벨라르는 이러한 질문에 대한 답을 제시하는 과정에서 여러 교부들의 견해와 관련 성경 구절들을 함께 인용하였다. 그가 인용한 주요 교부로는 아우구스티누스(Augustine), 레오 1세(Leo I), 푸아티에의 힐라리우스(Hilary of Poitiers) 등이 포함되었다. 그의 교육 방식은 학생들이 상충하는 의견들을 비교·분석하고, 이성을 사용하여 스스로 해결책을 찾도록 유도하는 데 초점을 맞추었다.[23]

아벨라르는 진리들이 서로 충돌할 수 없다고 보았다. 그는 이성과 계시의 진리는 모두 신으로부터 동일하게 주어진 것이므로, 두 진리가 모순될 수 없다고 믿었다. 따라서, 권위자들의 의견이 서로 충돌하는 경우, 반드시 논리적 오류가 있거나, 신학적 인용 과정에서 실수가 개입했을 가능성이 크다고 주장하였다. 이러한 관점에서 그는 '변증법적 방법'을 활용하여, 긍정과 부정의 견해를 제시하고 이를 논리적으로 조율함으로써 새로운 종합에 도달하는 방식을 추구하였다.

아벨라르는 이 과정에서 다양한 출처를 철저히 조사하고 인용하여 학문적 엄밀성을 유지하였다. 그의 변증법적 방법론은 중세 철학과 신학에 커다란 영향을 미쳤으며, 후대 학자들의 작업에서도 명확히 드러난다. 특히, 12세기 말부터 16세기까지 신학 학부의 교과서로 사용된 피에르 롱바르(Pierre Lombard, 1096~1160)의 『명제집(Sententiae)』은 아벨라르의 변증법적 방법론의 영향을 명확히 보여준다.[24] 또한, 스콜라 철학의 완성판이라 불리는 토마스

---

22) William Boyd and Edmund J. King(1947), *The History of Western Education*, 4th (ed.), London: Adam & Charles Black, p. 137.
23) Lowrie J. Daly, S.J.(1961), Op. cit., p.15.

아퀴나스(Thomas Aquinas, 1224~1274)의 『신학대전(Summa Theologica)』도 아벨라르의 신학적 방법론을 계승하여 변증법과 학문적 엄밀성을 추구하였다.[25] 피에르 롱바르와 토마스 아퀴나스는 모두 아벨라르가 발전시킨 파리대학의 학문적 전통을 이어받았으며,[26] 특히 '계시의 문제'를 이성을 통해 해결하려는 스콜라 철학의 지적 르네상스를 이끄는 핵심 인물들이었다.

결과적으로, 아벨라르의 변증법적 접근법은 중세 대학에서 철학과 신학이 체계적으로 정립되는 데 결정적인 영향을 미쳤으며, 후대 신학자들과 철학자들에게 중요한 학문적 유산을 남겼다.

2) '자유학예'의 수호자, 솔즈베리의 존

아벨라르가 변증법적 신학을 개척하였다면, 솔즈베리의 존(John of Salisbury)은 대학 교육에서 7자유학예(Seven Liberal Arts)의 중요성을 확립하는 데 기여하였다. 존은 아벨라르가 설립한 몽 생트 쥬느비에브(Mont St. Geneviève) 학교에서 변증법의 기본 원리를 학습하였다. 그러나 존의 학문적 형성에 가장 큰 영향을 준 인물은 샤르트르의 베르나르(Bernard of Chartres, ?~1130)였다.[27] 베르나르는 당시 학계에서 주류를 이루던 아리스토텔레스

---

24) Ibid., p.78.
25) 피에르 롱바르의『명제집』은 13세기 중반부터 16세기까지 서유럽에서 표준 교리 교과서로, 이 책에서 롱바르는 아벨라르의 논리적 분석과 변증법적 방법을 사용하여 신학적 문제들을 체계적으로 다루었다. 롱바르는 아벨라르와 마찬가지로 교부들의 저술을 광범위하게 인용하고, 다양한 신학적 입장들을 종합하고 조정하고자 했다. 그리고 아퀴나스의『신학대전』은 아벨라르의 변증법적 신학을 받아들여 '신학적 질문 제기 → 관련된 다양한 반대 의견 나열 → 자신의 답변 제시 → 각 반대 의견에 대한 반론 제기.'라는 구조를 사용하였다. 이에 대해서는 "John T. Slotemaker(2020), "Peter Lombard", Henrik Lagerlund (ed.), Op. cit., pp. 950-952 ; Alexander W. Hall(2020), "Thomas Aquinas," ibid., pp.1883-1891." 참조하라.
26) Alexander W. Hall, ibid ; Lowrie J. Daly, S.J.(1961), Op. cit., p.11.
27) 박영희(2010), 「12세기 르네상스 연구: 살스베리의 존의『메타로기콘』을 중심으로」,『교육철학연구』48, 한국교육철학학회, 74~75쪽.

철학에 기반한 변증법적 신학 논쟁을 중심으로 삼기보다는, 플라톤 철학(Platonism)의 해석과 전파에 주력하였다. 그는 교육과 학문의 중심을 고전(Classical texts) 연구에 두었으며, 고전 텍스트를 활용한 깊이 있는 학문적 탐구를 강조하였다. 존은 베르나르의 영향을 받아 고전의 중요성을 강조하였으며, 이를 바탕으로 자신의 학문적 접근 방식을 형성하였다. 존은 자신의 저서에서 스승인 베르나르를 다음과 같이 기록하였다.

> 베르나르는 우리를 왜소한 난쟁이가 거인의 어깨 위에 앉아 있는 것에 비유하곤 했다. 그는 우리가 더 많은 것을 보고, 더 멀리 볼 수 있는 이유가 우리의 시력이 더 날카롭거나 키가 더 크기 때문이 아니라, 거인의 거대한 신장에 의해 들어 올려지고 있기 때문이라고 지적했다.[28]

이 언급은 선학(先學)의 지적인 업적 위에 우리가 서 있음을 나타내는 상징적인 표현으로, 베르나르는 고전을 통해 축적된 선학들의 지식 가치를 강조하였다. 그는 플라톤 철학의 해석을 중심으로 학생들에게 고전적 지혜와 철학적 깊이를 전달하고자 하였다. 베르나르의 이러한 교육 철학은 존에게 이어졌으며, 그가 7자유학예의 중요성을 확립하는 데 결정적인 역할을 하였다.

존은 샤르트르(Chartres) 대성당 학교에서 7자유학예를 체계적으로 학습하였다. 그는 3학(三學, Trivium)에 해당하는 '문법(文法), 수사학(修辭學), 논리학(論理學)'을 집중적으로 연구하였으며, 4과(四科, Quadrivium)에 속하는 '산술(算術), 기하(幾何), 천문학(天文學), 음악(音樂)' 중 일부 과목도 익혔다.

존은 자유학예를 폭넓은 지식을 갖춘 교양인 양성과 인간 잠재력 발휘의 필수 요소로 보았다. 그는 자유학예를 교육의 근간이자 올바른 인성 함양의 기초라고 주장하였으며, 이를 통해 사회적 불합리와 편견에서 벗어나는 해

---

28) John of Salisbury (1955), *The Metalogicon of John of Salisbury: A Twelfth-Century Defense of the Verbal and Logical Arts of the Trivium*, Daniel D. McGarry (trans.), University of California Press, Berkeley and Los Angeles, p. 167.

방의 학문으로 인식하였다. 특히 그는 자유학예가 미적 감각의 향상, 인간의 행복 추구, 그리고 덕성(德性) 함양에 필수적이라고 강조하였다. 그중에서도 언어와 사고의 기초가 되는 3학의 중요성을 특별히 중시하였다. 주목할 점은, 존이 자유학예의 영향력을 단순한 지식의 영역에 국한시키지 않고, 더 넓은 사회적 차원으로 확장시켰다는 것이다. 그는 자유학예를 단순한 학문 체계가 아닌, 사회 개혁과 인간 발전을 위한 도구로 인식하였다. 이러한 관점은 자유학예의 교육적 가치를 새롭게 조명하는 계기가 되었다.[29]

존의 교육사상은 1159년에 출간된 『메탈로지콘(Metalogicon)』에 구체적으로 드러난다. 이 저술에서 존은 '코르니피키우스'(Cornificius)라는 이름으로 지칭한 집단이 '3학(三學, Trivium)'을 공격한 것에 대해 반박하고자 하였다고 밝히고 있다. 여기서 '코르니피키우스'는 자유학예의 가치와 의미를 훼손하는 이들을 비판하기 위해 사용된 개념적 용어였다.[30]

존은 코르니피키우스주의자들의 주장에 대해 여러 측면에서 비판적 입장을 취하였다. 첫째, 언어적 능력의 교육 가능성과 관련하여, 존은 인간의 언어 능력이 후천적 교육을 통해 개선될 수 없다는 코르니피키우스주의자들의 주장을 반박하였다. 그는 체계적인 교육을 통해 언어 능력이 충분히 향상될 수 있으며, 특히 문법과 수사학의 학습을 통해 논리적 사고와 효과적인 의사소통 능력이 계발된다고 강조하였다. 둘째, 그는 '문법, 수사학, 변증법' 학습 시간이 길다는 이유로, 법률·의학 등 실용적 학문을 단기간에 습득해야 한다고 주장하는 코르니피키우스주의자들의 실용주의적인 교육관에 반대하였다. 존은 이러한 접근이 포괄적인 교양 교육을 저해하며, 학문적 깊이와 비판적 사고를 약화시킨다고 비판하였다. 셋째, 존은 '3학(三學)'이 사고력 향상과 효과적인 의사소통의 기초라고 강조하였다. 그는 이 학문들이 단순한 지식 전달을 넘어 정신 단련과 사회적 상호작용의 중요한 기반이 된다고 보았다. 따

---

29) 이희만(2009), 「궁정 지식인 존 솔즈베리」, 『서양중세사연구』 23, 한국서양중세사학회, 102쪽.
30) Daniel D. McGarry(1955), "Introduction", Op. cit., p. xxi.

라서, '3학'을 소홀히 하면 학문적·사회적 능력의 결핍을 초래할 수 있다고 경고하였다. 마지막으로, 존은 자유학예교육이 개인의 판단력과 덕성(德性)을 함양하여, 장기적으로 개인과 사회의 발전에 기여한다고 주장하였다. 그는 자유학예가 단순한 실용적 기술이 아니라, 인간의 도덕성과 비판적 사고력을 기르는 근본적인 학문 체계라고 보았다. 이를 통해 존은 코르니피키우스주의자들의 단기적 실용주의 교육관에 대조되는, 장기적이고 포괄적인 교육관을 제시하였다.[31]

존의 교육 이론은 그의 스승인 아벨라르의 이론보다 더 강한 기독교적 성향을 보였다. 그는 인간의 이성을 초월하는, 오직 신앙으로만 접근할 수 있는 영역이 존재한다고 믿었으며, 이를 통해 신학과 철학의 관계를 정립하고자 하였다. 존은 진리란 사고와 사실이 일치하는 것이라고 정의하였다. 그는 지식 추구 과정을 세 단계로 구분하며, 학문의 발전이 단순한 정보 습득을 넘어 도덕적·실천적 차원으로 이어져야 한다고 보았다. 첫 번째 단계인, '의견(意見, opinio)'은 감각과 상상력에서 얻는 초기 인식 단계로, 주관적이고 비체계적인 특성을 지닌다. 이 단계에서는 개인의 경험과 감각적 지각이 지식 형성의 주요 요소가 된다. 두 번째 단계인 '과학(科學, scientia)'은 이성에 기반한 체계적이고 논리적인 지식 추구 단계로, 객관적이고 검증 가능한 지식을 형성한다. 이 단계에서는 논리적 분석과 학문적 탐구가 이루어지며, 자유학예를 포함한 철학적·과학적 탐색이 강조된다. 마지막 단계인 '지혜(智慧, sapientia)'는 교육의 최종 목표로, 이론적 지식을 넘어 적극적인 삶과 도덕적 판단으로 구현되는 단계이다. 이는 단순한 지적 이해를 넘어, 신앙과 도덕적 삶 속에서 실천되는 최상의 지혜를 의미한다. 존은 이러한 단계적 접근을 통해 인간이 진정한 지식과 이해에 도달할 수 있다고 보았다. 그는 학문의 목표가 단순한 지적 탐구를 넘어, 윤리적이고 신앙적인 삶의 실천과 연결되어야 한다고 주장하였다.[32]

---

31) 이희만(2009), 상게 논문, 104~106쪽 ; 박영희(2010), 상게 논문, 81~82쪽.

존은 이러한 학습 단계를 적절히 거치기 위해 자유학예 교육이 필수적이라고 보았다. 그는 자유학예를 통해 지식과 삶이 조화를 이루는 '자유 교양인'을 양성할 수 있다고 믿었다. 여기서 '자유 교양인'이란, 폭넓은 지식을 바탕으로 비판적 사고 능력을 갖추고, 이를 실제 삶에 적용할 수 있는 인격체를 의미한다. 그러나 존이 이상적으로 구상한 균형 잡힌 자유학예 교육 모델은 실제 중세 대학 교육에서 온전히 구현되지 못하였다. 대신, 그의 스승 아벨라르의 영향으로 변증법과 철학이 중세 대학 교육에서 더 큰 비중을 차지하는 방향으로 발전하였다. 이는 존이 강조한 자유학예의 균형 있는 학습 과정과는 다소 거리가 있었지만, 그의 교육철학은 이후 중세 대학에서 교양 교육의 근본적인 토대를 제공하였다.

2. 볼로냐대학의 이르네리우스와 그라티아누스

1) 로마법의 부활자, 이르네리우스

"볼로냐에서는 이렇게 가르친다"(Bononia docet)라는 경구가 알프스 이북에서도 사용될 정도로, 볼로냐대학은 중세 유럽에서 법학 교육의 최고 권위를 지닌 기관으로서 독보적인 위치를 차지하였다.[33] 이러한 볼로냐대학의 명성은 '중세 법학, 특히 로마법 연구의 부활'에 핵심적인 역할을 한 이르네리우스(Irnerius)의 공헌과 밀접한 관련이 있다.

이르네리우스의 정확한 역할과 업적에 대해서는 약간의 논란이 있지만,[34]

---

32) Lowrie J. Daly, S.J.(1961), Op. cit., p.12 ; 이희만(2009), 앞의 논문, 104~106쪽.
33) 볼프강 E. J. 베버(2020), 앞의 책, 22쪽.
34) 이르네리우스는 전통적으로 볼로냐 법학교의 설립자이자, '진본'(Authenticae)의 개발자이며, '역주학파'(Glossator)의 선구자로 평가되고 있다. 하지만 당시 볼로냐에는 이미 법학 전통이 있었으며, 이르네리우스는 그 중 한 교수일 뿐이고, '진본'과 '역주학파'도 기존에 있었다는 반론도 있다. 이에 대해서는 "Hastings Rashdall (2010), Op. cit., p.121."을 참조하라.

볼로냐대학이 유럽 전역에서 명성을 얻게 된 첫 번째 요인은 그의 강의였다는 사실은 확실하다.[35] 그는 법학자로서 명성을 떨치기 이전부터 자유학예의 대가로 인정받고 있었다. 당시 법률 문서가 고대 라틴어로 작성되어 있었으며, 심지어 이탈리아인들에게도 점차 사어(死語)가 되어가던 상황이었기에, 법률 문서를 정확히 독해하고 논리적으로 해석하는 능력이 필수적이었다. 따라서 법률 문서의 독해와 논리적 사고, 그리고 설득력 있는 주장 전개를 위해서는 문법(文法)과 수사학(修辭學)에 대한 깊은 교양이 필요했다.[36] 이르네리우스는 자유학예에서의 뛰어난 역량을 바탕으로 변호사이자 판사, 그리고 최고의 법학 교육자로 자리 잡을 수 있었다.

이러한 자유학예의 전통은 볼로냐 지역에서 법학 연구가 발전하는 토대가 되었다. 특히 11세기 중반 이전부터 볼로냐에서는 『로마법대전(Corpus iuris civilis)』의 일부인 『칙법휘찬(Codex)』의 재발견을 계기로 민법 연구가 활발히 이루어졌다.[37] 『로마법대전』은 유스티니아누스 대제(Justinianus I, 483~565)가 편찬한 법전으로, 크게 네 부분으로 구성된다. 여기에는 기존 법률을 정리한 법률 모음집인 『칙법휘찬(Codex)』, 고대 이탈리아 법학자들의 의견을 집대성한 법해석 자료인 『학설휘찬(Digest 또는 Pandects)』, 법학 교육을 위한 교과서인 『법학제요(Institutes)』, 534년 이후 유스티니아누스가 새롭게 제정한 법령인 『신칙법(Novellae)』이다.[38]

---

35) ibid., p.115.
36) ibid., pp.103-104. * 구체적으로, 문법은 법률 용어의 정의와 사용법을 체계적으로 정리하고, 법률 문서의 논리적 일관성을 유지하는 데 기여했다. 다음으로, 수사학은 법정에서의 변론과 법적 주장의 정교화에 필수적이었다. 수사학을 통해 법학자들은 논리적이고 설득력 있는 법적 주장을 펼칠 수 있었으며, 이를 통해 법정에서 유리한 결과를 이끌어낼 수 있었다. 이러한 측면에서 당시 '법학 교육은 자유학예 교육'의 일부로 자리할 뿐이었다.
37) Constant J. Mews(2020), "The Schools and Intellectual Renewal in the Twelfth Century: A Social Approach," Cédric Giraud (ed.), *A Companion to Twelfth-Century Schools*, Leiden ; Boston: Brill, p.17.
38) Alan B. Cobban(2001), *English University Life in the Middle Ages*, Taylor &

12세기 초, 이르네리우스를 비롯한 로마법 교사들은 『로마법대전』을 연구하는 과정에서 중요한 과제에 직면하였다. 『법학제요』는 완전한 형태로 유통되었으나, 『학설휘찬』은 세 부분, 『칙법휘찬』은 두 부분으로 나뉘어 발견되었다. 또한, 『신칙법』은 정리되지 않은 상태로 남아 있어 법전 연구에 혼란을 초래하였다.[39] 이를 해결하기 위해, 볼로냐의 로마법 학자들은 새로운 법전 연구 방식을 모색하였다. 그들은 『로마법대전』의 재구성을 주도하며, 법전 텍스트에 대한 혁신적인 연구 방법을 도입하였다.

특히, 이르네리우스는 『신칙법』을 당대 라틴어로 단순화하여 번역하고, 자신의 '역주(glossing)'를 추가하였다. 이르네리우스의 '역주'는 단순한 주석을 넘어 법령을 보완하고, 변경이 필요한 내용을 법전 여백에 배치하는 방식을 따랐다. 이는 단순한 법전 해석을 넘어, 당대의 법적 현실에 맞는 법률 적용 방식을 새롭게 구성하려는 시도였다.[40] 이르네리우스의 역주 방식은 피에르 아벨라르의 『긍정과 부정(Sic et Non)』을 연상시키는 비판적 분석 방법이었다.[41] 그는 법문에 다양한 해석을 덧붙여 법령의 의미를 명확히 하고,

---

Francis e-Library, p.168.
39) Pennington, Kenneth(2020), "The Beginnings of Law Schools in the Twelfth Century," Cédric Giraud (ed.), *A Companion to Twelfth-Century Schools*, Leiden ; Boston: Brill, p.235.
40) Pennington, Kenneth(2019), "Irnerius", Bulletin of Medieval Canon Law, vol. 36, p.112.
41) 이르네리우스의 역주 방식은 세 가지 주요 방식을 활용하였다. 첫 번째는, '주석 달기(glossing)'로, 이를 통해 법전 본문에 대한 해석과 설명을 덧붙여 텍스트의 의미를 명확히 하였다. 이는 법률 용어의 정의뿐만 아니라, 판례와 법적 개념에 대한 깊이 있는 분석을 포함하였다. 두 번째는, '병행 구절 제시'로, 특정 법 조항과 비슷한 의미나 내용을 담고 있는 다른 문헌의 구절을 제시하였다. 이를 통해 법률 해석에 다양한 관점을 제공하며, 법적 논증을 보다 정교하게 구축할 수 있도록 하였다. 마지막으로, '차이점 기록'으로, 다른 판본이나 사본에서 발견되는 차이점을 기록하여, 법률 문서의 변천과 발전을 이해할 수 있도록 하였다. 이를 통해 법전의 개정 과정과 법률 조항의 변화를 추적할 수 있었으며, 실무에서 보다 정확한 법 적용이 가능하도록 하였다.

다양한 법률 해석 가능성을 제시하였다.[42] 이를 통해, 볼로냐 법학파는 중세 법학을 단순한 법조문 해석에서 벗어나, 논리적 분석과 토론을 통해 법적 개념을 발전시키는 학문으로 자리매김할 수 있었다.

한편, 로마법 교사들은 유스티니아누스(Justinianus)가 새롭게 발포한 법령들을 체계적으로 정리하여 '정본(正本, Authenticum)'이라는 책에 삽입하였다. 이는 법률 해석과 교육을 보다 체계적으로 진행하기 위한 시도였다. 이르네리우스(Irnerius)는 '정본'에서 발췌한 내용을 『칙법휘찬』의 본문 여백에 주석을 달고, 여기에 다시 자신의 논평(commentary)을 추가하였다. 이러한 연구 방식은 후대 법학자들에게 영향을 미쳐 '진본(眞本, Authenticae)'이라는 새로운 텍스트 장르를 창조하는 계기가 되었다.[43]

이르네리우스가 '진본'을 추가한 목적은 고대 로마법을 단순히 보존하는 것이 아니라, 이를 12세기 사회 규범에 맞게 조정하고 적용하려는 데 있었다. 그는 법령이 단순한 역사적 유물이 아니라, 당대 사회에서 실질적으로 작용해야 한다고 보았으며, 이를 통해 로마법을 실제 법률 체계에 적합한 법으로 재구성하려는 시도를 하였다. 그 결과, 이르네리우스와 로마법 교사들은 법학 교육에서 단순히 '과거의 법'을 가르치는 것이 아니라, '현재의 법'을 교육할 수 있는 체계를 확립하였다.[44]

이르네리우스의 이러한 혁신적인 법학 연구 방식은 법학 교육에 근본적인 변화를 가져왔다. 특히, 그의 『학설휘찬』 연구는 단순히 법 원칙을 논의하는 것을 넘어, 표준 텍스트에 대한 세밀한 전문적 연구를 최초로 도입하였다. 그의 연구로 인해 법학 지식의 범위가 확장되었으며, 법학은 더 이상 자유학예에 부수적으로 속하는 학문이 아니라, 독립된 학문 분야로 자리 잡게 되었다. 이러한 변화는 법학이 단순한 실무 기술이 아니라 이론적이고 체계적인 연구를 필요로 하는 전문 학문으로 발전하는 계기가 되었다. 그 결과, 법학은 전

---

42) A. B. Cobban(1975), Op. cit., p.50.
43) Pennington, Kenneth(2020), Op. cit., pp.235-236.
44) ibid., p.237.

문 교사의 지도 아래 체계적으로 학습해야 할 학문으로 인정받았으며, 대학 내에서 법학 교육이 독립적인 학문으로 자리 잡는 기초가 마련되었다.[45]

이후, 이르네리우스가 활용한 역주(glossing) 방식과 '진본(Authenticae)' 개념은 볼로냐에서 '역주학파(Glossators)'를 탄생시키는 데 결정적인 역할을 하였다.[46] 이 역주학파는 가장 신뢰할 수 있는 원문을 확립하는 뛰어난 '텍스트 비평(textual criticism)' 능력을 보여주었으며, 법률 해석을 보다 체계적으로 발전시켰다.[47] 또한, 이르네리우스의 역주가 포함된『학설휘찬』은 유럽 전역의 대학에서 법학 교육의 기본 텍스트가 되었다.[48] 아리스토텔레스의 저작이 철학자들에게 지적 자극을 주었듯이, 이르네리우스의 법학 연구는 중세 법학자들에게 강력한 학문적 영향을 미쳤던 것이다. 결과적으로, 이르네리우스는 법률 해석과 법학 교육의 표준을 확립하는 데 중대한 기여를 하였다.

이르네리우스의 연구와 교육 덕분에 민법(Civil Law)은 더 이상 문법과 수사학의 부속 학문이 아니라, 독립적인 전문 학문으로 변모하였다. 그가 법학 교육을 시작한 이후, 명문 가문 출신의 성직자와 귀족의 아들들이 유럽 각지에서 볼로냐로 몰려들어 민법을 배우고자 하였다.[49] 이들은 성직이나 고위 관직을 목표로 하는 엘리트 계층이었으며, 법학 교육이 단순한 실무 지식이 아니라 사회적 지위와 정치적 영향력을 위한 필수적인 학문으로 자리 잡는 계기가 되었다. 이르네리우스의 명성과 그가 확립한 법학 교육 체계는 볼로냐대학이 유럽 최고의 민법 교육기관으로 발돋움하는 데 결정적인 역할을

---

45) William Boyd and Edmund J. King(1947), Op. cit., p.132.
46) 이르네리우스 이후 역주학파(Glossators)의 실질적인 발전을 이루게 되는데, 그것은 볼로냐 민법의 4대 박사들이라 불리는 '로게리우스(Rogerius), 플라첸티누스(Placentinus), 아조(Azo), 후골리누스(Hugolinus)'에 의해 이루어지게 된다. 이에 대해서는 "Hastings Rashdall(2010), Op. cit., p.255."을 참조하라.
47) ibid.
48) Joel T. Rosenthal(2020), "Life Histories," Jo Ann Moran Cruz (ed.), *A Cultural History of Education in the Medieval Age*, London ; New York: Bloomsbury Academic, p.176.
49) Hastings Rashdall(2010), Op. cit., p.126.

하였다. 그는 법학을 체계적이고 논리적인 학문으로 발전시켰으며, 그의 연구 방식과 교육 모델은 이후 유럽 대학의 법학 교육 전통을 확립하는 데 중요한 기여를 하였다.

2) 교회법의 선구자, 그라티아누스

볼로냐대학이 최고의 명문 법학 대학으로 자리 잡을 수 있었던 것은, 민법의 이르네리우스(Irnerius)와 함께, '교회법의 아버지'(Pater iuris canonici)라 불리는 그라티아누스(Gratianus)의 공헌 덕분이었다.[50] 그라티아누스는 볼로냐의 성 펠릭스(S. Felix) 수도원에 속한 수도사로,[51] 1120년대부터 교회법(Canon Law)을 가르치기 시작하였다.

그러나 그라티아누스가 교육을 시작하면서 체계적인 교과서의 부재라는 중요한 문제에 직면하였다. 물론, 그 이전에도 교회법에 대한 방대한 자료가 존재하였다. 예컨대, 교회 회의(General Councils)와 지역 종교 회의(Local Synods)에서 제정된 법률과, 교황들의 교서(Papal Decrees)와 편지(Epistles) 등이 있었다. 그러나 이 자료들은 일관된 체계 없이 산재해 있었으며, 서로 모순되는 내용도 많았다.[52]

이러한 문제를 해결하기 위해, 그라티아누스는 1140년경 이전의 교령(decrees)을 체계적으로 정리하여『교령집(Decretum)』을 편찬하였다. 이 저작은 약 3,900개의 교회법 조항(또는 장)으로 구성되어 있으며, 세 부분으로 나뉘어 있다. 제1부는 '법률명제(Distinctiones)'로, 신성한 교회법과 인간 법의 기원, 교회의 인물과 의무에 대한 논의하였다. 제2부는 '법률사례(Causae)'로, 36개의 민사 및 형사 사건에 대한 판결을 다루며, 실질적인 법 적용과 판결 기준을 제시하였다. 마지막 제3부는 '성례전(De Consecratione)'으로, 성례

---

50) Ken Pennington(2020), Op. cit., p.243.
51) Hastings Rashdall(2010), Op. cit., p.132.
52) Lowrie J. Daly, S.J.(1961), Op. cit., p.88.

(sacraments)와 성사(consecration)에 대한 법적 해설과 규정에 대해 다루었다. 그러나 이 『교령집』은 단순한 법률 조항의 수집이 아니었다. 그라티아누스는 이 책을 다양한 법적 의견을 비교·분석하고 자신의 해석을 덧붙인 일련의 논문 형식으로 구성하였다.[53]

무엇보다 주목할 점은 그라티아누스의 『교령집』이 형식상 법전이 아니라 교과서였다는 사실이다. 특히 제2부 '법률 사례'는 기존에 없었던 혁신적인 교육 자료로, 사건 사례를 통한 법학 교육이라는 새로운 방식을 제시하였다. 이러한 교육 방식은 이후 1917년까지 교회 법학의 중심 요소로 자리 잡았다.[54] 『교령집』은 분명 법적인 내용을 담고 있지만, 단순한 법률 조항의 나열이 아니라 스콜라적 방법론을 따랐다. 즉, 학생들이 교회법을 단순히 암기하는 것이 아니라 비판적으로 사고하고 토론하면서 학습하도록 유도하였다. 이는 피에르 아벨라르가 『긍정과 부정』에서 사용한 변증법적 신학 방법을 법학 교육에 적용한 것이었다.[55] 이러한 특징은 『교령집』의 원제목이 『상충하는 교회법들의 조화(Concordantia discordantium canonum)』라는 사실에서도 분명하게 드러난다. 다시 말해, 아벨라르가 『긍정과 부정』에서 상반된 견해를 병렬적으로 제시한 후 변증법적 방법을 통해 모순을 분석하고 조화를 시도하였듯이, 그라티아누스도 기독교 첫 천 년간의 권위 있는 법률 텍스트들을 수집한 후, 그중 서로 상충하는 내용을 변증법적으로 조화시키고자 하였다.[56]

그라티아누스의 방법론적 혁신은 여기서 그치지 않았다. 그는 이르네리우스의 『로마법』 연구 방식을 교회법에 적용하여 『교령집』을 체계적으로 정리하였다. 또한 이르네리우스와 마찬가지로 교회법 원문에 자신의 역주를 달았으며, 나아가 『교령집』에 이르네리우스의 '진본'(Authenticae) 30개를 포

---

53) ibid., pp.88-89.
54) Ken Pennington(2020), Op. cit., p.244.
55) Hastings Rashdall(2010), Op. cit., p.129.
56) Antonio Garcia Y Garcia(1992), The Faculties of Law, Hilde de Ridder-Symoens (ed.), Op. cit., p.405.

함시키기까지 하였다.[57] 그는 텍스트를 자유롭게 수정하고 추가하면서 불일치한 의견들을 조화시키고, 학생들에게 보다 완전한 교회법 자료를 제공하였다.[58] 이러한 공로로 그는 교회법에 대한 과학적 연구의 창시자로 불리게 되었다.[59]

그라티아누스의 『교령집』은 전례 없는 형식과 구성을 갖춘 책으로, 교육적 측면뿐만 아니라 학문적 측면에서도 높은 평가를 받았다. 출간 이후 중세 전반에 걸쳐 교회법 연구와 실무 적용에 있어 가장 중요한 참고 자료가 되었으며, 교회법 학자들에게 필수적이고 표준적인 교재로 자리 잡았다.[60] 『교령집』의 중요성과 그 위상은 볼로냐 지역에서 40년이 채 되지 않는 기간 동안 12명이 넘는 교회법 주석가들이 배출되었으며, 그들 중 많은 이들이 주교와 추기경이 되었다는 사실에서도 확인할 수 있다.[61]

이르네리우스가 민법을 자유학예의 일부가 아닌 독립적인 전문 학문으로 확립한 것처럼, 그라티아누스는 교회법을 신학에서 분리하여 독자적인 학문 분야로 발전시켰다.[62] 특히 『교령집』의 연구는 신학자나 민법 전문가와는 구별되는 새로운 부류의 교사와 학생들을 탄생시키는 계기가 되었다. 흥미롭게도 그라티아누스의 작업은 교회법 연구자들이 신학보다 민법과 더 밀접한 관계를 맺도록 하는 데 영향을 미쳤다. 12세기 중반까지만 해도 교회법

---

57) 주목할 만한 점은 그라티아누스가 자신의 『교령집』에 이르네리우스의 '진본'만을 포함시키고 『칙법휘찬』의 본문은 제외했다는 것이다. 이는 이르네리우스의 '진본'이 『칙법휘찬』의 본문에 대한 주석이었음에도 불구하고 내린 결정이었다. 이러한 선택은 그라티아누스가 이르네리우스의 업적을 얼마나 중요하게 여겼는지를 잘 보여준다. 이에 대해서는 "Ken Pennington(2020), Op. cit., p.243."을 참조하라.
58) Ken Pennington(2019), Op. cit., p.119.
59) Lowrie J. Daly, S.J.(1961), Op. cit., p.89.
60) Hastings Rashdall(2010), Op. cit., p.128 ; Ken Pennington(2020), Op. cit., p. 243.
61) Josiah C. Russell(1959), "Gratian, Irnerius, and the Early Schools of Bologna," *The Mississippi Quarterly*, Vol. 12, No. 4, Fall, The Johns Hopkins University Press, p.187.
62) Charles Homer Haskins(1957), Op. cit., p.10.

대학은 교회와 일정한 연관성을 유지하고 있었으나, 다음 세기에 접어들면서 민법 대학과 나란히 발전하게 되었으며 성당과 주교의 통제에서 벗어나 독립적인 학문 기관으로 자리 잡았다.[63]

15세기에 이르러 볼로냐대학의 법학 교육은 더욱 체계화되었으며, 민법과 교회법 간의 관계도 한층 긴밀해졌다. 법학 학위를 취득하려는 학생들은 그라티아누스의 『교령집』과 이르네리우스가 정리한 『로마법대전』을 주요 교재로 삼아 학습해야 했다. 이들은 논리적 분석과 종합, 변론과 논쟁, 논문 작성과 토론 등의 기법을 익히면서 법학적 사고를 발전시켜 나갔다. 이러한 교육 방식은 교회법과 민법 모두에 동일하게 적용되었다. 특히 주목할 만한 것은 1432년에 도입된 이중 박사 학위(Doctor utriusque Juris) 제도이다. 이 제도를 통해 학생들은 교회법과 민법의 박사 학위를 동시에 취득할 수 있었으며, 이는 두 법학 분야의 통합적 이해를 촉진하는 계기가 되었다.[64]

이처럼 민법의 이르네리우스와 교회법의 그라티아누스에 의해 볼로냐는 법학 대학으로서 확고한 우위를 확립하였다. 이 두 학자의 혁신적인 방법론과 체계적인 접근 방식은 법학 교육의 새로운 패러다임을 제시하며 중세 법학의 발전을 주도하였다. 그들의 업적은 단순히 볼로냐대학의 명성을 높이는 데 그치지 않고, 중세 유럽 전반의 법학 교육과 연구에 지대한 영향을 미쳤다. 그 결과, 그들이 구축한 법학 연구 및 교육 방식은 이후 수세기 동안 법학 교육의 기준으로 자리 잡았다.

Ⅳ. 한국 서원의 형성 배경

16세기 한국 서원의 형성은 단순한 교육기관의 설립을 넘어, 조선 중기의

---

63) Hastings Rashdall(2010), Op. cit., p.137.
64) Lowrie J. Daly, S.J.(1961), Op. cit., p.140.

정치·사회·문화적 변화를 반영하는 중요한 역사적 현상이었다. 서원의 형성에는 다양한 요인이 복합적으로 작용하였으며, 이를 크게 세 가지로 정리할 수 있다.[65] 첫째, 관학(官學)의 쇠퇴와 새로운 교육기관의 필요성이다. 둘째, 사림(士林) 세력의 성장과 향촌(鄕村) 지배력 확대이다. 셋째, 성리학(性理學)의 토착화와 도학정치(道學政治) 이념의 확산이다. 이러한 요인들이 결합하여 조선에서 서원이 형성될 수 있었다.[66]

먼저, '관학의 쇠퇴와 새로운 교육기관의 필요성'에 대해 살펴보도록 하겠다. 조선은 개국 초기부터 '흥학'(興學)의 이념을 바탕으로 학문을 장려하였다. 태조(太祖)는 즉위교서(卽位敎書)를 통해 중앙의 국학(國學)과 지방의 향교(鄕校)를 통해 인재를 양성할 것을 천명하였다.[67] 이는 성균관(成均館), 사학(四學), 향교 등의 교육기관을 통해 유교(儒敎)를 사회 전반에 확산시키고, 유능한 관리를 배출하고자 한 것이었다.

그러나 15세기 초부터 관학은 여러 문제점을 노출하기 시작하였으며, 16세기에 이르러 국가의 일률적인 관리 체계가 한계에 봉착하였다. 이러한 변화는 사림 세력의 부상과 밀접한 관련이 있으며, 교육의 중앙 집권화에서 분권화로의 전환을 의미하였다.[68]

관학의 쇠퇴는 여러 요인이 복합적으로 작용한 결과였다. 그중에서도 가장 큰 원인은 교사의 자질 부족이었다. 교육의 질을 결정하는 핵심 요소가 교사의 역량임에도 불구하고, 관학에서는 유능한 교원을 확보하지 못하면서 교육의 수

---

65) 여기서 논의하는 '서원 형성의 세 가지 요인'은 다음의 연구들에서 공통적으로 언급되고 있다: "유홍렬(1980), 「조선에 있어서 서원의 성립」, 『한국사회사상사논고』, 서울: 일조각, 39~114쪽 ; 정만조(1997), 『조선시대 서원연구』, 서울: 집문당 ; 이수환(1996), 「서원건립활동」, 『한국사』 28, 국사편찬위원회, 278~306쪽 ; 정순우(2013), 『서원의 사회사』, 파주: 태학사."
66) 이하 논의되는 "서원 형성의 세 가지 배경"에 대한 논의는 이수환(1996), 위의 책, 278~306쪽"에 기반하여 작성하였으며, 이외의 경우에는 각주로 표기하였다.
67) 『太祖實錄』 卷1, 1年 7月 28日: 內而國學, 外而鄕校, 增置生徒, 敦加講勸, 養育人才.
68) 정순우(2013), 앞의 책, 파주: 태학사, 28쪽.

준이 점차 저하되었다.[69] 또한, 훈구(勳舊) 세력이 주도한 교학진흥책(敎學振興策)은 관학을 관리 등용 기구로만 인식하여 실질적인 교육 개선에는 소홀했다. 이는 사화(士禍) 이후 정치적 탄압을 경험한 사림(士林)의 참여 의지를 되살리지 못하는 한편, 유생들 사이에서 관직과 녹봉(祿俸) 등 물질적 이익만을 추구하는 폐습(弊習)을 바로잡는 데에도 효과적이지 못했다.[70] 이러한 문제들이 누적되면서 성균관과 사학에서는 정원 미달 현상이 발생하였고, 향교는 본래의 교육 기능을 상실한 채 단순한 피역처(避役處)로 전락하였다. 그 결과, 향교에 입학한 유생들조차 기본적인 독해 능력을 갖추지 못한 경우가 많았으며, 설령 글을 아는 자라도 향교에 소속되는 것을 부끄러워하는 상황이 벌어졌다.[71]

이러한 관학의 쇠퇴는 역설적으로 사학(私學)의 발달을 촉진하는 계기가 되었다. 사학은 학덕(學德)을 겸비한 사림(士林)의 주도로 관학의 결점을 보완하며 번창할 수 있었다. 이에 따라 많은 유생들이 관학을 떠나 사학에서 공부하는 현상이 두드러졌으며, 중종(中宗) 말년에 이르러 이러한 추세는 더욱 심화되었다. 이러한 배경 속에서 관학을 대체할 새로운 교육기관의 필요성이 대두되었다.

사림계에서는 학교의 외형적 정비보다 사림 스스로의 수련과 내적 성숙을 중시하며, 자발적인 학문 진흥을 도모하는 사림 중심의 흥학책(興學策)을 주장하였다. 동시에 중앙 관료들 사이에서도 관학을 대신할 새로운 교육기관

---

69) 예를 들어, 향교에 파견된 교관(敎官)은 다른 직위로 옮길 수 없었기 때문에 관료가 되려는 이들이 기피하였다. 월급도 없어 양식을 직접 준비해 부임해야 했고, 수령은 교관을 무시하며 학생들도 교관에게 배우는 것을 부끄럽게 여겼다. 이로 인해 교관의 수준이 떨어져 글을 모르는 사람도 교관으로 임명되는 지경에 이르렀다. 이에 대한 자세한 논의는 "정순우(2010), 「군사부일체 사회의 버팀목, 그러나 불우한 삶: 조선조 교사와 훈장의 삶」, 규장각한국학연구원 편, 『조선 전문가의 일생』, 파주: 글항아리"를 참조하라.
70) 이병훈(2020), 「16세기 한국 서원의 출현과 정비」, 『한국서원학보』 10, 한국서원학회, 69쪽.
71) 『中宗實錄』 卷29, 12年 8月 22日: 外方校生, 托名儒籍, 年幾六十, 而不識一字, 故以鄕校爲避役之地矣, 幸有解文者, 反以托名鄕校爲愧, 百端巧避.

의 설립이 논의되었다. 1542년, 공신계(功臣系) 관료인 어득강(魚得江)은 중국의 사학 제도를 모델로 한 교육기관의 설립을 제안하였다. 그는 중국의 석유(碩儒)들이 정사(精舍)와 서원(書院) 등의 사학을 건립하여 지방 교육에 기여한 사례를 들어, 조선에서도 유사한 제도를 도입할 필요성을 강조하였다.[72]

이처럼 16세기 서원의 출현은 국가의 일률적인 교육 관리가 한계에 봉착했음을 보여주는 역사적 흐름이었다. 이는 조선 교육사에서 중요한 전환점으로, "국가 주도의 관학 아카데미즘에서 사림 주도의 사학 아카데미즘으로의 전환"[73]을 의미하였다.

두 번째로, '사림 세력의 성장과 향촌 지배력 확대'에 대해 논의해보겠다. 이 과정은 15세기부터 16세기에 걸쳐 진행되었으며, 조선 사회의 정치적·교육적 변화와 밀접한 관련이 있다.

주지하다시피, 사림 세력은 고려 후기 사대부에서 비롯된 계층으로, 조선 개창 과정에서 재야로 밀려난 후예들이었다. 이들은 경제적으로 중소지주(中小地主) 계층에 속했으며, 성리학(性理學)의 정통 계승자임을 자부하였다. 15세기에 김종직(金宗直) 일파가 중앙 정계에 진출하면서, 사림 세력은 훈구파의 부국강병책과 사장(詞章) 중심 학풍을 비판하며 정치적 입지를 넓혀 나갔다. 16세기에 들어서면서 사림 세력의 영향력은 더욱 확대되었다. 조광조(趙光祖)를 중심으로 한 사림들은 성리학에 기반한 도학(道學)과 위기지학(爲己之學)을 강조하며 학문적·정치적 이상을 실현하고자 하였다. 이들은 『소학(小學)』의 보급과 장려, '선현(先賢) 존중', 그리고 '학문을 통한 사제 관계 형

---

72) 『中宗實錄』 권98, 37年 7月 27日: 漢之鄭玄, 聚徒教授, 隋之王通, 講學河汾, 唐之李渤, 爲南唐 白鹿洞主, 學者雲集. 至趙宋初, 其徒尙數千人, 宋帝賜九經以獎之. 朱[周]·張·程·朱, 各有門徒, 其出於門者, 皆名公碩儒, 靑出於藍. 李公擇, 貯山房萬卷之書, 以與學者共之, 朱熹建武夷精舍, 修白鹿書院. 此道不行於東國, 邈裔之儒, 何所問業? 慶尙·全羅·忠淸·江原四道, 士尙詩書. 臣ဩ忠淸·江原·全羅, 各一道中央, 慶尙左右道, 各得一大寺刹, 聚道內名儒, 勿論生員, 進士, 歲以四仲之月, 上下齋, 讀書年例.
73) 丁淳睦(1979), 『韓國書院敎育制度硏究』, 경산: 嶺南大出版部. 재인용: 이수환(1996), 앞의 책, 283쪽

성'(師友之道)을 핵심 가치로 삼았다.[74] 특히, '선현 존중'은 사림 세력이 도통(道統) 계보를 확립하는 출발점이 되었으며, 사제 관계의 강조는 이후 학파(學派) 형성의 토대가 되었다.[75]

그러나 거듭된 사화(士禍)로 인해 사림 세력은 중앙 정계 진출에 어려움을 겪게 되었다. 이에 따라 이들은 향촌 사회에서의 영향력 확대에 주력하였다. 유향소(留鄕所)와 향약(鄕約) 등을 통해 향촌 지배력을 강화하는 한편, 정사(精舍)와 서당(書堂) 등의 사학(私學)을 설립하여 후학을 양성하였다. 이 과정에서 관학(官學)의 쇠퇴와 부진으로 인해 사학이 급성장할 수 있는 환경이 조성되었다. 서원의 설립은 이러한 사림 세력의 향촌 지배력 확대 노력의 연장선상에 있었다. 서원은 교육기관의 성격을 내세움으로써 정치적 반대 세력의 견제를 상대적으로 덜 받을 수 있었다.[76] 퇴계 이황에 의해 서원은 단순한 교육기관을 넘어 사림의 강학처(講學處)이자 장수처(藏修處)로서의 성격이 분명해졌으며, 향촌 활동의 중요한 기반이 되었다.

16세기 중반 이후 서원은 급속도로 확산되었으며, 선조(宣祖)대에 이르러 사림파가 정치의 중심 세력으로 부상하면서 서원의 역할은 더욱 확대되었다. 서원은 사림들의 향촌 사회 내 핵심 조직으로 자리 잡았으며, 각 정파가 자파(自派) 세력을 확보·확대하는 매개체이자 후방 기지 역할을 수행하였다.

---

74) 정만조(1997), 앞의 책, 12~23쪽.
75) 이병훈(2020), 앞의 논문, 71쪽.
76) 사림파는 유향소를 통해 지방에서의 영향력을 확대하고, 중앙 정치에서의 입지를 강화하려는 전략을 취했다. 이는 사림파가 중앙으로 진출하는 발판이 되기도 하였다. 이에 훈구파는 유향소가 사림파의 권력 기반을 강화하는 수단으로 기능하는 것을 경계하며, 유향소의 권한을 비판하고 그 활동을 억제하려 하였다. 반면 서원은 교육기관을 표방하였기에 훈구파의 견제를 피할 수 있었다. 따라서 이수환은 "서원성립 이전의 사창제, 향사·향음주례, 향약보급 등 사림세력들의 향촌 질서 확립운동은 향촌에서의 그들의 사회적 역할을 제도적으로 구체화시키려는 것이어서 중앙집권정책과 이에 기초한 관료세력과는 계속 마찰을 빚었다. 서원은 이러한 마찰을 여러 차례 겪은 끝에 여기에 대한 대안으로 도입되었던 제도이다"라고 언급하고 있다. 이에 대해서는 "이수환(1996), 앞의 책, 280쪽."을 참조하라.

이에 따라 삼사(三司) 체제를 넘어 서원과 붕당(朋黨)을 기반으로 한 낭관권(郎官權)이 형성되었으며, 이를 통해 사림은 중앙 정치에서도 주도적인 역할을 담당할 수 있게 되었다.[77]

이러한 일련의 과정은 사림 세력의 성장과 향촌 지배력 확대가 서원 형성의 주요 요인이었음을 명확히 보여준다. 즉, 서원은 사림 세력이 향촌 사회에서 교육과 도덕적 지도력을 바탕으로 영향력을 확장하는 동시에, 사림의 학문적 권위를 높이는 데 기여한 중요한 기관이었다.

마지막으로, '성리학의 토착화 및 도학정치 이념의 확산'과 서원의 형성에 대해 살펴보겠다. 16세기 조선은 정치·사상적으로 중요한 전환기를 맞이하였으며, 이 시기 서원의 형성은 조선 성리학의 발전과 도학정치 이념의 확산에 결정적인 역할을 하였다.

조선에서 발전한 이학(理學), 예학(禮學), 심학(心學) 등은 모두 서원을 중심으로 성장하였으며, 서원은 성리학의 토착적 해석을 완성하는 핵심적인 역할을 담당하였다.[78] 특히 16세기는 '심학화(心學化)된 조선 성리학'이 성립되는 시기였다.[79] 이전까지 사장학(詞章學)과 실무적 측면이 강조되었던 학문적 전통에서 벗어나, 성리학 이론에 대한 본격적인 탐구가 이루어졌다. 특히 퇴계 이황과 율곡 이이는 조선 성리학을 단순한 주자학의 모방 수준에 머무르지 않고, 조선 사회의 현실에 부합하는 독자적인 학문 체계로 발전시켰

---

77) 지두환은 "두 번의 사화(士禍) 속에서도 사림의 공론을 대변하는 삼사(三司)가 발달하였고, 서원과 붕당을 기반으로 낭관권(郎官權)이 형성되었다. 이로 인해 낭관들은 스스로 후임을 추천하는 자천권(自薦權)을 점차 획득해 나갔다."고 평가하고 있다. 이에 관해서는 "지두환(2008), 「16세기 시대적 과제와 율곡의 대응」, 『한국사상과 문화』 43, 143쪽.
78) 정순우(2007), 「한국 초기 서원의 교육사적 의의」, 『한국학논총』 29, 국민대학교 한국학연구소, 121쪽.
79) 지두환은 "고려 전기에는 북송대 신유학이, 고려후기 조선 초기는 주자성리학이, 16세기에는 심학화된 조선 성리학이 성립되는 시기로 보고, 조선후기는 주자성리학이 아니라 조선 성리학이 이끌어가는 시기로 보아야 한다"고 주장하였다. 이에 관해서는 "지두환, 앞의 논문, 143쪽."을 참조하라

다. 이들은 서원을 통해 성리학을 교육하고 후학을 양성함으로써 영남학파(嶺南學派)와 기호학파(畿湖學派)의 형성에 기여하였으며, 이를 통해 성리학이 조선 전역에 다양한 학파로 확산될 수 있는 기반을 마련하였다.

도학정치 이념의 확산 측면에서 서원의 역할은 더욱 두드러졌다. 앞서 언급했듯이, 사림 세력은 향촌자치제(鄕村自治制)의 실시를 강력히 주장하였는데, 이는 중앙집권적 통치 방식에서 벗어나 지방의 자율성을 높이고 덕치(德治)를 실현하고자 하는 노력의 일환이었다. 서원은 이러한 이념을 실현하기 위한 이념적 기반이자 정치적 구심점으로 기능하였다. 향촌자치제와 도학정치 이념은 상호 보완적 관계에 있었으며, 서원은 이 둘을 연결하는 핵심적인 매개체 역할을 하였다.

또한, 서원은 도통론(道統論)의 확립에도 중요한 역할을 하였다. 중종반정(中宗反正) 이후, 사림 세력은 정몽주(鄭夢周)의 문묘(文廟) 종사 논의를 통해 자신들의 역사적 정당성을 확인하고자 하였다. 이는 단순한 학문적 논의를 넘어 정치적 정통성을 확보하려는 시도의 일환이었다. 서원의 제향(祭享) 인물 선정은 사림 세력이 도학적 정통성을 강화하는 수단으로 활용되었다.[80]

선조대에 이르러 서원의 수는 60여 개를 넘어서면서, 제향 대상도 김굉필(金宏弼), 정여창(鄭汝昌), 이언적(李彦迪) 등 사화(士禍)로 희생된 인물들까지 확대되었다. 또한, 이황(李滉), 이이(李珥), 조식(曺植) 등 당대 성리학 발전에 기여한 학자들로까지 그 범위가 넓어졌다.[81] 이를 통해 사림은 서원의 제향

---

80) 조광조 일파는 자신들의 정치적 입지를 강화하고 도학적 정통성을 확립하기 위해 정몽주와 김굉필의 문묘종사를 추진하였다. 그러나 김굉필의 문묘종사는 사림파의 도학적 정통성을 공고히 하는 의미를 가졌기에, 훈구파의 반발을 불러일으켰다. 결국 정몽주만이 문묘에 종사되었고, 김굉필은 제외되었다. 대신 김굉필에 대해서는 사우(祠宇) 건립과 치제(致祭)를 허용하는 절충안이 제시되었다. 정순우는 "이와 같이 유생의 교학진흥을 위해 특정인물을 제향하는 방법은 후일 사림의 존현처로서 서원이 발생하는 가능성을 열어둔 것"으로 해석한다. 이에 대해서는 "정순우(2013), 앞의 책, 28쪽."을 참조하라.
81) 이수환(2021), 「영남지역 서원건립 상황과 특징」, 『민족문화논총』 78, 민족문화연구소, 85쪽.

인물을 통해 도학적 정통성을 천명하는 한편, 정치적 입장을 강화하는 데에도 활용하였다. 이는 서원을 중심으로 강력한 사제 관계의 연결성을 공고히 하고, 이를 바탕으로 형성된 학파를 통해 정치적 기반을 확립하는 과정이었다.

이처럼 16세기 조선에서 서원의 형성과 발전은 성리학의 토착화와 도학 정치 이념의 확산에 결정적인 역할을 하였다. 서원은 단순한 학문의 전당이 아니라 사림 세력의 정치적·사상적 기반을 강화하는 중심축이 되었으며, 이는 조선 후기 정치와 사상에 지대한 영향을 미쳤다. 서원을 통해 형성된 강력한 학파 간 네트워크는 조선 후기 정치 구조의 근간이 되었으며, 성리학적 가치관은 사회 전반에 깊이 뿌리내리게 되었다.

정리하자면, 16세기 한국에서 서원의 형성은 '관학의 쇠퇴와 새로운 교육 기관의 필요성', '사림 세력의 성장과 향촌 지배력 확대', '성리학의 토착화와 도학정치 이념의 확산'이라는 세 가지 요인에 의해 이루어졌다.

서원의 형성은 교육 체계를 국가 주도에서 사림 주도로 전환시켰으며, 이를 통해 사림의 정치적 영향력이 강화되었다. 또한, 서원은 성리학을 중심으로 한 학문적 논의를 심화시키며 조선 성리학의 독자적 발전을 이끄는 데 중요한 역할을 하였다. 결국, 서원은 단순한 교육기관을 넘어 사림 세력의 정치적·사상적 기반을 형성하고, 조선 사회 전반에 성리학적 가치관을 확산시키는 핵심적인 역할을 수행하였다.

V. 한국 서원 형성기의 교육자들

1. 퇴계 이황

한국 최초의 서원인 백운동서원(白雲洞書院)은 1543년 풍기군수 주세붕(周世鵬, 1495~1554)에 의해 설립되었다. 이를 통해 조선 시대 사학(私學)의 새로운 장이 열렸다. 그러나 한국 서원 형성의 진정한 초석을 마련한 인물은 퇴계(退溪) 이황(李滉)이었다.

    퇴계는 서원의 정체성을 확립하고, 사액(賜額)을 청원하여 서원의 공식적 지위를 확보하였으며, 서원 보급 운동을 전개하여 서원 문화의 확산에 기여하였다. 또한, 그는 제향(祭享) 인물 선정 기준을 확립하고 원규(院規)를 제정하여 서원의 운영 체계를 정비하였다. 이러한 퇴계의 다각적인 노력으로 서원은 조선 시대 교육과 문화의 중심지로 자리매김할 수 있었다. 이제부터 서원 형성기에 있어서 퇴계의 구체적인 공헌을 살펴보겠다.[82]

    첫 번째로, 퇴계는 서원의 성격을 도학(道學)을 강학(講學)하며, 사림(士林)이 자기 수양을 위한 장수유식(藏修息游)의 교육 공간으로 규정하였다.[83] 주세붕은 주희의 고사를 따라 백록동서원(白鹿洞書院)의 형식을 모방하여 백운동서원을 설립하였으나, 그는 주희가 서원을 통해 구현하고자 했던 사학(私學)의 정신을 온전히 따르지 않았다. 주희는 서원 교육의 본질을 과거(科擧) 공부가 아닌 위기지학(爲己之學)에 두었지만, 주세붕은 서원을 과거 공부와 국가 관리를 양성하는 인재 양성소, 즉 관학의 연장선에서 파악하였다.[84] 반면, 퇴계는 주희의 입장을 따라 쇠퇴한 관학을 대체할 '대안적 교육기구'로서 서원을 인식하였다. 그는 각 지방에서 성장하고 있던 신진 사림들에게 주자학적 정치이념과 학문체계를 훈도(訓導)하고 수련시키고자 하였다. 이를

---

82) 이하의 '서원 형성기에 있어서 퇴계 이황의 구체적인 공헌'에 대한 논의는 "김자운(2014), 「16세기 소수서원 교육의 성격」, 『유교사상문화연구』 58, 한국유교학회, 331~358쪽 ; 김자운(2016), 「퇴계의 서원관과 조선후기 소수서원 講學의 변화」, 『퇴계학논집』 18, 영남퇴계학연구원, 121~158쪽."을 바탕으로 작성되었다.
83) 『退溪全書』 卷12, 「擬與豊基郡守論書院事」: 夫書院, 何爲而設也, 其不爲尊賢講道而設乎 ; 『退溪全書』, 卷42, 「上沈方伯」: 隱居求志之士, 講道肄業之倫, 率多厭世之囂競, 抱負墳策, 思逃於寬閒之野, 寂寞之濱, 以歌詠先王之道, 靜而閱天下之義理, 以蓄其德, 以熟其仁, 以是爲樂, 故樂就於書院.
84) 이러한 측면은 주세붕이 제정한 원규(院規)에서 명확히 드러난다. 그는 유생의 입원 자격을 '사마시 입격자'를 1순위, '초시 입격자'를 2순위로 규정하였으며, 비록 3순위로 입격자가 아닌 사람에게도 입원 가능성을 열어두었으나, 실제로 입원록을 검토해 보면 대부분 입격자 위주로 입원이 허용되고 있었다.

통해 성리학적 향촌 질서를 구축하고, 사림의 시대를 준비하고자 하였다.[85] 즉, 서원이라는 교육 형태를 통해 과거와 관련된 출세주의와 공리주의(功利主義)가 아닌 참다운 성리학의 토착화를 기대하였다.[86]

퇴계는 입격자(入格者) 중심의 입원(入院) 자격과 과거 시험 중심의 운영 방식을 개혁하고자 하였다. 이러한 퇴계의 노력은 시간이 걸렸지만 점차 성과를 이루었다. 예컨대, 17세기 이후 입격자 중심의 소수서원(紹修書院) 입원 규정을 개정해야 한다는 논쟁이 촉발되었으며, 18세기 초 입원 규정 개정을 통해 서원의 운영 방식이 변화하였다. 그 결과, 소수서원은 과거 준비와 관리 양성을 목적으로 하는 관학적 성격에서 벗어나, 도학(道學)과 심학(心學)을 표방하며 주자와 퇴계가 강조했던 서원 교육의 본질을 구현하는 방향으로 변모하였다. 18세기에 이르러 소수서원의 교육과정은 과거 시험 과목과 무관한 『심경(心經)』, 『근사록(近思錄)』, 『주자서절요(朱子書節要)』 등을 중심으로 심학화(心學化) 경향을 나타내기 시작하였다. 이후 19세기에는 심학의 실천에 초점을 둔 학풍이 형성되었으며, 서원의 교육 성격은 점차 실천적 학문으로 변화해 갔다.

두 번째로, 퇴계는 '사액(賜額) 청원과 서원 보급 운동'을 통해 서원의 제도화와 보급에 중추적인 역할을 수행하였다. 먼저, 퇴계는 백운동서원에 대한 사액을 선도적으로 추진하였다. 그의 청원 이후, 신설되는 서원들은 사액 청원을 일반적인 절차로 인식하게 되었다. 이는 서원의 제도적 지위를 공고히 하고, 그 사회적 역할을 확대하는 데 결정적인 기여를 하였다.

사액 서원의 증가는 여러 측면에서 중요한 의미를 지녔다. 우선, 서원이 단순한 사설 교육기관이 아닌 국가적으로 공인된 교육기관으로 자리매김하게 되었다. 이는 곧 사림(士林)이 주도하는 교육 방식과 내용이 공식적으로 인정받았음을 의미하였다. 사림은 서원을 통해 자신들의 학문적·정치적 이

---

85) 정만조(1997), 앞의 책, 60~67쪽.
86) 이수환(2021), 앞의 논문, 84쪽.

념을 전파하고, 후진을 양성할 수 있는 제도적 기반을 마련하게 되었다.

또한, 퇴계는 서원 보급 운동에 적극적으로 참여하였다. 그의 서원 보급 활동은 크게 세 가지 방향에서 이루어졌다. 첫째, 퇴계는 자신의 고향인 예안현(禮安縣) 일대에서 직접 서원 건립과 운영에 관여하였다. 이산서원(伊山書院)과 역동서원(易東書院)이 그 대표적인 사례로, 이들 서원은 퇴계의 교육 이념과 운영 방식이 직접적으로 구현된 곳이었다. 이후 이러한 서원들은 다른 지역 서원의 모범이 되었다. 둘째, 퇴계는 다른 지역에서 건립되는 서원에도 직·간접적으로 참여하였다. 그는 서원 건립을 계획하는 지방 사림들에게 자문을 제공하고, 때로는 직접 서원의 규약이나 학규를 작성하여 보내기도 하였다. 이를 통해 퇴계의 교육 이념과 서원 운영 방식이 전국적으로 확산될 수 있었다. 셋째, 퇴계의 제자들 역시 그의 뜻을 이어받아 서원 건립과 운영에 적극적으로 나섰다. 이들은 지방관으로 재직하는 지역이나 자신의 거주지를 중심으로 서원 건립을 주도하였다. 이러한 노력의 결과, 임진왜란 이전까지 전국적으로 건립된 서원의 거의 절반에 퇴계와 그의 제자들이 관여하였다는 점은 주목할 만하다.[87]

16세기 후반, 특히 선조대에 이르러 서원의 수가 급증한 것은 이러한 배경에서 이해할 수 있다. 사림파의 집권과 함께 서원 건립이 활발해졌으며, 이는 퇴계와 그의 제자들이 펼친 서원 보급 운동의 결실이었다. 또한, 명종(明宗) 대를 거치면서 조선 서원의 전형(典型)이 정비되어 갔다. 이는 퇴계가 주창한 서원의 이념과 운영 방식이 점차 제도화되는 과정을 보여준다. 결과적으로 퇴계의 노력은 서원을 조선의 주요 교육기관으로 정착시키는 데 결정적인 역할을 하였다. 이를 통해 서원은 사림의 학문적·정치적 이념을 구현하고 전파하는 중심 기관으로 자리 잡게 되었다.

세 번째로, 퇴계는 서원의 제향(祭享) 인물 선정 기준을 확립하였다. 그는

---

87) 권시용(2019), 「16-17세기 초반 퇴계 문인의 서원 건립 활동」, 『한국서원학보』 8, 한국서원학회, 6~24쪽.

제향 인물의 선정과 그 위차(位次)가 서원의 정체성과 학문적 위상을 결정하는 중요한 요소라고 인식하였다.

먼저, 퇴계는 서원의 제향 인물이 반드시 도학자(道學者)를 기준으로 해야 한다고 주장하였다. 이는 단순히 학문적 성취나 정치적 공헌만을 기준으로 삼지 않고, 성리학적 도통(道統)의 계승자로서의 자질을 중시한 것이다.[88] 퇴계가 백운동서원(白雲洞書院)의 사액(賜額)을 청원하면서 제시한 인물들은 그의 도학자 선정 기준을 잘 보여준다. 그가 언급한 최충(崔冲)·우탁(禹倬)·정몽주(鄭夢周)·길재(吉再)·김종직(金宗直)·김굉필(金宏弼) 등은 모두 조선 성리학의 도통연원(道統淵源)을 대표하는 인물들이었다.[89] 이러한 인물들을 제향 대상으로 예시한 것은 퇴계가 서원을 통해 구현하고자 했던 교육의 방향과 목적을 명확히 보여준다. 즉, 서원은 단순히 지식을 전수하는 곳이 아니라, 성리학의 도통을 계승하고 그 실천적 의미를 탐구하는 장소여야 한다는 것이다.

또한, 퇴계의 제향 인물 선정 기준은 이후 조선 서원 문화에 지대한 영향을 미쳤다. 서원은 단순한 교육기관을 넘어 지역 사림(士林)의 정신적 구심점이자, 성리학적 가치관을 실현하는 실천의 장으로 자리 잡게 되었다. 제향 인물을 통해 서원은 해당 지역의 학문적 전통과 연결되었으며, 이는 지역 사림의 정체성 형성에도 중요한 역할을 하였다. 이를 통해 서원은 단순한 학문 연구의 공간을 넘어, 도학정치(道學政治) 이념을 구현하는 중심 기관으로 발

---

88) 퇴계의 제향 기준을 잘 보여주는 사례로 1558년 성주 영봉서원(迎鳳書院) 건립 시의 제향인물 선정 논쟁을 들 수 있다. 영봉서원은 처음에 이조년(李兆年), 이인복(李仁復), 김굉필을 제향하는 문제를 두고 논란이 있었는데, 퇴계는 도학자와 충절인(忠節人)을 함께 제향하는 것에 우려를 표방하며, 서원에 제향되는 인물은 도학자 위주여야 한다는 견해를 명확히 밝혔다. 이에 관해서는 "이수환(2015), 「성주 영봉서원 연구」, 『역사교육논집』 54, 역사교육학회, 189~220쪽."을 참조하라.
89) 『退溪全書』 卷9, 「上沈方伯」: 若崔冲, 禹倬, 鄭夢周, 吉再, 金宗直, 金宏弼之居, 莫不立書院, 或出於朝命, 或作於私建, 以爲藏修之所, 以賁揚聖朝右文之化, 明時樂育之盛矣.

전하였다.

마지막으로, 퇴계는 원규(院規)를 제정하여 서원이 체계적으로 운영될 수 있는 기반을 마련하였다. 그의 「이산원규(伊山院規)」는 서원의 강학(講學) 이념과 운영 원칙을 제시한 최초의 규정으로, 이를 통해 참된 학문과 그렇지 않은 학문을 구분하는 기준을 마련하였다. 이는 서원 교육의 방향성을 명확히 설정하는 데 결정적인 역할을 하였다.

「이산원규」의 첫 번째 조항에서 퇴계는 위기지학(爲己之學)과 의리지학(義理之學)을 학문의 근본이자 참된 학문으로 규정하였다. 반면, 과거(科擧) 공부는 말단에 위치하며, 참되지 않은 학문으로 분류하였다. 이는 서원 교육의 목적이 단순한 지식 습득이나 출세가 아니라, 개인의 도덕적 완성과 의리(義理)의 실현에 있음을 분명히 한 것이다. 또한, 「이산원규」를 통해 퇴계는 서원에서 다루어야 할 교육 내용을 체계적으로 정리하였다. 『사서오경(四書五經)』을 근본으로 삼고, 『소학(小學)』과 『주자가례(朱子家禮)』를 입문 과정으로 설정하며, 역사서와 문집, 문장과 과거 공부는 말단에 배치하였다.[90] 이러한 체계는 성리학의 근본 경전을 중심으로 학문을 정립하면서도, 실천적 덕목을 강조하는 『소학』과 예법을 다루는 『주자가례』를 학문의 기초로 삼아야 한다는 퇴계의 교육관을 반영한 것이었다.

또한, 「이산원규」의 다섯 번째 조항에서는 일상생활 속 도덕적 실천을 강조하였다. 퇴계는 서원 내에 정이천(程伊川)의 「사물잠(四勿箴)」, 주희(朱熹)의 「백록동규(白鹿洞規)」, 진무경(陳茂卿)의 「숙흥야매잠(夙興夜寐箴)」 등을 게시하여, 학생들이 일상적인 행동과 마음가짐을 올바르게 가질 수 있도록 지침을 제공하였다.[91] 이를 통해 퇴계는 학문이 단순한 이론적 탐구에 그치는 것

---

90) 『退溪全書』 卷41, 「伊山院規」: 諸生讀書, 以四書五經爲本原, 小學, 家禮爲門戶, 遵國家作養之方, 守聖賢親切之訓, 知萬善本具於我, 信古道可踐於今, 皆務爲躬行心得明體適用之學. 其諸史子集, 文章科擧之業, 亦不可不爲之旁務博通, 然當知內外本末輕重緩急之序, 常自激昂, 莫令隳墮, 自餘邪誕妖異淫僻之書, 竝不得入院近眼, 以亂道惑志.

이 아니라, 실제 생활 속에서 구현되어야 함을 강조하였다.

이처럼 퇴계의 「이산원규」는 서원을 도학(道學) 추구의 강학처(講學處)로 명확히 정의하는 역할을 하였다. 이는 서원이 단순한 교육기관이 아니라, 성리학적 이념과 가치를 실현하는 공간으로 기능해야 한다는 퇴계의 교육철학을 반영한 것이었다.

정리하면, 퇴계는 서원의 성격을 명확히 정립하고, 사액 청원과 서원 보급 운동을 주도하며, 제향 인물 선정 기준을 확립하고, 체계적인 원규를 제정함으로써 조선 서원의 정체성과 운영 방식을 확고히 하는 데 결정적인 역할을 하였다. 그의 이러한 노력은 조선 중기 이후 성리학적 질서가 사회 전반에 뿌리내리는 데 크게 기여하였으며, 나아가 조선의 정치·사회·문화적 지형을 형성하는 중요한 토대가 되었다. 퇴계가 구축한 서원의 이념과 운영 방식은 이후 조선 후기에도 지속적으로 영향을 미치며, 서원이 단순한 교육기관을 넘어 사림의 정치·사상적 구심점으로 자리 잡는 데 핵심적인 역할을 하였다.

2. 율곡 이이

율곡 이이의 「은병정사학규(隱屛精舍學規)」는 퇴계 이황의 「이산원규(伊山院規)」와 마찬가지로 서원 교육의 기본 이념을 제시하며, 이후 서원 규약의 전범(典範)으로 자리 잡았다. 구체적으로 「이산원규」는 주로 영남 지역을 중심으로 한 남인계(南人系) 서원의 학규 모델로 활용되었고, 「은병정사학규」는 돈암서원(遯巖書院)과 무성서원(武城書院)을 비롯한 서인계(西人系) 서원의 학규 모델이 되었다.[92] 더 나아가, 남인계 서원에서는 퇴계가 작성한 「이산원규」가 강학(講學) 교재로 활용된 반면, 서인계 서원에서는 율곡이 저술한

---

91) 위의 책, 같은 곳: 泮宮明倫堂, 書揭伊川先生四勿箴, 晦菴先生白鹿洞規十訓, 陳茂卿夙興夜寐箴, 此意甚好, 院中亦宜以此揭諸壁上, 以相規警.
92) 김자운(2019), 「조선시대 서원(書院) 강학(講學) 관련 자료의 유형과 특징」, 『儒學硏究』 48, 134쪽.

「학교모범(學校模範)」,「격몽요결(擊蒙要訣)」,「은병정사학규」 등이 사용되었다.[93] 이는 퇴계와 율곡의 서원 교육 이념과 방법론이 당대에 널리 인정받고 확산되었음을 시사한다.

이들의 공헌을 통해 조선의 서원 문화는 일관된 방향성을 가지고 발전할 수 있는 기반을 마련하게 되었다. 특히, 두 학자의 교육 철학은 각각 남인(南人)과 서인(西人)이라는 주요 정치 학파의 교육 방침에 영향을 미쳤으며, 서원을 통한 교육 활동은 학파 형성으로 이어졌다. 퇴계가 서원을 중심으로 영남학파(嶺南學派)를 형성한 것처럼, 율곡 또한 서원을 통해 기호학파(畿湖學派)를 이끌어냈다. 율곡은 퇴계와 마찬가지로 서원의 성격 규정, 설립과 운영, 원규 제정 등을 통해 조선의 서원 교육에 큰 영향을 미쳤다. 이러한 교육 활동은 조선 시대 학문의 발전과 학파 형성에 중요한 역할을 하였다.

이제, 서원 형성기에 있어서 율곡의 구체적인 공헌에 대해 살펴보겠다.

첫 번째로, 율곡은 서원의 성격과 역할에 대해 퇴계와 동일한 입장을 지니고 있었다. 그는 서원이 이미 쇠퇴해버린 성균관과 향교를 대체할 수 있는 '대안적 교육기구'이자 선비의 장수(藏修) 공간으로 파악하였다.[94] 율곡은 「은병정사학규」에서 "성현의 글이나 성리학과 역사 이외의 책은 재(齋)에서 읽지 않으며, 과거 시험 공부를 하고자 하는 자는 반드시 다른 곳에서 익히도록 한다"[95]고 규정하였다. 이를 통해 서원이 과거(科擧) 공부를 위한 공간이 아님을 명확히 하였다.

율곡은 이러한 성격의 서원이 제대로 운영되기 위해 서원을 관장할 사장(師長)의 중요성을 강조하였다. 그는 벼슬에서 물러나 고향에 은거하는 인물 중 학문과 행실이 뛰어나 사표(師表)가 될 만한 자를 서원의 동주(洞主)나 산

---

93) 김자운(2016), 앞의 논문, 143쪽.
94) 『栗谷全書』 卷6, 「應旨論事疏」: 抑又竊聞, 學校, 風化之本也. 今之學校, 荒廢久矣, 風化何由可興乎? 內之成均, 旣不足以興學, 而外之鄕校, 尤可寒心. 近來書院之建, 可養志學之士, 爲益不淺.
95) 『栗谷全書』 卷15, 「(隱屛精舍)學規」: 非聖賢之書·性理之說, 則不得披讀于齋中. (史學則許讀.) 若欲做科業者, 必習于他處.

장(山長)으로 모실 것을 제안하였다.[96] 이러한 인식은 퇴계와 동일하였다. 퇴계 역시 서원에 동주나 산장을 두어 교육을 관장하기를 요청하였고, 은일지사(遺逸之士)나 은퇴한 관료 중 재덕과 명망이 일세(一世)의 사표가 될 사람이어야 한다고 주장하였다.[97]

그러나 율곡은 퇴계와 달리 동주나 산장에게 녹봉을 주는 것을 제도화하여 시행할 것을 요청하였다.[98] 이는 사실상 서원의 교육직을 관직화하자는 제안이었다.[99] 율곡은 서원이 인재 양성 측면에서 국가에 크게 기여하므로, 국가가 서원의 방향성을 설정하고 운영해야 한다고 주장한 것이었다. 이는 서원을 국가관리대상에서 국영사업으로 전환하는 성격의 요청이었다. 그러나 율곡의 이러한 주장은 남송대의 사례에서 볼 수 있듯이 서원의 자율성을 약화시키는 부작용을 초래할 수 있었다.[100] 결국 현실적인 비용 문제와 여러

---

96) 『栗谷全書』 卷6, 「應旨論事疏」: 而但不設師長, 故儒生相聚, 放意自肆, 無所矜式, 不見藏修之效. … 擇有學行可爲師表者及休官退隱之人, 使居其職, 責以導率, 則其教育之效, 必有可觀.
97) 『退溪全書』 卷9, 「上沈方伯」: 凡書院必有洞主, 或山長爲之師, 以掌其教, 此一件大事, 尤當擧行. 但此須擇於遺逸之士, 或閒散之員, 而其人才德望實, 必有出類超羣之懿, 卓然爲一世師表者, 乃可爲之. 如不得其人, 而徒竊其號, 則與今教授訓導之不職者無異, 有志之士, 必望望而去之, 竊恐反有損於書院.
98) 『栗谷全書』 卷6, 「應旨論事疏」: 臣愚欲乞於大處書院, 依中朝之制, 設洞主山長之員, 薄有俸祿. … 殿下誠以此咨詢大臣, 創制行之, 則亦風化之一助也.
99) 이하의 '동주나 산장에 녹봉을 제공하자는 율곡의 주장에 대한 의미'는 "신동훈(2015), 「16세기 서원(書院) 사액(賜額)과 국가의 서원 정책」, 『역사와 현실』 98, 한국역사연구회, 292~294쪽."을 바탕으로 작성되었다.
100) 율곡이 주장한 서원 운영 방식은 남송대에 이미 시행된 바 있다. 남송은 서원의 산장(山長)에게 관직을 수여하거나 사관(祠官)과 같은 한직을 겸임하게 하는 정책을 실시하였다. 이 정책의 목표는 서원 교육의 방향을 파악하는 것이고, 서원이 상대적으로 높은 학술 수준을 유지하도록 하는 것이었다. 그러나 이러한 산장제도의 실시는 의도하지 않은 결과를 초래하였다. 서원의 사학(私學) 정신인 이학(理學)이 약화되고 관학의 성격이 강화되는 현상이 나타났다. 이는 서원의 본질적 성격에 변화를 가져오는 결과였다. 산장에게 관직을 수여하여 관료체계에 포함시키는 정책은 산장 선정 과정에도 영향을 미칠 수 밖에 없다. 학문과 덕행이라는 본래의 선정 기준보다는 관료체계의 '자격'이 산장 선정의 주요 근

요인으로 인해 율곡의 제안은 받아들여지지 않았으며, 서원 정책은 '규제' 중심으로 변화하였다. 그러나 이러한 규제 중심의 정책은 관리·감독이 느슨해질 경우 서원의 폐단이 반복되는 한계를 지녔다. 서원의 부작용이 지적될 때마다 조정은 규제책을 내놓았지만, 이는 근본적인 해결책이 되지 못하였다.

결론적으로, 율곡이 서원의 교육직을 관직화하자고 제안한 근본적인 문제의식은 서원을 단기적인 정치적 도구가 아닌 장기적 관점에서 발전시키기 위한 것이었다. 이는 단기적인 규제 정책과는 대조되는 서원의 지속적인 발전을 위한 장기적 비전을 제시한 것으로 평가할 수 있다.

두 번째로, 율곡은 1576년 황해도 해주 석담(石潭)에 소현서원(紹賢書院)의 전신인 은병정사(隱屛精舍)를 건립하여 서원 교육을 직접 시행하였다. 이 과정에서 그는 「은병정사학규(隱屛精舍學規)」, 「은병정사약속(隱屛精舍約束)」 등의 원규(院規)를 제정하였다. 또한, 소수서원(紹修書院)과 임고서원(臨皐書院)에 이어 세 번째로 사액(賜額)을 받은 문헌서원(文憲書院)의 원규인 「문헌서원학규(文憲書院學規)」도 제정하였다.

앞서 언급한 것처럼, 「은병정사학규」에서 율곡은 서원에서 과거 공부를 하지 못하도록 규정하였다. 이는 단순한 명목상의 규정이 아니었다. 실제로 그는 은병정사에서 과거 공부와 관련된 서적을 소지하는 것조차 금지하였으며, 교육과정에서도 『소학(小學)』과 『근사록(近思錄)』을 먼저 학습한 뒤, 『사서(四書)』와 『오경(五經)』을 공부하도록 체계화하였다.[101] 이는 성리학의 근

거가 될 수 있었다. 이는 서원을 이끄는 지도자로서 산장의 개인적 소양을 보장할 수 없게 만드는 약점을 낳았다. 결과적으로, 송대의 산장제도는 서원 교육의 질을 높이고자 하는 의도로 시작되었으나, 오히려 서원의 자율성을 약화시키고 관학화하는 부작용을 초래하였다. 남송대 서원의 산장 자격화에 대해서는 "陳雯怡(2004), 『由官學到書院-從制度與理念的互動看宋代教育的演變』, 台北: 聯經出版社, 155~195쪽 ; 范慧嫻(2015), 「白鹿洞書院에 나타난 주희의 서원관」, 『한국서원학보』 3, 191~193쪽."을 참조하라.

101) 『宣祖修正實錄』 卷20, 19年 10月 1日: 李珥憂之甞於石潭書室, 不許人持科文抄集, 惟以小學近思錄先奬誨之, 次及四書五經.

본 경전을 중심으로 하고 과거 공부를 말단에 둔 퇴계의 입장과 부합하는 것이었다. 율곡이 은병정사를 설립한 목적은 단순한 교육이 아니라, "성인의 뜻을 세우고 이를 마음에 유지하는 것은 스스로 노력해야 할 바이지만, 학문을 연마하고 인(仁)을 보완함에 있어서 서로가 도와주고 함께 발전하기 위함"이었다.[102] 즉, 서원은 학문을 함께하는 동료들과의 교류를 통해 서로 격려하고 성장하는 '교육공동체'로 기능해야 한다고 보았다.

그리고 율곡은 「은병정사학규」, 「은병정사약속」, 「문헌서원학규」에서 학문에 대한 진지한 태도뿐만 아니라, 생활 예절과 규범의 중요성을 일관되게 강조하였다. 특히, 연장자에 대한 존경, 벗과의 화목과 존중, 의복과 행동의 단정함 등을 중요시하였다. 또한, 공동체 생활의 중요성을 강조하며, 학생들이 함께 생활하면서 서로를 존중하고, 규율을 지키며, 학문에 정진할 것을 요구하였다. 학문과 생활을 분리하지 않고, 인격 수양과 사회적 책임을 함께 함양할 것을 강조한 점이 특징적이다. 더불어 율곡은 원규를 위반한 자에 대한 처벌 규정을 명확하게 제시하였다. 이는 단순한 교육적 규율이 아니라, 도덕적·사회적 책임감을 강조하는 방향성을 반영한 것이다. 이러한 특징은 「이산원규」에서도 유사하게 나타난다. 즉, 율곡과 퇴계가 서원교육의 본질과 방법론에 대해 상당한 수준의 공감대를 형성하고 있었음을 보여주는 사례라 할 수 있다.

마지막으로, 율곡은 은병정사 뒤편에 주자사(朱子祠)를 두고, 주희(朱熹)를 주향(主享)하고 조광조(趙光祖)와 퇴계 이황을 배향(配享)함으로써 새로운 서원 제향(祭享) 인물 선정 기준을 마련하였다. 이러한 제향 인물 선정기준은 주희가 창주정사(滄州精舍)에서는 선성(先聖)인 공자(孔子)와 시현(時賢)인 이정(二程)을 동시에 배향했던 방식을 수용한 것이었다.[103] 퇴계는 서원의 제향 인

---

102) 『栗谷全書』 卷15, 「示精舍學徒」: 立志存心, 雖不可仰成他人, 亦可以灑澤之力, 漸入佳境. 精舍之設, 非苟然也, 欲見藏修補仁之實.
103) 이경동(2019), 「조선시대 해주 소현서원의 운영과 위상」, 『한국사상사학』 61, 한국사상사학회, 249쪽.

물을 선정할 때 '도통(道統)의 계승'과 '지역적 연고'라는 두 가지 기준을 동시에 충족시키고자 하였다.[104] 반면, 율곡은 지역적 연고보다 철저히 도통의 계승을 중시하며, 주희의 '선성(先聖)-시현(時賢) 배향 방식'을 따르는 구조를 구축하였다. 그 결과, 율곡은 '주희-조광조-이황'을 제향 인물로 삼았다. 율곡이 주희를 주향으로 삼는 이러한 방식은 이후 은병정사가 사액(賜額)을 받아 소현서원(紹賢書院)이 된 이후 황해도 일대의 많은 서원에서 채택되었다.[105] 그리하여 소현서원은 황해도 지역 서원의 전범(典範)이 되었으며, 이후 서원들이 도통의 계승을 중시하는 방식으로 발전하는 데 중요한 영향을 미쳤다.

정리하면, 율곡 이이는 서원의 교육 이념과 운영 방식에 있어 퇴계 이황과 많은 공통점을 가지면서도, 서원의 관학적 성격을 강화하려는 방향에서 차별성을 보였다. 그는 서원을 단순한 학문 공간이 아니라 인재 양성과 도덕적 교육의 장으로 인식하며, 서원의 사장(師長)에게 녹봉을 지급하는 등 제도적 안정을 도모하려 하였다. 또한, 서원의 교육 과정에서 과거 공부를 배제하고 성리학과 역사 연구를 중심으로 하는 학문적 엄격성을 강조하였다. 특히, 율곡이 제정한 「은병정사학규」와 「문헌서원학규」는 이후 서인계 서원의 운영 모델이 되었으며, 서원의 교육 방침과 학문적 규범을 정립하는 데 중요한 역할을 하였다. 또한, 그는 주자(朱子)를 주향(主享)하고 조광조(趙光祖)와 퇴계(退溪)를 배향(配享)함으로써 조선의 서원 제향 방식에 새로운 기준을 제시하였으며, 이는 이후 황해도 지역 서원의 전범(典範)이 되었다. 결과적으로, 율곡의 서원 교육에 대한 공헌은 단순한 교육 공간의 설립을 넘어, 서원을 통한 학문적·사상적 계승과 학파 형성에 기여하는 데까지 확대되었다.

---

104) 『退溪全書』 卷9, 「上沈方伯」: 若崔冲, 禹倬, 鄭夢周, 吉再, 金宗直, 金宏弼之居, 莫不立書院, 或出於朝命, 或作於私建, 以爲藏修之所, 以貫揚聖朝右文之化, 明時樂育之盛矣.

105) 『南溪集』 卷86, 「栗谷李先生年譜(下)」: 奉位版配享于石潭朱子祠萬曆丙戌, 已以朱子以下位版奉安矣. 至是又奉先生腏享. 後光海賜額紹賢書院. 〇自此海西一道, 皆慕先生, 特崇朱子之義, 往往依石潭立祠, 主祀朱子而配以先生, 如延安安岳等邑者其數甚多.

VI. 맺음말

이 글은 중세 대학과 한국 서원이라는 서로 다른 시대와 문화권의 고등교육기관을 비교 분석하는 시론적 연구였다. 두 기관의 형성 배경, 주요 교육자들의 역할, 교육적 기여를 중심으로 비교한 결과, 공통점과 차이점이 확인되었다.

첫째, 중세 대학과 한국 서원은 기존 교육제도의 한계를 극복하기 위한 대안으로 등장했다. 유럽에서는 수도원 학교와 대성당 학교가 시대적 요구를 충족시키지 못하는 상황에서 새로운 교육기관의 필요성이 대두되었고, 조선에서도 성균관과 향교가 학문적·정치적 역할을 충분히 수행하지 못하면서 대안적 교육기관으로서 서원이 형성되었다. 또한, 두 기관은 모두 새로운 지식 체계를 수용하고 이를 재해석하는 과정에서 발전하였다. 중세 대학은 아리스토텔레스 철학과 이슬람 문화와의 접촉을 통해 새로운 학문적 전통을 확립했으며, 한국 서원은 성리학을 심화하고 토착화하는 과정에서 사림 세력의 학문적 기반으로 자리 잡았다.

그러나 두 기관의 형성 배경에는 중요한 차이점도 존재한다. 중세 대학은 교사와 학생들이 결성한 자발적인 길드(guild) 조직으로 시작되어 점차 제도화된 반면, 한국 서원은 사림 세력이 정치·사회적 기반을 확대하기 위한 목적 아래 계획적으로 설립되었다. 또한, 중세 대학은 교회와 세속 권력 간의 경쟁 속에서 상대적 자율성을 확보한 반면, 한국 서원은 사림이 주도하는 가운데 국가의 공인(賜額)을 받아 제도적 안정성을 유지하였다.

둘째, 중세 대학과 한국 서원의 주요 교육자들은 단순한 지식 전달자에 그치지 않고 혁신적인 교육방법론을 도입하고 체계적인 교육과정을 수립하였다는 공통점을 지닌다. 중세 대학에서는 파리대학의 피에르 아벨라르, 솔즈베리의 존, 볼로냐대학의 이르네리우스, 그라티아누스가 학문의 발전을 주도하였고, 한국 서원에서는 퇴계 이황과 율곡 이이가 서원의 교육 체계를 확립하였다. 이들은 모두 기존의 교육 전통을 단순히 답습하는 것이 아니라,

새로운 방법론을 도입하고 시대적 요구에 맞게 교육 내용을 정비하였다. 예를 들어, 아벨라르의 변증법적 방법론과 이르네리우스의 역주(glossing) 방식은 이황의 「이산원규」와 이이의 「은병정사학규」에서 나타나는 체계적 교육과정과 상통하는 측면이 있다.

특히 주목할 점은 이들 교육자들이 모두 기존 전통을 재해석하고 시대적 요구에 맞게 발전시켰다는 것이다. 아벨라르는 변증법을 통해 신학적 진리를 탐구했고, 그라티아누스는 모순된 교회법을 조화시키고자 했으며, 이황과 이이는 성리학의 원리를 한국적 맥락에서 재해석했다. 또한 이들은 독자적인 학파를 형성하여 각자의 교육 이념을 후대에 계승시켰다. '아벨라르 학파', '역주학파', '영남학파', '기호학파'의 형성은 각 교육자들의 영향력을 보여주는 대표적인 사례이다.

반면 교육의 목적과 내용에 있어서는 분명한 차이가 있었다. 중세 대학은 신학, 법학, 의학 등 전문 분야의 지식 전수와 전문직 양성에 중점을 둔 반면, 한국 서원은 성리학적 인격 도야와 도덕적 수양을 핵심 목표로 삼았다. 또한 중세 대학은 유럽 전역에서 모인 다양한 배경의 학생들을 대상으로 하는 국제적 교육기관이었던 반면, 한국 서원은 주로 지역 사림의 자제들을 대상으로 하는 지역 기반 교육기관이었다.

셋째, 두 기관이 당시 사회에 미친 영향과 역할에도 공통점과 차이점이 있었다. 공통점으로는 두 기관 모두 새로운 지식인 계층의 형성과 사회적 변화를 이끌었다는 점을 들 수 있다. 중세 대학은 교회와 세속 권력 사이에서 일정한 지적 자율성을 확보하며 유럽의 지적 전통을 형성했고, 한국 서원은 사림 세력의 정치적·사상적 기반으로서 조선 후기 성리학적 질서 확립에 기여했다.

그러나 두 기관의 사회적 위상과 기능에서는 차이점이 존재하였다. 중세 대학은 학위 수여 권한을 가진 독립적인 법인체로서, 교회와 세속 권력으로부터 상대적 자율성을 누리며 국제적 네트워크를 형성했다. 반면 한국 서원은 국가의 공인(賜額)을 통해 제도적 안정성을 확보했지만, 완전한 자율성보다는 사림 세력의 학문적·정치적 활동 기반으로서의 성격이 강했다.

이러한 비교 분석을 통해 우리는 교육기관의 형성과 발전이 단순히 보편적 모델을 따르는 것이 아니라, 각 사회의 역사적·문화적 맥락 속에서 독특한 방식으로 전개된다는 것을 확인할 수 있다. 중세 대학이 분과학문의 전문화와 직업 교육에 초점을 맞추며 근대 대학의 원형을 형성했다면, 한국 서원은 통합적 인격 교육과 도덕적 실천을 강조하는 동아시아 교육 전통을 계승 발전시켰다.

이 글은 중세 대학과 한국 서원을 비교 분석하는 시론적 연구로서 여러 한계를 지닌다. 첫째, 두 기관을 비교하는 과정에서 각 기관이 속한 사회문화적 맥락에 대한 깊이 있는 분석이 충분하지 못했다. 둘째, 각 기관의 실제 운영 방식, 교육 내용, 그리고 학생들의 일상에 대한 미시적 분석이 부족했다. 셋째, 두 기관의 장기적인 발전 과정과 역사적 변천을 종합적으로 조망하는 데 미흡했다. 향후 연구에서는 개별 대학이나 서원의 사례 연구를 통해 실제 교육 내용과 방법을 보다 구체적으로 비교하거나, 두 기관의 발전 과정에서 나타난 변화와 연속성을 장기적 관점에서 분석하는 것이 필요할 것이다. 또한, 중세 대학과 한국 서원이 근대 교육제도로 전환되는 과정에서 어떤 역할을 했는지를 비교하는 연구도 의미 있는 시도가 될 것이다. 이러한 연구를 통해, 두 교육기관이 각기 다른 역사적 맥락 속에서 근대적 학문 체계와 교육 제도로 발전하는 과정을 보다 심층적으로 이해할 수 있을 것이다.

【참고문헌】

『南溪集』(한국고전종합DB: https://db.itkc.or.kr, 접속일: 2024.07.05)
『栗谷全書』(한국고전종합DB: https://db.itkc.or.kr, 접속일: 2024.06.30)
『宣祖修正實錄』(한국고전종합DB: https://db.itkc.or.kr, 접속일: 2024.06.30)
『中宗實錄』(한국고전종합DB: https://db.itkc.or.kr, 접속일: 2024.07.01)
『太祖實錄』(한국고전종합DB: https://db.itkc.or.kr, 접속일: 2024.06.25)
『退溪全書』(한국고전종합DB: https://db.itkc.or.kr, 접속일: 2024.06.10)

권시용(2019), 「16-17세기 초반 퇴계 문인의 서원 건립 활동」, 『한국서원학보』 8, 한국서원학회.
김자운(2014), 「16세기 소수서원 교육의 성격」, 『유교사상문화연구』 58, 한국유교학회.
_____(2016), 「퇴계의 서원관과 조선후기 소수서원 강학의 변화」, 『퇴계학논집』 18, 영남퇴계학연구원.
_____(2019), 「조선시대 서원 강학 관련 자료의 유형과 특징」, 『유학연구』 48.
박영희(2010), 「12세기 르네상스 연구: 솔스베리의 존의 『메타로기콘』을 중심으로」, 『교육철학연구』 48, 한국교육철학학회.
范慧嫻(2015), 「白鹿洞書院에 나타난 주희의 서원관」, 『한국서원학보』 3.
볼프강 E. J. 베버(2020), 『유럽 대학의 역사』, 김유경 옮김, 대구: 경북대학교 출판부.
신동훈(2015), 「16세기 서원 사액과 국가의 서원 정책」, 『역사와 현실』 98, 한국역사연구회.
유홍렬(1980), 「조선에 있어서 서원의 성립」, 『한국사회사상사논고』, 서울: 일조각.
이경동(2019), 「조선시대 해주 소현서원의 운영과 위상」, 『한국사상사학』 61, 한국사상사학회.
이병훈(2020), 「16세기 한국 서원의 출현과 정비」, 『한국서원학보』 10, 한국서원학회.
이수환(1996), 「서원건립활동」, 『한국사』 28, 국사편찬위원회.
_____(2015), 「성주 영봉서원 연구」, 『역사교육논집』 54, 역사교육학회.
_____(2021), 「영남지역 서원건립 상황과 특징」, 『민족문화논총』 78, 민족문화연구소.
이우진(2020), 「일본과 베트남의 서원 연구 현황과 제언」, 『한국서원학보』 10, 한국서원학회.
이희만(2003), 「12세기 지식인상 - Peter Abelard를 중심으로 -」, 『서양중세사연구』 11,

한국서양중세사학회.
_____(2009), 「궁정 지식인 존 솔즈베리」, 『서양중세사연구』 23, 한국서양중세사학회.
정만조(1997), 『조선시대 서원연구』, 서울: 집문당.
정수환(2022), 「동아시아 서원, 일반성과 다양성의 경계 - 조선시대 서원과 비교 관점에서 -」, 『한국서원학보』 14, 한국서원학회.
정순우(2007), 「한국 초기 서원의 교육사적 의의」, 『한국학논총』 29, 국민대학교 한국학연구소.
_____(2010), 「군사부일체 사회의 버팀목, 그러나 불우한 삶: 조선조 교사와 훈장의 삶」, 규장각한국학연구원 편, 『조선 전문가의 일생』, 파주: 글항아리.
_____(2013), 『서원의 사회사』, 파주: 태학사.
지두환(2008), 「16세기 시대적 과제와 율곡의 대응」, 『한국사상과 문화』 43.
陳雯怡(2004), 『由官學到書院 - 從制度與理念的互動看宋代教育的演變』, 台北: 聯經出版社.

Akasoy, Anna(2020), "Arabic Texts: Philosophy, Latin Translations of." Henrik Lagerlund (ed.), *Encyclopedia of Medieval Philosophy: Philosophy between 500 and 1500*. E-Book: Springer.
Boyd, William, & King, Edmund J(1947), *The History of Western Education*(4th ed.). London: Adam & Charles Black.
Camero, Margaret(2020), "William of Champeaux." Henrik Lagerlund (ed.), *Encyclopedia of Medieval Philosophy: Philosophy between 500 and 1500*. E-Book: Springer.
Cobban, Alan B(1975), *The Medieval Universities: Their Development and Organization*. Chatham: Methuen & Co Ltd.
_____(2001), *English University Life in the Middle Ages*. Taylor & Francis e-Library.
Daly, Lowrie J., S.J.(1944), *University Records and Life in the Middle Ages*. New York: Columbia University Press.
_____(1961), *The Medieval University 1200-1400*. New York: Sheed and Ward.
Garcia Y Garcia, Antonio(1992), "The Faculties of Law." Hilde de Ridder - Symoens (ed.), *A History of the University in Europe, Volume I: Universities in the Middle Ages*, 405. Cambridge: Cambridge University Press.

Hall, Alexander W(2020), "Thomas Aquinas." Henrik Lagerlund (ed.), *Encyclopedia of Medieval Philosophy: Philosophy between 500 and 1500*. E-Book: Springer.

Haskins, Charles Homer(1965), *The Rise of Universities*. Ithaca & London: Cornell University Press.

_____(1927), 『12세기 르네상스』. 이희만(역). 서울: 혜안.

Mews, Constant J(2020), "The Schools and Intellectual Renewal in the Twelfth Century: A Social Approach." Cédric Giraud (ed.), *A Companion to Twelfth-Century Schools*, 17. Leiden; Boston: Brill.

Pennington, Kenneth(2019), "Irnerius." *Bulletin of Medieval Canon Law*, 36.

_____(2020), "The Beginnings of Law Schools in the Twelfth Century." Cédric Giraud (ed.), *A Companion to Twelfth-Century Schools*. Leiden; Boston: Brill.

Rosenthal, Joel T(2020), "Life Histories." Jo Ann Moran Cruz (ed.), *A Cultural History of Education in the Medieval Age*, 176. London; New York: Bloomsbury Academic.

Slotemaker, John T(2020), "Peter Lombard." Henrik Lagerlund (ed.), *Encyclopedia of Medieval Philosophy: Philosophy between 500 and 1500*. E-Book: Springer.

Thorndike, Lynn(1944), *University Records and Life in the Middle Ages*. New York: Columbia University Press.

Wilks, Ian(2020), "Peter Abelard." Henrik Lagerlund (ed.), *Encyclopedia of Medieval Philosophy: Philosophy between 500 and 1500*. E-Book: Springer.

Y. Garcia, Antonio(1992), "The Faculties of Law." Hilde de Ridder-Symoens (ed.), *A History of the University in Europe, Volume I: Universities in the Middle Ages*, 405. Cambridge: Cambridge University Press.

서원과 대학 초창기 장서(藏書) 관리와 서적 제작

배 현 숙

I. 서언

조선의 서원과 서양 대학의 발생과 그 장서는 시간적으로 따지면 약 300년의 시차가 있다. 조선과 서양에 있어 사학(私學) 최고학부의 설립은 상당히 다른 양상을 보이고 있다. 당시의 사회적·정치적·경제적·문화적 상황이 다르므로, 두 지역 교육기관의 문고와 장서 관리, 서적 제작을 일률적으로 언급하거나 비교하는 것은 무리이다. 그러나 민간에서 설립한 서원과 대학이었지만, 일정 부분 국가의 통제 하에 있었다고 하겠다.

조선에 있어 서원의 설립 목적은 존현양사(尊賢養士) 즉 성년의 유생들에게 선현에 대한 존경, 충효와 예의 교육, 그리고 유학의 정통성을 가르치기 위해 설립한 교육기관이었다. 서양의 대학은 초기에 성립되는 과정에 있어 지역에 따른 차이를 볼 수 있다. 유럽 남부 즉 이탈리아와 프랑스 남부의 대학은 대체로 볼로냐대학을 본보기로 삼았으므로, 세속적인 학문을 주로 교육하였다. 이 때문에 이탈리아의 대학에서는 신학보다 법학과 의학을 더 중시하게 되었다. 유럽 북부의 대학은 대개 파리대학을 본보기로 삼았었다. 유럽 북부 대학에서 교육을 제공한 주체는 교회였으며, 학생들은 거의 대부분이 젊은 성직자들이었다. 그렇기 때문에 주요 학문은 신학이었고, 교회 관련 기관이 대학의 행정과 운영을 주도하였다. 따라서 초창기에 대학은 국가보다는 성당의 통제를 받은 것이다.

동서양을 꿰뚫어서 초창기 장서에 관한 사정을 살펴보기 위해 우선 시대적으로 동시대를 살펴보아야 하겠지만 여러 어려움이 있다. 시대가 달라지면 문화적인 사회적인 환경이 다르기 때문에 서적 제작은 물론 문고의 장서도 달라지고, 그 관리 양상도 달라지기 때문이다. 조선에 서원이 처음으로 설립된 것은 1543년(중종 38)년이었고, 서양에서 대학이 등장한 것은 1250년경이었다. 약 300년의 시차가 있으므로 절대적인 동일 시간으로 비교한다는 것은 무리이다. 두 지역의 서적 제작과 입수 방법에 있어서도 상이한 점이 한두 가지가 아니다. 이런 여러 요소들을 감안해야 하기 때문에 장서 관리 양상과 서적 제작도 일률적으로 비교할 수는 없다.

따라서 절대적인 연도에 구애받지 않고, 두 교육기관의 설립 초창기 양상만 살펴볼 것이다. 서원은 처음 설립된 후 200년 경과한 시점으로 북학(北學)이 영향을 미치는 18세기 중기까지, 대학도 처음 설립된 후 약 300년 지난 종교개혁기에 진입하는 1550년경까지를 연구시점으로 설정하였다. 16~17세기에는 소수서원과 도산서원 이외에도 옥산서원(玉山書院)과 영봉서원(迎鳳書院)[천곡서원(川谷書院)] 등에서도 장서의 관리와 서적 제작이 이루어졌다. 필자의 사정상 최초로 설립된 소수서원(紹修書院)과 후세의 영향력이 지대한 도산서원(陶山書院)을 대상으로 하였다. 또한 서양도 초창기 대학으로 지금까지 큰 영향을 미치고 있는 파리대학, 옥스퍼드대학과 캠브리지대학을 대상으로 하였다. 두 지역의 사회적, 정치적, 경제적, 문화적 환경의 차이에서 비롯되어 교육목적도 달라질 수밖에 없었다. 따라서 이 두 지역의 대표적인 교육기관의 서적 간행과 장서에 대해 피상적이나마 일별하기로 한다.

II. 서원과 대학 문고의 성립과 장서 관리

1. 서원 문고의 성립과 장서 관리

조선에서 가장 먼저 건립된 서원은 소수서원이다. 소수서원은 서원 건립과 동시에 서원 건물도 마련하고, 교육경비는 물론 장서도 구비해서 교육을 시작했다. 소수서원의 경우 주향자인 매헌(晦軒) 안향(安珦)[1243~1306] 사후 237년이 지난 1543년(중종 38)에 설립되었으므로 회헌의 장서가 이관될 수는 없었다. 설립자 주세붕(周世鵬)은 1544년(중종 39) 백운동서원을 건립한 후 학전(學田)과 보미(寶米)를 세워 서원경영의 기반을 마련하고, 유생을 교육하기 위한 필수적인 요소인 교재와 참고도서를 구입하였다. 주세붕이 서원을 설립하면서 마련한 서적은 『백운동서원장서록(白雲洞書院藏書錄)』[1]을 통해 짐작할 수 있다. 이 목록 말미에 '가정갑진(嘉靖甲辰)[1544]세장서합록오백권(歲藏書合錄五百卷)'이라 기록되어 있다. 이는 당시 구입한 서적을 개략적으로 표현한 것인데, 이 목록에 수록된 서적은 43종 525책이다. 한편 1547년(명종 2)에 작성한 「순흥문성공묘백운서원사문립의(順興文成公廟白雲書院斯文立議)」[이하 「사문입의」]에는 주세붕이 구입한 서적은 분명히 525권[2]으로 표현되어 있다. 따라서 소수서원 장서의 근간은 구입서이다.

이와 같이 소수서원의 경우는 서원 설립과 동시에 장서를 구입해서 문고를 갖추고 교육을 시작한 것이다. 이를 보면 주세붕은 주도면밀하게 서원을 건립한 것으로 보인다. 이 가운데 서원의 장서에 치중해서 살펴보면 일반적으로 서원에서 장서를 증가시키는 방법은 대략 6가지였다. 주향자(主享者)나 설립자의 서적을 이관하거나, 기증(寄贈)[국왕, 지방관청, 서원, 사가(私家)], 교환, 구입, 자체간행, 송지인책(送紙印冊)한 경우였다.[3] 신재가 서적을 구입해서 장서의 기반을 마련한 후 이어 국왕의 내사본과 지방관의 기증본이 답지되어 장서는 증가되었다.

「사문입의」는 1547년(명종 2) 경상도관찰사 안현(安玹)이 중심이 되어 서

---

1) 周世鵬, 『竹溪志』. 木版本. [明宗 15(1560)]. 卷4. 藏書錄. 張7a~8b ; 周世鵬·安昞烈, 『竹溪誌』. 木活字本. [高宗 21(1884)]. 卷2. 藏書錄. 張15b~16b ; 周世鵬·安昞烈, 『竹溪誌尊賢錄』. 木版本. [隆熙 3(1909)]. 卷3. 藏書錄. 張10b~11b ; 周世鵬, 『竹溪志』. 影印本. (영주시, 2002). 卷4. 張7~8. 藏書錄.
2) 「紹修書院謄錄」, 『朝鮮史料叢刊』 17. (京城: 朝鮮史編修會, 昭和 12). 張2.
3) 裵賢淑(2005), 「紹修書院 收藏과 刊行 書籍考」, 『書誌學研究』 31. 263~296쪽 ; 裵賢淑(2016), 「嶺南地方 書院藏書의 淵源과 性格」, 『大東漢文學』 46, 273~326쪽.

원 운영 전반의 방침을 규정한 것이다. 첫째는 근사(謹祀), 둘째는 예현(禮賢), 셋째는 수우(修宇), 넷째는 비름(備廩), 다섯째는 점서(點書)이다. 이는 제사를 정중하게 지내지 않으면 흐지부지 되고, 경의를 표하지 않으면 현자가 오지 않을 것이며, 건물은 손보지 않으면 틀림없이 무너질 것이며, 곡식은 비축하지 않으면 결국은 없어질 것이며, 서적도 점검하지 않으면 이 역시 산실될 것이므로 이 5가지는 하나도 폐해서는 안될 것[4]이라 하였다. 이후의 장서 관리는 이 「사문입의」 14조 장서의 관리규정과 열람규칙에 따라 시행되었다.

원규 5조에 치재일(致齋日)에 서원의 장서는 연 1회 폭서(曝書)와 점검(點檢)하도록 규정되어 있다. 치재일에는 원임, 유사와 많은 유생이 입회할 수 있으므로 서적의 분실을 공동으로 감시할 수 있기 때문이었다. 원규 7조에는 읍의 중요 관리의 자제들이 서원의 서책을 함부로 할 수 없게 규정되어 있다. 이들이 서적을 들고 나가게 되면 관리부실로 이어져, 결국은 유실되기 때문이었다.[5] 또한 14조에는 서적은 모두 목록에 등재하여야 하며, 서적을 서원 문밖으로 반출할 수 없다는 것이 명시되어 있다. 이에 서적마다 앞 또는 뒤의 면지(面紙)에 '내독원중 물출원문(來讀院中 勿出院門)'이라 묵서되어 있다. 서적의 표지가 손상되면 군에서 수보하고 완질 여부를 연말에 보고할 것도 규정되어 있다.[6]

그러나 서적의 서원 문밖 반출금지는 실제로는 매우 어려운 일이었던 것 같다. 서목 곳곳에 대출자와 대출 일자가 기록된 곳이 상당히 보이고, 결국 망실되었음을 표기한 곳도 곳곳에 보인다. 또 각각 열쇠를 가진 3명의 재임(齋任)이 합석해야 서고문을 열 수 있는 규정이 제대로 시행되지 않은 듯하다.

1550년(명종 5) 퇴계 이황의 요청에 따라 사액되어 토지·노비·서적을 하사받음으로서 확고한 기반이 마련되었다. 확인된 임진왜란 전 내사본은 21

---

4) 安明烈, 『晦軒先生實紀』. 木活字本. [隆熙 3(1909)]. 卷3. 張21. 院規.
5) 周世鵬, 전게서. 木版本. [後刷本]. 卷4. 竹溪志雜錄後. 張3 ; 安明烈, 상게서. 木活字本. [隆熙 3(1909)]. 卷3. 張21. 院規.
6) 「紹修書院謄錄」. 전게서. 張2.

종이다. 서원에서는 이들 내사본을 가장 중시하였다. 이후 중앙에서 간행한 내사본과 지방관청, 사가, 서원에서 간행한 서적의 기증으로 증대되었고, 구입본과 자체 간행본으로 서적은 증가되었다. 1602년(선조 35)까지는 107종으로 증대되었고, 1697년(숙종 23)까지는 143종으로 증대되었으며, 숙종 중기에는 182종, 1762년(영조 38)에는 209종으로 증대되었다.

서원에서 임원의 교체에 따른 인수인계시 모든 재산 즉 토지, 노비, 장서, 집기 등은 『전장기(傳掌記)』 수록의 대상이었다. 토지, 노비, 집기는 모두 『전장기』에 수록되었지만, 서적에 대해서는 '전과 같다' 또는 '서목에 있다'라고 간략하게 표현되어 있다. 서적만의 『전장기』는 폐기시켰거나 망실되었는지, 서적만의 『전장기』는 볼 수 없었다. 다만 6·25전쟁 후 수습해서 1951년에 작성한 『신묘오월십육일서책인수현존목록(辛卯五月十六日書冊引受現存目錄)』만 전래되고 있을 뿐이다. 서적용의 목록은 별도로 작성하여 열람·장서점검·포쇄용으로 이용하였고, 인수인계를 명확하게 하기 위한 서적의 『전장기』는 소수서원에서는 거의 없었다.

서적의 분실을 방지하기 위해 유사와 재임이 입회하여 포쇄하고 점검하였으며, 이때 기존의 서목을 활용하거나 새로 작성하였다. 점검하면서 현품의 유무와 현물이 없는 사유를 목록에 기록하였다. 소수서원에서 가장 먼저 편찬된 목록은 『죽계지(竹溪志)』에 수록된 목록이다. 그 다음에 편성된 목록은 1602년(선조 35) 7월에 작성된 『소수서원서책치부(紹修書院書冊置簿)』 1책인데, 여기에는 107종 1,678책이 수록되어 있었다고 한다. 그러나 지금은 행방을 알 수 없다. 전래되고 있는 소수서원의 장서목록은 1653년(효종 4) 작성된 『원중서책치부(院中書冊置簿)』 1책, 1698년(숙종 24) 이후 1761년(영조 37) 사이에 작성되었을 것으로 추정되는 『서책목록(書冊目錄)』 1책, 1762년(영조 38) 『소수서원책록(紹修書院冊錄)』 1책, 1796년(정조 20) 『병진팔월삼십일수정소수서원책도록(丙辰八月三十日修整紹修書院冊都錄)』 1책, 1875년(고종 12) 『을해칠월삼일포쇄서책현존목록(乙亥七月三日布曬書冊見存目錄)』 1책, 1917년 『정사구월일현존서책목록(丁巳九月日現存書冊目錄)』 1책이다. 이들 서목으로 점검하고 포쇄하고, 인수인계하기도 하였다.

소수서원이 사액되고 52년 후인 1602년(선조 35)에 편찬된『소수서원서책치부』는 수입선별로 편성된 듯하다. 이 목록은 당시 소수서원에 수장되어 있던 서적을 국왕하사본인 '내사(內賜)'와 경상감영에서 기증한 서적인 '도상원비(道上院備)'로 나누어 수록한 것이다.[7] 목록에는 분류의 순서를 확실하게 밝힌 것은 아니지만, 대체로 경사자집(經史子集)의 순으로 배열되어 있다. 처음에는 경사자집의 순으로 수록되다가 추록분에 와서는 허물어지게 된 것이다. 이 서목은 장서를 이용할 때도 사용되고, 점검할 때도 사용된 사무용 목록이었다. 따라서 군데군데 서명 위아래에 주색 또는 묵색의 점검표시가 있다. 장서목록은 종이를 접어서 책으로 매어 묵서한 책자형목록이다. 이는 서명, 권책수, 결본, 결본이유 등이 저록된 간략서목이다. 여기에 수록된 임진왜란 전 내사본은 21종 663책이었는데, 이춘희(李春熙)가 조사한 1969년에는 4종 123책만 남아있었다.[8] 일제의 침략과 6·25전쟁으로 서원의 건물과 비품이 파괴된 양상이 심각함을 볼 수 있다.

소수서원 장서구성은 다른 서원과 마찬가지로 유가의 경서가 중심이었고, 정주학과 과업에 필요한 경사와 문장의 수사와 언행을 수양하는 서적이었다. 후대에 오면 기증으로 인해 문집의 비중이 상당히 높게 나타났다. 초기의 장서입수방법에 있어서의 특징은 매입한 서적이 상당한 비중을 차지하고 있고, 내사본·지방관판본·타서원간본·사가간본의 기증으로 증대되었고, 자체제작본도 있었다. 그러나 설립자의 기증본은 있을 수 없었을 것이며, 송지인책본(送紙印冊本)은 확인되지 않았다.

그러나 도산서원의 경우는 퇴계의 구장서가 기반이 된 것으로 보인다. 퇴계는 상당히 많은 책을 수장하고 있었다. 퇴계의 부친 이식(李埴)은 처음에는 예조정랑(禮曹正郎) 문소(聞韶) 김한철(金漢哲)의 딸과 혼인했으나, 김씨 사후

---

7) 李春熙(1984),『朝鮮朝의 教育文庫에 관한 研究』, 景仁文化社, 22쪽.
8) 李春熙(1984), 앞의 책, 222~229쪽.

퇴계의 생모가 되는 사정(司正) 춘천(春川) 박치(朴緇)의 딸과 혼인하였다. 처음의 장인인 김한철은 상당한 벼슬을 지냈고 서적을 상당히 많이 보유하고 있었는데, 일찍 세상을 떴다. 장모인 공인(恭人) 남씨(南氏)는 사위가 학문을 좋아하는 것을 기쁘게 여겨, "서적은 공기(公器)이며 반드시 유자(儒者)의 집에 돌아가야 한다"고 하면서 모두 사위에게 기증하였다.[9]

퇴계가 관직에 나아가기 전에는 조상 전래의 서적과 아버지의 서적으로 공부하였을 것이다. 또한 퇴계는 당대의 대학자였고 고관현직을 지냈으므로 자신의 장서를 추가했을 것이다. 국왕의 내사본·지방관판·사가인출본의 기증도 있었고, 경제적인 어려움도 없었으므로 구입도 용이하였을 것이다. 퇴계는 만년에 역동서원을 건립하고 서원에 자신의 서적을 보냈는데, 모두 24종 30질 191책이었다.[10] 이 24종의 서책 중 17종은 퇴계가 운각(芸閣)의 제학(提學)을 지낼 때에 구입한 것이었다. 또 1554년(명종 9)에는 영천(永川)의 임고서원(臨皐書院)에 내사본『성리군서(性理群書)』 1질을 보내기도 하였다.[11]

제자 금난수(琴蘭秀)는 퇴계는 만년에 도산서당 암서헌(巖栖軒) 서북벽 좌우 서가에 1,000여 서적을 꽂아 두었다고 하였다. 서적을 정리하란 명을 받은 금난수는 도산서당과 본가 두 곳의 서적을 정리해서『서적부(書籍簿)』를 작성하였는데, 모두 1,700여 책이었다[12]고 하였다. 퇴계는 은퇴 후 도산서당에서 학문과 교육활동을 하면서 자신의 장서 일부를 옮겨놓았는데, 이관에 대한 특별한 기록을 발견하지 못했지만 도산서당의 서적은 도산서원 장서의 모체가 되었을 것으로 볼 수 있다.[13]

---

9) 李滉,『退溪先生文集』(影印本, 學民文化社, 1990), 卷49, 先府君行狀草記. 4081~88 ; 李滉, 上揭書. 卷46, 先妣贈貞夫人金氏墓碣識. 3772~4 ; 裵賢淑(1994),「退溪藏書의 集散考」,『書誌學研究』10, 135~169쪽.
10)『易東書院記』. 寫本. [年紀未詳]. 張19~21 ;『丁丑八月十六日書冊改置簿』. 寫本. [易東書院, 丁丑].
11) 李滉, 전게서, 卷43, 內賜性理群書付盧上舍遂俾藏諸隱書院識, 3642쪽.
12) 琴蘭秀,『惺齋先生文集』, 木活字本. [1909], 卷3, 陶山書堂營建記事, 張3.
13) 裵賢淑(1994), 앞의 책, 135~169쪽.

도산서원의 임진왜란 전 내사본은 모두 28종이다. 따라서 설립연도가 늦은 도산서원의 내사본이 소수서원의 내사본에 비해 많은 것을 보면 피해가 비교적 적었음을 볼 수 있다. 숙종연간까지의 내사본은 1585년(선조 18) 『정충록(精忠錄)』과 1588년(선조 21) 『소학언해(小學諺解)』를 위시하여 13종으로 추정된다. 이는 사액서원에서도 많은 분량이다. 지방관청에서 간행한 서적을 그 관청의 책임자나 관리가 증여한 지방관판본은 감영에서 부터 주·부·군·현에서 간행한 서적이다. 1585년 간행의 『칠선생찬(七先生贊)』과 『퇴도선생자성록(退陶先生自省錄)』, 1600년(선조 33) 간행의 『효행록(孝行錄)』 등 상당히 많은 서적의 기증이 있었다. 서원간에도 서적을 기증하였는데, 당색을 엄격히 가리어 동계(同系)의 서원에만 상호 기증하였다. 도산서원에는 주로 도동(道東), 이산(伊山), 옥산(玉山), 삼계(三溪) 등 영남의 남인계(南人系) 서원에서 기증된 서적들이었다. 사가에서 간행한 서적도 기증받았다. 류성룡(柳成龍)이 『의례(儀禮)』를 기증한 바 있고, 1692년(숙종 19)에는 낭선군(朗善君)이 『이암선생유고(頤庵先生遺稿)』를 보내오는 등 기증본도 상당수 있다. 따라서 서원장서는 기증과 구입으로 증대된 것을 볼 수 있다.

도산서원의 원규는 일찍이 퇴계가 작성한바 있는 이산서원의 원규를 그대로 적용하였다. 그 가운데 서적과 관계있는 조항은 1조와 6조이다. 1조에는 유생들의 독서에 대한 규정인데, 『사서오경(四書五經)』을 본원으로 삼고, 『소학(小學)』과 『가례(家禮)』로 문호로 삼을 것을 규정하고 있어 교육내용이 정주학 중심임을 나타내고 있다. 제6조는 서원 수장 서적의 관리와 열독에 대한 규정이다. "서적부득출문(書籍不得出門)"이라 하여 서원의 서책은 서원의 대문 밖으로 지참하고 나갈 수 없음을 규정한 것이다.[14] 이는 서책의 분실을 방지하기 위한 것이었다.

---

14) 李滉, 전게서, 卷41, 伊山院規, 3517~3521쪽.

2. 대학(大學) 문고(文庫)의 성립(成立)과 장서(藏書) 관리(管理)

로마멸망으로부터 1100년경까지 교육은 주로 수도원과 성당학교에서 이루어졌고, 주로 종교적인 교육이었다. 중세의 유일한 지식계급은 성직자였다. 교회는 신앙의 지도기관인 동시에 학문을 연구하고 세속 교육까지 담당하는 역할을 하였다. 십자군 전쟁의 영향으로 비잔틴제국과 이슬람문화를 접촉하면서 아랍의 고유한 학술과 예술은 물론 유럽에서는 망각한 아라비아어로 번역된 고대 그리스 고전이 역수입되어 지적영역이 확대되었고, 고전 번역과 로마법이 부활되었다. 도시의 발생으로 경제적·사회적인 변동이 생겼고, 상공업이 확대되면서 여러 제도가 발달되었다. 성당학교와 궁정학교 외에 새롭게 형성된 중산층 자녀들을 위한 다양한 학교가 생겨났다. 이에 훈련받은 관리자, 법률가, 공증인, 의사, 성직자가 필요하게 되어 대학의 선구가 되는 학교가 각지에 설립되었다.

9세기경 이태리의 살레르노는 그리스, 라틴, 아라비아, 유대 문화가 접촉하는 장소가 되어 세속의 의사가 모여들었다. 11세기에 히포크라테스와 갈레누스 등 그리스 의학자의 서적이 이태리어로 번역되었다. 12세기 초 살레르노에는 회교 의학의 영향을 많이 받은 교사가 교수하는 의약학 학교가 있었다. 1231년에는 국가가 공인한 대학이 되어 12세기부터 유럽 유일의 의학교로 번영하였고, 1811년 나폴레옹의 압제를 받을 때까지 존속하였다.[15]

볼로냐대학은 법학자 이르네리우스(Irnerius, 1050~1125)의 명성에 따라 모여든 학생이 만든 조합이 교칙과 학과목을 정해 교사를 초빙하였고, 1158년 일단의 교사와 학생이 교황 프레데릭으로부터 대학으로 인가를 받아 성립되었다. 유럽 남부 즉 이탈리아와 프랑스 남부의 대학은 유럽 북부의 학생보다 연령대가 조금 더 높은 학생이 많아서 대체로 볼로냐대학을 본보기로 삼았으므로, 세속적인 학문을 주로 교육하였다. 이 때문에 이탈리아의 대학

---

15) 北嶋武彦, 『圖書及び圖書館史』, (東京: 東京書籍, 1988), 172~173쪽.

에서는 신학보다 법학과 의학을 더 중시하게 되었다.

　대학 발흥 초기에는 대학의 문고는 물론 기본 재산이나 건물이 전혀 없었다. 이는 조선의 서원의 성립과는 상당히 다른 양상이다. 대학의 학생은 특정 스승에게서 만족할 때까지 배운 후 다른 스승을 찾아다닌 편력시대였기 때문이다. 오직 가르칠 선생에게 모여든 학생집단이 있었을 뿐이다. 그러므로 상당기간 교과과정이나 학위과정이 없었다. 훌륭한 선생에게 많은 학생이 모여들었고, 점차 학생들은 조합을 조직하기에 이르렀다. 교사들도 교수단을 결성하였고, 국왕이나 교황의 인가를 받아 공식적인 기관으로 인정받았다. 학생들도 거주지의 국가에 따라 조직되었다. 학위를 취득하려면 일단의 교사들 앞에서 시험을 봐서 통과해야 했다. 이런 초기 집단의 명칭은 일반연구소(studium generale)였다.

　대학이 정주하게 된 것은 파리대학에서부터이다. 이탈리아에 비해 어린 학생들이 모였으므로 교사조합이 학교를 운영하였다. 1100년 이후 파리에는 유럽 각지에서 많은 학생들이 몰려들었다. 노트르담 성당의 본산학교에 있던 저명한 신학자 피에르 아벨라르(Pierre Abélard, 1079~1142)에게 학생들이 모여들면서 1150년경 대학의 형태를 보이기 시작했다. 12세기 이후에는 문예부흥기라 할 정도로 학문의 수준이 높아졌다. 라틴어로 교육했으므로 신학에 뜻을 둔 사람은 논리학과 변증법 등을 배우러 모여들었다. 교수한 교과목은 문법, 수사학, 논리학, 천문학, 수학, 기하학, 음악의 자유7과였다. 교사의 수가 늘어나면서 파리교사조합을 결성하였고, 로마교황의 칙허를 받아 일반연구소가 되었다. 1179년경 파리대학은 대학 이사진을 구성했고, 강의와 시험 제도, 학사학위를 취득하기 위한 요건을 제정했다. 1200년 아우구스터스(Philip August)황제가 승인함으로써 공식화되었다.[16]

　북부 유럽 대학은 대개 파리대학을 본보기로 삼았었다. 북부 유럽 대학에

---

16) Johnson, Elmer D(1965). 『A History of Libraries in the Western World』, (Metuchen, Scarecrow Press), 121쪽.

서 교육을 제공하는 주체는 교회였으며, 학생들은 거의 대부분이 젊은 성직자들이었다. 그렇기 때문에 주요 학문은 신학이었고, 교회 관련 기관이 대학의 행정과 운영을 주도하였다. 따라서 초창기에 대학은 국가보다는 성당의 통제를 받은 것이다.

초기의 대학은 한 곳에 정주하지 않았으므로 교정이나 문고가 없었다. 학생들은 교재를 사거나 소규모 장서를 가진 교사들로부터 빌려보았다. 파리대학이 처음으로 정주하자 점차 대학들이 정주하게 되었고, 도서판매업자(stationarii)도 등장하였다. 서적은 고가여서 학생들이 구입할 수 없었기 때문에 이들에게서 임차해서 열독하였다. 시간이 경과하면서 대학 당국은 교재의 정확성을 보장하기 위해 도서판매업자에게 면허를 주면서 사본의 제작과 판매를 엄중하게 관리하였다.[17]

서양에서 대학 문고가 등장한 것은 1250년대였다. 파리대학에서 큰 문고는 소르본느대학 문고였다. 1253년 루이 9세의 궁정사제인 교부 로베르 드 소르봉(Robert de Sorbonne, 1201~1274)이 보다 충실한 신학교육을 할 수 있도록 유지할 기금과 함께 소르본느칼리지(collège de la Sorbonne)를 발족시키고, 문고를 설치하고 자신의 장서를 모두 기증하였다. 이후 도서 기증이 이어져 장서는 비약적으로 증대되었다. 대학의 규모가 커지자 학부를 편성하고 단과대학으로 분리시켜 전문교육을 시행하였고, 개방시켜 이용할 수 있는 대학 문고는 14세기에 시작되었다. 1290년 기록에 소르본느의 도서는 쇠사슬에 묶여 있었다.[18]

도서는 10주제에 따라 색깔로 구분된 목록에 따라 배열되었다. 주제는 신

---

17) Johnson, Elmer D(1965), 앞의 책, 121쪽 ; 國會圖書館(1971), 『主要各國의 出版文化와 圖書館』, 國會圖書館, 50쪽 ; Alfred Hessel著·李春熙譯(1981), 『西洋圖書館史』, 한국도서관협회, 40쪽.
18) Barber, Giles, Arks for learning(1995), 『A short history of Oxford library building』, Oxford Bibliographical Society, 5쪽.
https://web.archive.org/web/20140508162339/http://www.bodleian.ox.ac.uk/bodley/about-us/history 2024.02.24.13:43.

학, 의학, 법학 외에 자유칠과목이었다. 주제별로 서적은 저자명의 자모순으로 배열되었으며, 저자명 다음으로는 내용의 첫 문장으로 배열되었다. 1289년에 작성된 목록에는 1,017종 가운데 4종만 붙어 서적이었고, 대부분은 라틴어 서적이었다. 1338년에 작성된 목록에는 1,700책이 수록되었다.[19]

1322년 소르본느대학에서는 문고를 별도의 건물로 옮겼는데, 제1열람실은 12×40피트의 길고 좁은 열람실이었고, 28개의 책상을 들여놓았다. 소르본느의 교원은 색깔로 구분된 명패를 가지고 있어서, 이를 통해 정당한 교원인가를 확인하여 이용시켰다. 교사들은 열람실의 열쇠를 가지고 있었다. 귀중한 도서는 기다란 책상 위에 달아 만든 서가에 책상에 닿을 정도로 긴 쇠사슬로 묶어 두었다.[20] 복본이거나 가격이 낮고 대출이 가능한 장서는 26개의 책상에 쇠사슬을 매달아서 보관한 대문고(일반문고)에 수장하였다.[21] 소문고에는 자주 이용되지 않는 책을 배가 해놓고 이용하게 하였다. 때로는 이용자가 자신 소유의 책을 담보로 두던가, 보증금을 놓으면 관외로 대출할 수도 있었다. 1408년 대열람실을 갖춘 건물로 문고를 이전 하였지만 도서는 여전히 쇠사슬에 묶인 채 중세 말까지 지속되었다.[22]

소르봉 문고에서 이용 규칙을 마련한 것은 14세기 초였다. 그 규칙은 모자와 제복을 착용하지 않고는 문고에 입장할 수 없다. 문고 열쇠를 가지고 있는 학생과 교직원을 제외하고는 누구도 문고에 입장할 수 없다. 책에 필사하거나 책장을 찢는 것은 금기이다. 가능한 한 문고에서는 조용히 해야 한다. 금기시된 교리서는 필요할 때에 한해 신학 교수만 열람할 수 있다.[23] 도서를 편 채로 놓아둔 학생은 벌금을 내야 했다.[24] 도서실이 설치된 건물 내

---

19) Johnson, Elmer D, 전게서, 123 ; Harris, Michael H.著·全明淑·鄭然卿譯,(1991), 『西洋圖書館史』, (知文社), 129.
20) 『主要各國의 出版文化와 圖書館』, 전게서, 51.
21) Harris, Michael H., 전게서. 129 ; Johnson, Elmer D. 전게서. 123.
22) 佐藤政孝,『圖書館發達史』. (東京: みずうみ書房, 1986), 76~77.
23) Johnson, Elmer D.(1973), 『Communication』. 4th ed. (Metuchen: Scarecrow Press). 55.

에서만 이용할 수 있고, 도서실 밖으로 빌려 가면 그날 저녁까지 반드시 반납하여야 했다. 학생 또는 교수 이외의 사람이 도서를 빌릴 경우는 동등한 가치에 해당하는 보증금을 맡기거나 동등한 다른 서적을 맡겨야 했다.[25] 이 외에도 등불이나 다른 화기를 가지고 입관할 수 없었다.

영국의 대표적인 문고인 옥스퍼드대학의 문고는 보들리언 도서관(Bodleian Libraries)이라고 한다. 이는 옥스퍼드의 많은 문고 중에서 대표 문고인 보들리언 문고(The Bodleian Library)를 비롯하여 옥스퍼드대학교의 모든 도서관을 총칭하는 명칭이다. 국립영국도서관(The British Library) 다음으로 큰 도서관이다.

옥스퍼드대학 문고는 복잡한 역사를 거치면서 15세기까지 기능을 제대로 하지 못해 효율적인 문고로 운영되지 못하였다. 그 설립 연도에 관한 정확한 기록은 남아있지 않지만, 영국의 대학은 국왕 헨리 2세(1133~1189)가 칸타베리 대주교 토마스 베케트(Thomas Becket, 1119~ 1170)와 투쟁을 한 후 파리 유학을 금지시키고, 1167년 성직자를 파리대학에서 모셔와 옥스퍼드에 일반 연구소를 개설하면서 비롯되었다. 이때 설립된 옥스퍼드대학은 파리대학을 따라 칼리지 제도를 채택하였다. 1214년 로마교황의 정식 승인을 받았다.

1249년 이후 옥스퍼드 시에 수십여 개의 대학들이 모여 있었는데, 문고도 각각 부설되었다. 초기 옥스퍼드대학에는 칼리지 소유의 문고는 있었으나, 대학을 대표할 중앙의 문고는 없었다. 옥스퍼드대학은 1320년 즈음 우스터(Worcester)의 주교 토마스 코브험(Thomas Cobham, ?~1327)의 도움으로 문고를 설립하려고 시도했으나, 1327년 그가 사망할 때까지 완공되지 못하였다. 이후 코브험 기증서는 오리엘Oriel 대학 성 메리 신도홀에 수장되었다가,

---

24) Harris, Michael H., 전게서, 134.
25) Dahl, Svend(1958), 『History of the book』. (NY: Scarecrow press). 64 ; Johnson, Elmer D. 전게서, 122~123 ; Peiss, Reuben(1955), 『A History of Libraries』. (New Brunswick, Scarecrow Press), 35 ; 『主要各國의 出版文化와 圖書館』, 전게서, 51 ; 佐藤政孝, 전게서, 76~77.

1367년 문고를 개관해 쇠사슬로 묶을 것을 학칙으로 정한 후 이용되었다.[26] 코브험의 도서를 관리할 목사직을 설치하기 위해 일부의 책을 매각하였다. 이로서 최초의 사서를 임명하게 된 것이고, 대학 도서관의 기능을 발휘할 수 있게 되었다. 코브험의 도서관은 1층에 설치한 초기의 도서관이었다. 길이는 63피트, 너비는 19피트였는데, 이런 형태는 19세기말까지 유지되었다.[27]

옥스퍼드 단과대학 문고의 대부분이 14세기를 지나서야 시작되었다. 초기의 대학인 1274년에 설립된 머튼(Merton)대학은 1377년이 지나 문고가 시작되었다. 오리엘대학은 1324년 설립되었는데, 1375년에 겨우 100책의 도서를 수장하였고, 1444년에야 성당 내 작은 책장에서 독립된 문고로 옮겨 수장하게 되었다. 자체 문고를 갖추고 설립된 첫 번째 옥스퍼드대학은 1380년 창설된 뉴(New)대학인데, 창립자 윈체스터 주교인 위컴(Wykeham)의 윌리엄(William, 1324~1404)은 고서 62책과 일반 열람용 312책을 기증하였다.

리차드 코트나이(Richard Courtenay, ?~1415)총장이 1411년 문고를 그의 감독 하에 두고, 하루 5시간 개방하고 사서 담당 목사에게 보수를 지급하였다.[28] 이때부터 문고는 정비되기 시작하여 점차 도서관의 면모를 갖추기 시작하였다. 1444년 코브험도서관 독서대에 쇠사슬에 묶인 책이 너무 많아 이용자들이 서로 부딪칠 정도였으므로, 대학은 험프리에게 건의하여 신학교 건물 위층에 조그만 문고를 개관하였다.[29]

헨리 5세의 동생 험프리 공작(Humphrey of Lancaster, 1391~1447)도 옥스퍼드대학에 장서를 기증하였다. 문고 이름은 주된 기증자의 이름을 따서 험프리공작도서관(Duke Humphrey's Library)으로 명명되었다. 험프리는 그리스와 라틴어 고전 수집가이면서 연구자였고, 당시 영국의 최상의 문고를 소유하고 있었다. 그는 1411년부터 수십 년에 걸쳐 고대 필사본과 당대 프랑

---

26) Barber, Giles, 전게서, 3.
27) Barber, Giles, 상게서, 3.
28) Harris, Michael H., 전게서, 131.
29) Barber, Giles, 전게서, 5~6.

스와 이태리의 작품들이 포함된 모두 600책에 달하는 장서를 기증했으므로 종합문고가 설립될 수 있었다. 이후 기증이 이어져 장서는 더욱 충실해졌고, 고전 중에서도 원전의 수집이 중심이었으므로 문고는 문예부흥운동의 중요한 기관으로서 기능하였다.

그러나 험프리 공이 기증했던 책들도 1550년 에드워드(Edward) 6세의 영국 종교개혁 때 불태우거나 헐값에 매각되거나 손상되어서 거의 전래되지 않는다. 대학 재정이 열악해서 새로운 인쇄본으로 개비할 형편도 되지 못하여, 1556년에는 험프리문고의 책상까지 팔아 황량하게 되었고, 문고 공간은 약학대학에 인계되었다.[30]

이 문고를 정상 궤도에 올려놓은 것은 옥스퍼드 출신인 토마스 보들리 경(Sir Thomas Bodley, 1550~1613)이었다. 그는 머튼(Merton) 대학의 교수로 재직하다가 외교관으로서 활동했다. 1598년에 은퇴하면서 대학으로 돌아와서 자신의 장서와 문고 재건기금을 기증하였고, 방치되고 있던 문고를 재건할 것을 대학 측에 제안하였다. 이 제안이 받아들여져 1602년에 사각형 안뜰을 에워싸고 있는 건물에 문고를 새롭게 개관하였다. 이에 많은 사람들이 문고 재건은 물론 서적을 기증하는데 도왔으므로 2,500책의 장서를 수장하게 되었다. 현재도 그의 공로를 기려 옥스퍼드의 전체 도서관을 보들리안도서관(Bodleian Libraries)이라 칭하고 있다.[31]

옥스퍼드대학 학생들은 동시에 2책을 1년 동안 빌릴 수 있었고, 문고의 열쇠를 가지고 있어서 낮에는 다른 도서를 이용할 수도 있었다. 모든 서적을 일 년에 한 번 점검하였다.[32] 1831년 기록에 하루 3~4명이 열람하기도 하였고, 심지어 7월에는 하루 종일 열람자가 한 명도 없었다. 1845년까지는 겨울에도 난방을 하지 않았고, 1929년까지는 조명시설이 없었으므로 여름에는 9~4시, 겨울에는 10~3시까지만 문고를 이용할 수 있었다.[33] 보들리언 문고

---

30) Harris, Michael H., 전게서, 131 ; Barber, Giles, 상게서, 7.
31) 佐藤政孝, 전게서. 77~79.
32) Johnson, Elmer D. 전게서, 124 ; Harris, Michael H., 전게서, 130.

는 책을 대출해주지 않는 원칙을 엄격하게 유지하였다. 이에 1645년 당시 영국 국왕 찰스 1세(Charles I, 1600~1649)가 책을 대출받으려고 했으나 거부당했다는 일화도 있다.

런던 북쪽 캠강 가에 있는 캠브리지대학도 옥스퍼드대학과 동시기에 설립되었다. 당시 존 왕(John of England, 1166~1216)과 교황청이 캔터베리 대주교 임명권으로 인한 분쟁으로 사이가 좋지 않았었는데, 옥스퍼드대학 측 학자가 살해당했다. 이에 불안감을 느낀 교사와 학생들이 1209년 케임브리지 등지로 도피하여 옥스퍼드대학의 운영이 몇 년간 중지되었다. 이 소요사태 종료 후에도 많은 학자들이 케임브리지에 남아 활동하다가 1226년에 새로 만든 대학이 케임브리지대학이다. 1250년과 1381년에 제정된 캠브리지대학 학칙에는 문고에 대한 언급이 없었다. 15세기라야 문고에 많지 않은 서적을 책상자에 보관하였다는 어렴풋한 기록을 볼 수 있다.

케임브리지대학은 1318년에 교황 요한네스 22세로부터 일반연구소로 공식 인가를 받았다. 케임브리지대학은 1502년 대학 최초로 신학 교수직을 만든 후 명성을 얻기 시작했다. 세 번 대학총장을 지내고 1355년에 사망한 리차드 드 링(Richard de Lyng)은 한 상자의 서적을 기증하였다. 1363년에 실시한 장서점검에 의하면 얼마간의 서적, 기금, 제의(祭衣), 헌장, 인가서 등등이 있었다.

1415~1416년 대학에서 수장하고 있는 도서를 전부 중앙문고에 보관하고 귀중본은 쇠사슬로 열람대에 매달아 열람하게 하였다. 1416년 윌리엄 헌든(William Hunden)이 3책을 유증한 것과 윌리엄 로링(William Loring)이 민법 책 모두를 유증한 유언장에서 케임브리지 문고의 기록을 확인할 수 있다.[34]

---

33) https://web.archive.org/web/20140508162339/http://www.bodleian.ox.ac.uk/bodley/about-us/history 2024.02.24.13:43.

34) Oates, J.C.T.(1975), 『Cambridge University Library ; a hstorical sketch』. (Cambridge University Library). 1~2.
https://www.lib.cam.ac.uk/about-library/history-cambridge-university-library

1418년 간행한 장서목록에는 380책이 수록되었다.

문예부흥기인 1420년경에는 문고를 확장할 수 있었다. 확장된 도서관 건물은 중앙 안뜰을 둘러싸고 있는 4개의 2층 건물로 구성되어 있었다. 1400년경에 완공된 북편 건물의 1층에는 신학 학교가 있고 2층에는 예배당이 있었고, 1420년에 증축된 서편 건물의 1층에는 교회법 대학과 2층에는 문고를 설치했다. 이 서편 2층이 대학문고의 첫 번째 장소였다. 이 대학문고의 초기 목록인 케임브리지 대학교 공동 도서관에 다양한 후원자들이 기증한 도서 목록(A register of the books given by various benefactors to the Common Library of the University of Cambridge)에는 9주제의 122책이 수록되어 있다. 이 목록은 1424~1440년에 걸쳐 작성된 것이며, 수장된 서적의 주제는 대개 신학과 종교였고, 다음이 교회법 서적이었다. 이 목록에는 99책의 내용, 저자명, 크기, 2째 장의 첫 단어와 마지막 장의 첫 단어, 32명 기증자명이 수록되었다. 기증자는 윌리엄 로링(William Loring), 리처드 홈(Richard Holme), 존 에일머(John Aylemer), 토마스 랭글리(Thomas Langley) 등이었다.[35]

요크의 대주교인 토마스 로더햄(Thomas Rotherham, 1423~1500) 총장의 기부와 노력으로 구교사를 십자형의 2층 건물로 증축하면서 문고도 동편과 남편으로 확장시켰다. 1457~1470년에는 남편을 증축해 1층에는 철학과 민법학 대학과 2층에는 문고를 두었고, 1470~1475년 동편을 증축해 1층에는 사무실과 2층에는 문고를 두었다.[36] 1473년에 작성된 두 번째 목록에 따르면 장서는 새로 증축된 남편 건물 윗층으로 이전하였다. 당시의 목록에 따르면 17개의 독서대에 부착된 책상자에 330책을 두었고, 상자 끝에는 서적의 일람

2024.02.27.11:43.
http://americanartgallery.org/museum/readmore/id/882   2024.05.11. 20:10.
35) Oates, J.C.T. 상게서. 1~2.
https://www.lib.cam.ac.uk/about-library/history-cambridge-university-library
2024.02.27.11:43.
http://americanartgallery.org/museum/readmore/id/882   2024.05.11. 20:10.
36) Oates, J.C.T. 상게서. 1.

표가 그 끝에 부착되어 있었다. 종교와 신학서적이 장서의 대종을 이루었지만, 오비드(Ovid), 키케로(Cicero), 요세푸스(Josephus), 페트라크(Petrarch) 등의 저작도 포함되었다. 이 시기에는 1453년에 사망한 월터 크롬(Walter Crome)이 기증한 93책도 수장되었다.[37]

이들 문고는 이후 200년간 중앙문고의 역할을 하였다. 남편 문고는 일반문고로 사용되었고, 출입이 제한된 동편문고는 귀중본을 수장한 문고로 사용되었다. 1500년에는 장서가 600책으로 증대되었다. 주제는 여전히 중세와 같았으나, 문예부흥기의 영향으로 1511년에 존 피셔(John Fisher, 1469~1535)가 에라스무스(Erasmus)를 구입하였고, 1518년에는 그리스어 강좌를 설치하기 시작한 후 1529년부터는 문예부흥의 물결에 휩쓸렸다.[38] 그러나 종교개혁기에 곤경에 처해 1557년 작성한 목록에 수록된 서적은 200책이 남지 않았다.

캠브리지대학 문고도 1550년 종교개혁기에 심각한 피해를 입었지만, 문고의 서적을 계획적으로 또는 적극적으로 제거한 증거는 없었다. 하지만 당시는 도서가 공공기관보다 개인의 수중에 있는 것이 더 안전하였다. 종교개혁기에는 심각한 피해를 입었지만 초기에 기증된 일부 책은 살아남을 수 있었다. 고로 1416년 로링(Loring)이 유증한 책 가운데 하나는 전래되었고, 1424~1440년 목록에 수록된 3책도 살아남았다. 1473년 목록에 수록된 15종, 로더햄(Rotherham)이 기증한 것으로 추정되는 사본 4책과 인쇄본 35책, 턴스털(Tunstal)이 기증한 사본 3책과 인쇄본 12책도 전래되고 있다. 반가톨릭 분위기가 고조되었던 종교개혁 후 남은 장서는 로더햄이 증축한 동편측 문고로 모았는데, 폴추기경위원회(Cardinal Pole's Commissioners)에서 1557년 작성한 목록에는 200책도 수록되지 못하였다.[39]

---

37) Oates, J.C.T. 상게서. 2~3.
   http://americanartgallery.org/museum/readmore/id/882 2024.05.11. 20:10.
38) Oates, J.C.T. 상게서. 3.
39) Oates, J.C.T. 상게서. 5~6.

1574년 피터하우스 책임자(Master of Peterhouse)인 앤드류 퍼른Andrew Perne(1519~1589)이 문고 장서를 회복시키기 위해 칸타베리의 추기경인 매튜 파커Matthew Parker(1504~1575)와 니콜라스 베이컨경(Sir Nicholas Bacon, 1510~1579), 윈체스터(Winchester)의 주교 로버트 호른(Robert Horne), 더람(Durham)의 주교 제임스 필킹턴(James Pilkington, 1520~1576) 등의 지원을 이끌어냈다. 1581년 프랑스의 종교개혁가 데오도러스 베자(Theodorus Beza, 1519~1605)가 제네바에서 5세기의 그리스어와 라틴어 복음서와 사도행전을 보내왔다. 1583년에 작성한 목록에는 450책이 수록되었다. 1594년 약학교수 토마스 로킨(Thomas Lorkyn)이 140책의 약학서적을 유증하였다. 이들의 자극으로 기증이 이어져 16세기말에는 장서가 1,000책으로 증대되었고, 남편측은 다시 문고로 사용되었다.[40]

캠브리지 문고의 이용규칙은 1471~1472년 리젠트 마스터(Regent Masters)의 규정이 시초인 것으로 보인다. 규정에 대학원생을 동반하지 않은 학부생은 문고에 들어갈 수 없었고, 정장을 입지 않으면 들어갈 수 없었다.[41] 또한 문고에 기증된 서적은 적당한 가치와 유용성이 있어야 쇠사슬에 묶을 수 있었으며, 같은 주제의 상당한 수의 도서가 수장되어 있거나 좀 더 좋은 상태, 좀 더 가치가 있고 대체할만한 다른 필사본이 있어야만 대출될 수 있었다.[42]

1577년 기록에 사서는 £10의 연봉을 받았다. 사서의 직무에 관한 규정은 1582년에 만들어졌다. 장서목록은 3부 만들어서 1부는 부총장, 1부는 대학당국자, 1부는 사서가 간직하였다. 채식사본, 지구본, 제도기구, 수학서적, 역사서적 등 중요 서적을 보관한 서고의 열쇠는 부총장과 사서가 각각 소지하도록 규정되었다. 사서는 일요일과 휴일을 제외하고 학기 중에는 오전 8~10시와 오후 1~3시에 근무해야 했다. 사서는 책을 수선해야 했고, 근무가

---

40) Oates, J.C.T. 상게서. 6.
41) Oates, J.C.T. 상게서. 1~4.
    http://americanartgallery.org/museum/readmore/id/882 2024.05.11. 20:10.
42) Harris, Michael H., 전게서. 135.

끝나면 서적은 제자리에 돌려놓아야 했고 문을 잠가야 했다. 사서는 £200의 채권에 가입해야 했고, 분실 또는 훼손된 서적은 변상하거나 세 배를 변상해야 했다. 문고에는 예술학 석사·법률과 약학의 학사·박사는 입장할 수 있었고, 견학자를 포함해서 최대 10명만 동시에 입장할 수 있었다. 동일한 서적을 열람하고자 하는 이용자가 있으면 한 시간 이상 열람할 수 없었다.[43]

　장서 관리는 대학에서 교수하는 주제에 따라 장서를 보관하는 것을 제외하고는 수도원과 동일하였다. 12~13세기 초기 대학의 장서는 대개 양피지 고책자(codex)를 아르마리아(armaria)라고 하는 책상자에 보관하였다. 매우 중요한 서적은 삼중의 자물쇠로 잠그고, 관리인 세 사람이 열쇠를 나누어 가지고 있어서 세 사람이 합석해야 열람할 수 있었다.[44] 13세기말 14세기 초에 이들 서적은 책상자에서 책상 위에 서가를 결합시킨 독서대(pulpitum)로 옮겨졌다. 열람용 독서대는 18~20책이 쇠사슬에 묶여있는 기다란 서가에 연접시켜 경사지게 만든 책상이다.[45] 즉 문고에는 여러 책상이 배치되었고, 각 책상에는 책을 꽂을 수 있는 서가가 설치되었다. 이 서가에 고정된 철봉에 서적을 쇠사슬에 매어 두었다. 책상·서가·사본에는 문자 혹은 숫자로 표기하였고, 학부별 표지를 각각 다른 색으로 구분하였다. 서가목록 형식의 일람표에는 서명·장절·서가번호·출처·가격 등이 기입되었고, 때로는 사본의 서체와 제본형태를 부기한 경우도 있었다.[46]

　양피지에 필사해서 증대시킨 수도원 문고와는 달리 초기의 대학 문고는 국왕, 귀족, 고위 성직자가 기증한 양피지 필사본으로 장서가 증대되었다. 처음에는 주제를 세분하지 않았고, 단지 크기와 접근성에 따라 배열하였다. 수도원에서 사용하던 바와 같은 서적 일람표를 만들어 이용시켰다. 중세말에 인쇄본이 보급되면서 책상자와 독서대에서 분리시켜 서가에 배열하는 것

---

43) Oates, J.C.T. 전게서, 7~8.
44) Dahl, Svend, 전게서, 65 ; Johnson, Elmer D.(1965), 전게서, 128.
45) Harris, Michael H., 전게서. 133.
46) Alfred Hessel, 전게서, 42.

으로 점차 변화되었다.

　1200년부터 1450년까지 장서의 공통점은 대부분이 라틴어서적이고, 당해 지역어 서적은 극히 적었고, 그리스어 서적도 드물었다. 주제는 종교 서적이 주종이었고, 고전문학·역사·철학·수학·의학·천문학 서적이 있었다. 주제에 따라 배열되었지만, 서가 끝에는 그 서가에 배열되어 있는 서적의 목록이 있었다. 목록에는 대개 책상, 서가, 도서 번호가 기록되어 있었다. 서적은 보통 저자·서명·색인어의 자모순으로 배열되었지만, 때로는 크기에 따라 순서 없이 배열되기도 하였다. 서적의 위치는 책상번호와 서가번호로 표기되었다. 초기 대학문고의 목록은 검색을 위한 서가목록의 사본이었다.[47]

　초기 대학에서 사서직은 전문직이 아니었고, 강사·조교 심지어는 학생이 담당하였었다. 수도회와 연관있는 대학에서는 수도사가 문고 관리의 책임을 졌다. 사서는 관리하는 도서의 내용에 매우 정통한 학자도 있었으나, 대부분은 내용보다 외형적인 상태를 책임지는 도서 관리자였다. 가끔 문고 관리인이 도서를 잃어버리거나 손상시켰을 경우 개인적으로 변상해야 했다. 장서 점검은 보통 매년 하였고, 때로는 대학의 최고 관리인이 보는 앞에서 점검하였다.[48]

　14세기 영국에서 종합목록(Union catalog)을 작성하려는 시도가 있었다. 160개의 수도원 도서관을 보유하고 있는 프란치스코수도회 수도사 85명이 편찬한 종합목록인 영국도서목록(Registrum Librorum Angliae)이다. 이 목록은 영국 전역에 산재한 수도원도서관에서 수장하고 있는 중요한 자료를 선별해서 편성한 최초의 종합목록인데, 끝내 완성시키지는 못하였다. 그러나 하나의 도서관 수장목록의 개념을 탈피하여 교파에 소속한 전체 도서관의 장서목록 편성을 시도하였다는 점에서 당시로서 획기적인 발상이었다.[49] 그러나 유강목(類綱目)의 분류체계는 17세기에 출현된다.

---

47) Johnson, Elmer D.(1965), 전게서, 127.
48) Johnson, Elmer D.(1965), 상게서, 128 ; Harris, Michael H., 전게서. 135.
49) Johnson, Elmer D.(1973), 『Communication』. 4th ed. (Metuchen: Scarecrow Press), 55 ; 南台祐·金昌河,(2007), 목록법 이론, (대구: 태일사), 188.

초기의 대학 문고는 수도원과 성당 문고의 영향을 직접적으로 받았지만, 달라진 점은 이용되는 문고였다는 점이다. 도서는 이용되면서 손상되었으므로 자주 수선하였고, 많이 대체되었다. 이용을 위한 도서의 보존이 강조되었으며, 희귀본만 보존하는 곳은 아니었다. 이 점에 있어 초창기 대학 문고는 근대 문고의 시초라 불리기도 한다.[50]

시민법·의학·철학 등의 교육을 받은 대학 졸업생은 수도원에 남거나 신학에만 몰두하지 않고, 넓은 세계로 나아가 지식을 다른 사람들에게 전파하였다. 천 여 년의 지식을 보존한 것은 수도원 문고였으나, 빈약하고 소규모일지라도 그 지식을 활용하는 것은 대학의 문고였다. 결과로 중세의 막이 내리게 되고, 근대사회가 태동하게 되었다는 점에서 의의가 있다.

III. 서원(書院)과 대학(大學)의 서적(書籍) 제작(製作)

1. 서원(書院)에서의 서적(書籍) 간행(刊行)

우리나라의 전통 교육은 삼국시대부터 왕권을 뒷받침하기 위한 관료 양성을 목적으로 비롯되었으며, 여기서 교육을 받은 지배층의 자제는 관리로 출사했다. 고구려에서는 국가 주도로 태학(太學)을 설립하여 유학을 교육하였고, 지방에 설립된 경당(扃堂)에 서적을 수장한 기록이 있는 것으로 미루어 고구려부터 교육기관에서 장서를 하였음을 알 수 있다.

고려도 국가를 통치하기 위한 이념으로 채택한 것은 역시 유학이어서 관학(官學)인 국자감(國子監)을 두고 자제를 교육하였는데, 이는 고구려 제도의 연장선상인 것으로 보인다. 비서성(秘書省)에 보관되어 있던 책판이 쌓이고 훼손된 것이 많아지자, 1101년(숙종 5) 3월 국자감에 서적포(書籍鋪)를 설치

---

50) Harris, Michael H., 전게서. 136.

하고 비서성의 책판을 옮겨 인쇄하고 보급하게 하였다. 이 서적포는 우리나라 교육기관 출판부의 원류가 되었고, 관학을 진작시키는 데 기여하였다. 사학(私學)은 문종 이후 개경에는 정배걸(鄭倍傑)의 홍문공도(弘文公徒)와 최충(崔沖)의 구재학당(九齋學堂) [문헌공도(文憲公徒)]을 위시한 12개소의 사학이 있었다. 이들 기관은 과거 응시자의 준비 기관이었다.

조선의 최고학부는 성균관(成均館)이었는데, 필요한 서적은 국가에서 간행한 서적을 보내주었으므로 초창기에는 서적을 간행하지 않았다. 사학은 1543년(중종 38) 풍기군수 주세붕이 고려에 주자학을 도입한 안향(安珦)을 추모하기 위해 순흥(順興)에 서원을 건립한 백운동서원(白雲洞書院) [소수서원(紹修書院)]에서 비롯되었다. 조선의 서원은 선배 유학자를 기리고 제사하는 사당의 기능에 후학을 양성하는 기능을 결합시킨 형태였다.

우리나라는 이미 신라시대부터 인쇄술을 활용하여 서적을 간행하였다. 그 전래의 최고본은 목판에서 인출한 『무구정광대다라니경(無垢淨光大陀羅尼經)』이다. 이 목판본 『무구』는 751년(경덕왕 10) 이전 신라 통일기에 간행되었다. 이후 인쇄술은 더욱 발전하여 다양한 방법으로 서적을 간행하였다. 조선시대에 서적을 간행하는 방법은 목활자인쇄술, 금속활자인쇄술, 목판인쇄술이 대종이었다.

활자본 간행에는 처음 활자를 제작할 때 큰 비용이 들지만, 일단 활자가 제작된 이후에는 조판과 인출비용만 부담하면 된다. 금속활자는 초기 비용이 막대하여 국가 중앙기관에서 주로 활용하였다. 목활자인쇄는 금속활자보다는 제작비가 저렴하여 활용범위가 넓었고, 국가 중앙은 물론 민간에서도 광범하게 활용한 방법이었다. 활자인쇄술은 인출 후 해판하면 동일 판본을 더 이상 제작할 수 없었다. 그러나 목판본을 제작할 때는 판목의 마련과 각판해야 하는 초기비용이 많이 소요될 수밖에 없다. 그러나 일단 각판된 판목을 활용해서 거듭 인출할 때는 인출 비용만 필요하므로 활자로 조판해서 인출하는 것보다 비용이 절감되고, 판목이 있는 한 얼마든지 인출할 수 있다. 그러므로 각각의 장단점이 있었다.

서적 간행에 있어 소량다종 간행에는 활자가 적합하고, 다량소종 간행에는 각판이 적합하였다. 그런 까닭에 조선후기 조정에서 전국적으로 배포할 서적에는 금속활자를 많이 이용하였고, 민간에서는 간행할 서적의 종류가 많지 않으면서도, 지역에서의 수요가 많았으므로 각판이 성행하였다. 따라서 초창기 두 서원에서 서적 간행할 때 채택한 방법은 절대적으로 목판인쇄였다. 각판된 책판은 서원에 장치되었다. 서원의 경우 설립과 동시에 서적을 간행할 형편은 되지 못하였고, 어느 정도 기틀이 잡힌 후에 간행하였을 것이다. 따라서 일찍 설립된 서원에서부터 서적을 간행하였을 것으로 미루어, 초창기에 설립된 대표적인 소수서원과 도산서원의 예를 살펴보고자 한다.

조선의 서원은 풍기군수였던 주세붕이 주자학을 고려에 도입한 安珦을 추모하기 위해 그의 사당을 순흥의 백운동으로 옮기고, 그 사당 앞에 서원을 건립한 1544년(중종 39)에서 비롯되었다. 사당 앞에 서원을 지으려고 터를 다지다가 얻은 놋쇠로 약간의 경서, 역사서, 제자서를 구입해서 서원에 수장하고 원근의 유생들이 모여 학문을 연마하는 장소로 삼게 하였다. 백운동서원을 명실상부한 유생의 장수처이자 강학소로 발전시킨 것은 풍기군수 이황이었다.[51] 1550년(명종 5) 이황이 관찰사 심통원(沈通源)을 경유하여 조정에 건의하여 서적과 토지, 노비를 하사해 줄 것을 청함에 따라 서적과 "소수서원(紹修書院)"이라는 편액을 받아 조선 최초의 사액서원이 되었다. 토지는 주세붕이 마련해준 속공전(屬公田)을 국가가 공인하고, 유생에 대한 지원은 그 토지의 소출로 마련하도록 했다.[52] 이렇게 기반을 마련하여 유생들이 학문에 전념할 수 있게 하였다.

강학을 위한 서적을 마련하여 면학 분위기가 조성된 후에는 서적을 간행하기도 하였다. 불가의 서적에는 대개 간행자, 간행연도와 간행처가 수록되어 있는 것과는 달리 유가의 서적에는 간행자, 간행연도와 간행처를 밝힌 경

---

51) 鄭萬祚(1980), 「朝鮮 書院의 成立過程」, 『韓國史論』 8, 42~43쪽.
52) 『明宗實錄』 卷20, 明宗 11年 1月22日壬午.

우가 드물다. 따라서 당해서적 자체에 소수서원 간본임을 밝힌 서적은 볼 수 없었다. 순흥에 수장되어 있는 책판에 대해 1576년(선조 10) 간행된 『고사촬요(攷事撮要)』에는 『죽계지』가 수록되어 있는데, 풍기의 판목으로 기록되어 있다.[53] 『죽계지』는 주세붕이 백운동서원을 건립한 이듬해(1544)에 편찬되었고, 1547년(명종 2) 사이에 백운동서원에서 간행[54]된 것으로 추정된다. 이 『죽계지』의 초판본은 최초의 서원 간본으로 추정된다.

이후 1632년(인조 10) 『가례언해(家禮諺解)』를 간행한 이후 1762년(영조 38)경 편성된 것으로 추정되는 『소수서원책록(紹修書院冊錄)』의 권말에는 『죽계지(竹溪志)』, 『육신유고(六臣遺稿)』, 『추원록(追遠錄)』, 『문성공신도비(文成公神道碑)』, 『홍하의초서(洪荷衣草書)』, 『악무목필적(岳武穆筆蹟)』, 『연비어약 학구성현(鳶飛魚躍 學求聖賢)』의 책판 7종이 수록되어 있다.[55] 서원에서 자체 간행한 서적은 전체 서적에서 비중은 높을 수 없었다.

도산서원은 이황의 사후 그의 학문과 덕행을 추모하기 위하여, 1574년(선조 7) 지방유림의 발의로 제자들을 가르치던 도산서당의 뒤편에 세운 서원이다. 퇴계 사후 4년 만에 유림에서 도산서당 뒤에 서원을 짓기 시작해 이듬해 낙성하였으며, 그 이듬해 2월 위패를 모셨다. 동년 11월에는 퇴계에게 문순(文純)이라는 시호가 내려졌고, 익년인 1575년(동 8) 한석봉(韓石峰)이 쓴 "도산(陶山)"의 사액을 받았다. 이후 영남유림의 정신적 지주 역할을 했으며, 흥선대원군의 서원철폐 당시에도 훼철되지 않고 존속한 47개 서원 가운데서도 중추적인 기능을 하였다. 서원에는 장서를 보관하던 광명실(光明室)과 판목을 보관하던 장판각(藏板閣)이 있다.

도산서원의 서적 간행은 16세기에 2종, 17세기 9종, 18세기 8종을 각판하였다. 조선 후기 학술이 가장 발달했던 17·18세기에 가장 많은 서적을 간행하였으며, 이후 하향곡선을 그리게 된다. 도산서원의 판목은 1796년(정조

---

53) 鄭亨愚·尹炳泰(1995), 『韓國의 冊板目錄 1』, 「攷事撮要」, 경인문화사, 26쪽.
54) 「紹修書院謄錄」, 전게서, 張2.
55) 『紹修書院冊錄』, 寫本. [英祖 38(1762)~正祖 9(1785)], 張11.

20)년 편찬된 『누판고(鏤板考)』에 17종이 수록되어 있다.[56] 그 서적은 『경서석의(經書釋義)』, 『계암선생문집(溪巖先生文集)』, 『고경중마방(古鏡重磨方)』, 『교남빈흥록(嶠南賓興錄)』, 『근시재문집(近始齋文集)』, 『농암선생문집(聾巖先生文集)』, 『송계원명이학통록(宋季元明理學通錄)』, 『송재선생문집(松齋先生文集)』, 『역학계몽전의(易學啓蒙傳疑)』, 『온계선생일고(溫溪先生逸稿)』, 『운암일고(雲巖逸稿)』, 『월천선생문집(月川先生文集)』, 『주자서절요(朱子書節要)』, 『치재선생유고(恥齋先生遺稿)』, 『퇴계선생문집(退溪先生文集)』, 『퇴계선생언행록(退溪先生言行錄)』, 『퇴계선생자성록(退溪先生自省錄)』이다.[57] 1846년(헌종 13)에 편찬된 『예안현읍지(禮安縣邑誌)』에는 완결(刓缺)된 판목이지만 30종의 판목이 현내에 수장되어 있다[58]고 하였다. 이는 조선시대 서원에서 간행한 서적으로서는 가장 많은 종수의 서적이다.

　도산서원에서 최초로 각판한 서적은 1576년(선조 9) 각판한 『송계원명이학통록』이고, 『역학계몽전의』도 16세기에 각판되었다. 도산서원의 서적 판각은 소수서원보다는 29년, 천곡서원보다는 2년 늦게 판각을 시작한 것이다. 17세기에는 『경서석의』, 『고경중마방』, 『농암선생문집』, 『매화시(梅花詩)』· 『대보잠(大寶箴)』, 『월천선생문집』, 『단양우씨족보(丹陽禹氏族譜)』, 『진성이씨족보(眞城李氏族譜)』, 『치재선생유고』, 『퇴계선생문집』의 9종을 각판하였다. 18세기에는 『계암선생문집』, 『교남빈흥록』, 『근시재문집』, 『무서변파록(誣書辨破錄)』, 『온계선생일고』, 『운암일고』, 『주자서절요』, 『퇴계선생언행록』의 8종을 각판하였다.

　현재 가장 많은 판목이 전래되고 있는 서적은 『퇴계선생문집』 계묘판 1,143판이다. 낙장 없이 전체 판목이 전래되고 있는 것은 『교남빈흥록』, 『근

---

56) 徐有榘(1941), 『鏤板考』, 大同出版社.
57) 裵賢淑(2022), 「陶山書院 刻板 活動 硏究」, 『동아시아 서원 아카이브와 지식 네트워크』, 도서출판 온샘, 59~144쪽.
58) 『禮安縣邑誌』, 寫本, [憲宗 13(1846)]. 張36 ; 『嶺南邑誌』, 寫本, [高宗 8(1871)], 冊10, 禮安縣, 冊板, 張34~35.

시재문집』, 『농암선생문집』, 『도산급문제현록(陶山及門諸賢錄)』, 『몽재선생문집(蒙齋先生文集)』, 『문순공퇴도이선생묘갈명(文純公退陶李先生墓碣銘)』, 『송계원명이학통록』, 『송재선생집』, 『역학계몽전의』, 『오가산지(吾家山誌)』, 『운암일고』, 『퇴계선생자성록』의 12종이다. 『계암선생문집』, 『고경중마방』, 『온계선생일고』, 『주자서절요』는 1판이 부족하다. 상당수 완판이 전래되고 있어 다행이지만, 문제는 마멸도라고 하겠다.

도산서원의 경우 판각과 관련한 초창기의 기록은 알려지지 않았다. 18세기까지의 기록은 산실되어 알 수 없지만, 19세기 전후의 기록은 5종이 남아있다. 즉 1817년(순조 17) 『퇴계선생문집』을 대대적으로 보각한 갑진중간정축보각본(甲辰重刊丁丑補刻本)의 각판 전말을 기록한 『선생문집개간일기(先生文集改刊日記)』, 1843년(헌종 9) 계묘삼간본(癸卯三刊本)을 각판할 때의 전말을 기록한 『퇴계선생문집중간시일기(退溪先生文集重刊時日記)』, 『도산급문제현록』 간행 전말을 기록한 『급문록영간시일기(及門錄營刊時日記)』, 1900년(광무 4) 『송재선쟁문집(松齋先生文集)』 보각시 기록된 것으로 추정되는 『선조송재선생문집중간시기사(先祖松齋先生文集重刊時記事)』, 1901년(융희 3) 『후계집(後溪集)』 간행시의 일기인 『선조문집간역시일(先祖文集刊役時日記)』이다. 이들 5종 자료는 각판의 논의 과정·인적 구성·원고 교정·경비 규모와 마련·결산·판재마련·장인 동원·각판, 인출, 장황·간본의 반질 등에 대해 알 수 있다는 점에서 가치가 높다.

또한 경비 마련과 관련된 문서도 19세기말의 기록만 확인되어 있다. 판각시 비용은 각 문중의 부조로 충당하였는데, 그 부조기가 남아 있다. 곧 『계축급문록영간시부조기(癸丑及門錄營刊時扶助記)』이다. 여기에는 부조한 인물의 고을과 택호, 부조 금액, 부조금 수령자가 수록되어 있다. 모두 125곳에서 3,951냥을 부조하였다.[59] 부조한 지역으로 보면 퇴계의 영향력이 절대적인 안동권이 중심이었다. 한편 간행시의 지출한 경비내역을 기록한 문서도

---

59) 『癸丑及門錄營刊時扶助記』, 筆寫本, [1913].

전래되고 있다. 이는 『도산급문록간역시하기(陶山及門錄刊役時下記)』인데, 여기에는 소요된 액수와 용도가 기록되어 있다. 전체 소요된 경비는 4,898냥9전1푼이었다.[60]

도산서원 간본의 주제는 집부의 문집류가 가장 많아 과반수가 넘고, 사부와 자부의 유가 서적의 순이며, 경부는 2종이었다. 도산서원 각판본 가운데 순수한 자부 서적은 전무한 편이며, 경서와 역사학 서적은 유생들 각자 수장하고 있는 까닭으로 간행이 적었던 것으로 읽힌다. 따라서 서원 간행의 서적은 오로지 유학으로 연구용에 한정되었다.

2. 대학(大學)에서의 서적(書籍) 제작(製作)

대학이 자리 잡게 된 시대 서양의 기록매체는 양피지에서 종이로 바뀌고 있었다. 양피지는 이집트에서 독점하고 있던 파피루스의 수출을 금지했기 때문에 소아시아의 그리스 식민지이며 양피 매매의 중심지였던 페르가문(Pergamun)에서 대체재로 개발한 것이다. 양의 가죽으로 만든 양피지(羊皮紙)[parchment] 또는 송아지 가죽으로 만든 독피지(犢皮紙)[vellum]는 가죽의 털과 지방을 제거하고 얇고 거의 투명한 백색이 될 때까지 말리고 부드럽게 손질해서 만들었다. 양피지는 파피루스보다 견고하여 양면에 쓸 수 있었다. 또한 쉽게 접을 수 있었고, 화려한 채식사본에 적합하였다. 이 양피지를 책장 크기대로 잘라 풀로 붙여 두루마리나 고책자(codex)로 만들었다. 고책자는 가죽을 겹쳐서 붙이고 가죽 또는 나무를 덧대어 표지로 만든 책자이다. 고가였으므로 책상자에 보관하다가 쇠사슬에 묶기 시작했는데, 대성당 또는 대수도원에서의 보관 방법이었다. 쇠사슬 문고는 중세말까지 곳에 따라서는 17~18세기까지 존속되었다.

중국에서 발명한 종이는 지구를 돌아 유럽에 전해지면서 14·15세기에 프

---

60) 『陶山及門錄刊役時下記 ; 癸丑五月』, 筆寫本, [1913], 張16.

랑스가 유럽 제1의 제지국이 되었다. 고책자 제작에 35~40마리의 양가죽이 필요해서, 이를 구입하기 위해 포도농장을 팔았다는 기록도 있다. 그에 비해 종이는 무척 저렴했기 때문에 공문서에 종이를 사용하는 것은 오랫동안 불법이었다.[61] 14세기에는 사본을 종이에 제작하기 시작하였고, 15세기에는 증대되었다. 그 이유는 가격이 양피지의 1/3 수준이었으며, 나중에는 1/6로 저렴해졌기 때문이다. 목판으로 제작한 카드나 종교판화 등에 종이가 사용되다가, 결국은 금속활자 인쇄에도 양피지와 동시에 사용되었다. 저렴한 서적의 수요가 많아지자 양피지 대신 종이를 사용한 것도 큰 요인이었다.[62]

대학이 정립되던 시기 구텐베르크는 활자주조법을 개발하여 연과 안티몬의 합금을 주형에 주입시켜 정밀한 활자를 대량으로 만드는 기술을 개발하였다. 아울러 금속에 적합한 유성의 잉크도 개발하였고, 포도 착즙기의 원리를 활용해 인쇄기도 개발하였다. 고향 마인츠로 돌아온 후 1450년경 라틴어 표준문법서인 『도나투스(Donatus)』를 간행했다. 늦어도 1452년 착수하여 1456년에는 1면 42줄의 성서를 180부 인쇄하였다. 이 『42행성서』는 양피지에도 인출되었다. 이 성서는 자형, 판면 배치 등에 있어 양피지 사본을 모방하여 제작하였다. 그러나 장식은 모방할 수 없어 채식사(彩飾師)의 손을 빌려 제작하였다. 결과로 양피지 사본과 같은 분위기의 인쇄본을 제작한 것이다.[63] 인쇄술 발명 이후 1501년까지 유럽에서 간행된 인쇄물을 "초기간본" 또는 "요람기본(incunabula)"이라 한다.[64] 이후 활판인쇄술은 비약적인 발전을 하여 불과 50년 만에 유럽 전역 350개 도시에 1,000여의 인쇄소가 설립되었다.

긴밀한 관계였던 문고와 서사실은 금속활자 인쇄술의 사용으로 16세기에 영원히 결별하게 되었다. 또 도서 생산의 신속한 증가로 인쇄본도 양피지 사

---

61) 『主要各國의 出版文化와 圖書館』, 전게서, 62.
62) Dahl, Svend, 전게서, 67~8.
63) Dahl, Svend, 상게서, 91.
64) Dahl, Svend, 상게서, 110~111.

본과 나란히 장서에 포함되기 시작하였다. 종이에 인쇄함으로써 서적의 가격이 저렴해지자 도서를 좀 더 쉽게 습득할 수 있게 되었다. 이로써 교육수준이 향상되었고, 이는 더 많은 서적을 생산하게 하는 동력이 되었다. 시간이 경과하면서 기증으로 서적이 축적되어 문고도 증대되었다.

서양의 대학에서 서적을 간행한 것은 인쇄술 발명의 소산이었다. 구텐베르그가 인쇄기로 서적을 인쇄할 때도 양피지와 종이 두 매체에 인쇄하였지만, 양피지 인쇄본은 고가였고 양이 급속도로 증가할 수 없었다. 저렴한 종이로 서적을 대량생산하게 되자 지식은 대중화되고 공용화되었고, 수도원과 대학에 국한되어 있던 학문과 서적은 원하는 사람이 모두 접할 수 있게 되었다. 대학 설립기에 지배계급과 애서가는 여전히 화려한 필사본을 수집했지만, 대중은 인쇄본을 구입하였다. 서양에서는 인쇄술을 사용한 이후 도서의 수가 급증하여 서지를 작성할 필요성이 대두되었다.[65]

케임브리지 대학 출판부(Cambridge University Press)는 세계에서 가장 오래된 대학 출판부이다. 1534년 모든 종류의 책을 간행할 수 있도록 허가하는 헨리 8세의 칙허를 받아서 설립된 최초의 대학 출판부이며, 왕실 인쇄소였다.[66] 토마스 토마스(Thomas Thomas)가 1583년부터 1588년까지 서적을 간행했는데, 처음 간행한 것은 서적 1종과 논문 2종이었다. 대표적인 서적은 1587년 간행한 『라틴어사전(Latin Dictionary)』이다. 1591년에는 죤 레가트(John Legate)가 캠브리지에서 최초의 『성경』을 간행하였다.[67]

파리대학에서 공부하던 영국 학생들이 1167년 귀국해서 대학을 결성하였는데, 이 학교가 옥스퍼드대학이다. 옥스퍼드대학 출판부의 역사에는 1478년 처음으로 서적을 간행했다[68]고 밝히고 있으나, 서명과 저자가 분명하지 않지

---

65) 류부현(2004), 『圖書館文化史』, (한국학술정보), 70~71쪽.
66) https://en.wikipedia.org/wiki/Cambridge_University_Press 2024.03.12. 18:03.
67) https://en.wikipedia.org/wiki/Cambridge_University_Press#History 2024.03.12. 18:19.
68) https://corp.oup.com/history-and-accolades/ 2024.03.12. 16:49.

만 『성경』을 간행한 것으로 추정되고 있다. 이때는 윌리엄 캑스턴(William Caxton, 1422~1478)이 영국에 처음으로 인쇄소를 설립한 2년 후이다. 옥스퍼드대학 출판부는 1586년에는 서적을 간행할 법적인 권리를 성실령(星室令)[Decree of Star chamber]에 따라 공식적으로 설립되었다.[69] 이로써 설립 연도는 캠브리지 출판부의 1534년보다 52년 뒤진다.

옥스퍼드에는 공식적인 대학 출판부는 없었지만 16세기 동안 여러 인쇄업자와 관련이 있었다.[70] 총장인 윌리엄 로드(William Laud, 1573~1645)대주교는 1630년 찰스(Charles) 1세에게 서적판매업자 또는 왕립 인쇄소와 경쟁할 수 있는 권리를 청원하였다. 이로써 각종 서적을 간행할 수 있는 권리를 받아 출판부의 법적 지위를 강화시켰다.[71] 영국 내전 이후 부총장 펠(John Fell, 1625~1686)이 1668년 인쇄소를 설립하였다. 1674년부터 현재까지도 간행하고 있는 큰 판형의 달력을 간행하기 시작하였다. 이 달력은 『옥스퍼드달력(Oxford Almanack)』으로 알려지고 있다.[72]

수도원과 대성당에서는 전문 사자생이 사명감을 가지고 사본을 필사하였으나, 대학 발흥기에는 수요가 많아져 서적 제작은 상업화하였다. 서양의 대학에서는 16세기부터 출판부를 두고 서적을 간행하기 시작하였지만, 초기에는 직접 간행한 것은 아니고 외주 주는 형식이었던 것으로 보인다. 이는 서원에서 직접 판각해서 서적을 간행한 것과는 다른 양상이다.

수도원 문고에서는 직접 필사해서 장서를 증대시킨데 비해, 초기의 대학 문고에서는 서적을 제작하지 않았고, 왕·귀족·주교·도서수집가의 기증을 통해 장서를 증대시켰다. 이들이 기증한 서적은 고가의 양피지 사본이었다. 그러므로 장서 규모가 클 수 없었고, 도서 규모가 수천 책에 달한 것은 인쇄된

---

69) https://global.oup.com/about/oup_history/?cc=lt 2024.05.10. 15:09.
70) https://en.wikipedia.org/wiki/Oxford_University_Press 2024.03.12. 17:09.
71) https://corp.oup.com/history-and-accolades/ 2024.03.12. 16:49.
    https://en.wikipedia.org/wiki/Oxford_University_Press 2024.03.12. 17:09.
72) https://en.wikipedia.org/wiki/Oxford_University_Press 2024.03.12. 17:09.

서적이 대중화되기 시작한 1500년 이후부터였다.[73]

토마스 제임스(Thomas James, 1573~1629)가 옥스퍼드의 첫 번째 인쇄목록을 1605년 간행하였고, 1620년 개정판을 간행하였다. 1610년 보들리는 영국에서 간행되는 모든 책의 1부를 옥스퍼드에 납본할 것을 런던서적출판업조합과 협정을 체결하였다. 이후 늘어나는 장서를 감당할 수 없게 되자 보들리경은 문고를 일부 증축하는 한편, 1610년부터 새로운 건물을 지을 계획을 추진하고 있었다. 그 결실을 보기 전 1613년에 세상을 떴다. 그가 계획한 옛 문고 동쪽으로 이어진 새로운 건물은 1619년에 완성되어 오늘날까지 그 모습을 간직하고 있다. 이 문고는 1634~7년 사이에도 증축되었다. 법률가 존 셀던(John Selden, 1584~1654)이 8,000책을 기증하여 장서는 증대되었다. 이후 1629년 펨브로크(Pembroke)백작 3세, 1634년 케넬름 디그비 경(Sir Kenelm Digby, 1603~1665), 칸타베리 추기경 윌리엄 로드(William Laud) 등이 수장하고 있던 사본이 기증되었다.[74]

종이가 점차 유럽 전역에 보급되면서 인쇄술의 보급에 중요한 역할을 하였다. 영국은 17세기까지 유럽대륙에서 종이를 수입하였다. 1680년 옥스퍼드 근방 울버코트(Wolvercote)에 제지소가 설립되면서 영국에서도 종이는 중요 기록매체가 되었다. 종이는 양피지에 비해 얇고, 가볍고, 소형이며, 인면도 훌륭하고, 편리하게 관리할 수 있으면서도 경제적이었다. 따라서 종이에 인쇄된 서적은 독서대에서 풀려나 서가에 꽂히게 되었다.[75]

Ⅳ. 결언(結言)

동양과 서양에서 인쇄술을 사용한 시발점이나 목적이 달랐다. 조선은 금

---

73) Harris, Michael H., 전게서, 132~3.
74) Barber, Giles, 전게서, 10,13.
75) Barber, Giles, 상게서, 6.

속활자로 서적을 간행해서 널리 배포해서 배우지 못할 사람이 없게 하는 것이었다. 그러나 조선에서 서적은 대중용이 아니었다. 일부 소수의 상류층 신분을 위한 도구였다. 즉 왕가와 사대부용이었던 것이다. 조선 중기에도 이들 인구는 전체의 절반도 되지 않았다. 그러므로 서적과 관련한 상업이 발달할 수 없는 구조였다. 또한 한자는 5만자가 넘는다. 동양에서는 활판인쇄보다 목판인쇄가 더 적합할 수밖에 없었다. 그런데도 금속활자 인쇄술을 개발한 것은 기적이라 할 수 있다. 금속활자 인쇄술의 발명국이긴 하지만, 국토가 좁고 인구가 적으며 사회체제상 서양의 금속활자 인쇄술과 같이 사회를 변혁시킬 조건이 조성되지 못하였다.

하지만 서양의 문자는 라틴어 자모 26자, 그리스어 자모 24자, 영어 자모 26자, 대문자와 소문자의 두 종류를 합해도 52자면 모든 단어를 표현할 수 있다. 서구의 다른 언어의 경우도 100자 정도 내외일 것으로 추정된다. 당시 서양도 아시아와 마찬가지로 신분을 세습하는 신분제 사회였다. 그러나 당시 서양은 라틴어로 전유럽을 여행할 수도 있고 소통할 수도 있었으므로, 지역적으로 광대하고 인구도 많았다. 그러므로 활자인쇄술이 적합할 수 있었다.

조선에서는 목적이나 용도에 따라 품질의 차이는 있었지만 기록매체는 종이였다. 따라서 서원에서는 초기부터 서적은 목판본이 주된 서적이었고, 활자본은 부차적이었다. 서원에서 장서를 증가시킨 방법은 대략 6가지였다. 주향자나 설립자의 서적을 이관하거나, 기증(국왕, 지방관청, 서원, 사가), 교환, 구입, 자체간행, 송지인책(送紙印冊)한 경우였다. 증가된 서적을 관리하는 규정도 제정해 그에 따라 관리하였다. 서원의 서책은 서원 문밖으로 반출할 수 없었고, 서고문은 열쇠를 가진 3인이 합석해야 열 수 있는 규정을 마련해 놓고 있었다. 이들 규정을 엄격하게 지킨 서원의 장서는 비교적 손실이 적었다. 서목도 작성했는데, 이 목록은 인수인계, 장서점검, 대출기록 등의 용도로 이용되었다. 소수서원의 서목에 수록된 장서량은 1544년(중종 39) 주세붕이 서원을 건립했을 때 구입한 서적은 43종 525책이다. 1602년(선조 35) 7월에 작성된 서목에는 107종 1,678책이 수록되어 있었다. 고려시대의 사찰문고에 비하면 장서량은 매우 빈약했다고 할 수 있다.

　1576년(선조 10) 간행된 『고사촬요(攷事撮要)』에는 『죽계지』가 수록되어 있는데, 풍기의 판목으로 기록되어 있다.[76] 『죽계지』는 주세붕이 백운동서원을 건립한 이듬해(1544)에 편찬되었고, 1547년(명종 2) 사이에 간행된 것으로 추정된다. 이로써 소수서원에서는 설립 초기부터 서적을 간행하였고, 목판으로 간행한 것을 알 수 있다. 1762년(영조 38)경 편성된 것으로 추정되는 『소수서원책록(紹修書院冊錄)』에는 서원에서 판각한 책판 7종이 수록되어 있어서 서원에서 지속적으로 서적을 제작한 것을 알 수 있다.

　서양 대학의 초창기에 사용된 기록매체는 양피지였다. 대학에서의 장서는 대개 수도원장, 대주교, 고위성직자 등의 기증본으로 증가되었다. 고가의 호화 양피지 사본은 장서량이 많을 수 없는 귀중본이었으므로 상당 기간 책상자에 보관되었고, 열쇠를 가진 3인이 합석해야 열 수 있었다. 이후에는 독서대에 쇠사슬에 묶어 놓은 채 열람할 수 있었다. 종이에 인쇄된 인쇄본이 문고 장서의 중심이 되면서 서적은 쇠사슬에서 해방되었다. 캠브리지에서는 1590년대에 쇠사슬에서 해방되었고, 옥스퍼드에서는 1756년에 쇠사슬을 제거하였다.[77] 서적을 관리하는 규정도 제정해서 관리하였고, 서목도 작성했다. 1289년에 작성된 소르본느대학 장서목록에 1,017종 서적이 수록되었고, 1338년에 작성된 목록에는 1,700책이 수록되었다.

　그러나 동서양의 사정을 단순히 숫자로만 비교할 수는 없다. 대학 설립기에 지배계급과 애서가는 여전히 화려한 필사본을 수집했고, 인쇄술이 개발된 후 인쇄본도 수집하였다. 옥스퍼드대학 출판부의 역사에는 1478년 처음으로 서적을 간행했다. 이는 윌리엄 캑스턴(William Caxton, 1422~1478)이 영국에 처음으로 인쇄소를 설립한 2년 후이다. 따라서 직접 간행한 것은 아니고 인쇄소에 의뢰해서 간행한 외주의 형태인 것으로 보인다. 그러나 조선

---

76) 「攷事撮要」, 전게서, 26.
77) Barber, Giles, 전게서, 18 ; 佐藤政孝, 전게서, 79~80.

의 서원에서는 직접 공인을 모아 서원에서 간행을 관리하였다. 그러나 서양의 초기 대학에서는 직접 제작한 서적은 거의 없었다.

　서양은 편력시대를 거치면서 자연발생적으로 대학이 성립되었지만 건물·교육경비·문고가 전혀 마련되지 않은 상태였고, 요건을 다 갖추는데 상당한 시간이 소요되었다. 그러나 조선에 설립된 서원은 지방 유지가 교육목적을 가지고 설립하면서 건물, 교육경비, 문고를 갖추고 본격적으로 교육을 시작한 점은 매우 다른 양상이었다. 두 기관이 처한 상황은 달랐지만, 배출된 학자들은 다음 세대에 사회의 동량으로 활동하였다.

【참고문헌】

琴蘭秀(1909), 『惺齋先生文集』, 木活字本.
南權熙(1998), 『紹修書院 所藏冊板 調査』, 油印本, 紹修書院.
류부현(2004), 『圖書館文化史』, 한국학술정보.
裵賢淑(2022), 「陶山書院 刻板 活動 研究」, 『동아시아 서원 아카이브와 지식 네트워크』, 도서출판 온샘.
裵賢淑(2005), 「紹修書院 收藏과 刊行 書籍考」, 『書誌學研究』 31.
北嶋武彦(1988), 『圖書及び圖書館史』, 東京書籍.
徐有榘(1941), 『鏤板考』, 大同出版社.
李春熙(1984), 「朝鮮朝의 敎育文庫에 관한 研究」, 景仁文化社.
鄭萬祚(1980), 「朝鮮 書院의 成立過程」, 『韓國史論』 8.
鄭亨愚·尹炳泰(1995), 『韓國의 冊板目錄』, 保景文化社.
朝鮮史編修會, 「紹修書院謄錄」, 『朝鮮史料叢刊』 17.
佐藤政孝(1986), 『圖書館發達史』, みずうみ書房.
國會圖書館(1971), 『主要各國의 出版文化와 圖書館』.
Barber, Giles, Arks for learning(1995), 『A short history of Oxford library building』, Oxford Bibliographical Society.
Dahl, Svend(1958), 『History of the book』, NY: Scarecrew press.
Harris, Michael H.著·全明淑·鄭然卿譯(1991), 『西洋圖書館史』, 知文社.
Johnson, Elmer D.(1965), 『A History of Libraries in the Western World』, Metuchen: Scarecrow Press.
Johnson, Elmer D.(1973), 『Communication ; an introduction to the history of writing, printing, books and libraries』. 4th ed., Metuchen: Scarecrow Press.
Oates, J.C.T.(1975), 『Cambridge University Library ; a hstorical sketch』, Cambridge University Library.
Peiss, Reuben(1955), 『A History of Libraries』. (New Brunswick, Scarecrow Press).

송대 서원과 유럽 중세 대학의 교육 방식 및 평가 비교

유하연(劉河燕)

I. 송대 서원의 교육 방식, 방법 및 평가

송대(宋代) 서원의 교육 방식은 학생 개인의 자율적인 독서와 연구를 중심으로 이루어졌으며, 이는 학생의 자율 학습 능력을 매우 중시했음을 보여준다. 서원에서는 학생들이 스스로 책을 읽고, 독립적으로 사유할 것을 장려하였으며, 고전 문헌을 깊이 연구함으로써 자신만의 학문적 소양과 사변적 능력을 함양하도록 하였다. 또한 서원의 교육은 '의리(義理)를 밝히는 것'을 중시하는 학문적 토론과 교류를 중요하게 여겼다. 이러한 교육 방식은 학생들이 토론에 적극 참여하고, 자신의 견해를 발표하도록 격려하였으며, 학술적 논쟁을 통해 지식에 대한 이해를 심화시킬 수 있도록 하였다. 한편, 서원은 서로 다른 학파들이 이곳에서 강의하는 것도 허용하였다. 이와 같은 개방적이고 포용적인 학문 분위기는 서원을 백가쟁명(百家爭鳴)의 학술 성지로 만들었다. 이러한 학문적 자유의 정신은 학술의 진보를 촉진할 뿐만 아니라, 학생들에게 보다 넓은 학문적 시야와 풍부한 학술적 자원을 제공하는 데도 크게 기여하였다.

이외에도, 교육 효과를 점검하기 위해, 서원은 학생들에 대해 일정한 평가와 심사를 실시하였다. 이러한 평가와 심사는 단지 학생의 학습 성과를 검증하는 것에 그치지 않고, 교사의 교육의 질을 감독하는 역할도 함께 하였다. 평가와 심사를 통해 서원은 학생들의 학습 상황을 제때 파악할 수 있었고, 이를 바탕으로 교육 방식을 조정하여 교육 효과를 높이는 데 도움을 주었다. 동시에, 이러한 평가와 심사는 학생들에게 자신의 재능을 발휘할 수 있는 무대를 제공하였고, 이는 학생들의 학습 의욕과 창의 정신을 자극하는 데에도 긍정적인 역할을 하였다.

1. 송대 서원의 주요 교육 방식과 방법

송대 서원의 교수 방식과 방법은 매우 다양하였다. 교사가 강단에 올라 강의하는 '승당강설(升堂講說)'이 있었고, 학생 개인의 '독서', '자기 수양(自修)', '과제 수행[作業]'도 포함되었다. 또한 산과 숲에서 한가롭게 노니는 활동, 혹은 명산대천(名山大川)을 답사하는 활동도 있었으며, 교사와 학생 간의 '질의문답(質疑問難)'도 활발히 이루어졌다. 그 외에도 적절한 시기에 열리는 회강(會講), 시회(會詩), 문회(會文) 등의 활동도 존재했다. 요약하자면, 송대 서원의 주요 교수 방식과 방법으로는 승당강설, 회강, 자학(自學), 질의문답 등이 있었다.

1) 승당강설(升堂講說)

강학(講學)은 송대 서원에서 특별히 중시되었으며, 서원의 대사(大師)들 강학의 중요성을 깊이 이해하고 있었다. 대유(大儒) 주희는 학문은 반드시 강학을 통해야 하며, 읽기만 중시하고 강의를 중시하지 않는 태도에 반대하였다. 그는 이렇게 지적하였다. "책이나 문서에 적어 놓은 것이라 하더라도, 아무리 분명하게 설명되어 있더라도, 직접 대면하여 토론하는 것만 못하다. 한두 마디 말 속에서 바로 통달의 길이 열릴 수 있으니, 이른바 '그대와 하룻밤 대화하는 것이 십 년 책 읽는 것보다 낫다'는 말과 같다. 만약 그 말이 철저하게 이해되는 수준까지 간다면, 십 년의 공부가 아깝겠는가!"[1]

---

1) [宋]黎靖德, 『朱子語類』 卷117, 「訓門人五」, 文淵閣 『四庫全書』: "載之簡牘, 縱說得

『독서법』에서도 강의의 중요성에 관한 언급이 있다. "성현이 말씀하신 언어에는 자연스레 그 말의 맥락이 있다. 잘 배열되어 각각 제자리에 놓여 있는 것이지, 어찌 후인들이 제멋대로 말하는 것과 같겠는가! 반드시 그 뜻을 탐구하고 음미해야 하므로, 배움에는 반드시 강의가 필요하다. 강의는 반드시 전체적인 줄기가 바르게 서야 하며, 그렇다고 해서 그 사이사이의 세부적인 부분을 소홀히 해서는 안 된다."[2] '강의[講]'는 깊고 난해한 것을 평이하게 풀어 설명하는 데에 도움이 되며, 이는 학생들로 하여금 이해하고 깨달을 수 있도록 하기 위한 것이다. 강의란 성현의 언어를 쉽게 이해할 수 있도록 일상적이고 통속적인 언어로 바꾸어 설명하는 것이다. "성현의 언어는 마치 보통 사람의 말과 다름없다. 지금 우리가 해야 할 일은 성현의 말을 일상의 언어로 엮어내는 것, 그것이야말로 바른 방법이다."[3] 주희는 교재를 단순히 낭독하거나 문자 그대로 가르치는 것, 즉 '조본선과(照本宣科)'식 교육을 강하게 반대하였다. 그는 다음과 같이 말했다. "모든 학습자는 책을 해석함에 있어, 반드시 원문에만 의존해서는 안 된다. 원문만 들여다보게 하면, 마음이 그 본문에 갇혀 죽어버린다. 그저 학생 스스로 그렇게 말하게 하라. 그러면 그 마음이 살아난다. 또 이해한 것을 잃어버리거나 잊어버릴 염려도 없어진다."[4] 또한 강의는 서로를 자극하고, 옳고 그름을 분별하며, 이해를 심화하는 데에도 효과적이다. 주희는 다음과 같이 생각했다. "대체로 일은 사유가 필요하고, 학문은 강의가 필요하다. … 예컨대 의리를 강의하는 데 있어 이해

甚分明, 那似當面議論, 一言半句便有通達處, 所謂共君一夜話, 勝讀十年書, 若說到透徹處, 何止十年之功也."
2) [宋]黎靖德, 『朱子語類』 卷11, 「讀書法」, 文淵閣 『四庫全書』: "聖賢說出來底言語, 自有語脈. 安頓得各有所在, 豈似後人任意說了也. 須玩索其旨, 所以學不可以不講, 講學固要大綱正, 然其間子細處, 亦不可以不講."
3) [宋]黎靖德, 『朱子語類』 卷117, 「訓門人八」, 文淵閣 『四庫全書』: "聖賢語言, 只似常俗人說話, 如今須是把得聖賢言語, 湊得成常俗言語, 方是."
4) [宋]黎靖德, 『朱子語類』 卷11, 「讀書法」, 文淵閣 『四庫全書』: "凡學者解書, 切不可與它看本. 看本, 則心死在本子上. 只教他恁地說, 則它心便活, 亦且不解失忘了."

가 통하지 않는 부분이 있으면, 친구와 함께 토론한다. 열 사람이면 열 가지 의견이 있을 것이니, 그 가운데 어느 말이 옳은지를 스스로 균형을 가지고 살펴보아라. … 어떤 때는 이쪽 설명이 맞고, 또 어떤 때는 저쪽 설명이 맞기도 한다. 잠시 후면 모두 다 이해할 수 있게 된다."[5]

사실, 바로 이러한 대사(大師)들이 서원에서 강의를 하였기 때문에, 그 소문을 듣고 수많은 선비들이 모여들었던 것이다. 대사들은 일반적으로 강당 수업의 형식을 빌려, 경전을 전수하고 가르치며, 자신의 학설과 사상적 주장을 해설하고 전개하였다. 서원에서는 이러한 대사들의 강의 요지를 보통 강의록(講義)이나 어록(語錄)의 형태로 기록하였다. 예를 들면, 육구연(陸九淵)의 『상산어록(象山語錄)』, 여조겸(呂祖謙)의 『여택강의(麗澤講義)』, 주희의 『어류대전(語類大全)』 등이 그것이다.

송대 서원의 강학 방식 가운데 한 가지 중요한 형식은 바로 '승당강설(升堂講說)'이었다. 이는 한 명의 교사가 동일한 시간에 일정 수의 학생들을 마주하고 동일한 강의 내용을 중심으로 펼치는 공동 교육 활동을 뜻한다.[6] 승당강설의 기원은 한대(漢代)의 정사(精舍)로 거슬러 올라가는데, 이곳에서는 대사(大師)가 경전을 설명하고, 수백에서 수천의 학자들이 이를 경청했다. 불가(佛家)의 총림(叢林) 역시 이러한 형식과 유사하며, 당대(唐代)의 고승들이 설법할 때에는 청중이 수백에서 수천, 심지어 수만 명에 이르기도 했다. 오대(五代) 시기에는 몇몇 사서(史書) 속에서 '여산국학(廬山國學)'이 바로 이 '승당강설' 방식으로 교육 활동을 운영하였다는 비교적 상세한 기록이 남아 있다. 예를 들어, 명경과(明經科) 수석 합격 후 국자감 조교로 임명되어 여산국학을 맡게 된 동주(洞主, 서원장) 주필(朱弼)은 "매번 승당강설을 할 때, 좌중은 엄숙하였고, 장씨 등 다른 경쟁자들조차 강의의 엄숙함에 부끄러워 물러

---

5) [宋]黎靖德, 『朱子語類』 卷117, 「訓門人八」, 文淵閣 『四庫全書』: "大抵事要思量, 學要講 … 又如講義理有未通處, 與朋友共講. 十人十樣說, 自家平心看那個不是 … 有時是這處理會得, 有時是那處理會得, 少間便都理會得."

6) 李才棟, 『中國書院研究』, 江西高校出版社, 2004年版, 86쪽.

나곤 하였으며, 사방에서 찾아온 제자들의 수는 평상시의 몇 배에 달하였다."[7] 이와 같은 교수 방식은 송대의 백록동서원(白鹿洞書院)에서도 계속 이어졌다. 동주는 친히 승당하여 학생들에게 유가의 경전과 문사(文史) 각 과목을 강의하였고, 그 내용을 조리 있게 정리한 강의록으로 남겨 학생들이 더욱 심화 학습할 수 있도록 하였다. 예를 들어, 주희가 남긴 『강당책문(講堂策問)』, 『중용수장(中庸首章)』, 『대학혹문(大學或問)』 등이 그것이다. 규모가 가장 성대한 시기에는 좌중에 수백 명의 학생들이 운집하기도 하였는데, 경정 원년(景定元年, 1260년), 남강(南康) 지군(知軍) 진순조(陳淳祖)가 백록동서원의 동주 도일계(陶一桂)와 함께 수백 명의 학생을 모아 승당강설을 진행하였고, 이는 당대에 아름다운 일화로 회자되었다.

순희(淳熙) 연간, 주희가 백록동서원의 부흥을 일으킬 때, 이미 승당강설(升堂講說)에 대한 기록이 있었다. 순희 7년(1180년) 3월, 그가 백록동서원에서 강의를 시작한 첫날, 『중용』의 첫 장(首章)을 강의하였다. 송대(宋代) 당시, 백록동서원의 독특한 승당 강학 방식은 그 넓은 학문적 시야, 전문적인 학술 정보, 포용력 있는 학문 태도로 인해 수많은 서원 중에서도 특히 명성을 얻었다. 이러한 강의는 많은 선비들이 명성을 듣고 찾아오게 하였으며, 승당 강의가 있는 날이면 "인근 고을 수백 리 안팎에서 학생들이 구름처럼 몰려들었고, … 좌석이 부족하여 수용할 수 없었으며, 문 밖까지 넘쳐났다."[8] 또한 주희의 제자들이 승당강의를 한 기록도 전해진다. 3전(三傳) 제자 정약용(程若庸)은 요주(饒州) 여간(餘幹)의 곡봉서원(斛峰書院)에서 강의하였고, 그의 정리된 강의록은 『곡봉서원강의(斛峰書院講義)』이다.[9] 4전(四傳) 제자 문천상(文天祥)은 서주(瑞州) 고안(高安)의 서간서원(西澗書院)에서 강의하였으며, 그의

---

7) [宋]陸遊, 『陸氏南唐書』 卷15, 文淵閣 『四庫全書』: "每升堂講說, 座下肅然, 絳等亦愧服引去, 徒自四方來者, 數倍平時."
8) [宋]黃榦, 『黃勉齋先生文集』 卷8, 「朱子行狀」, 中華書局, 1984年版, 210쪽: "及鄰郡數百裏間, 學子雲集 … 坐席至不能容, 溢於戶外."
9) [淸]黃宗羲, 『宋元學案』 卷83, 「雙峰學案」, [淸]全祖望補修, 陳金生, 梁連華點校, 中華書局, 1986年版, 2817쪽.

정리된 강의록이 『서간서원삽채강의(西澗書院釋菜講義)』이다.[10] 이러한 강의록들은 모두 서원에서 승당강설(升堂講說)을 행한 실제 기록이다.

육구연이 강의를 할 때에는 선림(禪林, 선종 사찰)에서 경문을 설명하는 강경(講經) 방식을 차용하였다. 그는 한때 귀계(貴溪)의 응천산(應天山)[11] 정사(精舍)에서 강의를 하였는데, 『상산연보(象山年譜)』의 기록에 따르면 다음과 같다. "선생은 늘 방장(方丈, 선원의 주지 스님이 거처하는 곳)에 거주하였다. 매일 아침 정사(精舍)에서 북이 울리면, 산교(山簥, 산 속에서 타는 가마)를 타고 나아가, 사람들과 인사를 나눈 뒤, 강단에 올라 앉았다. 얼굴빛은 순수하고 단정하며, 정신은 밝고 또렷하였다. 학자들은 작은 패(牌)에 이름과 연령을 적고 순서대로 붙였으며, 그 순서에 따라 자리를 잡았는데, 적게는 수십 명, 많게는 백여 명에 이르렀고, 모두가 조용하고 엄숙하여 소란스러움이 없었다. 먼저 정신을 가다듬고, 덕성을 함양하며, 마음을 비우고 강의를 들으라고 훈계하였다. 모든 학생들은 고개를 숙이고 공손히 귀를 기울였으며, 단지 경전을 강설하는 데 그치지 않고, 항상 사람의 본심을 일깨워 주었다. 가끔은 경문의 구절을 들어 증거로 삼기도 하였다. 그의 음성은 맑고 울림이 있었고, 듣는 자는 모두 감동하고 고무되지 않는 이가 없었다."[12]

2) 회강(會講)

'회강'과 자주 연관되어 언급되는 것은 '강회(講會)'이다. 『중국서원사전

---

10) [清]黃宗羲, 『宋元學案』 卷88, 「雙峰學案」, [清]全祖望補修, 陳金生, 梁連華點校, 中華書局, 1986年版, 2959쪽.
11) 응천산 : 후에 '상산(象山)'으로 개명함.
12) [宋]陸九淵, 『陸九淵集』 卷36, 「年譜」, 中華書局, 1980年版, 501쪽: "先生常居方丈. 每旦精舍鳴鼓, 則乘山簥至, 會揖, 升講坐, 容色粹然, 精神炯然. 學者又以一小牌書姓名年甲, 以序揭之, 觀此以坐, 少亦不下數十百, 齊肅無嘩. 首誨以收斂精神, 涵養德性, 虛心聽講, 諸生皆俛首拱聽, 非徒講經, 每啟發人之本心也. 間舉經語爲證. 音吐清響, 聽者無不感動興起."

(中國書院辭典)』에서는 강회를 "서원의 교육 및 학술 활동과 관련된 하나의 학술 조직"[13]이라 기록하고 있다. 강회는 반드시 특정 서원에 국한되지 않았다. 예를 들어 남창(南昌)의 행화루(杏花樓), 등왕각(滕王閣), 용광사(龍光寺) 등지에서도 강회가 설립되었다. 강회의 회소(會所)는 대체로 고정적이었다. 예컨대 남창의 예장회관(豫章會館), 안복의 복고서원(複古書院), 노릉의 청원회관(青原會館) 등이 그 예이다. 명대(明代) 문헌에는 '강회'라는 명칭뿐 아니라 '회강'이라는 표현도 함께 등장한다. 명나라 중엽에 이르러 '강회'는 장강 이남과 이북 전역에 널리 퍼졌으며, 하나의 학술 조직·학술 단체로서의 규범 역시 점차 정교하고 엄격해졌다. 명말(明末)에 이르러, 서원의 강회는 사족들의 결사 활동과 결합되면서 새로운 의미를 지니게 되었고, 청대(淸代)까지 이어지며 강회 제도는 점점 더 정비되고 체계화되었다. 강회는 명확한 종지(宗旨), 상세한 규약, 성대한 의식, 그리고 정해진 절차와 회기(會期) 등을 갖춘 조직으로 발전하였다.

『중국서원사전(中國書院辭典)』에는 회강에 대해 다음과 같이 기록하고 있다. "서원의 교육 및 학술 활동과 연관된 모임으로서 … 형식은 일정하지 않으며, 서원 강회 중에 이루어지는 회강도 있고, 서원 외부에서 진행되는 회강도 있다. 정기적으로 개최되는 회강도 있으며, 수시로 약속하여 이루어지는 회강도 있다."[14] 송대(宋代)의 서원은 강학을 중시하였다. 특히 남송(南宋)의 서원 강학은 특정 학파의 주장에만 얽매이지 않았으며, 서로 다른 학파 간의 논쟁을 허용하여 회강을 진행했다. 회강에 대해 주희는 "벗과 함께 모여 학문을 강론하는 것[會友講學]"이라 해석하였고, 장식(張栻)은 "서로 만나 토론하며 강의하는 것[會見講論]"이라 이해하였다. 회강은 간단히 말해, 두 명 이상의 교사가 함께 모여 강의하고, 학생들은 아래에서 이를 청강하는 형식으로 이해할 수 있다. 회강에 참여하는 교사들의 관점과 견해가 서로 다를

---

13) 季嘯風主編, 『中國書院辭典』, 浙江教育出版社, 1996年版, 700쪽.
14) 季嘯風主編, 『中國書院辭典』, 浙江教育出版社, 1996年版, 698쪽.

수 있기 때문에, 그들은 서로 논쟁하고 토론을 벌이게 된다. 이는 사실 교실 수업과 학술 토론이 결합된 형태라고 볼 수 있다.

서원 역사상 처음으로 회강의 풍조를 연 것은 바로 유명한 주장회강(朱張會講)이었다.

주장회강은 건도 3년(乾道三年, 1167년), 주희와 장식(張栻) 두 사람이 악록서원(岳麓書院)에서 개최한 한 차례의 회강을 가리킨다. 이 회강은 서원 회강 및 자유로운 강학의 기풍을 처음으로 열었으며, 중국 학술 활동 및 서원 발전사에서 이정표적인 중대 사건이라 할 수 있다.

비록 주희와 장식 두 사람 모두 이정(二程)의 4전(四傳) 제자이고, 또한 저명한 서원의 대사(大師)였지만, 두 사람의 구체적인 사승(師承) 관계는 서로 같지 않았다. "정이(程頤)·정호(程顥)의 학문은 귀산(龜山, 양시楊時)이 그것을 얻어 남쪽으로 전하였고, 예장(豫章)의 나씨(羅氏, 나종언羅從彦)에게 전하였으며, 나씨는 다시 연평(延平)의 이씨(李氏, 이동 李侗)에게 전하고, 이씨는 고정(考亭)의 주씨(朱氏, 주희)에게 전하였으니, 이것이 한 계통이다. 반면, 상채(上蔡, 사량좌謝良佐)는 그것을 무이(武夷)의 호씨(胡氏, 호안국胡安國)에게 전하였고, 무이의 호씨는 그것을 그의 아들인 오봉(五峰, 호굉胡宏)에게 전하였으며, 오봉은 그것을 남헌(南軒)의 장식張栻에게 전하였으니, 이것이 또 다른 한 계통이다."[15]

주희가 천리길을 멀다고 마다하지 않고 복건(福建) 숭안(崇安)에서 담주(潭州, 지금의 후난 창사)까지 찾아가 장식과 토론을 벌인 이유는 그가 성리학에서 '미발지중(未發之中)'이라는 문제를 명확히 이해하지 못했기 때문이었다. 『예기(禮記)·중용(中庸)』에는 다음과 같은 구절이 있다. "희로애락이 발하기 전을 중(中)이라 하고, 발하되 모두 절도에 맞는 것을 '화(和)'라 한다.

---

15) [宋]真德秀, 『真文忠公讀書記』 卷三一, 轉引自朱漢民, 『湘學原道錄』, 中國社會科學出版社, 2002年版, 67쪽: "二程之學, 龜山(楊時)得之而南, 傳之豫章羅氏(羅從彦), 羅氏傳之延平李氏(李侗), 李氏傳之考亭朱氏(朱熹), 此一派也. 上蔡(謝良佐)傳之武夷胡氏(胡安國), 武夷胡氏傳其子五峰(胡宏), 五峰傳之南軒張氏(張栻), 此又一派也."

중이란 천하의 큰 근본이며, 화란 천하의 달통한 도(達道)이다. 중화(中和)가 지극해지면 천지가 제자리를 잡고, 만물이 길러진다."[喜怒哀樂之未發謂之中, 發而皆中節謂之和, 中也者, 天下之大本也, 和也者, 天下之達道也, 致中和, 天地位焉, 萬物育焉.] 송대의 성리학자들은 대부분 이 '미발지중(未發之中)'의 경계를 체험하는 데 마음을 기울였으며, 이를 통해 사물의 진리[眞諦]를 밝히고자 하였다. 전해지기로는 이정(二程)은 이미 이 경지를 체득하였다고 한다. 이정은 그 방법을 양시에게 전하였고, 양시는 다시 이동에게 전수하였으며, 이동이 주희에게 설명해 줄 당시, 주희는 그것에 주의를 기울이지 않았다. 후에 주희는 형산(衡山)의 성리학자 호굉의 참된 전승을 장식이 얻었다는 말을 듣고, 그가 이 문제에 대해 깊은 연구가 있음을 알고는 서신으로 교류하며 토론을 시작했다. 두 사람은 『중용』에서 '이발(已發)'과 '미발(未發)'의 문제 외에도, 심(心)과 성(性) 등의 문제에 대해서도 토론하였다. 보다 직접적인 학문 교류를 위해, 1167년 가을, 주희는 자신의 제자인 임용중(林用中, 자는 택지擇之)와 범염덕(范念德, 자는 백숭伯崇)을 데리고 담주(潭州)로 갔다. 장사(長沙)에서 두 달간 머물면서 주희와 장식은 학문적으로 매우 중요하다고 여긴 문제들을 두고 격렬한 논쟁을 벌였다. 안타깝게도, 그 당시 회강의 구체적인 내용은 남아 있지 않으며, 다만 후대에 전해진 일부 언설을 통해 그 상황을 대략 짐작할 수 있을 뿐이다. 논의는 성리학 및 그 교육 사상과 관련된 여러 중요한 문제들을 폭넓게 다루었으며, 주요 주제에는 태극설(太極說), 중화설(中和說), 지행설(知行說), 찰식지양(察識持養), 인설(仁說) 등이 포함되었다. 제자 범백숭(范伯崇)에 따르면, "두 선생께서 『중용』의 의미를 논의하였으나, 사흘 낮밤을 이어가도 합의에 이르지 못했다."[16] 두 사람의 변론은 주로 강학과 결합되어 진행되었고, 그로 인해 수많은 학자들이 벌떼처럼 몰려들었다. 『악록서원지(岳麓書院志)』에는 당시의 광경이 다음과 같이 묘사되어 있

---

16) [淸]王懋竑, 『朱子年譜』卷1, 文淵閣 『四庫全書』: "二先生論《中庸》之義, 三日夜而不能合."

다. "학도는 천 명이 넘었고, 수레와 말이 너무 많이 모여들어 연못의 물을 다 마셔 바닥나게 할 정도였으며, 당시 사람들은 이곳을 소상(瀟湘)의 주사(洙泗, 공자가 강학 활동을 하던 곳)라 불렀다."[17] 이 회강에 대해서는 주희 본인도 관련된 회고를 남겼다. 그의 시 《남헌 노형(南軒老兄)을 그리워하며, 백숭과 택지 두 벗에게 드리는 두 수의 시[有懷南軒老兄呈伯崇擇之友二首]』가운데 한 수에 다음과 같은 구절이 있다. "지난날 가을바람 속을 떠올리니, 상수(湘水) 가에서 서로의 학문적 약속을 찾아 나섰고, 아침저녁으로 함께 즐겁게 유람하며, 밤에는 자리를 나란히 하여 절묘한 말을 나누었지. 이별할 때에는 많은 아쉬움이 남았고, 돌아와서는 그대의 대방한 기상을 더 깊이 깨달았네. 다만 그 미묘하고 깊은 학문적 지점들에 대해서는 지금도 여전히 자세히 상의하고 싶은 마음뿐이라네."[18] 이 시를 통해 두 사람 간의 깊은 우정과 함께 논쟁 속에 견해 차이와 상호 간에 학문적 자극이 있었음을 알 수 있다.

주희와 장식 두 사람이 벌인 이 강학과 논변에 대해 여러 사지(史志)들도 일부 기록을 남기고 있다. 『호남통지(湖南通志)』에는 다음과 같이 전한다. "옛날 회암(晦庵, 주희)과 남헌(南軒, 장식)이 악록(岳麓)과 성남(城南) 두 서원에서 강학하였는데, 수많은 선비들이 감화되어 우러러 모여들기를 천여 명에 이르렀다. 당시 사람들은 담주(潭州, 지금의 장사)를 가리켜 추로(鄒魯)라 불렀다."[19](鄒魯는 공자와 맹자의 고향으로, 유학의 성지라는 뜻임) 『악록서원지』에는 다음과 같이 전한다. "건도 정해년(乾道丁亥, 1167년), 주희는 장사로 내려가 남헌 장식을 방문하였고, 성남과 악록 두 서원에서 강학하였다. 그는 학생들에게 자주 『맹자』의 '도는 성선(性善)에 있고, 방심한 마음을 되

---

17) [清]趙寧,『嶽麓書院志』卷3, 康熙二十六年(1687)鏡水堂刊本: "學徒千餘, 輿馬之衆至飲池水立竭, 一時有瀟湘洙泗之目焉."
18) [宋]朱熹,『晦庵集』卷五「有懷南軒老兄呈伯崇擇之友二首」,『四庫全書』本: "憶昔秋風裏, 尋盟湘水傍, 勝遊朝晚袂, 妙語夜連床. 別去多遺恨, 歸來識大方. 惟應微密處, 猶欲細商量."
19) [清]曾國荃等撰,『湖南通志』卷68,「學校七・書院一」, 清光緒重刊本, 華文書局, 1967年版: "昔晦庵南軒講學於嶽麓城南兩書院間, 士子振振向往以千數, 時稱潭州爲鄒魯."

찾는 데 있다'는 두 장을 보거든, 반드시 마음을 수렴하고 응축시켜, 극기(克己)와 구인(求仁)의 공부에 이르도록 하라고 말했다."[20] 『평강현지(平江縣志)』에는 또 이렇게 적혀 있다. "주문공(朱文公, 주희)과 선공(宣公, 장식)이 성남과 악록에서 강학하였으며, 사람들은 이를 일컬어 호상(湖湘)의 추로(鄒魯)라 불렀다. 우리 평강(平江)의 아홉 군자 또한 주자를 따라 수학하였으니, 이는 곧 초남(楚南) 지방 학문의 극성기라 할 수 있다."[21]

3) 자학(自學)

송대의 서원은 학생들의 자율 학습과 연구 능력의 함양을 매우 중시하였다. 이와 관련된 기록은 꽤 많다. 『중화문화통지·역대문화연혁전·송요하금원문화지·상편양송(中華文化通志·歷代文化沿革典·宋遼夏金元文化志·上編兩宋)』(960-1279年) 제4장 「학교와 서원(學校與書院)」에서는 서원 교육이 학생들의 자수(自修)를 장려하였다고 서술하고 있으며, 특히 성리학자들은 정좌(靜坐)와 내성(內省)을 중시하고, 강의도 대부분은 계발식 교육을 사용하여 학생 스스로 사유하도록 훈련시켰다고 한다. 『송원학안(宋元學案)』 권16 「이천학안 하·부록(伊川學案下·附錄)」에는 다음과 같은 기록이 있다. "이천(伊川, 정이程頤)은 누군가 정좌하는 모습을 보면, 곧바로 그가 공부를 잘하는 이라며 감탄하였다."[22] 호적(胡適) 선생은 『서원제사략(書院制史略)』에서 이렇게 서술하였다. "서원의 진정한 정신은 오직 자수(自修)와 연구에 있으며, 어느 하나라도 자유로운 탐구의 태도 없이 존재하지 않는다. 비록 예전에는 산장

---

20) [淸]趙寧, 『嶽麓書院志』 卷3, 康熙二十六年(1687)鏡水堂刊本: "乾道丁亥, (朱熹)如長沙訪張南軒, 講學城南嶽麓, 每語學者, 觀《子》道性善及求放心兩章, 務收斂凝定, 以致克己求仁之功."
21) 同治『平江縣志』 卷25: "朱文公宣公講學城南嶽麓, 號稱湖湘鄒魯. 而吾平江九君子從獲朱子遊, 此楚南書之極盛也."
22) [淸]黃宗羲, 『宋元学案』 卷16, 「伊川学案下·附录」, [淸]全祖望補修, 陈金生, 梁连华 点校, 中华书局1986年版, 647쪽: "伊川见人静坐, 便叹其善学."

(山長, 서원의 책임자)이 있었지만, 그것은 어디까지나 학술적 자문 역할일 뿐이었고, 연구와 발견에 있어서는 여전히 평소 자기 수양의 정도에 달려 있었다."[23] 이러한 기록들은 서원 교육자들이 학생의 자율 학습과 연구 능력 배양을 매우 중요하게 여겼음을 분명히 보여준다.

서원의 대사(大師)들은 학생들의 자율 학습에 대해서도 일정한 규정과 요구를 두고 있었다.

주희는 다음과 같이 생각했다. "반나절은 정좌하고, 반나절은 독서하라. 이러한 생활을 1~2년만 지속하면, 어찌 발전하지 못할까 걱정하겠는가?"[24] 또한 그는 이렇게도 말하였다. "책은 그대가 스스로 읽어야 하고, 도리는 그대가 스스로 연구하고 탐구해야 한다. 나는 단지 길을 인도해주는 사람일 뿐이며, 의심나고 어려운 부분이 있을 때 함께 상의할 뿐이다."[25] 육구연은 "도는 밖에서 구할 것이 아니다[道不外索]"라고 주장하였으며, 자주 다음과 같은 말로 제자들을 가르쳤다. "자립하고 자중하며, 남의 발자취를 좇거나 남의 말만 따라 해서는 안 된다."[26] 엽적(葉適) 또한 육구연을 논하면서, "그의 제자가 되려는 자는 맑게 앉아 내면을 관조해야 한다[爲其學者, 澄坐內觀]"라고 한 바 있다. 『송원학안(宋元學案)』에도 다음과 같은 기록이 있다. "상산(象山, 육구연)은 사람을 가르칠 때, 하루 종일 정좌하게 하여 본심을 간직하도록 하였으며, 많은 말로 시끄럽게 설명하는 것을 쓸모없다고 여겼다."[27] 여조겸

---

23) 胡適, 「書院制史略」, 『東方雜志』 1924年第3期: "書院之真正的精神惟自修與研究, 無一不有自由研究的態度, 雖舊有山長, 不過爲學術上之顧問, 至於研究發明, 仍視平日自修的程度如何."
24) [宋]黎靖德, 『朱子語類』 卷116, 「朱子十三·訓門人四」, 『全庫全書』本: "半日靜坐, 半日讀書, 如此一二年, 何患不進."
25) [宋]黎靖德, 『朱子語類』 卷13, 「學七·力行」, 『全庫全書』本: "書用你自去讀, 道理用你自去究索, 某只是做得個引路底人, 有疑難處, 同商量而已."
26) [清]黃宗羲, 『宋元學案』 卷58, 「象山學案」, [清]全祖望補修, 陳金生, 梁連華點校, 中華書局, 1986年版, 1894쪽: "自立自重, 不可隨人腳跟, 學人言語."
27) [清]黃宗羲, 『宋元學案』 卷58, 「象山學案」, [清]全祖望補修, 陳金生, 梁連華點校, 中華書局, 1986年版, 1918쪽: "象山教人終日靜坐, 以存本心, 無用許多辯說勞攘."

(呂祖謙) 또한 교사가 지나치게 자세하게 강의하는 것에 반대하였다. 그는 이러한 방식이 학생의 학습을 수동적으로 만든다고 보았고, 그래서 학생의 자학을 장려하였다.

서원은 개인의 자율 학습을 장려하였고, 또한 풍부한 장서(藏書)를 갖추고 있었기 때문에 학생들은 대부분의 시간을 스스로 책을 읽고 공부하는 데에 할애하였다. 서원 교육은 자학을 중시했지만, 방임을 주장한 것은 아니며, 오히려 교사의 지도 역할을 매우 중요하게 여겼다. 서원의 교육 활동에서 교사는 길을 인도하는 사람으로서, 그의 임무는 학생에게 독서 방법론을 지도하는 것이었다. 학생은 자신의 학습 상황에 따라 자율적으로 수양하고 연구하였다. 많은 명사(名師)들은 학생이 스스로 독서할 수 있도록 지도하는 것을 교학의 중요한 임무로 여겼다. 지도 내용에는 학생들이 어떤 책을 읽어야 하는지, 어떤 책을 먼저 읽고, 어떤 책을 나중에 읽어야 하는지와 같은 것들이 포함된다. 또한 정독(精讀)과 약독(略讀)의 방법을 익히도록 지도하였다. 어떤 책은 암기해야 하며, 어떤 책은 가볍게 훑어보는 정도로 충분하다는 식의 구분도 강조되었다. 그들은 또 자신의 학문적 경험을 바탕으로 독서의 원칙이나 절차를 정리하여 학생의 자학 능력과 독서 효과를 높이고자 하였다. 이 가운데 가장 큰 영향을 끼친 것은 주희의 주자독서법이다. 그 핵심은 다음 여섯 가지 원칙으로 요약된다. 순서에 따라 점진적으로 공부할 것[循序漸進], 익숙하게 읽고 정밀하게 사유할 것[熟讀精思], 마음을 비우고 깊이 스며들게 할 것[虛心涵泳], 자신에게 비추어 살피고 체득할 것[切己體察], 간절히 힘써 노력할 것[著緊用力], 경건한 태도로 뜻을 지킬 것[居敬持志].

4) 질의문난(質疑問難)

서원은 사고(思考)와 자학의 결합을 강조하였다. 질의문난법은 실제로 자학을 기초로 한 상호 교육의 한 방식으로, 학생이 질문하면 교사와 학생이 함께 의문을 주고받으며 해답을 구하는 교학 방법이다. 질의문난은 단지 교사가 의문을 해소해 주는 데 그치지 않으며, 토론과 변론을 결합하는 방식으로 문제를 탐구하기도 한다. 이 방식은 개방적이며 다방향적인 정보 교류 활동이라 할 수 있다. 서원에서는 학생이 단지 경서를 익히는 것만으로는 결코 의리의 목적을 깨닫는 데에 이를 수 없다고 보았다. 또한, 학생은 자율적으로 학습하는 과정에서 필연적으로 많은 의문이 생기게 마련이며, 그 의문들은 혼자서 모두 해결할 수 없는 경우가 많다. 따라서, 질의문난은 꼭 필요한 교육 방식이었다.

주희는 학문에는 반드시 의문이 있어야 한다고 강조하였다. 글자를 읽을 때는 "마치 혹독한 관리가 죄인을 심문하듯이 하여야 한다[須如酷吏治獄]"라고 하며, 세심하게 탐구해야 할 것을 요구했다. "처음 책을 읽을 때는 아직 의문이 있는지 알지 못하고, 그다음에는 점차 의문이 생기며, 중간에 이르면 매 구절마다 의문이 생긴다. 이 과정을 거치고 나면 의문이 점점 풀리게 되어, 마침내 융합되고 통달하여 더 이상 의문이 없게 된다. 이렇게 된 후에야 비로소 배웠다고 하는 것이다."[28] 이를 통해 주희는 독서란 '의문이 있음을 알지 못함 → 점차 의문이 생김 → 모든 것이 의문 → 의문 해소 → 의문 없음'으로 나아가는 과정으로 간주하고 있다. 그는 학생은 오직 질문하고 의심하는 과정을 거쳐야만 학문에 깊이 들어갈 수 있다고 여겼다. 나아가 그는 학생이 '질의(質疑)'의 토대 위에서 '정미한 사유(精思)'에 이르러야 한다고 보았다. "학자가 책을 읽을 때는 반드시 음미할 곳이 없어도 생각을 할 수 있어야 하며, 여러 의문이 동시에 떠올라 잠을 자고 밥을 먹는 것도 잊어버렸을 때 비로소 급격한 진보를 이룰 수 있다."[29]

여조겸은 질문을 어떻게 해야 하는지에 대해서만 말한 것이 아니라, 질문

---

28) [宋]張洪, 齊熙, 『朱子讀書法』 卷1, 「右每書誦讀考索之序·熟讀精思」, 文淵閣 『四庫全書』: "讀書始讀未知有疑, 其次則漸漸有疑, 中則節節是疑, 過了這一番, 疑漸漸釋, 以至融貫會通, 都無可疑, 方始是學."
29) [宋]黎靖德, 『朱子語類』 卷10, 「學四·讀書法上」, 文淵閣 『四庫全書』: "學者讀書, 須是於無味處當致思焉, 至於群疑並興, 寢食俱廢, 乃能驟進."

이 왜 중요한지도 함께 설명하였다. 그는 이렇게 생각했다. "학자가 진보하지 않겠다면 그만이지만, 만일 진보하고자 한다면 마음속에 '성심(成心)'을 가져서는 안 된다. 성심이 있으면 도(道)의 길로 나아갈 수 없다. 그러므로 성심이 남아 있으면 저절로 의심하지 않는 태도로 처신하게 되며, 성심을 없앤 후에야 의문 나는 바를 알게 된다. 작은 의문은 작은 진보를, 큰 의문은 큰 진보를 낳는다."[30] 여기서 그가 말한 '성심'이란 학습자 마음속에 자리잡은 고정관념이나 규범적인 틀을 의미한다. 이러한 성심이 존재하면 독서할 때 의심을 품을 수 없게 된다. 따라서 진보하려면 반드시 성심을 버리고 의심을 품을 수 있어야 한다.

장재 또한 "학문에는 반드시 의심이 있어야 한다[學則須疑]"고 주장하였다. 그는 다음과 같이 말했다. "의심할 줄 모르는 사람은 단지 실천하는 데 익숙하지 못할 뿐이다. 만일 실제로 실천하게 된다면 반드시 의심이 생기게 된다. 그것은 곧 실행이 잘 되지 않는 부분이 있기 때문이며 이것이 바로 의심이다. 이를 비유하자면, 온몸으로 어떤 이치를 이해했다고 하더라도, 한쪽 부분이나 어떤 대목에서 아직 완전히 이해하지 못한 것이 있다면, 그곳에 반드시 의심이 존재하게 되는 것이다."[31]

육구연 역시 스승과 제자 간의 민주적이고 평등한 방식의 질문(問疑)과 반문(詰難)을 매우 중시하였다. 그는 「호학록(胡學錄)에게 보내는 편지」에서 이렇게 말하였다. "그대는 내가 지난해 그대에게 보낸 편지를 모두 다 보았는가? 혹시 보지 못한 것이 있다면 모두 보여야 한다. 비록 그대가 한 번 읽었더라도 이미 다 알았다고 여겨서는 안 된다. 그대가 이전에 내게 보낸 편지를 보건대, 내가 말한 뜻을 아직 깊이 이해하지 못한 듯하다. 만일 의문이

---

30) [宋]呂喬年, 『麗澤論說集錄』 卷10, 「門人所記雜說二」, 文淵閣 『四庫全書』: "學者不進則已, 欲進之則不可有成心, 有成心則不可與進乎道矣. 故成心存則自處以不疑, 成心亡, 然後知所疑矣. 小疑必小進, 大疑必大進."
31) [宋]張載, 『張子全書』 卷5 「氣質」, 文淵閣 『四庫全書』: "不知疑者, 只是不便實作, 既實作則須有疑, 必有不行處, 是疑也. 譬之通身會得一邊或理會一節未全, 則須有疑."

있다면 꺼리지 말고 솔직히 말하라. 내가 기꺼이 그것을 자세히 설명해 줄 것이다."³²⁾ 그는 '논변(論辯)'에 대해서도 요구하였는데, 논변을 하려면 반드시 "시작과 끝이 분명해야 한다"고 하였다.

그는 이렇게 말하였다. "강학이란 본래 끝이 없는 일이지만 반드시 시작과 끝이 분명해야 논변을 할 수 있다. 만약 스스로 혼란스러운 상태에 있다면 그 혼란의 지점을 먼저 분명히 이해한 후에야 말하고 논변할 수 있다. … 만약 스스로가 분명하다면 비록 그 말이 옳지 않더라도 함께 토론하고 이치를 따져볼 수 있다."³³⁾ 그는 또한 논변할 때 한순간 '말'의 승패를 겨루는 것에 집착해서는 안 된다고 요구하였다. 이 점에 대해서는 그의 『서(書)』에서 다음과 같이 명확히 언급하였다. "내가 예전에 수도에 있을 때 여러 지방에서 온 벗들과 토론하고 논변하였는데, 그들이 말을 잘못했을 경우에는 반드시 조용히 그들에게 말하기를 '아마 노형께서 아직 자신의 뜻을 충분히 전달하지 못한 것 같소.'라 하며, 반드시 그들로 하여금 심사숙고하여 그 말을 다듬게 하였다. 혹시 스스로 설명하지 못한다면 내가 대신하여 말해주었다. 그렇게 하여 그 사람의 본래 의도가 분명해지고 말이 그 뜻을 충분히 표현한 뒤에야 비로소 옳고 그름을 논하였다. 옳고 그름은 본래 이치에 달려 있으므로 반드시 그 이치에서 구해야 하며 그 말에서 구해서는 안 된다. 말이 잘못되었으나 그 뜻이 그렇지 않다면 그것을 근거로 판단해서는 더욱 안 될 것이다. 하물며 그 사람이 한 말도 아닌 것을 가지고 판단해서야 되겠는가?"³⁴⁾

---

32) [宋]陸九淵, 『陸九淵集』 卷14, 「書」, 中華書局, 1980年版, 191쪽: "有書與胡學錄, 問曾盡見去年吾所與汝書否. 若有未見, 汝當盡示之. 雖汝當時一閱之, 毋謂已盡知之矣. 觀汝前一書, 亦未深解吾說. 若有疑, 不妨吐露, 當盡爲汝剖白也."
33) [宋]陸九淵, 『陸九淵集』 卷4, 「書」, 中華書局, 1980年版, 50쪽: 講學固無窮, 然須頭項分明, 方可講說辯. 若自交加糊塗, 則須理會得交加糊塗處分明, 方可講辯 … 若是自分明, 雖不是亦可商權理會.
34) [宋]陸九淵, 『陸九淵集』 卷3, 「書」, 中華書局, 1980年版, 40쪽: 某往在都下與四方朋友講辯, 當其失辭處, 必徐謂之曰恐老兄未能自達其意, 必使審思而善其辭. 彼或未能自申, 則代之爲說. 必使其人本旨明白, 言足以盡其意, 然後與之論是非. 是非本在理, 當求諸其理. 不當求諸其辭. 辭失而非其意, 尤不當據, 況又非其辭而可據乎.

송대 성리학자들의 '어록(語錄)'에는 스승과 제자 사이의 질의문난 사례들이 많이 기록되어 있다. 서원의 학생들은 소극적으로 해답을 기다리는 것이 아니라, 스승과 제자 쌍방이 적극적으로 질문과 응답을 주고받았다. 예를 들어 『남헌집(南軒集)』에는 다음과 같은 스승과 제자의 문답이 수록되어 있다. 학생 진평보(陳平甫)가 장식(張栻)에게 질문하였다. "그칠 수 없는 것[不可息者]은 인(仁)을 말하는 것이 아니겠습니까?" 장식은 다음과 같이 대답하였다. "인이기에 그침이 없는 것은 맞지만, 그침이 없음만으로 인을 설명하는 것은 충분하지 않다. 정자(程子, 이정)께서 말씀하셨다. '인의 도는 이름 붙이기 어려우며, 다만 공(公, 공정함)이 그것에 가깝다'라고 하였네. 그러나 공(公)을 곧바로 인(仁)이라 말할 수는 없으며, 이 점에 대해서는 깊이 체득해야 한다."[35] 이는 학생이 먼저 질문하고 스승이 응답한 대표적인 사례이다.

『주자어류(朱子語類)』에는 주희와 제자들 사이의 질의문난을 기록한 사례가 다수 수록되어 있다. 예를 들어, 주희가 '지수(持守)'[36]를 해설하면서 "겉에 조금이라도 틈이 생기면 곧 마음이 달아난다."고 말하자, 학생 정단몽(程端蒙)이 다음과 같이 질문하였다. "혹시 공부가 끊기면, 마음이 밖으로 달아나는 것입니까?" 이에 대해 주희는 이렇게 답하였다. "바로 이 마음이 바깥으로 향하려는 순간, 곧바로 달아나는 것이다."[37] 또 다른 예로, 제자 임용중(林用中)이 "일단 함양부터 하면, 오랜 시간이 지나 저절로 밝아지겠습니까?"라고 묻자, 주희는 다음과 같이 답하였다. "이치를 궁구하는 것[窮理]도 반드시 병행해야 한다. 함양과 궁색(窮索)[38], 깊이 따지고 탐구하는 것) 이 둘은

---

35) [宋]張栻, 『南軒集』 卷30, 「答陳平甫」, 文淵閣 『四庫全書』: 學生陳平甫問張栻, 不可息者, 非仁之謂歟. 張栻回答說, 仁故不息, 只以不息說仁, 未盡. 程子曰, 仁道難名, 惟公近之. 不可便以公爲仁, 須於此深體之.
36) 持守 : 마음을 지켜 한결같이 유지하는 것.
37) [宋]黎靖德, 『朱子語類』 卷12, 「學六·持守」, 文淵閣 『四庫全書』: 朱熹在講解持守時, 談到只外面有些隙罅, 便走了. 學生程端蒙問, 莫是功夫間斷, 心便外馳否. 朱熹回答, 只此心才向外, 便走了.
38) 窮索 : 깊이 따지고 탐구하는 것

어느 하나도 소홀히 해서는 안 된다. 이는 마치 수레의 두 바퀴와 같고 새의 두 날개와 같아서 반드시 함께 움직여야 한다."[39]

경정(景定) 5년(1264년), 오징(吳澄)은 15세의 나이로 부주(撫州) 군성(郡城)의 임여서원(臨汝書院)에서 정약용(程若庸)을 스승으로 삼아 학문을 배웠다. 그는 벽에 붙은 어록(語錄)을 보고 정약용에게 이렇게 물었다. "이른바 『대학(大學)』은 광명정대(光明正大)의 학문이라 하니, 그렇다면 『소학(小學)』은 천박하고 비루한 학문이란 말입니까?" 정약용은 이 말을 듣고 칭찬하며 말하였다. "내가 이곳에 온 지 20여 년이 넘도록 많은 사람을 보아왔지만, 약관의 나이에 이러한 뜻과 기개를 지닌 자는 본 적이 없네. 나 같은 어리석고 늙은 자는 감히 스스로를 내칠 수 없어, 자네의 깎고 다듬어진(切磋) 의견을 듣고자 하네."[40] 오징은 이처럼 대담하게 스승에게 의문을 제기하였고, 스승은 화내기는커녕 기뻐하며 그를 칭찬하였으며 더불어 스스로를 낮추어 "자네의 가르침을 듣고자 한다"고까지 말하였다. 이를 통해 볼 때, 당시 서원에서의 스승과 제자 간 질의문난은 얼마나 민주적이고 평등하였는지를 잘 알 수 있다.

『송원학안(宋元學案)』에도 서원의 교사가 학생을 시험하고 질문한 사례가 기록되어 있다. 예를 들어 요로(饒魯)가 황간(黃榦)의 문하에서 수학할 때, 황간이 이렇게 물었다. "『논어』는 맨 처음에 '때때로 익힘(時習)'을 논하고 있으니, 이때 '습(習)'은 어떤 식으로 공부하는 것인가?" 요로가 대답하였다. "마땅히 두 가지 의미를 함께 겸해야 합니다. 하나는 사려함으로 이치를 풀어내고[繹之以思慮], 다른 하나는 몸소 실천하여 익히는 것[熟之以踐履]입니다." 이에 황간은 "큰 그릇이다!"라고 하며 그를 크게 칭찬하였다.[41]

---

39) [宋]黎靖德, 『朱子語類』 卷9, 「學三·論知行」, 文淵閣 『四庫全書』: 學生林用中問, 且涵養去, 久之自明. 朱熹回答說, 亦須窮理. 涵養窮索, 二者不可廢一, 如車兩輪, 如鳥兩翼.
40) 轉引自李才棟, 『江西古代書院研究』, 江西教育出版社, 1993年版, 244쪽: 若庸來此二十餘年, 閱人多矣, 未見年方弱冠而存此志量也. 仆愚老不敢自棄, 願聞切磋語.
41) [清]黃宗羲, 『宋元學案』 卷83, 「雙峰學案」, [清]全祖望補修, 陳金生, 梁連華點校, 中華書局, 1986年版, 2812쪽: 黃榦曾問, 論語首論時習, 習是如何用功. 饒魯回答說, 當

서원은 질의문난의 교수 방식을 채택하였고 천편일률적인 학습을 구하지 않았다.

그 핵심은 학생의 사고를 계발하고 학습 흥미를 높이며, 학생이 서로 다른 견해를 표현하도록 장려하는 데에 있었다. 물론 더 나아가서는 학생들이 각자 새로운 학문 경로를 열고 새로운 문제를 발견하여, 관습을 뛰어넘는 독창적인 견해를 제시하기를 기대한 것이었다. 육구연은 스스로 "유속에 묻지 않는다[不詢流俗]"고 하였으며, 주희가 주장한 "육경(六經)은 모두 성인의 손을 거쳤고, 구절마다 천리를 담고 있다.[六經皆經聖人手, 句句是天理]"라는 견해에 반대하였다. 그는 "육경이 나를 주석하고, 내가 육경을 주석한다[六經注我, 我注六經]"고 주장하였다. 여조겸도 여택서원(麗澤書院)에서 강학할 때 다음과 같이 말했다. "오늘날의 학문은 처음부터 성장할 때까지 대부분 익숙한 것만 따른다. 익숙한 것이면 그저 그것을 따르고 결코 틀을 벗어나지 못한다. 오직 틀을 벗어날 때에만 성과가 있다."[42] 이를 통해 알 수 있듯 그들은 모두 규범만을 고수하고, 남의 말을 되풀이하는 낡은 학문 풍조에 반대하였으며, 학생들이 과감히 자신의 견해를 밝히고 선인의 미진함을 보완하여 선인이 미처 말하지 못한 바를 밝히는 데에 힘쓸 것을 장려하였다. 이러한 창신(創新)을 두려워하지 않는 정신은 반드시 학생들로 하여금 사유의 불꽃을 튀게 하고, 끊임없이 독립적인 탐구와 창의를 추구하게 하는 원동력이 되었다.

2. 송대 서원의 시험 평가(考核評價)

서원의 시험 제도는 당대(唐代)에 그 기원을 두고 있다. 『당육전(唐六典)』의 규정에 따르면, 집현전서원의 학사(學士), 직학사(直學士), 시강학사(侍講學士), 수찬관(修撰官), 지서관(知書官), 교리관(校理官) 등은 모두 시험에 참여해

兼二義, 繹之以思慮, 熟之以踐履. 黃, 大器之.
42) [宋]呂喬年, 『麗澤論說集錄』卷1, 「門人集錄易說上」, 文淵閣『四庫全書』: 今之爲學, 自初至長, 多隨所習, 熟者爲之, 皆不出窠臼外, 惟出窠臼外, 然後有功.

야 하며, "매월 말에는 내부에서 과제를 제출하고, 매년 말에는 외부에서 최종 평가한다."⁴³⁾ 이것은 중국 서원 시험에 관한 가장 이른 시기의 기록이다. 서원에서 시험이 제도화된 것은 송대에 들어와서의 일이다. 송대 서원의 시험은 주로 서원의 교사(대다수는 山長)가 주관하였다. 시험의 출제, 채점, 강평(講評)은 산장 또는 산장이 임명한 장로(學長), 교습(敎習) 등이 맡아 수행하였다. 산장이 주관하는 시험은 모두 서원의 강당이나 재사(齋舍)에서 진행되었는데, 이를 당당면시(當堂面試)라고 하며, 그래서 이를 당과(堂課), 재과(齋課)라고도 불렀다. 송대 서원의 시험은 학업과 덕행(德行)을 두 가지 주요 평가 내용으로 삼았으며, 입학 선발 시험과 평시의 정기 과제 시험의 두 가지 주요 시험이 있었다.

학업 고과(學業考課)는 주로 학업 수준에 대한 평가를 의미한다. 이 학업 고과의 결과는 기록으로 남겨지는 경우가 많았으며, 이는 고화(膏火, 학비)나 장려금의 지급, 그리고 진급이나 강등을 결정하는 근거가 되었다. 시험의 시기별로 나누면 서원의 학업 고과는 견별(甄別), 일과(日課), 월과(月課), 계과(季考) 등의 유형으로 나누어진다. 입학 견별 고시는 현대의 입시 시험과 유사한 성격을 띠었으며, 시험을 통해 학생이 서원에 입학하여 수학할 자격이 있는지를 판단하였다. 예를 들어, 송대 명도서원(明道書院)에는 다음과 같은 시험에 관한 기록이 남아 있다. "학문에 뜻이 있는 선비는 원근(遠近)을 불문하고 산장을 찾아 입학 의사를 밝힌다. 의심되는 한 편의 문제를 내어 문리(文理)가 명확한 자는 서원에 입학하게 하여, 학문을 허술히 대하는 풍조를 막는다."⁴⁴⁾ 이 기록은 학생이 서원에 입학하기 전 반드시 일정한 시험을 통과해야 했음을 보여준다. 비록 시험이 아주 엄격한 것은 아니었으나, 합격한 자만이 서원에 입학하여 수학할 수 있었다. 일과는 곧 평상시 학습에 대한

---

43) [唐]張九齡, 『唐六典』 卷9, 「中書省」, 文淵閣 『四庫全書』: 月終則進課於內, 歲終則考最於外.
44) [宋]周應合, 『景定建康志』 卷29, 「建明道書院」, 文淵閣 『四庫全書』: 士之有志於學者, 不拘遠近, 詣山長入狀籤, 引疑義一篇, 文理通明者請入書院, 以杜其泛.

평가를 말하며, 학생이 일기를 기록하고, 산장이 이를 열람·대조·점검하는 과정을 통해 이루어졌다. 월과는 월시(月試)라고도 하며 서원에서 매달 정기적으로 시행되던 시험이다. 매달 실시되는 시험의 횟수는 한 번에서 여러 번까지 다양하였으며, 일반적으로는 세 번, 많게는 대여섯 번에 이르렀다. 이러한 시험은 주로 산장이 주관하였다. 시험의 내용은 경전·역사·문장[詞章] 등을 포괄했지만, 대부분의 서원에서는 과거 시험 준비[擧業]에 중점을 두었다. "매달 세 번 시험을 치르되, 상순에는 경전에 대한 문제[經疑], 중순에는 역사에 대한 문제[史疑], 하순에는 과거 예비 문제[擧業]를 시험한다."[45] 이는 명도서원(明道書院)의 월과 규정으로, 매월 세 번의 시험을 보되, 시험마다 평가하는 내용이 서로 다르다는 것을 보여준다. 또한 『연평군학급서원제학방(延平郡學及書院諸學榜)』에도 월고사(月考)에 관한 기록이 남아 있는데, "매달 세 번의 시험을 보되, 상순에는 본경(本經), 중순에는 논(論), 하순에는 책(策)을 시험한다."[46]고 되어 있다.

송대 서원에서 시험을 시행한 또 하나의 대표적인 사례는 『송사(宋史)』에 나타난다. "처음에 탄주(潭州)의 선비들은 학문에 전념하여 수학하는 것을 중요하게 여겼다. 주(州)의 학생이 매달 시험을 보고 점수를 매겨 등급이 높으면, 상서(湘西)의 악록서원 학생으로 승급하였고, 다시 점수가 높으면 악록정사(岳麓精舍) 학생으로 승급하였다. 탄주 사람들은 이를 일컬어 '삼학생(三學生)'이라 하였다. 병란이 일어났을 때에도 삼학생들은 탄주 주학(州學)에 함께 거주하면서도 학업을 폐하지 않았다."[47] 여기서 말하는 상서(湘西) 악록서원은 함평(咸平) 4년(1001년)에 상강(湘江) 서쪽 기슭 악록산(岳麓山) 아래에

---

45) [宋]周應合, 『景定建康志』 卷29, 「建明道書院」, 文淵閣 『四庫全書』: 每月三課, 上旬經疑, 中旬史疑, 下旬擧業.
46) [宋]徐元傑, 『梅野集』 卷11, 文淵閣 『四庫全書』: 每月三課, 上旬本經, 中旬論, 下旬策.
47) [元]脫脫, 『宋史』 卷450, 「忠義傳五·尹穀」, 中華書局, 1985年版, 13257쪽: 初, 潭士以居學肄業爲重, 州學生月試積分高等, 升湘西嶽麓書院生, 又積分高等, 升嶽麓精舍生, 潭人號爲三學生. 兵興時, 三學生聚居州學, 猶不廢業.

세워진 상서서원(湘西書院)을 가리키고, 악록정사는 악록서원을 의미한다. 이 두 서원과 탄주 주학(潭州州學)을 포함하여 '탄주삼학(潭州三學)'이라 부른다. 탄주삼학은 탄주에서 태학 삼사법(三舍法)을 시행한 결과물이다.[48] 이와 같은 주학과 서원이 연계되어 매달 시험을 시행하고, 점수에 따라 승급이 결정되는 방식은 북송 시기 왕안석이 중앙의 태학(太學)과 지방의 주·현 학교에서 시행한 '삼사제(三舍制)'와 일정한 관련성이 있다. 이러한 연원을 통해 송대 서원의 시험 제도가 확립되는 데는 일정 부분 국가 학교 제도의 영향을 받았지만 서원이 주학보다 높은 위상을 갖고 있었다는 사실을 엿볼 수 있다.[49]

학생의 고사(考査) 가운데, 서원 학생에 대한 요구는 주학 학생보다 더 엄격하였으며, 이에 대해서 주희 역시 논한 바 있다. 소희(紹熙) 5년(1194년), 주희가 호남안무사(湖南安撫使)로 재직할 때, 탄주의 악록서원을 다시 수리하였다. 어느 날 그가 서원을 방문하여 『대학』에 대한 학생들의 이해도를 확인하기 위해 제비뽑기 방식을 사용하여 시험을 시행하였다. 그는 "서원을 찾아 강당에 올라 백여 개의 제비 중에서 여덟 개의 재(齋)를 뽑고, 각 재마다 한 명씩 나와 『대학』의 한 장을 강설하게 하였다."[50]고 하였다. 이 중 두 명의 학생이 말한 내용은 뜻과 말이 모두 불분명하였다. 이에 대해 주희는 만약 서원이 주학보다 낫지 않다면 굳이 주학 외에 따로 서원을 둘 필요가 없으며, 서원의 학생들이 요구에 미치지 못한다면 그들에게 서원을 떠나도록 해야 한다고 지적했다. 『주자어류』에도 관련된 기록이 전해지고 있다.

> 선인[前人]이 서원을 세운 것은 본래 사방에서 모여든 선비들과 함께 강학하기 위함이었고, 단지 과거(科擧)를 위한 것은 아니었다. 내가 관직에 부임한 이후 여러 선비들과 함께 도(道)를 밝히고자 하였다. 하천 하나를 사이에 두고 있

---

48) 楊慎初, 朱漢民, 鄧洪波, 『嶽麓書院史略』, 嶽麓書社1986年版, 22-23쪽.
49) 李國鈞, 『中國書院史』, 湖南教育出版社, 1994年版, 982쪽.
50) [宋]黎靖德, 『朱子語類』 卷160, 文淵閣 『四庫全書』: 詣學升堂, 以百數籤抽八齋, 每齋一人出位講大學一章.

으며 또 자주 바빴으나, 마음으로는 여러분이 반드시 뜻을 두고 있을 것이라 여겼다. 그러나 오늘 말한 내용을 보면 오히려 주학보다 못하니, 어찌 이런 군더더기 같은 것[贅疣]이 필요하겠는가? 내일은 교수 및 여러 직책을 맡은 이들을 수고롭게 불러 한 가지 규정을 함께 상의하고, 이후 두 학교[州學과 書院]에 내려보내어 함께 이 문제를 강론하고 연마하게 하라. 만약 이처럼 전혀 뜻을 두지 않고 그냥 내버려 둔다면, 학교란 본래 오려는 자를 막지 않고 가려는 자를 붙잡지 않는 곳이니, 어찌 억지로 붙잡아 둘 이치가 있겠는가?[51]

이로부터 알 수 있듯이, 주급(州級) 서원의 교육 성과에 대한 요구는 주학보다 더 높았다. 이러한 상황은 청대(淸代)에도 여전히 찾아볼 수 있었다.[52]

덕행 고과[考核]란 학생의 일관된 도덕적 품성 및 일상의 행동거지를 점검하여 그가 정해진 규범에 부합하는지 여부를 살피는 것이다. 근거 있는 평가를 위해, 일부 서원에서는 장부(簿書) 등록 제도를 시행하기도 하였다. 예를 들어, 덕업부(德業簿), 권선규과부(勸善規過簿) 등을 마련하였다. "여러 유생들의 덕업(德業)이 닦였는지의 여부를 장부에 기록하고, 이를 직학(直學)이 관장하며, 세 차례에 걸쳐 평가하여 거취를 결정한다."[53] 또한 서원에서는 학생들이 성현을 거울삼아 자기 자신을 분석하고 자신의 덕행을 반성하여 살피는 것을 요구하였다. "서로 함께 도리를 밝히고 지키며, 이를 자신에 책무로 삼는다."[54] "(어진 이를 보고는 그를 본받고,) 불현한 이를 보면 자신을 내면

---

51) [宋]黎靖德, 『朱子語類』卷160, 文淵閣 『四庫全書』: 前人建書院, 本以待四方士友相與講學, 非止爲科擧計. 某自到官, 甚欲與諸公相與講明. 一江之隔, 又多不暇, 意謂諸公必皆留意. 今日所說, 反不如州學, 又安用此贅疣. 明日煩敎授諸職事, 共商量一規程, 將來參定, 發下兩學, 共講磨此事. 若只如此不留心, 聽其所之, 學校本是來者不拒去者不追, 豈有固而留之之理.
52) 苗春德, 『宋代敎育』, 河南大學出版社, 1992年版, 177쪽.
53) [宋]周應合, 『景定建康志』卷29, 「建明道書院」, 文淵閣 『四庫全書』: 諸生德業修否, 置簿書之, 掌於直學, 三考黜陟.
54) [宋]朱熹, 『晦庵集』卷14, 「白鹿洞書院揭示」, 文淵閣 『四庫全書』: 相與講明遵守, 而責之於身.

적으로 반성하게 한다."[55] 이와 같이 하여, 생도의 자각, 자성, 자선을 통해 자신의 덕업 수양이 어느 정도의 '차제(次第)'에 도달했는지를 증명하게 하여, 학생을 고결한 품격을 지닌 '군자(君子)', '인자(仁者)', '효제무본자(孝悌務本者)'로 키우고자 하였다. 덕육(德育) 고과에서 불합격한 자에 대해 서원은 그 설립 취지 및 학규(學規)의 규정에 따라 일정한 처벌을 내렸으며 그 절차는 비교적 명확하였다. 예를 들어, 여택서원의 규약에는 다음과 같은 자세한 규정이 있다. "부모에게 순하지 못하고, 형제에게 우애롭지 못하며, 친족 간에 화목하지 못하고, 친구에게 성실하지 못하며, 말과 행동이 서로 어긋나고, 허물을 문장으로 덮고는 도리어 잘못을 미화하는 자는 이 자리에 있을 수 없다. 이미 학회에 참가한 이후 이러한 잘못을 범한다면, 동지가 먼저 훈계하고, 훈계로도 고치지 않으면 꾸짖고, 꾸짖어도 고치지 않으면 대중에게 알려 함께 경계하고, 그래도 고치지 않으면 서원 명부에서 삭제한다."[56]

품행과 학업이 모두 뛰어난 학생에게는 서원에서도 격려 차원의 포상을 내렸다. 예를 들어, 그에게 '재장(齋長)' 등의 서원 관리직을 맡게 하거나, 지급하는 고화비(膏火費, 학비 보조금)를 증액하는 등의 방식으로 격려하였다.

II. 유럽 중세 대학의 교육 방식, 방법 및 시험평가

유럽 중세 대학의 교육 방식과 방법은 주로 강의와 토론을 중심으로 구성되어 있었으며, 시험평가는 학위 제도와 긴밀하게 연결되어 있었다. 우선, 강의는 중세 대학 교육에서 가장 기본적이고 핵심적인 방식이었다. 교사는

---

55) [春秋]孔丘, 『論語』, 孫健筠, 楊林譯注, 吉林人民出版社, 2005年版, 42쪽: 見不賢而內自省也.
56) [宋]呂祖謙, 『東萊集·別集』卷5 「乾道四年九月規約」, 文淵閣 『四庫全書』: 其不順於父母, 不友於兄弟, 不睦於宗族, 不誠於朋友, 言行相反, 文過遂非者, 不在此位. 既預集而或犯, 同志者, 規之. 規之不可, 責之. 責之不可, 告於眾而共勉之. 經不悛者, 除其籍.

특정 학문 또는 분야에 대해 심도 있게 해설하고, 그 기본 원리, 핵심 관점 및 학술적 발전 상황을 설명하였다. 강의 과정에서 교사는 또한 고전 문헌을 인용하거나, 사례를 분석하는 방식을 통해 학생들이 지식을 더 잘 이해하고 습득할 수 있도록 도왔다. 토론은 중세 대학 교육의 또 하나의 중요한 방식이었다. 이는 학생들이 학술적 토론에 적극 참여하고 자신의 관점과 견해를 발표하며, 타인과의 논쟁을 통해 지식에 대한 이해와 응용을 심화하도록 장려하는 것이었다. 토론은 학생의 논리적 사고력과 표현 능력을 훈련할 수 있을 뿐 아니라, 학술적 교류와 창의적 사고의 발전을 촉진할 수 있었다. 시험 평가는 학위 제도와 긴밀하게 연결되어 있었다. 중세 대학은 학생의 학습 성과와 학문 수준을 측정하기 위해 엄격한 고사 평가 체계를 마련하였다. 이 체계는 통상적으로 수업 시험, 논문 작성, 학술적 태도 등 여러 방면을 포함하고 있었다. 학생은 이러한 평가를 통과함으로써 해당 학문의 학술 능력과 지식 수준을 갖추었음을 증명해야 비로소 학위를 획득할 수 있었다.

1. 유럽 중세 대학의 주요 교육 방식과 방법

서원이 다양한 교육 방식과 방법을 갖고 있었던 것에 비해, 중세 대학의 교육 방식과 방법은 다소 단조롭게 보인다. 중세 초기 대학의 교육 과정은 강의, 토론, 그리고 대량의 연습을 중심으로 운영되었고, 이후에는 과학적 연구 방법이 점차 도입되었다. 중세 대학의 여러 학과들은 교육 내용에서는 큰 차이를 보였지만 교육 방법에 있어서는 대체로 유사하였는데, 모두 강의(lectio)와 토론(quaestio)을 주된 교수 방식으로 삼았다.

1) 강의

중세 대학의 이른바 '강의'는 오늘날의 강의와 큰 차이가 있다. 이 용어는 '읽다'(lego)라는 라틴어 동사에서 유래한 것으로 지정된 교재를 읽는 것을

15세기 파도바(Padova) 대학교 교수의 강의 풍경

가리키며, 주로 교사가 교과서 원문과 주석을 낭독하며, 때때로 관련된 토론이 함께 이루어지기도 하였다. 유럽에 인쇄술이 출현하기 이전에는 책이 필사에 의존하였고, 가격도 상당히 비쌌으며, 구입하기도 어려웠기 때문에 교사는 수업을 할 때 기본적으로 '강의'를 위주로 하였고, 교과서의 원문과 주석을 교사가 직접 낭독하는 방식으로 수업을 진행하였다. 학생들은 교사의 낭독을 따라 단어 하나하나를 받아 적었고, 이를 양피지(羊皮紙)에 기록하여 수업 내용을 정리한 것이 바로 '주석집'(Commentarius)이었다.

중세 대학의 교사는 강의를 시작하기에 앞서 반드시 명확한 강의 계획을 수립해야 했으며, 강의에 앞서 그 내용을 학생들에게 설명해야 했다. 강의의 구체적인 절차는 다음과 같다. 먼저 교사가 고전 작가의 원문을 학생들에게 낭독하고, 그 다음 원문에 대해 상세히 해설하며 또한 특히 흥미로운 구절에 대해서는 논평을 더하고, 마지막으로 질문을 제시하여 토론을 진행하였다. 강의의 목적은 학생들로 하여금 교육 내용을 숙지하게 하는 것이며, 이러한 지식이 세대를 거쳐 지속적으로 전승되도록 보장하는 데 있었다. 따라서 교사는 하나의 문장을 여러 차례 반복하여 낭독하는 경우가 많았고, 또한 학생들이 필기하기 쉽도록 매우 느린 속도로 낭독하였다.

강의는 정규 강의와 비정규 강의(또는 특별 강의 혹은 임시 강의라고도 함)로 나뉘었다. 이 두 가지 강의 형태는 일정한 차이를 가지면서도 공통적인 특징 또한 분명하였는데, 그것은 바로 모두 라틴어를 사용해야 한다는 점이었다. 정규 강의는 대학 제도에서 명시된 공식적인 강의로서, 대학 교육에서 반드시 사용해야 하는 기본적인 방식이며, 요구 조건 또한 비교적 엄격하였다. 보통 이러한 강의는 이미 대학에서 정식 교수 자격을 획득한 교사, 예컨대 석사 학위 또는 박사 학위를 받은 교사에 의해 정해진 시간과 장소에서 진행되었으며, 대개 오전 시간에 이루어졌다. 반면, 비정규 강의는 일반적으로 오후에 진행되었고, 강의 장소도 고정되어 있지 않았다. 이러한 강의는 교사에 대한 요구 또한 정규 강의만큼 엄격하지 않았으며, 보통 학사 학위는 취득하였으나 정식 교수 자격증은 아직 없는 실습 교사가 담당하였다. 비정규 강의는 통상적으로 일종의 학술 연습으로 간주되었으며, 그 목적은 주로 수강자의 학문 수준을 훈련하고 향상시키는 데 있었다. 당시 사람들은 강의 자체를 매우 중시하였는데, 이는 성공적인 강의가 젊은 학자에게 커다란 명성을 얻게 하는 수단 중 하나로 여겨졌기 때문이었다. 이 때문에 어떤 경우에는 강의자가 오히려 강의를 들으러 온 학생들에게 일정한 비용을 지급해야 하는 일도 있었다.[57]

주목할 만한 점은, 유럽 중세 대학의 법학과 강의에는 독특한 특징이 있었다는 것이다. 당시에는 법률 문헌의 모든 부분을 수업 시간에 빠짐없이 강의하기 위해 사람들은 '요점(Puncta)' 체계라는 방법을 도입하였다. 즉, 한 권의 법률 교재를 여러 개의 소단락으로 나누고, 각 단락마다 얼마만큼의 시간 동안 설명할 것인지를 정하며, 또한 어떤 부분이 기초 강의에 속하고 어떤 부분이 구체(具體) 강의에 해당하는지를 명확히 구분하였다. 기초 강의는 한 명의 석사가 원문을 읽고 해설하며, 구체 강의는 한 명의 학사가 읽고 해설하는 방식이었다. 가장 이른 시기의 요점 강의는 1252년 볼로냐(Bologna) 법학과에서 시작되었다.[58] 중세 시대에는 볼로냐 법학과 외에도 다른 몇몇 법

---

57) Frederick Eby, Charles Flinn Arrowood: *The History and Philosophy of Education Ancient and Medieval*, Prentice-Hall, Inc., 1946, p.786.
58) [比]希爾德·德·裏德-西蒙斯主編, 『歐洲大學史』 第1卷, 張斌賢譯, 河北大學出版社, 2008年版, 440쪽.

학과들 또한 이와 같은 요점 해설 방식을 채택하였다.

2) 토론

토론은 오랜 역사를 지닌 방식으로, 10세기에는 이미 출현했으나 그 당시에는 단지 일종의 구두 훈련에 불과하였다. 13세기에 이르러서야 비로소 하나의 정식 교육 방법으로 발전하였다. 그 목적은 학생들이 수업에서 강의한 교재를 실제로 활용할 수 있는지를 점검하기 위한 것이었다. 또한 토론을 통해 학생들은 교재 내용을 재차 응용해 봄으로써, 그 내용을 보다 확실히 기억할 수 있었고, 이를 통해 민첩한 사고 능력을 기를 수 있었다. 이러한 방식은 학생들이 수업 과정에서 마주한 어려움을 해소해 줄 뿐만 아니라, 학생들에게 변증법(辯證法)의 실천 기회를 제공하기도 하였다.[59] 강의는 주로 학생이 수동적으로 받아들이는 방식이었고, 학생의 주체적인 능동성을 충분히 자극하지 못했기 때문에 토론이라는 교수 방식은 강의를 보완하는 데 꼭 필요한 수단이었다.

토론은 유럽 중세 대학에서 매우 중요한 교육 형식 가운데 하나였다. 브루니(Leonardo Bruni, 1370-1444)는 토론에 대해 이렇게 확신하며 찬양한 바 있다. "무엇이 지식을 더욱 예리하게 만들고 사람을 더 총명하고 다재다능하게 만드는가? 오직 토론뿐이다. 왜냐하면 토론은 한 사람이 매우 짧은 시간 안에 주제를 선택하고 사고하여 결론을 도출할 것을 요구하기 때문이다."[60] 이 시기에는 많은 대학 교수와 학생들이 토론을 찬미하며, 대학 교육에서 토론의 중요성을 강조하였다. 그들은 다른 연습 방식과 비교할 때, 토론과 교류는 한 사람이 들은 것, 읽은 것에 대한 기억을 더욱 깊이 새겨주며, 끊임없는 의문 제기는 학생이 진리를 인식하는 능력을 배양하는 데 도움이

---

59) 馬驥雄, 『外國教育史略』, 人民教育出版社, 1991年版, 154쪽.
60) Paul F. Grendler. *The Universities of the Italian Renaissance*, The Johns Hopkins University Press, 2002, p.153.

된다고 여겼다. 윌 듀런트(Will Durant)는 한 학생의 토론에 대한 찬사를 이렇게 묘사하였다. "그가 옥스퍼드, 파리 또는 볼로냐에 도착하면, 그는 곧바로 즐겁고 혼란스러우며 열정에 찬 많은 학생들 무리 가운데 한 사람이 되어 있을 것이다. 이때는 이단(異端)의 공격으로 인해 철학이 전쟁처럼 자극적이고, 토론이 마치 결투처럼 화려하며, 지성이 격렬히 흔들리는 분위기 한가운데에 있게 될 것이다."[61]

중세 대학의 토론은 두 가지 유형으로 나뉘었다. 하나는 '문제 토론'이고, 다른 하나는 '자유 토론'이다. '문제 토론'은 수업 중에 이루어지는 것으로 정식 토론에 속하였다. 보통은 정해진 절차를 따랐다. 먼저 교사가 하나의 논점을 제시하고, 그 자신 또는 학생이 경전(經典)을 인용하여 부정적인 입장의 답변을 작성한다. 이어서 조교가 그 논점에 대해 긍정적인 입장에서 논증하고, 반론에 대해 답변을 한다. 이어서 교사 또는 학생이 조교의 논증에 대해 새로운 반론이나 문제를 제기할 수 있다. 반복적인 질문과 응답, 논증과 반박을 거친 후, 교사가 처음 제시한 논점이 성립하는지를 최종적으로 판단하여 결론을 내린다. 때때로는 한 명의 학생이 하나의 문제에 대해 찬성과 반대 양측의 논거를 스스로 제시하고, 스스로 논박하는 경우도 있었는데, 이를 독변(獨辯)이라 불렀다.

중세 대학의 교사들은 종종 '문제 토론'을 주재하였다. 예를 들어, 토마스 아퀴나스는 파리대학에서 두 차례 재직하는 기간 동안 이러한 형식의 토론을 여러 차례 주재하였다. 그가 첫 번째로 파리대학에 재직했던 시기(1256~1259년)에는 253개 문제에 대한 정식 토론을 주관하였다. 이러한 토론은 『진리론』이라는 책에 기록되었는데, 이 책의 제목은 가장 첫 번째 토론 주제의 이름이기도 하다. 『진리론』 속의 토론 문제들은 신학과 철학의 여러 다양한 측면을 포괄하고 있으며, 12개 주요 장으로 구성되어 있고, 그 안에서 총 29

---

61) [美]威爾·杜蘭, 『世界文明史·信仰的時代』, 幼獅文化公司譯, 東方出版社, 1999年版, 1290쪽.

개 문제를 다루고 있다. 각각의 대주제 안에는 또다시 십여 개의 소주제로 나뉘어 있다. 1268~1272년에 아퀴나스가 다시 파리대학으로 돌아왔을 때에도 그는 여러 차례 정식 토론을 주재하였는데, 이 시기의 주제는 박애와 희망과 같은 '신학적 덕'과 정의, 절제, 금욕, 용기 등 기본적인 도덕적 품성이었다.[62]

'자유 토론'은 비정식 토론에 속한다. 이러한 토론은 공공장소에서 진행되며, 보통[63] 재림절 이후 둘째 주와[64] 사순절 이후 넷째 혹은 다섯째 주에 개최되었다. 자유 토론은 규모가 크고 또한 학문적 문제에 국한되지 않으며 어떠한 주제든지 논의의 대상이 될 수 있었다. 참가자는 학생, 교사, 그리고 기타 저명한 방문 학자들을 포함하였다. 토론에서 다루어진 주제들은 마지막에 정리되어 '토론집(Quaestiones)'으로 편찬되었고, 다양한 주제의 토론집들이 모여 '대전(Summa)'으로 종합되었다. 이후 이러한 자유 공개 강연은 청중에게 아무런 조건을 부과하지 않았으며, 누구나 자유롭게 참석하여 들을 수 있었다.

중세 대학은 토론을 통해 학생들의 논리적 분석 능력과 토론 능력을 배양하였으며, 이로써 유럽인의 정신은 더욱 예리해졌다. 논리에 기반한 토론은 이성(理性) 부흥의 요소를 내포하고 있었으며, 이러한 측면에서 볼 때 중세 대학의 생성과 발전으로 말미암아 유럽의 이성 정신이 크게 발양(發揚)되었고, 뒤이어 전개된 르네상스 및 근대 자연 과학의 탄생도 가능해진 것이다.

2. 학위와 시험평가

유럽 중세 대학에서의 시험평가는 학위 제도와 분리할 수 없는 관계였다. 학위 제도는 유럽 중세 대학에서 기원한 것으로 현대 대학의 중요한 특징 중 하나이며, 고등교육이 사회의 다른 영역과 구별되는 주요한 표지(標誌) 가운

---

62) 賀國慶, 『歐洲中世紀大學』, 人民敎育出版社, 2009年版, 102쪽.
63) 재림절 : 크리스마스 전의 4주간을 말한다.
64) 사순절 : 부활전 전 40일간을 말한다.

데 하나이다. 바로 이 학위 제도가 존재하기에, 우리의 고등교육은 수직적 차원에서 하나의 층차를 갖춘 학력 교육으로 자리매김할 수 있었다.[65]

물론, 유럽 중세 대학의 학위는 현대 고등교육의 학위처럼 그렇게 규범화되고 명확하지는 않았다. 중세 대학의 학위는 현재의 학사, 석사, 박사 학위 제도와는 다르며, 여기에는 '석사'(master), '교수'(professor) 또는 '박사'(doctor), 그리고 후대에 생긴 '학사'(bachelor)가 포함된다. 처음에 학위란 주로 강의 자격을 의미하였으며, 의사나 변호사의 개업 자격증과 유사한 성격을 지녔다. 이러한 학위의 수여는 교사 길드가 자율적으로 시행한 일종의 자기 보호 조치였으며, 직업적 기준을 결정하고 학생들의 학습 품질을 보장하는 기능을 하였다.

중세 대학에서 학위를 얻는 것이 곧 교사 자격을 의미하게 된 기원은 중세의 길드 제도까지 거슬러 올라간다. 중세 대학의 학위 제도가 생겨나기 이전에는, 한 사람이 교사로서의 자격을 갖추는 방식이 마치 견습공이 숙련공이 되거나, 시종이 기사가 되는 것과 유사하였다. 그는 먼저 교사 협회 일원의 강의를 듣고, 수년이 지난 뒤에야 실습 교사(a student-teacher)가 되었다. 그 후, 이러한 자격을 일정 기간 더 유지하면, 파리에서 공부했거나 북부의 다른 도시에서 수학한 경우, 그는 사법관 또는 해당 교회 관원에게 강의 허가증을 신청할 수 있었다. 이때, 그의 스승은 그를 다른 교사들에게 소개하여 그 집단에 들어갈 수 있는 예비 후보자로 받아들여지도록 하였다. 만일 그가 특허증을 부여받고 다른 교사들의 찬성을 얻으면 비로소 그는 정식 교사로 인정받게 된다.[66] 파리대학에서는 새로 임용된 교사는 책 한 권과 학자의 상징인 모자를 부여받았다. 볼로냐대학에서는 교사 후보자에게 선서를 요구한 뒤 책 한 권을 수여하였다. 이러한 신입 교사의 수용 행사는 '납신(納新, inception)'이라 불렀다.

석사, 박사, 그리고 교수는 13세기 볼로냐대학교와 파리대학교에서 기원

---

65) 史靜寰, 李淑華主編, 『外國教育思想通史·中古時期的教育思想』, 506쪽.
66) 夏之蓮, 『外國教育發展史料選粹』(상권), 北京師範大學出版社, 1999年版, 161쪽.

하였다. 석사는 원래 한 업종의 스승을 의미하였으며, 대학에서는 교사를 가리켰다. 박사는 라틴어 doctus(가르치다)에서 유래하였다. 초기에는 박사와 석사 모두 대학 교사를 지칭하는 호칭이었으며, 교수는 단지 일종의 명예 칭호에 불과했고, 지위의 고하와는 아무런 관계가 없었다. 그저 대학마다 명칭이 달랐을 뿐이다. "석사, 박사, 교수라는 세 가지 호칭은 중세에는 전적으로 동의어였다."[67] 초기의 파리대학 및 파리대학을 모방하여 설립된 다른 대학들에서는 석사라는 칭호가 의학, 신학, 문학계(faculty - 혹은 학부·학과 등으로 번역됨)의 교사들 사이에서 널리 사용되었다. 때때로 교수라는 칭호도 사용되었지만, 박사라는 칭호는 거의 사용되지 않았다. 반면 볼로냐대학에서는 법학과의 교사들이 특히 '박사'라는 칭호를 선호하여 자주 사용하였다. 교수라는 호칭도 흔히 사용되었지만, 석사라는 호칭은 일반적으로 사용되지 않았다. 1158년, 볼로냐대학은 로마 교황 프리드리히 1세로부터 세계 최초로 박사 학위를 수여할 수 있는 권한이 명시된 허가증을 부여받았으며, 곧이어 최초의 의학 박사와 법학 박사 학위가 수여되었다. 1170년에서 1175년 사이, 파리대학은 세계 최초로 석사 학위를 수여하였다.[68] 한편, 학사 학위의 발생은 박사와 석사 학위보다 다소 늦었으며, 그 발전 과정 역시 박사와 석사 학위처럼 정식 절차를 따르지 않고 보다 자발적인 방식으로 진화하였다. 라틴어에서 학사(bachelor)의 정의에 따르면, 당시 대학에서 학사 칭호를 받은 자는 학생과 교사 사이에 위치한 신분으로 대학 내에서 공부를 이어가며 동시에 보조 강의를 맡은 사람이었다. 1215년 이전, 파리대학의 학생들 가운데는 이미 '학사'라는 칭호를 사용하기 시작하였다. 하지만, 1215년 교황 특사 쿠르송(Courson)이 파리대학에 제정한 장정(章程)에서는 이 용어가 사용되지 않았으며, 다만 신학과(神學院)의 학생이 5년간 학습한 후, 자신의 강의를 개설할 권리를 가진다고만 규정되었다. 이후 학사 제도는 점차 제도화되어, 13

---

67) Hastings Rashdall: *The Universities of Europe in the Middle Ages*, Vol.3, ed.F. M.Powicke and A.B.Emden.Oxford University Press Inc.,1936, p.39.
68) 成有信, 『比較教育教程』, 北京師範大學出版社, 1987年版, 209쪽.

세기 중엽에는 이미 각지의 대학에서 채택하여 사용하였다.[69]

이후 석사와 박사라는 두 개의 칭호에는 점차 차이가 생기게 되었다. 석사 칭호는 점차 하급 학과[學院] 졸업생에게 사용되었고, 박사 칭호는 점차 신학, 의학, 법학 등 고급 학부 졸업생에게 사용되었다. 파리대학 문과 졸업생 중 시험을 통과하여 교사가 될 만한 인품과 재능을 갖춘 것으로 간주된 자에게는 석사 칭호가 수여되었고, 신학과, 법학과, 의학과의 졸업생 중 시험을 통과한 자에게는 박사 칭호가 수여되었다. 이 둘의 주요한 차이는 다음과 같다. 석사 시험은 비공개로 치러졌고, 합격자에게는 자격증서가 수여되어 강의 자격을 얻게 되었다. 박사 시험은 공개적으로 진행되었고, 성대한 의식 속에서 일종의 임명식처럼 거행되었다. 점차적으로 석사와 박사는 상하의 다른 등급으로 자리 잡기 시작하였으며, 석사는 낮은 등급, 박사는 높은 등급으로 여겨졌다. 15세기에 이르러서는 박사 칭호가 고급 학과의 교사에게만 부여되는 전용 칭호가 되었고, 석사는 하급 학과 교사의 전용 칭호가 되었다. 이전에는 서로 통용되던 석사와 박사라는 칭호가 이 시점부터 상하의 구분이 생겨 서로 다른 두 학위 등급으로 자리 잡게 되었다.

13세기에 이르러, 학위 제도가 유행하기 시작하였다. 학위는 대학의 발전과 함께 점차 규범화되고 고정화되었으며, 더 이상 직업을 의미하지 않고 개인의 능력을 나타내는 것을 넘어 사회 각계에서 인정받는 학위로 변화하였다. 이후, 점차 일정한 '이론적' 표현을 갖추게 되었고,

일정한 규정과 제도, 그리고 세대를 이어 전해지는 전통을 형성하게 되었다. 예를 들어, 학위를 받을 때 반드시 학위복을 착용하고, 졸업식을 거행하는 등의 관례가 생긴 것이다. 학위 수여식에서는 교장은 교장복을 입고 먼저 장엄하게 학위 수여자의 오른쪽 앞쪽에 있던 유사(流蘇)를 모자 챙을 따라 왼쪽 중앙으로 옮긴 후, 왼손으로 졸업장과 학위증서를 차례로 수여하고, 오

---

69) Fredeirck Eby, Charles Flinn Arrowood: *The History and Philosophy of Education Ancient and Medieval*, Prentice-Hall,Inc.,1946, p.785.

른손으로 학생과 악수하며 축하 인사를 건넨다. 학위를 받은 자는 공손히 고개를 숙여 교장에게 감사를 표한다.

유럽 중세 대학에서는 시험, 특히 학위 시험이 가장 중요하였다. 중세 대학에는 전문 필기시험은 없었지만, 학교는 일반적으로 학생의 각 단계별 학습 상황에 대해 평가를 실시하였다. 예를 들어, 학교에서 반드시 참석하도록 규정한 강의에 참여하고, 교사의 질문에 잘 대답하며, 엄격한 구술시험을 통과하는 등의 방식이 있었다. 시험에 관해서는 대학마다 서로 다른 관례와 규정이 있었고, 통일된 기준은 존재하지 않았으며, 시간의 흐름에 따라 변화하는 경우도 있었다.

파리대학 문학원의 학생이 학위를 취득하는 과정은 비교적 복잡하였다. 우선, 학생은 반드시 하나의 예비단계를 거쳐야 했다. 비록 명문화된 규정은 없었으나, 기본적으로 하나의 관례가 있었다. 바로 학생은 제1차 시험, 즉 '대시험(determinatio)'을 통과해야만 학사 학위를 받을 수 있었다. '대시험' 이전에도 두 차례의 시험이 있었다. 우선, 학위 신청자는 12월에 열리는 '문답(responsiones)'에 참가하여 한 명의 교사와 토론을 벌여야 했고, 그다음 해 사순절 기간에 시험을 치러야 했다. 이 모든 것을 통과한 이후에야 비로소 '예비시험(examen determinantium)' 또는 '학사 학위 시험(baccalariandorum)'에 응시할 수 있었다. 이 단계에서, 학생은 자신이 규정된 요건을 충족하고 있다는 사실을 증명해야 했으며, 교수 위원회의 질문에 대답함으로써 대학 커리큘럼에 명시된 저작들을 충분히 숙지하고 있음을 보여야 했다. 그다음에야 비로소 '대시험'에 응시할 수 있었으며, 사순절 기간 중 신청자는 몇 차례 강의를 하여 자신이 대학 과정을 계속 수행할 수 있는 능력을 갖추었음을 증명해야 했다.

파리대학에서 학사 학위에 관한 첫 번째 공식 규정은 1252년에 제정된 영국-독일 동향회의 장정(章程) 속에서 나타났다. 그로부터 얼마 지나지 않아, 옥스퍼드대학에서도 이와 유사한 규정을 마련하였다. 이 두 대학에서 학사 자격은 일반적으로 4년의 학습 과정을 마친 후에야 얻을 수 있었는데, 앞의 2년은 수강과 토론에 참여하는 데 쓰였고, 뒤의 2년은 한 명의 지도교수의 감독하에 토론에 참여해야 했다. 또한 학생은 이 지도교수의 문과(文科) 과목을 반드시 수강해야 했으며, 때로는 지도교수의 집에서 거주하기도 하였다. 파리대학의 의학 전공 학생의 경우, 이 학위를 취득하려면 시간이 더 필요했다. 즉 최소한 5년은 학습해야 하고 그와 동시에 논리학과 문법을 숙달해야 했다. 초기에는 이 학위를 취득하기 위해, 타 대학에서 3년간 민법을 공부해야 한다는 조건도 있었다. 이는 1215년 교황의 칙령에 따라 파리대학에서 민법을 가르치는 것이 금지되었기 때문이며, 1679년에 이르러서야 루이 14세에 의해 민법 교육이 회복되었다.[70] 옥스퍼드대학에서는 '문제 답변'을 진행하기 전에, 먼저 1년을 통째로 논리 토론에 할애해야 했는데, 이는 규정상 문제 답변과 논리 토론을 동시에 수행할 수 없었기 때문이다. 반면, 파리대학에서는 이런 규정이 존재하지 않았으며 동시에 진행할 수 있었던 것으로 보인다.[71]

문학원 학생에게 있어 모든 과정을 이수하고 최종적인 점검과 평가를 마치는 것은 교사 자격증과 석사 학위를 취득하기 위한 중요한 절차이다. 따라서, 시험은 석사 교육에서 매우 중요한 위치를 차지하며, 그에 따르는 의식 또한 매우 성대하게 거행되었다. 중세의 석사 학위 시험은 사적 시험과 공개 시험의 두 종류로 나뉘었다. 사적 시험은 수강한 과목에 대한 평가이고, 공개 시험은 일종의 학위 수여 의식이다. 사적 시험은 일반적으로 매우 엄격하게 진행되었으며, 그 과정은 다음과 같다.

시험은 교무처장 혹은 그 대리인과 네 명의 시험관이 주관한다. 이 네 명의 시험관은 교무처장이 지명하고, 예과(藝科)의 인준을 받아야 한다. 응시생이 시

---

70) L.W.B.Brockliss: "Patterns of Attendance at the University of Paris 1400-1800", *The Historical Journal*, Vol.21,No.3(Sep.,1978).
71) [比]希爾德·德·裏德-西蒙斯主編, 『歐洲大學史』 第1卷, 張斌賢譯, 河北大學出版社, 2008年版, 357쪽.

험에 응시할 수 있는 주요 조건은 두 가지이다. 첫째, 예과에서 5~6년간 학습하며 규정된 과정과 교재를 이수해야 한다. 둘째, 연령이 19세에서 20세에 도달해야 한다. 시험관의 심사를 거쳐 적격 판정을 받은 경우에만 시험이 시행된다. 이 시험은 주로 구술시험 형태로 진행되며, 과정은 다음의 세 단계로 구성된다. 먼저, 수험생은 시험 규정을 준수하고 사사로운 청탁이나 부정행위를 하지 않을 것을 선서한다. 다음으로, 시험관은 교과서의 여러 구절을 제시하며 구술시험을 진행한다. 마지막으로, 시험관은 수험생의 시험 결과에 대해 비밀 투표를 실시하며, 이를 통해 해당 수험생이 교사 자격증과 석사 학위 칭호를 받을 자격이 있는지를 결정한다.[72]

이로부터 알 수 있듯이, 석사 학위 시험은 상당히 엄격하고 성대한 절차이며, 학위 수여는 단지 하나의 형식에 불과하다. 이는 해당 학생이 이미 시험에 합격했음을 나타내며 교사나 전문직 종사 자격을 나타내는 석사 학위 칭호를 받을 수 있음을 뜻한다. 이러한 학위 수여 의식은 볼로냐대학에서는 '공개시험'이라 불리며, 옥스퍼드대학과 파리대학에서는 '칭호 수여식'이라 불린다. '칭호 수여식'에서 새로운 석사 학위자는 학위 칭호를 나타내는 배지를 착용하고, 정사각형 모양의 학위 모자를 쓰며, 한 손에는 책을 들고, 손가락에는 금반지를 낀다. 이로써, 해당 의식이 매우 성대하고 엄숙하게 거행되었음을 알 수 있다.

고급 전문 분야의 학위 수여는 인문학 분야보다 훨씬 더 규범적이다. 14세기, 볼로냐대학 법학과의 학생이 박사 학위를 얻으려면 두 차례의 시험, 즉 개별 시험과 공개 시험 또는 답변 시험을 거쳐야 했다. 이 두 시험은 시간적으로 매우 가깝게 치러졌다. 개별 시험은 진정한 개인 능력을 평가하는 시험이며, 공개 시험은 사실상 하나의 의식 절차에 불과했다. 시험에 앞서, 모든 법학 전공 박사 학우 지원자는 먼저 개별 시험 신청서를 제출해야 했다.

---

[72] 周洪宇, 『學位與硏究生敎育史』, 高等敎育出版社, 2004年版, 20쪽.

개별 시험 전에 일정 기간 지원자가 속한 동향회의 책임자(consiliarius)가 그를 학장에게 인도하여 지원자는 학장에게 자신이 규장에 규정된 자격 요건을 충족함을 보증하고, 모든 시험 규정을 준수할 것을 선서하고, 법정 시험 수수료를 납부해야 했다. 시험 일주일 전에는 한 명의 교수가 그를 볼로냐의 부주교에게 인도하여 그가 응시 자격을 갖추었음을 보증해야 했다. 구체적인 개별 시험에서는 응시자에게 교회법 및 로마법의 조문 각각 두 편씩을 숙지하도록 했다. 시험 위원단은 세 명의 교수로 구성되었고, 이들은 응시자에게 질문을 하고 반론을 제기하였다. 교수들은 학생들을 매우 엄격하게 평가하였으며 불합격 시 1년 연기되었다. 응시자가 개별 시험에 합격하더라도 이는 단지 증명서를 받을 자격을 얻는 것에 불과하며, 공개 시험을 거친 뒤에야 비로소 박사 학위를 정식으로 수여받고 교수로서 강의할 수 있는 자격을 갖추게 되었다. 개별 시험 후 얼마 지나지 않아, 학생은 공개 시험에 참여할 수 있었다. 이 시험은 난이도는 높지 않지만 형식은 매우 엄숙하며 회시(會試, convention)라고 불렸다. 이 시험은 일반적으로 대성당에서 열렸지만, 때때로 학교 안에서 시행되기도 했다. 이 자리에서 그는 청중 앞에서 강연을 하고, 법학 문제에 관한 보고서를 발표하였으며, 청중 가운데 반대 의견을 제기하는 학생들의 공격과 비판에 반박해야 했다. 그 후 그는 한 권의 책, 한 개의 박사모, 하나의 반지를 수여받았고, 이로써 한 명의 새 박사가 탄생하였다.

중세 대학에서는 졸업 자격을 얻기 위해 일반적으로 시험을 치러야 했다. 그러나 시험에 합격한 사람은 많지 않았으며, 최종 시험을 통과하여 학위를 받을 수 있었던 학생은 절반에도 미치지 못했다. 그 주요 원인은 졸업을 위해 정해진 필수 과목이 자주 변경되었음에도 불구하고, 학생들은 항상 이러한 기준을 따를 것을 요구받았기 때문이며, 졸업 시험의 시간도 수 시간에 걸쳐 진행되었기 때문이었다. 졸업 시험에 낙제한 학생은 학교 측에 어떠한 보복 행위도 하지 않을 것을 서약해야 했다.

III. 비교와 분석

상술한 논의를 통해 볼 때, 당시의 사회적 환경 커다란 차이로 인해 송대의 서원과 유럽 중세 대학은 교육 여건, 교육 방식과 방법, 그리고 평가 방식에 있어 상당한 차이를 보였음을 알 수 있다. 유럽 중세 대학은 교육 여건이 열악하고 교수 방법도 제한적이었으며, 강의와 토론이 주된 수업 방식이었다. 반면, 송대의 서원은 상대적으로 교육 여건이 양호하고 교육 방식 또한 다양하였으며, 승당강설, 회강, 자학, 질의문난 등 다양한 교육법이 활용되었다. 양자의 가장 큰 차이점은 중세 대학의 평가 방식이 학위 제도와 긴밀하게 연결되어 있었던 반면, 송대 서원의 평가는 주로 학생의 덕행과 학업에 대한 점검 차원에서 이루어졌다는 점이다. 그럼에도 불구하고, 양자는 교육적 측면에서 모두 계발성을 띠고 있으며, 실천을 중시하는 교육 이념을 공유하고 있다는 점에서 일정한 공통점도 찾아볼 수 있다.

1. 계발성(啓發性)

비록 송대 서원과 중세 대학이 구체적인 교수 방법에 있어 서로 다르지만, 앞서 소개를 통해 양자의 교수 방식에서 가장 두드러진 공통점은 계발성에 있다는 것을 어렵지 않게 알 수 있다. 이러한 교육 방식은 학생의 지혜를 열어주고, 활발한 사고 능력과 자율 학습 능력을 배양하며, 그 결과 학생 개개인의 잠재력을 보다 큰 폭으로 발휘할 수 있게 한다.

중국에서 '계발'이라는 말은 공자의 어록인 "분발하지 않으면 열어주지 않고, 표현하지 못하면 일깨우지 않는다. 한 귀퉁이를 들어주되 나머지 세 귀퉁이를 반증하지 못하면 다시 가르치지 않는다."[73]에서 유래하였다. 유럽에서도 계발식 교육의 연원을 찾아볼 수 있는데, 소크라테스의 '산파술'이

---

73) 『論語』 「述而」: "不憤不啟, 不悱不發, 舉一隅不以三隅反, 則不復也."

가장 대표적인 사례이다. 이 또한 학생에게 지식을 직접 전수하는 것이 아니라, 대화·문답·토론 등의 방식을 통해 자신의 관점을 전하고, 학생 스스로 사고하도록 유도하는 방법이다. 이로 미루어 보면, '계발'이란 학생의 사고를 전제로 하여 교사가 그를 이끌어 미지의 영역을 탐구하게 하고, 더 강렬한 지적 욕구를 자극하여 문제를 스스로 성찰하고 정확하게 표현할 수 있도록 돕는 일이라 할 수 있다.

송대 서원의 교육은 일반적으로 학생 개인의 독서와 탐구를 중심으로 하고, 교사의 강의와 지도는 보조적인 역할을 하였다. 교육의 핵심은 학생의 자율학습과 독립적인 연구 능력의 함양에 있었다. 교사의 강의는 일반적으로 간결하면서도 정밀하였고, 계발식·지점식(指點式) 교육 방법을 사용하였다.

주희는 교사를 학생의 "길을 인도하는 사람", "증명해 주는 사람"으로 보았기 때문에 교사의 역할은 단지 "시작할 때 방향을 제시하고, 끝맺음에서 올바르게 이끌어주는 것"[74]이라고 말했다. 그는 「논어」의 "분발하지 않으면 열어주지 않고, 표현하지 못하면 일깨우지 않는다.[不憤不啟, 不悱不發]"는 구절을 다음과 같이 해석하였다. "분(憤)은 마음속에서 어떤 문제를 해결하고자 애쓰지만 아직 해결하지 못한 것을 의미하며, 비(悱)는 말하고자 하나 아직 표현이 완전하지 않은 모양이다. 계(啟)는 그 뜻을 열어주는 것을 말하고, 발(發)은 그 말을 표현할 수 있도록 도와주는 것을 말한다."[75] 다시 말해, '분'은 학생이 어떤 문제에 대해 적극적으로 사고하며 조속히 해결하고자 하나 아직 완전히 이해하지 못한 상태에서 나타나는 모순된 심리상태이다. 이때 교사는 학생이 문제를 사고하는 방식을 적절히 지도하여, 그 사고의 길을 열어주어야 하는데, 이것이 바로 '계'이다. '비'는 학생이 한 문제에 대해 오랫동안 고민했지만, 아직 완전히 정리되지 않아 말로 표현하지 못하는 상태에서 나타난 또 다른 모순적인 심리상태이다. 이때 교사는 학생이 사고를 정리하

---

74) [宋]黎靖德, 『朱子語類』 卷8, 「學二」, 文淵閣 『四庫全書』: 示之於始而正之於終.
75) [宋]真德秀, 『西山讀書記』 卷21, 文淵閣 『四庫全書』: 憤者, 心求通而未得之意. 悱者, 口欲言而未能之貌. 啟, 謂開其意. 發, 謂達其辭.

고 정확한 언어로 표현할 수 있도록 도와주어야 한다. 이것이 '발'이다. 주희는 교사가 학생이 "마음으로 통달하려 하나 아직 얻지 못했을 때"나 "말하고자 하나 아직 말로 표현하지 못했을 때", 즉 사고의 전환점에 놓여 있는 순간에 적절히 계발해 줄 수 있다면, 그 효과는 마치 봄바람이 비처럼 내려 만물을 소생하게 하는 것과 같다고 보았다. "이것이 바로 이른바 [76]시우지화(時雨之化)이다. 비유하자면 식물을 재배할 때 사람의 힘으로 이미 할 수 있는 만큼 해두었지만, 바로 싹이 터야 할 그 시기에 약간의 비만 부족한 상황에서 홀연히 그 비가 딱 맞춰 내릴 경우, 그 생명의 움틈은 더 이상 막을 수 없게 되는 것과 같다."[77]

질의문난은 송대 서원 교육의 계발성을 가장 잘 보여주는 것이다. 서원 '질의문난'의 정수는 단순히 교사의 교육 태도나 질문 방식에 있는 것이 아니라, 계발과 상호 정신에 있다. 즉, 교사와 학생 사이의 상호 소통을 중시하는 교육 방식은 학생 개성의 발현과 수양에 매우 유익하였다.[78] 서원의 학생들은 독서 도중에 의심나는 점이 있으면 자유롭게 스승에게 질문할 수 있었으며, 대사(大師)들은 이에 대해 열정적으로 학생들을 지적하고 계도하여 상세히 해석해 주었다. 때로는 사제지간에 격렬한 토론으로 이어지기도 하였으며, 그 분위기는 매우 열렬하였다. 질의문난의 형식은 학습자의 사유 깊이와 체득 수준에 따라 자유롭게 진행되었고, 획일적인 방법을 추구하지 않았다. 학생의 질문에 대해 대사들은 구체적인 상황에 따라 답하였는데, 때로는 명확한 답변을, 때로는 암시적인 계발을 통해 스스로 깨닫도록 유도하였으며, 또 때로는 반복적인 토론을 거듭하기도 하였다. 이는 모두 개별 자질에 맞춘 교육과 계발 유도를 중시한 것이었다. 여조겸은 가르치는 자가 지나치

---

76) 時雨之化 : 적절한 때에 내리는 비의 조화를 의미한다.
77) [宋]黎靖德, 『朱子語類』 卷34, 「論語十六」, 文淵閣 『四庫全書』: 此正所謂時雨之化. 譬如種植之物, 人力隨分己加. 但正當那時節, 欲發生未發生之際, 卻欠了些子雨, 忽然得這些子雨來, 生意豈可禦也.
78) 謝笑珍, 「古代書院的教育教學特色及其對高等教育改革的啟示」, 『婁底師專學報』 2001年 第1期.

게 자세하게 가르치면 배우는 자가 스스로 머리를 쓰지 않고 수동적으로 수용하게 된다고 생각하여, 적극적으로 계발 유도를 주장하였다. 그의 저서『동래집(東萊集)』에는 이에 대한 생각이 많이 나타난다. "강론의 표현은 분명히 짚어주기를 바라지만, 분명하게 짚어줌으로써 도리어 학습자가 쉽게 이해했다는 착각에 빠져 스스로 체득하고 음미하는 노력이 줄어들게 되므로, 그 근원을 반드시 삼가지 않으면 안 된다."[79] 또한 그는 다음과 같이도 말하였다. "학습자는 기질마다 예리하고 둔한 차이가 있고, 공부 방법도 깊고 얕은 차이가 있으므로, 획일적인 지도로는 안 되고, 반드시 그 근성과 시기를 살펴 그 병통을 짚어내고, 때를 맞추어 열어주어야 제대로 된 가르침이다. 제자가 나아가고자 하는 방향이 없어질까 염려하여 미리 샛길을 일러 주는 선생도 있고, 또 제자가 반드시 답답해하고 애써 말하려 하기를 기다린 후에 비로소 제자를 깨우쳐 주는 선생도 있다."[80]

남송 초, 벽천서원(碧泉書院)을 창립한 이학자(理學家) 호굉(胡宏)과 제자 표거정(彪居正) 사이의 한 차례 질문과 논변은 스승과 제자 사이의 상호 계발(啓發)의 특색을 충분히 드러낸다. 다음은 그 가운데 한 대목을 발췌한 것이다.

> 표거정이 물었다. "마음은 끝이 없는 것인데, 맹자께서는 어째서 '그 마음을 다한다'고 말씀하셨습니까?" (호굉이) 말하였다. "오직 인자(仁者)만이 그 마음을 다할 수 있다." 거정이 인(仁)을 묻자, (호굉이) 말하였다. "인을 이루고자 한다면, 반드시 먼저 인의 본체[之體]를 알아야 한다." 거정이 다시 묻기를 "그 본체란 어떤 것입니까?" (호굉이) 말하였다. "인의 도(仁之道)는 넓고 크며, 또한 친근하고 절실하다. 아는 자는 한 마디 말로 그것을 다할 수 있지만, 알지 못하는 자는 비

---

79) [宋]呂祖謙,『東萊集·別集』卷7,「尺牘一·與朱侍講」, 文淵閣『四庫全書』: 講論形容之語, 故欲指得分明, 卻恐緣指出分明, 學者便有容易領略之病, 而少涵泳玩索之功, 其原始不可不謹也.
80) [宋]呂祖謙,『東萊集·別集』卷八「尺牘二·與朱侍講」, 文淵閣『四庫全書』: 學者氣質各有利鈍, 工夫各有淺深, 要是不可限以一律政須隨根性, 識時節, 箴之中其病, 發之當其可乃善. 固有恐其無所向望而先示以蹊徑, 亦有必待其憤悱而後啟之者.

록 천만 마디 말을 마련해도 여전히 알지 못한다. 능한 자는 한 가지 일로 그것을 드러낼 수 있지만, 능하지 못한 자는 비록 천만 가지 일을 지적해도 여전히 행할 수 없다." 거정이 다시 묻기를 "만물과 내가 하나가 된다[萬物與我爲一]'는 말이 인의 본체가 될 수 있습니까?" (호굉이) 말하였다. "자네는 여섯 척 되는 몸을 지녔는데, 어찌하여 만물과 하나가 될 수 있겠는가?" (거정이) 말하였다. "몸은 만물과 하나가 될 수 없지만, 마음은 될 수 있습니다." (호굉이) 말하였다. "인심(人心)은 온갖 병이 있고 죽음을 피할 수 없으며, 천하의 사물은 한 번 변하면 만 가지가 생기는데, 자네는 어찌하여 그것들과 하나가 될 수 있겠는가?"[81]

이 질문과 답변에는 서원 교육의 계발성이 잘 나타난다. 기록에는 학생의 질문과 지속적인 추궁이 있고, 교사의 답변과 반문도 있다. 이렇게 끊임없는 자극과 유도를 통해 학생들이 더 깊이 생각하도록 했다.

중세 대학 교육의 계발성은 주로 토론에서 나타났다. 중세 대학은 자주 토론을 진행했다. 예를 들어 13세기 파리대학에서는 교사들이 2주마다 한 번씩 토론 주제를 제시하고 학생들을 훈련했다. 또한, 교사들은 1년에 두 차례 많은 학생들 앞에서 큰 토론을 주관했다. 파리의 신학 교사 아벨라르(Peter Abelard, 1079~1142)는 그의 저서 『긍정과 부정』(Sic et non)의 서문에 이렇게 썼다. "사실, 지속적으로 또는 자주 질문하는 것은 지혜의 보고를 여는 첫 번째 열쇠이다."[82] 아리스토텔레스 역시 반복적인 탐구 없이는 문제

---

81) [淸]黃宗羲, 『宋元學案』 卷42, 「五峰學案」, [淸]全祖望補修, 陳金生, 梁連華點校, 中華書局, 1986年版, 1375쪽: 彪居正問, 心, 無窮者也, 孟子何以言盡其心. 曰, 惟仁者能盡其心. 居正問爲仁. 曰, 欲爲仁, 必先識仁之體. 曰, 其體如何. 曰, 仁之道, 弘大而親切. 知者可以一言盡, 不知者, 雖設千萬言, 亦不知也. 能者可以一事擧, 不能者, 雖指千萬事, 亦不能也. 曰, 萬物與我爲一, 可以爲仁之體乎. 曰, 子以六尺之軀, 若何而能與萬物爲一. 曰, 身不能與萬物爲一, 心則能矣. 曰, 人心有百病一死, 天下之物有一變萬生, 子若何而能與之爲一.
82) [美]크伯雷, 『外國敎育史料』, 任寶祥, 任鍾印主譯, 華中師範大學出版社, 1991年版, 154쪽.

를 설득력 있게 설명하기 어렵다고 말했다. 의심해야 질문을 유발하고, 질문한 후에 진리를 깨달을 수 있다. 중세 대학의 교사와 학생들은 토론을 높이 평가할 뿐만 아니라 토론을 열정적으로 즐겼다. 미국 학자 존 S. 브루벡(John S. Brubacher)은 "학장이나 교수들이 서로 아벨라르의 『긍정과 부정』에서 제기한 질문들에 대해 끊임없이 토론하는 것처럼, 중세의 학생들도 서로 토론했다."[83]고 말했다. 토론 속에 내재된 계발성은 중세 대학의 학생들의 이지적 분석과 논리적 사고 능력 개발에 매우 커다란 기여를 했다.

2. 실천을 중시하다

송대 서원 대사들은 모두 '지행일치(知行一致)'를 크게 강조했다. 이는 일반적으로 이론과 실제를 결합하는 것을 일컫는다. 대사들은 학생들에게 "독서를 통해 이론을 깊이 파고드는 것[讀書窮理]"만 가르치는 것은 부족하다고 보았으며, "독서를 통한 이론 탐구"와 "직접 실천에 옮기는 것[躬行踐履]"을 결합해야 한다고 생각했다. 즉, 교육에서는 지식의 축적뿐만 아니라 현실에서의 지식 응용을 강조했다.

주희는 서원 교육에서 지행의 결합을 매우 중시했다. 그는 "대저 학문은 궁극적으로 지식을 얻는 치지(致知) 힘껏 실천을 행하는 역행(力行) 두 가지 경로뿐이다."[84]라고 생각했다. 이론 지식의 지도가 없으면 실천은 맹목적인 행동이 될 수 있다. 주희는 지식을 행동으로 전환하여 지행의 통일을 실현하는 것을 중시했다. 따라서 그는 '지'와 '행'이 서로 연결되고 서로 의존한다고 보았으며, "지행은 언제나 서로를 필요로 하는데, 마치 눈이 없(어 볼 수 없)으면 걸을 수 없고, 발이 없(어 나갈 수 없)으면 눈이 볼 수 없는 것과 같다."[85]라

---

83) 孫培青, 任鍾印, 『中外教育比較史綱』古代卷, 山東教育出版社, 2001年版, 509쪽.
84) [宋]朱熹, 『晦庵集』卷48, 「書·答呂子約」, 文淵閣『四庫全書』: 大抵學問只有兩途, 致知力行而已.
85) [宋]黎靖德, 『朱子語類』卷9, 「學三·論知行」, 文淵閣『四庫全書』: 知行常相須, 如目

고 표현했다. 교육 형식의 측면에서는 궁리(窮理)와 독행(篤行) 두 가지 측면을 포함한다. "학문은 이치를 궁구함으로써 그 앎을 다하고, 자신을 돌아봄으로써 그 실제를 실천한다."[86] 주희는 학생들이 새로운 지식에 접근할 때 자신의 상황과 실제 생활을 결합하여 이해할 필요가 있다고 강조했다. "도에 들어가는 문은 자신을 그 도리 속에 끌어들여 점차 친밀해지고 오래도록 자신과 하나가 되게 하는 것이다."[87] 「역행(力行)」에도 "학문의 폭이 넓은 것보다 지식의 요점을 아는 것이 중요하고, 지식의 요점을 아는 것보다 그것을 행하는 실천이 더 중요하다."[88]라고 기록되어 있다. 그는 「독서법」에서 당시 사회에서 많은 독서인들이 죽도록 책만 읽고 사고하고 실천하는 것을 게을리하는 문제에 대해 심하게 비판했다. "오늘날 사람들이 책을 읽을 때, 대부분 자신과 관련하여 철저하게 사고하지 않고, 종이 위에서 글자와 의미를 읽기만 해도 충분하다고 생각한다. 이렇게 해서 무엇을 이룰 수 있겠는가!"[89]

정이는 독행의 결합을 주장하였다. 이와 관련하여 그는 다음과 같이 여러 말을 하였다. "경전을 탐구하면 그것을 실용으로 이끌 수 있다"[90], "학문이 깊지 않으면 규약을 준수할 수 없고, 의지가 돈독하지 않으면 행동을 견지할 수 없다"[91], "배우는 자가 얻은 바가 있는 것은 반드시 경전을 논담하고 도를 토론하는 과정에서만 있는 것이 아니라, 일상생활에서의 행동과 실천을 통

無足不行, 足無目不見.
86) [宋]黃榦, 『勉齋集』 卷36, 「行狀」, 文淵閣 『四庫全書』: 其爲學也, 窮理以致其知, 反躬以踐其實.
87) [宋]黎靖德, 『朱子語類』 卷8, 「學二·論知行」, 文淵閣 『四庫全書』: 入道之門, 是將自家己身入那道理中去, 漸漸相親, 久之與己爲一.
88) [宋]黎靖德, 『朱子語類』 卷13, 「學七·力行」, 文淵閣 『四庫全書』: 學之之博, 未若知之之要. 知之之要, 未若行之之實.
89) [宋]黎靖德, 『朱子語類』 卷11, 「學五·讀書法下」, 文淵閣 『四庫全書』: 今人讀書, 多不就切己上體察, 但於紙上看, 文義上說去便了. 如此, 濟得甚事.
90) [宋]朱熹, 『二程遺書』 卷4, 「遊定夫所錄」, 文淵閣 『四庫全書』: 窮經, 將以致用也.
91) [宋]楊時, 『二程粹言』 卷上, 「論道篇」, 文淵閣 『四庫全書』: 學不博者不能守約, 志不篤者不能力行.

해 점차 이해하고 얻어야한다."[92] 따라서 학생들은 배운 지식에 대한 이해와 인식을 깊게 하고, 평소 생활 속에서 그 지식을 실천에 옮겨야 하며, 이론과 실천 사이에 괴리가 있어서는 안 된다.

장식(張栻)은 교육에서 실천을 중시했다. '치지(致知)'에 대해 그는 이렇게 말했다. "치지에 해당하지 않는 것이 없다. 일상에서 마주치는 사건, 접촉하는 물건, 떠오르는 생각, 고서를 읽고 옛것을 사고하는 것까지, 힘써야 하는 바를 알면 이 모든 것이 내가 격물하는 오묘함이 아닌 것이 없다."[93] 그의 설명에서 치지는 격물의 결과라는 것을 알 수 있다. 사물에 대한 감지, 이해 및 깊고 정확한 인식이 없다면 치지로 간주될 수 없다. "오늘날 사람들처럼 실천하지 않는 것은 진지(眞知)를 맛보지 못한 것이다."[94] 그는 실천 없는 앎은 단지 억측한 견해에 불과하며 진정한 인식이 아니라고 생각했다. 당시 학계에서 지식을 중시하고 행동을 경시하는 학풍에 대해 그는 엄중하게 비판했다. "그러나 최근 몇 년간 학자들은 그 목적을 잃었고, '나는 지식을 추구할 뿐이다'라고 말하면서 실천에 소홀하였다. 그러므로 그들의 지식은 단지 억측에서 나온 견해이며 실제로는 그들 자신에게 존재하지 않는다. 이를 아는 사람은 염려하는데, 이는 치지와 역행이 서로를 발전시키는 원리를 모르기 때문이다. 공자께서 말씀하셨다. '배우고 생각하지 않으면 어리석고, 생각하고 배우지 않으면 위험하다.[學而不思則罔, 思而不學則殆]' 성현의 의도를 상고해보면 아마도 배우는 자들이 이 두 가지에 그 힘이 함께 이르기를 바라는 것 같다."[95] 그는 '지행병발

---

92) [宋]朱熹,『二程外書』卷10,「大全集拾遺」, 文淵閣『四庫全書』: 學者有所得, 不必在談經論道間, 當於行事動容周旋中禮得之.
93) [宋]張栻,『南軒集』卷26,「書·答陸子壽」, 文淵閣『四庫全書』: 莫非致知也, 日用之間, 事之所遇, 物之所觸, 思之所起, 以至於讀書考古, 苟知所用力, 則莫非吾格物之妙也.
94) [宋]張栻,『南軒集』卷30,「答問·答朱元晦」, 文淵閣『四庫全書』: 若如今人之不踐履, 直是未嘗真知耳.
95) [宋]張栻,『南軒集』卷14,「序·論語說序」, 文淵閣『四庫全書』: 然近歲以來, 學者又失其旨, 曰, 吾惟求所謂知而已. 而於躬行則忽焉. 故其所知特出於臆度之見, 而無以有諸其躬. 識者蓋憂之, 此特未知致知力行互相發之故也. 孔子曰, 學而不思則罔, 思而不學則殆. 曆考聖賢之意, 蓋欲使學者於此二端兼致其力.

(知行幷發)'을 주장하며 지와 행의 결합이 교육에서 반드시 관철해야 할 중요한 원칙과 방법이라고 생각했다. 그는 또한 지와 행의 관계를 지적했다, "처음에는 알고 있는 것을 바탕으로 행하고, 행하는 힘이 강해지면 앎이 진전하며, 앎이 깊어지면 행함에 통달한다 … 행에는 시작과 끝이 있으며, 반드시 시작에서 끝까지 이어져야 한다."[96] 지행은 동일한 인식 과정에 속하며, 행은 지에 의해 인도되어야 하고, 지는 행이 있어야 깊어진다.

중세 대학의 의학 교육은 실천성을 충분히 보여준다. 중세 대학의 의학과에서 가르치는 의학 지식은 주로 두 부분으로 나뉜다. 하나는 의학 이론 지식(medicina)이고, 다른 하나는 의학 실천 지식(practia)이다. 의학과 학생들은 학교에서 책을 통해 지식을 배울 뿐만 아니라, 일정 기간 동안 교외에서 임상 실습을 해야 한다. 1240년 몽펠리에대학은 의학 학사 학위를 받으려면 6개월 동안 교외 실습을 해야 한다고 규정했다. 1309년에는 교황이 명령하여 의학과 학생들은 8개월 동안 교외 실습을 해야 했다.[97] 이러한 교외 실습에서 '수술'(operatio)이라는 의학 주제가 발전했는데, 이러한 문헌들은 더 많은 임상 사례들을 기록하고 있다.[98] 당시, 외과학은 약물 치료와 식이요법과 함께 세 가지 주요 치료 방법 중 하나로 각 대학에서 중시하는 정도는 다르지만, 일반적으로 모두 가르쳐졌다. 1224년에 프리드리히 2세가 의학 학습과 의사 개업에 관한 엄격한 법령을 제정하였다. 이 법령은 의학을 공부하는 사람이 3년의 예과를 마친 후 5년간의 의학 과정을 이수해야 하며, 경험이 풍부한 교사의 지도하에 1년간 인턴을 마친 뒤, 정식 시험에 합격해야만 왕실의 승인을 받아 의료 활동을 할 수 있다고 규정하고 있다.[99] 1240년에

---

96) [宋]張栻, 『南軒集』卷14, 「序·論語說序」, 文淵閣 『四庫全書』: 始則據其所知而行之, 行之力則知愈進, 知之深則行愈達 … 行有始終, 必自始以及終.

97) Hilde Ridder-Symoens ed.: A History of the University in Europe, Vol.1, Cambridge University Press, 1991, p.380.

98) Hilde Ridder-Symoens ed.. A History of the University in Europe, Vol.1, Cambridge University Press, 1991, p.380.

99) [意]卡斯蒂格略尼(Castiglioni.A.), 『世界醫學史』 第1卷, 北京醫科大學醫史教研室主

프리드리히 2세는 대학에 의사 면허를 발급할 특권을 부여하는 법령을 발표했으며, 시체를 이용한 해부학 연구를 과목 중 중요한 부분으로 포함시켜야 한다고 지적했다.[100] 이로써 당시 이탈리아 대학에 이미 교육 목적으로 진행된 시체 해부 실습이 존재했음을 알 수 있다. 그러나 당시 시체 해부는 소수의 학생에게만 개방되었다. 1316년에는 볼로냐대학에서 이미 공개 인체 해부가 이루어졌다. 1340년에 몽펠리에대학은 1년에 한 번 또는 2년에 한 번씩 공개 인체 해부를 규정했다. 14세기 말과 15세기 초에 이르러 볼로냐, 피렌체, 파도바 등 이탈리아의 여러 대학이 연이어 조례를 발표하여 시체 해부를 고급 학년 학생들에게까지 확대했다.

이후 이탈리아 대학의 해부학 교육이 전면적으로 시작되었다. 그러나 15세기 초까지 인체 해부는 새로운 의학 연구 방법으로 간주되지 않았으며 인체의 내부 구조를 보다 정확하게 표현하기 위한 것으로만 여겨졌다. 16세기에 이르러 이탈리아 대학에는 '의학 인문주의자들'이 등장했고, 이들은 역사 비판과 텍스트 비평 방법을 활용하여 의학 교육 내용을 수정하는 데 중점을 두었을 뿐만 아니라 그들의 교육은 점차 실습을 강조하여 실천 의학의 발전을 크게 촉진하였다. 다른 의학 교수들도 학생들에게 고전 의학 이론을 기계적으로 전달하는 전통적인 강의와 해설 방식에서 벗어나 텍스트의 진위 여부와 의학 실습에 중점을 두기 시작했다. 파도바대학의 의학 교수 조반니 바티스타 다 몬테(Giovanni Battista Da Monte)는 학교 교육과 임상 실습을 통합한 임상 의학 교육 모델을 탐색했다. 학생들이 의학 수업을 듣고 난 후, 그는 학생들을 병원으로 인도하여 실제 환자 사례에 접하게 하고, 실제 환자 사례를 바탕으로 학생들에게 질병 증상, 병리 분석, 진단 방법 및 치료 경로를 추가로 설명했다.

譯, 商務印書館, 1986年版, 303쪽.
100) [意]卡斯蒂格略尼(Castiglioni.A.), 『世界醫學史』 第1卷, 北京醫科大學醫史教研室主譯, 商務印書館, 1986年版, 299쪽.

【참고문헌】

[春秋]孔丘, 『論語』, 孫健筠, 楊林譯注, 吉林人民出版社, 2005年版.
[唐]張九齡, 『唐六典』, 文淵閣 『四庫全書』.
[宋]黎靖德, 『朱子語類』, 文淵閣 『四庫全書』.
[宋]陸遊, 『陸氏南唐書』, 文淵閣 『四庫全書』.
[宋]黃榦, 『黃勉齋先生文集』, 中華書局, 1984年版.
[宋]黃榦, 『勉齋集』, 文淵閣 『四庫全書』.
[宋]陸九淵, 『陸九淵集』, 中華書局, 1980年版.
[宋]真德秀, 『真文忠公讀書記』, 轉引自朱漢民, 『湘學原道錄』, 中國社會科學出版社, 2002年版.
[宋]真德秀, 『西山讀書記』, 文淵閣 『四庫全書』.
[宋]張洪, 齊熙, 『朱子讀書法』, 文淵閣 『四庫全書』.
[宋]呂喬年, 『麗澤論說集錄』, 文淵閣 『四庫全書』.
[宋]張載, 『張子全書』, 文淵閣 『四庫全書』.
[宋]張栻, 『南軒集』, 文淵閣 『四庫全書』.
[宋]周應合, 『景定建康志』, 文淵閣 『四庫全書』.
[宋]徐元傑, 『梅野集』, 文淵閣 『四庫全書』.
[元]脫脫, 『宋史』, 中華書局, 1985年版.
[宋]呂祖謙, 『東萊集』, 文淵閣 『四庫全書』.
[宋]朱熹, 『晦庵集』, 『四庫全書』本.
[宋]朱熹, 『二程遺書』, 文淵閣 『四庫全書』.
[宋]朱熹, 『二程外書』, 文淵閣 『四庫全書』.
[宋]楊時, 『二程粹言』, 文淵閣 『四庫全書』.
[清]黃宗羲, 『宋元學案』, [清]全祖望補修, 陳金生, 梁連華點校, 中華書局, 1986年版.
[清]王懋竑, 『朱子年譜』, 文淵閣 『四庫全書』.
[清]趙寧, 『嶽麓書院志』, 康熙26年(1687)鏡水堂刊本.
[清]曾國荃等撰, 『湖南通志』, 清光緒重刊本, 華文書局, 1967年版.
[清]趙寧, 『嶽麓書院志』, 康熙26年(1687)鏡水堂刊本.

轉引自李才棟, 『江西古代書院研究』, 江西教育出版社, 1993年版.

楊慎初, 朱漢民, 鄧洪波, 『嶽麓書院史略』, 嶽麓書社, 1986年版.
季嘯風主編, 『中國書院辭典』, 浙江教育出版社, 1996年版.
李才棟, 『中國書院研究』, 江西高校出版社, 2004年版.
李國鈞, 『中國書院史』, 湖南教育出版社, 1994年版.
苗春德, 『宋代教育』, 河南大學出版社, 1992年版.

[比]希爾德·德·裏德-西蒙斯主編, 『歐洲大學史』第1卷, 張斌賢譯, 河北大學出版社, 2008年版.
[美]威爾·杜蘭, 『世界文明史·信仰的時代』, 幼獅文化公司譯, 東方出版社, 1999年版.
周洪宇, 『學位與研究生教育史』, 高等教育出版社, 2004年版.
孫培青, 任鍾印, 『中外教育比較史綱』古代卷, 山東教育出版社, 2001年版.
[美]克伯雷, 『外國教育史料』, 任寶祥, 任鍾印主譯, 華中師範大學出版社, 1991年版.
[意]卡斯蒂格略尼(Castiglioni.A.), 『世界醫學史』第1卷, 北京醫科大學醫史教研室主譯, 商務印書館, 1986年版.

馬驥雄, 『外國教育史略』, 人民教育出版社, 1991年版.
賀國慶, 『歐洲中世紀大學』, 人民教育出版社, 2009年版.
史靜寰, 李淑華主編, 『外國教育思想通史·中古時期的教育思想』.
夏之蓮, 『外國教育發展史料選粹』, 北京師範大學出版社, 1999年版.
成有信, 『比較教育教程』, 北京師範大學出版社, 1987年版.

胡適, 「書院制史略」, 『東方雜志』, 1924年, 第3期.
謝笑珍, 「古代書院的教育教學特色及其對高等教育改革的啟示」, 『婁底師專學報』, 2001年, 第1期.

Fredeirck Eby, Charles Flinn Arrowood: *The History and Philosophy of Education Ancient and Medieval*, Prentice-Hall, Inc.,1946.
Paul F. Grendler. *The Universities of the Italian Renaissance*, The Johns Hopkins University Press, 2002.
Hastings Rashdall: *The Universities of Europe in the Middle Ages*, Vol.3, ed.F. M. Powicke and A.B.Emden. Oxford University Press Inc., 1936.
L.W.B.Brockliss: "Patterns of Attendance at the University of Paris 1400-1800", *The*

Historical Journal.
Hilde Ridder-Symoens ed.: *A History of the University in Europe*, Vol.1, Cambridge University Press, 1991.

전근대 중국(1733-1840) 성급(省級) 대형 서원의 번영·곤경과 변화
: 서양의 대학교와 비교를 중심으로

조위(趙偉)

Ⅰ. 들어가는 말

　동서양 역사 비교 연구는 역사학계에서 오랫동안 열띤 주제 가운데 하나이다. 예를 들어, 경제사 영역에서 미국의 역사학자 케네스 포머랜츠(Kenneth Pomeranz) 등은 중국과 서유럽 역사 발전의 "대분기(the Great Divergence)" 이론을 제안하여 전근대 중국의 역사적 위상을 재고하는 데 새로운 영감을 주었다.[1] 문화 교육사 영역에서는 동서양의 교육 이념과 교육 제도를 비교하는 연구가 많다. 1997년 이래로, 중국 학계에서는 서원을 유럽 중세 대학과 비교하는 방식이 새로운 연구 주제로 부상하였다. CNKI 데이터베이스를 참조해보면, 지금까지 적어도 67편의 관련 논문이 연구 성과로 이루어졌다. 관련 저술의 수량은 그리 많지 않지만, 류하연(劉河燕)의 「宋代書院與歐洲中世紀大學之比較研究」(송대 서원과 유럽 중세 대학의 비교 연구)[2]가 가장 대표적이라 할 수 있다. 이러한 연구들은 주로 송대(960-1279) 서원을 중점으로 삼지만, 본문에서는 그 관찰 시기를 전근대(1733-1840)[3]로 전환, 근대 이전

---

1) Kenneth Pomeranz. The Great Divergence: China, Europe, and the Making of the Modern World Economy. Princeton University Press, 2000.
2) 劉河燕, 『宋代書院與歐洲中世紀大學之比較研究』, 北京 : 人民出版社, 2012年.
3) 오늘날 학계에서는 '전근대'의 시간 범위에 대하여 통일된 정의가 없다. 여기에서는 성도 서원이라는 연구 주제의 구체적인 정황에 근거하여, 성도 서원 제도가

중국의 고급에 해당하는 성도(성회, 省會) 서원을 서양 대학과 비교하여 어떠한 성취와 어려움, 그리고 변화 극복 과정을 겪었는가에 대해 알아보도록 한다.

II. 청대(清代) 성도(省會) 서원의 건설

현대의 학교 교육 체계는 개인의 성장 단계와 지식의 난이도에 근거하여 일반적으로 초등교육, 중등교육 및 고등교육으로 나뉜다. 적령기의 사람들은 각기 다양한 교육 단계의 학교에 입학하여 해당 교육을 받는다. 고대 중국에서도 계층별·등급별로 나뉜 관학 또는 사학 교육 체계가 존재했다. 특히 관학 교육은 행정 구역별로 서로 다른 단계의 학교가 설치되었다. 예를 들어, 명·청 시기에는 수도에 국자감(國子監)이 있었고, 지방에는 부·주·현 등의 학교가, 그리고 기초 단계에는 관립 또는 사립으로 설립된 사학·의학·사숙 등이 있었다. 당시에는 비록 '고등교육'이라는 개념이 없었으나, 최고의 학부인 국자감이 이와 유사한 역할을 담당하였다. 이는 국자감의 입학 방식을 통해 알 수 있다. 명·청 시대에 사인(士人)은 동시(童試)를 통과하면 가장 낮은 단계의 과거 급제인 '생원' 자격을 획득, 부·주·현 등의 지방 관학에서 공부할 수 있었다. 부·주·현에서 우수한 학생들은 각각 세공(歲貢), 발공(撥貢), 우공(優貢) 등의 신분으로 국자감에 선발되었다.[4] 국자감의 학생이 되면 관료가 될 자격을 획득하게 되었기에, 이는 관료 출신의 정통한 루트로 여겨졌다. 이 교육 체계 내에서 국자감은 최상위에 위치하여 전국의 최고 학부가 되었다.

그러나 국자감의 입학 정원에는 한계가 있었고, 게다가 중국의 면적이 광대하여 각 지방의 사인(士人)들이 북경까지 가는 거리가 너무나도 멀었기 때문에, 이러한 고급 교육의 수혜를 받는 인구는 매우 제한적이었다. 각 지역

확립된 옹정 11년(1733)을 '전근대'의 시작 시점으로, 그리고 1840년 아편 전쟁을 그 종료 시점으로 간주하도록 한다.
4) 馬鏞, 『中國教育制度通史·清代上』, 濟南 : 山東教育出版社, 2000年, 頁62-64.

부·주·현의 학생들 및 아직 과거 급제를 받지 못한 동생(童生)들에게 고급 교육을 제공하기 위하여, 명대부터 각 성(직례[直隸]를 포함)의 성급 관료들(예컨대 제학관[提學官]·총독[總督]·순무[巡撫]·포정사[布政使])은 성도에 서원을 설립하여 본성에서 선발된 우수한 인재들을 전문적으로 교육하였다.[5] 이로 인해, 새로운 서원 유형인 성도 서원이 등장하게 되었고, 이는 고급 교육을 시행하는 새로운 기관이 되었다.

성도 서원이란 오늘날 연구자들이 일컫는 소위 '성급 서원'으로, 본래 각 성의 관료들이 자율적으로 설립한 것이며, 조정의 명령을 받아 설립된 것이 아니었다. 그런데 청 옹정 11년(1733), 세종(世宗)은 성도 서원이 "학문을 흥성하고 인재를 기르는 데(興學育才)"에 도움이 된다고 여겨 각 성에 널리 설립하라는 교지를 내렸다. 이에 성도 서원은 공식적으로 국가 교육 체계 가운데 주요 구성 요소가 되었다.[6] 각 지방의 督撫들은 교지에 따라 18개 성에 20개소의 성도 서원을 설립하였고, "일성일원(一省一院)" 또는 "일성양원(一省兩院)"이라는 두 가지 방식이 형성되었다. 아래의 표를 보자.

〈표 1〉 옹정 11년(1733) 18개 성에서 교지에 따라 건립한 서원 일람표[7]

지역	서원	지역	서원
直隸省 保定府	蓮池書院	浙江省 杭州府	敷文書院
山東省 濟南府	濼源書院	福建省 福州府	鰲峰書院
山西省 太原府	晉陽書院	廣西省 桂林府	秀峰書院
河南省 開封府	大梁書院	四川省 成都府	錦江書院
陝西省 西安府	關中書院	貴州省 貴陽府	貴山書院
甘肅省 臨洮府	蘭山書院	雲南省 雲南府	五華書院

---

5) 일부 서원의 경우 다른 성의 사인들을 모집하기도 하였지만, 전체적으로 그 수는 많지 않았다.
6) 『世宗憲皇帝實錄(二)』卷127, 雍正十一年正月壬辰, 『淸實錄』, 第8冊, 中華書局, 1985年, 第665-666頁.
7) 趙偉, 「雍正, 乾隆朝省會書院制度新探」, 『原道』, 2022年, 第44輯.

지역	서원	지역	서원
湖北省 武昌府	江漢書院	江蘇省 江寧府	鍾山書院
湖南省 長沙府	嶽麓書院	江蘇省 蘇州府	紫陽書院
安徽省 安慶府	培原書院	廣東省 肇慶府	端溪書院
江西省 南昌府	豫章書院	廣東省 廣州府	粤秀書院

이들 성도 서원은 세종으로부터 1,000량의 자금을 하사받았으며, 각 성은 공금을 사용하여 이들 서원을 지원할 것을 허가받았다. 이로 인해 성도 서원은 빠르게 각 지역의 문화·교육 중심지가 되었다. 그러나 한편으로는, 조정이 이 기회를 이용하여 청원 시스템을 통해 성도 서원의 재무 관리에 개입할 수 있게 되었고, 총독과 순무는 매년 서원의 경비를 정리하여 보고해야만 했다. 이 때문에, 서원 운영의 자주성이라는 차원에서 일련의 제약이 발생했다.

건륭 연간은 성도 서원 제도의 조정과 형성기에 해당한다. 건륭 원년, 고종(高宗)은 교지를 하달하여 성도 서원 제도를 더욱 완비할 것을 촉구하였다.[8] 이는 대략적으로 다음과 같다.

첫째, 우선 서원의 제도적 위상을 명확히 하였다. 상유(上諭)에는 다음과 같은 내용이 있다.

> 서원 제도는 인재를 인도(引導)하고 학교가 미치지 못하는 부분까지 확충한다.[9]

이렇듯 성도 서원은 주로 관학의 교육 범위를 확대하는 기능을 수행하였으며, 그 교육 목적은 인재를 인도·장려하여 "조정의 직무에 적합하게" 가르치는 데 있었다. 성도 서원은 관학의 종속이 아니라 "고후국의 학문(古侯國之

---

8) (清)素爾訥等纂修, 霍有明, 郭海文校注, 『欽定學政全書校注』, 武漢大學出版社, 2009年, 頁285.
9) "書院之制, 所以導進人材, 廣學校所不及."

學"이라는 명분으로 부·주·현 학과 국자감 사이에 위치하였고, 이에 상응하는 '승급법'을 제정함으로써 성도 서원이 관학 체계 내에서 '성'급의 공백을 채우는 역할을 수행하게 된 것이다.

둘째, 관리 체제를 규범화 하였다. 옹정 11년의 교지를 살펴보면, "봉강(封疆) 대신(大臣) 등은 모두 사인(士人)들을 교육할 책임이 있다"고 규정하고 있지만 그 구체적인 관리 주체가 명시되지 않았다. 건륭제의 교지에서는 관리 체제를 명확히 하여, 예부(禮部)·호부(戶部)·이부(吏部)·공부(工部) 등에서 성도 서원을 관리할 책임을 수행하도록 하였다. 관련 정책 시행·서적 지급·건물 건축·자금 출입·보상 심의 및 교사와 학생 추천 등은 모두 부서의 심사를 받아야 했다. 학정(學政)의 성도 서원 관리에 대한 참여 권한이 인가되었으며, 그 직책은 주로 서원 원장 임명, 학생 선발, 교사·학생의 포상과 추천 등에 관련되었고, 서원의 일상적인 강의와 시험 업무에 등에는 직접 관여하지 않았다.

셋째, 교육 계획을 통일하였다. 명대 이후, 성도 서원의 교육 제도는 다양한 특징을 보인다. 그러나 건륭제 원년의 교시는 주자의 『백록동규조(白鹿洞規條)』와 정단례(程端禮)의 『분년독서법(分年讀書法)』을 모범으로 삼았다. 이는 성도 서원의 교육 이념이 '정주이학'이라는 정통 이념을 위반해서는 안 되며, 일상적인 교육은 반드시 『분년독서법』을 모범으로 삼아 독서·강의·시험 등에 대한 규정을 마련해야 함을 의미했다. 이 두 가지 원칙을 준수하는 조건 하에서 각 서원은 여전히 나름대로 '참작하여[酌仿]' 학규를 제정할 수 있는, 일종의 제한적인 자율권을 가질 수 있었다.

이후, 고종은 지속적으로 또 다른 정책을 마련하여 성도 서원의 교육·관리 제도를 보완하였다. 예를 들어 건륭 9년에는 포정사(布政使) 및 성도에 거류하는 관원이 성도 서원에 대한 감찰 및 시험에 대한 책임을 지도록 하였고,[10] 관련 관리부서 또한 더욱 많아졌다. 10년에는 성도 서원 교육 내용에

---

10) (清)恭阿拉 外, (嘉慶)『欽定學政全書』, 故宮博物院編, 『故宮珍本叢刊』第335冊, 海南

대해 의논, 다음과 같이 교육 내용을 의준하였다. "자질이 뛰어난 인재는 경학·역사학·정치술 관련 서적에 깊이 공부하도록 하고, 이 외로는 대우(對偶), 음률 학문을 두루 익혀야 한다. 자질이 미흡한 자는 먼저 팔고를 익혀야 하며, 경전을 궁구한 연후에 그 여력을 다른 경전학 또는 사학, 통치술 및 대우·음률 공부에 쏟아야 할 것이다." 고종은 과거제와 서원 교육을 긴밀히 결합하고자 하였으며, 매달 수업에서 "팔고를 주로 삼되(以八股爲主)", 논(論), 책(策), 표(表), 판(判)을 함께 시험 치도록 하였다. 우수한 이들에 대하여서는 포상을 내려(酌賞) 격려하였다.[11] 성도 서원에서 수학한 원생들은 주로 공감생동(貢監生童)들로 구성되어 있었으며, 그들에게 있어 학업의 주요 목적은 과거시험에 응시하기 위함에 있었다.

나아가 서원에서의 시험 및 포상이 직접 상호 연결되었으며, 서원 원장에 대한 평가에 있어서도 중국의 방식으로 그 다소 여부를 참조한 바가 있었다.[12] 성도 서원은 의도적으로 과거제에 친화적인 양상으로 변화하였는데, 이는 청 조정의 문치(文治) 강화를 위한 주요 조치 가운데 일환이었다.

이윽고 각 성에서의 문화 교육이 더욱 발전함에 따라, 한두 곳의 성도 서원만으로는 수많은 지역의 수요를 충족하기 어려워졌다. 따라서 건륭 시기부터 청대 말기, 즉 광서 시기까지 각 성에서는 잇따라 "신생 성도 서원"[13]이 증설되었다. 이러한 신-구 성도 서원 간에는 일련의 차이점이 존재한다. 가장 첫 번째 세대에 속하는 성도 서원은 옹정제의 교시에 따라 건립되었기 때문에 그 위상이 가장 높았으며, 황실로부터 사액 및 지원을 받았다. 반면 신생 성도 서원은 주로 각 성의 고위직 관료들의 지원에 의존하였다.

出版社, 2000年, 頁288.
11) (淸)恭阿拉 外, (嘉慶)『欽定學政全書』, 故宮博物院編, 『故宮珍本叢刊』第335冊, 海南出版社, 2000年, 頁289.
12) (淸)德福, 『爲遵旨考察年滿嶽麓書院院長王文淸著有成效請交部議敍事奏折』, 乾隆三十五年十月初一日; 韓永福, 『乾隆朝書院檔案(下)』, 『歷史檔案』, 2012年 第4期 참조.
13) 鄧洪波, 『淸代省會書院 : 遍布全國的教育學術中心』, 『南京曉莊學院學報』, 2007年 第1期.

잇따른 신생 성도 서원의 설립과 더불어, 청대의 성도 서원 건설은 하나의 성에 여러 서원이 갖추어지는, 이른바 '일성다원(一省多院)' 양상을 띠게 되었다. 구체적으로 말하면, 이는 하나의 성 내에 두 개 이상의 성도 서원을 설립하거나 혹은 성도 서원 제도를 성 외부로 확대하여 그 지리적 경계를 허물고, 하나의 성의 완전한 성도 서원 체계를 공동으로 형성하는 것을 의미한다. 예를 들어, 당시 복건성 내부에는 복주부(福州府)의 오봉서원(鰲峰書院)과 대만부(台灣府)의 해동서원(海東書院)이 동시에 건립되었다. 대략 이와 같은 양상의 신생 성도 서원의 설립 현황은 아래 표와 같이 정리될 수 있다.

〈표 2〉 신생 성도서원[14]

지역	서원	지역	서원
경사(京師)	금태서원 (金台書院)	호남성 장사부 (湖南省長沙府)	성남서원 (城南書院)
성경(盛京)	심양서원 (沈陽書院)	호남성 장사부 (湖南省長沙府)	교경서원 (校經書院)
산서성 태원부 (山西省太原府)	영덕서원 (令德書院)	호남성 장사부 (湖南省長沙府)	구충서원 (求忠書院)
하남성 개봉부 (河南省開封府)	명도서원 (明道書院)	호남성 장사부 (湖南省長沙府)	시무학당 (時務學堂)
강소성 강녕부 (江蘇省江寧府)	존경서원 (尊經書院)	광동성 광주부 (廣東省廣州府)	월화서원 (越華書院)
강소성 강녕부 (江蘇省江寧府)	석음서원 (惜陰書院(書舍))	광동성 광주부 (廣東省廣州府)	학해당 (學海堂)
강소성 강녕부 (江蘇省江寧府)	문정서원 (文正書院)	광동성 광주부 (廣東省廣州府)	국파정사 (菊坡精舍)
강소성 소주부 (江蘇省蘇州府)	정의서원 (正誼書院)	광동성 광주부 (廣東省廣州府)	응원서원 (應元書院)
강소성 강음현 (江蘇省江陰縣)	남청서원 (南菁書院)	광동성 광주부 (廣東省廣州府)	광아서원 (廣雅書院)

14) 鄧洪波,『中國書院史(增訂版)』, 武漢大學出版社, 2012 ; 魯小俊,『清代書院課藝總集敘錄』, 武漢大學出版社, 2015 ; 趙偉『清代省會書院制度研究(1644-1850)』, 湖南大學 博士學位論文, 2021 등의 문헌 정리를 참조.

지역	서원	지역	서원
절강성 항주부 (浙江省杭州府)	숭문서원 (崇文書院)	광서성 계림부 (廣西省桂林府)	선성서원 (宣成書院)
절강성 항주부 (浙江省杭州府)	자양서원 (紫陽書院)	광서성 계림부 (廣西省桂林府)	용호경사 (榕湖經舍(書院))
절강성 항주부 (浙江省杭州府)	고경정사 (詁經精舍)	광서성 계림부 (廣西省桂林府)	계산서원 (桂山書院)
절강성 항주부 (浙江省杭州府)	구시서원 (求是書院)	사천성 성도부 (四川省成都府)	존경서원 (尊經書院)
강서성 남창부 (江西省南昌府)	우교서원 (友敎書院)	운남성 운남부 (雲南省雲南府)	경정서원 (經正書院)
강서성 남창부 (江西省南昌府)	경훈서원 (經訓書院)	귀주성 귀양부 (貴州省貴陽府)	정습서원 (正習書院)
복건성 복주부 (福建省福州府)	봉지서원 (鳳池書院)	귀주성 귀양부 (貴州省貴陽府)	정본서원 (正本書院)
복건성 복주부 (福建省福州府)	정의서원 (正誼書院)	섬서성 경현 (陝西省涇縣)	미경서원 (味經書院)
복건성 복주부 (福建省福州府)	치용서원 (致用書院)	섬서성 경현 (陝西省涇縣)	숭실서원 (崇實書院)
호북성 무창부 (湖北省武昌府)	경심서원 (經心書院)	감숙성 난주부 (甘肅省蘭州府)	구고서원 (求古書院)
호북성 무창부 (湖北省武昌府)	양호서원 (兩湖書院)	신강성 적화부 (新疆省迪化府)	박달서원 (博達書院)

이상을 통해 볼 수 있듯이, 청대 성도 서원 제도의 시행 범위는 건륭 연간 이후 점차 확대되었으며, 18개 성(省) 이외에 다른 지역으로도 점차 확산되었다. 다른 한편으로, 청대 통치자들은 성도 서원 제도를 시행하는 과정에서 만주 고토 및 번부(藩部)는 그 대상에서 의도적으로 배제하였으며, 게다가 내륙 주둔 팔기(八旗)에 있어서도 이에 상응하는 정책을 취한 바가 없었다. 이러한 정책 추세는 지역의 문화 교육 사업 발전에 장애로 작용하였다.

결론적으로, 성도 서원이 각 성에 광범위하게 설립된 이후, 성도 서원은 성 전체를 통합하는 문화 교육의 중심으로 발전하게 되었다. 서원에서는 정부 정책의 강력한 지원에 힘입어 매우 우수한 교육 환경을 마련할 수 있었다. 이렇게 완비된 평가 관리 제도를 토대로 하여 이루어진 각종 규정 또한 일반적으로 매우 오랜 기간 이행될 수 있었다. 따라서 성도 서원의 교육 운영은 종종 상당한 효과를 거두었음이 확인된다. 예를 들어, 봉천부(奉天府) 심양서원(沈陽書院)에는 건륭 38년 이후 "매 과마다 4명의 거인(擧人)을 배출하였는데, 그 절반은 서원에서 나왔다"[15]는 기록이 있다. 운남(雲南)의 향시(鄕試) 모집 인원(解額)은 건륭 9년 이후 54명이었는데, 전해지는 바에 따르면 오화서원(五華書院)의 생도들은 "매 추방(秋榜, 향시)마다 급제자가 30인이었으며, 적게는 20인에 이르렀다"[16]고 한다. 요컨대 장기간 성 전체를 통틀어 향시 급제 인원의 절반 이상을 배출한 것이다.

Ⅲ. 성도 서원의 제도 설계 및 고충

성도 서원은 청대 문화 교육의 새로운 전형으로서, 청 조정은 각 성과 협력, 각종 제도를 심혈을 기울여 계획하였으며, 그 발전을 촉진하고자 재정을 비롯한 자원을 지원하였다. 공식적인 지원을 받는 가운데, 성도 서원은 새로운 고등 교육 기관으로 정착되어 거의 중국 전역에 걸쳐 설립되었다. 그러나 이러한 지원은 무조건적인 것은 아니었다. 관부에서 설립한 서원이었던 성도 서원은 정부의 감독을 받을 수밖에 없었는데, 교육·인사·행정·재정 등 여러 사안에 있어 충분한 자율성을 발휘하기 어려운 구조였다. 이에 추가적인 제도적 발전 과정에 있어서 어려움에 직면하게 되었다.

---

15) (清)李綬, 『奏請用學租餘銀購買士子應讀各書存貯書院事』, 乾隆四十年十月十二日, 中國第一歷史檔案館藏檔案, 檔號: 04-01-38-0184-014: "每科額中舉人四名, 半出書院."
16) 李春龍, 王珏點校, (民國)『新纂雲南通志』第6冊, 雲南人民出版社, 2007年, 頁527: "每秋榜, 中式率三十人, 少亦二十人雲."

1. 성도 서원의 제도

성도 서원의 제도는 다른 등급의 서원과 유사하여 교육·관리·인사·행정·재정·제사·장서 등의 여러 영역을 포함하였다. 그 가운데 원장(院長) 제도, 원생 모집 제도 및 재정 제도를 예시로 삼아 성도 서원의 기본적인 운영 현황을 살펴보도록 한다.

원장 제도는 성도 서원 제도의 핵심 구성 요소로서, 청 조정은 이에 대해 특별한 역점을 두었다. 황제가 직접 '산장(山長)'이라는 본래 호칭을 '원장'으로 변경[17]하라는 명령을 내림으로써 변화된 것이다. 원장 선발에 관하여, 옹정 11년(1733) 이전에는 일반적으로 성도 서원을 운영하는 독무(督撫)가 임명해오고 있었다. 옹정 11년 이후, 성도 서원 제도가 확립되면서 조정은 원장 선발에 대해 여러 차례의 정책을 시행, 원장 인사에 개입하고 나름의 규범화를 이루었으며, 이를 통해 원장 후보들의 학덕 및 행실 측면에서 우수할 수 있도록 규범을 마련하였다. 예컨대 건륭 원년(1736)의 상유에서는 다음과 같은 명령이 이루어졌다.

> 해당 부(部)는 각 성의 독부와 학정에게 문서로 통지하여, 서원의 원장은 반드시 경전에 밝고 품행이 뛰어나 많은 사인들이 모범으로 삼을 수 있는 자를 예로써 초빙하라.[18]

이는 원장이 독무·학정으로부터 함께 면담을 거친 뒤 임명하여, 황제에게 이를 보고하는 제도를 명확히 규정한 것으로 볼 수 있다. 그러나 원장 선발이라는 실무에 있어서는 독무의 권한이 학정보다 우위에 있었으며, 아울러

---

17) 『高宗純皇帝實錄(一○)』卷748, 乾隆三十年十一月己卯, 『淸實錄』第18冊, 北京 : 中華書局, 1986年, 頁235.
18) (淸)素爾訥等纂修, 霍有明, 郭海文校注, 『欽定學政全書校注』, 頁285 : "該部卽行文各省督撫學政, 凡書院之長, 必選經明行修, 足爲多士模範者, 以禮聘請."

사(司)·도관(道官)이 이에 대해 일정한 건의 권한을 지니고 있었다.

원장의 선발 기준에 대해서는, 건륭 원년에 "본 성과 이웃 성을 불문하며, 기직 여부를 따지지 않고 품행이 바르고 학문 또한 박학·통달하여, 명망이 높은 이를 예로써 선발하라"[19]고 규정하였다. 이는 곧 학문·품행·명망을 선발 기준으로 삼았음을 의미한다. 건륭 30년에는 "교육의 풍토를 유지하기 위하여(維持風敎)" 상중(喪中)인 재적자의 초빙을 금지한 바 있다.[20] 이렇듯 전반적으로 볼 때, 각 성의 상황이 저마다 달랐기에 청 조정은 제도적 차원에서 원장에 대하여 엄격한 자격 제한을 두지 않았다. 오히려 각 성에게 상당한 자율성을 부여, 그 재량에 따라 원장 선발 업무를 처리할 수 있도록 허가하였으며, 공명(功名), 출신지, 관직 등을 원장 선발의 자격 기준으로 명확히 규정하지는 않았다.

원장은 서원의 교육 활동을 주관하는 사람으로서, 그 주요 책무는 서원의 교육을 중심으로 이루어진다. 성도 서원은 하나의 성의 문화 교육의 중심지였으며, 그 교육의 근본 취지는 건륭 원년에 명확히 규명된 바 있다.

> 주자의 『백록동규조』를 본받아 조리와 절목을 정립하고, 이로써 자신의 몸과 마음을 검속하여야 한다. 『분년독서법』에 따라 과목을 정하여 경사(經史)에 통달하게 해야 한다.[21]

이렇듯 주자가 제정한 『백록동규조』를 표방한 것은 곧 성도 서원은 반드시 정통학인 정주(程朱)의 이학(理學)을 기반으로 삼아, 이로부터 품성과 학업을 이루는 방식을 모색해야 함을 강조한 것이다. 또한, 정단례의 『분년독서법』은 운용성을 지닌 이학의 구체적 교육 규범이다. 정단례가 제창한 교육

---

19) (淸)素爾訥等纂修, 霍有明, 郭海文校注, 『欽定學政全書校注』, 頁285 : "不拘本省與鄰省, 亦不論已仕與未仕, 但擇品行方正, 學問博通, 素爲士林推重者, 以禮相延."
20) (淸)素爾訥等纂修, 霍有明, 郭海文校注, 『欽定學政全書校注』, 頁286.
21) (淸)素爾訥等纂修, 霍有明, 郭海文校注, 『欽定學政全書校注』, 頁285.

방식은 독서와 자기 수양 이외에도 강의 및 작문을 포함한다. 이는 곧 성도 서원이 교육 계획을 수립하는 과정에서 중요한 근거를 제공하였다. 따라서 각 성의 성도 서원은 주로 강의와 시험을 일반적인 교육 제도로 삼았다. 서원에서는 원생들이 강의를 듣고 과목에 응시할 뿐만 아니라, 분년(分年) 독서 일정을 준수하고 일기(日記) 교육법을 일상적인 학습 방법으로 삼도록 하였다. 이렇듯 양자를 결합하여 교육을 시행하는 것이 일반적인 방식이었다. 이 가운데 원장의 직무는 강의 및 시험 활동을 주관하고, 원생들의 일상적인 학습 성과를 감독하는 데 있었다. 서원의 원장은 통상적인 교육 규정 외에도 전통적인 학규에 따른 교육 방식을 지속적으로 적용, 학규를 활용하여 새로운 학술 기풍과 학습 방법을 제창함으로써 제한적으로 나름의 교육 자주권을 행사할 수 있었다.

원생 선발 제도를 살펴보면, 성도 서원의 생도는 주로 부·주·현 관학의 생원들로 구성되었으나 일부 서원의 경우 감생(監生), 동생(童生), 공생(貢生), 심지어 거인(擧人)도 입학할 수 있었다. 원생 모집 방식에 관하여서는 옹정 11년(1733)부터 부·주·현 소재 관학으로부터 추천을 받거나, 학정의 순시 시험 과정에서 선발하는 두 가지 방식이 정립되었다. 건륭 이후에는 입학 희망자가 자발적으로 해당 성에 가서 입학 신청을 하는 방식이 추가되었다. 부·주·현 관학의 추천은 해당 교육 기관의 교육자가 보증서를 발급해야 하며, "실제로 학행이 우수하지 않은 자는 무분별하게 추천하지 못하도록 한다"[22]고 규정하고 있다. 학정에 의해 추천된 원생은 연시(年試) 및 과시(科試) 두 시험을 통과한 우수한 인원으로서, 학정에 의해 성으로 보내졌다. 예비 원생들이 성에 도착한 이후, 독무와 사·도관들이 추가적인 심사를 진행하여, 자격을 갖추었다고 판단된 경우에만 비로소 서원에 입학할 수 있었다. 자발적으로 성에 가서 입학 신청을 한 경우에도 원생 선발 시험에 응시해야 했는

---

22) (清)蔣溥, 『奏爲飭行府州縣學申送學行兼優各生入學嶽麓書院及裁核肄業各員事』, 乾隆九年五月初九日, 中國第一曆史檔案館藏檔案, 檔號: 04-01-38-0181-024 : "非實在學行兼優者, 毋許濫行申送."

데, 예를 들어 진강서원(錦江書院)의 경우 매달 관과(官科) 시험을 통해 입학하고자 하는 경우에 대해서는 '외과생(外課生)'[23]으로 분류 모집하였다. 일부 서원의 경우에는 이와 같은 가능성을 열어두지 않았고, 원생들이 자발적으로 시험에 응시하는 것 자체를 금지하였다. 서원은 매년 정해진 입학 시기가 있었으며, 일반적으로 연말의 해산(解散) 또는 연초의 개관(開館) 무렵 선발시험이 실시되었다. 오봉서원(鼇峰書院)은 원래 매년 3월·8월에 시험을 실시하는 것으로 정해져 있었다. 그러나 과거 시험이 시행되는 해에는 성으로 가는 생도들이 많았기에 임시로 5월 이전에도 시험을 볼 수 있도록 허가한 바 있다. 하지만 이후 임시 시험에 응시하는 생도들이 너무 많아진 탓에, 가경 7년 이후 일체 금지되었다.[24]

재정(경비) 제도 측면에서 볼 때, 성도 서원은 다른 등급의 서원에 비해 명확한 차이점을 가지고 있었다. 옹정제의 특별 허가를 통해 성도 서원은 황실의 특별 자금 및 각 성의 공비(公費) 지원을 받게 되었다. 이로 인해 관부에서 조달된 자금이 성도 서원의 주요 재원으로 활용되었으며, 다른 한 편으로 민간에서 출자된 기부금 등은 전체 비율로 볼 때 비중이 미미하였다. 이러한 상황은 적어도 청 중반기에는 그러하였던 것으로 보인다. 예를 들어, 산서성(山西省) 태원부(太原府)의 진양서원(晉陽書院)은 도광 4년(1824)에 연간 4,503.32량의 경비를 보유하고 있었으며, 이는 각각 황제가 하사한 자금의 이자 수익, 각 관부로부터 받은 기부금의 이자 수익, 성 전체 관원들의 가봉(加俸) 은(銀), 그리고 본 성의 공비(公費) 등이 모두 관부로부터 조달되었다.[25]

재정 지출 항목을 살펴보면, 원장에게 지급되는 봉급과 원생들에게 지급되는 포상금이 총 경비에서 절반 이상을 차지한다. 진양서원의 경우, 건륭 39년에 매년 지출되는 경비 총액이 3,200여 량이었다. 그 가운데 원장에게

---

23) (淸)李承熙, 『錦江書院紀略』, 『中國歷代書院志』第6冊, 頁683.
24) (淸)遊光繹, 『鼇峰書院志』, 『中國歷代書院志』第10冊, 頁306.
25) (淸)剛毅, 『晉政輯要』, 『續修四庫全書』第884冊, 上海：上海古籍出版社, 1996年, 頁190.

지급된 봉급, 절의(節儀), 식비, 수례(水禮), 시험 식대 등이 총 748량이었고, 서원의 60명 생도에게 지급된 포상금은 총 1,872량이었다. 총 경비 3,200량을 기준으로 계산해보면, 이상 두 항목은 각각 23.38%, 58.5%를 차지하였다.[26] 이후 서원 응시 인원의 증가와 더불어 관부에서는 지속적인 경비 조달 방법을 모색하였다. 광서 14년(1888)에는 서원의 생원·동생이 총 160명에 이르렀고, 매년 경비 지출 또한 4,700여 량으로 증가하였다. 그 가운데 원장에게 지급된 각종 보수는 총 882량이었고, 생도에게 지급된 포상금 및 상금은 총 3,574.4량이었다. 총 경비 4,700량을 기준으로 계산하면, 두 항목은 각각 18.77%, 76.05%를 차지하여 그 비중이 더욱 증가한 것을 볼 수 있다.[27] 다른 서원들도 이와 유사한 경향을 보인다. 이러한 서원들은 교육 규모의 확대라는 수요에 직면하여 그저 모집 인원을 늘리는 방식으로 대응하였을 뿐, 교사(즉, 원장)의 인원을 동시다발적으로 늘리지는 않았다. 이는 서원의 교사-생원 비율에 있어 불합리한 상황을 초래하였다. 진양서원의 경우 건륭 연간의 교사-생원 비율은 1:60이었으나, 광서 연간에는 1:160에 달하였다. 여기에서 원장이 겪었을 교육적 부담 및 교육 성과에 있어서의 곤란함이 충분히 예상된다.

　성도 서원의 재정은 거의 전적으로 관부에 의해 관리되었다. 옹정 11년 당시, 각 성도 서원의 재정은 주로 해당 성의 관료가 책임졌다. 예를 들어, 호남성 악록서원의 재정은 장사(長沙) 지부(知府)였던 전여필(錢汝㺹)이 관할, 부학(府學) 훈도(訓導) 노사찬(羅士撰)이 관리하였는데, "모든 수입·지출 내역은 계절마다 보고한다"[28]는 방침을 따랐다. 성도 서원의 재정은 상업적 이익을 모색하는 항목을 추가하여 양도(糧道)나 염도(鹽道)가 발상(發商), 인도하도록 하였다. 재정의 청구 및 지급은 일반적으로 감원관(監院官)에게 교부하

---

26) (清)海寧, 『晉政輯要』, 『官箴書集成』第5冊, 合肥 : 黃山書社, 1997年, 頁628.
27) (清)剛毅, 『晉政輯要』, 『續修四庫全書』第884冊, 頁191.
28) (清)鍾保, 『爲建立書院育樂人才而振文風事』, 雍正十二年六月十三日, 台北故宮藏檔案, 檔號 : 402015009 : "一切出入數目, 按季造報."

였다. 예를 들어 월수서원(粤秀書院)에서는 감원관이 매월 초순 전월에 "입주한 모든 원생 및 동생의 성명, 관과 시험의 시문(詩文) 주제와 합격 결과, 지급될 포상금" 등의 정보를 수집하고, 이를 독무·번사·양도(糧道) 그리고 광량통판(廣糧通判)에게 보고한다. 그리고 통판이 "당월의 원장·감원의 임금 및 서원의 역공 식대 등 모든 경비"에 대해 통계를 산출한 문서를 포정사에 제출하여 재정을 청구·지급하였다.[29] 재정 관리 측면에서, 성도 서원의 재정 지출 가운데 "내부 소비" 부분은 매년 예부(禮部)에 보고하여 검토 받아야 하며, 주소체제(奏銷體制)를 담당하는 감관에게 접수받는다. 이것이 다른 서원과 다른 측면이다.

2. 권력 균형의 붕괴로 인해 초래된 문제들

성도 서원은 설립 이래로 성급 관원이 주무관으로서 그 관리 책임을 수행하였다. 청 옹정·건륭 연간에는 각 성의 총독과 순무가 서원의 주무관으로 명시되어, 서원의 전반적인 관리 책임을 맡은 바 있다. 학정은 주로 원장 선임 또는 원생 선발에 관여하였으며, 이외에 포정사는 서원의 경비 조달을 책임졌다. 건륭 9년 이후, 경부(經部)에서의 의론을 통해 주성(駐省) 도원(道員)의 감찰 책임 범위가 확대되었고, 서원의 업무는 대부분 도원이 전담함으로써 제도 운영의 주체가 되었다.[30] 성도 서원은 일반적으로 서무(庶務)를 관장하는 어문(禦門)을 두었다. 오봉(鰲峰)·귀산(貴山)·월수서원(粤秀書院) 등은 양도어문(糧道禦門)에 속하고, 월화서원(越華書院)은 염운사(鹽運司)의 관할 하에 있었다. 산장 임명, 감원 위임, 원생 평가, 경비 출납 및 기자재 조달 등의 서무는 반드시 이들이 주관하거나 원(院) 혹은 사(司)에게 보고하여 처리하도록 하였다. 종합적으로 말하자면 관부의 성도 서원 관리 책임은 주로 교사·

---

29) (清)梁廷枏, 『粤秀書院志』, 『中國歷代書院志』 第3冊, 頁99.
30) 如粤秀書院, "粤秀書院原由廣州府經理, 乾隆九年改由糧道稽察". (清)梁廷枏 : 『粤秀書院志』, 『中國歷代書院志』 第3冊, 頁99 참조.

원생의 모집 임용, 일상적인 관리 및 경비 관리에 중점을 두고 있었으며, 이는 기본적으로는 서원의 포괄적 업무에 해당한다.

관부는 서원 교육을 주관하는 역할도 담당했다. 일부 관원들은 관과(官課)의 형식으로 서원의 교육 과정에 직접 참여하였다. 원장이 주관하는 사과(師課)에 비해, 관과의 위상이 종종 더욱 우위를 차지하기도 했다. 예컨대 일부 서원에서는 관과의 성적이 원생의 등급 변동에 큰 영향을 미치는 경우가 발생했다. 관과의 포상은 사과에 비해 높게 책정되어 있었다. 복건성 오봉서원의 경우를 보면, "관과는 매회 10냥, 사과는 매회 4냥"으로 포상금이 책정되어 있었다. 이 때문에 일부 원생들 사이에서는 사과를 경시하는 경향이 나타났고, 이로 인해 "학문(文字)의 조잡함이 심화되는" 현상도 나타났다. 결국 이후에는 6냥[31]으로 일률 개선되었다. 과시 이외에도, 독무는 성도 서원의 학규를 제정하거나 서원 교육을 지도하는 역할을 수행하였다. 예를 들어, 강서(江西) 순무 진홍모(陳宏謀)는 1742년(건륭 7년) 예장서원(豫章書院)의 『예장서원학약집칙(豫章書院學約十則)』을 제정하였고, 호남 순무 양석불(楊錫紱)은 1745년(건륭 10년) 『악록서원학규(嶽麓書院學規)』를, 그리고 복건 순무 만보(滿保)는 오봉서원의 『학약(學約)』을 제정하는 등을 꼽을 수 있다. 이렇게 제정된 학규들은 해당 서원이 장기적으로 시행·적용할 수 있는 규범이 되었다.

서양의 중세 대학과 비교해보면, 청대 서원의 원장 선임과 원생 선발 권한은 관부가 장악하고 있었으며, 이 때문에 서원에서는 자체적 발전을 위해 독자적으로 행동 결정을 내리기 어려운 상황이었다. 예를 들어 원장 선임의 경우, 조정은 구체적인 자격 조건을 명시한 조항을 마련하지 않았으며, 그저 포괄적인 의미에서의 학문적 성취 또는 품행을 선발 기준으로 제시했다. 이러한 약소하면서도 폭넓은 기준은 각 성에서 원장을 선발하는 범위에 상당한 유연성을 제공했으며, 동시에 독무와 같이 선임권을 담당하는 관료에게 탄력적인 결정권을 부여하였다. 실제 원장 선임 과정에서는 후보자의 과거

---

31) (淸)遊光繹, 『鰲峰書院志』, 『中國歷代書院志』第10冊, 頁309.

급제 경력, 학문적 배경, 출신 지역 및 개인적 관계가 두루 고려되었다. 그 가운데 과거 급제 경력이 핵심 조건이었으며, 실제로 대부분의 성도 서원 원장은 진사 급제 경력을 지닌 경우가 많았다.

그러나, 원장 후보자의 학문적 배경 또한 때때로 과거 급제 경력보다 중요한 요소로 평가되기도 했다. 예컨대 건륭-가경시기, 일부 성에서는 한학(漢學)에는 능통하나 진사 급제 경력이 없는 학자들에게도 교육을 주관할 기회가 부여되었다. 이러한 풍토는 새로운 학술 전파에 기여하였다. 출신 지역의 경우, 일부 관료는 부패를 방지하기 위해 본성 출신 학자를 원장으로 선임하는 것을 지양하기도 했으나 이러한 사례는 그리 많지 않다. 인정 관계는 서원의 권력 불균형이 초래한 필연적인 결과로서 관료와의 친분이 있는 자가 쉽게 교육직을 장악할 수 있는 기회를 제공하였다.

예를 들어 광동(廣東)의 월수서원(粵秀書院)의 경우, 주로 순무가 서원 정사를 담당하는 한편 성외(省外) 출신 학자가 원장으로 임명되는 사례가 많았다. 성외 출신 원장들은 언제나 "요직자와 먼저 연락을 통한"[32] 후에 비로소 교육의 기회를 얻을 수 있었다. 하나의 사례로 하지용(夏之蓉)은 강소(江蘇) 고우(高郵) 출신의 진사였는데, 관직을 내려놓고 나서 "월 지역의 고위급 관리가 동관(同官)이라는 이유(粵中大吏以同官故)"로 관원이 "친히 후한 예물을 가지고 멀리 강남 안가까지 와서 환영하였"[33]다고 한다. 그리고 본성 출신의 학자가 원장에 임명되는 경우에도 그의 인맥이 중요한 요소로 작용하였다. 예를 들어 하남옥(何南鈺)은 광동 박라(博羅)의 진사로 양광(兩廣) 총독 완원(阮元)의 학생이었는데, "그의 학생이 완원에게 잘 알려지고 또 총애를 받았다(學行素承知愛)"[34]는 것을 이유로 월수서원의 원장으로 초빙되었다.

그렇지만 이러한 방식이 언제나 부정적인 결과만을 초래하는 것은 아니

---

32) (淸)梁廷柟, 『粵秀書院志』, 『中國曆代書院志』 第3冊, 頁192 : "與當道先有聲氣之通"
33) (淸)梁廷柟, 『粵秀書院志』, 『中國曆代書院志』 第3冊, 頁204 : "親捧厚幣遠至江南安舸奉迎以來"
34) (淸)梁廷柟, 『粵秀書院志』, 『中國曆代書院志』 第3冊, 頁243.

었다. 비교적 외진 성에 소재한 서원의 경우, 지리적으로 우수한 학자 채용이 어려웠으므로 관련 관원의 인적 네트워크를 활용해 선택의 폭을 넓힐 수 있었다. 그러나 이는 근본적으로 권력 불균형에 기인한 것으로, 인적 관계는 결국 부패의 원인이 될 수 있었기에 일부 서원에서는 실제 능력보다 인적 관계가 원장 선임의 주요 고려 요소가 되었다. 건륭제 49년(1784년), 저명한 학자 장학성(章學誠)은 동향 출신 좌사(座師)이자 대학사(大學士)인 양국치(梁國治)의 추천으로 직강(直隷) 연지서원(蓮池書院)의 교편을 잡게 되었다. 이후 52년(1787년), 양국치가 사망하면서 장학성은 후원자를 잃었다. "이 당시 요직 인물과의 교류가 소원하였던(是時當道交疏)"[35] 그는 하급 관리(小吏)에게 모함을 당해 부득이하게 연지서원에서 사임했다. 원장 선임에 관한 실권이 관부에 있었고 서원은 독자적인 결정권이 없었기 때문에, 원장의 거취를 서원에서 결정할 방법이 없었다. 이 때문에, 관료의 의지가 제약받지 않을 경우 원장의 직위는 단순히 인적 관계의 도구로 전락할 수밖에 없었다. 이는 일부 서원에서 원장이 "해마다 쉽게 교체되어 마치 길거리 여관처럼 여겨지는"[36] 병폐를 초래하였다.

청대 학자 집단은 일반적으로 각급의 다양한 서원 및 학숙(學塾) 등에서 교원으로 활동했지만, 중세 유럽의 길드처럼 조직화되지는 못했다. 특히, 성도 서원의 원장 선임 과정 가운데 행정 차원에서의 계약·규범이 충분히 발전하지 않은 상황이었고, 이에 개별 학자들은 원장 직위에 지원할 때 관부의 강력한 지위에 대적하기 어려운 경우가 많았다. 이러한 곤경은 원장의 임기 문제에서도 드러난다. 즉 원장의 임기에 대한 명시적 규정이 없었는데, 건륭 원년에 원장의 임기가 6년이 채워지면 독무·학정이 주청하여 논의할 수 있다고 명시된 상유가 있었지만, 이 '6년'은 사실 관부 차원에서의 평가 주기일

---

35) 趙譽船, 『章實齋先生年譜』, 『北京圖書館藏珍本年譜叢刊』第109冊, 北京:北京圖書館出版社, 1999年, 第13.
36) (清)梁廷枏, 『粤秀書院志』, 『中國曆代書院志』第3冊, 頁214: "歲易其人, 視皋比如傳舍."

뿐, 고정된 원장직 임기는 아니었다. 보통 독무가 원장을 선임할 때 임기가 몇 년인지 명확히 확정짓지 않았으며,[37] 심지어 때로는 원장이 소임을 다 할 것을 독려하기 위해 그들이 언제든 자신을 해임할 수 있음을 강조하기도 했다.

사실 당시 서원에서 원장의 권한은 많은 제약을 받았다. 교육 차원에서는 관과의 경쟁에 맞서야 했고, 행정 권한도 박탈되었다. 서원에서는 한 명 내지 두 명의 감원과 교관 직위가 설치되어 그들이 일상적인 사무를 담당하였다. 성도 서원의 감원은 일반적으로 성도 또는 전 성의 관학 교관 가운데 선발, 임용되었다. 그들은 명분상으로는 원장의 제약을 받도록 되어 있었지만 사실 원내에서는 관부의 대표격이었기 때문에 원장을 넘어 직접 주관하는 어문 기관의 조치를 받을 수 있었다. 감원의 책무 범위는 실로 광범위하여, 원내의 재정 및 급여 지급, 강학, 평가 시험 과정의 조직, 심지어는 원생의 숙박 문제와 더불어 관-교사-원생 간의 원활한 소통에도 관여하였다. 그런데 서원에서는 감원을 견제하는 장치가 없었기에, 그들 일은 겉보기에는 다소 한직처럼 보였지만 사실 많은 사익을 취할 수 있었다. 녹봉 및 예품과 같은 정상적인 수입 외에도, 그들이 부정적인 방법으로 이익을 취할 수 있는 방법이 대략 세 가지 더 있었다. 즉 관리하는 서원의 자금을 통해 이익을 얻거나, 정상적으로 지급되어야 할 포상액수를 줄여 자신이 취하거나, 시험 때 촌지를 받거나 하는 식이다.[38] 이 외에도 시험 응시생의 인원수를 허위보고하여 식대를 착복하는 등 부정을 저지르는 등 서원 제도 운영에 있어 심각한 부패를 초래하였다.

---

37) 例外的情形見於河南大梁書院, 乾隆三十年, 院長陳浩年事已高, 巡撫阿思哈考慮到院長一時無人更替, 奏請皇帝准許再將其留任二三年, 得到乾隆帝准許. 『河南巡撫阿思哈爲請將書院山長陳浩再留二三年事奏折』, 韓永福, 『乾隆朝書院檔案(下)』, 『歷史檔案』, 2012年 第4期 참조.
38) 『論士習之壞』, 『申報』1890年3月1日, 第1版.

Ⅳ. 고경정사(詁經精舍)·학해당(學海堂)의 새로운 변화

청대 서원 제도는 지속적으로 변화를 이루었다. 중국 근대 이전 역사가 어떤 지점에서 정체되어 있었던 것이 아니듯 말이다. 이 때 양주학파의 대표 인물이자 청대 서원의 관학화, 과거제도화가 초래한 폐단에 대해 인지하고 있었던 완원은 수많은 성을 다스리는 기회를 활용하였다. 가경 5년(1800) 항주에 창건된 고경정사, 그리고 도광 4년(1824) 광주에 건립된 학해당은 새로운 성도 서원의 건립 양식을 보여주었다. 양자는 모두 경사(經史)와 실학을 가르치며 한학풍을 고양하였으니, 중국 서원 제도를 한 단계 발전시킨 기관이다.

완원(1764~1849)의 자(字)는 백원(伯元), 호(號)는 예태(芸台)이며, 강소(江蘇) 의징(儀征) 사람이다. 건륭 54년(1789) 진사(進士)가 되었고, 일찍이 산동(山東)·절강(浙江)의 학정(學政), 내각학사(內閣學士), 예부시랑(禮部侍郞) 직책을 역임하였다. 가경 4년 회시(會試)의 시험관을 맡았으며, 절강, 강서, 하남 3개 성에서 순무를 지냈고, 호광(湖廣), 양광(兩廣), 운귀(雲貴) 총독(總督)을 지냈다. 때문에 그는 청대 건륭-가경-도광제를 모두 모신 삼조각노(三朝閣老)이자 9개 성을 다스린 "구성강신(九省疆臣)"으로 불린다. 이렇듯 출사에 있어 혁혁한 지위를 차지했을 뿐만 아니라, 그는 양주학파의 왕중(汪中), 초순(焦循), 대진(戴震) 등의 직계 및 사숙 제자에 해당하는 왕념손(王念孫), 임대춘(任大椿) 등과의 교류를 통해 경학의 대가로 성장하였다. 완원은 자신의 지위와 명성을 이용하여 한학 연구를 위한 전문 기구인 고경정사·학해당을 설립, "실학에 전면 힘쓰는 것"[39]을 도모하였으며, 이로써 품행과 학문을 고무하여 경전과 한학을 고양하는 취지를 실현하고자 하였다.

가경 5년, 완원이 절강 순무로 재직할 당시, 항주 서호(西湖)의 고산(孤山)에 고경정사를 설립하였고, 도광 4년에는 양광 총독으로 재임하면서 광주 월

---

39) 林伯桐, 陳澧, 『學海堂志』, 『中國曆代書院志』 第3冊, 頁285.

수산(越秀山)에 학해당을 건립하였다. 이는 "각 성에서 과시에 통과한 공생(貢生)들을 뽑아 경해(經解)와 시고(詩古)를 감독하는 장소"[40]로 기능하였다. 두 서원 모두 "경전을 존중하고 한학을 고양"하며, 실학에 힘쓸 것을 지향하였다. 이를 위해 완원은 과거 시험의 내용을 교육에서 완전히 배제하고, "매달 정해진 한 과목만 다루되 경해(經解) 및 역사·책략, 고금(古今)의 시가만 다루며, 팔비문·팔운시는 강의하지 않는다(月率一課, 只課經解史策, 古今體詩, 不八比文, 八韻詩)"고 명시하였다. 연구된 경전은 주로 『십삼경주소(十三經注疏)』, 『사기(史記)』, 『한서(漢書)』, 『후한서(後漢書)』, 『삼국지(三國志)』, 『문선(文選)』, 『두시(杜詩)』, 『창려선생집(昌黎先生集)』, 『주자대전집(朱子大全集)』 등이 포함되었다. 이렇듯 경전을 존중하고 한학을 고양"한다는 원칙 제안은 바로 청 중기 이후 대부분 서원이 오직 정통 정주 이학에만 힘을 쏟고, 과거시험화되었던 기존의 부정적 상황을 타파하는, 그야말로 완전히 새로운 서원의 형태의 탄생을 선언한 것이라 할 수 있다.

완원은 전통적인 경사(經史) 및 기고(稽古)학 외에 "모든 (학술적) 논의는 실제로 유용한 쓰임새를 도모해야"한다고 주장하였다. 그러므로 고경정사는 "경사(經史), 창아(蒼雅), 성위(星緯), 금석(金石), 고증(考訂), 문예(文藝)"를 가르치는 동시에 "소학(小學), 천부(天部), 지리(地理), 산술(算法), 사장(詞章)" 등의 내용을 포괄적으로 다루었다. 그 가운데에서도 특히 수학과 천문학에 큰 관심을 기울였는데, 그 내용은 서학의 지식까지 포함하였다. "오늘날 크고 작은 서양의 역법이 중국으로 유입된 것이 언제인가? 또 어떤 경로를 통해 이루어졌는가? … 원(元)의 회회력(回回歷)은 명나라의 대서양 신법(新法)이 광동(廣東) 연안을 통해 유입된 것인가? 대·소 서양의 법은 마치 중국의 역법과 비슷하기도 차이가 있기도 한데, 누가 선도(先導)이고 누가 후속(後續)의 것인가? 즉 어느 것이 밀접하고 또 어느 것이 소원한가?"[41] 전반적으로 볼 때, 자

---

40) 林伯桐, 陳澧, 『學海堂志』, 『中國歷代書院志』第3冊, 頁282 : "爲課通省擧貢生監經解詩古之所"
41) (淸)阮元, 『學海堂策問』, 陳穀嘉, 鄧洪波, 『中國書院史資料』中冊, 杭州 : 浙江敎育出

연과학은 서원의 정규 교육 내용은 아니었다. 그러나 고경정사와 학해당은 이들 학문에 비교적 일찍 관심을 가지기 시작한 서원으로, 서원 교육 내용의 새로운 변화를 반영한다.

또한 제도적 측면에서 고경정사·학해당은 상이한 부분이 있다. 고경정사는 장교(掌敎)를 한 명 두었는데, 기본적으로 한학 분야에 깊은 조예를 가진 대가(大家), 예를 들어 왕창(王和), 손성연(孫星衍), 진수기(陳壽祺), 유월(俞樾), 황체방(黃體芳) 등이 이 직책을 맡았다. 당시 유명했던 학자 단옥재(段玉裁), 장용(臧庸), 고천리(顧千裏) 등도 고경정사에 초청되어 강의를 하였고, 이로써 송명(宋明) 시기의 서원 전통이 부활하였다. 또한, 고경정사에서는 특유의 학술적 토론 학풍을 유지하였다. 손성연은 "한가한 날에 원생들을 복물(服物)·전장(典章)을 강의하고, 어려운 부분과 같고 다름을 논변하여서 옛 사람(古人)의 가르침과 수양, 그리고 향유의 취지를 따른다[暇日聚徒講議服物典章, 辨難同異, 以附古人教學藏修息遊之旨]"고 하였고, 전용운(錢泳雲)은 "내가 호수에서 노닐 때에는 반드시 정사에 머물며 하루 이틀을 보내는데, 여러 사람들이 함께 논의하는 소리를 듣는다. 서로 잇달아 말싸움을 하다 과열되면 얼굴이 붉어지기도 하였다[餘每遊湖上, 必至精舍盤桓一兩日, 聽諸君議論風生, 有不相能者, 輒吵嚷面赤]"고 진술하였다. 이는 고경정사의 학문적 분위기가 얼마나 활발했는지를 보여주는데, 바로 과거 시험의 폐단을 타파하는 효과를 거두었음을 볼 수 있다.

학해당의 제도는 고경정사 및 기타 서원과는 상당히 달랐다. 학해당에서는 원장을 두지 않고 팔학장(八學長)이 서원의 교육 및 경비 재정을 포함한 관리 업무를 담당하였다. 생도들이 입학한 후에는 전문적인 경학 학습 및 전문 과정 이수생[專課肄業生] 제도를 선택하였으며, 이수생은 정해진 교육 내용 가운데 "각자 성격에 맞는 한 가지 서적을 선택하여 수업을 받으며[各因

版社, 1998年, 頁1935 : "今大小西洋之曆法, 來至中國, 在於何時？所由何路？ … 元之回回曆, 是否如明大西洋新法之由廣東海舶而來？大小西洋之法, 自必亦如中國之由疏而密, 但孰先孰後？孰密孰疏？"

性之所近, 自擇一書肄業)", "팔학장 가운데 스승을 한 사람 선택해 따르고, 또 배움을 청한다[於學長八人中擇師而從, 謁見請業]"⁴²⁾는 규정을 따랐다. 이는 전통적인 서원에서 원장 한 사람이 전적으로 교육을 책임지는 제도와는 크게 다른 부분으로, 다수의 교사를 두어 전문 교육을 제공하려는 의도를 내포하고 있다.

완원은 학해당(學海堂)에 원장을 두지 않고 팔학장(八學長)을 설치하였다. 이는 한편으로는 산장이 부재한 상태에서 서원이 관리되는 폐해에 대한 우려에서 비롯된 것이며,⁴³⁾ 다른 한편으로는 전문 과정 이수 제도를 시행한 후 각 교사가 반드시 학문적인 전문성을 가져야 한다는 당위 때문이었다. 산장 한 사람으로는 이를 감당하기 어려웠기에, 다수의 학문 각각에 전문성을 가진 교수직을 설정해야만 교육 수요를 충족할 수 있었다. 완원은 다음과 같이 설명한다: "학장의 책임은 산장과 다름이 없으나, 이 과정은 경서와 여러 체계를 통한 동시 학습을 장려하기에, 독립적으로 관리할 수 없다. 산장을 여러 사람을 둘 수 없고, 또 과거업(課舉業)에 대하여서는 각 서원에 이미 잘 갖추어진 바가 있다. 학해당은 실학에 온전히 힘쓸 것을 취지로 삼으니, 반드시 팔학장들이 각자의 전문성을 발휘하여 협력, 지도해야만 인재가 배양될 수 있다. 산장은 절대로 설치하지 않으니, 이것이 다른 서원들과의 실질적인 차이이다."⁴⁴⁾

학해당의 학장 선발 방식은 매우 엄격하였다. 학장은 관부(官府)로부터 지

---

42) 瞿兌之,『杶廬所聞錄·養和室隨筆』, 沈陽 : 遼寧教育出版社, 1997年, 頁14.
43) 이미 상술하였듯 청대 관립 서원에서는 관부의 권력 영향이 너무나도 컸기에, 어떤 원장의 경우 자신은 관부로부터 비호받고 있다고 여겨 서원 교육에 그리 힘을 쏟지 않았다. 심지어 평상시에는 서원에 직접 오지도 않았다. 시험 고과 등의 업무가 생길 경우 우편으로 시험지를 처리하기도 하였는데, 이로부터 원장의 부재 - 즉 원격 업무라는 폐단을 초래하고 말았다.
44) (淸)林伯桐, 陳澧,『學海堂志』,『中國曆代書院志』第3冊, 頁285 : "學長責任與山長無異, 惟此課旣勸通經, 兼賅眾體, 非可獨理, 而山長不能多設, 且課舉業者各書院已大備, 此堂專勉實學, 必須八學長各用所長, 協力啟導, 庶望人才日起, 永不設立山長, 與各書院事體不同也."

명되는 것이 아니라, 학장들이 공동으로 추천하여 선출되었다. 추천 기준은 학술적 수준을 고려할 뿐만 아니라, 당사자의 사회적 평가를 더욱 중요시했다. 초대 학장은 오란수(吳蘭修), 조균(趙鈞), 임백동(林伯桐), 증소(曾釗), 서영(徐榮), 웅경성(熊景星), 마복안(馬福安), 오응규(吳應逵)로 구성되었다. 그리고 서원의 전문 과정 이수생 선발 또한 관부에 의해 이루어진 것이 아니었다. 이들은 학장 등에 의해 공통으로 추천되었으며, "실학을 추구하고 사회적 명망에 얽매이지 않는 인사들 가운데, 특히 마음씨가 올곧고 순수하며 품행이 단정한 이들을 선발한다"[45]고 명시한다. 전문 과정 이수생은 학장들의 지도 아래 "구독(句讀)·평교(評校)·사록(抄錄)·저술(著述)"을 통해 선택된 경서를 학습하였는데, 이렇듯 전문적인 교육 과정을 거쳐 수준 높은 한학 인재를 양성하였다. 이들 입학 정원은 상당히 제한적이었는데, 도광(道光) 14년(1834)에 설정된 전문 과정 이수생은 단 10명이었고, 각자는 매월 2냥의 학비(膏火銀)를 지급받았다.

실질적인 교육 효과를 검증하기 위해, 고경정사와 학해당 모두 고과(考課)의 역할을 상당 중시했다. 고경정사에서는 월과(月課)를 시행하였고, 학해당에서는 계과(季課)를 시행하였다. 한 편으로 일반 다른 서원에서 시행하는 "봉시(封試) 후 명단을 봉해 이름을 가리는 방법(扃試糊名之法)"은 채택하지 않았다. 이곳에서는 일반적으로 주강(主講) 또는 학장(學長)이 문제를 출제하였고, 생도들이 "각자 서책을 찾아 탐구하여 답안을 준비하는(各搜討書傳條對)" '산권(散卷)' 제도를 통해 일정 기한 내에 답안을 제출하게 하였다. "문제를 출제하면 즉시 인쇄하여 학해 및 각 학장의 기숙사에 게시하고, 적절히 배부하여 여기저기서 주지할 수 있도록 하여" 응시자들이 한 달 내에 답안을 제출하도록 제한하였다[46]고 한다. 이는 현대의 오픈 테스트와 비슷한데, 지

---

45) (淸)林伯桐, 陳澧, 『學海堂志』, 『中國曆代書院志』 第3冊, 頁283 : "務取志在實學不騖聲氣之士, 尤宜心地淳良, 品行端潔."
46) (淸)林伯桐, 陳澧, 『學海堂志』, 『中國曆代書院志』 第3冊, 頁286 : "發出題目, 卽行刊刷, 粘貼學海及各學長寓所, 隨便分給, 俾遠近周知."

식 암기보다는 각자의 연구 능력을 점검하는 데 중점을 둔 것으로 새로운 학술 연구·지원 체제로 발전하였다.

고경정사와 학해당은 생도들의 우수한 성과물[課藝]을 출간하기도 하였다. 가경 5년(1800), 완원의 주관 하에 『고경정사문집(古經精舍文集)』 초판이 출판된 이래로 광서(光緒) 22년(1896)까지 총 8집이 발간되었다. 이들 연구 과업의 수준은 상당히 높았는데, 매기초(梅啟照)는 『고경정사문집』에 수록된 성과를 크게 찬양하며 "대체로 (고경)정사의 작품은 각기 논리가 뚜렷하며, 만약 여러 생도의 글을 각각 정리하여 개인 문집으로 삼는다면, 모두 전문가로서의 역량을 갖추고 있다"47)고 하였다.

학해당은 도광(道光) 6년(1826)에 다음과 같은 규정을 제정했다.

> 생도들의 과업(課藝) 가운데 출간 가능성이 있는 것을 별도로 책자로 작성하여 학장이 수집하고, 집성할 수 있는 때가 되면 『학해당초집(學海堂初集)』의 예시에 따라 엄선·수정하여 발간한다.48)

이에 따라 학해당에서는 성과물을 총 네 집으로 출판하였다. 서원 생도들의 성과물 출판은 학생들에게 격려·포상을 제공할 뿐만 아니라 후배 학자들에게 학습 자료를 제공하는 것으로, 서원이 효과적으로 교육을 전개하는 방법 가운데 하나이다. 일부 학자는 이러한 서원의 과업 집성이 오늘날 "대학 학보" 또는 "학술 집간(集刊)"의 선구적 역할을 했다고 평가한다.49)

고경정사와 학해당은 세간에 서원의 새로운 발전 모델을 제시하였으며,

---

47) (清)梅啟照, 『序』, 俞樾, 『詁經精舍文集四集』 卷首, 天津圖書館藏清光緒五年(1879) 刻本, 頁2a: "蓋精舍之作, 論各不刊, 若以諸生之文, 人自為集, 俱可專家."
48) (清)阮元, 『學海堂章程』, 鄧洪波, 『中國書院學規集成』 第3卷, 中西書局, 2011年, 頁 1290: "課卷可備選刻者另鈔一冊, 由學長收存, 俟可以成集之日, 照『學海堂初集』例, 選改發刻."
49) 魯小俊, 『課藝總集:清代書院的"學報"和"集刊"』, 『湖南大學學報』(社會科學版), 2015年, 第2期.

수많은 서원 건립자들이 고경정사와 학해당이라는 모델을 기반으로 기존 서원을 개혁하였다. 일찍이 고경정사에서 수학하고, 또 학해당에서 과업을 평가한 경험이 있는 전의길(錢儀吉)은 말년에 하남(河南) 개봉(開封)의 대량서원(大梁書院)에서 10여 년 동안 교편을 맡으면서, 학해당의 방식에 따라 대량서원의 교육 및 시험 평가 방식을 개혁하였다. 고경정사와 학해당의 일부 교사와 수료생은 지방의 관료가 되어, 직접 경사(經史) 고증학을 전문적으로 연구하는 서원을 창설하기도 하였다. 예를 들어, 광서(光緖) 8년(1882) 고경정사에서 주강(主講)을 맡았던 황체방(黃體芳)은 당시 강소 학정으로 재직하면서, 강음(江陰)에 남청서원(南菁書院)을 창설, 고경정사를 본받아 성(省) 전체의 경학과 고학을 강구하도록 하였다. "매년 정월, 학정(學政)이 경(經)·고(古) 두 과목을 나누어 선별하는데, 경학은 성리학을 포함하고, 고학은 천문, 산학, 여지(輿地), 사론(史論)을 포함하였다."[50]

　이상, 이러한 전통 서원 체제의 개혁, 과거 학문의 제한, 그리고 전통 학문의 경세치용(經世致用) 정신 발휘 등의 방안은 근대 중국 신식 서원의 가운데 큰 일각을 차지하였다. 그러나 당시 과거 제도가 아직 완전히 폐지되지 않은 상황에서, 대부분의 학자들은 여전히 과거학의 매력에서 완전히 벗어나지 못했기에 실학 연구에 전념하기 어려운 상황이었다. 따라서 청대 말기에 이러한 신식 서원은 다양한 서원 유형 가운데 주류가 되지는 못했다.

V. 결론

　서양 대학과 비교할 때, 전근대 중국에서 규모가 가장 큰 교육 기관 중 하나였던 성도 서원(省會書院)은 확연히 다른 발전 경로 및 특징을 지니고 있

---

50) 民國『江陰縣續志』卷6, 成文出版社, 1970年, 頁361-364 : "每年正月由學政分經古兩場甄別, 錄取經學則性理附焉, 古學則天文, 算學, 輿地, 史論附焉."

다. 성도 서원 제도의 확립은 관학 체제의 부족한 부분을 보완하고, 황권 통치에 복종하는 동시에 국가의 문치(文治) 이념에 봉사함을 기본적 취지로 삼고 있다. 소속 차원에서 볼 때 성도 서원은 모두 관영(官營)에 속하는데, 이는 서양 중세 대학들이 교회·왕실 또는 사회에 속한 것과는 다르다. 옹정-건륭 시기 이후, 성도 서원은 국가 교육 시스템에 편입되어 그 관리 체계가 통합적으로 변화하였으며, 이는 서양의 중세 대학들이 관리 방식 차원에서 '학생형' 대학, '교사형' 대학, 그리고 '혼합 관리형' 대학으로 구분되는 것과도 다른 부분이다. 또한 성도 서원의 발전 과정에 있어서도 당시 관부(官府)의 입장이 결정적인 요인으로 작용하였으며, 그에 비해 학자 집단의 의지 또는 교원들의 수요는 차순위로 밀려났다.

이러한 단일한 관리-책임 시스템 아래에서 관부의 서원 운영 중점은 "성세우문(盛世右文)"이라는 정치적 분위기를 조성하는 데 있었으며, 유가(儒家)의 "천하의 인재를 얻어 그들을 교육한다"라는 이상을 실현하기 위해 힘쓴 것이다. 따라서 성도 서원의 발전 목표는 교육의 보편화로 전환되었으며, 이로부터 원생 모집 인원이 지속적으로 증가, 일부 서원에서는 그 원생 규모가 천여 명에 이르기도 하였다.

그러나 성도 서원의 재정 체제는 지속적인 교육 보급 사업을 지원하기에는 어려움이 따랐다. 성도 서원의 재정 지출 변화 추세를 살펴보면, 원생들에게 지급되는 교재비용과 포상·보조금 등이 경비 지출의 절반 이상을 차지하였다. 또한 서원은 일반적으로 수업료를 받지 않았는데, 이는 주요 수입원 하나를 상실한 것으로 막대한 재정 부담을 안게 되었고, 결과적으로 서원에서 더욱 많은 교원을 모집함으로써 효과적인 교육을 제공하기에는 제약이 따르게 되었다.

물론, 그렇다고 해서 전근대 중국의 교육이 정체된 것은 아니었다. 성도 서원이 보편적으로 건립-운영되고 또 그 결함이 드러나자, 학자이자 관료였던 완원은 성도 서원의 체제를 개혁하게 된다. 그는 19세기 중국 서원계에서 중요한 영향력을 지녔던 신형 서원인 고경정사와 학해당을 창건하였다. 그의 개혁의 가장 큰 특징은 무엇보다도 서원 소속 학자들에게 독립적인 지위를 부여하려는 시도가 있었다는 것이다. 물론 서원은 기본적으로 관부의 지원을 받았지만, 그 실제 운영은 내부 학자들이 집단적으로 관리하는 방식으로 이루어졌다. 동시에 서원을 원장 혼자서 책임지는 시스템을 폐지하고, 팔학장(八學長)을 두어 분과별로 교육을 담당하도록 하였다. 이로써 교편을 잡은 학자들이 각각 자신의 전문성을 발휘하는 한편, 생도들 또한 자신의 스승을 선택하여 학습하는 방식을 취함으로써 전통 서원 체제의 지속적 변화를 촉진하였다. 이렇듯 안원이 창안한 서원 모델은 19세기 중국 서원 개혁에 새로운 경로를 제공하였으며, 중국 교육 체제가 전면적으로 서구화되기 이전 모범적 일례가 되었다.

【참고문헌】

『世宗憲皇帝實錄(二)』卷127, 雍正十一年正月壬辰,『淸實錄』, 第8冊, 中華書局, 1985年.
『高宗純皇帝實錄(一〇)』卷748, 乾隆三十年十一月己卯,『淸實錄』第18冊, 北京 : 中華書局, 1986年.

(淸)恭阿拉 外, (嘉慶)『欽定學政全書』, 故宮博物院編,『故宮珍本叢刊』第335冊, 海南出版社, 2000年.
(淸)素爾訥等纂修, 霍有明, 郭海文校注,『欽定學政全書校注』, 武漢大學出版社, 2009年.
(淸)德福,『爲遵旨考察年滿嶽麓書院院長王文淸著有成效請交部議敍事奏折』, 乾隆三十五年十月初一日, 韓永福,『乾隆朝書院檔案(下)』,『歷史檔案』, 2012年, 第4期.
(淸)李承熙,『錦江書院紀略』,『中國歷代書院志』第6冊.
(淸)遊光繹,『鼇峰書院志』,『中國歷代書院志』第10冊.
(淸)剛毅,『晉政輯要』,『續修四庫全書』第884冊, 上海 : 上海古籍出版社, 1996年.
(淸)海寧,『晉政輯要』,『官箴書集成』第5冊, 合肥 : 黃山書社, 1997年.
(淸)梁廷枏,『粵秀書院志』,『中國歷代書院志』第3冊.
(淸)阮元,『學海堂策問』, 陳穀嘉, 鄧洪波,『中國書院史資料』中冊, 杭州 : 浙江敎育出版社, 1998年.
(淸)梅啓照,『序』, 俞樾,『詁經精舍文集四集』卷首, 天津圖書館藏淸光緒五年(1879)刻本.
(淸)李綬,『奏請用學租餘銀購買士子應讀各書存貯書院事』, 乾隆四十年十月十二日, 中國第一歷史檔案館藏檔案.
(淸)蔣溥,『奏爲飭行府州縣學申送學行兼優各生入學嶽麓書院及裁核肄業各員事』, 乾隆九年五月初九日, 中國第一歷史檔案館藏檔案.
(淸)鍾保,『爲建立書院育樂人才而振文風事』, 雍正十二年六月十三日, 台北故宮藏檔案.

劉河燕,『宋代書院與歐洲中世紀大學之比較硏究』, 北京 : 人民出版社, 2012年.
馬鏞,『中國敎育制度通史・淸代上』, 濟南 : 山東敎育出版社, 2000年.
鄧洪波,『淸代省會書院 : 遍布全國的敎育學術中心』,『南京曉莊學院學報』, 2007年 第1期.
鄧洪波,『中國書院史(增訂版)』, 武漢大學出版社, 2012年.
魯小俊,『淸代書院課藝總集敍錄』, 武漢大學出版社, 2015年.
魯小俊,『課藝總集 : 淸代書院的"學報"和"集刊"』,『湖南大學學報』(社會科學版), 2015年,第2期.

趙偉, 『淸代省會書院制度硏究(1644-1850)』, 湖南大學博士學位論文, 2021年.

趙偉, 『雍正, 乾隆朝省會書院制度新探』, 『原道』, 2022年, 第44輯.

李春龍, 王珏點校, (民國)『新纂雲南通志』 第6冊, 雲南人民出版社, 2007年.

趙譽船, 『章實齋先生年譜』, 『北京圖書館藏珍本年譜叢刊』 第109冊, 北京 : 北京圖書館出版社, 1999年.

林伯桐, 陳澧, 『學海堂志』, 『中國歷代書院志』 第3冊.

瞿兌之, 『杶廬所聞錄·養和室隨筆』, 沈陽 : 遼寧敎育出版社, 1997年.

民國 『江陰縣續志』 卷6, 成文出版社, 1970年.

『論士習之壞』, 『申報』 1890年3月1日, 第1版.

Kenneth Pomeranz. The Great Divergence: China, Europe, and the Making of the Modern World Economy. Princeton University Press, 2000.

중세 이탈리아 대학과 조선시대 서원 비교 연구
- 아레초대학 규정과 이산서원 원규를 중심으로 -

김 국 진

Ⅰ. 머리말

흔히 오늘날 우리가 대학이라고 일컫는 고등교육기관은 11세기 말~12세기 초에 유럽에서 탄생하였다고 여겨지며, 그 원형은 학생들 혹은 교수들에 의해 자발적으로 결성되어 해당 도시에서 고등교육을 담당했던 조합에 있다는 것이 정설로 받아들여진다.[1] 전자의 경우 라틴어로 '우니베르시타스 스콜라리움(universitas scholarium)'으로, 후자는 '우니베르시타스 마지스트로룸'(universitas magistrorum)이라 지칭되었다. 세계 최초의 대학으로 일컬어지는 볼로냐대학교의 설립 시기는 볼로냐에서 우니베르시타스 스콜라리움, 다시 말해 학생 조합으로서 고등교육기관(Studium bolognese)의 운영이 문서로 확인되는 1088년으로 비정되며,[2] 이후 1158년 신성로마제국 황제 프리드리히 1세 바르바로싸에게 정식으로 인가를 받는다. 이와 비슷한 시기에 알프스 이북 지역에서도 유사한 흐름이 관찰된다. 한편으로 1167년 영국의 헨리 2세가 자국민들의 파리대학교 수학 금지를 명한 이후 옥스퍼드대학의 발전

---

1) Alessandro Barbero & Chiara Furgoni(2001), Dizionario del Medioevo, Roma: Laterza, pp.248-249. 대학의 원형으로 간주되는 고등교육기관은 대체로 라틴어로 스투디움(Studium)이라 일컬어졌으며, 법학, 의학, 신학, 자유학예 등을 가르쳤다.
2) Girolamo Arnaldi(2008), "Il discorso di Giosue Carducci per l'ottavo (virtuale) centenario dello Studio di Bologna", La Cultura 46.3, pp.405-424 참조.

이 가속화되었음이 확인되며, 다른 한편으로는 교수가 중심이 되어 결성한 조합에서 출발한 파리대학교가 1200년 프랑스 국왕 필리프 2세에게 정식으로 인가를 받았다. 이처럼 초창기 중세 유럽 대학은 먼저 조합의 형태로 조직이 결성되고 이후에 군주에게 인가를 받는 식으로 정착되는 것이 일반적이었다.[3] 이런 이유로 해당 교육기관이 정확히 언제 설립되었는지를 규명하기에는 여러 가지 한계가 있지만, 1100년을 전후하여 현재까지 존속하는 여러 대학들이 설립되기 시작하였다는 점에는 이견이 없다고 여겨진다.

이른바 '12세기 르네상스'론을 제시한 대표적인 중세사학자 해스킨스(Charles H. Haskins)는 대학이 12세기 들어 시작된 일종의 지적 혁명의 산물이라고 주장한 바 있다.[4] 이전까지 중세 유럽의 고등교육을 거의 독점적으로 담당해온 곳은 가톨릭 교회로, 여러 수도회에서 운영하는 학교 및 성당에 딸린 학교를 통해 교육이 이루어졌다. 그러나 12세기에 접어들며 유스티니우스 법전의 발견에서 촉발된 로마법의 부활, 아리스토텔레스 및 베르길리우스를 위시한 그리스, 라틴 고전의 재발견, 유클리드 기하학 및 아라비아 숫자에 기초한 수학의 도입 등 기존의 교육체계가 포괄하기 어려운 지적 풍토가 조성되었으며, 이를 충족하기 위한 목적으로 초창기의 대학이 만들어졌고 그것이 제도화되었다는 것이다.[5]

이와 같은 대학 설립의 흐름은 시간이 지나면서 더욱 가속화되는 경향을 띠는데, 이것이 가장 두드러진 지역은 바로 이탈리아 반도였다. 14세기 중엽

---

[3] 하지만 시간이 흐르며 군주가 설립을 주도하는 경우도 늘어나게 된다. 나폴리대학교의 설립이 최초의 사례로, 1224년 신성로마제국 황제 프리드리히 2세(이탈리아에서는 페데리코 2세라 부른다)의 칙령으로 나폴리에 설립되었다. Barbero & Furgoni, Dizionario del Medioevo, pp.248-249.

[4] Charles H. Haskins(1972), *The Renaissance of the Twelfth Century*, Cambridge: Harvard University Press, p. 369. 한국어판은 C. H. 해스킨스, 이희만 역 (2017), 『12세기 르네상스』, 혜안.

[5] Charles H. Haskins(1923), The Rise of Universities, New York: Henry Holte and Company, pp.3-9. 최근 한국어 번역본이 새로 출간되었다. 찰스 호머 해스킨스, 김성훈 역(2021), 『대학의 탄생』, 연암서가.

이탈리아 반도에는 이미 15개의 대학이 존재했으며, 그중 13개의 대학이 중북부 지역에 위치했다.[6] 이와 관련하여 이 지역에 11세기 말~12세기 초 등장하기 시작한 자치도시(comune) 체제가 주목된다. 대략 1000년을 기점으로 농업생산력이 향상되고 인구가 폭발적으로 증가하게 되면서 이미 고대 로마 시기에 도시화가 진행되어 정치, 행정뿐만 아니라 생산 및 상업의 중심지로 기능하고 있던 도시들로 인구와 잉여 생산물이 모이는 현상이 발생한다. 각 도시의 거주민들은 특정한 정치적, 경제적 필요에 의해 자치권을 확보하거나, 지배자로 군림하던 군주, 주교 등 정치권력에 공동의 이해관계를 관철시키기 위하여 일종의 결사체(associazione)를 결성하였다. 이들은 도시에 다양한 정치적 기구들을 설치하고 운영하면서 자치권을 행사하고자 하였고, 자체적인 사법제도 또한 만들기에 이른다.[7] 여기에서 사법, 공증을 비롯한 도시 행정에 필수적인 여러 가지 지식에 대한 필요가 생겨났고, 이를 충족해줄 수 있던 교육기관이 바로 각 도시에 형성된 대학이었던 것이다.

특히 이탈리아 반도에 세워진 대학은 가톨릭 교회의 하부조직으로 인식되었던 파리대학이나 옥스퍼드대학과는 달리 독립된 조합으로서 도시 정부

---

6) 중세 후기 다양한 정치체가 출현했던 이탈리아의 정치적 상황은 초창기 대학의 역사에 특히 잘 반영되어 있다. Hastings Rashdall(1895), *Universities of Europe in the Middle Ages*, 2 voll,. Oxford: Oxford University Press, Vol. II, pp.3-6. 14세기 중엽 대학이 운영되던 이탈리아 도시는 볼로냐(Bologna), 파르마(Parma), 모데나(Modena), 비첸차(Vicenza), 아레초(Arezzo), 파도바(Padova), 나폴리(Napoli), 베르첼리(Vercelli), 시에나(Siena), 살레르노(Salerno), 페루자(Perigua), 피사(Pisa), 피렌체(Firenze), 파비아(Pavia)로 총 14곳이 있고, 여기에 교황청에 세워진 유사한 성격의 학교(Studium della curia romana)가 존재했다. Walter Rüegg(1992), "Universities in the Middle Ages", in Hilde Ridder-Symoens, Hilde de Ridder-Symoens & Walter Rüegg eds., *A History of the University in Europe*, Vol. 1, Cambridge: Cambridge University Press, pp.62-63.
7) 중세 말 이탈리아의 도시국가를 간단히 소개하는 번역서로는 다음을 참고할 수 있다. 크누드 슐츠, 박홍식 역(2013), 『중세 유럽의 코뮌 운동과 시민의 형성』, 도서출판 길 ; 안드레아 초르치(2019), 「자치 도시국가의 탄생과 확장」, 움베르토 에코 편, 윤종태 역, 『중세 2, 1000~1200: 성당, 기사, 도시의 시대』, 시공사.

의 일부로 기능하였으며, 따라서 중앙집권적 교회권력 바깥에 위치하며 세속 정치권력과 밀접한 관계를 맺어나갔다는 특징이 있다.[8] 이러한 경향은 여러 자치도시들이 서로 경쟁하며 성장했던 토스카나 지방에서 특히 두드러진다. 1215년 아레초에서 토스카나 최초의 대학이 설립된 이후 1246년 시에나에서도 학문공동체가 결성되었고, 1343년과 1349년에 각각 피사와 피렌체에도 고등교육기관이 정식으로 자리잡았다.[9] 교회권력의 바깥에서 학문공동체로 출발한 토스카나의 대학은 중세 말과 근대 초를 거치며 폐쇄되기도 하고 존속하기도 하면서 각 지역의 지적 중심으로서 역할을 지속해 나갔다. 요컨대 중세 이탈리아에서 대학의 태동은 가톨릭 교회의 영향권에서 벗어나 세속 정치와 긴밀하게 조응하며 발전하였다는 특징을 지닌다.

다른 한편으로 동아시아 유교 문화권에서 나타난 중세 대학에 상응하는 고등교육기관으로 서원을 들 수 있다. 송대의 백록동서원에서 출발한 동아시아의 서원은 강학공간과 제향공간이 갖추어진 고등교육기관으로 발전하며 동아시아 한자문화권 내에서 일종의 교육기관 모델로 정립되었다는 측면, 그리고 중국에서는 명청대를 거치며 확산되었고 조선뿐만 아니라 일본과 베트남에서도 발전하였다는 측면에서 서양 중세의 대학과 유사점을 찾을 수 있다. 특히 조선시대의 경우 향교를 중심으로 하는 관학의 쇠퇴에 따라 서원은 사족의 대표적인 향촌운영 기구이자 향촌 교화를 목적으로 하는 지

---

[8] Barbero & Furgoni, *Dizionario del Medioevo*, pp.248-249.
[9] 아레초대학과 시에나대학에 대해서는 다음을 참조할 수 있다. Francesco Stella (2006), a cura di, *750 anni degli statuti universitari aretini. Atti del convegno internazionale su origini, maestri, eiscipline e ruolo culturale dello «Studium» di Arezzo*, Firenze: SISMEL ; Rashdall, *Universities of Europe*, pp.31-34. 피렌체와 피사에 형성된 고등교육기관이 대학으로 인정받은 계기는 교황 클레멘스 6세의 칙서로, 피사에는 1343년, 피렌체는 1349년에 발부되었다. Rashdall, *Universities of Europe*, pp.44-47. 루카의 경우 1369년 신성 로마 제국 황제 카를 4세에 의해 설립된 고등교육기관이 확인되며, 이후 교황 우르바누스 6세에 의해 재차 승인되었다. Paolo Rosso(2021), *Le università nell'Italia medievale. Cultura, società e politica (secoli XII-XV)*, Roma: Carocci, pp.66-68.

방의 교육기관으로서 발전을 거듭해 나가게 되었다. 과거 중심의 유생 교육을 넘어 위기지학을 기치로 내건 서원들이 각지에서 건립되며 서원은 조선의 명실상부한 고등교육기관으로 자리매김하기에 이른다.

조선시대의 서원과 관련하여 그 의미를 다각적으로 분석하는 데 비교적 관점이 유용한 통찰을 제공해 줄 수 있다는 문제의식에서 동아시아 지역을 중심으로 한 비교연구가 활발히 수행되어 왔다는 점이 특히 주목된다.[10] 실제로 서원 체제가 출현한 중국과의 비교 연구는 물론,[11] 그간 상대적으로 덜 알려져 있던 일본과 베트남의 사례에까지 비교연구가 확장되고 있음을 확인할 수 있다.[12] 이에 본 논문에서는 동아시아 유교문화권을 넘어 서양 중세로 비교사적 관점을 확장함으로써 새로운 시각에서 조선시대의 서원이 가지는 의미와 가치 등을 파악하려는 목적으로 중세 이탈리아 대학과 조선시대의 서원 간의 비교연구를 시도해 보고자 한다. 이를 통해 조선의 서원과 중세 유럽 대학 사이의 구체적인 사례에 기반한 비교연구의 가능성을 가늠해 볼 수 있을 것으로 기대한다.

특히 13세기 이탈리아와 16세기 조선은 일종의 '민간' 고등교육기관의 태동과 관련하여 일정한 공통적인 역사적 맥락을 지니고 있다고 볼 수 있다는 점에서 유효한 비교의 대상이 될 수 있을 것으로 보인다. 먼저 중세 말 도시의 발달로 인한 자발적 결사체로서 대학의 등장과 16세기 조선의 향촌 지배 구조 변동 및 사림 세력의 성장을 배경으로 하는 서원의 발전은 각각 가톨릭 교회

---

10) 정수환(2022), 「동아시아 서원, 일반성과 다양성의 경계 - 조선시대 서원과 비교 관점에서 - 」, 『한국서원학보』 14, 한국서원학회, 155~188쪽.
11) 이수환(2011), 「朝鮮朝 嶺南과 淸代 山東의 書院 비교연구 - 人的組織과 經濟的 기반을 중심으로 - 」, 『민족문화논총』 46, 영남대학교 민족문화연구소, 225~246쪽 ; 채광수(2022), 「韓·中서원의 院任 비교 연구 - 한국 소수서원과 중국 백록동서원을 중심으로」, 『한국서원학보』 14, 한국서원학회, pp.7-41 ; 이광우(2022), 「16~19세기 학규를 통해 본 한·중 서원의 변모양상」, 『한국서원학보』 14, 한국서원학회, 43~106쪽.
12) 이우진(2020), 「일본과 베트남의 서원 연구 현황과 제언」, 『한국서원학보』 10, 한국서원학회, 143~163쪽.

당국과 조선 조정의 직접적인 통제 밖에서 교육기관을 태동시켰다는 공통점을 갖는다. 아울러 자치도시 정부와 긴밀히 연결된 실용적 지식의 전수와 관직으로의 진출 및 학문 발전으로 특징지어지는 중세 대학의 역할은 사림의 향촌 지배 기구로서 기능하는 동시에 사족을 대상으로 강학 및 교육을 통해 신진 사림을 양성하였던 조선시대의 서원과 서로 궤를 같이 한다고 볼 수 있다.

조선시대의 서원과 유럽 중세 대학을 다각도에서 비교하기 위해서는 무엇보다도 양 주제에 대한 이해가 선행되어야 할 것이다. 이런 점에서 유럽 중세 대학에 대한 국내의 연구는 대체로 개괄적인 시각에서 중세 대학의 개념과 기원, 발전 양상을 소개하며 대학 출현의 시기 및 중세 대학에서 학문의 자유가 지니는 의미 등을 포괄적으로 다루고 있어 비교사적 관점의 논의에 배경을 제공해 준다는 의미가 있다.[13] 최근에는 현대의 대학 체제가 중세

---

[13] 서양 중세 대학을 개괄적으로 다룬 연구로는 이석우(1997), 「서양 중세 대학의 형성과 전개 - 내적 동인과 외부 세력과의 관계를 중심으로 -」, 『서양사론』 53, 한국서양사학회, pp.1-36 ; 박승찬(2016), 「중세 대학의 설립과 발전 - 학문의 자유를 지키기 위한 보루 -」, 『가톨릭철학』 26, 한국가톨릭철학회, 5~52쪽 ; 차용구(2001), 「왜 중세 독일에서는 대학 형성이 지체되었는가?」, 『사총』 53, 고려대학교 역사연구소, 39~72쪽. '학문의 자유' 개념과 관련된 연구로는 이광주(1988), 「중세대학에서의 '자유'의 문제」, 『서양사론』 29, 한국서양사학회, 160~177쪽 ; 김유경(2002), 「중세유럽 대학의 자유 - libertas scolastica의 내용과 한계 -」, 『서양사론』 74, 한국서양사학회, 37~58쪽. 일종의 학생 공동체인 동향인(nationes)을 주제로 하여 파리대학과 볼로냐대학을 대상으로 진행된 연구와 대학을 중심으로 문화적 맥락을 재구성하는 시도들은 중세 대학의 문화적 배경을 일부나마 파악할 수 있게 해준다. 김동순(1987), 「중세 볼로냐(Bologna) 대학의 네이션(Nations)에 관한 연구」, 『사림』 4, 수선사학회, 151~172쪽 ; (1995), 「중세 파리 대학의 네이션(nation)에 관한 연구」, 『상명사학』 3, 상명사학회, 63~79쪽 ; 최은진(2001), 「중세 후기 옥스퍼드 대학의 학생후원양상의 변화와 그 영향」, 『경희사학』 23, 경희사학회, 141~173쪽 ; 이희만(2008), 「파리의 지적 인프라 및 지적 네트워크 - 12세기와 13세기 초를 중심으로 -」, 『서양중세사연구』 21, 서양중세사학회, 89~123쪽 ; 이정민(2015), 「파리대학의 역사적 의미에 대한 고찰」, 『통합유럽연구』 6.1, 통합유럽연구회, 103~127쪽 ; 홍용진(2021), 「1277년 중세 파리 대학의 금지령: 무엇을 위한 통제인가?」, 『역사와 세계』 59, 효원사학회, 1~34쪽.

유럽에서 태동하였다는 통념을 비판하면서 대학의 기원을 중세 유럽에서 찾는다는 인식에서 탈피해야 한다는 관점이 제시되기도 하였는데,[14] 여기에서도 상이한 역사적 배경 속의 고등교육기관을 비교, 분석하는 시도와 그 의미를 확인할 수 있다. 그러나 구체적인 사례 분석 및 비교사적 관점의 적용을 위해 필요한 개별 대학에 대한 연구는 여전히 부족하며, 특히 중세 이탈리아 대학에 대해서는 국내 학계에서 찾아볼 수 있는 연구가 전무한 실정이다.

이에 본 논문에서는 비교연구의 구체적인 사례를 제시하고자 하는 목적으로 중세 이탈리아 대학의 규정과 조선시대 서원의 원규에 대한 비교·분석을 시도해 보고자 한다. 이를 위해 토스카나 지방에 설립된 대학들 중 가장 먼저 건립된 아레초대학의 규정과 1559년 퇴계 이황이 손수 작성한 「이산원규」를 주요 분석대상으로 삼고자 한다. 아레초대학의 경우 대학 운영 전반에 대한 규정(*Ordinamenta magistrorum*)이 전해지고 있는데,[15] 이는 중세 유럽에서 태동한 대학들의 규정 중 가장 오래된 것들 중 하나로 꼽히며,[16] 특히 이탈리아 반도 내에서는 비슷한 시기에 설립된 나폴리대학 규정의 기초가 되었으며, 볼로냐대학의 규정에도 영향을 미쳤다는 중요성을 지닌다.[17] 이산

---

14) 박병철(2023), 「대학의 중세유럽 기원론에 대한 고찰」, 『건지인문학』 37, 전북대학교 인문학연구소, 61~91쪽.
15) Archivio Capitolare di Arezzo, *Fondo Aretino*, 620. 본 논문에서는 원문과 함께 파브리니의 번역본을 주로 참조하였다. Fabbrini, "Statuti dell'Università medievale di Arezzo," in *750 anni degli statuti univesitari aretini*, pp.359-362.
16) 예컨대 흔히 세계 최초의 대학이라 일컬어지는 볼로냐대학의 규정은 1252년으로 비정되며, 캠브리지대학의 규정은 1250년에 작성되었다. Domenico Maffei (1975), "Un trattato di Bonaccorso degli Elisei e i più antichi statuti dello Studio di Bologna nel manoscritto 22 della Robbins Collection," Bulletin of Medieval Canon Law, n.s. Vol. 5, pp.73-102 ; M. B. Hackett(1970), *The Original Statues of Cambridge University. The Text and his History*, Cambridge: Cambridge University Press.
17) C. G. Mor(1973/75), "Lo studio aretino nel secolo XIII," Atti e memorie dell'Accademia Petrarca di lettera, arti e scienze, 41, p. 35 ; Fabbrini, "Statuti dell'Università medievale di Arezzo," pp.363-364.

서원 원규는 조선시대 서원 운영의 모범을 제시했을 뿐만 아니라 전국에서 가장 많은 서원이 건립된 지역이기도 한 영남지역 서원 규정의 출발점이라는 의미가 있다.[18] 아울러 이산서원은 설립 초기 강학공간만으로 출발하였기에 원규에 제향과 관련한 항목이 부재하여 교육과 관련되는 지점에 초점을 맞추어 중세 대학과 규정에 대한 비교 연구가 가능하다는 점도 고려되었다.[19]

따라서 아래에서는 먼저 아레초대학과 이산서원의 설립과정 및 배경과 운영 등을 차례로 검토함으로써 본 논문에서 다루는 두 사례에 대한 이해의 틀을 제공해 볼 것이다. 이어서 조선시대 서원 연구에 적용할 수 있는 비교사적 관점의 확장이라는 측면에서 양 교육기관의 규정을 상호 검토 및 비교하여 중세 이탈리아의 대학과 조선시대 서원의 성격을 파악하고 나아가 조선시대 서원의 보편성과 특수성을 도출해 보고자 한다.

II. 아레초대학과 이산서원

피렌체(Firenze)에서 동쪽으로 대략 80km 떨어진 곳에 위치한 아레초(Arezzo)는 고대 로마 지배 이전 에트루리아 시기에 형성된 곳으로, 1098년 주교의 정치적 통제에서 벗어나면서 자치도시 체제가 시작되어 피렌체에 병합되는 1384년까지 공화국 체제를 유지하였다. 아레초대학의 기원은 7세기 무렵부터 성직자 양성을 위해 설치된 산 도나토 대성당(Cattedrale di S. Donato) 부속 학교에서 찾을 수 있다. 1215년 볼로냐의 저명한 법학자 로프

---

18) 『退溪集』 卷41, 「伊山院規」.
19) 이 글에서는 서원과 서양 중세 대학을 비교할 때 가장 두드러지는 차이점이라 할 수 있는 제향공간의 존재와 그 의미와 관련한 부분까지는 분석하지 못하였다. 여기에 대해서는 중세 대학에서 정기적으로 이루어졌던 학년도 시작 및 학위수여 등의 의례를 중심으로 비교가 가능하리라 생각되며, 이를 추후의 연구과제로 남겨둠을 밝힌다.

레도 다 베네벤토(Roffredo da Benevento)가 볼로냐의 학생 조직과 시 당국과의 갈등으로 인해 아레초로 옮겨온 것이 고등교육기관으로서 아레초대학의 탄생 계기가 되었다고 알려져 있다.[20] 그러나 이미 그 전부터 아레초에 대학이 건립되었음을 주장하는 일단의 학자들도 있다. 1200년을 전후한 시기에 속인들에 의해 설립된 고등교육기관이 아레초에 존재했으며, 앞서 언급한 산 도나토 대성당 부속학교의 운영이 1276년에도 확인되는 것에 비추어 별개의 속인 교육기관이 이미 운영 중이었다고 보아야 한다는 것이다.[21] 이러한 견해에 따르면 아레초대학의 탄생 시기는 1200년경으로 거슬러 올라가게 되지만, 아레초대학의 본격적인 발전이 로프레도를 위시한 일단의 교수들이 학생들과 함께 볼로냐에서 아레초로 옮겨왔음에 기인한 것은 어느 정도 분명해 보인다.

아레초 시 당국은 교수 급여, 장학금 등의 재정 지원은 물론 접근이 용이한 시내 중심에 교육공간을 마련하고 교수와 학생의 숙소를 공급하는 등 전반적인 인프라를 제공하며 초창기부터 대학의 운영을 전폭적으로 지원했다.

---

20) Ennio Cortese(2013), "R. Epifani (Epifanius, Efifanides) da Benevento", in E. Cortese, I. Birocchi, A. Mattone & M. N. Miletti, a cura di, *Dizionario biografico dei giuristi italiani (XII-XX secolo)*, 2 voII., Bologna: Mulino, vol. 2, pp.1712-1715 ; Francesco Stella(2012), "L'università," in G. Cherubini, F. Franceschi, A. Barlucchi & G. Firpo, a cura di, *Arezzo nel medioevo*, Roma: Herder, pp. 185-186. 로프레도는 이미 1200년경부터 아레초에 고등교육기관이 존재했다고 전한다. 당대 연대기 사료에서 나타나는 아레초대학과 볼로냐대학의 관계에 대해서는 Giuseppe Porta(2006), "I rapport universitari tra Arezzo e Bologna," in *750 anni degli statuti universitari aretini*, pp.81-85. 특히 14세기 피렌체 연대기 작가 마테오 빌라니(Matteo Villani)는 14세기 초에도 볼로냐의 성무집행정지 등 교황청의 조치에 따라 여러 교수들이 아레초로 옮겨왔다고 밝히고 있다.
21) Giovanni Ferretti(1909), "Roffredo Epifanio da Benevento," Studi medievali III, pp.230-287 ; Ubaldo Pasqui(1916), *Documenti per la storia della città di Arezzo nel Medioevo, Il Codice Diplomatico Aretino (1180-1337)*, Firenze: Olschki ; Giorgio Cencetti(1940), "Sulle origini dello *Studium* di Bologna," Rivista storica italiana 5, p. 154.

뿐만 아니라 법적인 측면에서도 여러 가지 특혜를 부여하여 운영을 도왔다.[22] 이러한 지원에 힘입어 아레초대학은 13세기 동안 토스카나 동부에서 법학과 문학은 물론 의학과 자연과학 번역 등에서 두각을 나타내며 주요한 지적 중심지로 자리매김하기에 이른다.[23] 다른 한편으로 아레초대학은 주변의 정치적 상황에 따라 운영을 중단하였다가 재개하기를 반복하였다. 13세기 동안 이탈리아 중북부의 도시국가들은 교황파(Guelfi)와 황제파(Ghibellini)로 나뉘어 반목하고 있었는데, 황제파에 속했던 아레초가 1289년 캄팔디노 전투(Battaglia di Campaldino)에서 교황파의 나폴리 왕국-피렌체 연합군에 대패하면서 대학 역시 임시로 문을 닫게 된 것이다.[24] 대학은 1312년 다시 문을 열고 시의 재정 지원을 통해 민법, 교회법, 의학, 인문학으로 구성된 4개의 학부를 다시 운영하기 시작하였다. 이는 무엇보다 도시 정부가 대학을 법률가, 공증인 등을 양성하는 주요 기관으로 인식했기 때문이었다. 이후 볼로냐 등지로부터 지식인들이 지속적으로 유입되며 다시금 예전의 명성을 되찾는 듯 보였으나, 1337년 아레초가 피렌체에 매각되면서 또다시 일시적으로 문을 닫게 되었다.[25] 그러나 1356년 신성로마제국 황제 카를 4세가 아레초대학을 공식적으로 인정하면서 대학은 다시 문을 열었고,[26] 대학의 명맥은 1384년 아레초의 피렌체 병합 이후에도 이어져 16세기 초에 문을 닫을 때까지 철학과 신학을 중심으로 명성을 유지하였다.[27]

---

22) Stella, "L'Università," pp.186-191.
23) Helene Wieruszowski(1953), "Arezzo as a Center of Learning and Letters in the Thirteenth Century," Traditio 9, pp.321-391
24) John M. Najemy(2006), *A History of Florence*, Malden: Blackwell, pp.91-92 ; Domenico De Robertis(1978), "Un momento della città aretina. La «Composizione del mondo» di Restoro d'Arezzo," Atti e Memorie dell'Accademia Petrarca di Arezzo XLII, p. 112
25) 이 시기에 피렌체에서도 고등교육기관이 태동하였다는 사실 또한 대학 운영 중단의 이유로 작용하였다. Stella, "L'università," pp.190-191.
26) Fabbrini, "Statuti dell'Università medievale di Arezzo," in *750 anni degli statuti universitari aretini*, pp.395-396.

아레초대학의 경우 대학 운영 규정이 아레초 시 공식 문서로 남아 현재까지 전하고 있다. 해당 문서는 1255년 2월 16일 정부 청사에서 도시 정부 및 교회 측 인사, 교수진의 등의 입회하에 작성되었는데, 이 날짜에 앞서 이미 마련된 대학의 규정을 공증인 소포르넬리(Ser Piero Sopornelli)의 권한을 통해 공인한다는 것을 그 내용으로 한다. 문서상에 이름이 등장하는 인물은 시 정부를 대리하는 법관 조반니(Giovanni), 교회 측을 대리하는 수사 라이네리오(Rainerio), 대학 관리인(*bedellus scolarium*) 보나베레(Bonavere)를 비롯해 법학 교수, 의학 교수, 문법 교수, 수학 교수 등으로, 해당 문서의 공인은 대학의 핵심 교수진과 이해 당국이 대학의 구성과 운영을 확인하고 인증하는 절차로서의 의미를 지닌다. 실제로 해당 공증 문서는 공증 과정에 참여하는 인물의 명단, 아레초 대학 규정, 규정에 대한 법적인 인정의 세 부분으로 구성되어 있다.

1558년(명종 13) 5월에 설립된 이산서원은 백운동서원 사액 이후 본격적으로 시작된 서원 건립의 흐름 초창기에 건립된 서원 중 하나로서, 영천군에서 최초로 건립 및 사액된 서원이라는 중요성을 가진다.[28] 16세기 동안 전국

---

27) Robert Black(1996), *Studio e scuola in Arezzo durante il Medioevo e il Rinascimento. I documenti d'archivio fino al 1530*, Arezzo: Accademia Petrarca di Lettere, Arti e Scienze ; Ivo Biagianti(2006), "Dallo studio medieale ai «luoghi di studio» dell'età moderna," in *750 anni degli statuti universitari aretini*, pp.87-99. 19세기 말 중세 유럽 대학의 역사를 기술한 래쉬달은 아레초대학이 이미 14세기 말엽에 교육기관으로서의 기능을 잃었다고 주장하였고 이러한 견해는 다음에서 확인할 수 있는 것처럼 2000년대 초반까지 계속해서 반복되었다. Paul F. Grendler(2002), *The Universities of the Italian Renaissance*, Baltimore: The Johns Hopkins University Press, p.139.
28) 이산서원은 그 중요성에도 불구하고 2010년 『이산서원지(伊山書院誌)』 발간 이전까지 한국전쟁으로 인한 자료 소실 등의 문제점으로 인해 구체적인 연구가 이루어지지 못하였으나 조선시대 서원의 학규 내지는 원규 등 규정 연구에서 이산서원이 지니는 의미가 언급되어 왔다. 김의환(2022), 「영주 이산서원의 건립과 퇴계 이황 제향의 의미」, 『한국서원학보』 15, 한국서원학회, 180~183쪽. 이산서원을 비롯한 영남지역 서원과 관련한 대표적인 연구성과로는 이수환(2011), 「영남지역

각지에 세워진 67개의 서원 중 10번째에, 경상도에 설립된 7번째 서원에 해당한다. 이산서원의 설립 배경에는 영주지역 사족들의 학문적 열의가 있었다. 이들은 이미 백운동서원 건립 이전부터 유교 경전과 소학 등을 함께 모여 공부하고 있었고, 여기에는 인근 군현의 선비들도 참여하였는데, 이들 중에는 젊은 나이의 이황도 있었다. 이것이 인연이 되어 이황은 훗날 이산서원 건립 과정에서 자문에 적극적으로 참여하고 젊은 날의 경험을 바탕으로 1559년 「이산원규」를 마련하기에 이르렀다.[29] 이황이 제시한 규정은 이후 조선시대의 서원이 나아가야 할 방향으로 여겨져 특히 퇴계 문인의 서원 건립 활동 및 교육 활동에서 이들이 설립에 관여한 서원의 원규를 제정하는 데 주요한 전거가 되었다는 점에서 특히 중요하다 하겠다.[30]

「이산원규」에는 이황의 서원상(像)이 집약되어 있다. 그는 무엇보다 서원이 관학을 보조하는 역할에 그치는 것을 경계하여 과거 시험 준비보다는 유교 경전을 중심으로 한 위기지학을 강조하였다. 이에 원생이 학문을 임하는 자세와 생활 규칙에 대한 지침이 전체 원규의 절반을 차지하며, 나머지는 서원의 운영과 관련한 조항으로 채워져 있다. 그마저도 상세한 운영사항을 제시하기보다는 지역 사족의 자율적 운영을 강조하고 관의 간섭을 경계하는 큰 원칙을 상기시키고자 하였다. 이와 같은 이황의 업적을 기리기 위해 이산서원은 1573년 퇴계를 제향하기에 이른다.[31]

퇴계문인의 서원건립과 교육활동」, 『국학연구』 18, 한국국학진흥원, 9~38쪽 ; 이병훈(2020), 「16세기 한국 서원의 출현과 정비」, 『한국서원학보』 10, 한국서원학회, 67~99쪽 ; 이수환(2021), 「영남지역 서원건립 상황과 특징」, 『민족문화논총』 제78집, 영남대학교 민족문화연구소, 81~109쪽.

29) 김의환(2022), 「영주 이산서원의 건립과 퇴계 이황 제향의 의미」, 184~194쪽.
30) 임근실(2018), 「16세기 서원 학규에 대한 검토와 그 특징」, 『한국서원학보』 6, 한국서원학회, 157~193쪽 ; 이경동(2022), 「16세기~17세기 초 영남지역 서원 원규의 구조와 변화」, 『중앙사론』 55, 중앙사학연구소, 5~54쪽.
31) 이산서원의 이황 제향 시기와 그 의미에 대해서는 김의환(2022), 「영주 이산서원의 건립과 퇴계 이황 제향의 의미」, 197~214쪽.

Ⅲ. 아레초대학 규정과 이산서원 원규 비교

총 11개 조항으로 구성된 아레초대학의 규정은 앞 장에서 언급했던 공식 문서가 작성된 1255년보다 약 4개월가량 앞서 마련된 것으로 보인다.[32] 각 조항에는 별도의 구분이 설정되어 있지 않으며 배치된 순서는 다음과 같다. 먼저 1항에서 총장직의 선출 및 임명 사실이 임기와 함께 명시되며, 2항과 3항에서는 교수의 의무를 설정한다. 4항은 교수의 재정 관련 의무를 명시한 규정이며, 이어서 총장과 교수의 관계에 대한 항목이 2개 항에 걸쳐 서술되어 있다. 7항은 학생들의 반복 학습을 담당하는 일종의 조교와 관련된 규정이며, 8항은 교수의 자격이 없는 자가 수업을 진행하는 것을 금지하는 내용이다. 다음 규정은 학생들의 학습과 관련되며, 제10항에서는 대학 관리인의 업무를 규정하고. 마지막 11항은 교수와 조교의 숙소에 관한 내용이다.

이산서원의 원규 역시 아레초대학의 규정과 마찬가지로 구분 없이 12개의 세부 항목으로 구성되어 있다.[33] 이중 1~6항은 서원에서 공부하는 원생의 교육과 마음가짐 및 행동강령 등을 구체적으로 지시하는 내용으로, 이산서원 원규의 절반을 차지하고 있다. 이어지는 7항과 8항은 관리자인 원임과 관련한 항목에 해당되며, 9항은 서원의 일꾼인 원속과 원생의 관계, 10항은 서원이 위치한 고을의 행정관 읍재와 서원과의 관계를 설정하는 규정이다. 마지막으로 11항과 12항은 서원의 정식 원생이 아닌 동몽, 우생과 관련된다.

---

32) 이는 제1항에 해당하는 총장 선임 규정으로 미루어 알 수 있는 사실이다. 총장을 선임하고 그 임기를 11월 1일부터 1월 마지막 날까지로 밝히고 있으므로, 해당 규정의 작성일은 총장의 임기 전이어야 하기 때문이다. Fabbrini, "Statuti dell'Università di Arezzo," p.362.

33) 이산서원 원규와 최초의 서원인 소수서원 원규를 구성하는 항목의 개수는 동일하나 소수서원 원규는 기관의 관리주체에 관한 규정이 주를 이루는 반면 이산서원 원규는 주로 원생과 직접적으로 관련되는 규정이 다수를 차지하고 있다. 이는 이황이 무엇보다 원생의 교육을 서원 운영의 핵심으로 생각했기 때문으로 해석된다. 이경동(2022), 「16세기~17세기 초 영남지역 서원 원규의 구조와 변화」, 23쪽.

우선 아레초대학 규정과 이산서원 원규에 명시된 구성원들을 통해서 각 교육기관의 인적 구성을 살펴볼 수 있다. 아레초대학의 규정에서는 대학의 대표인 총장(rettore), 학생들의 교육을 책임지는 교수(maestri), 반복 학습 담당 조교(ripetitori), 학생(scolari), 대학 관리인(bidello)이 존재함을 확인할 수 있으며, 부차적인 구성물로서 숙소(alloggio)와 강의 자격(licenza di insegnare) 역시 명시되어 있다. 이산서원 원규에는 서원의 정식 학생인 원생, 서원 운영의 주체인 상유사와 유사, 서원 내부의 보조 인력인 원속, 서원을 외부에서 지원하는 읍재, 예비 학생이라 할 수 있는 동몽과 임시 원생인 우생이 등장한다.

여기에서 발견할 수 있는 중세 이탈리아 대학과 조선시대 서원의 가장 큰 차이점은 교수자의 유무인데, 이는 대학과 서원의 교육활동이 지니는 차이에 기인하는 것으로 보인다. 아레초대학의 경우 규정에서 확인되는 법학, 문법, 변증법, 의학, 물리학 등을 교수했음이 확인되며, 이와 별개로 조교가 학생들이 강의 내용을 숙지할 수 있도록 일종의 과외 수업을 진행했음을 알 수 있다. 아울러 수강에 관한 세부적인 규정이 등장하는 것으로 미루어 보아 교수자가 강의를 진행하고 학생들이 수업을 듣는 방식으로 교육 활동이 이루어졌음을 짐작할 수 있다.[34] 반면에 조선시대 서원의 교육 활동은 대개 유생

---

[34] 가령 아레초대학 규정 3항에 따르면 학생들이 여러 교수의 수업을 청강하는 데에는 대학측의 승인이 필요했으며, 청강할 수 있는 수업의 개수에도 제한을 두고 있다. "모든 교수들은 다른 교수의 과목을 수강하는 학생이 담당교수의 동의 없이 본인의 수업에 참여하도록 해서는 안 되며, 그 횟수는 최대 4회로 제한한다. 학생이 1주일간 어떤 교수의 수업을 수강하면 해당 교수는 해당 학생의 담당교수로 간주되며 [...] 이를 어기는 경우 타 교수의 학생에게 본인의 수업을 청강하도록 한 교수는 해당 학생의 담당교수에게 수업료로 10솔디, 교실 사용료로 3솔디를 지불하고, 총장은 해당 교수에게 5솔디의 벌금을 부과한다(Item quod nullus magister debeat recipere scolares alterius magistri in scolis suis ultra quactuor vices invito illo cuius scolares fuerint, et si intraverint scolas alicuius per unam ebdomadam etiam, dicantur scolares eius [...] Quod si aliquis contra fecerit teneantur solvere illi cuius scolares fuerint decem solidos pro doctrina et tres solidos pro scolis, et rectori solvat pro banno V solidos)." 이는 맥락은 조금 다르지만 수업을 받거나 초청을 받은 경우가 아닐 때 동몽의 출입을 금지하고, 임

의 자발적인 학습과 정기적으로 개최되는 강회, 거접 등으로 구성되어 있었다.[35] 그렇기에 이산원규의 사례에서처럼 사서(四書), 오경(五經)을 비롯해『소학』,『가례』등의 텍스트와 사서(史書), 자서(子書) 등 공부해야 하는 교과목을 명시하는 대목을 통해 교육활동의 내용을 읽어낼 수 있다.[36]

아레초대학 규정과 이산서원 원규는 공히 각 기관의 책임자 선출과 임기에 대한 조항을 마련해 두었다. 먼저 아레초대학의 대표는 총장(rettore)의 직함을 지니며, 임기는 2개월로 정해졌다.[37] 이산서원의 경우 운영주체인 원임은 상유사(上有司) 1명과 유사(有司) 2명으로 규정하였고, 임기는 모두 2년이었다. 아레초대학 규정에서 총장의 자격은 따로 명시되지 않으나, 이산서원 원규 7항은 근처에 사는 품관 2명을 유사로, 선비 중 덕망이 있는 자를 상유사로 삼는다고 규정하고 있다.[38]

관리책임자의 역할을 수행하는 직책과 타 구성원간의 관계에 대한 규정 역시 양 기관에서 모두 찾아볼 수 있다. 아레초대학 규정 2항에 따르면 모든 교수들은 상호 존중의 의무를 지며 이를 어길 경우 벌금이 부과되었다. 여기에는 학생들을 선동하여 동료를 공격해서는 안 된다는 내용 역시 포함되어 있다.[39] 아울러 총장은 학사일정의 중단을 지시할 수 있었고,[40] 필요에 따라

시 원생이 정식 원생으로 승격되는 절차를 명기한 이산서원의 원규와 상통하는 부분이 있다고 생각된다.
35) 이수환(2011),「영남지역 퇴계문인의 서원건립과 교육활동」, 23~24쪽.
36)『退溪集』卷41,「伊山院規」: "諸生讀書. 以四書五經爲本原. 小學, 家禮爲 門戶. 遵國家作養之方. 守聖賢親切之訓. 知萬善本具於我. 信古道可踐於今. 皆務爲 躬行心得 明體適用之學. 其諸史子集. 文章 科擧之業. […] 諸生常宜靜處各齋. 專精讀書. 非因 講究疑難. 不宜浪過他齋. 虛談度日. 以致彼我荒思廢業.
37) "마르티노를 총장으로 선출하며 그 임기는 제성절(역주: 11월 1일)부터 […] 1월 말까지로 한다(In primis in rectorem ipsorum elegerunt supradictum dominum Martinum a festo omnium sanctorum […] usque ad Kalendas Ianuarii)."
38)「伊山院規」: "院有司. 以近居廉幹品官二人差定. 又擇儒士之識事理有行義衆所推服者 一人. 爲上有司. 皆二年相遞.
39) "교수들은 학내, 회의 등 모든 장소에서 동료들을 최대한 존중해야 한다. 학생들로 하여금 다른 교수에게 모욕적인 언사나 행동을 하도록 선동해서는 안 된다.

교수회의를 소집할 수 있는 권한을 지녔다.[41] 아레초대학의 규정이 주로 교수들간의 관계를 상세히 규정하는 데 집중하는 반면, 「이산원규」에서는 서원과 관계된 모든 구성원들간의 원만한 관계를 권면하고 있다. 이황은 유사와 원생에게 서로 존중하고 공경할 의무가 있음을 강조하며,[42] 원속과의 관계에서도 사사롭게 하인을 부리거나 개인적인 이유로 벌할 수 없음을 명시하였다.[43] 특히 타인에 대한 폭력을 철저하게 금지하였고, 원속이 잘못을 범했을 경우 원생은 이들을 벌할 수 없으며 죄의 경중에 따라 유사와 상유사가 개입하도록 하였다.[44]

한 가지 흥미로운 지점은 아레초대학은 규정을 위반하는 경우 벌금을 책정하고 있으나 이산서원은 이와 관련하여 벌금과 같은 구체적인 처벌의 형태를 적시하고 있지 않다는 것이다. 우선 위에서 언급한 위반규정은 대학의

　　　이를 어기는 경우 5솔디의 벌금을 부과한다(Item quod nullus magister debeat recipere scolares alterius magistri in scolis suis ultra quactuor vices invito illo cuius scolares fuerint, et si intraverint scolas alicuius per unam ebdomadam etiam, dicantur scolares eius, et eos postea non recipiat. Quod si aliquis contra fecerit teneantur solvere illi cuius scolares fuerint decem solidos pro doctrina et tres solidos pro scolis, et rectori solvat pro banno V solidos.).”
40) “총장이 관리인을 통해 수업 중단을 명한 경우 교수들은 정규 수업을 진행해서는 안 된다. 이를 어기는 경우 5솔디의 벌금을 부과한다(Item teneatur quilibet magister non intrare ad lectiones ordinarias quandocumque preceptum fuerit per bedellum ex parte rectoris, subbanno V solidorum).”
41) “교수들은 매월 1회 열리는 회의에 참석해야 하며, 관리인을 통해 총장이 교수회의를 소집하는 경우 여기에 응해야 한다. 총장의 허가 없이 불참하는 경우 5솔디의 벌금을 부과한다(Item teneantur magistri convenire semel in quolibet mense in loco convenienti et quotiens requisiti fuerint per bedellum ex parte rectoris, et qui non venerit solvat quinque solidos ; nisi licentiam et verbum standi habeat a rectore.).”
42) 「伊山院規」: "諸生與有司. 務以禮貌相接. 敬信相待.
43) 「伊山院規」: "院屬人完恤. 有司與諸生. 常須愛護下人. 院事齋事外. 毋得人人私使喚. 毋得私怒罰.
44) 「伊山院規」: "[...] 刑非儒冠事. 刑謂諸生或有司以私怒捶打外人之類. 此最不可開端. 若院屬人有罪. 則不可全赦. 小則有司. 大則與上有司同議論罰.

경우 주로 교수에게 해당되는 항목이고 서원의 경우에는 원생들에게 해당되는 것임을 고려할 필요가 있다. 다시 말해 대학에서는 교육기관의 교수자에 대한 강제력을 경제적 수단을 통해 행사하고자 하였지만, 서원에서는 원생에 대해 일종의 윤리적인 측면의 강제력을 행사하고자 하는 것으로 해석할 수 있는 것이다. 특히 「이산원규」가 서원의 건립 및 선비의 양성 목적을 문교의 숭상과 인재를 길러내는 데에 두고 있다고 밝히는 점을 상기하면,[45] 서책 반출, 여색, 음주 금지[46] 등과 함께 학자로서 마땅히 지켜야 할 덕목을 상기시키는 것으로 원생의 몸가짐 및 마음가짐을 도덕적으로 규제하는 것을 중시했다고 해석할 수 있다.[47] 반면 중세 대학의 경우 교수들은 기본적으로 계약을 통해 보수를 받는 입장에 있었으므로 경제적인 제재가 더욱 효과적이었으리라 짐작할 수 있다.[48]

중세 대학이 지니는 이러한 경제적 측면은 대학의 재정과 관련한 조항에서 더욱 잘 드러난다. 교수의 재정적 의무 관련 규정인 4항에 따르면 교수는 1년에 총 3번 학생들에게 대학 운영을 위한 학비를 걷어야 하며, 이는 각각 강의실, 강의료, 대학 관리인 보수로 지출되었다.[49] 다시 말해 학생들이 지불하는 수업료가 대학의 전반적인 운영에서 큰 부분을 차지하고 있었음을 알 수 있

---

45) 「伊山院規」: "立院養士. 所以奉國家右文興學. 作新人才之意.
46) 「伊山院規」: "書不得出門. 色不得入門. 酒不得釀.
47) 서원은 근본적으로 강학과 장수를 통해 원생의 지적, 도적적 성장을 도모하는 것을 근본 목적으로 하였다. 서원의 모든 구성원뿐만 아니라 학문을 대하는 자세를 가르치고자 원규에 관련한 조항을 두고 원생들이 이를 지키도록 하였음을 알 수 있다. 이병훈(2020), 「16세기 한국 서원의 출현과 정비」, 93~94쪽.
48) 교수와 조교 등의 숙소 관련 규정인 11항에는 "계약 만료 후 8일 안에 숙소를 비워야 한다(Item teneantur magistri non accipere nec facere accipi hospitium alicui magistro vel repetitori VIII diebus post terminum suum)"는 문구가 삽입되어 있다.
49) "모든 교수에게는 1년에 3차례 학생들에게 학비를 걷을 의무가 있다. 이는 각각 강의실, 수업료, 대학 관리인을 위해 쓰인다(Item teneatur quilibet magister facere ad minus tres collectas, unam pro scolis, aliam pro doctrina et tertiam pro bedello ante nativitatem, Domini)."

다. 이는 지역의 사림이 주축이 되어 후학 양성 및 제향을 목적으로 건립한 서원의 상황과는 굉장히 다르며, 일반적으로 관의 재정적 지원을 받을 수 있었던 서원과 달리 경제적 측면에서는 시 정부와 분리되어 있었기 때문으로 해석된다. 실제로「이산원규」에서도 서원 운영에서 관의 역할은 간섭 없는 지원의 형태로 제시되고 있으며,[50] 이미 별개의 학습 공간을 건립한 뒤 운영을 시작한 서원과 달리 임대의 형식으로 강의실을 마련했던 아레초대학은 매일의 필요를 충족시키기 위한 재정을 확보해야 할 필요성을 항상 지니고 있었다.

「이산원규」와 아레초대학의 규정에서 공통적으로 관찰되는 다른 한 가지 측면은 바로 두 기관 운영보다는 모두 교육에 중점을 둔 규정을 지니고 있었다는 점이다. 특히 아레초대학의 경우 자격이 없는 교수가 강의활동을 하는 것을 엄격하게 규제하고 있었으며,[51] 상술하였듯이 이산서원의 원규의 절반은 원생의 공부에 할애되어 있다. 이는 무엇보다 이산서원과 아레초대학의 운영 1차 목표가 모두 학생들에게 높은 수준의 교육을 제공하는 것에 있었음을 짐작할 수 있게 해준다.

IV. 맺음말

본 논문에서는 중세 이탈리아의 대학과 조선시대의 서원이 시공간적 차이에도 불구하고 일정한 유사성을 지니고 있음에 주목하여 아레초대학의 규정과 이산서원 원규에 대한 상호 비교, 분석을 시도하였다. 이를 통해 중세

---

50)「伊山院規」: "繼今苟縣者. 必於院事. 有增其制. 無損其約. 其於斯文. 豈不幸甚.
51) "아레초 시에서는 교수 자격이 없는 자는 문법, 변증법, 의학 등 모든 과목의 정규 강의를 해서는 안 되며, 공식적으로 교수 능력을 검증받은 경우에만 수업을 열 수 있다(Item nullus audeat legere ordinarie in civitate Aretii nec in gramatica nec in dialetica nec in medicina, nisi sit legittime et publice et in generali conventu examinatus et approbatus et licentiatus quod possit in sua scientia ubique regere)."

이탈리아, 나아가 중세 유럽의 대학과 조선시대 서원 사이의 구체적 사례연구의 가능성을 가늠해 보고자 하였다. 양 교육기관의 규정을 비교, 분석한 결과 전혀 다른 문화적 맥락 속에서 탄생한 대학과 서원간의 구체적인 공통점과 차이점을 확인할 수 있었다. 대학과 서원의 인적 구성은 공히 관리책임자, 학생, 지원인력으로 유사점이 두드러지지만, 각 기관의 역사적 맥락에 따라 세부 항목에서는 차이점을 발견할 수 있었다. 또 다른 공통점은 바로 구성원들간의 관계에 대한 대목으로, 학문의 공간이라는 특성에서 비롯한 상호 존중 및 공경에 대한 강조를 찾아볼 수 있었다. 다른 한편으로 경제적인 측면과 관련된 조항에서는 차이점이 나타난다. 아레초대학의 경우 각종 위반 사항에 대한 벌금과 수업료 징수에 대한 규정이 명시되어 있지만 「이산원규」는 재정적 측면과 관련된 직접적인 언급을 발견할 수 없다. 이는 양 교육기관의 시설 및 운영 형태의 차이에 따른 차이로 해석된다. 그럼에도 불구하고 규정의 전반적인 구성을 통해 볼 때 아레초대학 규정과 이산서원 원규에서는 양 기관의 교육적 목적이 잘 드러나고 있음을 확인할 수 있었다.

【참고문헌】

『退溪集』卷41,「伊山院規」.
이산서원복설추진위원회,『伊山書院誌』, 홍익문화사, 2010.
Archivio di Capitolare di Arezzo, Fondo Aretino, 620.

김동순(1987),「중세 볼로냐(Bologna) 대학의 네이션(Nations)에 관한 연구」,『사림』 4, 수선사학회.
김동순(1995),「중세 파리 대학의 네이션(nation)에 관한 연구」,『상명사학』 3, 상명사학회.
김유경(2002),「중세유럽 대학의 자유 - libertas scolastica의 내용과 한계 - 」,『서양사론』 74, 한국서양사학회.
김의환(2022),「영주 이산서원의 건립과 퇴계 이황 제향의 의미」,『한국서원학보』 15, 한국서원학회.
박병철(2023),「대학의 중세유럽 기원론에 대한 고찰」,『건지인문학』 37, 전북대학교 인문학연구소.
박승찬(2016),「중세 대학의 설립과 발전 - 학문의 자유를 지키기 위한 보루 - 」,『가톨릭철학』 26, 한국가톨릭철학회.
안드레아 초르치(2019),「자치 도시국가의 탄생과 확장」, 움베르토 에코 편, 윤종태 역,『중세 2, 1000~1200: 성당, 기사, 도시의 시대』, 시공사.
이경동(2022),「16세기~17세기 초 영남지역 서원 원규의 구조와 변화」,『중앙사론』 55, 중앙사학연구소.
이광우(2022),「16~19세기 학규를 통해 본 한·중 서원의 변모양상」,『한국서원학보』 14, 한국서원학회.
이광주(1988),「중세대학에서의 '자유'의 문제」,『서양사론』 29, 한국서양사학회.
이병훈(2020),「16세기 한국 서원의 출현과 정비」,『한국서원학보』 10, 한국서원학회.
이석우(1997),「서양 중세 대학의 형성과 전개 - 내적 동인과 외부 세력과의 관계를 중심으로 - 」,『서양사론』 53, 한국서양사학회.
이수환(2011),「朝鮮朝 嶺南과 淸代 山東의 書院 비교연구 - 人的組織과 經濟的 기반을 중심으로 - 」,『민족문화논총』 46, 영남대학교 민족문화연구소.
이수환(2011),「영남지역 퇴계문인의 서원건립과 교육활동」,『국학연구』 18, 한국국학진흥원.

이수환(2021), 「영남지역 서원건립 상황과 특징」, 『민족문화논총』 제78집, 영남대학교 민족문화연구소.

이우진(2020), 「일본과 베트남의 서원 연구 현황과 제언」, 『한국서원학보』 10, 한국서원학회.

이정민(2015), 「파리대학의 역사적 의미에 대한 고찰」, 『통합유럽연구』 6.1, 통합유럽연구회.

이희만(2008), 「파리의 지적 인프라 및 지적 네트워크 - 12세기와 13세기 초를 중심으로 -」, 『서양중세사연구』 21, 서양중세사학회.

임근실(2018), 「16세기 서원 학규에 대한 검토와 그 특징」, 『한국서원학보』 제6호, 한국서원학회.

정수환(2022), 「동아시아 서원, 일반성과 다양성의 경계 - 조선시대 서원과 비교 관점에서 -」, 『한국서원학보』 14, 한국서원학회.

차용구(2001), 「왜 중세 독일에서는 대학 형성이 지체되었는가?」, 『사총』 53, 고려대학교 역사연구소.

찰스 호머 해스킨스, 김성훈 역 (2021), 『대학의 탄생』, 연암서가.

찰스 호머 해스킨스, 이희만 역 (2017), 『12세기 르네상스』, 혜안.

채광수(2022), 「韓·中서원의 院任 비교 연구 - 한국 소수서원과 중국 백록동서원을 중심으로」, 『한국서원학보』 14, 한국서원학회.

최은진(2001), 「중세 후기 옥스퍼드 대학의 학생후원양상의 변화와 그 영향」, 『경희사학』 23, 경희사학회.

크누드 슐츠, 박흥식 역(2013), 『중세 유럽의 코뮌 운동과 시민의 형성』, 도서출판 길.

홍용진(2021), 「1277년 중세 파리 대학의 금지령: 무엇을 위한 통제인가?」, 『역사와 세계』 59, 효원사학회.

Arnaldi, G.(2008), "Il discorso di Giosue Carducci per l'ottavo (virtuale) centenario dello Studio di Bologna," La Cultura 46.3.

Barbero, A. & Furgoni, C.(2001), *Dizionario del Medioevo*, Roma: Laterza.

Biagianti, I.(2006), "Dallo studio medieale ai «luoghi di studio» dell'età moderna," in F. Stella, a cura di, *750 anni degli statuti universitari aretini, Atti del convegno internazionale su origini, maestri, eiscipline e ruolo culturale dello «Studium» di Arezzo*, Firenze: SISMEL.

Black, R.(1996), *Studio e scuola in Arezzo durante il Medioevo e il Rinascimento. I documenti d'archivio fino al 1530*, Arezzo: Accademia Petrarca di Lettere, Arti e Scienze.

Cencetti, G.(1940), "Sulle origini dello Studium di Bologna," Rivista storica italiana 5.

Cortese, E.(2013), "R. Epifani (Epifanius, Efifanides) da Benevento", in E. Cortese, I. Birocchi, A. Mattone & M. N. Miletti, a cura di, *Dizionario biografico dei giuristi italiani (XII-XX secolo)*, 2 voII., Bologna: Mulino.

De Robertis, D.(1978), "Un momento della città aretina. La «Composizione del mondo» di Restoro d'Arezzo," Atti e Memorie dell'Accademia Petrarca di Arezzo XLII.

Fabbrini, F.(2006), "Statuti dell'Università medievale di Arezzo (1255)," in F. Stella, a cura di, *750 anni degli statuti universitari aretini, Atti del convegno internazionale su origini, maestri, eiscipline e ruolo culturale dello «Studium» di Arezzo*, Firenze: SISMEL.

Ferretti, G.(1909), "Roffredo Epifanio da Benevento," Studi medievali III.

Grendler, P. F.(2002), *The Universities of the Italian Renaissance*, Baltimore: The Johns Hopkins University Press.

Hackett, M. B.(1970), *The Original Statues of Cambridge University. The Text and his History*, Cambridge: Cambridge University Press.

Haskins, C. H.(1923), *The Rise of Universities*, New York: Henry Holte and Company,

Haskins, C. H.(1972), *The Renaissance of the Twelfh Century*, Cambridge: Harvard University Press.

Maffei, D.(1975), "Un trattato di Bonaccorso degli Elisei e i più antichi statuti dello Studio di Bologna nel manoscritto 22 della Robbins Collection," Bulletin of Medieval Canon Law, n.s. Vol. 5.

Mor, C. G.(1973/75) "Lo studio aretino nel secolo XIII," Atti e memorie dell'Accademia Petrarca di lettera, arti e scienze, 41.

Najemy, J. M.(2006), *A History of Florence*, Malden: Blackwell.

Pasqui, U.(1916), *Documenti per la storia della città di Arezzo nel Medioevo, Il Codice Diplomatico Aretino (1180-1337)*, Firenze: Olschki.

Porta, G. (2006), "I rapport universitari tra Arezzo e Bologna," in F. Stella, a cura di, *750 anni degli statuti universitari aretini, Atti del convegno internazionale su origini, maestri, eiscipline e ruolo culturale dello «Studium» di Arezzo*, Firenze: SISMEL.

Rashdall, H.(1895), *Universities of Europe in the Middle Ages*, 2 voll,. Oxford: Oxford University Press.

Rosso, P.(2021), *Le università nell'Italia medievale. Cultura, società e politica (secoli XII-XV)*, Roma: Carocci.

Rüegg, W.(1992), "Universities in the Middle Ages", in Hilde Ridder-Symoens, Hilde de Ridder-Symoens & Walter Rüegg eds., *A History of the University in Europe*, Vol. 1, Cambridge: Cambridge University Press.

Stella, F.(2006), a cura di, *750 anni degli statuti universitari aretini. Atti del convegno internazionale su origini, maestri, eiscipline e ruolo culturale dello «Studium» di Arezzo*, Firenze: SISMEL.

Stella, F.(2012), "L'università," in G. Cherubini, F. Franceschi, A. Barlucchi & G. Firpo, a cura di, *Arezzo nel medioevo*, Roma: Herder.

Wieruszowski, H.(1953), "Arezzo as a Center of Learning and Letters in the Thirteenth Century," Traditio 9.

한국 서원의 원생과 서양 중세 대학 학생의 성격 비교
- 원생과 학생의 특권을 중심으로 -

이 광 우

Ⅰ. 머리말

　　교육의 형태와 전개는 한 국가와 민족의 역사 발전 과정을 살펴보는데 있어서 중요한 잣대가 된다. 국가 발전 양상에 따라 교육은 여러 방면에서 이루어졌다. 특히 전통 시대 왕조와 각 지역의 지배 세력은 관료를 비롯해 하나의 사회 집단을 이끌어 나갈 전문 인력을 양성하고, 해당 집단이 추구하는 통치이념을 보급·강화해 나가기 위한 수단으로서 제도화된 고등교육기관을 운영하였다. 우리는 여기서 진행되는 교육의 내용과 형태, 그것의 탄생과 발전, 법적 정비와 운영 실상을 통해 그 시대 공동체가 지향하던 가치와 사회상을 파악할 수 있다.
　　전통 시대 한국의 역대 왕조는 유학을 통치이념으로 삼고 중앙집권적 전제 왕조를 지향하였다. 이들은 고·중세 관학(官學) 기구였던 태학(太學)·국학(國學)·국자감(國子監)·성균관(成均館)을 인재 선발 시스템과 연계하여 유학으로 무장한 관료 집단을 양성하였다. 더불어 이곳을 백성 교화의 구심점으로 활용해 나갔다. 그러나 관료를 지향하는 지배 세력은 기존의 관학 체계에 만족하지 않았다.
　　한국 중세 왕조의 중요한 특징 중 하나는 정치 참여 세력의 외연이 지방으로 크게 확대되었다는 것이다. 예전과 달리 지방 세력은 더 이상 무력으로 실력을 키우지 않았다. 관직 진출을 통해 자신들의 사회적 지위를 향상시켜 나갔으며, 중세 왕조의 구성원이자 관료 예비군 층으로 존재하였다. 그 과정에서 정사(精舍)·서재(書齋)·서숙(書塾)·서재(書齋)라 불리는 지방 사학이 전국적으로 확산될 수 있었으며,[1] 이를 기반으로 1543년(중종 38) 한국 사학 기관 중 가장 완숙한 형태라 할 수 있는 서원이 등장하게 된다.

 비슷한 시기 중세 서양에서는 보다 전문적인 교육을 담당하는 대학이 등장하였다. 서원 교육이 유학을 중심으로 진행되었다면, 대학 교육은 기독교와의 관계 속에 발전하였다. 313년 기독교 공인 이후 서양에서는 교회 기구가 교육을 독점적으로 지배하게 된다. 수도원과 교회학교가 고등교육을 주도하였으며, 초기 유럽 문명 형성에 큰 역할을 하였다.[2] 그러나 시민 계급의 성장과 도시의 발달은 고등교육의 패러다임을 변화시켰다. 사회·경제적 발전은 시민들의 지적 요구에도 영향을 끼쳤다. 이에 부응하여 12세기 무렵 기독교의 독점적 교육 기관에서 탈피한 중세의 대학이 등장하게 된다. 중세 대학에서는 기존의 종교 교육을 이어가면서도, 법학·의학 및 각종 교양 교육에서 전문성을 체계적으로 강화해 나갔다.[3] 이는 곧 동양 보다 앞선 근대로의 이행을 견인하였다.

 유학을 기반으로 한 한국의 서원과 기독교를 기반으로 한 서양의 대학은 양 지역 중세 문화의 발전을 상징한다. 이 무렵 서원과 대학은 정치권력으로부터 제도적 보장과 비호를 받았다. 중세 왕조를 이끌어 나갈 고급 인재를 양성한다는 공감대 속에 재정적 지원을 받았을 뿐만 아니라, 강한 자치권을 행사할 수 있었다. 서원의 원생과 대학의 학생에게도 각종 특권이 주어졌다.

 본 논문에서 주목하고자 하는 것이 바로 서원과 대학의 원생 및 학생이

---

1) 이광우(2020), 「고·중세 한국 사학의 전통이 서원 출현에 이르기까지」, 『한국서원학보』 10, 한국서원학회, 53~59쪽.
2) 정규영(2011), 『동서양 교육의 역사』, 학지사, 295~301쪽.
3) 계명대학교 실크로드연구원 편(2024), 『실크로드의 종교 교육기관』, 계명대학교 출판부, 85~90쪽.

왕조와 사회로부터 부여 받은 각종 특권이다. 원생과 학생은 중세 왕조에서 하나의 특권 계층으로 존재하였다. 이들은 교육의 직접적인 대상으로서 일반인들이 국가에 부담해야 할 병역이나 납세의 의무에서 제외되거나 감면 받았다. 그 양상은 곧 해당 시기 고등교육기관을 운영한 왕조의 사회·문화적 맥락에서 이해할 수 있다. 이에 비교사적 관점에서 서양 중세 대학 학생과 한국 서원의 원생에게 부여되었던 특권과 그것의 사회사적 의미를 비교·검토해 보도록 하겠다.

II. 서양 중세 대학 학생의 자치와 특권

중세 대학의 성립 과정에서 빼놓을 수 없는 것이 교사와 학생에게 주어진 특권이다. '순수한 학도들의 자유로운 길드(guild)'라는 평가처럼,[4] 교사와 학생 조직에 의해 대학은 성립될 수 있었다. 즉, 중세 대학의 성립 자체가 자치 운동의 성과였던 만큼, 자연스레 교사와 학생들은 대학이 소재한 도시의 권력자 또는 더 높은 영향력을 행사할 수 있는 위치의 권력자에게 자신들의 여러 특권을 요구하게 된다.

그 결과 학문에 종사하는 일련의 학자 집단에게 정신적·신체적·법적·경제적 특권이 부여되었다. 그들은 대학이 위치한 도시에서 외부적인 요소로부터 자신들의 권리를 보장받고자 다양한 노력을 전개하였다. 이와 관련하여 1158년 신성로마제국의 황제 프리드리히 1세(Friedrich I.)는 「면학을 위해 여행을 하는 학생들을 위한 특권」을 공포하였는데,[5] 이는 서양에서 최초로 성문화된 특권으로 인정받고 있다.

당시 특권의 등장 요인에는 왕권과 교회 권력 간의 갈등이 중요하게 작용

---

4) 이광주(1988), 「중세대학에서의 '자유'의 문제」, 『서양사론』 29, 한국서양사학회, 160쪽.
5) 이광주(2008), 『대학의 역사』, 살림, 7쪽.

하였다. 붉은 수염왕으로 유명한 프리드리히 1세는 강력했던 교황권과 대립하였다. 1160년 로마의 교황 알렉산데르 3세(Alexander pp.III)는 프리드리히 1세를 파문하였고, 이에 대응해 프리드리히 1세는 빅토르 4세(Victor IV)를 교황으로 옹립하기도 했다. 그런 가운데 대학에 대한 영향력을 높이기 위해 프리드리히 1세는 성문화된 특권을 대학에 부여한 것이다. 당시의 특권 부여는 대학과 교육에 대한 황제와 교황 간의 어떠한 이념적 견해 차이에서 이루어진 것은 아니었다. 그렇다 할지라도 이때 조치는 제도적 장치로 특권을 성문화 했다는 점에서, 후대 대학의 자치와 특권에 적지 않은 영향을 끼치게 된다.

한편, 파리대학의 교사와 학생이 성문법으로 그들의 특권을 처음 보장받은 것은 1180년 프랑스 왕 필리프 2세(Philippe II)의 「학도보호장(學徒保護狀)」이 공포되면서이다. 그리고 얼마 후 1194년과 1198년 교황은 파리대학에 최초의 특권 및 자치권을 부여하였다. 즉, 교수 면허권을 가지는 칸셀라[상서(尙書)]의 권한을 일정부분 제한하고 파리대학의 입법권과 강의정지권을 인정한 것이다. 그리고 프랑스 국왕은 파리 주교의 이러한 요청을 법제화하였다.[6]

나아가 1231년 교황 그레고리오 9세(Gregorius IX)는 대학 학생에게 부여되는 '자치'와 '특권'의 기초라 할 수 있는 대칙서를 다음과 같이 공포하였다.

> 신의 가장 천한 종인 주교 그레고리오는 사랑하는 자식들인 파리의 교사와 학생들에게 인사와 교황의 축복을 보낸다. …(중략)… 학문의 수도인 파리는 밝고 빛나 진실로 위대하며 교사와 학생에게 더욱 더 큰 희망을 갖게 하는 도시이다. …(중략)… 그러므로 학교와 학생의 지위에 관해 나는 다음과 같은 사항이 준수되어야 함을 명한다.
> 즉, 지금부터 파리의 칸셀라로 임명되는 자는 누구나 주교 앞에서 혹은 주교의 지령에 의해 파리의 주교좌 성당 참사회에서 서약해야 하며, 거기에는 학도

---

6) 이광주(1988), 앞의 논문, 165~166쪽.

의 조합을 대표하는 2인의 교사가 입회해야 한다. 칸셀라는 다른 사람들이나 국민단에 의한 비준이 폐지되었으므로, 신학 혹은 교회법의 교수 면허를 훌륭한 인사들 이외에는 수여하지 않고 그럴만한 가치가 없는 사람에게는 거부하겠음을 그 도시의 상황이나 학부의 명예와 존경에 따라 정해진 시관과 장소에서 양심으로부터 성실히 서약해야 한다. 그러나 교수 면허를 부여하기에 앞서서 소면허를 수여한 3개월 이내의 진실을 알 수 있는 장소에서 칸셀라는 그 학생의 생활, 지식, 재능 및 그러한 경우 필요한 장래성이나 성공의 가능성 및 그 밖의 점에 관해 진지하게 규명해야 한다. 그리고 그러한 규명을 한 뒤에 적당하다고 생각하는데 따라 칸셀라는 신청 받은 교수 면허를 자신의 양심을 걸고 수여 혹은 거부해야 한다. 그리고 그 위에 신학과 교회법의 교사들은 강의를 시작할 때 … 칸셀라는 또 파리의 학칙, 즉 교사 취임식을 한 뒤에 시행하는 자유와 법규를 전적으로 그대로 지지하고 교사들의 조언을 누설하여 그들에게 피해를 입히는 일은 결코 행하지 않을 것임을 서약해야 한다.

…(중략)…

그런데 질서가 없는 곳에는 가공할 사건이 쉽게 침투하므로 강의와 토론의 방법과 시간, 착용할 의복, 사자(死者)의 장례 및 어느 (학사學士)가 언제 어떤 주제에 관해 강의해야 하는가, 하숙비 혹은 하숙비의 금지 등에 관한 정당한 규약이나 법령을 작성하고, 그 규약이나 법령에 복종치 않는 자를 제군들의 조합[대학]에서 제명함으로써 정당하게 처벌한다는 권능을 나는 제군들에게 부여하기로 한다. 그리고 만약 이따금 하숙비를 책정하는 권리가 제군들로부터 박탈되거나 혹은 -그런 일은 신이 허용치 않으리라 기도 하는 바- 살해되거나 수족이 상처받게 될 경우 지당한 배상을 받을 때까지 강의를 정지하는 일이 제군에게 허용되어야 한다. 그리고 만약 제군들 중의 누군가가 불법으로 투옥될 경우, 항의해도 석방되지 않는다면 제군들은 만약 그것이 적당하다고 여겨지면 즉각 강의를 정지해도 좋다. 그 뒤에 더욱 학생들의 명예가 유지되고 죄가 처벌되지 않는 일이 없도록 파리의 주교가 위법자들의 불법 행위를 처벌하도록 나는 명한다. 그러나 위법자들로 인해 죄 없는 사람들이 고통 받아서는 안 되며,

아니 그뿐만 아니라 누군가에 대해 그럴듯한 의혹이 생겼을 때 정중한 구류 뒤 적당한 보석금을 제출하여 그는 석방되어야 하며 교도소 간수의 강요는 끝나야 한다. 그러나 만약 투옥될 만한 죄를 범한 경우, 칸셀라는 그 자신의 감옥을 갖는 것이 전혀 금지되어 있으므로 주교가 그 죄인을 투옥해야 한다. 나는 또 학도들이 그가 진 채무 때문에 체포됨을 지금부터 금한다. 왜냐하면 그것은 교회법이나 법적 제재에 의해 금지되어 있기 때문이다. 그러나 주교나 그의 교구 재판장, 그리고 칸셀라도 파문이나 그 밖의 징벌을 해제하는 대가로 벌금을 요구하거나 칸셀라라 할지라도 교수 면허 자격자들에게 서약이나 복종 및 그 밖의 서약을 요구해서도 안 되며, 또 칸셀라는 앞에 기술한 서약의 제 조건을 준수하고 교수 면허를 수여하는 대가로 직책에서 오는 이익이나 약속을 받아서는 안 된다.

    그리장을 만들지 않고 죽거나, 자기의 일들의 시중을 타인에게 위탁하지 않는 학생의 재산에 관해 나는 다음과 같이 규정지었다. 즉, 주교와 대학은 그것을 위해 1인의 교사가 고인의 전 재산을 수령하고 그것을 엄연히 안전하고 적당한 곳에 맡겨 날을 정하여 그때까지 그의 사망이 출생지에서 알려지고 그 재산의 상속인이 파리에 오든지 혹은 적당한 사자(使者)를 대리로서 파견할 수 있도록 해야 한다. 그리고 만약에 그들이 오든지 사자를 보내든지 하면 그 재산은 정해진 안전보장을 통해 그들에게 반환되어야 한다. 그러나 만약 아무도 나타나지 않는다면, 그때에는 주교와 교사가 적당하다고 여겨진 대로 재산을 고인의 영혼을 위해 사용해야 한다. 그러나 때마침 상속인이 정당한 이유로 인해 올 수 없을 경우에는 바람직할 때까지 그 처분이 연기되어야 한다.

    그러나 파리시가 서약을 파괴하여 위해와 손해를 입은 교사와 학생들은 이미 그 대학을 떠났기에 그들 자신의 소송 사실보다도 오히려 공동의 소송 사실을 신청한 것으로 여긴다. 나는 교회의 일반적 필요성과 유용성을 고려하여 다음과 같이 명한다. 즉, 지금부터 이들 특권이 우리 그리스도의 가장 총애하는 아들인 영광스러운 프랑스 국왕에게 의해 교사와 학생들에게 제시되고, 벌금이 그들의 가서에 위반하거나 경솔히 반박하거나 하는 행위는 누구에게도 허용되지 않는다. 만약에 누구라도 감히 그렇게 마음먹는다면 그는 전능의 신과 성스

러운 사도인 페테르와 파울의 노여움을 사리라는 것을 그에게 알릴지어다.[7]

　그레고리오 9세의 대칙서는 후일 중세 대학의 자유와 특권을 상징하는 전범이 되는데, 그 특징은 크게 다음과 같이 네 가지로 정리할 수 있다.
　첫째, 교수와 학생은 병역·부역·세금이 면제되었다. 동·서양을 막론하고 고등교육기관의 구성원이 국가 또는 지방 권력으로부터 각종 공역(公役)을 면제 받는 점은 대학 구성원에 대한 자치권과 더불어 특권을 상징한다고 평가할 수 있다.
　둘째, 대학에 독립된 법정이 설치되었다. 대학은 사법권을 부여받고 국가권력과 별개로 대학 내에서 재판권을 행사하였다. 예컨대 영국의 옥스퍼드 대학은 대략 200년 동안 외부의 사법권이 집행하는 각종 재판을 면제 받았다. 이러한 특권을 단적으로 보여주는 사건이 1200년 프랑스에서 발생한다.[8] 당시 파리대학의 학생들이 선술집에서 소요를 일으켰고, 그 과정에서 귀족 출신 독일 학생의 시종이 구타당하는 일이 일어났다. 이에 학생의 동향(同鄕) 학우들이 선술집으로 몰려가 주인에게 상해를 입혔다. 격분한 일련의 파리 시민들은 무장한 채 파리시 감독관을 앞세우고 독일 학생의 기숙사를 습격하였다. 시민들의 공격에 학생 일부가 살해당하기도 했다. 이에 교사들은 국왕에게 배상을 요구하였다. 이 사건에 대해 프랑스 국왕은 대학 측의 요구를 적극 반영한 칙서를 공포하였다. 관련 사건의 재판관을 처벌하는 반면, 학생에게는 면죄를 공포하였다. 즉, 세속 재판에 대해 학생은 자유라는 특권을 제도적으로 인정한 것이다. 결국 이 사건은 당시 대학의 학생들이 자신들의 도시 안에서 치외법권을 행사할 수 있었음을 잘 보여주는 사례이다.
　셋째, 교수와 학생은 자유로이 여행할 수 있었다. 물론 이들은 여행 과정에서 신분상의 보호와 자유를 보장 받았다.

---

7) 이광주(2008), 앞의 책, 8~14쪽의 번역문 재인용.
8) 이광주(1988), 앞의 논문, 169쪽.

넷째, 중세 대학은 그들의 명예나 독립이 침범되었다고 느꼈을 때에는 언제나 동맹휴학을 하였다. 예컨대 파리대학의 경우 교수와 학생 조합은 동맹휴학을 할 수 있는 법적 권리를 가졌다. 이것은 당시 학문의 자유를 상징한다.

한편, 중세 대학의 학생들은 국가와 도시의 권력자들에게 자신들의 권리를 적극적으로 행사하였다. 만약, 그러한 권리가 허락되지 않으면 '이주(移住)'라는 무기를 내세웠다. 당시에는 대학이라고는 하지만, 근대와 같이 강의를 하는 건물이나 학생이 거주하는 건물, 그리고 행정을 총괄하는 건물은 존재하지 않았다. 교사와 학생 조합의 구성원들은 편의에 따라, 때로는 독지가(篤志家)가 제공하는 건물에서 외부의 간섭을 받지 않은 채 교육을 이어 나갔다. 이러한 불안정한 상황 때문에 후대와 달리 대학의 구성원은 권력 집단에게 '이주'라는 권한을 적극적으로 내세울 수 있었던 것이다.

1228~1229년 파리대학에서 일어난 한 사건은 '이주'가 중요한 권리로 보장 받음을 보여주는 중요한 사례가 된다.[9]

당시 열린 사육제(謝肉祭)에서 어떠한 소동이 발생하였고, 그 과정에서 학생 다수가 살해당하였다. 이에 대학 측은 1개월 이내에 적절한 조치를 취해 줄 것을 파리시 당국에 요구하였다. 덧붙여 요구 거부 시에는 향후 6년 동안 대학을 '이주'할 것이라는 단서까지 달았다. 그러나 결과적으로 대학 측 요구는 받아들여지지 않았다. 학생과 대학 측은 즉각 자신들이 무기로 내세운 '이주'라는 권리를 행사하였다. 그리고 요구가 관철되지 않으면 6년 뒤에도 파리시로 돌아가지 않을 것이라고 천명하였다.

한편, 이때 '이주'한 학생 상당수는 영국 국왕 헨리 3세(Henry III)의 요청을 받아 새로 설립된 옥스퍼드대학과 캠브리지대학에서 보강하였다. 그 밖에도 파리대학의 '이주'는 프랑스 지방 대학의 성장에도 큰 기여를 하였다. 파리대학의 사례는 곧 다른 대학에도 영향을 끼쳤다. 이 무렵 대학 당국과 학생은 적극적으로 '이주'의 권리를 행사해 나간 것이다.

---

9) 이광주(1988), 앞의 논문, 168쪽.

사실 캠브리지대학도 옥스퍼드대학의 교사와 학생이 갈등을 겪던 도시를 떠나 설립된 것이었다. 도시 입장에서 대학의 존재는 해당 도시의 위상과 직결되었다. 옥스퍼드의 사례도 대학 학생의 특권이 보장되는 중요한 계기가 된다.[10] 즉, 1209년 옥스퍼드에서 일련의 학생들이 한 노인을 살해하는 사건이 발생하였다. 이 문제를 둘러싸고 시 당국은 관련 학생에 대한 즉각적인 처벌을 시도하였지만, 학생들은 자치권을 행사하여 이 사건을 마무리하고자 했다. 결국 당국과 학생의 갈등은 장기간 지속되었다.

주목할 것은 당국과 학생 간의 갈등이 전개되는 과정에서 학생들에 대한 몇 가지 특권이 확인된다는 점이다. 먼저 공공봉사 및 군사 의무와 같은 공역에 대한 면제가 확인된다. 또한 과세의 경감 및 면제, 세속에서의 재판권 면제, 멀리 떨어진 종교재판소부터의 소환 면제를 받을 수 있었다. 거기다 주거비나 식료품비 등을 경감 받았다. 의지할 곳이 없는 외부 학생에 대한 도시 상업인들의 횡포와 배타적 행위는 철저히 제한 받았다. 그 외에도 국왕에 의한 여러 신분적 보호를 받았으며, 법적으로 '이주'와 '강의 정지'와 같은 행위를 보장 받고 있었다.

중세 대학의 기원을 살펴보는데 중요한 볼로냐대학의 학생들도 '이주'와 '강의 정지'를 무기로 자신들의 권리를 보장 받았다.[11] 이들은 13~14세기 동안 비첸차·아레초·파도바·시에나·피사 등으로 이주하였다. 이들의 이주는 도시에 큰 타격을 주었다. 비단 도시의 위상뿐만 아니라, 학생을 상대로 한 각종 상업, 즉 임대업·요식업·숙박업, 그 외에 서적 및 학용품 판매에도 피해를 입혔던 것이다.

이러한 요구에 대해 볼로냐 당국은 서약공동체를 조직하고 렉토르(lector) 선출 등을 비롯해 여러 권리를 인정할 수밖에 없었다. 이를 바탕으로 학생 대표는 대학 운영자 역할을 수행할 수 있었으며, 교수는 학생 조합으로부터 임

---

10) 오주환(1980), 「옥스포드와 캠브리지의 지적 전통(1)」, 『경북사학』 2, 경북사학회, 27~59쪽.
11) 남기원(2021), 『대학의 역사』, 위즈덤하우스, 57쪽.

명을 받아들여야 하는 상황이 되었다.
  다음 내용은 볼로냐대학의 학생조합과 교수 간의 관계를 단적으로 보여준다.

- 강의에 늦거나 예정보다 늦게 종료할 때 벌금을 부과한다. 강의 종료가 늦어지면 학생들은 바로 교실을 떠날 수 있다.
- 강의 전 수업에 사용할 교재를 어떻게 배포할지 학생들과 합의해야 한다.
- 지정된 교재는 학기 특정 시점까지 진행해야 하며, 이를 위반할 시 무거운 벌금을 부과한다.
- 주석을 어렵게 달거나 강의 안내서대로 수업을 진행하지 않으면 벌금을 부과한다.
- 교수는 정규수업 시 5명 이상의 수강생을 확보해야 한다. 만약 인원수 확보에 실패하면 결강으로 간주해 벌금을 부과한다.[12]

  즉, 볼로냐대학에서는 학기 시작 전 교수가 일정 금액의 보증금을 도시의 은행에 맡겨두어야만 했다. 그리고 위의 사항에 저촉되는 일을 저질렀을 경우 학생조합은 보증금을 벌금으로 차감하였다. 봉급으로 생활하는 교수들 입장에서 이러한 규정들은 생계를 유지하는데 치명적일 수밖에 없었다. 거기다 벌금을 낼 경우 학생들 사이에서 명성과 평판에 큰 흠이 되었다고 한다. 따라서 학생들의 요구 사항에 귀를 기울일 수밖에 없었다. 그 밖에도 볼로냐대학에서 학생 조합은 감시위원을 비밀리에 선발하여 교수들을 감시하고 고발하였다.[13]
  '이주'와 '강의 정지'로 대표되는 중세 대학 학생들의 권리 행사는 대학의 발전에 따라 강당과 도서관이 갖추어지고, 교육 체계가 하나둘씩 잡히면서

---

12) 남기원(2021), 앞의 책, 58쪽 재인용.
13) 남기원(2021), 앞의 책, 59~60쪽.

자연스레 사라져 갔다. 그럼에도 불구하고 교회와 세속의 권력으로부터 통제 받을 수밖에 없었던 초창기 중세 대학의 학생들이 자신들의 특권을 권력 당국에 적극 호소하고 관철시켰던 행위는 향후 대학이 '자유로운 학문의 장(場)'으로 정립하는데 중요한 영향을 끼쳤다고 평가 할 수 있다.

III. 한국 서원 원생의 자격과 특권

서원은 중국에서 유래하였다. 중국에서도 서원을 도학(道學)의 장수처(藏修處)로 인식하였으나, 기본적으로 중앙집권적 왕조 체제 하에서 관료를 양성하는 곳으로 활용하였다. 이러한 경향은 명·청시기 동안 뚜렷해진다.

한국에 처음 서원이 도입되었을 때에도 관료 양성처로 인식하였다. 예컨대 1542년 부사과(副司果) 어득강(魚得江)은 다음과 같은 상소문을 올렸다.

> 충청도·강원도·전라도의 중앙과 경상좌·우도에 각기 하나의 사찰을 얻어, 생원·진사를 막론하고 도내 명유들을 모아 한 해의 사중월(四仲月)에 상·하의 재(齋)로 나누어서 독서하게 하는 것을 연례로 삼아야 합니다. 경상도의 경우 주군(州郡)의 학전(學田)에서 나온 소출로 6월의 도회와 겨울 석 달 동안 모여 독서하는 비용으로 쓰는데, 지금부터라도 그것을 옮기면 사중월의 비용으로 쓸 수가 있을 것입니다.
> 부족한 것은 관에서 보태어 매 번 40~50인, 혹은 20~30인이든 많고 적음에 구애되지 말고 모아서, 관질(官秩)이 높은 수령을 시관(試官)으로 삼되 2인의 교수(敎授) 혹은 현감(縣監)까지 3인을 거느리고 그들에게 권과(勸課)하여 제술(製述)하게 해야 합니다. 그래서 그 분수(分數)를 헤아려 생원·진사는 문과의 관시(館試)·한성시(漢城試)·향시(鄕試)에 응시하도록 차등을 두어 자격을 수여하되, 유학(幼學)은 생원·진사시의 복시(覆試)에 바로 응시할 수 있게 합니다.[14]

어득강의 상소는 한국에 공식적으로 서원이 도입되기 이전, 서원을 어떻게 인식했는지 보여주는 중요한 사례가 된다. 이때 어득강이 구상한 서원의 모습은 동 시기 명나라처럼 관학 기관에 가깝다. 1543년 풍기군수 주세붕(周世鵬)이 우리나라에서 처음 설립한 백운동서원(白雲洞書院)[소수서원(紹修書院)]의 운영 방향도 어득강의 인식과 큰 차이가 없다. 이러한 경향은 주세붕이 제정한 「원규」에서 찾을 수 있다.

백운동서원 「원규」는 12개조로 구성되어 있는데, 두 번째 조목의 경우 학전과 보미(寶米)에 관한 것인데, 재정 운영에서 관부의 직·간접적인 영향력이 드러난다.[15] 열한 번째 조목은 "무릇 서원에 들어오는 선비의 경우 사마(司馬)는 대학에 들어가는 것과 같다. 그 다음은 초시 입격자로 한다. 그러나 초시 입격자가 아니더라도 한 마음으로 학문에 뜻을 두고 조행(操行)이 있는 자로 입학을 원하는 자는 유사가 사문(斯文)에게 고하여 맞이한다."[16]고 하여, 과거 시험 입격자에게 입학 자격의 우선권을 주었다.

그러나 당시 향촌사회에 머물고 있던 사림 세력의 서원관은 달랐다. 한국 서원의 전범을 마련한 이황(李滉)은 중국 송대 이학자(理學者)들처럼 서원을 사림이 주도하는 강학·제향·유식처로 인식하였다. 이와 관련해 1559년 이황이 제정한 이산서원(伊山書院)의 「이산원규(伊山院規)」 조목에는 다음과 같은 내용이 있다.

하나, 제생(諸生)은 독서 하는데 사서오경을 근원으로 삼고 『소학』과 『가례』

---

14) 『中宗實錄』 卷98, 37年 7月 乙亥.
15) 『竹溪志』, 雜錄後, 〈院規〉, "學田所出 每年十一月 院長成冊三件 一件申于官 一件報于斯文 一件留置院中 寶米所納 每年正月 成冊三件 其申報如前 必存本取息而用之 若不待存本而先用其息 則在民腹中而未納者 有本之名 無存之實 須以先納者充存其本 然後 用其所息 可也 今夫列邑司馬所 亦多置田立寶 然而送迎婚喪之需 或資於此 故其久保也 鮮矣 若書院則必以養賢爲主 無他耗費 然後 庶可支久 無大闕欠".
16) 『竹溪志』, 雜錄後, 〈院規〉, "凡入院之士 司馬則如入大學 其次初試入格者 雖非入格 其一心向學有操行而願入者 有司稟于斯文而迎之".

를 문호로 삼되, 국가의 인재를 진작시키고 양성하는 방법을 따르고 성현의 친절한 교훈을 지켜서 … 그러나 마땅히 내외·본말의 경중과 완급의 차례를 알고 항상 스스로 격려하여 타락하지 않아야 한다. 나머지 사특·요망하고 음탕한 글은 모두 원내에 들이어 눈에 가까이해서 도를 어지럽히고 뜻을 미혹하지 못하게 해야 할 것이다.

하나, 서원 유사는 근처의 청렴하고 재간 있는 품관(品官) 두 사람으로 정하고, 또 선비 중 사리를 알고 조행이 있어 여러 사람이 추앙하고 복종할 수 있는 사람 하나를 골라 상유사로 삼되, 모두 2년마다 교체한다.[17]

어득강·주세붕은 서원을 철저하게 관학의 보완처로 인식하였다. 따라서 입원 기준도 과거 시험의 단계에 맞추어 마련되었다. 그러나 이황은 서원을 사림의 장수처로 생각하였다. 「이산원규」에서는 구체적인 원생 선발 기준이 확인되지 않지만, 서원의 운영 주체인 유사는 지역 품관 중에 선발할 것을 규정하고 있다. 수령의 역할은 제도를 마련해주고 이것을 수호해 준다면 충분하다고 했다. 이처럼 이황은 「이산원규」에서 관부의 지원만 언급할 뿐이었다. 서원 운영에 있어서 관부의 직접적 간여를 배제한 채, 사대부층이 주도하는 자율성을 강조한 것이다.

이와 같이 서원 보급에 앞장선 이황은 서원을 처음 건립한 주세붕의 서원관과 일정부분 차이를 보인다. 주세붕은 명대에 관학화된 서원을 모범으로 삼았다. 반면, 이황은 남송대 주자의 서원관을 계승하고자 했다. 즉, 서원의 자발적인 운영을 주목할 수 있다. 이는 1604년 정구(鄭逑)가 제정한 도동서

---

17) 『退溪集』卷41, 雜著, 〈伊山院規〉, "一 諸生讀書 以四書五經爲本原 小學家禮爲門戶 遵國家作養之方 守聖賢親切之訓 知萬善本具於我 信古道可踐於今 皆務爲躬行心得 明體適用之學 其諸史子集 文章科擧之業 亦不可不爲之旁務博通 然當知內外本末輕重緩急之序 常自激昂 莫令墜墮 自餘邪誕妖異淫僻之書 竝不得入院近眼 以亂道惑志 … 一 院有司 以近價廉幹品官二人差定 又擇儒士之識事理有行義衆所推服者一人 爲上有司 皆二年相遞 … 一 立院養士 所以奉國家右文興學 作新人才之意 人誰不盡心 繼今莅縣者 必於院事 有增其制 無損其約 其於斯文 豈不幸甚".

원(道東書院)「원규」의 '인신진(引新進)' 조목에서도 잘 드러난다.

> 하나, 인신진(引新進). 언제나 향사일에 신진을 논의하여 영입한다. 누구나 각기 한 사람씩 추천하여 원장에게 올리되 만일 추천할 만한 사람이 없을 때는 굳이 추천하지 않아도 된다. 원장은 그를 받아들일 것인지에 대한 가부를 중론(衆論)을 모아 정한다. 만일 '가'하다는 판결이 난 사람을 영입할 경우에는 순점(純點)을 맞은 자만 거두고, 명단에 그 성명을 기록한다. 천거하여 올리는 대상은 반드시 20세 이상으로서 훌륭한 학행이 있는 자로 한다. 또한 비록 약관이 되지 않았더라도 사마시에 입격하거나, 혹 향시에 합격하고 재주와 행실이 뛰어나 유익한 벗의 반열에 어울릴만한 자는 천거한다. … 의지가 약하고 해이해져 더 이상 분발하지 못하거나, 일찍이 향임(鄕任)을 역임했더라도 학문에 종사하려 하지 않는 자는 모두 서원에서 축출한다. 먼 지방의 선비 중에 들어오기를 원하는 자가 있을 때는 비록 그를 추천하는 자가 없더라도 학문과 행실이 이루어졌고, 특별히 드러난 과실이 없으면 또한 들어오는 것을 허용한다. 새로 글을 배우는 아이를 비롯해 20세 이하인 자들은 모두 양몽재(養蒙齋)에 입학하는 것을 허용한다. 비록 20세가 지났더라도 미처 원유(院儒) 선발에 들어오지 못해 양몽재에 들어오기를 원하는 자 또한 그 요구를 들어준다.[18]

도동서원의 '인신진' 조목에서 원생의 입원을 결정짓는 요소는 크게 원유(院儒)의 공론과 학문적 능력 두 가지이다. 덧붙여 정좌차(定座次)에서는 서치(序齒) 규정을 제정해 놓았다.[19] 즉, 학문적 능력을 입원 자격의 예외 조항으

---

18) 『寒岡續集』 권4, 〈院規〉, "一 引新進 每於享祀之日 議引新進 每人各薦一員 進于院長 如無可薦 不必力舉 院長通可否 採衆議而定之 如用可否 則宜只取純點 書于案 凡所薦進 必二十歲以後有學行可觀者 雖未滿弱冠 … 志氣衰惰 不復能振發者 或已經鄕任 不肯從事於問學者 竝聽出院 遠方之士 如有願入者 雖無引之者 學行成就而別無顯失者 亦許入 新學小兒凡在二十歲以下者 皆聽養蒙齋入學 雖二十歲以後 未及入院之選 而願入養蒙齋者 亦聽".
19) 『寒岡續集』 권4, 〈院規〉, "一 定坐次 坐必序齒".

로 두었고, 뒤 이은 조목에다가 서치를 강조한 이황의 견해를[20] 명시한 것이다. 이를 미루어 볼 때 신분적 제약은 그리 크지 않았던 것으로 판단할 수도 있지만, 후대의 실상은 이와 같지 않다.

이황과 더불어 이이(李珥)의 학규도 후대 서원 운영에 큰 영향을 끼치게 된다. 그는 「은병정사학규(隱屛精舍學規)」를 통해 입원 자격 및 운영 주체를 다음과 같이 규정하였다.

> 하나, 입재 규칙은 사족과 서류(庶流)를 막론하고 단지 학문에 뜻 있는 자를 모두 입재에 허락하되, 먼저 재에 들어온 자의 의견이 들어와도 좋다고 한 연후에 허락한다. 만약 전일에 패악했던 사람이 들어오고자 하면, 먼저 그로 하여금 스스로 잘못을 고치고 수칙하게 한 다음, 그 소행을 자세히 관찰하여 행실이 고쳐졌음을 확실히 안 뒤에 입재를 허락한다. 평소에 내력을 모르는 자가 들어오기를 원하면 그로 하여금 잠시 가까운 마을이나【혹은 양정재】 산사에서 왕래하며 공부하도록 하여, 그 지취(志趣)와 조행을 관찰해 취해도 좋을지를 안 뒤에 입재를 허락한다.
>
> 하나, 재 안에서 나이가 많고 유식한 사람 1인을 추대하여 당장(堂長)으로 삼고, 또한 제배 중에서 학문이 우수한 사람 1인을 추대하여 장의로 삼는다. 또 2인을 뽑아 유사로 삼고, 또 2인을 차례로 뽑아 직월(直月)로 삼는다. 당장과 장의, 유사는 특별한 사유가 아니면 교체하지 않는다. 직월은 한 달 마다 교체한다. 무릇 재 안의 논의는 장의가 주관하고, 당장에게 보고하여 결정한다.[21]

---

20) 『退溪集』 권23, 書, 〈與趙士敬〉.
21) 『栗谷全書』 卷15, 雜著2, 〈隱屛精舍學規〉, "一 入齋之規 勿論士族庶類 但有志於學問者 皆可許入 齋中先入者 僉議以爲可入 然後乃許入 若前日悖戾之人願入 則使之先自改過修飭 熟觀所爲 決知其改行 然後許入 素昧平生者願入 則使之姑按近村【或養正齋】或山寺往來問學 觀其志趣操履 知其可取 然後許入 一 推齋中年長有識者一人爲堂長 又推儕輩中學優者一人爲掌議 又擇二人爲有司 又輪選二人爲直月 堂長掌議有司 非有故則不遞 直月則一月相遞 凡齋中論議 掌議主之 稟于堂長而定之".

「은병정사학규」에서도 원생 선발의 자치권이 확인된다. 사림 세력은 관부의 지원을 받아 서원을 운영함에도 그들의 영향력을 가능한 배제하고, 자율적 운영을 도모하였던 것이다. 이처럼 한국 서원의 자치권은 원생 선발 규정을 통해 그 특징을 가늠할 수 있다.

그러나 원생 선발의 자율성은 한편으로 그들을 사회적 특권층으로 자리매김하는데 중요한 매개가 되었다. 사림 세력은 서원 활동을 통해 향촌에서의 사회적 지위를 유지하고자 했다. 따라서 서원 입원도 배타적일 수밖에 없었다.

입원에 신분적 제약을 둔 배타적 운영은 자발적 교육·교화를 추구한 주자의 서원관과 배치되었다. 그럼에도 불구하고 당대 서원 운영을 주도한 사대부 계층은 '신분적 명분'의 정립을 우선시하였다. 앞서 살펴 본 학규에서도 이러한 모순에 대한 고민이 확인된다.

예컨대 「은병정사학규」에서 이이는 "사족과 서류를 막론하고 다만 학문에 뜻이 있는 자는 모두 입재를 허락"하라고 했다. 그러나 여기에는 중요한 단서가 달려 있다. 뒤이어 "먼저 재에 들어온 사람들의 의견이 들어와도 좋다고 한 연후에 입재를 허락한다"고 한 것이다. 이러한 단서는 도동서원의 「원규」등 이 시기 여러 원규에서 찾을 수 있다. 즉, 사대부의 위상이 정립되던 시점에 서류의 '입재' 및 '입원'을 명시한 학규를 단순히 파격적이라고만 해석할 수는 없는 부분이다. 이처럼 서원 운영을 둘러싼 조선 시대 사대부 계층의 신분적 이해관계는 주자의 서원관과 모순을 일으킬 수밖에 없었다.

서원 운영과 입원이 사대부 주도로 이루어짐에 따라, 원생에게도 중요한 특권이 부여되기 시작하였다. 서원 입원이 애당초 신분 문제와 직결된 관계로 원생에게는 사대부의 지위를 유지하고 획득하는데 필수적인 특권이 주어졌다. 바로 군역(軍役)의 면제였다.

조선의 신분 제도는 기본적으로 국가에 역(役)을 지는 양인(良人)과 주인에게 복속되어 있는 천인(賤人), 즉 양천제(良賤制)로 운영되었다. 여기서 양인은 종사하는 직종에 따라 사농공상(士農工商)으로 구분되었고, 부여되는 역의 종류도 달라졌다. 그 중에서도 사대부는 관료 예비군 층으로서 군역의 면제를 받을 수 있었다. 군역을 면제 받는 계층을 모두 양반 사대부 계층이라 할 수 없지만, 양반 사대부는 최소한 사회적 특권층으로서 군역 면제를 받았다. 정부는 관료 예비군 층을 양성한다는 명분하에 서원 원생에게 군역 면제라는 특권을 부여한 것이다.

그러나 그 특권은 오래 되지 않아 곧 사회·경제적 문제로 다가 왔다. 이와 관련하여 1657년 완성된『선조수정실록(宣祖修正實錄)』의 다음 사론(史論)이 주목된다.

> 서원 설립은 명종 때부터 시작되었다. 주세붕이 풍기군수로 있으면서 죽계에 백운동서원을 창설하고 선현 안유(安裕)[안향]를 제사지냈으며, 그 뒤 풍기군수 이황이 조정에다가 사액과 반서(頒書)를 청원하였다. 당시에는 자못 선비들이 강업(講業)하는 효과가 있었는데, 잇따라 설립된 것이 나라 안에 겨우 10여 개소에 불과하였다. 당시 이황이 김종직을 제사지내려 하자 문인 중에 부당하다고 의혹을 가지는 자가 있을 정도로 그때는 존사(尊祀)된 자도 적었으며, 서원만 있고 제사지내지 않는 곳도 있었다. 그런데 그 뒤 나라 안에서 마구 본받아 "우리 고을에도 제사지낼 만한 현인이 있다"고 굳이 청원하면서 연달아 서원과 사우를 세웠다. 이때까지만 해도 그리 폐단이 심하지 않았지만, 상교(上敎)가 이와 같았다. 지금은 서원이 없는 고을이 없고, 제사를 받는 자도 별 볼일 없는 사람이 많다. 유적(儒籍)이 역(役)을 도피하는 소굴이 되어 현송(絃誦)의 미풍은 땅을 쓴 듯이 없어졌으니, 문폐(文弊)를 운위할 것도 되지 못한다.[22]

위 사론은 임진왜란 중인 1595년 선조가 서원을 문폐(門弊)의 온상으로 지목하며 철폐를 지시했던 기사에 대한 논평이다. 여기서 정부는 서원의 교육 기능이 사라진 채 존사 기능만 남게 된 현실을 지적할 뿐만 아니라, 무엇보다 피역의 소굴이 되고 있음을 강조하고 있다.

---

22)『宣祖修正實錄』卷29, 28年 7月 壬申.

조선 시대 서원의 중요한 경제적 기반 중 하나가 원속(院屬)이었다. 이들은 소속 서원에 인적·물적 자원을 제공하는 대신 군역을 면제 받았다. 원속의 숫자는 서원의 규모에 따라 차등을 두었다. 그러나 각 서원은 규정된 원속에 만족하지 않았다. 대신 원생의 규모를 대폭 늘림으로써, 원생이 납부하는 물적 자원을 바탕으로 재정을 확보해 나갔다. 서원은 원생을 통해 안정적으로 재정을 운영할 수 있었으며, 원생은 군역 면제와 더불어 이를 매개로 신분 상승을 도모할 수 있었다.

결국, 양반 사대부뿐 아니라 많은 계층이 앞 다투어 서원에 들어가기를 원하는 가운데, 1734년(영조 10) 비변사(備邊司)는 양역(良役) 변통과 관련된 한 편의 계(啓)를 올렸다. 당시 비변사는 사회·경제적 문제가 되고 있던 양역을 변통하기 위하여, 각 고을의 군관(軍官)과 잡색(雜色)을 비롯해 향교 교생과 서원 원생을 사정(査正)한 뒤, 여기서 적발된 인원을 정군(正軍)의 결원을 충원하자고 건의하였다.[23] 어느덧 서원 원생의 특권은 학문을 보호하고 진작하는 제도적 장치로 활용된 것이 아니라, 입록 원생의 사회·경제적 이해관계를 관철시키는 수단으로 변질되었던 것이다.

이러한 서원 원생의 특권은 사회적 갈등을 야기하기도 했다. 대표적인 사례가 서원 입록 및 원임직을 둘러 싼 갈등이다. 예컨대 18~19세기 동안 경주 옥산서원에서는 제향인의 후손들이 적서(嫡庶)로 나뉘어져 원임직 소통을 둘러싸고 심각한 갈등을 일으켰다.[24] 사실 16~17세기에 서원 학규가 처음 제정될 무렵에는 서원 입원이나 원임직 수행에 서얼의 자격 유무를 명확하게 규정하지 않았다.

그런 가운데 조선 후기 동안 서얼 허통(許通)이 단계적으로 이루어졌고,

---

23) 『備邊司謄錄』 95冊, 英祖 10年 4月 29日, "各邑校院生官軍官募入保直等雜色 一番査正 必以年十五以上塡補正軍闕額".
24) 이하 옥산서원 원임직 소통을 둘러 싼 적서 간의 갈등은 '이수환(2000), 「18-19세기 경주 옥산서원 원임직 유통을 둘러싼 적서간의 향전」, 『고문서연구』 17, 한국고문서학회' 참조.

이로 말미암아 서얼의 사회적 지위도 향상되어 갔다. 나아가 서얼은 서원 입원과 원임직 수행에서 동등한 대우를 요구하였다. 하지만 서원 운영을 주도하던 적손들은 이들의 요구를 쉽게 용납하지 않았다. 결국, 서원 입원과 원임직 수행을 둘러 싼 갈등이 곳곳에서 발생하게 된다.

옥산서원은 건립 이후 제향인의 적손 계열이 원임직을 장악하고 있었다. 하지만 18세기 무렵부터 서손 계열이 원임직 소통을 적극적으로 요구하기 시작하였다. 이에 적손은 이황의 학규를 근거로 그들의 요구를 완강하게 거부하였다.

> 대개 옥산서원 원규와 학령(學令)은 곧 퇴도노선생(退陶老先生)[이황]께서 강정(講定)하신 것입니다. 퇴도 선생은 이 규령을 먼저 순흥의 소수서원에서 시행하였고, 이어 본 고을의 옥산·서악(西嶽) 두 서원에 나누어 가르쳤으니, 주부자의 「백록동규」와 함께 거행하고 삼가 지켜왔습니다. 대개 그 규정은 한두 가지가 아니지만, 그 중에서도 설천(設薦)과 취사(取士) 한 건은 매우 무겁고 엄한 규정입니다. 그 설천하는 법은 반드시 사족 가운데 문벌과 지망(地望)을 함께 갖춘 자로 고르고, 공의를 좇아서 가려 뽑으니, 조정에서 영관(瀛館)을 청선(淸選)하는 것과 다름이 없습니다. 먼저 부참(父參)을 보고, 다음은 모참(母參)을 보며, 또한 처참(妻參)을 보는데, 만약 삼참(三參)에서 하나라도 부족함이 있으면, 물리쳐서 천록(薦錄)에 들지 못하게 합니다. 설천과 입록 때의 근엄한 절차는 비록 자세하게 말씀드리지 않겠지만, 대개 범서(犯庶)·범민(犯民)을 첫 번째 방한(防限)으로 삼고 있습니다.[25]

---

25) 『玉院事實』1冊, "慶州玉山書院儒生 幼學權致殷李海祥李在佰 呈營門 ⋯ 蓋玉山書院院規 學令酒退陶老先生所講定者也 退陶先生 以此規令 先施順興之紹修書院 此以分教於本邑之玉山西岳兩院 卽與朱夫子白鹿洞規 幷行而謹守焉 蓋其爲規 不特一事二事 而設薦取士爲第一件 莫重莫嚴之規 其設薦之法 必取士族中家閥地望全脩者 從公議抄擇 無異於朝家之瀛館淸選也 先觀父參 且觀母參 又次觀妻參 苟有一不足於三參 擯不厠錄 其設薦入錄時謹嚴節次 雖不敢繭縷 而槩以犯庶犯民 爲第一防限".

위의 글은 1826년 옥산서원의 적손이 경상도관찰사에게 올린 정문(呈文) 중 일부이다. 이들은 「이산원규」외에도 소수서원에 이황의 학규가 있다고 주장하였다. 그리고 여기에 기재된 삼참 조항을 근거로 내세우며, 서얼의 원임직 소통을 거부하고 있다. 그런데 이황은 실제 「이산원규」에서 서얼에 대한 부분을 전혀 언급하지 않았을 뿐더러, 앞서 살펴보았듯이 향촌에서 서치에 의거한 향좌법 시행을 주장했었다.

원임직 소통을 둘러 싼 옥산서원의 향전은 19세기 후반까지 지속된다. 그런데 이 향전은 문제가 된 학규의 실제 여부와 관계없이, 전통적인 사대부 계층이 학규에 준법제적 권위를 부여하여, 자신들 주도의 신분 질서를 유지하고자 한 행위로 접근 할 수 있다.

조선 후기 서원의 교육적 기능은 점차 상실되어 갔다. 그럼에도 불구하고 여전히 교육과 교학이라는 명분하에 서원 원생에게는 특권이 주어졌다. 결국 조선 후기 서원은 원생에게 부여되는 특권을 둘러 싼 신·구세력 간의 쟁탈장으로 변질된 것이다.

Ⅳ. 맺음말

이상 본 논문에서는 자치와 특권을 중심으로 한국 서원의 원생과 서양 중세 대학 학생에 대하여 비교·검토하였다. 두 기관은 모두 각 지역의 최고 고등교육 중 하나로서 국가 엘리트를 양성하는 곳이었다. 따라서 국가와 지방 권력은 그곳의 원생과 학생에게 모두 사회·경제적 특권을 부여하였다. 그러나 이들 계층에게 부여된 특권이 실제 국가 발전에 끼친 영향과 근대 교육기관으로의 발전 유무는 극명하게 차이를 보인다.

먼저 중세 서양 대학의 학생들은 대학 기능에 대해 극히 공리적(功利的) 입장을 취하였다. 당초 대학은 학생들에게 직업인으로 나가는 문호로 작용하였다. 입학 학생의 계층도 다양하였다. 대부분은 기사·자영농민·중소상인,

그리고 성직자의 가족 등이 입학하였다. 이들은 성직자·법률가·의사 등이 되기 위하여 비즈니스적 입장에서 대학에 관심을 두고 그곳에서 활동하였다. 그러한 이해관계를 바탕으로 학생과 교사들의 조합으로서, 중세 대학이 출발한 것이다.

즉, 중세 대학은 교회나 국가 권력의 시설이 아니라, 학문의 자유와 전문직에 의지를 가진 학생들의 자치단체에 비롯되었다. 따라서 줄곧 그들은 교황과 국왕 등에게 자치권을 요구하였고, 현실적인 필요성에 의해 그것은 관철될 수 있었다. 이러한 대학의 자치와 학생의 특권은 이른바 '대학의 자유'로 상징되었으며, 근대 이후 대학이 다양한 학문을 수용한 전문적 교육 기관으로 성립하는데 밑바탕이 될 수 있었다.

반면, 한국 서원 원생의 특권은 교육적 효용성에서 비롯된 것이 아니었다. 당초 서원은 관료 예비군 층 양성에 목적을 두고 설립되었다. 그러나 정작 향촌 사림들은 서원을 장수처로 인식하였다. 즉, 도학을 사회적 지위 유지의 명분으로 내세운 것이다. 그렇지만 도학의 전수마저도 17세기 이후가 되면 유명무실해지고, 존사에 초점이 맞추어지게 된다.

그렇게 서원의 교육적 기능이 상실되거나 크게 변질되었음에도 불구하고, 원생에게 주어진 특권은 유효하였다. 그들은 서원 원생이라는 특권을 바탕으로 군역을 면제 받음으로써, 사회적 지위를 유지하였다. 뿐만 아니라 신흥 세력도 원생을 매개로 사회적 지위를 새롭게 확보하고자 했다. 이러한 차이점으로 인해, 한국의 서원은 더 이상 근대 교육 기관으로 변모 또는 발전하지 못하였다.

【참고문헌】

『朝鮮王朝實錄』
『備邊司謄錄』
『竹溪志』
『退溪集』
『栗谷全書』
『寒岡續集』
『玉院事實』

계명대학교 실크로드연구원 편(2024), 『실크로드의 종교 교육기관』, 계명대학교 출판부.
남기원(2021), 『대학의 역사』, 위즈덤하우스.
오주환(1980), 「옥스포드와 캠브리지의 지적 전통(1)」, 『경북사학』 2, 경북사학회.
이광우(2020), 「고·중세 한국 사학의 전통이 서원 출현에 이르기까지」, 『한국서원학보』 10, 한국서원학회.
이광주(1988), 「중세대학에서의 '자유'의 문제」, 『서양사론』 29, 한국서양사학회.
_____(2008), 『대학의 역사』, 살림.
이수환(2000), 「18-19세기 경주 옥산서원 원임직 유통을 둘러싼 적서간의 향전」, 『고문서연구』 17, 한국고문서학회.

중세 유럽 대학의 운영과
조선 후기 서원의 경제 운영
-이탈리아 볼로냐대학과 상주 옥동서원을 중심으로-

김 순 한

I. 머리말

유럽의 중세대학은 교구 학교와 수도원학교에서 출발하여 11세기 혹은 12세기에 대학으로 발전한 것이 지금까지 학자들의 대체적인 견해이다. 하지만 대학의 설립 연대에 관해서는 명확하지 않은데, 그 이유는 설립과 관련한 실증 자료가 부족하기 때문이다. 이는 초기 유럽 중세대학들은 왕이나 교회의 법령에 의해 설립된 것이 아닌 기존의 교구 학교 혹은 수도원학교 체제에서 서서히 발전했기 때문이다.[1] 그리고 이 시기 이탈리아 볼로냐(Bologna)대학과 파리대학, 옥스퍼드대학의 고등교육 개념은 지금의 대학과는 다른 스투디움(Studium) 혹은 일반연구소(Studium generale) 개념으로 사용하였다. 스투디움은 지금 대학의 '보편적인 학문이 탐구되는 곳'의 개념이라기보

---

1) 중세대학의 설립과 역사에 관한 선행연구는 그룬트만, H(1993), 『중세대학의 기원』, 이광주(譯), 탐구당 ; 이석우(1998), 『대학의 역사』, 한길사 ; 김동구(2003), 『중세대학의 설립과 발전』, 문음사 ; 최형걸(2004), 『수도원의 역사』, ㈜산림출판사 ; 박승찬(2000), 「중세 언어철학의 발전 - 스콜라 철학 융성기의 혁신을 중심으로」, 『중세철학』 6 ; 박승찬(2016), 「중세 대학의 설립과 발전 - 학문의 자유를 지키기 위한 보루」, 『카톨릭철학』 26 ; 박병철(2023), 「대학의 중세유럽 기원론에 대한 고찰」, 『건지인문학』 37, 전북대학교 인문학연구소 등을 참고하였다. 특히 본고의 중세 유럽 대학의 기원과 운영에 관한 내용은 이석우, 김동구, 박승찬의 연구 내용 중심으로 정리하였다.

다는 '각 지역에서 모여든 학생들을 받아들이는 곳'이라는 의미로 '스투디움 제너럴(Studium generale)' 개념에 가까웠다. 12세기 말에 나타난 대학들은 그리스, 로마, 비잔틴, 아랍의 학교들과도 연속성을 지니지 않는 유럽 고유의 산물로 보았다. 이는 교수와 학생의 공동체로서 행정적 자율성을 확보하고, 교육과정을 만들고 구현하는 것, 학위 수여 등 특정 권리를 부여받은 대학은 중세 유럽 이전에는 어디에도 존재하지 않았다는 것이다. 따라서 중세 대학이 유럽에서 배타적이며 고유한 방식으로 출현하여 발전해 왔다는 다수의 연구 결론을 얻었다.[2]

초기에는 파리대학과 볼로냐대학이 그리고 그 후에는 옥스퍼드대학과 몇몇 다른 학교가 학위나 가르칠 자격을 수여했다. 일반연구소라는 용어는 15세기 말까지 고등교육기관에 사용되었다. 라틴어인 '우니베르시타스(Universitas, 연합)'이란 용어는 길드(guild)에서나 혹은 교수와 학생의 사회에서만 사용되었다. 점점 학교(School)와 학문연합(Scholastic guilds)란 용어가 혼용되었지만 모든 면에서 동일한 목적을 갖게 되었다. 이후 점차 학교와 학문연합 용어는 스투디움(Studium) 대신 대학교(University)라는 용어로 통일되어 갔다.[3]

한국의 중세대학 출발은 고대사회부터 국가에서 태학, 국학을 설립하여 운영한 것이 시작이었다. 또, 이들 교육기관은 중세 고려시대의 국자감으로 계승되어 발전해 갔다. 국자감은 1275년에 국학, 1298년에는 성균감으로 바꾸었고, 1308년에는 성균관으로 개칭되었으며, 그 후에도 몇 차례 더 명칭이 변경되었다가 조선 건국 후에는 성균관으로 계승되었다. 조선시대 초기에는 숭유 정책을 국시로 내세워 중앙 수도에 성균관, 사학, 지방에는 향교를 통해서 학문을 크게 장려하며 성장시켰다. 성균관에는 최고의 책임자로 대사성을 두었으며, 그 아래에 제주·직강·박사·학정 등의 관직을 두었다. 조선시대의 교육제도는 과거제도와 긴밀히 연결되어서, 초시인 생원시와 진사시에

---

[2] 이석우(1998), 앞의 책, 한길사, 12쪽 ; 박승찬(2016), 앞의 논문, 『카톨릭철학』 26, 12쪽 ; 박병철(2023), 앞의 논문, 전북대학교 인문학연구소, 62-63쪽.
[3] 김동구(2003), 앞의 책, 문음사, 12쪽.

합격한 유생에게 우선적으로 성균관에 입학할 기회를 주었다. 성균관 유생은 동재와 서재에서 엄격한 규율을 지키며 기숙하였고, 대과 초시에 응시할 수 있는 자격의 기준인 원점 300점 이상을 취득하기 위해 노력하였다.

그러나 조선시대 고등교육기관의 전당으로서 학문교육과 관리 등용의 첩경 기능을 담당한 성균관은 조선 후기에 이르면 유생의 충순위로의 입속, 교관의 질적 저하와 관리 등용 기구로서의 관학 자체가 가지는 한계가 드러나기 시작하였다.[4] 이뿐만 아니라 관학이 오로지 과거 공부 위주로 운영됨에 따라 명리(名利)만을 좇게 되어 오히려 사습을 부정케 하는 요인이 되고 있다는 비판이 일면서 관학의 본래 기능이 상실해갔다. 이처럼 관학의 쇠퇴는 사학 출현과 성장을 촉진하는 요인이 되었다. 많은 사람이 관학을 떠나 사제(私第)에서 학문을 연마하기로 선택하였고, 사제의 학문은 관리 등용 기구로서의 교학 진흥책이 아닌 도학 정치이념에 기초한 교학 진흥책에 그 목적을 두고자 하였다. 또 관학 쇠퇴의 주요인이 교수의 부족한 학덕이었다면, 사학은 학덕을 겸비한 선생과 선비의 힘으로 개설되어 빠르게 성장할 수 있었다. 스승과 제자들이 추구한 교학진흥책은 도학의 정통인 포은 정몽주, 한훤당 김굉필의 문묘종사운동으로 전개되었으며, 한편으로는 이러한 운동이 사묘(祠廟)의 건립으로 이어졌고, 이후 서원·사우 출현의 요인으로 작용하게 된다.[5]

15~16세기의 학자들은 사화 발생 이후 산림에 은거하며 도학을 닦고 정사·서당 등의 사학을 열어 후진 양성과 저술에 힘씀으로써 서원성립의 사회적 여건을 조성하였다. 이와 동시에 사림의 확대와 함께 학연도 크게 확장되었다. 기존의 학문인 사장학보다는 우주의 본질과 인간의 인성을 탐구하는 성리학 연마에 주력하였다. 이 시기 서원이 성립하고 발전할 수 있었던 배경에는 이러한 성리학의 성격 변화와 학파의 형성도 일정하게 작용하였다. 서원제도가 성립되는 16세기는 여러 면에서 하나의 전환기였다. 특히 사림파

---

4) 유홍렬(1930), 「조선에 있어서 서원의 성립」, 『청구학총』 29·30 ; 정만조(1997), 『조선시대 서원연구』, 집문당 ; 이수환(2001), 『조선후기 서원연구』, 일조각.
5) 정만조(1997), 앞의 책, 집문당.

가 하나의 정치세력으로 등장하여 집권 훈구세력과 충돌하는 과정에서 희생을 치른 끝에 다시 중앙정계에 등장하여 정권을 주도하였고, 사상적으로는 성리학 중심으로 발전하면서 정치적 기반을 다진 시기였다. 사학의 교육기관인 서원의 성립은 이러한 정치·사회적인 여러 변화와 사림세력 성장의 결과로 나타난 시대적 산물이었다.[6]

이처럼 중세 유럽 대학의 출현과 조선 사학의 건립 배경을 기반으로 각 교육기관의 운영방식과 변화를 사례연구를 통해 검토해 보고자 한다. 하지만 조선 사학 기관의 문헌 자료에 비해 유럽 대학의 재정 운영에 관한 자료가 현저히 부족하여 경제 운영의 상세한 비교 검토 연구는 큰 한계가 있다. 따라서 중세 유럽 대학의 사례연구로는 볼로냐대학의 건립과 운영 변화를 검토하고, 동아시아 중세 교육기관의 서원 사례연구는 조선 후기 상주 옥동서원의 경제 기반의 운영과 변화를 검토하고자 한다.

II. 볼로냐(Bologna) 대학의 건립과 운영 변화

1. 이탈리아 볼로냐대학의 출현

유럽 중세대학은 교구 학교, 수도원학교에서 출발하여 성장한 이래 교회법과 로마법, 신학 연구 분야로 확대되면서 11세기 말에 볼로냐(Bologna) 대학과 12세기 후반에는 파리(Paris) 대학이 설립되어 발전하였다. 이들 대학은 상호간의 보호와 이익을 위해 연합이나 조합(guild)을 형성해 갔다. 볼로냐대학은 학생을 중심으로 한 학생연합도 있었고, 파리대학은 교수를 중심으로 한 교수연합도 있었다. 이후 볼로냐대학과 같은 유형의 대학은 학생연합이 중심이 되었고, 파리대학과 같은 유형을 따른 대학은 교수연합을 중심으로

---

6) 이수환(2001), 앞의 책, 일조각.

구성하여 운영하였다. 이들 두 대학의 운영방식을 모범으로 삼아 프랑스, 이탈리아, 스페인으로 확산하였다. 이후 최초로 대학의 면모를 갖춘 이탈리아 살레르노(Salerno) 대학, 프랑스 몽펠리에(Montpellier), 살라망카(Salamanca) 대학교가 설립되었다.[7]

이탈리아는 교회가 교육을 독점하지 않았다. 카롤링거(Caroling) 왕조와 그 이후 수도원학교 및 교구 학교와 더불어 로마제국의 교육제도에 배경을 둔 자유 혹은 세속학교가 있었다.[8] 비록 로마 시대에 존속했던 학교를 그대로 물려받은 중세대학은 없었지만, 로마의 교육제도에 대한 전통이 존속했음은 분명했다. 교회와 수도원에 부속된 학교를 포함한 이탈리아의 학교들이 문학과 작문의 연구를 장려했다면 세속학교들은 이들 학문 외에도 전통적 작문 수업과 법률 수업으로 확장하였다. 더욱이 세속학교들은 기본법인 로마법과 롬바르드(Lombard, 6세기에 이탈리아를 정복한 게르만계의 일족)법을 학생들에게 소개하였으며, 이 법이 재판 과정에 어떻게 작용하는지와 재판상에 사용되는 웅변도 가르쳤다. 또 재판의 과정에서 사용되는 수사학(修辭學)은 법률수업과 밀접한 관계를 유지하도록 하였는데, 이는 12세기 이탈리아의 지식계층이 학문 성장에 큰 공헌을 하였다. 11세기경 볼로냐 이외의 북부 이탈리아에 있는 도시들은 법률 연구의 중심부를 이루었다.

12세기 초반 볼로냐의 원주민 이메리우스(Imerius)가 인문학교를 설립하고 백작부인 머틸다(Mathilda)의 제의에 따라 로마 시민법을 가르치기 시작한 것은 바로 볼로냐였다. 볼로냐의 법학학교를 이메리우스가 설립했다는

---

7) 김동구(2003), 『중세대학의 설립과 발전』, 문음사, pp.9-43. 볼로냐대학과 파리대학의 설립 시기는 학자마다 조금 다르게 보는 견해도 있다. 박병철은 「대학의 중세유럽 기원론에 대한 고찰」의 논문에서 볼로냐대학은 12세기 말, 파리대학과 옥스퍼드 대학, 몽펠리에대학은 13세기 초에 설립한 것으로 보았다.
8) 박승찬(2016), 앞의 논문, 『카톨릭철학』 26에서 대체로 주교좌성당 학교에 병설되었지만 독립적인 조직 형태를 취하고 있었고, 강한 세속적 경향을 지닌 그들은 제도적으로 교회에서 벗어나고자 하면서도 초기에는 여전히 교회와 밀접한 연관 속에 있었다고 보았다.

역사적 증거 자료는 없다. 그러나 이메리우스가 30년간 학자와 교수로 활동했기 때문에 그는 볼로냐가 법학학교로서 명성을 가질 수 있는 기반을 마련한 것은 분명해 보인다. 그는 고대 로마 법률가들이 법적 질의에 대해 대답한 내용을 최초로 강의하고, 이 내용에 관련된 법 정신, 원칙 및 로마법 철학을 전달한 유일한 학자이다. 이메리우스의 그 밖의 성과는 로마 시민법을 재조직하고 분류하여 그의 학생과 차후에 볼로냐에서 강의할 사람을 위해 교재를 제작하고 이를 가르치는 방법을 제시하였다. 이런 관점에서 보면 그는 오랫동안 무시되어 오던 법률학 서적을 재생시킨 사람이다. 또한 그는 볼로냐의 법률 연구 방식도 재조직하였다. 이후부터 로마법에 대한 법률학 강의를 듣는다는 것은 바로 시민이 되기 위한 의무가 되었다.

2. 볼로냐대학의 학부 운영방식

볼로냐에서 우세한 법률의 연구는 볼로냐 연구소의 전체 구조에 큰 영향을 미쳤다. 가장 큰 영향은 볼로냐 연구소에서 신학부를 배제 시키도록 한 점이다. 신학부는 교구 학교에만 두도록 하였는데, 나중에는 이 학교가 수도승의 연구소로 바뀌게 되었다. 이들 수도승 교수들은 볼로냐의 교수와 연합하지 못하였다. 14세기에 신학부가 설립되었지만 볼로냐의 학문적 제도에는 변화가 일어나지 않았다. 또 하나는 이메리우스와 그라티안(Gratian) 이전의 시기에 높은 평판을 가지고 있었던 볼로냐 및 그 인접 인문학교들은 법률학도들의 전문적 필요를 만족시켜 주기 위한 방향으로 전향했다는 것이다. 독서의 내용도 변화되었다. 문법과 수사학의 내용도 점점 소멸되어 갔다. 초급 문법의 훈련은 법률 문헌을 발췌한 서한체와 어떤 형태의 법률적 변호 방법으로 변환되었다. 또 다른 측면에서 보면, 볼로냐의 연구소는 13세기에 의학부가 설립됨으로 더욱 유명해졌다. 이 연구소의 의학부는 살레르노(Salerno)대학과 몽펠리에(Montpelier)대학 다음으로 명성을 가지고 있었다. 그러나 이 연구소에서 훈련받은 사람들은 법학을 공부한 사람보다 부유해질 수는 있었지만, 법률가와 같은 사회적 지위는 갖지 못했다. 법률가와 의사는 경제적 지위가 낮은 석사(교수)들의 지도에 따라 돈벌이가 잘 되는 전문직이 되었다. 그러나 법률가만이 명예로운 직업이었다. 이탈리아의 특별한 인성에 따라 아리스토텔레스의 논리학과 자연과학을 훈련시켜 물리학자도 양성했다. 이에 따라 물리학부도 인문학부 및 의학부와 같이 연구소의 연합에 포함되었다.[9]

3. 볼로냐대학의 학생연합 결성과 권한

볼로냐 연구소의 역사는 1158년에 독일황제 프레드릭(Frederick) 1세가 인정한 특권에서 시작된다. 그는 연구를 위해 여행하는 모든 학자와 특히 신학 및 교회법 교수들에게 거주의 자유를 인정하였다. 이 특권은 헌장에 언급되고 있지는 않지만 실제 볼로냐의 저명한 법률학 교수의 연합을 간접적으로 인정하였고, 전쟁으로 입은 상해나 손해를 본 학자들을 보호하는 규정이 있었다. 또 이탈리아의 학자들은 성직자로 인정하지 않았기 때문에 사안에 따라 자신들의 교수나 혹은 주교의 법정 중 원하는 곳에서 재판받을 권한도 인정하였다.

볼로냐의 학문적 조직은 파리대학이나 옥스퍼드대학과 동일했다. 즉 석사의 연합을 가지고 있었다. 그러나 한 가지 면에서는 분명한 차이를 보였다. 파리나 옥스퍼드에서는 직위별 학자들을 포함하는 석사조합을 두었다. 그러나 볼로냐에서는 교회법 및 시민법을 공부하는 학생들이 학생연합을 형성하고 박사의 조합을 칼리지(Collegium, College)이라 호칭하는 동안[10] '대

---

9) 포데스타(Podesta) 군주, 그의 가족 및 국민을 다스리는 사람들은 볼로냐시에 시민법, 교회법, 문법, 변증법, 의학 및 기타 인정된 자연과학에 관련된 학부가 일반 연구 속에 지속되도록 노력할 것을 명령한다.(1274년 볼로냐시의 헌장)
10) 1385년에서 1500년 사이에 연간 등록생 수는 5배~6배로 증가했다. 그리고 수많은 대학이 설립되었을 뿐만 아니라 파리와 옥스퍼드, 케임브리지 등에서는 칼리

학교'라는 명칭을 사용하였다. 칼리지들은 대체로 부유한 기부자나 교회 인사, 군주, 혹은 왕의 관료에 의해 세워졌다. 가난한 학생을 무료로 또는 적어도 아주 싼 값으로 생활하고 공부할 수 있는 '기숙사'였던 칼리지들이 교육활동을 담당하면서 대학은 고정된 장소를 갖게 된다. 결과적으로 볼로냐 연구소의 운영권은 학생연합(Student Universites)에 귀착되었다. 이에 따라 박사조합의 정관은 다양한 학생조합으로 구성된 학생연합에 의해 통제받았다.

이러한 새로운 상황이 발생한 근거는 새로운 학교들의 사회적 상황과 밀접한 관련이 있다. 자유학교에 다니는 대부분의 학생들은 귀족층과 부유층이었다. 이메리우스 시대와 그 이후 학생들은 볼로냐에 와서 시민법과 교회법을 연구하였는데, 이들 학생은 파리나 옥스퍼드대학교의 문학부에 등록하는 소년들보다 나이가 많았다. 또 이들이 지위가 높고, 권위가 있으며, 교회의 성직자이면서 보다 높은 학문을 추구하는 30·40대였다. 그러다 보니 이들 학생은 석사조합을 따르지 않을 정관을 만들 수 있는 권력을 가지고 된 것이다. 실제 처음 이들 법률 학생들은 산업 분야의 전문직 종사자나 기타 조합에서와 같이 그렇게 큰 권한을 소유하지 않았다. 즉 위기에 처했을 때 조합원을 도와주고, 정관 및 선출된 관리를 통하여 조직을 강화했으며, 학생들이 안전하고 편안한 생활을 할 수 있는 권한을 행사하고 부당한 시의 법적 조치에 저항하는 정도였다.

이탈리아 지역에서 외래인의 생활 조건은 알프스(Alps) 북쪽에서 공부하기보다 훨씬 나빴다. 이탈리아에는 청원할 국왕도 없고, 학자집단을 보호할 교회도 없다. 이탈리아는 거의 통치적 요소로는 황제와 국왕이 부재한 속에 법률적 요소만이 있을 뿐이었다. 법률이라 해도 시민법과 이보다 훨씬 가혹한 외래인을 다루는 규정만이 존재하였다. 또한 시민의 조직과 조합은 외래인이 접촉할 기회도 주지 않는 엄격한 사회체제를 배타적으로 구성해 두었

지들이 급속히 늘었다. 몇몇 칼리지들은 본래 대학교에서 해야 할 교육의 일부를 담당하기 시작했다(박승찬(2017), 「중세 후기 '대학의 몰락'과 현대 대학의 위기」, 『카톨릭철학』 29, 카톨릭철학회, 85쪽).

다. 이러한 이유로 인해 학생연합은 볼로냐 이외의 학생들로부터 출발하였고, 이는 개인적인 필요에 따라 구성되었다. 이처럼 연합(Nation)의 제도는 볼로냐에서 출발하였고, 이후 파리대학교의 모범이 되었다. 최초 내 개의 연합인 랑고바르드(Lombards), 토스카나(Tuscans), 로마(Romans), 울트라몬탄(Ultramontanes)이 볼로냐 연구소에 있었고, 이 집단들은 다시 하위집단으로 나누어졌다.

초창기에는 학문조합과 시 당국 간의 분쟁이 발생했을 경우 학생을 수반하든 하지 않든 개별 교수에 대한 거부의 형태로 나타났다. 이렇게 거부당한 교수는 이탈리아 북부의 몇몇 도시와 토스카나(Tuscany)에 있는 법률학교 재단으로 가야만 했다. 학생들은 이러한 투쟁 수단을 시, 교수 및 자신들의 조직이나 이익에 반대하는 사람들에게 활용하였다. 학생들은 이보다 더 강력한 투쟁 방법도 가지고 있었다. 그들은 시 당국과 연합하여 교수를 선정하고 봉급도 결정하였다. 이는 학생연합이 교수조합보다 더 강력한 권한을 가지고 있었기 때문에 교수들이 저항할 수 없었다. 1217~1220년 동안 교수들의 대 분산이 발생하였을 때, 학생들은 도시를 비웠고 교황은 학자들을 위하여 교수들이 굴복하도록 명령하였다. 강력한 집단 조직을 가지고 있던 학생의 수는 박사들보다 훨씬 많았기 때문에 박사들은 학생들의 모든 요구 조건을 들어주어야 했다. 학생들은 이 연합에서 탈퇴하면 생활할 수 없었고, 그들이 이러한 일을 하지 않아도 볼로냐의 행정책임자들은 그렇게 하도록 강요할 것을 잘 알고 있었다. 행정담당자들은 학생들의 거부 운동이 확산되면 시의 경제에 나쁜 영향을 미친다는 것을 잘 알고 있었다. 따라서 박사들은 치욕스럽게 학생연합회 대표에게 충성을 맹세하고 학생연합이 정한 정관에 복종해야만 했다.

4. 볼로냐대학 운영의 변화

13세기 중엽에 이르러 볼로냐대학교와 시 행정 당국자와의 문제점들을 해결하였다. 이 조약의 결과는 시헌장에 담았다. 여러 조항에서 학생들이 시를 이탈하는 것을 방지하는 방법이 반영되었다. 시 당국자들은 기존의 연구소를 다른 장소로 옮기기 위한 어떠한 행위도 금지시켰다. 이러한 일이 있을 경우는 많은 벌금을 부과하고 추방한다는 위협적 요소를 이 정관에 넣었다. 시 당국자들은 개별 교수들이 볼로냐 이외의 시에서 강의하는 것도 금지시켰다. 또한 그들은 학생들이 자신의 대표에게 복종을 맹세하는 것 중에 도시 이탈에 관한 것은 삭제하도록 명문화하였다. 이러한 정관에 정치적 시민권은 아니지만, 사적 시민권을 인정한다는 조항을 넣도록 하였다. 즉, 학생들의 신변과 재산을 보호하도록 하였다. 또한 학생들은 모든 정당한 활동을 하도록 허가하였다. 볼로냐의 최고 행정책임자는 학생연합의 정관을 존중하고 학생 대표의 지시가 학생들에게 실현되도록 한다는 서약을 해야만 했다. 이러한 합의가 이루어졌음에도 불구하고 1321년까지 도시와 대학 간에는 분쟁이 계속 일어나 많은 학생과 교수들이 다른 지역으로 이주하는 결과를 초래하였다. 이후부터는 중세기간 동안 볼로냐대학교에는 평화가 정착되었다.

대학교가 형성되는 전 과정을 통하여 두 개의 법률학교의 연합(Universites)과 그 후에 이루어진 인문학 및 의학이 통합되어 이루어진 연합(University)은 자기 연합 소속 교수와 볼로냐 및 그 부속학교의 전 교육과정을 통제하는 데 지속적인 노력을 하였다. 연합의 정관에 나타난 다양한 규정은 학생 천국을 이룩하는 법조항들이었다. 학생들은 강의의 구성을 포함하는 세부적 강의 규칙을 교수가 지키도록 법률로 부과시켰다. 예를 들어 교수들이 법률을 약간만 어겨도 벌금을 부과하도록 하는 것이다. 실제 학생들은 교수들이 규정을 준수하는지를 점검하였다. 이는 독특한 교육에 대한 실험적 단계이었으며, 전례가 없던 교육적 전도의 과정이었다. 현재는 남아 있지 않은 학생 연합의 규정은 교수들의 정관을 정하기 위한 예비적 자료로만 사용되었다. 또한 박사들은 고유권한 한 가지가 있다. 교수들만이 시험을 통하여 학위 후보자들에게 자격 부여를 결정하였고, 교수조합에 들어와 가르칠 수 있는 여부도 결정하였다. 이는 바로 교수가 교육과정의 상당 부분을 통제하였다고 볼 수 있다. 그러나 이러한 교수의 권한에 교회가 간여하였다.

　도시와 대학교 간의 투쟁이 계속되는 기간 중에 학생들이 볼로냐 시에서 분산되려고 할 때, 1219년 교황은 볼로냐 교구 부주교의 동의 없이는 학위 후보자는 학위를 받을 수 없다고 밝힘으로써 학생의 권한을 축소시켰다. 이러한 방법을 통하여 자유학교로 출발했던 법률학교들은 점차 교회의 감독을 받게 되었다. 이는 교회가 교육을 통제하는 전통을 유지하면서 또한 교회법의 원칙이 위주를 이루게 되는 계기가 되었다. 이 점이 파리대학교와 같은 북쪽의 대학교가 양상을 달리하는 점이다. 파리대학교에서와는 달리 볼로냐대학교의 박사들은 교회가 학교를 통제하는 방법을 호의로 받아들였다. 그렇지만 부주교가 시험에 참관하는 것은 반대하였다. 결국 13세기 말에 이르면 교회가 볼로냐대학교의 박사들은 통제하는 것으로 통합하였다. 이는 1292년 교황이 부주교를 통하여 볼로냐 박사들을 어느 곳에서나 가르칠 수 있는 자격을 부여 한데서 알 수 있다. 그러나 이 권한은 볼로냐대학교가 일반연구소로 존속하여 이메리우스와 그라티안(Gratian)의 영향력하에 있을 때 대중의 견해에 따라 볼로냐 법률학교의 박사들이 이미 가지고 있던 것과 본질적으로 같은 것이었다.

Ⅲ. 상주 옥동서원의 재정 운영과 변화

　서원 운영에 있어 강학과 제향만큼 중요한 것이 경제적 기반이다. 하지만 서원의 경제 관련 연구는 교육·제향·사회 등에 비해 현저히 부족하다. 이는 경제 기반을 종합적으로 해명할 수 있는 구체적인 자료가 많지 않기 때문이다.[11]

---

11) 서원의 경제기반에 관련하여 참고한 연구는 다음과 같다. 윤희면(1983), 「조선후기 서원의 경제기반」, 『동아연구』 2 ; 윤희면(2004), 『조선시대 서원과 양반』, 「제4부 서원의 경제기반과 재정운영」, 집문당, pp.440-534 ; 최원규(1989), 「조선후기 서원전의 구조와 경영」, 『손보기박사정년기념한국사학논총』, 지식산업사 ; 강

옥동서원의 경제 자료는 서원전, 원속, 서원촌, 속점 자료가 남아 있어 이를 토대로 서원 운영의 경제적 기반과 재정 운영의 변화를 분석하고자 한다.

1. 서원전(書院田)의 규모

서원전은 서원 노비와 함께 서원경제를 구성하는 2대 경제기반이다. 이 중 18세기 이후 노비 도망이 일반화되어 서원 노비의 재산적 가치가 큰 폭으로 감소하면서 토지가 가장 중요하게 인식되었다.[12] 옥동서원의 서원전 자료는 「본소깃기(本所衿記)」와 「별소깃기(別所衿記)」, 「백옥동서원소납전답(白玉洞書院所納田畓)」, 『백옥동서원전결록(白玉洞書院田結錄)』, 『옥동서원본별소거재소전결록(玉洞書院本別所居齋所田結錄)』이 있다. 이들 자료 중 『백옥동서원전결록』은 「본소깃기」와 「별소깃기」의 내용을 필사하였고, 필사하면서 전답의 매득(買得) 또는 방매(放賣), 소작인 변경 등을 추가로 부기한 것으로 보인다. 이후 작성된 『옥동서원본별소거재소전결록』도 『백옥동서원전결록』을 필사하면서 변경된 내용을 추록한 것으로 짐작된다.

먼저 『백옥동서원전결록』을 살펴보자. 이 자료의 내제는 『백옥동서원본별소전답복수기(白玉洞書院本別所田畓卜數記)』이다. 기축년 10월에 작성되었다고 기록되어 있는데, 표제와 내제에 '백옥동'으로 기재한 것을 보면 사액전의 자료로 보인다. 이는 옥동서원의 자료 중에는 사액 이전의 문서일 경우에 '백옥동'으로 표기한 경우가 간혹 있기 때문이다. 이를 고려하면 『백옥동서원전결록』은 1769년(영조 45)에 작성된 것으로 짐작된다. 전결록의 내용

상택(1991), 「조선후기 영남지방 서원의 경제적 기반」, 『역사와 세계(釜大史學)』 15·16 ; 손숙경(1994), 「조선후기 경주 용산서원의 경제기반과 지역민 지배」, 『고문서연구』 5 ; 이수환(2001), 앞의 책, 일조각, 156~280쪽 ; 이수환(2005), 『용산서원』, 집문당, 57~89쪽 등
12) 이수환(2001), 앞의 책, 일조각, 156-161쪽 ; 최원규(1989), 앞의 논문, 지식산업사, 581~587쪽.

은 거재소(居齋所), 본소, 별소로 구분하여 토지결수·경작자·매매 여부 등을 수록하였다. 토지 대부분은 상주 모동·신천·호계·이동·내북·공서·탑동 일대에 분포하고 있었고, 세금 부과 기준인 토지의 결부[卜] 수와 이를 두락수로 환산하여 병기하였다. 또 토지를 매득하거나 방매했을 시에는 간지와 함께 해당 결부와 환산한 두락수를 기재하였다. 『옥동서원본별소거재소전결록』은 정미년 12월에 작성되었다. 이 자료에는 '연액방매(延額放賣)'의 부기가 많은 것을 보면 청액 준비 과정에서 발생한 방매로 보인다. 이를 토대로 『옥동서원본별소거재소전결록』의 작성 연대는 1787년(정조 11)으로 추정된다. 『백옥동서원전결록』과 『옥동서원본별소거재소전결록』에 수록된 서원전을 정리하면 다음 표와 같다.

〈표 1〉 18세기 옥동서원 전답 현황[13]

玉洞書院 本別所田畓卜數記(단위: 結-卜-束)						
本所		居齋所		別所		
田	畓	畓		田	畓	
仍巖頓 0-35-9	宗內擧 0-12-2	一新煒 0-35-0		仍巖頓 0-17-3	仍巖豫 0-14-1	
仍巖悅 0-6-9	二新康 0-10-5	二新穧 0-13-1			仍巖且 0-21-0	
	仍巖且 0-23-3	二新恐 0-19-9			仍巖足 0-3-3	
	仍巖手 0-13-3	二新穧 0-14-4			二新康 0-37-8	
	仍巖豫 0-0-9				二新嗣 0-30-0	
	二新恐 0-12-3				二新後 0-1-1	
	一新祀 0-27-7				二新祭 0-22-7	
	二榆屬 0-3-2				一林口 0-54-8	
	一林飯 0-27-3				一林充 0-8-0	
	二榆輈 0-16-6				一林玉 0-21-8	
	二新甞 0-29-6				二林執 0-3-0	

---

13) 전답의 위치는 지명과 더불어 자호(字號)와 지번(地番)이 혼용되어 기재되어 있다. 자료마다 지명을 쓰는 경우가 많은데, 이 자료에는 이명(異名)이 우선으로 기재되어 있어 그대로 따랐다.

	二新稽	0-15-0		仍巖足	0-17-7
	二新後	0-7-9		仍巖且	0-38-8
	仍巖且	0-8-6		宗內接	0-7-1
	一林口	0-17-9		二新員	0-7-5
	二林要	0-18-0		二楡昜	0-15-0
	二楡昜	0-12-1		二林驃	0-54-5
	二楡畏	0-21-4		二新嫡	0-6-6
	槃樹楚	0-7-8		一林口	0-51-9
	一林適	0-20-7		一林充	0-8-1
	內北梁山井浮 0-26-5			二新蒸	0-36-7
	功西內玉山員 0-10-9			二楡坦	0-13-5
	功東上熊谷員 0-11-9			二林驃	0-6-6
				二林顧	0-15-5
				牟西召井荒	0-9-5
0-42-8	3-55-6		0-81-4	0-17-3	5-2-6
3-98-4[40%]			0-81-4[7.4%]	5-19-9[52%]	

위 표와 같이 토지의 지명을 기록할 때는 결부에는 이명으로 기록하였고, 두락은 실제 지명으로 기재하였다. 먼저 본소의 전체 토지는 3결 98부 4속으로, 전체 서원전의 40%의 비중을 차지한다. 이중 전은 42부 8속이고, 답은 3결 55부 6속이다. 거재소의 토지는 답만 있으며, 규모는 81부 4속으로 전체 서원전의 7.4% 비율이다. 별소의 토지는 전체 5결 19부 9속이며, 서원전의 52% 규모로 옥동서원 서원전의 절반이 넘는 비중을 차지하고 있었다. 별소의 토지를 전답으로 구분해 보면 전은 17부 3속, 답은 5결 2부 6속이다. 따라서 옥동서원의 전체 토지의 규모는 9결 99부 7속이다. 이중 전(田)이 60부 1속이고, 답(畓)은 9결 39부 6속이다. 이 결부를 두락으로 환산하면 다음 표와 같다.

〈표 2〉 18세기 옥동서원 서원전 현황

本所(畓)	居齋所(畓)	別所(畓)
院宇西邊 3(田)·東山 7(田) 尺洞 7·凡旨 7·自次 6 於得谷 1·三浦自次 4 下魚浪 3·介古川17·梨洞 23 許豊 8·新川 6·花田 4 上魚朗 5·虎溪 16·竹田 7 槃樹洞 9·邑內 8·功城 8	新川 22·自次 4	下魚浪 13·松內 4·橋洞 9 凡旨 12·新川 6·■伏 3 ■ 4·新川中村前 9·虎溪 43 塔洞 7·院西 8(田)·院前 8(田) 上魚浪 13·曹安 3·冷井 36 花田 3·洞□ 9·墨洞 7·召井 4 佛堂洞 9
149斗落(田 10斗落 포함)	26斗落	210斗落(田 16斗落 포함)

※ 단위: 斗落, (■ :결락)

위 표의 내용과 같이 본소의 토지 규모는 총 149두락이며, 전체 두락의 39%의 비중이다. 이중 전은 10두락이고, 답은 139두락이다. 거재소의 토지는 답 26두락으로 전체 두락의 7%의 비중에 해당된다. 또 별소의 토지는 총 210두락이며, 전체 두락의 55%의 비중을 차지한다. 별소의 토지를 전답으로 구분하면 전은 16두락이고, 답은 194두락이다. 두락 전체를 통계하면 385두락이다. 이중 田은 26두락이고, 답은 359두락이다. 다음은 매득 및 방매된 토지의 규모를 살펴보기로 한다. 먼저『백옥동서원전결록』에서 전답의 매득과 방매를 정리하면 다음 표와 같다.

〈표 3〉 18세기 옥동서원 서원전 매매(買賣) 현황

田畓 買得	田畓 放賣	
別所	本所	別所
二林驃畓 0-11-2(冷井28斗,甲辰) 仍巖頓田 0-6-7(院西10斗,甲辰) 二新蒸字畓 0-36-7(洞□9斗,丁未) 二楡坦字畓 0-13-5(墨洞7斗,丁未) 二林驃畓 0-0-7(冷井3斗,丁未) 二林顧字畓 0-3-0(佛堂洞9斗,丁未)	仍巖悅田 0-6-9(東山田7斗) 一林飯畓 0-27-3(許豊8斗) 二新嘗畓 0-29-6(介古川10斗) 二新稽畓 0-15-0(新川6斗,壬辰)	仍巖㐧+象且畓 0-9-0(松內4斗) 二新嗣畓 0-30-0(新川9斗,己亥) 二新後畓 0-1-1(■4斗) 二新嫡畓 0-6-6(花田3斗,還退)
0-71-8(田 0-6-7 포함) 66斗落(田 10斗落 포함)	0-78-8(田 0-6-9 포함) 31斗落(田 7斗落 포함)	0-46-7 20斗落

전답의 매매를 기록할 때도 결부와 함께 두락을 환산하여 기록하였다. 매득한 전답은 전 6부 7속이 포함된 총 71부 8속이다. 이를 두락으로 환산하면 전 10두락이 포함된 66두락을 매득하였다. 방매한 전답 중 본소의 전답은 전 6부 9속을 포함한 78부 8속이며, 이를 두락으로 환산하면 전 7두락을 포함하여 31두락을 방매하였다. 또 별소의 전답을 방매한 규모는 46부 7속이고, 이를 두락으로 환산하면 20두락에 해당한다. 방매한 본·별소의 전답 전체 규모는 1결 25부 5속이며, 이 속에는 전 6부 9속이 포함되어 있다. 이를 두락으로 환산하면 전 7두락을 포함하여 약 51두락이 된다. 이는 서원전 전체의 약 13%에 해당하는 규모이다.

1787년에 작성된 것으로 보이는 『옥동서원본별소거재소전결록』의 경우 매득한 토지는 확인되지 않는다. 반면 엄청난 규모의 토지가 방매되었다. 이는 옥동서원의 3가지 큰 과업을 완수하는 과정에서 부족한 자금을 마련하기 위해 토지를 방매했거나, 혹은 3가지 과업을 진행하면서 부족한 자금을 차용한 것을 상환하기 위해 과업 완수 후 토지를 방매한 것으로 짐작된다. 그 3가지 과업은 1786년 황효헌·황뉴의 추가배향, 1788년(정조 12)에 청액 활동, 1789년 사액이 결정된 후 사액례 봉행 준비를 위한 자금 마련으로 볼 수 있다. 이를 참고하여 방매한 토지를 정리하면 다음 표와 같다.

〈표 4〉『옥동서원본별소거재소전결록』의 방매(放賣) 현황

本所[畓]	居齋所[畓]	別所[畓]
仍巖[予+象] 0-0-9 (3斗)放賣	一新煒 0-35-0(10斗)放賣	仍巖且 0-13-0 (4두)放賣
二楡屬 0-13-2 (5斗)放賣	二新稽 0-13-1(5斗)放賣	二新康 0-15-7 (5斗)放賣
二楡輨 0-16-6 (6斗)放賣	二新稽 0-14-4(7斗)放賣	仍巖豫 0-14-1 (6斗)放賣
二楡易 0-12-1 (4斗)放賣		一林口 0-21-8 (9斗)放賣
二楡畏 0-21-4 (8斗)放賣		二林驃 0-6-6 (3斗)放賣
功東上熊谷 0-11-9 (8斗)放賣		二林顧 0-15-5 (9斗)放賣
宗內擧 0-12-2 (7斗)延額放賣		牟西召井荒 0-9-5 (4斗)放賣
二新康 0-10-5 (3斗)延額放賣		仍巖足 0-3-3 (2두)延額放賣

		二林執 0-3-0 (7斗)延額放賣
槃樹楚 0-7-8 (9斗)延額放賣		仍巖足 0-17-7 (5斗)延額放賣
		二新蒸 0-36-7 (9斗)延額放賣
		二楡坦 0-13-5 (7斗)延額放賣
1-6-6 (53斗落)	0-62-5 (22斗落)	1-70-4 (70斗落)
2-39-5 (145斗落) 비율: 24%		

    방매한 토지에 대해서는 '방매' 또는 '연액방매'가 대부분이다. 『본원일록』에는 청액 운동을 하면서 자금이 부족할 때마다 '별소의 재력으로 충당했다'거나 '본원의 토지를 팔아 충당했다'[14]는 기록이 여러 군데서 확인되는데 전결록의 '연액방매'는 이를 뜻하는 것으로 보인다.

    그렇다면 이 시기 방매한 토지의 규모는 어느 정도인지 살펴보자. 위 표에서 보듯이 본소의 답 1결 6부 6속(53두락)을 방매하였고, 거재소의 답은 62부 5속(22두락), 별소는 1결 70부 4속(70두락)을 방매하였다. 방매한 토지는 모두 답이고 전체 2결 39부 5속이며, 이는 145두락에 해당하는 규모이다. 방매한 토지의 비율은 전체 토지의 약 24%에 해당한다. 1767년부터 방매한 토지 1결 25부 5속과 1787년부터 방매한 전답 2결 39부 5속을 합하여 계산해보면 총 3결 65부를 방매한 것인데, 이는 약 196두락에 해당하는 규모이다. 옥동서원이 소유한 전체 토지의 약 37%를 방매한 셈이다.

    방매한 토지를 모두 제외하면 남은 전답은 약 6결 34부 7속이고, 두락으로 환산하면 약 189두락이 된다. 이처럼 옥동서원은 추향례과 청액 활동, 사액례에 필요한 경비를 마련하기 위해 방대한 토지를 처분하였다. 실제 『소청일기』와 『본원일기』의 기록에도 경비 마련을 위한 노력과 어려운 상황을 상세히 밝히고 있다. 그중 청액 활동 중 경비 부족으로 청액 봉소를 포기하자는 공론이 형성되기도 하였다.

---

14) 『본원일기』, 11월 26일.

鄕中의 여러 長老들은 黃泰熙와 黃彌熙로부터 疏廳의 소식을 자세히 들었는데, 대개 伏閤한 지 4, 5개월이 지났음에도 전후 承宣이 서로 미루고 실제는 봉입할 뜻이 없는 것 같다. 또한 疏廳의 경비는 이미 千金을 넘어서서 黃氏의 本孫들이 비록 힘을 다해 도와주기는 하나, 公私의 재력이 탕진되어 여력이 없다. 鄕中의 여러 의론은 모두 파하여 돌려보내라고 말하니, 本孫들도 모두 옳게 여겼다.[15]

이와 같이 막대한 경제적 부담에도 불구하고 옥동서원이 끝까지 청액을 포기하지 않았던 것은 서원이 향촌사회에서 사족을 대변하는 최고의 활동기구였기 때문이다. 또 국가가 공인하는 사액서원이 된다면, 국가에서 지급하는 여러 가지 경제 혜택과 함께 서원을 출입하는 사족이 향촌사회를 주도할 수 있는 중요한 의미가 있기 때문이다. 옥동서원이 청액활동을 한 당시에는 집권 세력과 연결된 서원을 제외한 대부분 서원에서 1~2번의 청액 활동으로 사액이 성사되는 경우는 드물었고, 여러 차례 청액 봉소에도 불구하고 미사액 서원으로 남는 경우가 대부분이었다. 예를 들어 울산 구강서원의 경우도 4번의 청액봉소 만에 1694년 사액되었다. 또 지출한 청액 경비를 살펴보면 2차에서는 약 900량, 3차는 약 27,000량, 4차에서는 약 25,000량이 소요되었다.[16] 구강서원은 '막대한 경비를 충당하기 위해 경향에 빚을 낸 것까지 포함하여 전답을 방매하고 나니 남은 서원전이 전 29두직지, 답 127두직지 뿐이다'라고 하였다.[17] 이처럼 구강서원은 옥동서원에 비해 상당한 경제적 기반을 소유했음에도 불구하고 청액 활동을 거치면서 옥동서원의 경제력에 미치지 못한 서원전이 남게 된 것이다. 이를 고려하면 옥동서원이 지출한 청액 경비로 한 차례 청액 후 사액된 서원은 극히 드문 사례일 것이다.

한편 『백옥동서원전결록』이외 자료 중 「백옥동서원소납전답(白玉洞書院所納田畓)」은 을미년 10월 3일에 전모(全某)가 작성한 것이다. 초기 서원의

---

15) 『본원일록』, 11월 26일.
16) 이수환(2001), 앞의 책, 일조각, 53~63쪽.
17) 이수환(2001), 앞의 책, 일조각, 62쪽.

경제적 기반에는 후손, 지방관, 문인 등의 기부와 지원이 많이 있었고, 그중에서도 후손들의 기부가 주를 이루었다. 이를 기반으로 서원은 매매와 자연 증식을 통해 서원의 재산을 확대하고 운영하였다.[18] 이 문건도 기부에 해당한 것으로 보이며, 내용을 기록한 후 수결[署押]한 일종의 확인서로 볼 수 있다. 토지는 사서 전식 후손 또는 상주 옥천전씨 문중에서 기부한 것 같다. 문건의 제목을 '백옥동서원'으로 시작했다는 점에서 서원의 승원 이후에서 사액 이전에 작성된 것으로 보인다. 이를 참고하면 「백옥동서원소납전답」은 1769년에 작성된 『백옥동서원전결록』이후인 1775년(영조 51)에 작성되었을 것으로 추정된다.

전모가 기부한 전답은 상주 내북면에 위치하며, 규모는 답 7두락지와 검동제 아래의 답 5두락지 등 16두락지를 옥동서원에 소납했다.[19] 전씨가 기부한 16두락을 반영하면 옥동서원의 토지 규모는 전체 205두락이다. 결부에 대한 기록이 없어 정확한 계산은 할 수 없으나, 전모가 기부한 전답을 포함하면 18세기 옥동서원의 서원전 규모는 약 10결이다. 이후 서원의 운영과정에서 1769년부터 방매가 시작되었고, 1786년 황효헌·황뉴의 추향과 1788년 청액 활동 때 많은 양의 토지를 방매하였다. 방매 이후의 옥동서원은 약 7결 정도의 토지로 서원을 운영하였다. 토지 규모는 큰 폭으로 축소되었으나, 이 시기 영남지역의 여타서원(賜·未額 포함)에서 소유하고 있는 서원전[20]과 비교하면 옥동서원의 서원전은 비교적 큰 규모였다.

2. 서원전(書院田)의 운영과 변화

옥동서원의 서원전은 모동을 중심으로 신천·호계·내북·공서 등 대부분 상주에 집중되어 있다. 서원의 전답이 서원 소재지를 중심으로 분포되어 있

---

18) 강상택(1991), 「조선후기 영남지방 서원의 경제적 기반」, 『역사와 세계』 15·16.
19) 「백옥동서원소납전답」, 乙未十月三日.
20) 영남지역 서원별 전답 규모

다는 것은 해당 서원의 영향력 범위를 나타낸다. 이는 토지를 새롭게 매득할 경우 조세 부담이나 원활한 토지 경영을 위해 먼거리 보다는 서원에서 가까운 곳을 선호하기 때문이다. 또 효과적으로 서원전을 관리하기 위해 이매(移買)나 상환 등을 통하여 서원의 실질적인 영향력을 미칠 수 있는 지역에 전답을 집중시켰다.[21]

서원전의 경작자의 경우는 대체로 서원 노비인 경우가 많았다. 서원 노비는 크게 원중차역자(院中差役者), 원저노비(院底奴婢), 타관노비(他官奴婢)로 구분한다.[22] 옥동서원의 경우는 『노비안』자료가 현전하지 않아 구성과 규

서원명	建	享	소재지	시기	전답 규모
소수서원	1543	안향	순흥	1767	약 25결
남계서원	1561	정여창	함양	1800	약 18결
역동서원	1570	우탁	예안	6세기 중반	6결 23부6속, 1두락
옥산서원	1572	이언적	경주	1759	약 32결
도산서원	1573	이황	예안	1819	약 30결
자계서원	1578	김일손	청도	1660	약 14결
도동서원	1604	김굉필	현풍	1678	약 11결
도남서원	1605	동방5현	상주	19세기 중반	약 19결
병산서원	1610	류성룡	안동	1762	약 40결
용산서원	1699	최진립	경주	1814	6결 50부 6속
덕연서원	1651	주세붕	칠원	1779	7결 4부 6속
물계서원	1712(未額)	창녕성씨	창녕	1760	3결 53부 6속, 4두락
태암서원	1789(未額)	전조생	의령	1859	3결 78부 4속

이수환(2001), 앞의 책, 일조각, 175~176쪽 ; 강상택(1991), 「조선후기 영남지방 서원의 경제적 기반」, 『역사와 세계』 15·16, 405~419쪽 참고하여 정리함.

21) 이수환(2001), 앞의 책, 일조각, 163쪽.
22) '원중차역자는 서원 내의 각종 잡역을 담당하는 자들로 이들은 서원에 예속된 자들이다. 이들은 고직(庫直), 재직(齋直), 묘직(廟直), 찬모(饌母), 서원(書員), 색리(色吏) 등의 직역을 맡고 있었으며, 직역에 따라 서원 내에 또는 서원 인근에 거주하였다. 이 중 일부는 원저노비 중에서 선발되기도 하였다. 원저노비는 서원 인근에 거주하면서 서원 내 잡역에 차역되는 경우와 향사(享祀)·향회(鄕會) 등 대·소사가 있을 때 돌아가며 서원 일을 돕거나, 혹은 신공을 납부하였다. 또한 이들 중 일부는 서원전을 경작하는 일종의 전호(佃戶)로서 존재하고 있었다. 따라서 이들은 독자적인 가족을 구성하고, 일정한 자기 경리를 확보하고 있었다는 점에서 서원 내 잡역담당자와는 차이가 있었다. 타관노비는 경제적으로 볼 때 서원 측에 매년 신

모를 상세히 알 수는 없다. 하지만 옥동서원의 『원속안』 자료 4건과 이와 관련된 『상서』, 『품목』, 『완문』 등의 자료에서 원중차역자와 원저노비의 구성과 규모를 대략적인 파악이 가능하였다. 또 『백옥동서원전결록』과 『옥동서원본별소거재소전결록』의 일부 전답에 원중차역자 또는 원저노비가 기재되어 있었고, 전답의 경작자 기록이 없는 토지는 훗날에 경작자를 추록한 내용이 있어 서원전 경자자의 구성과 규모를 추정할 수 있었다. 이를 참고하여 옥동서원의 서원전 경작자의 구성과 규모를 정리하면 다음 표와 같다.

〈표 5〉 옥동서원 서원전 경작자 구성[23]

구분	1769년 『백옥동서원전결록』	1787년 『옥동서원본별소거재소전결록』
서원전 경작 직명 또는 사역인	庫子, 庫直, 廟直, 火直, 使令, 色吏, 首奴, 驅從, 齋直, 黃氏門中	庫子, 齋直, 金順金, 甲元, 金種無, 沈汝, 李之芳, 金岳只, 朴種金, 金己玄, 壬卜, 三孫, 朴尙元, 金時同, 千岳只, 金日中, 冊伊, 朴順己, 小男, 朴貴太, 金萬取, 孫大文, 宋奇, 金守男, 玉準太, 權醫, 金太己, 金東向, 黃輝, 金種金

위 표와 같이 1769년 이후부터 기록된 옥동서원의 서원전 경작자의 직명은 '고자(庫子)·고직(庫直)·묘직(廟直)·화직(火直)·사령(使令)·색리(色吏)·수노(首奴)·구종(驅從)' 등으로 기록하였고, 전답의 경작 방법은 '고자사경', '고직

공 납부의 의무를 지는 이른바 납공노비(納貢奴婢)였다. 이들도 독자적인 가족을 구성하고 있었으며, 또한 일정한 자기 경리를 확보하고 있었다.'(이수환(2001), 앞의 책, 일조각, 173~177쪽)
23) 타서원의 원중차역자 직명 사례

서원명	건립년	주향	소재지	직 명(名)
옥산서원	1572	이언적	慶州	庫直, 齋直, 刀尺, 廟直, 都色, 都掌務, 驅從, 등
도산서원	1573	이황	禮安	庫直, 刀尺, 泡匠, 捉魚, 負木, 齋直, 酒母, 食母 등
도동서원	1604	김굉필	玄風	祠直, 齋直, 碑直, 庫直, 書員, 使喚
도남서원	1605	동방오현	尙州	廟直, 色吏, 首奴, 庫直, 齋直, 都使令, 酒母, 食母 등
용산서원	1699	최진립	慶州	草席, 炭生, 執馬, 燈油, 驅從 등
덕양서원	1589	신숭겸	谷城	庫子, 驅奴, 近行使, 遠行使, 點火奴, 炬火奴 등

(이수환(2001), 앞의 책, 일조각, 174쪽 참고하여 정리함.)

사경', '묘직사경', '화직사경', '수노사경' 등으로 기재하였다. 이를 참고하면 서원전은 원중차역자(원중사역인)와 원저노비를 통해 운영되었다. 반면 1787년 이후에 작성된 전결록에는 일부만 원중차역인에 의해 사경되었고, 그 외 대부분은 원저민 즉 서원 인근의 원속과 서원에 투탁한 양민에 의해 경작되었다. 양민의 경우는 서원의 영향력을 통해 군역 및 각종 잡역을 면제받는 대가로 서원 잡역의 일부를 경작한 것이다. 이들이 경작한 사경전의 규모를 정리하면 다음 표와 같다.

〈표 6〉 18세기 옥동서원 서원전 사경(私耕) 경작 규모

本所 私耕				別所 私耕			
1769년 이후	1787년 이후	田	畓	1769년 이후	1787년 이후	田	畓
庫子	庫子	0-35-9		庫子	-	0-7-6	
庫子	庫子		0-6-9	-	首奴	0-3-0	
庫子	順金		0-22-7	-	庫子, 順金		0-58-7
廟直, 火直	金種無, 沈汝		0-11-9	-	冊伊		0-7-5
使令	李之芳		0-14-7	使令	金種金, 朴尙元		0-22-1
色吏	金岳只		0-0-9	-	千岳只		0-15-7
首奴	金己玄		0-12-3	-	庫子, 順金, 金日中		0-22-7
驅從	壬卜, 三孫		0-27-7	-	小男		0-13-0
齋直	齋直		0-13-2	-	朴貴太		0-7-1
驅從	甲元		0-8-6	-	金萬取		0-15-0
-	金時同		0-18-0	-	孫大文		0-26-5
-	朴順己		0-20-4	-	宋奇, 金守男		0-15-5
황씨문중	-		0-20-7	-	玉準太		0-16-6
소계(2-13-9)		0-35-9	1-78-0	-	權醫		0-12-1
居齋所 私耕				-	金太己		0-13-5
-	黃輝		0-10-0	-	金東向	0-9-5	
소계(0-10-0)			0-10-0	소계(2-66-1)		0-10-6	2-55-5

* 단위_結-負(卜)-束
** 1769년:『백옥동서원전결록』
*** 1787년:『옥동서원본별소거재소전결록』

위 표에 정리한 내용을 정리하면, 1769년『백옥동서원전결록』의 사경전은 본소에 집중되어 있었으며, 원중차역자와 원저노비가 경작하고 있었고, 별소는 고자와 사령에 의해 일부 전답만 경작하고 있었다. 1787년 이후에는 본소와 별소의 사경전이 큰 폭으로 확대되었는데, 경작자는 원중차역자나 원저노비는 소수에 불과하였고, 대부분은 서원 인근의 원속 또는 투탁한 양민이었다. 따라서 1769년『백옥동서원전결록』의 서원전 중 사경전은 2결 6복이고, 이를 전답으로 구분하면 전은 43복 5속, 답은 1결 62부 5속이며, 전체 서원전의 21%에 해당한다.

1787년『옥동서원본별소거재소전결록』중 사경전은 4결 61복 7속이며, 이중 전은 83복 9속, 답은 4결 22복 8속이다. 이는 옥동서원 전체 서원전의 46%에 해당한다.

상주 남인계 서원인 도남서원의 사경전을 살펴서 상주의 여타서원 경제 운영을 비교해보자. 도남서원의 경우는 원내 사역인에게 노동의 대가로 사경전을 지급하고 있었다. 도남서원의 서원전의 전은 12석 13두 3두낙지(5결 43부 1속)이고, 답은 26석 12두 5도락지(10결 89부 6속)이다. 이 중에서 원내 사역인에게 지급한 사경전은 전체 전 2석 11두 2도락지와 답 4석 7두 5두락지였는데, 이는 도남서원 전체 서원전 18% 비율에 해당하였다. 이들에게 사경전을 지급할 때 '하인등사경전(下人等私耕田)'으로 기재하였고, 만약 '제역되는 경우 사경전을 다시 서원으로 환납하도록 한다.[24]'라고 규정하였다. 또 경자년의 경우 도남서원의 전체 토지 규모는 18결 91복 3속이었는데, 이 중 원내 사역인에게 지급한 사경 전답은 2결 16복 1속으로 이는 도남서원 전체 서원전의 약 11% 비중을 차지하는 규모였다.[25]

또 안동 도산서원의 경우 원중 차역자에게 춘추로 일정량의 미(米)를 급료형식으로 지급하였는데, 급료형식의 미 지급이 서원 측에 큰 부담으로 인

---

24) 이수환(2001), 앞의 책, 일조각, 168쪽.
25) 이수환(2001), 앞의 책, 일조각, 167~168쪽.

해 원위전의 사경권으로 대신하는 경우가 많았다.[26]

이처럼 원중 사역인은 서원 운영에 필수적인 존재로서 서원측에서 어떤 형태로든 이들에게 배려하지 않을 수 없었다. 따라서 옥동서원의 경우도 사경전으로 기재한 토지에 대해서 경작 사역인에게 어떤 방법으로든 노동의 대가를 지급했을 것으로 추정된다. 하지만 그 방법은 구체적으로 기록하지 않았다. 다만 앞에서 언급한 옥동서원의 사경전 규모를 보면 사경권, 즉 사경전을 경작하여 소출의 일정 비율을 옥동서원에 납부했을 것으로 짐작된다.

3. 옥동서원 원속(院屬) 운영의 추이

서원의 원속은 서원전·노비와 더불어 서원 경제의 중요한 한 부분을 차지하였다. 이들은 원속은 대체로 양인들이며 피역(避役)을 위해 서원에 원속으로 입록하고, 그 대가로 서원의 수직(守直) 또는 원내의 제반 잡역을 담당하거나 그에 상응한 전(錢) 또는 현물을 서원에 납부하였다. 서원 측은 이러한 원속의 경제적 부담을 신역(身役)의 대가로 인식하였다. 따라서 노비의 신공(身貢)과 마찬가지로 원속의 부담 또한 신공으로 파악하였다. 또 서원은 원속이 서원에 투속하여 생기는 경제적 이득을 취하기 위해 이들을 적극적으로 모입하는 사모(私募)도 많았다. 각 서원에서 보유하고 있는 원속을 살펴보면 '모입(募入), 투탁(投託), 앙속인(仰屬人)' 등 서원마다 다양하게 나타나는데, 대체로 '양·하전(良·下典)·장인(匠人)·보인(保人)·수직군(守直軍)·원생(院生)' 등으로 기록하였다.[27]

17세기 중반에는 면역뿐만 아니라 신분 상승을 목적으로 한 투속 원생까지 생기면서 서원의 원속이 급격히 증가하였다.[28] 이는 원속의 양반이라는

---

26) 이수환(2001), 앞의 책, 일조각, 166쪽.
27) 이수환(2001), 앞의 책, 일조각, 181~199쪽.
28) '향교는 액내의 교생과 액외의 교생이 있어 액외는 서얼과 양민들이 모두 들어갈 수 있게 되었으니, 성균관의 하재(下齋)와 같다. 서원은 선비들이 존숭하는 사람

신분 상승 욕구와 서원측의 재정 확충 욕구가 맞물려 생겨난 현상으로, 18세기 이후가 되면 대부분 서원이 원속을 보유하게 된다.[29] 결국 서원 원생 중 원속으로 투탁하여 피역하는 것이 사회적 문제로 대두하자 국가 차원의 규제 방안이 단행되었다. 이는 문묘종향 서원은 30명, 사액서원은 20명, 미사액서원은 15명으로 서원의 원속 수를 제한한다는 것이었다.[30] 이후 서원에 따라 정액을 초과하는 경우가 있기도 했으나, 대부분은 국가에서 정한 정액 규정을 지키며 원생을 관리하였다.[31] 원속을 기록하는 방식에도 이들의 신분 상승이 반영되었다. 예컨대 도남서원의 경우 '묘우(廟宇)·판각(板閣)·동서재수호생(東西齋守護生)' 등을 '수호원생(守護院生)'[32]으로 표기하였다.[33] 경주 옥산서원의 경우는 18세기 후반 원속안을 '유생안(儒生案)'으로 기재하였고, 경주 용산서원은 '유생(儒生)'으로 기록하였다.[34]

그렇다면 옥동서원의 원속은 어떻게 구성되었으며, 그 규모와 추이를 살펴보기로 한다. 옥동서원의 원속 관련 자료로는 경신년 6월에 작성된 『옥동서원원생도안(玉洞書院院生都案)』과 신묘년 9월의 『옥동서원수호생안(玉洞書院守護生案)』, 을유년 12월의 『옥동서원원생등안(玉洞書院院生等案)』, 무자년

    이면 모두 청금록(靑衿錄)에 입록되어, 본래 액내·외의 분별이 없다. 근래 서원에 도 액외의 명목을 붙여 소속시키는 곳이 있다고 한다. 비록 그 숫자는 자세히 알지 못하지만, 이것이 증가하여 모입하는 폐단이 심해지도록 할 수는 없다.'(『비변사등록』 50책, 숙종 25년[1699년] 7월 7일; 윤희면(2004), 앞의 책, 집문당, 258~259쪽)

29) 이수환(2001), 앞의 책, 일조각, 186쪽.
30) 『서원등록』 5책, 숙종 37년[1698년] 12월 6일.
31) 윤희면(2004), 앞의 책, 집문당, 260~267쪽.
32) 원생은 청금유생(동재유생), 액내원생(서재원생), 액외원생으로 나눌 수 있다. 유생은 양반 신분으로 서원의 운영과 사회적 지위에 관심을 두는 존재들이었고, 액내원생은 수직과 집사를 담당하는 역담자였다. 액외원생은 액내 이외의 원생으로 피역이 목적 즉 불법적으로 들어온 자들이다(윤희면(2004), 앞의 책, 집문당, 267~268쪽).
33) 『도남서원원생안』, 戊午. 12월 ; 이수환(2001), 앞의 책, 일조각, 186쪽.
34) 『용산서원고왕록』 1843년 3월 ; 이수환(2001), 앞의 책, 일조각, 187쪽.

4월의 『옥동서원하인안(玉洞書院下人案)』 4건이 있다. 이외에도 원생 모입 관련 자료로 『백옥동잡록』과 1814년 완문 2건, 1847년 상서 3건, 품목 2건·완문 1건, 1848·1849년 품목 각 1건, 1856년 품목 3건, 하체 1건, 고목 2건, 1857년 등장 2건, 1859년 품목 1건, 1871년 하체 1건, 1880년 품목 1건이 있다. 경신년 『옥동서원원생도안』을 정리하면 다음 표와 같다.

〈표 7〉 경신년 옥동서원 원속 현황

구분	인원	거주지
廟宇守 直院生	20	功城巨夜[故代高?失立日,牟東藍谷]·牟東書院·牟東黎洞[故代高石中,牟東藍谷]·內西介峴[老代魚西一尺所西新谷]·功城藍谷·靑南馬九·靑南?川·靑南三槐亭[迭代姜卜三,牟東書院]·牟洞板滆·牟西星峴·牟東板澋·功城以音·牟東元山[軍任代金學大,牟東元山]
影幀守 直院生	9	牟東山谷[迭代由泰伊,牟東書院]·牟東書院[迭代金卜三,牟東新川]·牟東瀰川·功西掌坪·牟東新川·牟東梨洞·牟東九岩·牟東元山

위 표로 정리한 『옥동서원원생도안』은 상주목사가 승인한 원속의 면역(免役) 문서이다. 기록된 원속은 모두 '원생'으로 기록하였는데, 직명은 '묘우수직원생'과 '영정수직원생'으로 구분하였다. '묘우수직원생'은 20명이고, '영정수직원생'은 9명으로 전체 29명이다. 이들 원속의 거주지는 대부분 서원 주변인 모동이었다. 특히 거주지가 '모동서원'으로 기재된 원속이 4명이 있는데, 이들은 옥동서원 내에 거주하며 각종 잡역을 담당하였던 원중차역자로 보인다. 또 원속이 나이가 들어 쇠약하거나, 도망, 사망 등의 문제로 결원이 발생했을 경우는 대정(代定)한 상황도 보였다. 결원의 내용은 사망 2명, 도망 3명, 고령자(老) 1명, 군임(軍任) 1명을 각각 대정하였다. 한편 위 표의 내용과 같이 원속 전체 인원은 29명이나, 사액서원은 20명을 모입할 수 있다는 규정을 피하여 '묘우수직원생' 20명과 '영정수직원생' 9명으로 구분하여 모입한 것으로 보인다. 모입 규정을 초과하여 입원시킨 경우도 많았는데,[35]

---

35) 윤희면(2004), 앞의 책, 집문당, 262~267쪽.

그 중 경주 옥산서원의 경우 국가(朝家)와 관에서 획급된 것 또는 허가받은 『원속안』, 서원 자체에서 사모한 『원속안』을 구분하여 별도 관리하였다. 이들 원속은 1774년 126명이던 것이 1863년에 이르면 244명으로 약 2배가 증가한 규모였다.[36] 관에서 모입 규정보다 더 많은 원속을 보유하고 있는 서원을 묵인해주었던 이유가 무엇일까. 1814년 10월 상주목사가 옥동서원으로 발행한 완문에서 작은 단서를 발견할 수 있다.

> 옥동서원은 익성공 厖村 黃先生을 흠양하는 곳으로 겸하여 影幀을 봉안하고, 아울러 임금의 은혜로 사액을 받은 것은 즉 조정의 崇報하는 바이며, 사림이 尊奉하는 바이다. 또한 다른 곳과는 自別하기 때문에 전에는 守護院生이 거의 100명에 가까웠다. 그 사이 많은 사태로 남은 수가 보잘것없는데, 이는 사액 서원의 영당을 중하게 여기는 도리가 아니다. 이에 본원의 舊案을 상고해 보니, 다른 사액서원의 사례를 본떠서 60명으로 안을 작성하여 더하는 것이니, 차후 본래의 額內에서 다른 役으로 移送하면 안 될 것이고, 비록 兩局[어영청, 금위영]의 군사로 上番 시에도 결코 침탈하지 말고 걸러내어 영구히 준행하도록 하는 것이 마땅하다.[37]

위 완문을 발급한 상주목사는 1813년 8월에 새로 부임한 김기헌(金箕憲)[38]으로 황희의 외후손이다. 그는 상주에 부임한 후 1814년 5월에 옥동서원을 방문하여 알묘하였다.[39] 참배 후 당시 옥동서원의 경제력이 쇠하여 어려움을 겪고 있다는 것을 알고 특별히 60명의 원생을 더하여 정원을 채워서 부리도록 완문을 발급해 준 것이다. 서원에서 모입한 원속 관련 문서나 잡역

---

36) 이수환(2001), 앞의 책, 일조각, 190~195쪽.
37) 「완문」, 本院, 甲戌[1814년] 10월.
38) 김기헌의 자는 경도(景度)이고, 본관은 광산이다. 조부는 김인택(金仁澤)이며, 부친은 김상열(金相說), 사계 김장생(金長生)의 7세손이다. 사계의 5대조인 우의정 김국광(1415~1480)이 황희의 손서이자 상주 입향조 황보신의 사위가 된다. 상주목사 재임 기간은 1813년 8월에 부임하여 1815년 2월까지 역임했다.
39) 『심원록』, 갑술[1814] 5월 20일.

내용 또는 역(役) 대신 납입한 비용 등의 자료가 없어 이후의 상황을 상세히 알 수는 없다. 다만 상주목사 김기헌이 발급해준 위 완문을 바탕으로 살펴보면, 옥동서원은 여타 사액서원의 사례를 들어 최소 60명의 원속 모입을 허가 받고자 상주목사에게 품목을 올렸던 것으로 보인다. 상주목사는 황희의 외후손으로써 옥동서원 문제에 관해 적극적으로 해결해 준 것으로 짐작된다. 이처럼 서원의 원속 모입과 투탁인에 대한 잡역의 면제는 전적으로 해당 지방관의 영향이 컸기 때문에 지방관과 밀접한 관계 유지는 서원 측이 해결해야 할 중요한 문제였다.

한편 4년 후 1818년 11월에는 상주목사 심능술(沈能述)[40]이 전임 목사 김기헌이 발급한 완문과 동일한 내용, 즉 60명의 원속 모입을 허가한다는 완문을 재발행하였다.[41] 심능술이 발급한 완문은 옥동서원 측이 1814년 받은 원속 모입 허가 완문을 저본 문서로 첨부하여, 원속 모입에 대한 재가를 얻기 위해 교체된 지방관에게 청원한 것이다. 당시 원속 모입은 지방관이 교체되는 등 지방관의 사정에 따라 환추(還推)되는 경우도 발생하기 때문에 그때마다 감영이나 지방관에게 다시 정소하여 완문을 성급받아야 했다.[42] 초창기 서원에서는 원속이 국가 또는 지방관에 의해 획급되는 경우가 일반적인 관행이었다. 예컨대 도산서원은 서원설립과 동시에 장인 15명, 수호군 20명, 보인 7명을 국가에서 획급 받았고, 역동서원도 본현 현감으로부터 장점(匠店) 중에서 유실자(有實者) 20인과 보인 7인을 획급 받았으며, 도동서원은 국

---

40) 심능술(1758~)의 자는 효선(孝善)이고, 본관은 청송이다. 증조부는 이조판서 심택현(沈宅賢)이고, 조부는 영천군수 심구(沈銶). 부친은 통훈대부 심건지(沈健之)이다. 어머니는 은진송씨 송익흠(宋益欽)의 딸과, 전주이씨 이윤언(李胤彦)의 딸이다. 심능술은 1798년(정조 22) 진사시에 입격하였고, 1818년 4월에 상주목사로 부임하여 1819년 4월까지 재임하였다.
41) 『완문』, 戊寅年 十一月日[1818년 11월]. 이 완문의 내용은 이전의 목사인 김기헌이 발행한 『완문』과 같은 내용으로 1814년의 완문이 중요한 저본 문서로 활용되었다.
42) 이수환(2001), 앞의 책, 일조각, 198·201쪽.

가에서 산직(山直) 10명을 획급 받았다.[43]

이처럼 지방관은 서원 존립에 중요한 권한을 가진 자로 서원의 관리와 운영을 위해서는 반드시 이들과의 연결 또는 공조 체제를 원만하게 유지해야 했다. 따라서 앞에서 언급한 2건의 완문에 '사액 후 옥동서원의 원속이 많을 때는 100여 명이 있었다'는 내용과 이후의 각종 상서와 품목 등이 대부분 서원의 재력이 쇠잔하여 원속 모입을 요청하는 문서였다는 점,『옥동서원원생도안』외 3건의 문서에 기록된 원속 인원이 현저히 적은 점을 고려하면『옥동서원원생도안』은 1800년에 작성되었을 것으로 추정된다. 다음은 을유년『옥동서원원생등안』, 무자년『옥동서원하인안』, 신묘년『옥동서원수호생안』의 원속 내용을 정리하면 다음 표와 같다.

〈표 8〉 19세기 옥동서원 원속 현황

乙酉年『玉洞書院院生等案』			戊子年『玉洞書院下人案』			辛卯年『玉洞書院守護生案』		
구분	인원	거주지	구분	인원	거주지	구분	인원	거주지
院生	4	牟東華陽·牟東安平·牟東芝庄	守護生	4	牟西可幕·牟東安平·牟東吾道	守護生	4	牟西可幕,牟東安坪·牟東吾道
廟直	2	牟東一貫·牟東新德	廟直	1	牟東玉洞	廟直	1	牟東吾道
庫子	1	牟東玉洞	齋直	1	牟東玉洞	齋直	1	牟東吾道
差使	1	牟東玉洞	庫直	1	牟東玉洞	庫直	1	牟東吾道
			驅從	2	牟東玉洞	差使	1	牟東吾道
			使令	1	牟東玉洞	驅從	1	牟東吾道
소계	8		소계	10		소계	9	

앞에서 언급한 경신년의『옥동서원원생도안』이 사당과 영정의 수직 원생이었다면 위 표에 기록된 문서 3건의 원속안은 서원의 여러 잡역을 구분하여 기록하였다. 이 3건 원속안 자료 작성 연대는 정확히 알 수 없다. 다만

---

43) 이수환(2001), 앞의 책, 일조각, 183쪽.

1847년 이후의 원생·원속 관련 자료를 참고하여 을유년 『옥동서원원생등안』은 1825년, 무자년 『옥동서원하인안』은 1828년, 신묘년의 『옥동서원수호생안』은 1831년에 작성되었을 것으로 추정된다. 이 3건의 자료에 기록된 직역은 '수호생·원생·묘직·재직·고직·고자·구종' 등으로 기록되었고, 거주지는 옥동서원 인근 모동 또는 모서 일대에 거주하였으며, 그 중 모동 거주자가 더 많았다. 연대별로 원속 인원을 파악하면 신묘년 『옥동서원수호생안』에 기록된 원속은 9명이고, 을유년 『옥동서원원생등안』에 기재된 원속은 8명, 무자년 『옥동서원하인안』에 기록된 원속은 10명으로 전체 27명이다. 또 원생들의 직역을 분류하면 원속은 수호생 8명, 원생 4명, 묘직 4명, 재직 2명, 고직 2명, 고자 1명, 차사 2명, 마종 3명, 사령 1명으로 구성되어 있다. 앞에서 다루었던 경신년 『옥동서원원생도안』에 기재된 원속까지 모두 합하면 옥동서원의 원속은 전체 56명이었다.

이처럼 옥동서원의 원속은 사액 후 100명으로 확대되었다가 19세기 이후에는 고령, 사망, 도망 등 56명으로 감소하였다. 56명의 원속은 1814·1818년에 상주목사가 원속 60명 모입을 허가한 완문과 관련이 있다면 옥동서원은 원속 60명을 채우지 못했다는 것이다. 즉 옥동서원은 원속 모입 규정을 초과한 모입 허가 완문을 지방관에게 발급받았음에도 불구하고 원속 모입이 쉽지 않았던 것으로 보인다. 이는 1847년 옥동서원에서 발급한 원생의 가급과 원속의 면역을 요청한 상서와 품목에서도 그 실상이 드러나 있다. 당시 옥동서원에서 원속 모입과 관련하여 올린 품목과 상서는 총 5건이다. 첫 번째는 1847년 6월 23일에 황호선(黃浩善, 1848년 원장) 외 48명이 연명하여 경상감사에 올린 상서이다.

> 선조 익성공 방촌 황선생을 제향하는 곳입니다. 선생의 … 국승國乘에 실려 있어 여러 사람이 말하고 있기에 우리가 崇聽을 자세히 번거롭게 논변할 필요가 없고, 비단 관복의 엄숙하고 청결한 초상이 … 사림이 제사를 받든지 이미 여러 해입니다. … 정묘 기유[1789]에 특별히 사액을 받아 宸章의 燦然함이 햇살처럼 새로 빛나니, 조정에서 융숭하게 보답하는 예전을 자세히 알 수가 있습니

다. 다만, 본 서원의 院力은 평소 심히 凋殘하여 많은 선비를 供億함에 평소 모아 놓은 것이 없어 갑자기 마련하다 보니, 토지가 남은 것이 없게 되었으며, 서원의 使令은 원속으로 부리는 것이 아니라 假屬으로 붙여버리니, 奴丁은 없는 것이 됩니다. 1년 동안의 쓰임은 겨우 60명의 원생을 얻어 봄과 가을에 番錢을 거두어서 사용하나, 매번 부족한 근심이 있으며, 허다한 사역은 겨우 10명의 가속으로 충당하고 약간의 박토薄土만을 除給해 주기에 모두 피하려고만 합니다. 이런 까닭에 원우가 오래되어 장차 무너질 우려가 있으나 물력이 없어 수리하지 못하고, 임원이 밖에 있을 때 혹 완급의 일이 생기더라도 알려줄 사람이 없어 장차 수습하지 못하는 지경에 이르게 됩니다. 그리고 근래 吏胥輩의 업신여기는 습속이 날로 심해져서, 매일 원생을 攘奪하고 원속을 侵漁하는 것을 밥 먹듯이 하는 것을 거리낌이 없으니, 만약 이를 그치지 않으면 춘추향사와 삭망례는 장차 폐하여 거행되지 않을 것입니다. 자손들의 痛迫은 이루 말할 수 없으며, 조정의 '崇報之意'는 도대체 어디에 있단 말입니까. 본 고을의 흥암서원과 충의단은 본손과 외손을 막론하고 감영과 본 府에 부임해 오면, 항상 비호해주는 까닭에[44] 두 서원의 원생은 수백 명이 넘으며, 무릇 원속으로 있는 자는 하나같이 役을 면제해 줍니다만, 본 서원은 홀로 그렇게 하지 않으니, 이 어찌 개탄스러움이 심하지 않다고 할 수 있겠습니까. 엎드려 바라옵건대 합하께서는 익성공의 외손 반열에 있으니, 尊衛와 崇奉의 도리가 필시 우리와 다르지 않을 것입니다. 이런 까닭에 감히 구차함을 무릅쓰고 아뢰어 바라옵건대 일체 다른 서원의 예에 따라 원생은 □백 명을 더해 주시고 下隸는 호역을 제급하는 것으로 완문을 발급해 주어, 이로 하여금 영원토록 바꾸지 않는다면, 우리의 감사한 마음은

---

44) 흥암서원은 노론의 영수인 동춘당 송준길을 제향하는 사액서원(1705)이고, 충의단은 임란 당시 전사한 종사관 윤섬, 이경류, 박호 등 3인과 상주 출신의 의병장 김준신, 김일 등의 공적을 포상하기 위해 건립하여 1792년(정조 17) 사액된 곳이다. 두 원사는 신임 감사로 부임한 후손들에 의해 많은 혜택이 주어져 원활히 운영되고 있는데, 반면 옥동서원이 사액서원임에도 불구하고 두 원사와 같은 혜택이 없어 서원의 경제력이 피폐해졌다는 것을 호소하는 것이다.

실로 다 말할 수 없을 것입니다. 합하께서 조정의 뜻을 우러러 따르고 외선조에 대한 정성을 軫念하신다면, 장차 아름다움이 후대에 전하여 우리는 지극히 황공하고 간절한 마음을 금할 수 없게 될 것입니다.[45]

이 상서를 올릴 수 있었던 것은 경상감사로 부임한 김공현(金公鉉, 1794~?)[46]이 황희의 외후손이었기 때문이다. 지난 1814년에도 황희의 외예인 상주목사 김기현의 선의로 60명의 원생 모입을 재가한 완문을 발급해준 전례가 있어 큰 기대를 한 것이다. 위 상서는 옥동서원이 처한 경제적 상황에 대한 심각성을 상세히 기록하였다. 내용을 살펴보면 옥동서원의 재력이 부족하여 선비들을 공궤하기 어려운 형편이며, 오래된 서원을 수리할 물력이 없다는 것과 현재 60명의 원속 신공으로는 서원 운영이 어렵다는 것을 성토하고 있다. 반면 흥암서원[노론]과 충의단[노론]의 경우는 중앙에서 파견된 노론계 지방관의 비호 아래 원생 수는 수백 명이 된다는 것을 지적하며, 옥동서원도 같은 혜택을 달라고 것과 서리들이 원생을 약탈하는 등의 횡포를 부리지 못하도록도 요청하였다. 아울러 옥동서원의 이 같은 어려운 상황이 지속된다면 춘추 향사와 삭망 분향례를 폐지할 형편이라는 우려를 표명하고, 원생과 하례(下隷)의 호역(戶役)을 제급(除給)하는 완문을 내려서 서원이 쇠퇴하는 것을 막아 주기를 청원하였다. 이에 감사는

本官이 부임하기를 기다렸다가 사리를 따져서 조처하는 방도를 보고하라.[47]

---

45) 「上書」, 丁未, 六月.
46) 김공현(1794~?)의 자는 공기(公器)이고 본관은 광산이다. 증조부는 김상정(金相定)이고, 조부는 김기응(金箕應), 부친은 김재원(金在元)이다. 증조부인 김상정(사계 김장생의 6세손) 외후손 자격으로 1785년 옥동서원에 참배한 바 있다. 김공현은 1831년(순조 31) 문과급제한 후 성균관대사성, 홍문관, 경상도관찰사(1847~1848)를 역임하였다.
47) 「題音」, 六月 二十三日[1847년 6월 23일].

는 제음을 내렸다. 당시 상주목사 홍주(洪疇)⁴⁸⁾가 임기를 마치고 이임(離任)한 상태였고, 새로 임명받은 이상두(李相斗)⁴⁹⁾가 도착하지 않았기 때문에 신임 목사가 부임하기를 기다렸다가 옥동서원이 청원한 해결 방안을 검토하여 보고하라는 내용이다. 이에 옥동서원 원장 정민목(鄭民穆)과 재임 2인은 신임 상주목사가 도착하자 바로 품목을 올렸다. 옥동서원이 상주목사에게 올린 품목의 내용은 6월 경상감사 김공헌에게 올린 상서 내용과 대부분 같았다. 다만 옥동서원이 상주목사에게 청원한 내용은 좀 더 구체적으로 명시하였다. 그 구체적인 청원 내용은 '원생 100명을 가급(加給)하고, 하례는 연역(烟役)을 제급하며, 복호(復戶)는 다른 사례에 의거 30냥을 계산해 주며, 만약 원동(院洞, 서원촌)의 완호와 재직 5명은 한결같이 본읍의 다른 서원 사례에 의하여 일일이 조목별로 보고한다면, 그로 인하여 완문(감영)을 성급해 줄 것입니다'⁵⁰⁾라고 하였다.

상주목사는 정민목이 올린 품목에 대해 '일의 마지막에 감영에 보고할 것'⁵¹⁾이라는 판결을 내렸다. 상주목사가 이 처분을 내리는 것과 함께 원생에 관해서는 옥동서원에서 모입하여 치보(馳報)하라는 명을 내렸다. 상주목사의 이 같은 처분으로 옥동서원 측은 원생모집이 가능하였고, 모집한 원생의 명단을 기록한 후 이를 성책하여 상주목사에게 보고하였다. 같은 달인 7월에 옥동서원의 재임 2인은 다시 품목을 작성하여 상주목사에게 올렸다. 품목의 내용은 옥동서원에서 모입한 원속 명단의 성책으로 보고한 내용을 근거로

---

48) 홍주(1780~?)의 자는 석여(錫汝)이고, 본관은 남양이다. 조부는 홍억(洪檍)이며, 부친은 통훈대부 공조정랑 홍대응(洪大應), 생부는 통훈대부 홍대형(洪大衡)이다. 부인은 용인이씨 참찬 이보천(李普天)의 딸이다. 그는 1807(순조 7)에 진사시에 입격한 후 1839년에 홍주목사를 역임하였고, 1843년 7월 21에 상주목사로 부임하여 1847년 5월에 이임하였다. 1845년 객사를 중수하였다.
49) 이상두는 1847년 5월 19일에 담양부사로 임명받아 6월 21일에 도임하였으나, 사임하였다. 이후 상주목사로 임명받아 1847년 6월부터 1849년 9월까지 재임하였다.
50) 「품목」, 丁未七月[1847년 7월].
51) 「품목」, 處分, 丁未七月

경상감영에 보고해 줄 것과 갑작스럽게 충분한 원생을 모집하기 어려워 충의단과 흥암서원의 원생 액수 사례를 따랐다는 내용이었다. 상주목사에게 보고한 원생 인원은 본래 옥동서원의 원생 60명 외에 86명을 추가 모입한 내용을 구분하여 올렸다. 86명의 구성은 집사생(執事生) 13명, 전사청 수직원생 21명, 강당 수직원생 21명, 차비(差備) 31명이었다. 또 옥동서원의 가속인원도 보고하였다. 본래 옥동서원의 가속 인원은 10명이었는데 6명을 추가 모입하여 16명을 보고하였다. 이를 직임으로 분류하면 재직(齋直) 5명과 가속(假屬) 11명이었다. 그 외 복호 문제에 대한 조사와 옥동서원의 원촌인 천하동(川下洞)을 완호(完護)하는 일에 관해서는 환자(還上) 창역(倉役)과 관역 등은 다른 사액서원의 예에 따라 논보(論報)하고, 요청한 사항들은 하나로 묶어서 경상감사의 완문이 성급 되도록 청원하였다. 이에 상주목사 이상두는 '새로 부임하여 이어서 할 뿐 잠시 기다렸다가 정돈된 후에 조처하도록 할 것'[52]이라는 처분을 내렸다.

상주목사의 긍정적인 처분에도 불구하고 옥동서원 측에서는 1847년 7월에 황호선 외 43명이 연명하여 또다시 상주목사에게 상서를 올렸다. 상서의 요지는 직전에 올린 옥동서원 재임의 「품목」과 같은 내용이었으며, 옥동서원이 상주목사에게 청원한 내용을 경상감사에게 속히 보고하여 경상감사가 재가한 완문이 발급될 수 있도록 해달라는 청원이었다.[53] 그런데 상주목사는 '이미 재임에게 내려준 판결이 있으니 이어서 하라'[54]는 모호한 제음(題辭)을 내렸다. 사실 직전에 올린 재임의 품목 또한 '이임(莅任)하여 이어갈 뿐 정돈된 뒤에 처리하겠다.'라는 모호한 처분이 있었다. 이 문제가 처리될 기미가 보이지 않자 불안해진 옥동서원은 상주목사에게 다시 상서를 올렸던 것이다. 결국 상주목사의 모호한 처분으로 옥동서원은 1847년 11월에 또다시 상주목사에게 앞의 「품목」과 같은 내용의 「품목」을 올리게 된다. 11월 「품목」

---

52) 「품목」, 處分, 丁未七月.
53) 「化民幼學黃浩善等謹齋沐再拜上書于」, 丁未年 七月.
54) 「化民幼學黃浩善等謹齋沐再拜上書于」, 處分, 丁未年 七月.

은 현전하지 않지만, 1847년 12월에 황호선과 황희 후손 35명이 경상감사에게 올린 상서에서 11월의 「품목」 내용이 언급되어 있다.

> 본 고을 성주께서 부임한 지 얼마 되지 않아 다소 정돈되기를 기다린 뒤에 조처하겠다고 지시를 내린 까닭에, 우리는 공손히 처분할 날만을 기다려 온 것이 지금에 이르게 되었습니다. 달포 전에 본원의 원임이 본관에 稟目을 올리니, 본관이 품목에 따라 시행하라는 판결을 주셨고, 원생과 원속, 재직 및 院洞 등 각 조목을 斗護하는 일은 하나 같이 본 고을의 다른 사액서원의 예에 따르라고 완문을 발급해 주었습니다.[55]

위 상서의 내용에서도 알 수 있듯이 1847년 11월에 옥동서원 측이 또다시 상주목사에게 올린 「품목」에 대해 상주목사는 결국 원생과 원속 모입을 허가하는 완문을 발급해 준 것이다. 이처럼 서원의 경제기반에 중요한 축을 차지하고 있는 원생과 원속 등의 모입은 지방 수령의 상당한 권한에 의해 실행되었다. 또 위 옥동서원의 사례처럼 지방관이 교체되는 경우 수령이 서원의 기존의 원생과 원속 모입을 환추할 우려, 또는 전임 목사의 완문을 인정하지 않을 경우를 대비하여 신임 상주목사의 완문을 다시 받고자 반복적인 청원을 하는 것이다. 마찬가지로 수령이 재가한 완문을 경상감사가 인정하지 않을 것을 대비하여 신임 감사의 부임과 동시에 수령의 완문을 인정하는 감사의 완문을 받을 때까지 상서를 올린다. 이는 지방의 최고위 관료인 감사가 발행한 완문을 근거로 각종 경제적 혜택을 유지할 수 있었기 때문이다. 실제 옥동서원의 경우도 상주목사가 원생, 원속 모입을 허가한 완문이 발급된 후 1847년 12월에 황호선 외 35명이 연명한 상서를 경상감사에게 올려 원생, 원속 모입을 허가하는 완문 발급을 청원하였다. 그 상서의 관련 내용을 정리하면 다음과 같다.

---

55) 「완문」, 丁未十二月[1847년 12월].

본부의 완문이 있으나 반드시 감영의 완문 1度를 얻은 연후에 비로소 永久히 遵行할 수 있습니다. 만약 감영의 완문이 없으면 침해받아 도태되는 근심이 있을 것입니다. 삼가 바라건대 각 항의 조목들은 한결같이 본관의 성주가 조처한 데에 따라 다시 완문 1장을 성급하여 주시고, 특별히 關文으로 該邑에 申飭하여 오로지 본원의 永世의 규약으로 하여, 오로지 훗날의 침해로 도태되는 폐단이 없도록 간절한 마음으로 기원합니다.[56]

이에 경상감사 김공헌은 '완문을 성급하여 영원히 준행하도록 하며 타인이 어기지 말도록 하라'[57]라는 처분을 내렸고, 이어서 완문도 발급되었다. 이로써 옥동서원은 원생, 원속이 부족해 경제적 어려움에 직면하자 1847년 6월부터 시작된 원생, 원속의 모입 허가 완문을 받기 위한 노력이 7개월 만에 경상감사의 허가한다는 완문을 받게 되었다. 이 과정에서 상서 3회, 품목 3회를 지방관에게 올렸고, 이와 관련하여 상주목사와 경상감사의 재가 완문이 각각 발행되었다. 이를 참고하여 획급한 원생과 원속을 정리하면 다음 표와 같다.

〈표 9〉 옥동서원 획급 원생·원속 내용[58]

구분	인원(名)	구분	인원(名)
院生 [1814년 허가 원생 60명 포함]	180	差備	35
齋直	8	院屬	15
합계: 238명			

위 표와 같이 경상감사가 허가한 원생은 120명, 재직 8명, 차비 35명, 원속 15명으로 전체 178명이다. 이뿐만 아니라 서원촌인 천하동의 환자(還上)

---

56) 「尙州幼學黃浩善等謹齋沐再拜上書于」, 丁未 十二月.
57) 「尙州幼學黃浩善等謹齋沐再拜上書于」, 處分, 丁未 十二月 二十二日.
58) 「완문」, 丁未十二月.

와 관의 부역(赴役)으로 침탈되지 않게 보호받게 되었다. 1814년 상주목사 김기헌에게 받은 60명의 원생 모입을 허가 완문까지 통계하면 원생 180명이고, 원속까지 모두 합하면 238명이 된다. 이처럼 옥동서원은 19세기에 접어들면서 원속의 사망·도망·이거·노환이 일반화되고, 서리의 횡포 또한 심해지면서 서원 경제를 더욱 어렵게 만들었다. 약화된 경제를 회복하기 위해 문제가 생길 때마다 지방관에게 상서 또는 품목을 올려서 문제를 해결해 나갔다. 이러한 노력의 일환으로 원생 60명과 가속 10명이던 것이 1847년에는 238명의 원생·원속을 확충하였고, 서원촌의 완호도 받게 됨으로써 서원 경제적 기반 유지에 상당한 도움을 받게 되었다.

4. 서원촌(書院村)과 속점(屬店)의 운영

서원의 재원은 토지와 노비(원속) 이외 경제기반으로 서원촌(除役村)이 있다.[59] 17세기 이래로 노비의 도망이 증가함에 따라 속점·서원촌 등과 같은 기타 재원에 대한 의존이 높아갔다. 일반적으로 서원촌은 각 서원이 서원 인근의 마을 또는 부촌을 점유하여 지방관의 승인을 받는 경우가 많았다. 서원촌으로 소속되면 원내의 대소사와 각종 사환에 동원되는 등 일정한 경제 부담을 지는 대신 면역·면세·환자(還上) 불수 등의 혜택이 주어졌다.[60]

옥동서원의 서원촌 관련 자료는 『백옥동잡록』에 필사되어 있는 18세기 초반의 「정본관문(呈本官文)」 3건이 있다. 이 3건의 자료에 작성 연대 또는 작성자 등의 기록이 없고 다만 '본원이 창건된 지 10년이 지났는데 본래부터 전토도 없고 또 노복도 없습니다.'[61]라는 부분에서 1724년에 올린 것으로 추

---

[59] 서원촌 관련 연구는 윤희면(2004), 앞의 책, 집문당, 464~478쪽 ; 이수환(2001), 앞의 책, 일조각, 199~204쪽 ; 이수환(2010), 「경주 세덕사 연구」, 『민족문화논총』 45, 영남대학교 민족문화연구소 ; 『서원등록』 권5 등을 참고하였다.
[60] 윤희면(2004), 앞의 책, 집문당, 466쪽 ; 이수환(2001), 앞의 책, 일조각, 204쪽 ; 『승정원일기』 564책, 1724년 3월 ; 『목민심서』 권6, 호전평부 上.
[61] 『백옥동잡록』, 「呈本官文」.

정된다. 3건의 「정본관문」 내용에는 옥동서원의 서원촌 소속 과정과 원속의 군역 면제 요청, 구종은 다른 서원의 사례를 따라 사환 한다는 등의 내용을 담고 있다. 그중 서원촌의 내용을 정리하면 다음과 같다.

> 지금 원우가 자리 잡고 있는 곳은 본래 촌락이 아니어서 庫子·首奴·□□ 외에는 따로 살고 있는 백성이 없었던 까닭에 廟直과 色吏 역시 이웃한 촌민을 사환(使喚)으로 뽑아 썼던 바, 원저(院底)가 모양과 규모를 갖추지 못했음은 이를 미루어 알 수 있다. 그러나 많은 사환을 달리 옮길 곳이 없어서 서원으로 승격한 초기에 官家에 아뢰어 한 洞을 부쳐서 完護와 사환을 시키고자 했지만, 川下洞은 평소 양반과 中庶가 많아 유궁(儒宮)[서원]이 사환을 시키는 데 있어서 불편한 점에 방해받음이 없지 않은 까닭에, 다른 동으로 정하고자 하는 것에 대하여 천하동에서 한목소리로 원하였다. 그러나 이미 이 원우가 소재한 洞이고 또한 민정(民情)이 원하는 바라면, 다른 동으로 옮겨 정하는 것은 불가한 까닭에 결국 천하동을 본 서원에 소속시켜 연역(烟役)을 탕감해 주고 크고 작은 사환의 바탕으로 삼을 것이며, 그 斗護하는 바는 본동을 기다리지 말 것을 본 서원 또한 충분히 척념할 것이다. 무릇 편의의 방도와 관계된 것이니, 하나 같이 민정을 따라야 한다.[62]

위 내용은 앞서 상주목에서 옥동서원에 발급한 것으로 추정되는 하체(下帖)를 요약해서 인용한 대목으로 보인다. 하체에서 상주목사가 '천하동'을 옥동서원의 속촌으로 그대로 둘 것을 명하였고, 옥동서원은 천하동에 양반과 중서(中庶)가 많아 사환이 어려워 속촌을 다른 동으로 옮기자는 건의를 하였다. 하지만 상주목사는 '다른 인근 촌락의 여론(民情)'을 이유로 천하동의 여론에 얽매이지 말고 천하동의 협조를 받을 것을 지시하였다. 이는 '천하동'의 역할을 다른 곳으로 옮겼을 경우 발생할 수 있는 또 다른 폐단이 발생할 우려가 있었기 때문이다. 이처럼 위 문서의 내용에서 옥동서원의 서원촌은

---

62) 『백옥동잡록』, 「呈本官文」.

천하동이라는 것을 알 수 있다.[63] 다만 서원촌의 인적·물적 부담에 대해서는 양측의 이해관계에 따라 지속적으로 조정이 이루어진 것으로 보인다. 이후 19세기 중반 옥동서원의 상서 또는 품목에서도 서원촌 관련 내용을 확인할 수 있다. 이 자료의 내용은 서원촌 촌민이 환자창(還上倉)과 관역에 동원되는 것을 반대하는 내용이었다.

> 원생은 100명을 가급하고, 下隸는 연역을 제급하고, 복호는 다른 사례에 의거하여 30냥을 계산해 주며, 서원촌의 完護와 재직 5명은 일체 본읍의 다른 서원의 사례에 의거하여 일일이 조목별로 보고해 준다면, 그로 인하여 완문을 성급할 것입니다.[64]

이처럼 옥동서원은 승원 후 1724년경 천하동이 서원촌으로 소속된 이래 속촌의 문제가 발생할 때마다 지방관에게 상서나 품목을 올려서 해결하고자 했다. 그 결과 '원동(院洞)을 완보하는 책략으로……천하동은 예전부터 지금까지 옥동서원의 소속이니 환자과 관의 도역으로 침탈하지 말 것이다.'[65]라는 완문을 받을 수 있었다. 그만큼 서원촌이 서원의 경제기반으로 차지하는 비중이 적지 않다는 것을 방증한다.

위와 같이 앞에서 언급한 옥동서원의 경제기반인 서원전·원속·서원촌 이외의 경제기반으로 속점[66]도 꼽을 수 있다. 속점이 서원에 소속된 후에는 장

---

63) 해주의 문헌서원(文憲書院)과 안동의 여강서원의 경우에는 원저에 1~2촌을 보유하고 있었으며, 경주 옥산서원은 원곡의 분급처로 활용하고자 원방(院傍)의 민호 20호를 서원촌으로 소속시켰다. 충청도 화양서원의 경우는 도(道)에 복주촌(福酒村)과 같이 편제되어 있고, 또 주위의 농소막, 사기막, 산막 및 촌 등을 다수 소속시켰다(이수환(2001), 앞의 책, 일조각, 204쪽).
64) 「품목」, 玉洞書院 鄭民穆·金·黃, 丁未七月[1847년 7월] ; 玉洞書院齋任 金·黃 ; 丁未七月[1847년 7월] ; 「상서」, 黃浩善等, 丁未十二月.
65) 「완문」, 都事監營完文, 丁未 十二月.
66) 서원은 설립 초기부터 각종 물품의 조달처로서 점을 소유하고 있었다. 점에는 장인과 기술공 등 수공업자들이 전문적인 물품을 생산하는 곳이다. 이들 점·장인의 서

세(匠稅) 및 군역 등 모든 잡역으로부터 면제되는 대신 서원에 필요한 물품을 공납하였다. 옥동서원의 속점 관련 별도의 자료는 현전하지 않는다. 다만 1856년에 작성된「품목」3건과「하체」1건,「고목」2건에서 옥동서원의 속점과 속점 운영 실상을 대략 파악할 수 있다. 이 중 1856년 3월 옥동서원 원장 황대로(黃岱老)와 재임 등 21명이 상주목사에게 올린 품목 내용에서 속점을 운영한 정황이 확인된다.

> 대개 본 서원은 익성공 방촌 黃先生을 제향하는 장소입니다. 享禮 때 사용하는 陶器가 매우 많은 까닭에 지난 계해년[1803] 서원을 설립할 때부터 본 서원 가까이에 있는 吾道店에서 54년 동안 도기를 거두어 써 왔습니다.[67]

위 내용을 살펴보면 1803년 옥동서원 인근에 '오도점(吾道店)'을 설립하여 제향에 필요한 도기를 54년 동안 납품받아 옥동서원의 속점으로 운영되고 있었다. 이 내용을 포함하여「품목」·「하체」·「고목」의 대체적인 내용은 '오도점'에 속한 점민(店民)이 일으킨 사태를 다루고 있다. 먼저 1856년의「품목」내용을 정리하면 다음과 같다.

> 근래에 얼핏 들으니 西山書院에 應役하고 있다고 하는데, 모두 같은 유림으로서 役에는 경계가 없는 까닭에 店漢을 불러 전례에 의거하여 도기를 거두어 납부하라고 하니, 성악이와 완복 兩漢이 함께 서산서원으로 役을 옮겼다고 일컬으며, 완강히 거절하고 납부하지 않았을 뿐만 아니라, 앞으로 나와 갑작스레 큰 소리를 치며 돌연 狂言과 悖說을 하는 것이 극도에 이르렀고, 끝내는 妖惡한 妻들로 하여금 여러 선비를 능욕케 하니, 자리에 있던 사람들이 마치 바보[癡]처럼 실색하였고, 이 祭物을 奉入할 때 都色이□□□ 아! 통탄스럽습니다. 세상에 어

원소속은 기본적으로는 불법이었으나, 초기에는 우문흥학 정책의 일환으로 조가 내지 지방관에 의해 획급되는 경우가 많았다(이수환(2001), 앞의 책, 일조각, 200쪽).
67)「품목」, 丙辰三月八日[1856년 3월 8일].

찌 이러한 변괴가 있습니까? 이를 철저히 살펴 바로잡지 않는다면, 막중한 사액서원은 장차 서원이라 할 수 없게 될 것이고, 駿奔하던 많은 선비도 장차 선비라 할 수 없게 될 것입니다.[68]

위 내용은 옥동서원의 속점 '오도점'에 속한 점민 2인이 옥동서원의 대향을 앞두고 허락 없이 상주 서산서원(西山書院)[69]으로 역을 옮겨 도기 납부를 거부하는 일이 발생하였다는 것이다. 이들은 도기 납부 거부뿐만 아니라 옥동서원에 큰소리치며 후욕(詬辱)하는 일까지 발생하였다는 것이다. 이에 옥동서원의 원장 황대로와 재임 및 유생 등 21명은 상주목사 김경진(金敬鎭, 1815~?)[70]에게 품목을 올려 이 같은 사실을 보고하고, 속점이 다시 옥동서원의 역을 담당하도록 진정하는[71] 한편, 후욕한 속민에게 응당한 처벌을 내려달라고 요청하였다. 이에 상주목사 김경진은 다음과 같은 제음을 내렸다.

  各店이 書院에 응하여 역을 할 때 매번 해당 民들이 원할 때를 따른다면 지금 어찌 분잡하겠는가. 兩漢의 언사는 不恐하여 妻로 하여금 선비들에게 발악하게 하니 온 도내에서 걱정이다. 당시 소행[所爲]은 지극히 통탄할 일이니 즉시 差使를 내어 잡아다 엄히 다스릴 일이다.[72]

---

68)「품목」, 丙辰三月八日.
69) 서산서원의 전신은 1708년 상주 화동에 건립한 의미서당이다. 의미서당은 상주 노론계 가문인 청도김씨 주도로 노론의 영수 김상용과 김상헌 형제를 제향하기 위해 건립된 문중서원으로 1716년에 승원하였다.
70) 김경진(1815~?)의 자는 치일(稚一)이고 본관은 안동이다. 증조부는 김복근(金復根)이고 조부는 김병문(金炳文), 부친은 김대균(金大均), 외조부는 심능술(沈能述)이다. 김경진은 1835년에 사마시 입격, 1857년(철종 8)에 문과 급제 후 공조좌랑, 선산부사, 부사과를 역임하였고, 상주목사 재임기는 1855년 12월-1857년 3월이다. 또 재임 중에 자신의 선조이자 서산서원의 제향자 김상용의 유애비를 세웠다.
71)「품목」, 丙辰三月八日.
72)「품목」, 丙辰三月九日.

이처럼 상주목사의 판결은 다소 미온적이었고, 옥동서원에서 요구했던 감영 송치도 결정하지 않았다. 이에 옥동서원은 상주목사의 판결이 만족스럽지 않자 서원의 원임과 재임 등 30명이 연명하여 상주목사에게 다시 품목을 올렸다. 품목의 요점은 선비들에게 후욕한 '오도점'의 속민에게 강력한 처벌을 받도록 요구하였다.[73] 이에 상주목사는 '어리석고 무지한 속민의 말에 불과하며, 도리어 불안하니 이 점(店)을 이부(移付)한 원관도 혐의가 없지 않으니, 이처럼 누차 품달하면 어찌 마음이 편할 수 있겠는가.'[74] 라며 도리어 속민을 비호까지 하며 불편한 심기를 드러냈다.

상주목사가 내린 이 판결로 인해 옥동서원 측은 더 강력한 반발이 일어나게 되는데, 이 상황은 3월 13일에 다시 올린 품목에서도 잘 드러난다. 품목에는 옥동서원의 원장 황대로 대신 송태림(宋台霖, 前正言)을 신임 원장으로 선출하여 임원진을 새롭게 구성하였고, 연명한 유생도 49명으로 확대하였다. 내용의 요점은 '만약 엄벌하지 않는다면, 서원의 유생들은 분개하여 죽고 싶은 마음은 말하지 않더라도 상도(常道)를 무너뜨리고 풍속을 어지럽힌 민을 장차 어떻게 징계하시겠습니까.'[75]라며 상주목사에게 불만을 토로하였다. 또 '죄인을 엄중하게 징계하고, 감영에 논보하여 명분이 문란해지지 않게 해달라'라고 호소하였다.[76] 하지만 상주목사는 '품목의 판결(題辭)을 의심해서는 온당하지 못하니, 마땅하게 할 것이다'라는[77] 처분을 내리면서 옥동서원이 다시 올린 품목에 대해 불편한 심기를 드러냈다. 그리고 결국 상주목사는 자신의 처분을 내린 후 3일 만에 옥동서원의 요청을 모두 받아들이는 「하체」를 발급하게 된다.

---

73) 「품목」, 丙辰三月十日.
74) 「품목」, 丙辰三月十日.
75) 「품목」, 丙辰三月十三日.
76) 「품목」, 丙辰三月十三日.
77) 「품목」, 丙辰三月十七日.

당초 吾道店의 完文을 만들어 서산서원에 붙인 것은 단지 점민의 白活에서 다른 곳을 따르기를 원했기 때문이다. 지금 본 서원을 보고 이 소란이 일어난 것을 비로소 알게 되었으니, 이 店은 본 서원에 소속되어 있으나, 店民 무리가 거짓으로 아뢰어 移付하였다. 각 서원 점호의 사역은 통행되고 있는 규례인데, 관이 본 서원의 完戶임을 알고도 어찌 다른 서원으로 移屬하는 것이 이치이겠는가? 지금 내막을 알았으니 전에 발급한 완문을 즉시 환수해서 바치도록 할 것이다. 비록 官과 民이 서로 믿지 못하여 그런 것이라 해도, 잘못을 두려워해서 점민 무리가 감히 막중하고 엄숙한 곳에서 發惡하며 능멸하고, 관에 거짓으로 아뢰어 완문을 圖出하기에 이르게 했는가? 법규로써 헤아려 보니 너무 놀랍고 한탄스러운 까닭에 주동자는 단연코 엄히 勘罪해서 징벌하거니와 무릇 다른 점민도 한마음으로 악을 조장한 죄가 있기에 店도 함께 벌하니, 이로써 사안을 헤아려 마땅히 도로 환속하여 아래로 내려다보고 시행하는 것이 마땅할 것이다.[78]

이처럼 위 내용의 「하체」를 발급하기 전의 상주목사는 옥동서원이 올린 세 차례 품목의 처분에서 미온적이거나, 속민을 비호하는 등 옥동서원에 대한 부정적인 태도를 취했던 이유는 무엇일까. 그는 노론 정권하에 지방관으로 파견된 노론계 인물이며, 서산서원 제향자 김상용·김상헌의 후손이다. 따라서 서산서원과 관련된 문제에 대해서는 우호적인 입장이었다. 옥동서원이 올린 품목의 쟁점은 옥동서원의 점민이 서산서원으로 이속한 사실과, 이속한 점민이 옥동서원 유생에게 무뢰한 언행을 한 사실 등의 사태는 서산서원과도 관련된 문제였다. 또 옥동서원이 품목에서 주장한 내용이 정당한 명분임에도 불구하고 서산서원에 유리하도록 처분한 것이다. 옥동서원에 대한 상주목사의 이 같은 부정적인 태도로 인하여 옥동서원은 품목 연명자를 점차 확대하였고, 확대하는 그 과정에서 남인계 인사들이 결집하게 된 것이다.

이처럼 옥동서원은 남인계를 결집하여 연명한 품목을 상주목사에게 올리

---

78) 「하체」, 丙辰 三月 二十日.

면서 상주목사 자신에게는 큰 부담이 되었던 것으로 보인다. 이는 옥동서원을 비롯한 상주 남인계와 상주목사 자신과의 갈등 확산, 또 서산서원까지 갈등에 휩싸이게 된다면 이는 향내 남·노 갈등으로 확대될 우려가 있었기 때문으로 보인다. 상주목사는 '하체'의 내용에 자신의 실수로 '오도점'을 서산서원의 속점으로 허가한 완문을 발급한 점도 인정하였고, 즉시 서산서원에 발급한 완문을 환수하겠다는 것과 옥동서원 유생에게 후욕한 자들을 엄벌하겠다는 판결을 내리면서 옥동서원과 대립을 수습하고자 하였다. 옥동서원의 속점인 '오도점' 점민이 일으킨 이 사태는 19세기 중반 영남지역 향촌 사회의 실상 및 신분제의 혼란으로 기존의 양반 지배체제가 흔들리는 과정을 보여준 한 사례이기도 하다. 또한 '오도점'의 점민이 옥동서원 유생에게 보인 무뢰한 행동에서 옥동서원의 위상이 18세기에 비해 크게 약화 되었다는 것도 알 수 있다.

IV. 맺음말

이상과 같이 중세 유럽 대학의 사례연구로 볼로냐대학의 건립과 운영 변화를 검토하였고, 동아시아 중세 교육기관의 서원 사례연구로는 조선 후기 상주 옥동서원의 경제 기반의 운영과 변화를 검토하였다. 유럽 중세대학 발생의 기원은 이전에도 고등교육기관에 해당하는 학교들은 있었지만, 그것이 지금의 대학과 같은 것은 아니라는 것이 주류였다. 그러나 12세기 유럽에서 출현한 고등교육기관이 오늘날의 대학(university)으로 발전하게 만든 요소는 일종의 조합 또는 법인에 해당하는 학생들과 교수들의 집합체가 등장한 것이며, 그로부터 대학의 교육과정과 시스템, 조직 구조 등이 생겨났다는 것이다. 즉 대학의 건물이나 행정 체계가 아닌 그곳에 모이는 교수와 학생들의 공동체가 대학의 중심이었다.

조선 후기 상주 옥동서원의 경제 운영은 서원전, 원속, 서원촌, 속점 등으로 운영하였다. 서원전의 규모는 9결 99부 7속이었다. 이를 전답으로 구분하면 전은 60부 1속, 답은 9결 39부 6속이다. 이를 두락으로 환산하면 전 26두락과 답 359두락을 합하여 약 385두락이다. 또 제향인물인 사서 전식의 후손인 옥천전씨 가문에서 기부한 16두락을 합하면 옥동서원의 서원전은 약 10결, 즉 약 205두락의 규모로 운영되었다. 이후 옥동서원은 운영과정에서 경제적 어려움이 있을 때마다 토지 방매를 통해서 운영하였다. 또 1786년에는 황효헌·황뉴 추향과, 1788년은 청액 활동 과정에서 많은 토지를 방매하였다. 방매한 토지는 약 3결이었고, 남은 토지 7결로 18세기 후반 이후 옥동서원의 경제적 기반으로 운용되었다. 옥동서원의 경제적 기반 중 원속은 사액 후 약 100명이었다. 하지만 19세기 이래 옥동서원의 원속은 신공 원생 60명, 신역 원속 약 10명으로 줄어든다. 이에 서원은 경제적 어려움을 겪게 되자 지방관에 품목과 상서를 올려 재정 문제를 해결하고자 노력하였다. 그 결과, 19세기 후반의 신공 원생 120명, 신역 원속 58명에 대해 모입 허가 완문을 발급받게 된다. 이외 옥동서원의 경제적 기반으로 서원촌과 속점이 있다. 전자는 인근마을 '천하동'으로 옥동서원의 잡역에 동원되었고, 후자는 '오도점'으로 옥동서원에 도기를 공급하였다. 그러나 조선후기 신분제도 변화에 따라 옥동서원도 여타 서원과 마찬가지로 원속, 서원촌, 속점에서 도망과 이탈, 이속 현상이 발생하게 된다. 또 원속의 무뢰한 일까지 벌어져 서원 운영의 어려움은 가중되었고, 서원의 위상도 크게 위축되는 모습이 드러났다. 특히 19세기에는 노론 정권에서 부임한 지방관이 서원의 색목에 따라 경제적 지원을 편파적으로 운영하는 측면이 있었기 때문에 지방관과의 연결점이 없을 때는 그만큼 서원 운영이 어려웠던 것이다.

【참고문헌】

『白玉洞書院田結錄』, 『玉洞書院本別所居齋所田結錄』, 「本所衿記」, 「別所衿記」, 「白玉洞書院所納田畓」, 『本院日錄』
그룬트만, H(1993), 『중세대학의 기원』, 이광주(譯), 탐구당.
이석우(1998), 『대학의 역사』, 한길사.
김동구(2003), 『중세대학의 설립과 발전』, 문음사.
최형걸(2004), 『수도원의 역사』, ㈜산림출판사.
이수건(1995), 『영남학파의 형성과 전개』, 일조각.
정만조(1997), 『조선시대 서원연구』, 집문당.
이수환(2001), 『조선후기 서원연구』, 일조각.
이수환(2005), 『용산서원』, 집문당.
이해준(2008), 『조선후기 문중서원 연구』, 경인문화사.
윤희면(2004), 『조선시대 서원과 양반』, 집문당.
윤희면(1983), 「조선후기 서원의 경제기반」, 『동아연구』 2.
최원규(1989), 「조선후기 書院田의 구조와 경영」, 『손보기박사정년기념한국사학논총』, 지식산업사.
강상택(1991), 「조선후기 영남지방 서원의 경제적 기반」, 『역사와 세계』 15·16.
손숙경(1994), 「조선후기 경주 용산서원의 經濟基盤과 地域民 支配」, 『고문서연구』 5.
이수환(2005), 「경주 구강서원 연구」, 『조선시대사학보』 34, 조선시대사학회.
박승찬(2000), 「중세 언어철학의 발전 - 스콜라 철학 융성기의 혁신을 중심으로」, 『중세철학』 6.
박승찬(2016), 「중세 대학의 설립과 발전 - 학문의 자유를 지키기 위한 보루」, 『카톨릭 철학』 26.
박병철(2023), 「대학의 중세유럽 기원론에 대한 고찰」, 『건지인문학』 37, 전북대학교 인문학연구소.
김영희(2007), 「대학의 유형별 기원에 관한 고찰」, 『법사학연구』 10(36), 한국법사학회.
김순한(2023), 『조선후기 상주 옥동서원의 사액과 운영』, 영남대학교 박사학위논문
김중기(2000), 「중세 대학의 기원에 관한 고찰」, 『역사와 사회』 25, 국제문화학회.

서원과 대학의 규정 비교 연구
- 소수서원과 파리대학을 중심으로 -

채 광 수

I. 서문

    서원과 대학은 역사적 기원과 설립의 취지에 차이점이 있고, 그 기능과 역할에 있어서도 상이한 점이 있지만, 지식의 생산·보급·확산의 공간이라는 측면에서 유사성이 있다. 나아가 지역사회의 발전에 이바지한 '지식 문화적 거점'이란 차원에서도 동질성을 발견할 수 있어 비교 연구 대상으로서의 의미를 가지고 있다. 대학과 서원은 각국의 정치·경제·사회적 변화 속에서 쇠퇴와 발전을 거듭하면서 오늘날까지 이어져왔다. 그렇기에 통시적 관점에서 서양대학의 성격을 이해할 필요가 있다.

    12세기는 중세 유럽에서 십자군 원정이후 새로운 사회·경제·문화적 조류가 나타나던 시기였다. 같은 시기 동아시아에서는 남송(1127~1279)이 건국되어 사회·문화적 폐단을 극복하기 위해 신유학인 성리학이 발아하고, 주희(1130~1200)에 의해 서원의 교육이념과 운영제도의 전범(典範)이 만들어졌다. 이러한 시대적 조류에 따라 등장하였던 것이 대학과 서원이었다. 이후 대학과 서원은 각국의 정치·경제·사회적 변화 속에서 쇠퇴와 발전을 거듭하면서 오늘날까지 이어져왔다. 그렇기에 통시적 관점에서 서양대학의 성격을 이해할 필요가 있다. 서양에서 이탈리아, 프랑스, 영국, 독일을 중심으로 초창기 대학이 건립된 후 유럽 각국으로 대학이 전개되는 과정은 중국에서 서원이 발원하여 동아시아 각국으로 확산·정착하는 과정과 유사하다. 여기에는 동일한 종교와 문자를 사용한다는 공통점이 있었다. 즉 동아시아는 유교와 한자 문화권, 서양은 가톨릭과 라틴어 문화권이라는 공통점이 있는 것이다.

대학과 서원은 다양한 사람들이 모여서 학습하는 공간이었다. 그렇기에 충돌을 줄이고, 효율적인 학습을 위해서는 제반 업무를 담당할 인력과 통제를 위한 규정이 필요하였다. 동아시아 서원 운영의 전범이 되었던 것은 주희의 백록동서원 원규였으며, 한국에서는 주세붕의 백운동서원 원규와 퇴계가 제정한 이산서원 원규가 대표적이다. 여기에는 서원의 제향과 강학 및 운영 전반에 대한 대강을 말하고, 각종 절목·완의 등을 통해 세부적 조항을 마련하였다. 서양 대학에서도 각국의 사정에 따라 대학 규정을 운영하였으며, 이 규정은 시대와 국가, 대학의 상황에 따라서 변화하였다.

초기 대학은 범 유럽적 권위를 지닌 교황과 신성로마제국의 황제로부터 자치권을 부여받았다. 이것은 재판의 자치권, 강의정지와 집단이주의 권리, 학위 수여권으로 대별된다. 또한 대학의 고유권한으로 박사학위 수여권, 승진권 및 교수 인가권이 있으며, 그 밖에 각종 대학의 보직, 컬리지, 강당의 명명권 등을 지녔다. 대학은 이 특권을 확보하고 보호하기 위해 '강의정지', '집단이주'의 권리를 행사하였다. 하지만 대학의 특권은 15세기 이래로 점차 많은 대학들이 생겨나고 강당이나 도서관 등의 건물을 갖추면서 점차 의미가 없어졌다. 그렇기에 각국 대학이 그들의 권리를 보호하고, 원활한 운영을 위해 제정한 규정의 보편성과 차별성(특수성) 및 변화를 확인하고, 이것을 동아시아 서원과 비교할 필요가 있다. 이들 운영 규정은 서원과 대학의 성격을 파악하기 위한 기본적 요소이기 때문이다.

따라서 이러한 점을 고려하여 한국의 소수서원과 프랑스의 파리대학의 설립과정과 규정에 대해 비교·연구를 해보았다. 이에 II장에서는 양 교육기관의 설립 과정을 살폈고, III장에서는 원규와 학규를 각각 소개 및 검토하였다.

II. 소수서원과 파리대학 설립

1. 소수서원의 설립

백운동서원은 한국 최초의 서원으로 고려 후기 유학자 안향을 제향하는 사묘(祠廟)에서 서원으로 발전하였다. 이 서원은 16세기 중엽 이래 향사를 계속하여 한국 서원의 제향 의식과 서원에서 행해지는 일상 의례를 대표적으로 전해주고 있는 곳이다. 1542년(중종 37) 8월 풍기군수로 임명된 주세붕은 순흥 출신으로 주자학을 수용한 선구자이자, 1319년(충숙왕 6) 문묘에 종사되었던 안향을 제향하는 사우인 '문성공묘(文成公廟)'의 설립공사를 시작해 1543년(중종 38) 2월 준공하는 데 지대한 역할을 한 인물이다.

설립자 주세붕은 『죽계지(竹溪志)』 서문에서 "무릇 가르침은 반드시 존현에서부터 비롯되므로 이에 사묘를 세워 덕을 높이고, 서원을 두어 배움을 두터이 하게 되는 것이니 진실로 가르침이란 어지러움을 수습하고 굶주림을 구하는 것보다 급하다"고 하였다. 즉 그는 서원 건립의 동기로 교화를 내세웠으며, 교화는 반드시 존현으로부터 시작되어야 한다고 설파하면서, 이를 풍기에 적용했다. 즉 풍기의 교화를 위해서 이 지역 출신인 안향을 존봉하는 사묘와 유생장수(儒生藏修)를 위한 서원을 세우지 않을 수 없다고 하였던 것이다. 요컨대 그는 이 시기 가장 시급한 과제가 교화라고 인식하여 사묘·서원을 세우게 된 것이다. 이렇게 볼 때 주세붕은 백운동서원 건립에서 사묘와 서원을 별개로 간주하였고, 서원은 사묘의 부수적인 존재에 그쳤다. 사묘는 교화를 위한 존현처요, 서원은 단순한 유생의 독서처였던 것이다.

이후 서원이 명실상부한 유생의 장수 및 강학소로 발전한 것은 상술한 이황에 의해서였다.[1] 이황은 안향을 제향하는 것은 그가 진실로 동방 도학의

---

1) 정만조(1997), 「朝鮮 書院의 成立過程」, 『韓國史論』 8, 1980 ; 『朝鮮時代 書院研究』, 집문당, 1997.

조(祖)로서 삼한의 묵은 때를 한번 씻어내었고, 이제현·정몽주에게 영향을 미쳤으며, 조선에 들어와 천리를 밝히고 문풍이 크게 일어나도록 해서, 실로 사문에 막대한 공을 남긴 선현이라 했다. 그러므로 안향이 살던 풍기의 교화를 위해서는 이곳 출신인 안향을 존봉하지 않을 수 없고, 이에 그를 제향하는 사묘를 세우려 한다고 밝혔다. 아울러 안향의 종손 안정(安珽)의 후의로 서울 대종가에 봉안되어 있던 안향의 유상(遺像)을 가져와 새로운 사묘에 봉안하였다. 그러면서 「봉안안문성공유상발(奉安安文成公遺像跋)」에서 다음과 같이 그가 세운 사원(祠院)이 사문 흥기에 도움이 되기를 기대하였다.

> 뒤에 군수로 와서 오늘을 잇는 사람은 진실로 내가 세운 바를 소홀히 하지 말고, 한마음으로 문성공의 사묘에 정성을 다하고 어진 선비들로 하여금 즐겨 이 서원에서 공부하고 덕을 닦게 한다면 반드시 회헌과 마음이 회합할 터이니 그것이 사문(斯文)을 일으키는데 또한 조그마한 도움이라도 안 된다고는 못할 것이다.[2]

1543년 4월에는 유생들의 교육을 위한 강당과 동·서재를 짓기 시작하여 8월에 완공하고, 같은 달 유생들의 유식처로서 '경렴정(景濂亭)'을 건립하였다. 경렴정은 성현을 경모하고, 북송의 염계학파처럼 많은 후학을 길러내라는 뜻으로 명명한 것이다. 이처럼 서원의 외형이 갖추어지자 1543년 8월 안향의 영정을 봉안한 후 '백운동서원'이라 하였다. 주세붕이 소백산 아래 죽계천 변에 터를 잡고 서원을 지어 그 이름을 '백운동'이라고 한 것은 주희가 재흥시킨 백록동서원이 있는 여산(廬山)에 못지않게 구름, 산, 언덕, 강물이 항상 서원을 세운 골짜기에 가득하였기 때문이라고 하였다. 즉 백운동서원은 자연경관에 비추어 명명한 것이었다.

백운동서원은 건립 당시부터 관의 적극적인 지원으로 빠르게 정착할 수 있었다. 당시 경상도 관찰사 임백령(1498~1546)과 후임 관찰사 이언적(1491~

---

2) 주세붕, 『武陵雜稿』 권8, 原集, 跋, 「奉安安文成公遺像跋」.

1553)의 어염·염곽(鹽藿)의 시조(施措)가 있었고,³⁾ 또 서원을 건립함으로써 향촌민을 교화하여 교육진흥을 꾀한다는 입장에서 이루어진 독지가의 희사가 상당한 재정적 뒷받침이 되었다. 그 예로 읍인 진사 황빈은 서원 운영에 필요한 조미(租米) 75석을 희사하였다. 그는 서원뿐 아니라 향교를 이건할 때도 많은 협조를 한 사림이었다.⁴⁾ 이렇게 볼 때 백운동서원은 지방관과 향촌사림의 공동협력 하에 건립되었다고 할 수 있다.

그러나 이 서원 건립에 당시 풍기사림 모두가 적극적으로 협력한 것은 아니었다. 당시 많은 풍기사림들은 기존의 유향소·사마소를 통하여 이미 지위와 세력을 굳건히 하고 있었기 때문에 서원이라는 새로운 기구의 설립이 자기들의 세력기반에 영향력을 미칠 것이라고 보고 당시 전국적인 기근 현상을 들어 이를 반대하였다.⁵⁾ 한편 정권담당자인 훈구파의 입장에서도 국가재정 부담을 가중시키면서까지 사림들의 향촌자치적인 성격을 띤 서원의 설립을 적극적으로 찬성할 수 없었을 것이다. 향촌민 또한 서원설립이 노동력 동원 등 그들의 부담을 가중시킬 것이라는 생각이 없지 않았을 것이다. 백운동서원은 이러한 불신을 해소하기 위해 국가 공공기관의 신설은 될 수 있으면 한유한 사원(寺院) 시설을 이용함으로써, 경제적인 이점 또는 숭유억불의 이중효과를 노리겠다는 국가의 정책적인 의도에 발맞추어 당시 폐사화되어 있었던 숙수사(宿水寺) 폐지(廢址)에 설립되었다.⁶⁾

주세붕은 안향의 영정을 봉안하고 서원의 규모가 일정부분 갖추어지자 1544년(중종 39) 순흥 출신으로 안향의 후손이었으며, 각각 고려 충렬왕과 충목왕 대의 유학자로 알려진 안축(安軸)과 안보(安輔)를 제향하였다. 같은 해

---

3) 『雲院雜錄』「紹修院史」.
4) 『죽계지』 권2, 「順興白雲洞紹修院學田記」.
5) 윤희면(1980), 「白雲洞書院의 設立과 豊基士林」, 『震檀學報』 49, 66~73쪽. 백운동서원에 뒤이어 설립된 함양의 남계서원의 예를 보면, 서원건립 자체에 반대하는 사림도 적지 않았다. 그러나 이러한 현상은 초기 서원에 한정되었으며 사림세력이 중앙정계를 완전히 장악하는 선조연간 이후의 상황은 이와 판이하였다.
6) 『죽계지』 권2, 「순흥백운동소수원학전기」.

에 주세붕은 서적을 구비하여 서원에 비치하고, 원규를 제정하여 서원 운영 전반에 관한 규정을 확립하였다. 이러한 공로가 인정되어 1633년(인조 11) 순흥 사림들에 의해 주세붕이 소수서원에 추향되었다.

주세붕은 자주 서원에 와서 머물면서 유생과 더불어 경의(經義)를 강론했으며, 그의 노력으로 풍기 일대의 교화가 크게 떨쳐서 유생이 존중되었다. 또한 입원(入院)한 유생들이 불과 4~5년 만에 명사(名士)가 되고 과거에 급제하여 백운동서원의 명성은 날로 높아갔다.[7] 이는 백운동서원에 대한 주세붕의 열의가 컸음을 보여주는 것이며, 아울러 당시 서원 교육이 수기(修己)보다는 과거 위주로 운영되었음을 짐작케 한다.

주세붕의 이런 시책은 1545년(인종 1) 경상도 관찰사로 부임한 안향의 후손 안현(安玹, 1501~1560)에 의해 더욱 진흥되었다. 그는 토지와 서적을 기부하고 서원 건물을 증축하는 한편, 「사문입의(斯文立議)」를 제정하여 서원에 대한 경제적 지원과 관리를 관에서 관장하도록 조처함으로써 백운동서원이 빠르게 정착할 수 있도록 하였다.[8]

「사문입의」는 모두 19조로 되어 있는데 이에 따르면 의성·흥해·진주 등지에서 속공노비(屬公奴婢) 3~4구씩 모두 12구를 서원노비로 차정하고, 4~5인의 원직(院直)에 대한 면역과 구휼 및 원역인(院役人) 부족 시 풍기군 승인(僧人) 환속자의 차정 등을 수령에게 마련하도록 지시하고 있다. 그리고 공궤를 위하여 유생의 어물 반찬용으로 웅천(熊川) 소산의 청어기(靑魚基) 3곳을 확보했다. 서원 근처에 있는 민간 전답 30결은 경작인들에게 잡역을 면제하는 대신 오로지 서원을 수호하고, 공궤 시 땔감을 조달하도록 하였다. 그리고 유생 공궤에 소용되는 모든 비용과 물품은 그때그때 각 읍에서 조달하여 차질이 없도록 하였다. 또한 서원 전답에 대해서는 재임 시 논 29부 5속, 밭 13부 9속을 추가로 매입하도록 하고, 보미(寶米) 장리(長利)의 운용에 대한 군

---

7) 『紹修書院謄錄』, 「順興文成公廟白雲書院斯文立議」.
8) 구체적 내용은 『소수서원등록』, 「白雲洞書院加造成 及讀書儒生常養雜物 分定行移謄錄」 참조.

수의 감독과 협조를 지시하였다.

백운동서원이 국가로부터 공인을 받고 나라에 널리 알려지게 된 것은 1548년(명종 3) 10월 풍기군수로 부임한 이황의 노력에 의해서였다. 이황은 1549년(명종 4) 12월 당시 경상도 관찰사 심통원에게 계문하여 백운동서원을 사액서원으로 발전시켜줄 것을 청원하였다.[9] 여기에서 이황은 중국의 예를 들어 사액과 동시에 국가적 차원의 경제적인 후원 및 관찰사·수령 등 지방관의 지원을 요청하였다. 그러나 지방관의 지원은 경제적인 것에만 한정시키고, 이 외의 서원 운영은 사림이 자치적으로 운영할 수 있도록 할 것을 강조하였다.

이처럼 직접 사액을 요청하지 않고 경상도 관찰사를 통한 것은 당시 사화가 계속되는 불안정한 정세를 고려한 것이었으며, 권신계가 서원을 또 다른 사림 탄압의 구실로 삼을 우려가 있었기 때문이다. 비록 강명도학과(講明道學) 장수(藏修)를 위해서라고 해도 유생이 취회하는 장소를 권신계가 좋게 볼 리 없었다. 그래서 이황은 일체의 정치적 혐의가 있는 표현은 피하고 다만 서원이 교학진흥을 위한 방책의 하나이며, 중국에서도 이를 장려하고 있다는 논리로 일관하여 관찰사를 통해 이루고자 한 것이다.[10] 실제 당시 관찰사 심통원은 좌의정 심연원(沈連源)의 친동생이자, 명종의 외척이었다. 심통원을 통한다면 조정의 동의를 받기가 수월할 것이라는 기대도 있었던 것으로 보인다.

이에 대해 조정에서는 서원이 당시 관학의 부진을 대신할 수 있는 교육기관이라는 점을 일단 인정하고, 유생을 고무·진작시키기 위해 그 청을 대개 수락하되, 전토와 노비는 주세붕과 안현이 이미 조처했으므로 이는 불급하였다. 이후 대제학 신광한(申光漢)이 명을 받아, 상계(上啓)한 '소수(紹修)'와 '흥경(興慶)'의 명칭을 올렸다. 이에 명종은 서원의 이름을 "이미 무너진 유학을 다시 이어 닦게 했다[기폐지학(旣廢之學) 소이수지(紹而修之)]"는 뜻을 담은 '소수'로

---

9) 이황, 『退溪全書』권9,「上沈方伯」.
10) 정만조(1997), 앞의 책, 39쪽.

낙점하였다. 서원의 이름에 성리학의 이념과 정신세계를 반영한 것이다. 이에 신광한에게 명명하게 된 뜻을 기록한 서원기(書院記)를 짓게 하고, 교서관에서 편액을 각조반항(刻造頒降)하도록 했으며, 1550년(명종 5) 2월에는 '소수서원'이라고 쓴 현판을 내렸다. 또한『사서오경』,『성리대전』각 1건씩도 함께 내렸다.[11]

이로써 서원은 단순한 사설 교학기구에 머무르지 않고, 국가 공인 하에 발전하고 보급되었다. 또한 백운동서원에 대한 사액은 이후 서원 사액의 하나의 기준이 되어, 뒤이어 설립되는 남계·임고서원 등에 대한 사액은 소수서원의 예에 따라 시행되었다. 이후 신진사림의 강학·장수처로서 서원제에 주목한 이황은 서원 건립과 보급에 적극적으로 나섰고, 이황의 서원론에 공감한 그의 문인들이 서원보급 운동에 적극적으로 동참함으로써 서원은 단기간에 하나의 교육제도로서 안착한다.

소수서원이 최초의 사액서원으로서 국가의 공인을 받게 되자 입학을 원하는 유생들이 늘어났다. 소수서원은 1543년 첫 입원유생이 들어온 후 353년간 약 4천여 명의 인재를 배출하였다. 특히 초기에는 이황의 문인을 비롯해 경향 각지에서 찾아온 유생들이 운집하여 명성을 높이기도 하였다. 이는 소수서원이 초창기 서원 중 대표적 교육기관이었음을 보여주는 것이다.

2. 파리대학의 설립

파리는 12세기 경 유럽의 문화적·정치적 중심지로 발전하면서 루이 7세(1137~1180) 재임기에 수도로 결정하고 행정부서를 설치한다. 이어 즉위한 필리프 2세(1180~1223)는 계획 도시 개발, 파리시장 개장, 고딕성당인 노트르담 성당 건설 등의 일련의 개발 사업이 진행되었다. 이러한 조처의 근저에는 필리프 2세가 그간 영주들의 경계와 교황 등의 외부 개입으로 약해진 왕권 강화라는 정치적 목적이 분명히 내재가 되어 있었다.[12] 또한 파리의 성장에 따른

---

11)『명종실록』권10, 명종 5년 2월 병오.

고등교육기관 증설의 필요성이 대두된 측면도 간과할 수 없는 부분이다.

이와 같이 변화된 시대적 분위기에 힘입어 대도시로 성장한 파리에서는 새로운 형태의 교육기관이 출현한다. 바로 파리대학이 설립되면서 새로운 학문적 공간으로 탄생하게 된 것이다. 이것은 ①1200년 필리프 2세의 교회 사법권 면제 특권 문서, ②1215년 대학의 첫 번째 규약을 인정해주는 교황 특사 문서, ③1231년 교황 그레고리우스 9세의 대학 대헌장이 바로 파리대학의 출현을 알려주는 공식 자료들이다.

이 같은 문서는 파리대학의 설립에 국왕과 교회의 공로가 적지 않았음을 방증한다. 향후 당대 교회의 위상을 감안하면 유럽 사회로 확산되리라 짐작하기는 어렵지 않다. 여기에는 교황이 국왕처럼 자신의 입지 강화와 이단을 차단하기 위한 방편으로 대학이 필요하기도 하였다. 이는 교회 조직과는 크게 연관이 없는 볼로냐대학과 차별되는 지점이다.

이 시기 교회에서는 주교, 수도원, 성당 3개의 유형의 학교가 운영 중에 있었다. 12세기 중엽 신학의 중심지였던 파리의 경우를 살펴보면 주교학교로는 시테 섬 안에 있는 노트르담 성당 학교가, 수도원 학교에는 센 강 좌안에 위치한 생트 준비에브·생 빅토르·생 제르맹 데 프레·생 마글로와 등이 대표적인 공간이다. 사설학교는 노트르담 성당 왼편에서 들어오는 다리와 현 파리대학이 위치한 생트 준비에브 언덕에 있었다. 이와 같은 분포는 유명한 신학자들이 대거 파리로 집결하는 요인이 되었다.[13]

한편 교회학교에서는 신학이 중심이긴 했으나 세속 교육도 병행이 되었고, 사설학교에서는 성격에 따라 다양한 과목을 가르쳤다. 특히 후자는 우수한 학자들이 초빙되어 활약하면서 학파가 형성되는 단계에 이르면서 교회의 부속학교 차원을 넘어서게 되었다. 즉 기존 교회학교가 변화하는 세속 교육

---

12) 이는 필리프 2세가 파리 출신이라는 요소도 작용을 하였다. 이정민(2015), 「파리대학과 역사적 의미에 관한 고찰」, 『통합유럽연구』 제6권 1집, 107쪽.
13) 비신학과 성경 주석으로 당대에 정평이 난 성 빅토르, 윌리엄 드 샹포, 성 베르나르 등이 대표적인 학자들이다.

수요를 감당하기 힘든 형편에 이른 것이다. 이러한 점은 시대가 요구했던 전문가를 양성할 수 있는 발판이 되었음은 물론이며, 대학 설립으로 나아가는 동인(動因)으로 작용하기에 충분하였다.14) 그런 가운데 파리 전역에 학교가 증가하는 추세에 있었다. 그런 연장선에서 파리대학의 설립 배경을 두고 3가지 정도의 설(說)이 제시된다. 주교 학교의 규모가 확대되면서 효율적인 관리를 위한 방편으로 봐야한다는 래쉬달의 주장이 첫 번째이다. 반면에 펠룰로는 전문 인력의 수요 증가에 따른 사설 학교의 역할 확대가 새로운 교육 기관의 출현을 가져왔다는 것이 두 번째 주장이다. 한편 코번은 양자의 주장을 접목해 노트르담 성당과 사설학교의 공동의 결실로 보는 것이 타당하다는 견해를 제시하였다. 다만, 어느 학교가 파리대학의 전신 또는 주도적 역할을 했는지는 불분명하다.15)

    신학대학으로 출범한 파리대학이 입지를 공고히 하는 데는 철학자 겸 신학자 피에르 아벨라르(1079~1142)의 학문적 성과를 빠트릴 수 없는 사안이다. 그는 30대 중반에 탁월한 논리학을 앞세워 철학과 신학 영역에서 당대 최고의 권위를 가진 노트르담 성당 부설 학교에 부임했다. 스콜라 철학을 바탕으로 신학에서 교수방법론에 이르기까지 새로운 학문을 개척했기 때문이다. 여기에 스승 윌리엄 드샤포와의 학문적 갈등은 오히려 파리가 교육의 핵심 도시라는 유명세를 타는데 더 없이 요긴한 수단이 되었다. 타 지역의 많은 학생들을 확보하는 중요한 바탕이 되었고, 나아가 전반적인 학문의 질적 수준을 진작하는데 크게 기여했다. 실제 12세기 중반 파리는 자국은 물론 유럽에서 수위를 점하는 학문의 도시로 부상해 있었다.16)

    파리대학은 앞에 제시한 문서를 통해 드러나듯 국왕과 교황의 관심 하에서 안착을 했다. 본 대학의 성장 양상을 해명하기 위해서 이를 좀 더 구체적

---

14) 지영실(2010), 「중세 파리 대학의 학제연구」 숙명여자대학교 석사학위논문, 5쪽.
15) 김영희(2007), 「대학의 유형별 기원에 관한 고찰」, 『법사학연구』 36, 254쪽.
16) 프랑스 내에 기존 유명한 수도원 학교의 명망자들 조차도 파리로 옮겨오는 경우가 많았을 정도였다. 이정민(2015), 앞의 논문, 116쪽, 2015.

으로 살펴보자.

1200년 파리에서는 도시와 학교 사이 충돌하여 학생이 사망하는 사건이 발생했다. 학생을 비롯한 학교측에서는 국왕에게 배상을 요구했다. 이에 국왕은 교수들이 도시를 떠날 것을 우려해 요구 사항을 전적으로 수용하는 다음과 같은 조치를 취했다. 학생에 대한 교수의 재판권 승인, 교수자격 부여권, 박사학위 수여권 및 승진권, 휴강·이주권 허락, 콜레주(collège) 등의 특혜를 인정하는 내용들이 바로 그것이다. 나아가 파리의 시민들은 교사와 학생을 존경한다는 맹세까지 시켰다. 이러한 특권 헌장의 재판 규정에 고스란히 기록되어 있다.

> (중략) 우리 사법부는 어느 곳에서 학생을 체포해도 반항하지 않으면, 구타할 수 없으며 그를 성직 재판관에게 인도하여 그 재판관이 우리를 대신하여 벌을 주어야한다. … 그러나 만약 그 학생이 성직 재판관이 없는 시간에 체포되면 그 학생을 자기 친구집에서 보호하여 성직 재판관이 올 때까지 기다린 후 그 재판관에게 인도하여야 한다. 더욱이 이러한 명령이 잘 지켜지도록 하기 위하여 실정법으로 제정되어야한다. 시 당국과 파리의 시민들은 학자들 앞에서 위에 언급된 일이 차질없이 진행될 것임을 맹세한다. 앞으로는 시 당국과 시민은 학자들을 호의로 대할 것을 또한 맹세하여야 한다.[17]

이 규정은 파리대학 구성원들을 성직자에 버금가는 특권을 법률적으로 보장한 것이다. 이후 파리대학의 학문조직이 더욱 강화되어 가자, 위협을 느낀 교회 산하의 학자 측에서 로마 교황에게 이를 해결해 줄 것을 호소했다. 그런데 역설적이게도 교황은 일방적으로 이들에 편에 서지 않고, 오히려 정관을 제시해 타협할 것을 제안했다. 사실 기존 수도원과 교구의 요청을 거부한 것이나 다름이 아니었다. 교황이 특사를 파견해 학칙 제정을 지원한 것이

---

17) 김동구(2003), 『중세대학의 설립과 발전』, 문음사, 51쪽, 재인용.

다. 이것을 1215년 대학의 첫 번째 규약을 인정해주는 교황 특사 문서라 부른다. 그전에 이미 1209년에 교황 이노켄테우스 3세는 편지를 보내어 교수 자격 수수료 면세와 교수 및 학자 조합을 인정한 바 있다.[18]

1228~1229년 경 파리대학과 파리시 간의 유혈을 동반한 분쟁이 벌어졌다. 파리대학에서는 교수들을 중심으로 보상책 요구와 강의 거부 및 나아가 학교 해체를 결의하며 정부를 압박했다. 그 와중에 많은 교수와 학생들은 타지역 또는 타국으로 이주하는 결과가 속출했다. 이를 접한 루이 9세는 전 왕조처럼 재차 특권을 보장하는 적절한 선에서 타협이 이루어졌다.[19]

한편 교황 그레고리우스 9세는 한 걸음 더 나아가 파리대학에 자치권을 담보하는 「학문의 근원」이라는 교서를 내려준다. 특히 이 교서에는 자치적 규정 제정, 학생 조합,[20] 등을 인정해 주는 내용이 포함되어 있었다. 당시 교황이 내려준 정관을 제시하면 아래와 같다.

> 절대 신의 종인 그레고리는 신의 사랑하는 아들들인 파리의 모든 학자와 학생들에게 영광이 있기를 기원한다. 과학의 산실이고 문학의 도시인 파리는 사실상 위대하지만 더 바란다면 교사와 학생들의 공헌이 있어야 할 것이다. …
> … 그러므로 학생과 학교의 조건에 관한 한 다음과 같은 일이 준수되도록 우리는 결정하였다. 파리에서 차후에 임명될 수도원장은 성의껏 양심에 따라 도시의 특성과 학문적 발전에 합당하지 않으면 신학과 교회법의 교수를 받아들이지 않을 것이다. 또한 수도원장은 의학 및 문학과 기타의 분야에서 가치 있는 것만을 받아들일 것을 약속할 것이다.

---

18) 중세 연구가로 정평이 있는 쟈크 르 고프(Jacques Le Goff, 1924-2014)은 "조합의 시대이기 때문에 대학의 시대이다"라고 말하였다.
19) 교수에 비해 학생들은 약 2년 동안 파리로 돌아오지 않는 부작용을 낳았다. 서정복(2004), 「18세기 이전 대학 캠퍼스의 생활과 의식의 변화 - 파리 대학을 중심으로 -」, 『대학의 역사와 문화』 창간호, 4쪽.
20) 학생조합은 인문학부 학생들이 주축을 이루었고, 신학·법학대학 학생들의 참여는 저조했다.

또한 대학 내의 질서가 혼동되어 있기 때문에 대학 자체 내에서 학칙이나 규정을 만들어 강의나 토론할 때의 관습과 장례절차 등을 규정함을 허용한다. 대학의 학칙 학사들의 강의 과목과 시간, 기숙사비, 학칙 위반자에 대한 처벌, 대학교 내의 금지사항을 규정할 수 있음을 승인한다.[21]

이 교서는 파리대학의 토대인 법령인 동시에 대학이 하나의 제도로 정착하는 중요한 바탕이 되었다. 다시 말해 대학교육의 보편성을 부여한 이 교서는 이후 프랑스 대혁명 이전까지 대학 설립의 롤모델로 기능을 할 만큼 역사적 의미가 크다고 평가받고 있다.[22]

당시 국왕보다 교황의 힘이 우위에 있는 상황에서 이 같은 보장은 13세기에 지속적인 발전을 구가하는 토대가 될 것임을 짐작할 수 있다. 13세기 중반 파리대학의 화두로 탁발교단 출신 교수의 높은 점유율에 대한 분쟁을 꼽을 수 있다.[23] 그래서 1252년 재속 교수들은 신학부 임용 자격을 강화하는 학칙을 개정해 이들을 제한하였다.[24] 처음에는 교황 알렉산더 4세(1254~1261)의 비협조로 제대로 적용되지 않다가, 다음 교황인 우르바누스 4세 때 소기의 목적을 이룰 수 있었다. 당시 눈여겨 볼 대목은 그러한 분쟁 과정에서 인문학부 교수들이 단결해 대응하면서 인문학 강의에 대한 호응과 민족의식을 불러 일으켰다는 사실이다.[25]

이어 13세기 파리대학 역사에 주목할 부분은 1277년 반포된 파리 주교인 에티엔 탕피에의 금지령을 언급할 수 있다. 아리스토텔레스 철학에 경도된 학문적 성향에 대한 통제책의 일환이었다. 그 영향으로 스콜라 철학의 황금

---

21) 김동구(2003), 앞의 책, 54~55쪽, 재인용.
22) 원윤수·류진현(2002), 『프랑스의 고등교육』, 서울대학교 출판부, 22쪽.
23) 1254년 파리대학 15명의 신학부 교수 중 탁발 교단 소속이 무려 9명에 달했다. 서정복(2004), 앞의 논문, 12쪽.
24) 자격 요건은 파리 콜레주 수학 및 시험, 대학이 인정한 학교에서 강의 경력을 요구했다.
25) 서정복(2004), 앞의 논문, 14쪽.

시대는 막을 내리게 되는, 즉 이 금지령으로 신학·철학·자연학의 분화를 가속화되는 계기가 되었다.[26] 이 같은 조치의 내면에는 파리 교황의 파리대학 장악력을 공고히 하려는 의도가 짙게 깔려 이었다.

한편 교황의 힘이 더욱 약화되는 14세기에는 상황이 역전이 되어 국왕이 대학 문제에 관여하며 영향력을 확대했다. 15세기 들어서는 이러한 상황이 더 심화되어 파리대학은 자치권의 상실은 물론 국왕에게 소속되는 단계에 이른다. 국왕의 통제 하에 파리대학은 프랑스 대혁명이 발발하는 1789년까지 큰 변동 없이 유지하게 된다.

1793년 프랑스 대혁명에 성공한 혁명의회는 중세의 산물인 대학을 폐지한 뒤 이듬해 새로운 고등교육기관인 그랑제꼴을 탄생시켰다. 중등교원 양성학교[École normale supérieure]와 엔지니어 양성학교[EcolPolytechnique] 등을 세워 엘리트 교육의 요람처로 삼았다.[27] 그러나 특수 교육에 치중한 점과 파리 중심으로만 진행된 한계를 안고 있었다.

그러다가 나폴레옹이 등장하는 19세기 초반에 교육개혁을 단행해 대학이란 명칭을 부활 시켰다. 교육 문제에 관심이 남달랐던 나폴레옹은 1802년 5월 1일 법령을 근거로 중앙학교를 폐교한 다음 리세(lycée)로, 콜레주[28]는 중등학교로 전환했고, 1806년과 1808년 법령을 반포해 제국대학을 설립했다. 설립의 동기는 프랑스를 강력한 제국을 만들기 위한 나폴레옹의 세속주의와 가톨릭 전통의 상호 결합의 산물이었다.[29] 이때 세워진 제국대학은 전적으로 국가의 통제 하에서 운영이 되었고, 학위 수여만 가능한 수준으로 유지되었다.

파리대학이라는 교명이 다시 등장하는 시점은 19세기 말이다. 1896년과 1896년 프랑스 교육법이 제정되면서 대학에 위니베르시떼(université)라는

---

26) 홍용진(2021), 「1277년 중세 파리 대학의 금지령 : 무엇을 위한 통제인가?」, 『역사와 세계』 59, 9·13쪽.
27) 두 학교는 근대 프랑스 교육의 산실로 불리는 곳이다.
28) 파리대학의 콜레주는 1180년에 설립된 콜레주 드 디스 위트에서부터 1661년 드 마자랭까지 무려 45개나 존재했다. 서정복(2004), 앞의 논문, 4쪽.
29) 서정복(2002), 앞의 논문, 77쪽.

명칭을 사용할 수 있게 해주었다. 그 결과 파리에 존치하고 있던 학부의 통합체가 파리대학으로 다시금 부르게 된 것이다.

프랑스에서 시작되어 세계사를 변화 시킨 '68년 5월 운동' 다음해에 고등교육기본법이 적용되면서 소르본 대학을 비롯해 여러 대학으로 분할이 된다.30) 5개의 학부로 구성된 파리대학 역시 해체 과정을 거쳐 파리 시내·외 13개의 대학으로 재출범하게 되어 오늘에 이르고 있다.

III. 소수서원 원규(院規)와 파리대학의 학제(學制)

1. 소수서원 원규

백운동서원은 우리나라 최초의 서원이자 사액서원이었던 만큼 한국 서원사에 있어서 특수한 위치를 차지하고 있다. 그렇기에 소수서원에서 출발한 지역 선현을 선정하는 전통, 교육과 제향의 규정, 사액 제도 등은 이후 건립된 서원의 기준으로서 한국서원 제도의 정착과 발전에 지대한 역할을 하였다. 본 절에서 검토할 대상인 원규 역시 그러한 범주에 있는 것이다.

주세붕은 1543년(중종 38)에 백운동서원을 창건한 직후에 운영 조항인 원규를 제정했다. 사실 초기 서원에서는 원규를 두고 학규·규범·약속·범규(凡規) 등 다양한 용어로 지칭했고, 개별 서원마다 서로 다른 내용을 담고 있었다. 이는 서원이 사학(私學)이라는 제도에 기인한 까닭이다.31)

백운동서원의 원규는 서원지(書院誌)인 『죽계지(竹溪誌)』권5 「잡록 후(後) - 원규」조항32)을 비롯하여 『해동잡록(海東雜錄)』·『매헌선생실기(梅軒先生實記)』·

---

30) 민유기(2013), 「68년 5월 운동과 프랑스의 대학개혁」, 『프랑스사 연구』 29, 211쪽.
31) 이경동(2022), 「16세기~17세기 초 영남지역 서원 원규의 구조와 변화」, 『중앙사론』 55, 6쪽.
32) 『죽계지』의 편차는 「行錄」·「尊賢錄」·「學田錄」·「藏書錄」·「잡록」·「別錄」으로 구

『무릉잡고(武陵雜稿)』고문헌과 「백운서원방(白雲書院榜)」기문에 수록되어 있다. 먼저 제사를 경건히 봉행할 것[근사(謹祀)], 어진 이를 예우할 것[예현(禮賢)], 사당을 잘 보수할 것[수우(修宇)], 물자를 비축할 것[비름(備廩)], 서책을 점검할 것[점서(點書)] 5가지의 전반적인 서원 운영 요지 곧 서원의 기본 방향성[근사·예현]과 관리의 필수 방침[수우·비름·점서]을 전제하며 1개라도 폐지해서는 안 된다는 점을 강조하였다.[33]

그런 다음 아래에 11개의 세목들이 열거되어 있다. 이것은 한국 서원의 기본 성격을 규정하는 가장 중요한 사안 중 하나이다. 이 조항들에 대한 면밀한 검토가 요구되는 점도 이 때문이다.

② '사문(斯文)은 총괄 점검하고 유사는 실무를 관장한다.'

서원의 경제기반인 학전(學田)에 대한 장부 작성과 통고, 원금 보존·이식(利息)·지출에 관한 것이다. 주세붕은 "이 학전은 백세를 지나도록 호족들에게 빼앗길 우려 없이 오늘날과 같이 지속될 것이 틀림없다. 그러나 이 서원에 처한 자는 다짐하고 살피면서 충효의 본성을 다하여, 출납할 때에 한 홉에도 사심을 부리지 않은 뒤라야 주자의 가르침에 부끄러움이 없을 것이니, 그 역시 힘써야 할 것이다."[34]라며 학전 마련의 중요성을 이렇게 표현했다.

③ '특별히 학문에 종사하면서 신실한 이 한 명을 선택하여 원장을 삼고, 또 한 명을 선택하여 원이(院貳)로 삼아 함께 서원의 일을 주관하게 한다.'

서원 운영의 주체인 원임에 관한 규정으로 '원장 1인과 부원장 1인'을 두었는데, 인근 5개 마을의 거주자로 한정했다.[35] 원장-유사를 기본으로 하는 이

성되어 있다.
33) 제사를 경건히 봉행하지 않으면 신이 흠향하지 않고, 예우하지 않으면 어진 이가 오지 않고, 사당을 잘 보수하지 않으면 반드시 무너지게 되고, 물자를 비축하지 않으면 반드시 곤궁한 상태를 맞게 되고, 서책을 점검하지 않으면 반드시 흩어져 없어지게 된다. 주세붕, 『竹溪誌』「원규」.
34) 주세붕, 『죽계지』「竹溪志學田錄跋」.
35) 「斯文立義」에는 "원장 1인을 常定하여 제사·유생의 공궤 및 소속 인물·사찰·전답·재물·器具·院舍間閣 등 대소사를 아울러 專掌하도록 한다"라고 구체적으로 규

직제는 조선시대 원임 구조의 체제가 되었다. 이 자리를 천작(天爵)의 영화로운 자리라고 설파한[36] 주세붕은 김중문을 적임자로 천거했다. 이유는 창원(創院)의 공로가 크고, 마음 씀씀이가 전일하면서 봉제사·접빈객에도 근신하다는 점이 참작이 되었기 때문이다. 그의 거처 또한 서원 지근거리에 위치해 있었다.[37]

④ '춘추제향은 으레 마지막 달(3월·9월) 상정일로 정하여 거행하되, 사고가 있으면 중정일로 한다. 유고라는 것은 공사간의 기일(忌日)과 같은 것이다.'

춘추 향사에 관한 것으로 조선의 서원은 중국과는 달리 지역의 선현을 향사하는 것이 한국 서원의 특징 중 하나이다. 향사일을 상정일로 정한 것은 제향자 안향의 봉안일과 그가 생전에 죽계천에서 평소 노닐었던 시기가 유서(由緖)가 되었다. 이날은 음복례와 시회를 설행해 고을민이 함께 즐기도록 하였다. 주세붕은 이른바 '신과 사람이 서로 조화된다[神人以和]'라는 목적이 담겨져 있는 향사일이었다.

⑤ '3헌관(獻官)과 6집사(執事)를 갖춘다.'

유사가 향사일 7일 전에 사문에게 통고하고서 헌관과 모든 집사를 미리 정해 둔다. 일반적으로 서원 향사는 향교의 석전(釋奠)을 준용해 취사(取士) ⇨ 분정(分定) ⇨ 행제(行祭) 순으로 진행했다. 당시 주세붕이 지은 춘추 향사의 절차를 기록한 친필 「홀기」가 서원에 현전한다.[38]

⑥ '재계하는 날 헌관이 장서(藏書)를 점검해 햇볕을 쪼이고, 담장과 집이 무너졌거나 새는지를 살펴보고, 미곡과 기타 기물을 회계한다. 향사 당일에 여러 사문과 함께 이를 다시 살핀다.'

향사 전후 일에 서책 포쇄, 건물 관리, 회계 점검 사항을 언급한 것이다. 그리고 사마소 유사는 반드시 계절마다, 서원 유사는 달마다 점검하도록 추

정되어 있다.
36) 소수서원(2007), 앞의 책, 508쪽.
37) 소수서원(2007), 앞의 책, 275쪽.
38) 이황은 기존 주세붕의 홀기가 간략하여 절차상 빠진 것들이 있으므로 이를 보완했는데, 향후에 설립되는 서원 향사례에 지대한 영향력을 끼쳤다.

기(追記)해 두었다. 특히 장서 조항은 한국 서원이 교육적 기능과 지식 창고로서의 역할을 수행한 징표이면서, 한국 서원 문고의 기틀을 다졌다.

이상 여기까지는 ①이 제시한 서원 운영의 개관이라면, ⑦이하는 실천 규정에 해당한다.[39]

⑦ '고을 수령의 자제가 이곳에 머물면서 폐를 끼쳐서는 안 된다.'

소수서원은 여타의 서원에 비해 관권(官權)과 지역 유력 가문과 밀착성이 깊어, 아마 수령 자제의 서원 출입을 금하기가 현실적으로 어려웠을 것이다. 그래서 다소 길게 이에 대한 폐단을 열거한 바도 이러한 상황을 염두에 두고 예방 차원에서 기술된 것이라 생각한다.

⑧ '수령의 자제가 서적을 마음대로 다루게 해서는 안 된다.'

⑦의 연계선상의 규정이다. 주세붕은 서원 창건 후 강학 교재로 활용할 목적으로 여러 경로를 통해 525권의 서적들을 구비했다.[40] 그 뒤 외부 유출을 금지하는 등 서적 관리에 만전을 기했다. 교육기관인 서원의 필수품인 서적은 조선시대 제작과 유통이 매우 제한적이었던 사정이 반영된 것이다.[41]

⑨ '활쏘기와 잔치를 금한다.'

서원은 향음주례와 문회(文會) 장소로 적합한 공간이다. 그래서 만일 불량배들이 이곳에서 활쏘기와 음주가무를 즐기면 서원 훼손이 불가피해진다. 이런 일이 생길 경우에는 물리력으로 제지하기 보다는 조용히 타일러 애초에 출입을 엄금하는 방법을 추천했다.

⑩ '서원을 지키는 4개 집에 대하여는 세금과 부역을 면제시키고, 누구라도 일을 시킬 수 없고 관아에서도 이를 빼앗을 수 없다.'

서원 수직(守直)의 부세 면제 및 침탈 금지규정이다. 주세붕은 서원 수직을 사사로이 부리는 세태를 염려해 이들 4명의 성명과 보호할 지역의 유력 기관 까지 한층 자세히 기록해 입안(立案)하였다. 이 입안은 서원 명륜당에

---

39) 이경동(2022), 앞의 논문, 12쪽.
40) 배현숙(2005), 「소수서원 收藏과 刊行 書籍考」, 『서지학연구』 31, 316쪽.
41) 김자운(2014), 「朝鮮時代 紹修書院 講學 硏究」, 한국학대학원 박사학위논문, 59쪽.

계액(揭額)해 그 뜻을 영구히 공표했다.[42]

⑪ '무릇 서원에 들어오는 선비는 사마(司馬)일 경우 대학에 들어가는 것과 같다. 그 다음은 초시 입격자로 한다. 그러나 초시 입격자가 아니더라도 한결같은 마음으로 학문에 뜻을 두고 조행(操行)이 있는 자로서 입학을 원하는 이는 유사가 사문에게 고하여 맞이한다.'

유생의 서원 입학 자격 규정이다. 사마시 입격자 - 초시 입격자 - 향학열이 높고 조행이 있는 자 순서로 자격을 한정했다. 특히 입격자가 아니면 필히 사문의 승인을 얻어야 했다. 이 같은 엄격한 기준은 과거위주의 관학적 기능에 준하는 향촌교육기관으로 설립이 된 까닭이다.[43] 그러다가 이 규정은 1689년(숙종 15) 파격(罷格), 1699년(숙종 25)의 복격(復格)을 거쳐 1719년(숙종 45)에 최종 파격으로 종결이 된다.[44]

마지막 ⑫ '별도로『입원록』을 비치하여 서원에 들어오는 모든 선비들에게 반드시 직접 본인의 성명을 기록하게 하고, 또한 그가 들어온 연월일을 기록한다.'

입원생의 인적사항을 기재한 명부 작성의 규정이다. 주세붕은『입원록』에 등재된 선배들의 행적을 통해 후학들에게 학문을 추동케 하는 목적이 담겨져 있었다.

이상 서원 운영 원칙하에 원임-향사-관리-입원 등의 차례로 구성된 이 원규는 이후에 건립되는 서원의 전범(典範)이 되었다.

2. 파리대학의 학제[45]

상술했듯 1215년 교황 이노켄테우스 3세는 특사를 파견해 파리대학의 학

---

42) 영남고문헌연구소(2007),『소수서원지』, 소수서원, 278쪽.
43) 이수환(2001),『조선후기 서원연구』, 일조각, 131쪽.
44) 윤희면(2004),「소수서원 罷格論爭」,『조선시대 서원과 양반』, 집문당.
45) 2절은 지영실(2010),「중세 파리 대학의 학제연구」, 숙명여자대학교 석사학위논문을 참조해 정리하였다.

칙 제정을 지원하면서 성문화가 이루어진다. 당시 제정된 학칙은 첫 번째, 교수의 보수에 관한 기준이다. 당시 교수들은 별도의 수업료가 아닌 성직 수행의 보상 곧 성직록(聖職祿[praebendal])의 혜택을 받았다.[46] 그러나 이마저도 성직록에 대한 명확한 규정이 마련되어 있지 않아서, 교황의 특사 로베르드 쿠르송이 다음 표와 같은 차등적 기준을 제시했다.

원칙은 표와 같았지만 교수의 현실적 문제를 감안해 후불제로 받을 수 있다고 추록해 두었다.

교수	과목	지급 여부
인문학부 교수	기초과목 : 문법·외국어·기하학·수학	지급
	윤리과목	미지급
신학부 교수	신학과목	미지급

두 번째, 성직자 수강 과목 금지와 총장의 권한 제한, 대학 구성원 보호 등을 규정했다. 전자가 교회를 벗어나 대학에 진학할 경우 기旣 공회의[47]에서 합의된 법학과 의학 공부는 못하게 하였다. 후자가 교수 자격증을 부여하는 것은 용인했지만, 이외 수수료·서약은 일절 금했다. 동시에 교수들은 학생의 추천권을 인정받는 반대 급부를 얻었다. 나아가 교회·총장·참사회 회원들이 대학 구성원을 파문 또는 수감할 수 없도록 명시하는 성과를 도출해 지위를 고양했다.

세 번째, 교수에 대한 자격조건과 교과목 제정이다. 우선 인문학부 교수가 되기 위해서는 최소 21세 이상에 6년 간 인문학을 수학한 이력을, 신학부 교수는 최소 35세 이상 8년 이상 관련 공부와 5년 정도 신학 강의 경력을

---

46) 로마법 '베네피키움(Beneficium=선행)'에서 유래한 성직록이란 황제가 부여한 특권을 일반적으로 의미하는 것이다. 김병용(2013), 「백작, 교회, 도시민 : 클레베(Kleve) 대성당(Collegiate-Church) 성직록을 중심으로」, 『한국서양중세사연구』 31, 95쪽.
47) 1131년 라테란 공회의와 1163년 투르 공회의에서 합의 된 원칙이다.

요구했다. 거기에 더해 도덕성도 중요시하여 문제가 있는 자는 재심사 절차를 밟았다.

다음은 교수들이 강의할 수 있는 교과목을 구별했다. 인문학 강좌는 7자유학과[48] 내에서 과목을 선정했고, 아리스토텔레스의 논리학과 프리키아누스의 문법을 상시적으로 가르쳤다. 반면에 아리스토텔레스의 자연철학·형이상학 등의 학문은 제재를 받았다. 한편 신학부 교수는 아침 9시에는 신학강의를 금하는 규정은 흥미롭다.[49]

네 번째, 학생과 교수와 관련된 기타 제(諸) 규정이다. 학기 중에는 파티를 개최할 수 없게 했고, 불가피하게 연 경우에는 가난한 학생들에게 물품을 기부하게 유도했다. 복장은 사치스럽지 않도록 했으며,[50] 이외 강의실, 기숙사 문제 등 세부적인 것들이 제시되어 있다.[51] 이상은 초기 파리대학 학칙의 출발점이라는 점에서 교육사적 의의를 가진다. 이 학칙은 1231년 그레고리우스 7세가 제정한 '학문의 근원' 발표 이후에 본격적으로 적용이 된다.

다음은 파리대학의 교육과정에 대해 검토하고자 한다. 초기 파리대학에 입학하기 위해서는 특정한 시험·자격·절차 등을 구체적으로 요구하지 않았다. 단, 입학생은 도덕성, 라틴어 능력, 수리계산 여부 정도만을 가늠했다. 특히 상당한 평등성을 지향했기에 나이, 국적, 계급 등을 차별하지 않았다. 그래서 볼로냐대학과는 달리 이탈리아·잉글랜드·독일·스칸디나비아 등 여러

---

48) 7자유학과는 고대 그리스 교육적 이상과 로마의 실용적 학문을 수용한 커리큘럼이다.
49) 이는 인문학 공부를 신학 예비 단계로 간주했기 때문이다. 지영실(2010), 앞의 논문, 13쪽.
50) 인문학부 교수는 강의 중에 망토와 장식이 없는 평범한 구두를 착용하는 것으로 제한했다.
51) 1245년에 문학석사연합 학장과 4개 집단(프랑스·노르만족[Normans]·피카드[Picard]·잉글리쉬[English])의 대표자들이 기숙에 대한 규정을 다음과 같이 정하였다. '만일 건물 소유자가 자신의 부동산을 대학이 평가한 금액으로 임대하지 않은 경우, 그의 가옥은 5년간 세를 놓을 수 없다. 임대가 금지된 가옥을 세로 얻은 학자는 그가 소속한 학교나 대학교로부터 그 권한을 박탈당한다.'

국적의 학생들이 몰려들었다. 또한 이들의 계급은 귀족뿐 아니라 중산층·상인·농민·극빈층, 그리고 장애인에 이르기까지 매우 다층적 구성이었다. 이것은 초기 파리대학의 기본 성격을 이해하는 매우 중요한 사안이라고 할 수 있다.

4학기제인 파리대학은 성 레미기우스[52] 축제가 있는 10월에 개강하여 익년 9월 중순까지 수업이 이루어졌다. 그러다가 1231년부터는 3학기제로 변경이 되어, 10월 개강은 동일했으나 6월에 학기가 모두 마무리되었다.

수업 진행 방식은 강의와 토론이었다. 강의는 다시 일상적과 비일상적 일기로 나뉘어 졌다. 일상적 강의는 교수의 정규 수업을, 비일상적 강의는 교수 지도하에 학생들의 예비 교사 연습 수업을 말한다. 앞의 것은 주로 정해진 교재를 읽고 논평하는 형식이었고, 뒤의 것은 교재를 반복해 읽으며 요약하는 형식을 취하였다.

강의 못지않게 토론도 중시가 되어 학기 내내 이어졌고, 학생들은 매주 참가를 하면서 정례화가 되었다.[53] 토론 과정은 질의응답과 논박으로 이어지는 깊이 있는 수업이 전개되었다. 여기에는 교수와 학생 뿐 아니라 졸업생까지 참여 속에 다양한 관점에서 토론이 펼쳐졌다. 토론의 주된 주제는 논리학과 수학·자연과학·형이상학 등이 그 대상이었다.

이러한 학위 과정이 법적으로 확립된 시기는 12세기 중반이었다. 학부의 기본 조건은 먼저 기초 학부인 학예학부에서 4년 이상 재학하면서, 2년씩 수강과 토론에 참가한 뒤에야 비로소 예비 시험을 칠 수가 있었다.[54] 학예학부의 기본 과정인 7자유학과는 크게 3학(문법·수사학·논리학)과 4과(산수·기하학·천문·음악)로 편성되어 있었다. 하지만 중세 대학에서는 학과목보다는

---

52) 성 레미기우스(Saint Remigius)는 프랑스 지역에 로마 전례와 그레고리오 성가를 성공적으로 도입·정착하는데 크게 이바지하여 성인으로 존경을 받는 인물이다.
53) 잉글랜드와 독일 동향단은 회칙에 토론 참여에 대한 규정을 두기까지 했다. 지영실(2010), 앞의 논문, 40쪽.
54) 당시 학예학부(데테르미누스·리상스·매트리즈)와 상급학부(바칼로레아·리상스·독토라) 모두 3종류의 학위 과정을 설치·운영하였다. 지영실(2010), 앞의 논문, 41쪽.

교재를 더 중요시 하였다. 반면 1200년 경 알렉산더 네컴이 작성한 혼합 교과 과정에는 4과에 자연철학, 도덕철학, 광학, 형이상학이 추가되어 있다. 이는 아리스토텔레스의 논리학의 관심이 크게 확대된 현상으로 풀이된다. 교황 호노리우스 3세는 대학 내 논리학 확산을 제지하고자 교과 과정에 적극 개입하였다. 아리스토텔레스 이론을 이단으로 제한해 강의를 금지시킨 이래 지속적으로 통제를 가하였다. 그런데 교회에서 금지의 이유를 탐색하다보니 역설적으로 이 분야 연구의 활성화되는 전기를 제공한 것이다. 1255년 교과과정을 새롭게 개편할 때 아리스토텔레스의 책들을 공식적으로 명기한 이유와 닿아 있다. 3학과 4과의 주 교재를 표로 정리해 제시하면 다음과 같다.

구분	과목	저자	교재
3학	문법	도나투스	『소문법』, 보통 라틴어 또는 소문법』
		프리스키아누스	『문법에 관한 책』, 『대문법』
		알렉상드르 드 빌디외	『소년교육론』
		에베아르트 드 베튄	『그리스어론』
	수사학	키케로	『De inventione』, 『수사학』, De oratoriae』, 『Rhetorica ad Herrennium』
		퀸틸리아누스	『웅변자교육론』
		아리스토텔레스	『명제론』
	논리학	아플리우스	『해석론』
		아리스토텔레스	『분석론 후서』, 『분석론 전서』, 『영혼론』, 『범주론』, 『생성소멸론』, 『해석론』, 『소피스트 논박론』, 『형이상학』
		보에티우스	『범주적 연역론』, 『명제론』
		키케로	『주제들』
		포피리	『입문서』
4과	산수	보에티우스	『산수록』
		유클리드	『要論』
		존 오브 할리우드	『Sacrobosco』, 『수학공통기능론』
	기하학	유클리드	『要論』

	유클리드	『Elementa』, 『Elementa geometricae』
광학	페캄	『광학』
	프톨레마이오스	『광학』
음악	보에티우스	『음악론』
	알프라가누스	『Al-Farghani』
천문학	루디멘타	『천문학입문』
	프톨레마이오스	『천문도상도 이용』, 『형이상학』
	존 오브 할리우드	『Sacroboscom』, 『산수교재』, 『天球』

3학은 당대 신학 학습 방향이 토론식으로 변화하면서 철학에 대한 관심이 고조된 반면 문법과 수사학은 쇠퇴한 사정을 반영하고 있다. 4과는 독립적 영역이 아닌 일부에 속해서 이루어진 것이다. 4과 중에서는 교회 예배에서 비중이 높은 음악과 천상세계에 대한 외경 의식으로 천문학이 중요한 위치를 점했다.

인문학부 교수 4명이 사순절 이전에 이 시험을 판정했는데, 판정 요건은 7자유학과의 필수과목 이수 여부와 학업 성적을 종합적으로 검증했다. 여기서 큰 문제가 없다는 판정이 결정되면 마침내 학사로 칭해진다. 이렇게 학사를 취득한 자 가운데 석사학위 내지 교사자격증을 얻으려면 그해 잔여기간 및 2년을 토론 참여와 연습 강의를 거쳐 후보자로 인준이 되었다. 인준이 된 교사 후보자의 마지막 관문은 동향단에 복종 맹세 ⇨ 결백서약 ⇨ 학문적 성과 증명 ⇨ 입단식(2회의 토론과 1번의 개회 강의) ⇨ 교수조합 가입 ⇨ 축하 행사 ⇨ 수여식으로 이어지는 다소 고된 여정을 견뎌야 했다.

Ⅳ. 맺음말

본론에서 논의한 내용 몇 가지를 요약하여 결론으로 삼고자 한다. 조선의 서원제도는 주세붕의 백운동서원 설립으로 출현했지만, 서원을 조선사회에 보급·정착시킨 인물은 이황이었다. 그는 신진사림의 강학·장수처로서 서원제에 주목해, 풍기군수 시절 백운동서원의 사액과 확충에 힘썼다. 나아가 직접 서원 건립을 주관하는 등 그 창설 보급운동에 적극 나섰고, 이에 공감한 문인들이 서원보급 운동에 적극적으로 동참하면서 조선사회에 하나의 교육제도로 자리 잡는데 공헌했다.

12세경 대도시로 성장한 파리에서는 새로운 형태의 교육기관인 대학이 출현한다. 파리대학은 주교 학교의 규모 확대 및 전문 인력 수요 증가에 따른 사설 학교의 필요성 등이 설립의 배경으로 작용했다. 신학 대학으로 출범한 파리대학이 입지를 공고히 하는 데는 피에르 아벨라르의 학문적 성과가 크게 영향을 끼쳤다. 여기에 국왕과 교황이 대학에 특권을 거듭 보장해 주면서 유럽 사회에 대학이라는 교육 기관이 정착할 수 있었다.

주세붕은 서원 창건한 직후에 원규를 제정했다. 5가지의 전반적인 서원 운영 요지 곧 서원의 기본 방향성과 관리의 필수 방침을 전제하며 그 아래에 '사문斯文은 총괄 점검하고 유사는 실무를 관장한다.'를 비롯해 11개의 세목들을 마련하였다. 이는 한국 서원의 기본 성격을 규정하는 가장 중요한 사안이라 할 수 있다. 원임-향사-관리-입원 등의 차례로 구성된 이 원규는 이후에 건립되는 서원의 전범이 되었다.

파리대학의 학칙은 1215년 교황의 지원을 받으면서 4개의 조항으로 제정이 된다. 학칙의 출발점이라는 점에서 교육사적 의의를 가지는 이것은 1231년 그레고리우스 7세가 제정한 '학문의 근원' 발표 이후에 본격적으로 적용이 된다. 초기 파리대학은 상당한 평등성을 지향해 입학에 크게 차별하지 않았고, 4학기제 하에 강의와 토론식 수업을 병행했다. 1255년 교과과정을 새로 개편할 때 아리스토텔레스의 책들을 비롯해 3학과 4과로 설정을 하였다. 인문학부 교수가 이에 대한 필수과목 이수 여부와 학업 성적을 종합적으로 검증했다.

【참고문헌】

『명종실록』, 『雲院雜錄』, 『退溪全書』, 『武陵雜稿』

H.Grundmann 저, 이광주 역(1977), 『중세 대학의 기원』, 탐구당.
김동구(2003), 『중세대학의 설립과 발전』, 문음사.
소수박물관(2002), 『죽계지』.
영남고문헌연구소(2007), 『소수서원지』, 소수서원.
영주시(2005), 『紹修書院謄錄』.
원윤수·류진현(2002), 『프랑스의 고등교육』, 서울대학교 출판부.
윤희면,(2004) 「소수서원 罷格論爭」, 『조선시대 서원과 양반』, 집문당.
이광주(2018), 『대학의 역사』, 살림.
이수환(2001), 『조선후기 서원연구』, 일조각.
정만조(1997), 『朝鮮時代 書院研究』, 집문당.

김동순(1995), 「중세 파리 대학의 네이션(nation)에 관한 연구」, 『상명사학』 3·4.
김영희(2007), 「대학의 유형별 기원에 관한 고찰」, 『법사학연구』 36.
김자운(2014), 「朝鮮時代 紹修書院 講學 硏究」, 한국학대학원 박사학위논문.
민유기(2013), 「68년 5월 운동과 프랑스의 대학개혁」, 『프랑스사 연구』 29.
배현숙(2005), 「소수서원 收藏과 刊行 書籍考」, 『서지학연구』 31.
서정복(2004), 「18세기 이전 대학 캠퍼스의 생활과 의식의 변화-파리 대학을 중심으로-」, 『대학의 역사와 문화』 창간호.
윤희면(1980), 「白雲洞書院의 設立과 豊基士林」, 『震檀學報』 49.
이경동(2022), 「16세기~17세기 초 영남지역 서원 원규의 구조와 변화」, 『중앙사론』 55.
이정민(2015), 「파리 대학과 역사적 의미에 관한 고찰」, 『통합유럽연구』 제6권 1집.
지영실(2010), 「중세 파리 대학의 학제연구」 숙명여자대학교 석사학위논문.
홍용진(2021), 「1277년 중세 파리 대학의 금지령 : 무엇을 위한 통제인가?」, 『역사와 세계』 59.
홍용진(2013), 「지적 권위와 정치권력 : 중세말 파리 대학과 정치」, 『프랑스사연구』 29.

제2부

전환기 중국 서원의 변모상

송대(宋代) 서원 부흥의 원인 및
관방(官方)과의 상호 협력 관계에 대한 연구

임엽연(林葉連)

I. 들어가는 말

중국 한대(漢代)에는 개인이 창설한 정사(精舍) 또는 정려(精廬)가 존재했다. 이곳에서는 저명한 대사(大師)들이 기거하면서 강의를 하였고, 사방의 학자들이 소식을 듣고 배움을 청하고자 모여들었다. 그러나 이러한 기구들은 이후 송대 서원(書院)의 운영 방식과는 차이가 있었다. 동한(東漢) 화제(和帝) 연간, 채륜(蔡倫)이 발명한 채후지(蔡侯紙)와 당대 초기(初唐) 판화 인쇄술의 발명에 힘입어 중당(中唐) 이후 서원이 점차 정형화되고 지속 가능한 발전을 이루게 되었는데, 이는 과거 한대에는 존재하지 않았던 교육 형태였다.

'서원(書院)'이라는 명칭은 당(唐) 현종(玄宗) 개원(開元, 713~741) 시기에 시작되었으나, 당시 '여정(麗正)'·'집현(集賢)' 등으로 불린 서원들의 성격은 그저 정부가 설치한 도서관 혹은 서적을 편집하는 장소에 불과하였으며, 학생들을 모아 강의하는 장소가 아니었다.[1] 당 현종에서 소종(昭宗) 시기에 이르기까지, 진씨(陳氏) 일가가 강서(江西) 강주(江州)에 세운 가숙(家塾)은 점차 발전하여 동가서원(東佳書院)이 되었고, 학생을 모집하여 강의하는 교육 기관이 되었다. 훗날 송대에 대량으로 발생한 서원들이 이와 거의 다르지 않았다. 이러한 서원의 본질에 대해 이재동(李才棟)은 다음과 같이 말한다.

이러한 (서원의) 본질은 개인 혹은 공공의 창건으로 시작되어, 장서(藏書)와

---

1) 參袁枚,『隨園隨筆, 卷上』(臺北: 鼎文書局, 1978年), 頁200.

교육이 결합되고, 몽학(蒙學)보다 높은 수준을 갖추었으며, 단순히 뛰어난 선생이 교육하는 것에 그치지 않았다.[2]

따라서 송대 서원은 일상적이고 정형화된 기관으로서, 장서를 갖추고 교육에 종사하며, 몽학보다 더욱 높은 위상을 지닌 운영 모델이었다. 본 고에서 다루고자 하는 서원의 범주는 바로 여기에 해당한다. 송대 관학(官學)에는 이른바 경사(京師) 사학(四學), 국자학(國子學), 태학(太學), 사문학(四門學), 종학(宗學)이 있었다. 이 외에도 소학(小學), 광문관(廣文館), 제왕궁학(諸王宮學), 내소학(內小學) 등이 존재하였다. 중앙 관학은 태학이 가장 번성하였으며, 태학생(太學生)은 양송(兩宋) 시기에 학술적·정치적 차원에서 중요한 위상을 지니고 있었다. 지방 학교는 각 부(府), 주(州), 군(軍), 감(監), 현(縣)마다 설립되었는데, 이는 송대 초기에는 그리 완비되지 않았다. 그러나 인종(仁宗) 시기에 이르러 지방의 학문이 크게 융성하였으며 남송(南宋) 중엽 이후로 지방 학교는 점차 쇠퇴하는 양상을 보인다.[3] 송나라에서 가장 유명한 교육 장소는 이상 언급한 관학과는 다른 서원이라는 기관이었다.

서원의 발전은 국가의 사회·경제·정치 발전과 밀접한 관련이 있을 뿐만 아니라, 관학, 사숙(私塾), 그리고 과거제도와 문화·학술 사상의 변화와도 긴밀한 연관이 있다. 본 고에서는 송대 서원을 연구 범위로 삼아, 당시 서원의 부흥 원인 및 관방과의 입체적인 상호작용·관계에 대해 논의할 것이다.

II. 송대 서원 부흥의 원인

마단임(馬端臨)의 『문헌통고(文獻通考)』 권46, 학교고(學校考) 7에는 다음

---

2) 李才棟, 『書院的起源與宋代書院的發展』『華東師範大學學報』(敎育科學版), 1985年第3期, 頁86.
3) 傅樂成主編, 『中國通史』 王明蓀著 宋遼金元史, 頁121, 眾文出版, 75年.

과 같은 내용이 실려 있다.

> 송대 초기에는 네 개 서원[백록동, 석고, 응천부, 악록]의 명성이 드높았다. 이 시기에는 주·현학이 없었으며, 먼저 향학·당학이 있었다. 주·현학은 관인이 조서에 따라 건립한 것이므로 개설되기도 중단되기도 하였으니 형식적 성질을 면할 수 없었다. 반면, 향학·당학은 현명한 사대부들이 학문에 뜻을 두고 세운 것이므로 먼저 규장을 제정하고 나중에 발전에 힘썼으니 모두 부흥에 힘쓴 바가 있었다. 세월이 지나면서 서원의 수는 증가하였고, 서원의 토지 및 교육에 대한 규범은 종종 주·현학을 능가하였다. 이는 모두 네 개의 서원을 본받고자 하는 의도에서 비롯된 것이다.[4]

송대 초기에는 공립 기관이었던 주·현학이 그 효과를 제대로 거두지 못하였고, 형식적으로만 운영되는 경향이 강했다. 반면 실제로 교육에 노력을 기울이고 실질적인 성과를 거둔 것은 서원이었다. 북송 시기에 이르러서는 이른바 '사대(四大) 서원'이 형성되었다. 이렇듯 송대 서원이 발전하게 된 이유로는 주로 두 가지로 요약될 수 있다.

1. 전란(戰亂) 시기에 학자들에게 학문의 기회 및 공간을 제공

당 천보(天寶) 14년(755), 안록산(安祿山)이 범양(范陽, 北平)에서 반란을 일으켰고, 보응(寶應) 2년(763)에는 안사(安史)의 난을 거치면서, 토번의 무수한 대규모 약탈로 인해 장안은 황폐해지고 말았다. 이로 인해 당나라는 지방 세력의 분열 및 군사적 혼란을 겪게 되었으며 군사들이 전국 도처에 널리 퍼져

---

4) 馬端臨, 『文獻通考』『文淵閣四庫全書』(臺北: 臺灣商務印書館, 1983年), 冊611, 頁120, "宋興之初, … (白鹿洞, 石鼓, 應天府, 嶽麓)四書院之名著. 是時未有州縣之學, 先有鄉黨之學. 蓋州縣之學, 有司奉詔旨所建也, 故或作或輟, 不免具文 ; 鄉黨之學, 賢士大夫留意斯文者所建也, 故前規後隨, 皆務興起. 後來所至, 書院尤多, 而其田土之錫, 教養之規, 往往過於州縣學, 蓋皆欲仿四書院云."

있었던 상황이었다. 당 헌종이 이를 어느 정도 억누르기는 하였으나, 헌종 사후에는 여룡(盧龍), 성덕(成德), 위박(魏博) 세 개의 세력이 다시 혼란을 일으켜 결국 왕실이 회복될 수 없는 상황에 몰리고 말았다. 더욱이 회흘(回紇)의 약탈, 토번의 침입, 남조(南詔)의 반란 등이 잇따라 발생하였고, 심지어 조정 내에서도 환관(宦官)의 난과 당쟁이 발생하였다. 이 시기, 즉 당 의종(懿宗)-희종(僖宗) 시기에는 수많은 외세의 침략과 지방 세력 간의 전란으로 말미암아 결국 중앙 조정의 해체를 초래하고 말았다.[5]

이 오대(五代) 시기, 군주 교체에 관한 기록은 『중국통사(中國通史)』에 다음과 같이 상세히 기재되어 있다.

> 오대(五代)의 13명의 군주 가운데 8명이 사망하였으며, 그 가운데 당 명종(明宗)은 이종영(李從榮)의 궁문(宮門) 공격을 받고 놀라 사망하였다. 진(晉) 출제(出帝) 석중귀(石重貴)는 나라가 망한 후 치욕을 감수하며 18년을 살다가 거란(契丹)에서 외롭게 사망하였다. 나머지 6명 가운데 4명은 암살당하였고, 2명은 자살하였다. 왕조의 교체 과정 가운데 군주를 시해하는 것이 마치 어린애 장난처럼 여겨졌다. 군신 간에는 의심과 음모가 가득하였으며, 날마다 살육이 난무하였으니, 어떻게 국가의 정책과 민생에 신경 쓸 수 있었겠는가.[6]

결론적으로, 당 중엽에서 오대에 걸친 오랜 기간 동안 국가는 장기적인 분열·갈등 상태에 빠져 있었고, 각지의 절도사들 또한 독자적으로 군대를 양성하여 전쟁이 끊이지 않았다. 이로 인해 관학 또한 쇠퇴하여 학자들은 학문

---

5) 傅樂成, 『中國通史』(臺北市: 大中國圖書公司, 1993年), 頁419至451 ; 又程光裕, 王吉林, 『中國通史』(臺北市: 中國文化大學出版部, 2004年), 頁187至198.
6) 程光裕, 王吉林, 『中國通史』(臺北市: 中國文化大學出版部, 2004年), 頁199, "在五代十三君中, 不得其死者八人, 其中唐明宗以李從榮攻宮門, 受驚而死 ; 晉出帝石重貴於國亡後忍辱偷生十八年, 寂寞地死在契丹. 其餘六人, 四人被殺, 二人自殺. 以改朝換代弑君戕主為兒戲的時代, 君臣猜忌, 爾詐我虞, 日以殺伐為事, 又何能顧到國計民生."

을 할 방법을 잃어버리고 말았다. 송(宋)이 개국함과 더불어 조정은 인재의 발굴을 가장 시급한 목표로 삼았으나, 교육은 80여 년 동안 지체되었던 한편 관학조차도 응당 갖춰야 할 수준 및 역량이 부재한 상황이었다. 이에 대부분 학자들은 학문에 힘쓸 곳을 찾을 수 없었다. 이러한 교육의 공백기 가운데 서원은 강력한 인재 양성의 생명력을 발휘하면서 주요 사립 교육 기관으로 발전하게 되었다. 여조겸 또한 다음과 같이 말한 바 있다.

> 국초(國初)에 이르러 우리 백성들은 끊임없는 전란의 위협에서 벗어났으나 학자들은 여전히 적었다. 천하가 평온해지자 문풍(文風)이 나날이 진작하였고, 유생들이 먼저 왕왕 산림(山林)에 의거하며 한가로이 가르침을 주고 받았으며, 대사(大師)들도 많아져 수백 사람에 이르렀다.[7]

요컨대 수많은 학자들의 독서·학문에 대한 열망 및 수요가 북송 시기 서원 부흥의 동력이자 원인으로 작용하였던 것이다.

2. 송대 초기 과거 선발만 중시하고 교육을 중시하지 않은 현상을 바로잡다

송대 초기에 서원이 흥기한 또 다른 이유는 조정이 문치(文治)를 숭상하면서도 근본을 배양하는데 소홀했던 폐단을 완화하고자 했기 때문이었다. 송 인종 천성(天聖) 3년(1025)에 범중엄(范仲淹)이 『주상시무서(奏上時務書)』에서 다음과 같이 제언하였다.

> 그러므로 우하(虞夏)의 서적을 보면 제왕의 도를 명확히 알 수 있고, 남조(南

---

7) 呂祖謙, 『呂東萊先生文集』(臺北縣, 板橋, 1970년), 卷6, 頁10, "國初斯民, 新脫五季鋒鏑之阨, 學者尚寡, 海內向平, 文風日起, 儒先往往依山林, 即閑曠以講授, 大師多至數十百人."

朝의 문장을 보면 쇠퇴하여 사라지는 변화를 알 수 있습니다. 성인(聖人)이 천하를 다스릴 때, 문(文)이 폐단이 되면 질(質)로써 이를 구제하며, 질이 문제되면 문으로써 이를 구제한다. 질이 문제되었으나 구제하지 않으면 어두워져 빛나지 않게 되고, 문이 문제되었으나 구제하지 않으면 화려하게 추락하게 된다. 과거의 말기에는 스스로 구제하지 못하여 대란(大亂)에 이르렀으니, 이는 후대에 구제할 자가 있어야 한다는 말입니다. 그러므로 문장(文章)의 얇음은 군자(君子)의 근심이 되고, 풍속의 쇠락은 후대에 필요한 자원이 됩니다. 오직 성제(聖帝)·명왕(明王)만이 문질상구(文質相救)함이 자신에게 달려있지, 남에게 달려있지 않습니다. … 대군(大君)이 명을 내렸을 때, 누구인들 따르지 않겠습니까? 대신(詞臣)들을 권유하여 고도(古道)를 부흥시키고, 박학다식한 선비를 재차 초빙하여 예문관(臺閣)에서 이를 펼침으로써 시문의 얄팍함을 구제하고 풍속을 두텁게 하면 천하가 크게 안정될 것입니다.[8]

범중엄은 고대의 명군들이 ,문이 폐단이 되면 질로 구하고, 질이 폐단이 되면 문으로 구한다.고 하여 문과 질이 서로 보완되게 균형을 이루었으며, 이 중책은 집정자에게 달려 있다고 하였다. ,시문의 얄팍함을 구제하고 풍속을 두텁게.한다는 시대적 임무는 교육 사업의 추진을 도모한 것이다. 인종 천성(天聖) 8년(1030), 범중엄은 『상시상의제거서(上時相議制舉書)』에서 이를 재차 강조하였다.

나라를 선(善)히 다스리는 것으로는 인재 육성이 가장 중요하며, 인재를 기

---

8) 范仲淹, 『范文正公集』 卷9, 收錄於 『宋集珍本叢刊』 冊3(北京: 綫裝書局, 2004年), 頁14: "是故觀虞夏之書, 足以明帝王之道; 覽南朝之文, 足以知衰靡之化. 故聖人之理天下也, 文弊則救之以質, 質弊則救之以文. 質弊而不救, 則晦而不彰; 文弊而不救, 則華而將落. 前代之季, 不能自救, 以至於大亂, 乃有來者起而救之. 故文章之薄, 則為君子之憂; 風化其壞, 則為來者之資. 惟聖帝明王, 文質相救, 在乎己, 不在乎人. … 大君有命, 孰不風從? 可敦諭詞臣, 興復古道; 更延博雅之士, 布於臺閣, 以救斯文之薄, 而厚其風化也. 天下幸甚."

르는 방법으로는 학문을 장려하는 것이 가장 중요합니다.[9]

인종 경력(慶曆) 4년(1044), 범중엄은 당시 교육을 중시하지 않고 과거 선발에 치중하는 정책을 강하게 비판하고, 광범위한 학교 설치를 주장하였다. 그는 과거에 응시하는 자들은 반드시 학교 교육을 먼저 받아야 한다고 했다. 이에 관한 내용은 『송사(宋史)』 권314, 「범중엄전(范仲淹傳)」에 다음과 같이 기록되어 있다.

> 황제께서는 태평성세에 깊은 뜻을 두셨으니, 종종 정세에 대해 질문하셨다. 이에 대해 범중엄이 사람들에게 이렇게 말했다. "황제께서 나를 중용하심이 지극하다. 그러나 일에는 선후가 있으며, 오랜 평화가 초래한 폐단은 하루아침에 혁신할 수 있는 것이 아니다." 황제께서 다시 친필 조서를 내리시고, 특별히 천장각(天章閣)을 열어 이부(二府)에게 조목별로 답하도록 명하셨다. 범중엄은 황공해하며 물러나 열 가지 사안을 올렸다.[10]

여기서 말하는 '열 가지 사안을 올림(上十事)'이란 범중엄의 「답수조조진십사(答手詔條陳十事)」를 지칭한다. 그중 세 번째 항목 '정공거(精貢擧)'의 내용은 다음과 같다.

> 셋째는 공거(貢擧)를 정미하게 하는 것입니다. 신(臣)은 삼가 『주례(周禮)』를 참조하여 경대부(卿大夫)의 직책을 상고하였는데, 각각 그 직책의 소관을 가르치고, 삼년에 한 번 대비(大比)를 통해 그들의 덕행과 도예(道藝)를 평가하여 현

---

9) 范仲淹, 『范文正公集』 卷9, 收錄於 『宋集珍本叢刊』 冊3(北京: 綫裝書局, 2004年), 頁36, "夫善國者, 莫先育材 ; 育材之方, 莫先勸學."
10) 脫脫, 『宋史』(臺北: 鼎文書局), 冊13, 頁10273, "帝銳意太平, 數問當世事, 仲淹語人曰, 「上用我至矣, 事有先後, 久安之弊, 非朝夕可革也.」帝再賜手詔, 又為之開天章閣, 召二府條對. 仲淹皇恐, 退而上十事."

능(賢能)한 이들의 명단을 왕께 바칩니다. [현은 덕행이 있는 자이고, 능은 도예를 가진 재] 왕께서는 재배하며 이를 받아 천부(天府)에 올립니다. [천부는 태묘(太廟)의 보고이다.] 이는 왕께서 현능한 이를 발탁하여 종사(宗祀)를 안정시키는 것이므로, 그 이름을 절하여 받고 묘(廟)에 간직함으로써 일을 중히 여기는 것입니다. 경대부의 직책은 폐지된 지 오래되었습니다. 오늘날 여러 지역[道]의 학교에서 명사(明師)를 얻을 수 있다면 사람들에게 육경(六經)을 가르치고, 나라와 사람을 다스리는 방법을 전수할 수 있을 것입니다. 그러나 국가가 오직 사부(辭賦)로 진사를 선발하고, 묵의(墨義)로 여러 과를 선발하니 선비들이 대도(大道)를 버리고 소도(小道)로 치우쳐, 비록 많은 인재들이 가득 차 있어도 실제로 인재들 가운데 재직하고 있는 이는 열에 한 둘도 없습니다. 하물며 천하가 위태롭고 곤궁하여 사람들이 이처럼 부족할 때에는 무엇을 가지고 구제하겠습니까? … 신은 각지의 주군(州郡)에 학교가 있는 곳에서 경전에 통달하고 도가 있는 선비를 천거하여 그들이 교육에 전념하고 그 부흥에 힘쓰기를 청합니다. … 진사는 먼저 책론(策論)을 통달하고 다음으로 시부(詩賦)를 학습하여야 하며, 여러 과(科)는 묵의 이외에 통경(通經)하여야 합니다. 사람들이 오로지 수사(辭藻)에만 치중하지 않고 반드시 이도(理道)를 밝히도록 하면, 천하에 강학(講學)이 분명히 흥기하고, 게으르고 경박한 이들이 성실함을 알 것이니, 이것이야말로 지극히 중요한 일입니다.[11]

또한 『송사기사본말(宋史紀事本末)』 권38·학교과거지제(學校科擧之制)에서

---

11) 范仲淹, 『范文正公集 范文正公奏議』 卷上 (臺北: 臺灣商務印書館) 『四部叢刊』, 冊40, 頁178, "三曰精貢擧. 臣謹按『周禮』卿大夫之職, 各敎其所治, 三年一大比, 考其德行道藝, 乃獻賢能之書於王. (賢爲有德行, 能爲有道藝.) 王再拜受之, 登於天府. (天府, 太廟之寶藏也.) 蓋言王者擧賢能, 所以上安宗祀, 故拜受其名, 藏於廟中, 以重其事也. 卿大夫之職, 廢旣久矣. 今諸道學校, 如得明師, 尚可敎人六經, 傳治國人之道. 而國家乃專以辭賦取進士, 以墨義取諸科, 士皆舍大方而趣小道, 雖濟濟盈庭, 求有才有識者十無一二. 況天下危困, 乏人如此, 將何以救? … 臣請諸路州郡有學校處, 奏擧通經有道之士, 專於敎授, 務在興行. … 進士先策論而後詩賦; 諸科墨義之外, 更通經旨. 使人不專辭藻, 必明理道, 則天下講學必興, 浮薄知勸, 最爲至要."

는 다음과 같이 기록하고 있다.

> 인종 경력(慶曆) 4년, … 당시 범중엄은 옛것을 회복하고 학문을 권면하고자 하였으며, 누차 학교를 세울 것을 주장하였다. 조정에서는 내부 신하들이 의론하였는데, 이에 송기(宋祁) 등이 다음과 같이 상소하였다. "교육이 학교에 근본을 두지 않고, 일의 실정을 고을 안에서 살피지 않으면 그 명실을 제대로 확인할 수 없습니다. 유사(有司)들은 성병(聲病)에 얽매이게 되고, 학자들은 오로지 암기와 기록에만 천착한다면 인재를 충분히 발굴할 수 없습니다. 여러 의견을 참고하여 현재에 적합한 방안을 선택한다면, 가장 좋은 것은 모든 사인(士人)들이 정착하여 학교에서 교육받게 한 후, 주현(州縣)에서 그들의 행업을 살피면 잘 정돈될 것입니다."[12]

위에 따르면, 범중엄은 『답수조조진십사』에서는 주나라가 경대부(卿大夫)의 직책을 부여할 때 반드시 교육을 선행하고, 3년 뒤에 그들의 덕행과 도예(道藝)를 시험하였음을 언급하며, 이는 국가 인재 발탁의 중요한 방안이라고 강조하였다. 그는 송대 초기 학교의 쇠퇴가 중대한 원인으로 당시 집권자들의 관념이 과거를 중시하고 학교를 경시한 데 있다고 보았다. 당시 학교에 이름난 선생이 있었다면 사람들에게 나라를 다스리는 방법을 가르칠 수 있었을 것이나, 안타깝게도 실정은 그렇지 못하였다. 예를 들어 국가가 사부(辭賦)로 진사를 선발하는 것은 기실 큰 도를 버리고 작은 도로 빠지는 것으로, 인재 또는 능력을 갖춘 이가 열 중 하나가 되지도 못했다. 그러므로 범중엄은 학교를 광범위하게 설치하고 경학(經學)을 전수, 사람들에게 이도(理道)를 밝히게 해야만

---

12) 明陳邦瞻撰, 『宋史紀事本末』, 收錄於中華書局編輯部, 『歷代紀事本末』(北京: 中華書局, 1997년), 冊2, 頁1363, 「仁宗慶曆四年 … 時范仲淹意欲復古勸學, 數言興學校, 本行實. 詔近臣議, 於是宋祁等奏, 「教不本於學校, 事不察於鄉里, 則不能核名實. 有司束以聲病, 學者專於記誦, 則不足盡人材. 參考衆說, 擇其便於今者, 莫若使士皆土著而教之於學校, 然後州縣察其履行, 則學者修飭矣.」

불성실하고 경박한 이들도 근면을 깨닫게 할 수 있다고 보았던 것이다.

또한 『송사(宋史)』 권157, 지(志)110, 선거(選擧)3에 기록된 바에 따르면, 인종 경력 4년에 다음과 같은 내용이 보인다.

> 조서(詔)에서 명하기를: "유자(儒者)들은 천·지·인(天·地·人)의 이치에 통달하고, 고금(古今)의 치란(治亂)의 원인을 밝게 알기에 참으로 박학다식하다 하겠다. … 이제 나는 학문을 세우고 선(善)을 장려하기 위해 사대부(大夫)의 실천을 존중하며, 옛 제도를 새롭게 하고 폐단을 없애어 학자들이 재능을 충분히 발휘할 수 있도록 하겠다. 관리들은 엄밀히 훈도하고 정밀하게 선발하여 나의 뜻에 부응하도록 하라. 학자는 덕에 나아가고 학업에 힘쓰기를 시기에 맞게 하여야 한다. 각 주·현에는 반드시 학(學)을 세우고, 본도(本道)의 사신(使臣)은 소속 관원을 교수자로 선발하되, 인원이 부족할 경우 향리에서 학식과 도덕이 있는 사람을 선발하도록 한다." 이로 인하여 각 주·군에서는 조서를 받들어 학문을 장려하게 되었고, 사인들도 이에 조응하게 되었다.
>
> 천장각(天章閣) 시강(侍講) 왕주(王洙)는 다음과 같이 말했다. "국자감에서 매 과장(科場)에 대한 조서를 하달하니, 품관(品官)의 자제와 역인(役人)들이 예능(藝能)을 시험치게 하고, 광문(廣文), 태학(太學), 율학(律學) 세 관의 생도들을 모집하도록 하여 천 여 명이 넘게 참여하였습니다. 그런데 시험이 끝나면 생도들은 흩어지고, 강관(講官)은 자리에 기대어 놀기만 하며 학습에 전념하는 법이 하나도 없습니다. 평소 강의를 듣는 이들은 열, 스무 명에 불과합니다."[13]

---

13) 脫脫, 『宋史』(臺北: 鼎文書局), 冊5, 頁3658, "詔曰,「儒者通天, 地, 人之理, 明古今治亂之原, 可謂博矣. … 今朕建學興善, 以尊子大夫之行 ; 更制革敝, 以盡學者之才. 有司其務嚴訓導, 精察擧, 以稱朕意. 學者其進德修業, 無失其時. 其令州若縣皆立學, 本道使者選部屬官爲敎授, 員不足, 取於鄕里宿學有道業者.」由是州郡奉詔興學, 而士有所勸矣."
天章閣侍講王洙言, "國子監每科場詔下, 許品官子役然試藝, 給牒充廣文, 太學, 律學三館學生, 多致千餘. 就試試已, 則生徒散歸, 講官倚席, 但爲遊寓之所, 殊無肄習之法. 居常聽講者, 一二十人爾."

북송의 지방 학교는 부(府)·주(州)·군(軍)·감(監)·현(縣) 각지에 설립되었다. 그러나 송대 초창기만 해도 그 상태는 매우 미비하였다. 인종 시기부터 본격적으로 지방 학문의 발전이 크게 이루어졌다. 인종은 지방에 학교를 설립하라는 명령을 내리고, "관리들은 엄격히 훈도하고 정밀하게 선발하라. 학자는 덕에 나아가고 학업에 전념하되, 시기에 맞게 하여야 한다"고 명시하였다. 중앙에서도 학생 정원을 적극적으로 확대하였다. 그러나 인종이 인재를 추천하는 과정에서의 폐단을 개혁하기 위해 주·현에 학교를 설립하도록 하였음에도 불구하고, 천장각 시강이었던 왕주에 따르면 당시에는 여전히 국자감 학생들이 오로지 과거 시험에만 집중하고 시험이 끝나면 곧 흩어지기 일쑤였으며, 진정으로 학습에 참여하는 학생들은 극히 드물다는 점이 지적되었다. 이는 관학교의 운영이 제대로 이루어지지 않고 있었음을 여실히 노정하며, 그 결과 서원이 점차 대두하게 되어 관학을 초월하는 명성을 얻게 되었다.

남송의 주희(朱熹)는 일찍이 북송 초기에 관학이 부진했던 상황을 비판한 바 있다.

> 나는 전대(前代)에서의 수양·교육이 제대로 이루어지지 않아, 사인들이 학문하는 데 있어 적합한 곳이 없었음을 병폐로 여긴다. 그들은 왕왕 적절한 장소를 찾아 그곳에 정사를 세움으로써 함께 강습하는 장소로 삼았다. 그런데 위정자들은 오히려 이를 칭찬하곤 했다.[14]

주희는 「형주석고서원기(衡州石鼓書院記)」에서도 다음과 같이 지적하였다.

본조(本朝) 경력(慶曆)·희녕(熙寧) 시기에 국가가 흥성함과 더불어, 학교의 관

---

14) 朱熹, 『朱文公文集』(內頁題名, 『晦庵先生朱文公文集』) (臺北: 臺灣商務印書館) 『四部叢刊本』 冊53, 卷79, 頁1444, "予惟前代庠序之教不修, 士病無所於學, 往往相與擇勝地, 立精舍, 以為羣居講習之所. 而為政者乃或就而褒表之."

직이 천하에 만연하게 되었다. 이에 옛 처사(處士)의 집이 더 이상 소용처가 사라져 방치되고, 그 오랜 흔적 또한 자연스레 황폐해졌다. 옛 것을 좋아하고 도모하는 현자가 없다면, 누가 이를 삼가 보존할 수 있겠는가? 게다가 오늘날 군·현의 학관(學官)은 박사(博士)를 설치하여 제자들을 두고 있으나, 그들의 품성이나 기예를 전혀 살피지 않고 있다. 그들이 배우는 것은 모두 세속의 서적이나 출세를 위한 과업이어서, 이는 그들로 하여금 이익만을 추구하고 의리를 잊도록 만들었다. 학문의 뜻을 품고 있는 사인들은 이들과 말하는 것조차 부끄러이 여긴다. 그래서 그들은 종종 따로 고요하고 청정한 장소를 찾아 더불어 학문을 나누고자 하나, 이를 이루기 어렵다. 이 두 분이 이 일에 대해 강한 의욕을 느끼게 된 이유는, 단순히 옛 흔적의 방치에 대한 분노만은 아니다. … 다시 새벽의 바람이 불어 오늘날 학교·과거 시험의 가르침의 해악이 이루 말할 수 없음을 알게 하여야 한다. 이것은 우연히 이루어질 수는 없지만 구제하지 않을 수 없다.[15]

북송 관학의 성과는 분명 좋지 못했다. 관학은 이른바 공명과 이익에 급급하여 학자들로 하여금 의리(義理)를 잊어버리게 하였고, 이로 인해 고전과 옛것을 중시하는 열정있는 이들이 서원을 설립하기에 이른 것이다. 서원의 운영 성과는 상대적으로 관학보다 훨씬 우수했음을 알 수 있다. 이는 마단림의 『문헌통고』에서도 언급된다.

향당(鄕黨)의 학(學)은 현능한 사대부들이 학문에 뜻을 두어 건립한 것이다.

---

15) 朱熹, 『朱文公文集』(內頁題名, 『晦庵先生朱文公文集』) (臺北: 臺灣商務印書館) 『四部叢刊本』冊53, 卷79, 頁1444 : "逮至本朝慶曆, 熙寧之盛, 學校之官遂遍天下, 而前日處士之廬無所用, 則其舊跡之蕪廢, 亦其勢然也. 不有好古圖舊之賢, 孰能謹而存之哉? 抑今郡縣之學官, 置博士弟子員, 皆未嘗考德行道藝之素. 其所受授, 又皆世俗之書, 進取之業, 使人見利而不見義, 士之有志於為己者, 蓋羞言之. 是以常欲別求燕閒清曠之地, 以共講其所聞而不可得. 此二公所以慨然發憤於斯役, 而不敢憚其煩, 蓋非獨不忍其舊跡之蕪廢而已也. …. 又以風曉在位, 使知今日學校科舉之教, 其害將有不勝言者. 不可以是為適然而莫之救也."

따라서 이전의 규범을 따르며 모두 부흥에 힘썼으니, 그 덕택에 훗날 서원이 더욱 많아졌다. 그리고 그 토지의 하사 및 교육 규범에 있어서도 종종 주·현의 학당보다 더욱 규모가 크곤 했다.[16]

『속문헌통고(续文献通考)』에서도 다음과 같은 언급이 있다.

> 송의 백록서원·석고서원·응천서원·악록서원이 설립된 이후 (서원이) 날로 증가하고 있으며, 그 건립 또한 도처에 뻗어 있다.[17]

학계에서 오늘날 강서성(江西省)을 범위로 시행한 서원 발전 상황 통계에 따르면, 북송 시기에 새로 설립된 서원은 약 40여 개소이며, 그 중 경력(慶曆) 연간 이후에 세워진 것이 약 60%을 차지한다.[18] 이는 서원의 설립을 기점으로 교육이 점차 보편적으로 중시되었음을 노정한다.

Ⅲ. 송대 서원의 관방과의 상호 협력 관계

송대 서원의 발전과 관련하여, 이재동(李才棟)은 북송 시기를 두 단계로, 남송 시기를 세 단계로 나누어[19] 다음과 같이 서술한다.

---

16) 朱熹, 『朱文公文集』(內頁題名, 『晦庵先生朱文公文集』) (臺北: 臺灣商務印書館) 『四部叢刊本』 冊53, 卷79, 頁1444 : "鄉黨之學, 賢士大夫留意斯文者所建也. 故前規後隨, 皆務興起, 後來所至, 書院尤多. 而其田土之賜, 教養之規, 往往過於州縣學."
17) 宋自白鹿, 石鼓, 應天, 嶽麓四書院後, 日增月益. 書院之建, 所在有之.
18) 李才棟, 「唐至北宋的江西書院」, 『江西敎育學院學刊』, 1982年, 第2期.
19) 李才棟, 「書院的起源與宋代書院的發展」, 『華東師範大學學報』(敎育科學版), 1985年 第3期, 頁85至88.

북송 서원의 발전 단계

제1단계는 건륭 원년에서 경력 흥학(興學)(960~1043)까지에 해당한다. 이 시기에는 학자들이 서원에 모여 강학(講學)하였으며, 출중한 인재들이 서로 교습, 강의를 진행하였다. 이 시기 향교(鄕校)는 오직 연주(兗州)와 영주(潁州)에만 존재하였고, 다른 곳에는 존재하였다는 내용을 볼 수 없다.

제2단계는 경력 4년부터 정강(靖康) 원년(1044~1126)까지이다. 이 시기에는 범중엄, 왕안석(王安石), 채경(蔡京)이 여러 차례 학문을 진흥시켰다. 동서(東西) 두 수도의 국자감뿐만 아니라 각 부, 주, 군, 감 및 현에 지방 관학들이 확장·설립되어 서원과 공존하는 상황이 형성되었다. 원대 마단림(馬端臨)의 언급에 근거하면, 형양(衡陽) 석고서원(石鼓書院), 강서성(江西省) 여산(廬山) 백록동서원(白鹿洞書院), 호남성(湖南省) 장사(長沙) 악록서원(嶽麓書院), 하남성(河南省) 상구(商丘) 응천서원(應天書院)이 북송의 4대 서원으로 불렸다.[20]

남송 서원의 발전 단계

제1단계는 고종(高宗)이 즉위한 후, 건염(建炎) 원년(1127)부터 소흥(紹興) 말년(1162)까지이다. 이 시기 서원에서의 강학의 주도자는 양시(楊時)로, 그의 학문은 정씨정종(程氏正宗)으로 평가받았다. 양시와 그의 동료 및 제자들은 북송의 왕안석이 주장한 '신학(新學)'에 반대하고 이학(理學)을 장려하였다. 송 고종은 중앙집권 통치체제를 확립, 강화하기 위해 사상 통제를 강화하였고, 이에 따라 왕학과 정학 모두 금지되었다. 이로 인해 많은 정학 추종자들이 조정에서 배척당하게 되었고, 일부는 서원의 강단에 물러나 의견을 표명할 수밖에 없었다.

제2단계는 효종(孝宗) 융흥(隆興) 원년(1163)부터 영종(寧宗) 개희(開禧) 3

---

20) 여조겸이 주장한 4대 서원은 석고서원 대신 숭양서원이 포함된다.

년(1207)에 이른다. 이 시기에는 학문의 금지가 다소 완화되어, 많은 학자들이 각기 학파를 창립하고 서원을 설립, 함께 모여 강학하였다. 그들은 각자의 의견을 피력하고 배움을 주고받았다. 그 가운데 주희가 가장 큰 영향을 미쳤다. 주희는 백록동서원을 부흥시키고, 그 전후로 운곡(雲谷), 한천(寒泉), 무이(武夷), 창주(滄州) 등의 서원과 정사를 세우고, 많은 서원에서 강학을 하였다. 또한 장식(張栻)은 담주(潭州) 악록서원(嶽麓書院)을 관리하였고, 여조겸은 금화(金華)의 여택서원(麗澤書院)을 창립하였으며, 육구연은 귀계(貴溪) 상산정사(象山精舍)에서 강학하였다. 이러한 서원들은 당시 서원 교육 활동에 있어서 대표격으로 평가된다. 이 단계에서는 특히 남방에 서원이 많았다. 강서성만 하더라도 서원이 50여 곳 이상 설립되었는데, 백록동서원은 아직 그에 포함되지 않았다. 그러나 영종(寧宗) 시기에는 '경원당안(慶元黨案)'의 영향으로 이학자 및 그들의 서원이 한때 억압받기도 하였다.

제3단계는 영종(寧宗) 가정(嘉定) 원년(1208)부터 시작된다. 이 시기는 역사적으로 '가정갱화(嘉定更化)'로 불리기도 한다. 이학 그간 누차 겪었던 비방, 비판에서 벗어나 오히려 추앙받고 높은 위상을 지니게 되었다. 이에 이학자들이 잇따라 조정에 진출하여 고관이 되어 두터운 녹봉을 누릴 수 있게 되었다. 서원의 발전 또한 송나라 역사 300년 가운데 정점에 이르게 된다. 순우(淳祐) 원년(1241)에는 이종(理宗) 조윤(趙昀)이 많은 서원에 기념문[題字] 및 편액을 하사하였고, 이후에도 여러 서원의 산장(山長)에게 관직을 부여하였다. 처음에는 주학(州學)의 교수 또는 주학 교수직을 겸임한 이들이 서원의 산장이 되었고[부·군·감도 동일하다], 이후에는 서원의 산장에게 "주학 교수에 버금가는(州學教授並視)" 지위를 부여하였으며, 나중에는 서원 산장을 서관(庶官)이 겸임하게 하고, 마지막으로 제관(祠官)이 서원 산장을 겸임하는 경우도 생겼다.

이하에서는 북송·남송 시기의 서원에 대한 종합적인 관찰을 통해, 이 시기 서원과 관방 간의 상호작용 관계가 어떠했는지를 탐구하도록 한다.

1. 공립·사립 속성의 개정

중당(中唐) 이후, 8세기 말에서 9세기 초에 이르기까지의 시기를 살펴보면, 이 당시 이미 민간 차원에서 건립한 서원 및 이로부터 진행된 교육 활동이 노정된다. 동가서당(東佳書堂)을 예로 들어보면, 서원의 교육 활동이 당대부터 시작되었음을 설명할 수 있다. 이하에서는 각 서원 관련 웹사이트와 계소풍(季嘯風)의 『중국서원사전(中國書院辭典)』의 정보를 종합, 북송 4대 서원의 설립과 발전 과정 및 그 공·사립적 속성의 변화를 간략히 서술한다.

1) 백록동서원(白鹿洞書院): 강서성(江西省) 구강(九江) 여산(廬山) 소재. 또한 백록동서당, 백록서원, 주회옹서원(朱晦翁書院)이라고도 칭함.

백록동은 당 정원(貞元) 원년(785) 당시 시인 이발(李渤)과 이섭(李涉) 형제가 은거하며 독서하던 장소로, 이발은 당시 흰 사슴을 기르며 자신의 유희로 삼았고, 이 때문에 당시 사람들은 그를 '백록선생(白鹿先生)'이라 불렀다. 이후 그는 강주(江州)의 자사(刺史)로 재직하면서 이곳에 누각을 짓고 백록동이라 이름 지었다.

오대십국(五代十國) 시기, 남당(南唐) 승원(昇元) 4년(940), 조정에서는 이발의 은거지에 학관(學館)을 설립하여 '여산국학(廬山國學)'이라 명명하였다. '백록국학(白鹿國學)'이라고도 불렸다. 학전과 장서각을 설치하였으며, 금릉(金陵) 국자감의 구경(九經) 교수인 이선도(李善道)가 교육을 맡았다. 사방의 학자들이 명성을 듣고 찾아왔으니 경사국자감(京師國子監)과 어깨를 나란히 하였다. 976년 남당이 멸망하자 여산국학은 폐허가 되었다.

송대 초기, 구강 사람들이 이 폐허 위에 백록동서원을 재건하였고, 태평흥국 2년(977)에는 태종(太宗) 조광의(趙匡義)가 국자감에서 인쇄한 『구경(九經)』 등의 서적을 백록동서원에 하사하여 서원의 명성이 크게 알려졌고, 이에 학생 수는 거의 백 명에 달하였다. 이 시기에 백록동서원은 나라에서 공인하는 4대 서원 중 하나로 여겨지게 되었다.
 남송 효종(孝宗) 순희(淳熙) 6년(1179), 주희가 남강(南康) 태수로 있을 때 백록동서원 폐지(廢址)를 조사한 후,「교납남강군임만합주품사건장(繳納南康軍任滿合奏稟事件狀)」에서 다음과 같이 진술하였다.

> 그곳의 산수가 잘 둘러싸고 있고, 초목은 무성하게 자라나 있다. 남쪽 한지는 학문을 강학할 장소로 적절했지만, 황폐히 폐허가 되어 더이상 건물은 존재하지 않는다. … 이미 이 산에 존재하는 노불(老佛)의 사당이 대략 백여 곳이 넘는다. 전란의 여파 뒤에 차츰 회복을 하고 있지만 옛 모습은 거의 복원되지 않았다. 오직 이 유관(儒館)만이 가시덤불로 뒤덮여 있다. … 그러나 이 골짜기의 부흥은 예전부터 있었던 것이며, 여러 성인들이 외면하지 않고 총애하여 내려온 곳이니, 덕의(德意)가 심원하여 폐할 수 없다.[21]

주희가 예부(禮部)에 올린「신수백록동서원장(申修白鹿洞書院狀)」[22]과 승상에게 올린 보고에는 서원을 부흥해야 할 이유가 포함되어 있다. 순희 7년(1180) 3월, 백록동서원의 기초 수복이 이루어졌다. 이 시점에 서원의 원생은 10여 명에 불과하였다. 백록동서원의 복원을 위하여 주희는 학규를 제정하고, 토지를 마련하는 한편 건물을 세우며, 각지에 문서를 발송하여 서적을 모았다. 아울러『사서(四書)』와『오경(五經)』을 교육 과정에 포함시켰다.
 이렇듯 백록동서원의 전신인 '백록동(白鹿洞)'은 당대(唐代)에는 그저 문인들의 은거지에 불과했으며, 오대십국(五代十國) 시기에는 남당(南唐) 조정에

---

21) 朱熹,『朱文公文集』(內頁題名,『晦庵先生朱文公文集』) (臺北: 臺灣商務印書館)『四部叢刊本』, 冊52, 卷16, 頁240 : "見其山川環合, 草木秀潤, 南間燕講學之區, 而荒涼廢壞, 無復棟宇. … 既又按考此山老佛之祠, 蓋以百數, 兵亂之餘, 次第興葺, 鮮不復其舊者. 獨此儒館莽爲荊榛. … 然此洞之興, 遠自前代, 累聖相傳, 眷顧光寵, 德意深遠, 理不可廢."
22) 朱熹,『朱文公文集』(內頁題名,『晦庵先生朱文公文集』) (臺北: 臺灣商務印書館)『四部叢刊本』, 冊52, 卷20, 頁306.

서 정비된 서원으로 발전하였다가, 이후 한때 황폐화된 역사가 있었음을 알수 있다. 이후 송 태조(太祖)는 서원을 정비하라는 명령을 내렸는데, 이는 조정이 관여한 경우에 해당한다. 남송 효종(孝宗) 순희(淳熙) 6년(1179)에는 주희가 관직에 있는 동안 백록동서원 폐허를 조사하였고, 이듬해 최초로 수리가 이루어지고 명성이 다시 알려지게 되었다. 이는 개인의 거주지가 공식적인 관방의 학교로 발전하는 과정을 노정한다.

2) 악록서원(嶽麓書院): 호남성(湖南省) 장사(長沙) 소재

당대 말기-오대(唐末五代) 시기에 활동한 승려 지선(智璿) 등은 "유자의 도를 생각하기(思儒者之道)" 위해, 육산사(麓山寺) 아래에 "토지를 나누어 건물을 세우고(割地建屋)", "사인들이 거주하는 종류의(以居士類)" 학사(學舍)를 건립하였다. 북송 태조(太祖) 개보(開寶) 9년(976), 담주(潭州) 태수 주동(朱洞)이 원래 승려들이 운영했던 학당의 유적 위에 "원래 형태를 따라 증축하여(因襲增拓)", 관청의 기부를 통해 건물을 신축하였으니, 이로써 악록서원이 탄생하였다.

북송 진종(眞宗) 대중상부(大中祥符)(1008~1016) 연간에 악록서원은 전성기에 접어들었다. 대중상부 8년(1015), 송 진종이 직접 산장(山長) 주식(周式)을 호출하여 그의 교육적 성과를 칭찬하고, '악록서원'이라는 현판을 직접 써서 하사하였다. 이로 인해 서원의 명성은 사방으로 퍼지게 되었고, '소강주사(瀟湘洙泗)'라는 영예로운 칭호를 얻게 되었다. 이에 전국 4대 서원 중 하나로 자리매김하게 된다.

북송에서 남송으로 전환될 즈음, 악록서원은 전란에 의한 피해를 입었고, 남송 효종(孝宗) 건도(乾道) 원년(1165)에는 호남(湖南) 안무사(安撫使)인 지담주(知潭州) 유공(劉珙)이 악록서원을 재건하였다. 그는 이학자 장식(張栻)을 초빙하여 서원의 교육을 주관하게 하고, 학식이 두텁고 경세제민(經世濟民)에 밝은 수많은 인재를 배양하도록 함으로써 악록서원의 교육 및 학문에서의 입지를 강화하였다. 건도(乾道) 3년(1167)에는 주희가 방문하여 장식과 더불어 강학하였으니, 역사적으로도 잘 알려진 '주장회강(朱張會講)'이 개최되었다. 강의를 듣기 위해 온 이들의 발걸음이 끊임없이 이어졌는데 당시 사람들은 그 광경을 "한 순간에 수레와 말이 넘쳐나서, 물웅덩이가 말랐다"고 표현하였다.

이로부터 알 수 있듯이, 악록서원의 기원은 불교 사찰로 시작되어 본래 집에 거주하던 수행자들을 위한 '학사'였지만, 북송 시기에 반관반사(半官半私) 성격의 서원으로 개조되었다.

3) 응천부서원(應天府書院): 하남성(河南省) 상구(商丘) 소재.
   상구서원(商丘書院), 수양서원(睢陽書院), 남도학사(南都學舍), 남경응천서원(南京應天書院), 남경서원(南京書院), 남경국자감(南京國子監)이라고도 칭함.

응천부서원의 원래 위치는 하남성(河南省) 상구시(商丘市) 수양구(睢陽區)의 상구 고성(商丘古城) 남호(南湖) 근처에 있으며, 오대(五代) 후진(後晉) 시기에 송주(宋州)[지금의 하남성 상구시] 우성(虞城)[지금의 상구시 수양구]에서 통유(通儒) 양각(楊愨)에 의해 남도학사로 설립되었다. 양각이 세상을 떠난 후, 그의 제자인 촉구 사람(楚丘人, 지금의 산동(山東) 조현(曹縣) 척동문(戚同文)이 귀덕군(歸德軍) 장군 조직(趙直)의 도움을 받아 학자들을 모아 강학을 진행하였는데, 이곳을 '수양학사'라고 명명하고 스승의 유업을 이어가며 학업을 지속하였다.

송대 초기에 수양학사는 번화한 도심부에 위치하여 다른 고요한 산림에 건립된 서원들과는 대조되었다. 북송 건국 초기에 인재를 급히 구하던 상황에서 과거 시험이 시행되었고, 수양학사의 학생들은 과거 시험에 응시하여 무려 50명~60명 정도가 급제하는 성과를 거두었다. 척동문의 명성을 듣고 멀리서 송주(宋州)로 유학하기 위해 찾아오는 문인·사인들이 끊이지 않았으며, "멀고 가까운 곳의 학자들이 모두 모였다"고 할 정도의 성세가 이루어졌다. 수양학사는 점차 학술 문화 교류와 교육의 중심지가 되었으나, 척동문이 병으로 세상을 떠난 후 한동안 폐쇄되었다.

경덕(景德) 3년(1006), 송 진종(眞宗)은 태조(太祖)가 발족한 송주(宋州)를 응천부(應天府)로 승격시켰다. 진종 대중상부(大中祥符) 원년(1008), "응천부 사람 조성(曹誠)은 초구(楚邱) 척동문(戚同文)의 옛 거주지에 150칸의 건물을 지었고, 수천 권의 책을 수집하고 많은 학생들을 모집하여 강학이 매우 성황을 이루었다. 부에서는 이를 조정에 보고하였고, 조정에서 '응천부서원'이라는 편액을 하사하였으며, 봉례랑(奉禮郎) 척순빈(戚舜賓)을 주관으로 임명하였다. 또한 본 부막(府幕)의 직관[幕職官]에게 명하여 조성을 조교(助敎)로 삼았다"고 한다. 이로 보건대, 당시 지역 주민이었던 조성은 척동문의 고택에 학교를 건립하고 이를 관학으로 신청하였으며, 응천부의 지사가 이를 조정에 보고하고 송 진종의 칭찬을 받았다. 이후 척동문의 손자인 척순빈이 주관으로 임명되고, 조성이 보조교로 임명되어 공식적으로 관학에 편입되었다.[23]

대중상부 4년(1011), 범중엄이 13세이던 시절 성씨가 "주(朱)씨가 아니라 범(范)임을 알고" 독립하여 이곳에서 홀로 학문에 정진하기로 결심하였다. 대중상부 7년(1014), 진종은 응천부를 '남경응천서원(南京應天書院)'으로 승격시켜 '남경서원'이라고도 불렸다. 인종 천생(天聖) 연간에 범중엄은 남도부학(南都府學)의 교수를 맡아 많은 우수한 인재를 양성하였으며, 북송 시기 학문 교육에 크게 공헌하였다. 인종 경우(景祐) 2년(1035)에는 서원이 응천부학(應天府學)으로 개편되며 10경의 토지를 하사받았다. 경력(慶曆) 3년(1043)에는 '남경국자감'으로 승격되었으며, 동경(東京)[현재 개봉(開封)] 및 서경(西京)[현재 낙양(洛陽)]의 국자감과 나란히 북송 최고의 학부로 자리잡았다. 동시에 이 서원은 중국 고대 서원 가운데 사립 서원을 관부에 기부함으로써 관학으로 승격된 최초의 서원이기도 하다.

---

23) 元馬端臨, 『文獻通考』 卷46, 學校考7(臺北: 臺灣商務印書館) 『文淵閣四庫全書』, 冊 611, 頁120.

정강의 변(靖康之變)(1126) 당시, 금군이 남하하여 중원(中原)이 함락되자, 응천부서원은 파괴되고 원생들은 대거 남쪽으로 이동하였다. 이에 중국 서원 교육의 중심이 남쪽으로 이동하게 되었고, 응천부서원 또한 쇠퇴에 접어들게 되었다.

4) 석고서원(石鼓書院): 호남성(湖南省) 형양(衡陽) 소재. 원래 명칭은 이관중수재서원(李寬中秀才書院)

석고서원은 호남성 형양시(衡陽市) 북쪽의 증(蒸)·상(湘)·뇌(耒) 세 강이 합류하는 석고산(石鼓山) 상부에 위치한다. 호상 문화의 주요 발원지 가운데 하나로 '형상주사(衡湘洙泗)', '도남정맥(道南正脈)'이라고도 알려져 있다.

석고서원은 당 헌종(憲宗) 원화(元和) 5년(810)에 설립되었으며, 읍의 수재(秀才) 이관(李寬)이 형양 석고산의 합강정(合江亭) 옆에 집을 짓고 독서하기 시작하였고, 이를 '탐진관(尋真觀)'이라 이름 지었다. 자사(刺史) 여온(呂溫)이 일찍이 이곳을 방문하였고, 이 일을 기록하는 의미에서 「동공하일제탐진관이관중수재서원(同恭夏日題尋真觀李寬中秀才書院)」이라는 시를 지었다. 송 태평(太平) 흥국(興國) 2년(978)에는 태종 조광의가 '석고서원' 현판과 더불어 학전을 하사하였다. 지도(至道) 3년(997)에는 이관의 후손인 이사진(李士真)이 그 이야기에 근거하여 서원을 중수하고 원생들을 널리 모집하였고, 이에 석고서원이 정식 서원으로 거듭나게 되었다. 인종 경우(景祐) 2년(1035)에는 형주(衡州) 지사 유항(劉沆)이 석고서원의 일에 관해 상주하였고, 인종이 이를 읽은 뒤 '석고서원' 사액과 더불어 학전을 하사, 주학(州學)으로 개편하였다. 두 황제로부터 사액을 받은 석고서원은 전성기에 접어들어 수양·악록·백록동서원과 더불어 당대 4대 서원이 되었다. 인종 경력 4년(1044)에는 석고서원이 형주로학부(衡州路學府)로 개편, 관학이 되었다. 많은 명사들이 이곳에서 강학을 진행하였는데, 대표적으로 소식(蘇軾), 주돈이(周敦頤) 등이 있다.

남송 효종(孝宗) 순희(淳熙) 12년(1185)에는 부사자(部使者) 반주(潘疇)가 석고서원을 확장하고 "사방의 학자들 가운데 학문에 뜻을 두고 과거 시험에 얽매이지 않는 이들이 거주하도록 한다(將以俟四方之士有志於學, 而不屑於課試之業者居之)"라는 격판을 썼다. 아울러 선성(先聖)·선사(先師)의 초상을 봉안하고 국자감 및 본도(本道)의 여러 주(州)에서 인서(印書)를 수집, 소장하였다. 순희 14년(1187)에는 이학의 대가인 주희, 장식이 이곳에서 강학하였다. 주희는 「석고서원기(石鼓書院記)」를 지었으며, 장식은 합강정에 비석을 세워 한유(韓愈)의 「합강정(合江亭)」 시와 「석고서원기」를 새겼다. 후세 사람들이 이를 석비(石碑)로 만들어 석고서원 내부에 설치하였고, 이를 '삼절비(三絶碑)'라 이름지었다. 당시 대계(戴溪)가 산장으로 재직하면서 『논어(論語)』 관련 저술을 간행하였다. 송 이종(理宗) 순우(淳祐) 7년(1247)에는 임경(林畊)이 주강(主講)과 산장을 겸임하며 『상서전해(尙書全解)』를 간행하여 경학의 정리에 공헌하였다.

이와 같이 석고서원은 본래 개인이 지은 '탐진관'으로 시작하였으며, 훗날 서원으로 개건되었다가 주학(州學)으로 승격되었다.

이상 서원의 사립 또는 공립 속성으로의 전환은 조정 차원에서 서원을 국가 인재 육성 기관으로서의 기능을 상당히 인정하였음을 시사한다. 아울러 조정 차원에서 상당한 규모를 갖춘, 현존하는 사립 서원을 일약 반관반민(半官半民)의 기관 또는 공립 서원으로 전환시킨 이러한 현상을 통해 볼 때, 사실상 조정 입장에서는 매우 간단한 방법을 통해 직접적으로, 그리고 상당한 교육적 성과를 거두었다고 볼 수 있다.

2. 조정·관방으로부터의 거듭된 하사

1) 토지·학전의 하사

토지·학전의 하사와 비슷한 사례는, 일찍이 오대십국 시기에 남당(南唐) 이욱(李煜)이 백록동서원에 수십 경의 양전을 학전으로 기부했다. 북송의 인종 또한 일부 학전을 하사하였다. 백록동서원은 학전을 인근 농민에게 임대하여 경작하게 하고, 매년 수확한 임대료를 경비로 충당하였다. 남송 시기에는 서원의 경비 대부분이 자급자족 방식으로 조달되었으며, 이는 주로 개인의 기부나 관의 허가를 받은 후 폐사(寺)나 유휴지를 경비로 충당함으로써 이루어졌다.[24] 송 태평 흥국 2년(978), 태종 조광의는 석고서원에 학전을 하사하였다.[25]

조정의 하사 외에도, 전적으로 개인이 토지를 기부하거나 모든 경비를 자비로 조달한 사례도 있었다. 예컨대 남송의 절동(浙東) 일대는 상당히 부유하여 거상들이 많았는데, 이들이 여러 차례 서원을 후원한 사례가 있었다. 동양(東陽)[현재 절강성 금화] 고씨(郭氏)는 누대에 걸쳐 서원 설립을 위해 출자하였으며, 가문에서도 수백 경의 양전을 제공하여 학자들을 부양하였다. 후손들은 차례대로 석동서원(石洞書院), 서원서원(西園書院), 남호서원(南湖書院)을 설립하였다. 절동의 두주육선생서원(杜洲六先生書院)의 경우에는 전조망(全祖望)의 「두주육선생서원기(杜洲六先生書院記)」의 기록에 따르면 선성비정(先聖碑亭), 예전(禮殿), 강당(講堂), 양사육재(養士六齋), 자호사(慈湖祠), 서고(書庫), 문랑포복(門廊庖福)[욕실]을 설치하여 갖추었으며, 이와 더불어 학전을 통해 학자를 양성하였다. 이러한 대규모의 서원을 유지하려면, 명백히 강력한 재력과 전작이 필요하였다.[26]

덕안의문(德安義門) 진씨(陳氏)는 230여 년 동안 모든 씨족이 함께 모여 살았는데, 이는 그들만의 독특한 「진씨가법삼십삼조(陳氏家法三十三條)」 덕분이었다. 동가서당은 "서루(書樓), 당무(堂廡) 수십 칸을 두고 수천 권의 서적을 모음"과 동시에 학전 20경을 보유하였다. 진씨 가문은 학전을 서원의 고정 수입으로 설정하여 서원의 원생 모집, 교수 임명, 교육, 도서 구입, 서적 보관 등의 사업이 안정적으로 발전할 수 있도록 하였다. 문덕익(文德翼)의 『구시

---

24) 喬衛平, 『中國遼金夏敎育史』(北京: 人民出版社), 1994年, 頁78.
25) 元馬端臨, 『文獻通考』 卷46, 學校考7(臺北: 臺灣商務印書館) 『文淵閣四庫全書』, 冊 611, 頁120.
26) 喬衛平, 『中國遼金夏敎育史』(北京: 人民出版社), 1994年, 頁78.

당집(求是堂集)』에 따르면, 송대 초기에 "진씨가 소장한 자료와 서적들이 천하제일로 불리게 되었다"고 하며, 동가서당은 강동(江東)의 삼대 서원 중 하나로 발전하였다. 이 모든 것은 가문의 경제적 지원이 없었다면 불가능하였을 것이다. 동가서원의 학전 설립을 통한 경비 확보 방법은 후대에 널리 계승되어, 중국 고대 서원에서 학전을 두는 선례를 창조하였다. 게다가 동가서원은 일반적인 가숙의 폐쇄성을 타파하여 외부 성씨의 자제를 받아들이고 개방적인 교육을 실천하였다.[27]

정운(程運)은 송대 서원의 경비 출처를 여섯 가지 유형으로 요약한 바 있다. 그에 따르면 관방에서 학전을 통해 민간 서원을 지원한 사례가 많은데, 대략 다음과 같다.

(1) 관부에서 학전을 매입하여 경비로 충당.
(2) 관부에서 관전을 지정하여 학자를 양성.
(3) 폐사전(廢寺田)이나 대가 끊긴 재산을 경비로 충당.
(4) 공적 예산에서 충당하거나 지방 교육 경비로 충당.
(5) 공적 자금을 모금하여, 이자를 만들어 경비로 사용.
(6) 지방 관리나 개인의 기부를 받음.[28]

2) 서적의 하사

우선 백록동서원의 경우, 송 태조 조광윤이 국자감에서 간행한 『구경(九經)』[29] 등의 서적을 서원에 하사한 바 있다. 태종 태평(太平) 흥국(興國) 2년

---

27) https://www.newton.com.tw/wiki/%E7%BE%A9%E9%96%80%E6%9B%B8%E9%99%A2/12574334
28) 程運, 「兩宋學校制度之分析」, 『政大學報』 21期, 頁104至106.
29) 據, 『五代會要』, 後唐明宗長興三年(932年), "馮道, 李愚奏請依石經文字刻九經, 此為雕板經書之始 ; 後漢, 後周繼其事, 至後周太祖廣順三年(953年), 九經皆成. 此項工作係由國子監任之, 故所刻本名曰「監本」 ; 所刻內容係據唐石經刻經文, 又附以經注本之

(977)에는 지강주(知江州) 주술(周述)이 조정에 국자감에서 인쇄한 『구경』을 하사하여 생도들이 학습할 수 있게 해달라는 청을 올렸다. 조정은 청을 받아들여 역참을 통해 국자감 인본 『구경』을 서원으로 보냈다.[30] 순희(淳熙) 6년(1179)에는 주희(朱熹)가 남강군(南康軍)을 다스리면서 백록동서원을 재차 정비하였으며, 8년(1181)에는 또다시 조정으로부터 국자감 경서를 하사받아 서원의 명성이 더욱 드높아졌다.

또한 악록서원의 경우, 대중(大中) 상부(祥符) 5년(1012)에 상음(湘陰) 출신 주식(周式)이 서원을 주관하고 악록서원 최초의 산장(山長)을 맡았는데, 그는 조정에 상소하여 여러 경서의 석문(釋文)과 『사기(史記)』, 『옥편(玉篇)』, 『당운(唐韻)』 등의 서적을 하사받기를 요청하였다. 이는 최초로 조정으로부터 서적을 하사받은 사례가 되었다. 대중 상부 8년(1015), 진종(眞宗)은 산장 주식(周式)에게 궁중 장서인 중비서(中秘書)를 하사하였다.[31]

다음으로 응천부서원(應天府書院)의 경우, 대중 상부 3년(1010) 2월, 영주 문선왕묘판(英州文宣王廟版) 『구경』을 하사받았다.[32]

이렇듯 조정에서 하사한 경전 판본들은 해당 서원에 대단히 중대한 의미를 지닌다. 이로부터 교사와 원생들이 양질의 교재를 사용할 수 있게 되었고, 지식 습득이든 조정 주관의 과거 시험에 대한 대비이든 모두 중요한 자원이 된 것이다.

3) 사액

태평(太平) 흥국(興國) 2년(978), 태종 조광의는 '석고서원'이라는 편액 및 학전을 하사하였다. 지도(至道) 3년(997) 5월, 송태종은 '태실서원(太室書院)'

注文."
30) 元馬端臨, 『文獻通考』 卷46, 學校考7(北京: 中華書局), 2011年, 冊2, 頁1339.
31) 元馬端臨, 『文獻通考』 卷46, 學校考7(北京: 中華書局), 2011年, 冊2, 頁1339.
32) 清徐松輯, 苗書梅等點校, 『宋會要輯稿 崇儒』(開封: 河南大學出版社), 2004年, 頁80.

[즉 숭양서원] 편액을 하사하였다. 대중상부 2년(1009), 진종은 서적을 반포하고 '응천서원' 편액을 하사하였다. 대중상부 8년(1015)에는 진종이 친히 '악록서원' 편액을 써서 장려하였다. 이후 남송 순우(淳佑) 10년(1246), 이종(理宗) 또한 '악록서원' 편액을 하사하였다. 북송 경우(景佑) 3년(1035)에는 인종이 '석고서원'의 편액을 칙명으로 하사하였다.

이와 같이 송대에는 크고 작은 서원들은 매우 많았으며, 사립이든 관립이든 간에 황제가 하사하는 편액을 받을 수 있다면 서원의 위상을 대폭 강화할 수 있었다. 즉 각지 서원들의 순위나 원생 입학률 등 다양한 측면에서 상당한 이익을 얻을 수 있었다.

4) 봉상직위(封賞職位)

예시1. 악록서원: 대중 상부 8년(1015) 진종이 주식(周式)을 접견하고 그를 국자감주부(國子監主簿)로 임명하였으며, 동시에 악록서원에서 교육을 담당하도록 하였다.[33]

예시2. 응천부서원: 진종은 대중 상부 2년(1009)에 척동문(戚同文)의 손자인 봉례랑(奉禮郎) 척순빈(戚舜賓)에게 원무를 주관하도록 명하고, 본부의 막직관(幕職官)이 이를 담당하도록 하였으며, 현지에서 학교를 설립한 조성(曹誠)이 부조교(府助敎)로 임명되었다.[34] 응천부의 교육 모델은 지역 서원 풍조를 크게 활성화시켰다.

예시3. 이구(李覯)는 남성(南城) 오리(五里)의 적계풍월정(赤溪風月亭)에 우강서원(旰江書院)을 건립하였으며, 이곳에서 수학하고자 한 사람들이 천 명을 넘기도 하였다. 인종 황우(皇祐) 2년(1050), 이구는 범중엄과 여정(余靖)의 추천으로 조정에 나아가 장사랑(將仕郎)으로 임명되고 태학조교(太學助敎)로

---

33) 元馬端臨, 『文獻通考』 卷46, 學校考7(北京: 中華書局), 2011年, 冊2, 頁1339.
34) 元馬端臨, 『文獻通考』 卷46, 學校考7(北京: 中華書局), 2011年, 冊2, 頁1339.

시험을 보았다. 인종 가우(嘉祐) 4년(1059)에는 권동관구(權同管勾)로서 태학을 맡았다.35)

예시4. 북송의 두자야(杜子野)는 강서 의황(宜黃) 중항(中港) 출신으로 일생을 학문에 매진하여 녹강서원(鹿崗書院)을 창설하였고, 청년 왕안석(王安石)이 일찍이 이곳에서 공부하였다.36) 신종(神宗) 희령(熙寧) 6년(1073)에는 조정에서 두자야(杜子野)에게 '특주명(特奏名)'으로 진사(進士) 지위를 내렸다.

위에서 언급한 봉상(封賞)과 관련된 인물의 직위는 주로 교육적 기여 측면에서 뚜렷한 성과를 내었을 때, 또는 조정이 사립 서원을 반관·반민의 성격으로 변모시키거나 사립 서원을 완전한 국가 서원으로 편입할 때 사용되었다.

3. 유가 사상에 기초한 서원 학규의 교화 영향

학규(學規)와 학칙(學則)은 매우 오랜 역사를 지니고 있다. 예컨대 선진 시기『예기(禮記)』에는 스승을 존중하고 학습하는 예절이 보인다. 특히 「제자직(弟子職)」편에서는 제자가 스승을 섬기고, 학업에 임하며, 음식과 청소를 담당하고, 출입하는 등의 예절을 상세히 설명하고 있어 중국에서 가장 오래된 학규로 간주될 수 있다. 당대(唐代) 개원(開元) 연간에 편찬된『당육전(唐六典)』은 입학 자격, 학교 예절, 전문 교육, 성적 평가, 위반 처벌, 휴가 제도 등에 대한 여러 조례를 기록하고 있으며, 이는 학교 경영차원에서의 문서화된 특징을 노정한다. 유교(儒敎) 사상은 종종 정신적 지침의 형태로 이상 관련 조항에 포함되어 있다.

당대 서원에도 일찍이 학규가 존재하였다. 소종(昭宗) 대순(大順) 원년(890)에는 진숭(陳崇)이 산서(山西) 덕안현(德安縣) 동가산(東佳山)에 '동가서당'을

---
35) 관구(管勾)는 관리(管理)를 의미한다.
36) "後人賦詩懷念, 長沙熊少牧有「子野才堪介甫師, 鹿岡書院鹿岡陲」之句 ; 明黃濯纓為詩曰,「落日荒村處士莊, 至今井畔是方壙. 喬林幾許迎新主, 還有遊人說鹿岡.」宋神宗寧熙之後, 鹿岡書院即荒廢無聞."

건립하였으며[후에 확장되어 동가서원으로 개명], 당시에 이미「의문가법삼십삼조」를 작성하여 다음과 같은 규정을 두었다.

서실(書室) 서편에 서사(書舍) 하나를 세워 아동들을 가르친다. 매년 정월에 길일을 택하여 개관하고, 동짓날에 해산한다. 소년군은 7세에 입학하고, 15세에 졸업한다. 능력 있는 이들을 동가(東佳)에 입학시킨다. 매년 서당(書堂) 내에서 두 명을 차례로 뽑아 훈습하는데, 한 명은 선생(先生), 다른 한 명은 부선생(副)으로 삼는다. 필담 도구는 모두 서사에서 꺼내어 사용하며, 책임자(管事)가 구매하여 준비한다.

동가장(東佳莊)에 서당 하나를 세운다. 자제들 가운데 성품이 영민한 자는 학업에 힘쓰게 하여, 우수한 학덕을 이룬 자는 과거에 응시하도록 한다. 현재 소장한 서적 외에도 반드시 추가로 구비해야 한다. 서생 가운데 한 사람을 지정하여 서적을 관리하게 하되, 출입 시에는 서책을 잘 보관하도록 하며, 결코 분실해서는 안 된다.

의문(義門) 진씨(陳氏) 종보(宗譜)에서는「추광가법(推廣家法)」에서 다음과 같이 규정하고 있다.

남자는 농사와 학문을 맡고, 여자는 직조(織造)를 맡는다. 자손은 어린 시절에 선생을 택해야 하며, 조금 자라면 유명한 선생이 성현의 책을 가르치고, 또 예의와 의리를 가르쳐야 한다. 조잡한 글이나 교묘한 송사에 관한 것은 읽어서는 안 되며, 올바른 마음을 흐트러지게 하는 것을 피해야 한다. 또한 음험하고 사벽한 설은 배우지 않아야 한다. 만일 성품이 강건하고 영민하며, 인격이 맑고 순수한 자는 엄격하게 가르쳐 바른 도리로 청자(青紫)[높은 지위]를 취할 수 있도록 하고, 중인(中人) 이하에게도 이치를 알고 의리를 이해하도록 가르쳐 야만스러운 관습에서 벗어나게 하여 가정의 교육을 계승하도록 하여야 한다. 또한 충성과 후덕

함, 검소함과 소박함을 가르쳐, 경박하고 타락하지 못하도록 해야 한다.

의문 진씨의 교육 운영에 관한 기본적인 사상은 자손들이 보편적으로 교육을 받도록 하는 것이다. 교육의 수준은 개인에 따라 다르고, 재능이 없더라도 인격을 갖추어야 한다고 여겼다. 반드시 "예악(禮樂)으로써 공고히 하고, 시서(詩書)로써 장식하여야 한다(禮樂以固之, 詩書以文之)"고 생각했다. 송 태조 개보(開寶) 2년(969)에는 서개(徐鍇)가 「진씨서당기(陳氏書堂記)」에서 "자제들 가운데 뛰어난 자는 약관 이상의 연령이라면 모두가 학업에 힘써야 한다(子弟之秀者, 弱冠以上皆就學焉)"고 언급한 바 있다. 또한 다음과 같은 말도 보인다.

> 진곤(陳袞)은 이미 가속(家屬)이 많고, 함께 거주함에 화목하니, 예악으로 이를 공고히 하고, 시서로써 이를 장식하였다. 거주하는 곳에서 좌측 이십 리를 동가(東佳)로 하되, 천혜의 지세(地勢)를 활용하여, 서루와 강당을 여러 채 세우며, 서적을 수천 권 모으고, 또한 이십 경의 밭을 마련하여 학문의 자원으로 삼았다. … 사방에서 학문하는 이들이 이곳에서 관직에 진출하고 이름을 세웠다.

예컨대 진사 장곡(章谷)과 하송(夏竦) 등이 일찍이 동가서당의 학생이었다. 이로부터 진씨의 교육적 운영이 미친 영향을 잘 알 수 있다. 송대 서원의 학규에 관해서는 대략 이하와 같은 주요 사례가 제시될 수 있다.

1) 범중엄이 응천서원의 학정(學程)을 제정하다

북송 초기, 호원(胡瑗), 손복(孫復), 석개(石介), 구양수(歐陽修), 범중엄 등은 스스로 전통 중화 문화의 재건과 성현 학문의 부흥이라는 사명을 짊어지고 삼대(三代)의 도(道)를 계승하여 "백성들을 다스리고 가르침을 세우는 근본(生民建教之本)"과 "학문의 얄팍함을 구제(救斯文之薄)"할 것을 추구하였다. 이로써 그들은 유교 문화의 정신을 정치, 사회, 학문 그리고 인심에 다시 주입할 계획을 도모하였다. 그들은 '창통경의(創通經義)', '혁신정령(革新政令)'을 기치로 삼아 내성외왕(內聖外王)의 이상을 실현하고자 하였다.

천성(天聖) 5년(1027), 범중엄은 모친상을 당하여 응천부(應天府) 영릉현(寧陵縣)에 거주하고 있었다. 당시 남경(南京) 유수(留守)이자 응천부 지사였던 안수(晏殊)는 범중엄의 명성을 듣고 그를 초청, 부학(府學)에서 근무하도록 하는 한편 응천서원의 교수직 또한 맡도록 하였다.[37] 이후 범중엄이 응천부서원[수양서원]을 관장하던 당시, 선사(先師) 척동문의 교육 방법을 정리하였다. 그는 서원을 위한 일련의 교과 과정과 관리 규정을 제정하였으며, '학업의 순서' 및 '독서의 순서'를 요청하여 원생들의 학업을 엄격히 감독하였다. 그는 『상집정서(上執政書)』에서 "국가의 근본을 공고히 하고[固國本], 백성들의 역량을 두터이 하고[厚民力], 벼슬자리를 귀히 여기고[重名器], 오랑캐를 잘 방비하고[備戎狄], 간웅을 막고[杜奸雄], 국사를 밝히라[明國事]"는 여섯 가지 중요 사항을 제시하였다. 그중에서 '벼슬자리를 중히 여기라'는 것은 과거 시험에 진력하고 교육을 진흥시키는 것을 의미하며, 이는 송대 초기 하남서원(河南書院) 교육의 기초적 취지가 되었다.

범중엄은 평소 부지런히 학습을 감독하고, 몸소 규칙을 실천하며, 시무(時務)와 정치론을 주도하였으며, 천하의 중대사에 관하여 논할 때마다 의기 있게 주장하되 격앙이 가득하였다고 전해진다. 당시 사대부들은 세상을 바로잡고자 하였으며, 동시에 스스로도 엄격하면서 덕성을 숭상하는 절개를 가지고 있었다. 이는 바로 범중엄의 주도적 언행에서 비롯된 것으로, 이로 인해 점차 새로운 학풍이 수립되기에 이른다.「남경서원제명기(南京書院題名記)」에는 다음과 같은 내용이 있다.[38]

    … 그러므로 학문(文學)의 그릇(器)은 하늘에 의해 각기 다르게 태어났다. 누

---

37) 『宋史』卷314, "晏殊知應天府, 聞仲淹名, 召寘府學."
38) 大中祥符7年(1014年), "應天府(今河南商丘)升格為南京, 成為宋朝的陪都, 應天書院(睢陽書院)又稱為「南京書院」."

군가는 순수하고 온전하지만, 누군가는 시의에 맞게 찬란하며, 누군가는 구름의 높은 곳에 우뚝 서 있는 듯하며, 또 누군가는 심연의 깊은 곳에 자리하고 있다. 『역(易)』의 신명(神明)함에 통달하고, 『시(詩)』의 교화를 이해하고, 『춘추(春秋)』의 찬미·비판하는 방법을 꿰뚫으며, 예악(禮樂)의 제작에 대한 본질을 이해하고, 이제(二帝)·삼왕(三王)의 서적에 능하며, 제자백가(百家)의 학설을 널리 깊이 배운 자는 대체로 심오한 이치에 통달한 바가 있는 사람일 것이다.[39]

이상 서원의 기본 과정은 유가의 경전인 『시(詩)』, 『서(書)』, 『예(禮)』, 『역(易)』, 『악(樂)』 및 『춘추(春秋)』를 포함한다. 또 '국가를 잘 다스리려면 인재를 기르는 것이 가장 중요하고, 인재를 기르는 방법은 학습을 권면하는 것에서 시작하며, 학습을 권장하는데 있어서는 경전을 숭상함이 가장 중요하다'[40]라는 관점을 강조한 것에 해당한다. 원생들은 각기 다른 전문 분야에 따라 다양한 분과에 입학하며, 교육 과정은 학문을 실제로 적용하는 것을 주장하는 한편 현장 조사도 장려하였다. 이를 두고 이른바 '명체달용(明體達用)'이라 한다.

2) 주희가 백록동서원의 학규를 제정하다

남송 주희는 백록동서원의 교육 업무를 주관하던 당시 백록동서원의 「백록동서원게시(白鹿洞書院揭示)」[혹은 「백록동서원학규」로도 불림]와 「백록동서원교조(白鹿洞書院教條)」를 제정하였다. 이는 중국 서원 발전사에서 핵심이 된 '강령' 형식의 학규로서, 당시는 물론이고 후대 교육계에도 막대한 영향을 미쳤다. 「백록동서원게시」의 내용은 다음과 같다.

---

39) 范仲淹, 『范文正公集』(臺北: 臺灣商務印書館) 『四部叢刊』, 冊40, 頁56, "然則, 文學之器, 天成不一, 或醇醇而占, 或郁郁於時, 或峻於層雲, 或深於重淵. 至於通『易』之神明, 得『詩』之風化, 洞『春秋』褒貶之法, 達禮樂制作之情, 善言二帝三王之書, 博涉九流百家之説者, 蓋玄有人焉."
40) "夫善國者, 莫先育才, 育才之方, 莫先勸學, 勸學之要, 莫尚宗經."

부자 사이에는 친함이 있고, 군신 사이에는 의리가 있고, 부부 사이에는 분별이 있고, 친구 사이에는 믿음이 있다.

위는 다섯 가지 가르침의 조목이다. 요순(堯舜)이 설(契)을 사도(司徒)로 삼아 다섯 가지 가르침을 경건히 베풀도록 하였으니, 바로 이것이다. 배운다는 것은 이것들을 배우는 것일 따름이며, 배우는 순서 또한 다섯 가지가 있다. 그 구별은 다음과 같다.

널리 배우고, 자세히 묻고, 신중하게 생각하고, 밝게 변별하며, 독실하게 행한다.

이는 배우는 순서이다. 배우고 묻고 생각하고 변별하는 것은 이치를 궁구하는 것이며, 독실하게 행하는 것은 수신으로부터 일에 처하고 사물에 접촉하는 것에 이르는 것이다. 또한 처신(處身)의 요강(要綱)이 있으니 이는 다음과 같다.

말은 충직하고 신실하며, 행실은 독실하고 경건해야 한다. 분노를 참고 욕심을 막고, 선한 데로 옮겨가고 허물을 고쳐야 한다. 이는 수신(修身)의 요체이다.
의(義)를 바로잡고 사욕을 도모하지 않으며, 도(道)를 밝히고 공로는 헤아리지 말아야 한다. 이는 일을 처리하는 요체이다.
자기가 원치 않는 것을 남에게 미루지 말고, 행하여 뜻대로 되지 않으면 돌이켜 자신에게서 구하라. 이는 남을 대할 때의 요체이다.
내가 고대 성현들이 학문을 가르치신 뜻을 살펴보니, 모두 의리(義理)를 강명(講明)하여 자신의 몸을 닦고, 나아가 다른 사람에게까지 미치게 하는 데 있었다. 단지 지식을 기억하고, 문장에 힘쓰며, 명성과 이익을 얻는 데 그치는 것이 아니었다.
하지만 오늘날 사람들이 학문을 하는 것은 이와는 완전히 반대이다. 그러나 성현들이 사람을 교육하신 방법은 경서에 모두 갖추어져 있으니, 뜻이 있는 사인들은 이를 반드시 숙독하고, 깊이 생각하며 물어보고, 변별해야 한다.

만약 그 이치의 당연함을 알고 자신의 몸에 반드시 그렇게 되게 한다면, 그 규범이나 금제의 수단들이 어찌 굳이 타인이 그것을 세운 후에야 지켜야 할 것이겠는가? 가까운 시대에 이미 학문의 규칙이 있었지만, 그 학문을 하는 것이 이미 천박해졌다. 그리고 그 방법 역시 반드시 옛 사람의 뜻이 아닐 수도 있다.

그러므로 이제 이를 이 당(堂)에서 재차 시행하지 않으며, 성현들이 학문을 가르친 큰 요체를 취하여 오른쪽에 조목별로 열거하고, 이를 문간에 게시한다. 제군들은 이를 서로 강명하고 준수하여 자신의 몸에 짊어져야할 것이다. 무릇 사려하고 행하는 가운데 이를 삼가 엄격하고 신중히 한다면 반드시 저들보다 엄밀히 할 수 있을 것이다.

그렇지 않은 경우, 혹여 이 말을 제대로 행하지 못함에 이르게 된다면, 저들이 말하는 규범이 반드시 그를 취할 것이니, 과연 이 규범을 소홀히 할 수 없다는 것을 알아야 한다. 제군들은 이를 또한 깊이 유념해야 할 것이다.[41]

---

41) 朱熹, 『朱文公集』(內頁題名, 『晦庵先生朱文公文集』) (臺北: 臺灣商務印書館) 『四部叢刊本』 冊53, 卷74, 頁1366, "父子有親, 君臣有義, 夫婦有別, 長幼有序, 朋友有信. 右五教之目, 堯舜使契爲司徒, 敬敷五教, 即此是也. 學者學此而已, 而其所以學之之序, 亦有五焉. 其別如左; 博學之, 審問之, 愼思之, 明辨之, 篤行之. 右爲學之序, 學問思辨四者, 所以窮理也. 若夫篤行之事, 則自修身以至於處事接物, 亦各有要, 其別如左; 言忠信, 行篤敬, 懲忿窒欲, 遷善改過. 右修身之要, 正其誼不謀其利明其道不計其功, 右處事之要; 己所不欲, 勿施於人. 行有不得, 反求諸己. 右接物之要. 熹竊觀古昔聖賢所以教人爲學之意, 莫非使之講明義理, 以修其身, 然後推以及人, 非徒欲其務記覽, 爲詞章, 以釣聲名, 取利祿而已也.
今人之爲學者, 則既反是矣. 然聖賢所以教人之法, 具存於經, 有志之士, 固當熟讀, 深思而問, 辨之. 苟知其理之當然, 而責其身以必然, 則夫規矩禁防之具, 豈待他人設之而後有所持循哉? 近世於學有規, 其待學者爲已淺矣. 而其爲法, 又未必古人之意也. 故今不復以施於此堂, 而特取凡聖賢所以教人爲學之大端, 條列如右, 而揭之楣間. 諸君其相與講明遵守, 而責之於身焉, 則夫思慮云為之際, 其所以戒謹而恐懼者, 必有嚴於彼者矣. 其有不然, 而或出於此言之所棄, 則彼所謂規者, 必將取之, 固不得而略也. 諸君其亦念之哉."

「백록동서원규조」의 내용은 대략 아래와 같다.[42]

白鹿洞書院教條

父子有親　君臣有義　夫婦有別　長幼有序　朋友有信

右五教之目

博學之　審問之　慎思之　明辨之　篤行之

右爲學之序

言忠信　行篤敬　懲忿窒慾　遷善改過

右脩身之要

正其誼不謀其利　明其道不計其功

右處事之要

己所不欲　勿施於人　行有不得　反求諸己

右接物之要

위의 내용은 간결하고 핵심적인 '강령식' 항목 열거에 해당한다. 부가된 설명식 문구를 제외하면, 그 요지는 부자(父子), 군신(君臣), 부부(夫婦), 장유(長幼), 친구(朋友), 즉 오륜(五倫) 관계에서 지켜야 할 도리를 강조하는 한편, 원생들이 이 가르침을 공경히 따를 것을 요구하고 있다.

다음으로는 학문의 순서를 명시하여, 박학(博學), 심문(審問), 신사(愼思), 명변(明辨), 독행(篤行)을 제시하였다. 그리고 원생들에게 수신(修身), 처사(處事), 접물(接物)의 요령을 가르치고 있다. 원생들에게 있어 이 규조는 간명하여 기억하고 실천하기 용이한 것이었다. 이렇듯 주희는 서원의 교육 취지, 내용 및 방식을 규정하였으며, 그 조항이 구체적이고 의미가 정밀하였기에 이후 중국 서원 제도의 모범이 되었다.

---

42) 資料來源, 九江市白鹿洞書院的圖片 2024.03.12查詢, https://www.tripadvisor.com.tw/LocationPhotoDirectLink-g494935-d1855271-i35504443-Bailudong_Collage-Jiujiang_Jiangxi.html

3) 주희가 악록서원에 교조를 반포하다

주희는 상술한 내용과 유사한 '서원교조(書院敎條)'도 제정한 바 있다. 이는 소희(紹熙) 5년(1194)에 이루어진 것으로, 이른바 악록회강(嶽麓會講)에서 27년이 지난 후,[43] 주희가 호남(湖南) 안무사로 재직할 당시 다시 담주(潭州)로 돌아와서 악록서원을 정비하는 가운데「주자서원교조(朱子書院敎條)」를 반포한 것이다. 그의 정리를 거쳐 악록서원은 다시 번영기를 맞이하게 되었다.

4) 주가(朱嘉)가 석고서원의 기문을 작성하다

석고서원을 살펴보면, 송 도종(度宗) 함순(咸淳) 10년(1274) 정월, 호남(湖南)의 제형(提刑)이자 남송의 민족 영웅인 문천상(文天祥)이 항주(衡州)에 주재할 당시,「합강정」이라는 시를 한 수 지었다.

> 하늘에서는 추리의 꼬리[鶉尾]가 명성이 높고, 인간 세상에서는 호랑이 머리[虎頭]를 말하네. 따뜻한 봄바람이 수많은 산골짜기를 스쳐 지나가고, 가을의 강물은 합쳐져 몇몇 주(州)를 모으네 ….[44]

순희(淳熙) 12년(1185), 부사자(部使者) 반전청(潘田靑)[주(疇)라고도 함]이 원래의 터에 몇 채의 건물을 세우고, 그 위에 편액을 붙여 "사방의 유학에 뜻이 있는 인재들 가운데 과거 시험에 얽매이지 않는 이들을 거주하게 한다(將以俟四方之士有志於學, 而不屑於課試之業者居之)"라고 썼으나, 미처 이루지 못하고 떠났다. 제형인 송약수(宋若水)가 그 일을 이어 받아 선성(先聖)·선사(先師)의 초상을 안치하고, 국자감 및 본도(本道)의 여러 주(州)에서 인쇄한 서

---

43) 남송 효종(孝宗) 건도(乾道) 3년(1167), 주희는 악록서원을 방문하여 장식과 학문을 논하여 역사적으로도 잘 알려진 이른바 '주장회강(朱張會講)'을 개최하였다.
44) "天上名鶉尾, 人間說虎頭. 春風千萬曲, 秋水兩三洲."

적들을 소장하도록 하였다. 그는 주가(朱嘉)에게 기문을 작성해 줄 것을 부탁하였다. 그 내용은 유생들이 삼가 경계하여 과거 시험의 공명(功名)에 흔들리지 말고, 의리와 이익을 분별하며, 위기지학(爲己之學)의 추구를 촉구하는 것이었다.

4. 주희가 서원 발전을 촉진, 남송 이학(理學)의 길잡이가 되다

남송 시기, 고종이 천도한 이후 국자감과 태학을 설치하였고, 지방 주·현의 학교들도 잇따라 재건·설립되었다. 그러나 당시 세태는 과거를 중시하였을 뿐 학교 자체에 대해서는 가볍게 여겼기 때문에 일반적인 상서(庠序)[학교]는 공리(功利)에 도움이 되지 않았다. 이로부터 교육이 점점 쇠퇴하는 현상이 나타났으니, 『송사』권157, 지110, 선거3에는 다음과 같은 기록이 보인다.

> (국가의) 중흥 이래로 임시 수도[行都]에 태학이 건립되고 인재를 천거하는 공거(貢擧)가 여러 군(郡)에서 행해졌지만, 벼슬 지위에 목메어 이록만 추구하는 풍조가 만연하였으되 진심어린 충신(忠信)의 풍습은 쇠미하였다. 또한 명예와 치욕, 영고성쇠의 일이 학교로 말미암아 이루어지지 않았다. 덕행(德行)과 도예(道藝)는 그저 호명(糊名)에 의해 결정되었으며, 과거 답안지에 쓰인 문장 가운데 수양으로 나아가려는 의지는 전혀 보이지 않는다. 상서(庠序) 보기를 마치 여관(傳舍)처럼 하며, 선생 노릇하는 유학자[師儒]를 마치 길거리의 행인처럼 보았다. 계절 시험과 달마다 작성하는 문서는 결국 형식적인 것[文具]에 불과한 게 되어버렸다.[45]

남송 초기, 국자감·태학 및 지방 주·현의 학교들이 설립되었다. 이들은 모두 정부에 의해 설립된 것이지만, 학생들이 뜻을 두고 있었던 것은 과거공

---

45) 脫脫, 『宋史』(臺北: 鼎文書局), 冊5, 頁3671. "中興以來, 建太學於行都, 行貢擧於諸郡, 然奔競之風勝, 而忠信之俗微. 亦惟榮辱升沉, 不由學校 ; 德行道藝, 取決糊名 ; 工雕篆之文, 無進修之志 ; 視庠序如傳舍, 目師儒如路人 ; 季考月書, 盡成文具."

명(科擧功名)이었지 일신의 수양이 아니었다. 이로 인해 학교는 유명무실한 기관으로 전락해 버렸다. 과거 수험생들은 학교를 마치 역참의 휴식처 보듯이 하였으며, 교사들 또한 길거리 행인처럼 여겼다.

이러한 상황은 주희의 활동 시기에 이르러서 변화를 맞이한다. 순희 6년(1179) 3월, 주희가 남강군 지사[태쉬를 지내고 있던 시점은 백록동 서원이 철폐된 지 거의 백여 년이 지났을 때였다. 그는 「신수백록동서원장(申修白鹿洞書院狀)」⁴⁶⁾을 상서예부에 올려 백록동서원의 복원을 소청하였다. 이듬해 서원이 복원되었고, 주희는 서원 동주(洞主)를 자진하여 교편을 잡는 한편 각 지역에 편지를 보내 도서를 수집했다. 그리고 순희 8년(1181) 조정에 글을 올려 어서(御書) 석경(石經)과 감본(監本) 『구경주소』・『논어』・『맹자』 등의 책을 하사받기를 요청, 토지 구입 기금 등을 조달할 방법을 강구했다. 이것이 남송 서원이 크게 부흥하는 시발점이었다.

남송 시기에는 서원 교육이 보편적으로 유행하였다. 그리고 이종(理宗, 1205~1264) 연간에 이르러 서원의 발전이 절정에 달했다. 이종에게 사액 또는 어서(御書)를 하사받은 서원은 총 18개소인데, 이는 영종 가정 연간에서 이종 경정 연간에 이르기까지 약 반세기에 걸쳐 이루어진 정주 이학에 대한 숭상 정책과 직접적으로 관련이 있다. 이 시기는 남송에서 서원 창립 수가 가장 많았을 뿐만 아니라 규모 역시 가장 거대했던 기간에 해당한다. 이종은 본인의 서원에 대한 지지를 드러내기 위하여 적극적으로 각지 서원에 서적・사액을 하사하였을 뿐만 아니라, 종종 산장(山長)과 학관(學官)을 직접 임명함으로써 서원 부흥을 주도하였다.⁴⁷⁾ 이러한 시기를 거치면서 위학당금(僞學黨禁)은 점차 완화되었고, 이학은 마침내 정통성을 가진 관방(官方) 철학으로 추존되어 송대 교육 영역을 장악하게 되었다.⁴⁸⁾

---

46) 朱熹, 『朱文公文集』(內頁題名, 『晦庵先生朱文公文集』) (臺北: 臺灣商務印書館) 『四部叢刊本』, 冊52, 卷20, 頁306.
47) 許家銘, 「南宋書院的興盛與理學的發展」
 * (敎育雲, 敎育大市集, https://market.cloud.edu.tw/resources/web/1661212##)

이 외에도, 『속문헌통고』학교고·서원에 표시된 통계를 살펴보면, 남송 시기에 설립된 서원은 약 164개소로 주로 강소(江蘇)·안휘(安徽)·절강(浙江)· 강서(江西)·호광(湖廣)·복건(福建) 등지에 집중되어 있었다. 그 가운데 강소· 안휘 일대에는 약 19개소, 절강일대는 약 23개소, 강서 일대는 약 39개소, 호 광 일대는 약 23개소, 사천(四川) 일대는 약 13개소, 복건(福建)은 약 33개소, 광동(廣東)은 약 8개소, 광서(廣西)에는 약 6개소의 서원이 있었다.[49]

5. 이학이 서원의 교육을 크게 부흥함으로써 한 시대의 사상을 빛내다

송대 초기, 호원·손복·구양수·범중엄 등 유학자들이 줄곧 마음에 품고 있었던 정치적 이상은 거의 백 년의 준비 기간을 거쳐 마침내 사람들에게 주 목받을 수 있었다. 유(儒)·불(釋)·도(道) 사상을 융합하여 새롭게 탄생한 유학 은 '이학'이라는 이름으로 빠른 속도로 주류 사상이 되었다.

이학은 북송 시기에 부흥하였는데, 저명한 이학자로는 주돈이·소옹·장 재·정이·정호 등을 꼽을 수 있다. 그들은 이학 연구 및 전수에 전념하였으 며, 대부분 서원의 제도적 활동에 직접적으로 참여하지는 않았다.

북송 인종 가우(嘉祐) 치평(治平) 연간(1056~1067년), 유학의 발전은 왕안 석(王安石)의 형공학파(荊公學派), 사마광(司馬光)의 온공학파(溫公學派) 그리 고 소식(蘇軾)을 필두로 하는 촉학파(蜀學派) 등의 형성으로 이루어졌다. 이학 자들은 소옹·주돈이·장재·정호·정이를 대종(大宗)으로 삼았다. 그들은 '북송 오자(北宋五子)'로 불렸으며, 대체로 유가 경전을 계승하는 가운데 인(仁)과 심성(心性), 그리고 격물궁리(格物窮理)에 관하여 논했다. 희녕(熙寧) 2년 (1069), 신종(神宗)은 한림학사 왕안석을 참지정사(參知政事)로 임명하여 변법 을 시행하였는데, 이듬해 당쟁이 발생하였다. 이로 인해 이정(二程) 형제는

---

48) 孫培青, 『中國敎育史』(華東師範大學出版社), 1992年, 頁366.
49) 喬衛平, 『中國遼金夏敎育史』(北京: 人民出版社), 1994年, 頁74.

낙양으로 물러났으며, 이학은 이후 7년 혹은 10년에 걸친 성숙기를 가졌다. 북송 시기에 성리(性理)에 관하여 논의한 저명한 이들로는 대략 4개 학파가 있는데, 주렴계(周濂溪)의 염학(濂學), 장재의 관중학파(關中學派), 이정 형제[정호·정이]의 낙학(洛學)이 그것이다. 남송 이후 낙학은 주희에 의해 더욱 발전하였으며, 이에 복건성에서 민학(閩學)이 탄생함으로써 정통성을 가진 정주이학이 되었다. 염(濂)·관(關)·낙(洛)·민(閩) 네 학파는 양송(兩宋) 시기에 이학사파(理學四派)로 불렸다.

남송의 유학은 크게 세 학파로 나뉘었다. 정호에게 영향을 받은 호오봉(胡五峰)의 호상지학(湖湘之學), 정이의 영향을 받은 주자의 정주이학, 그리고 호오봉과 마찬가지로 정호에게 영향을 받았으나 맹자를 인용하여 독자적으로 해석한 육구연의 심학이 있었다. 이 중 정주이학은 후에 송명시기까지 주류 학파로 자리잡았으며 육상산[육구연]과 왕양명의 심학과 비교하여 간단하게 이학이라고 불리기도 했다. 이러한 이학의 부흥으로 말미암아 많은 학파들이 생겨나면서 서원은 남송 시기에 또 한 번의 전성기에 접어들게 되었다. 이 사실을 통해 남송 시기에 서원이 널리 유행한 것은 이학의 발전과 서로 밀접한 관계가 있음을 알 수 있다. 남송 시기 서원의 초기 발전 양상을 보면 이러한 사실이 잘 드러난다. 남송(1127~1279) 고종 초년, 양시(楊時)·호안국(胡安國)·호굉(胡宏) 등이 서원 교육을 통해 남쪽에서 이학을 널리 전파하였다. 양시는 상주(常州)의 비릉서원(毗陵書院)·무석(無錫)의 곤릉(昆陵)·동림서원(東林書院)에서 이학을 강의했다. 호안국·호굉 부자는 고종 소흥(1131~1162) 초년에 호남(湖南) 형산(衡山)에서 벽천서원(碧泉書院)과 문정서원(文定書院)을 세우고 이학을 강의했다.

이 이후에도 이학은 지속적으로 발전을 거듭했다. 남송 효종 건도(1165~1173)·순희(1174~1189) 연간에 이학자들은 도처에 서원을 건립하고 직접 운영하면서 개인의 학문 사상을 전파하였다. 그 대표적 인물로는 주희[閩學]·육구연[心學]·진량[永康之學]·섭적[永嘉之學]·여조겸[婺學]·진덕수[西山真氏學]·위요옹[蜀學]·호굉[호상학의 창시재·장식[호상학의 집대성재] 등이 있다. 서원 교육이 이처럼 활발했던 이유는 당시 관학의 부패와 관련이 있다. 남송의 관학은 국가의 지원을 받아 운영되었지만, 오로지 과거시험에만 집중하는 교육을 펼쳤다. 이 때문에 관학의 교육 분위기는 그리 좋지 않았고 교육적 성과 또한 부진했다. 반면에 서원은 고상한 기풍과 맑은 절개를 강조하여 공명과 이록(利祿)에 경도되지 않을 것을 가르쳤다. 서원의 학생들은 재물에 목매지 않고 오로지 학문 활동에 전념함으로써 스스로를 수양, 지극한 도를 추구하도록 교육받았다. 이러한 서원의 모습은 부패한 관학과 뚜렷한 대조를 보였다.

하지만 이학의 발전이 늘 순조롭게 진행된 것은 아니었다. 남송 시기 이학이 태학에서 강습되는 등 널리 유행하기는 했지만, 이학자들이 조정에 진출하는 것은 쉽지 않았다. 당시 이학자들은 여러 차례 조정의 권력자에게 배척당했는데, 이학의 선구자였던 주희가 조정에서 배척당한 일은 이러한 상황을 잘 보여준다. 이와 관련해 『송사』에서는 다음과 같이 기록하고 있다.

> 당시 정병(鄭丙)이 정씨의 학문을 헐뜯는 상소를 올려 주희를 비판하였고, 회(淮)는 또한 태부시승(太府寺丞) 진가(陳賈)를 감찰어사(監察御史)로 발탁했다. 진가는 임금 앞에서 말하기를, "최근 조정의 진신(搢紳)[벼슬아치] 가운데 소위 '도학(道學)'을 일컫는 자들이 있는데, 대개 거짓 명성을 사용하여 사적인 이득을 취하려 합니다. 그들을 잘 살피셔서 버리고 쓰지 않으시길 바랍니다"라고 하였다. 여기에서 '도학을 일컫는 자들'이란 주희를 비롯한 이학자들을 지칭하는 것이다. … 본부시랑(本部侍郎) 임률(林栗)이 일찍이 주희와 『역(易)』과 『서명(西銘)』에 대해 논쟁하였는데 의견이 맞지 않았다. (임률이) 주희를 탄핵하며 말하기를 "(그는) 본래 자신만의 학술이 없고, 다만 장재와 정이가 남긴 것을 훔쳐서 '도학'이라고 말했을 뿐입니다. 가는 곳마다 번번이 문하생 수십 명을 이끌고 공자와 맹자가 여러 나라를 돌아다니던 풍모를 망령되게 흉내 내고, 높은 명성을 찾아 헤매이며 관직에 수긍하지를 않으니, 그 거짓됨을 숨길 수 없습니다."라고 하였다. 이에 임금이 말하기를, "임률이 지나친 듯하다"라고 하였다. … 태정박사(太常博士) 섭적(葉適)이 상소를 올려 임률과 논변하였다. "그(임률)의 말은 한

마디도 사실이 아닙니다. '도학'에 대한 평가는 더욱 사실이 아닙니다. 지난날 왕회(王淮)가 안팎으로 대간(臺諫) 들을 통해 은밀하게 바른 사람을 내쫓았는데, 대개 이런 술수를 사용하였습니다."[50]

주희가 처음 조정 회의에서 스스로를 탄핵하였으나 허락받지 못했다. (주희가) 병을 이유로 다시 쉬기를 청하니 (임금이) 조서를 내려 말했다. "관직을 사임하고 일을 그만두는 것은 짐이 어진 이를 후하게 대하는 뜻이 아니다. 그대는 예전과 같이 비각수찬(秘閣修撰) 관직을 맡으라"라고 하였다. 2년(1196) 심계조(沈繼祖)가 감찰어사가 되어 주희의 열 가지 죄를 무고(誣)하니, 결국 조정에서 조서를 내려 관직을 박탈하고 사당에 머무는 것도 금지하였으며 문인 채원정(蔡元定) 또한 도주(道州)로 유배 보냈다.[51]

주희가 나라를 떠난 이후, 한탁주(侂冑)의 세력은 더욱 커졌다. 하담(何澹)이 중사(中司)가 되어 전문지학(專門之學)이 글을 꾸며 명성을 구한다고 논하며 진위를 가려주기를 청했다. 유덕수(劉德秀)는 장사(長沙)에서 관직에 있으면서 장식(張栻)의 무리에게 제대로 대우받지 못한 적이 있었다. 그가 간관(諫官)이 되자 유정(留正)이 위학(僞學)을 끌어들인 죄를 논했다. '위학'이라는 명칭은 아마 이 때부터 시작되었다. … 우간의대부(右諫議大夫) 요유(姚愈)가 도학의 권신들이 죽음을 각오한 당을 만들어 황제의 자리를 엿본다고 말했다. 이어서 직학사원(直

---

50) 脫脫, 『宋史』(臺北: 鼎文書局), 冊16, 頁12756至12758. "時鄭丙上疏詆程氏之學以沮熹, 淮又擢太府寺丞陳賈為監察御史. 賈面對, 首論近日搢紳有所謂「道學」者, 大率假名以濟僞, 願考察其人, 擯棄勿用. 蓋指熹也. … 本部侍郎林栗嘗與熹論『易』,『西銘』不合, 劾熹,「本無學術, 徒竊張載, 程頤緒餘, 謂之『道學』. 所至輒攜門生數十人, 妄希孔, 孟歷聘之風, 邀索高價, 不肯供職, 其僞不可掩.」上曰,「林栗言似過.」… 太常博士葉適上疏與栗辨, 謂其言無一實者,「謂之道學」一語, 無實尤甚, 往日王淮表裏臺諫, 陰廢正人, 蓋用此術."
51) 脫脫, 『宋史』(臺北: 鼎文書局), 冊16, 頁12767. "熹始以廟議自劾, 不許, 以疾再乞休致, 詔,「辭職謝事, 非朕優賢之意, 依舊秘閣修撰.」二年(1196年), 沈繼祖為監察御史, 誣熹十罪, 詔落職罷祠, 門人蔡元定亦送道州編管."

學士院) 고문호(高文虎)에게 조서의 초안을 작성하여 천하에 알리도록 명하였다. 이렇게 되자 위학을 공격하는 것은 날로 심해졌으며, 선인(選人) 여가지(余嘉至)가 상소문을 올려 주희를 참형에 처할 것을 소청했다. … 주희가 이미 죽고 장례식을 치르려 할 때, 언자(言者)가 말하기를, "사방의 위학자 무리들이 약속한 듯이 모여서 위학의 스승을 보내는 장례를 치르려 하는데, 모이는 동안 함부로 다른 사람들의 장단점을 말하거나 그릇되게 시정(時政)의 득실을 논할 것이니, 수신(守臣)에게 명하여 단속하기를 바랍니다"라고 하니 이를 따랐다.

가태 초년에 학문에 대한 금지가 점차 느슨해졌다. 2년, 조서에서 하달하기를 "주희는 이미 벼슬에서 물러났으니[致仕] 화문각대제(華文閣待制)를 제수(除授)하고, 치사에 대한 은택을 내리라."라고 하였다. 후에 한탁주가 죽자 조서에서 주희의 유표(遺表)에 은택을 내렸으며 시호를 '문(文)'이라고 했다. 이어서 중대부(中大夫)를 추증하고 특별히 보모각직학사(寶謨閣直學士)를 추증했다. 이종 보경 3년에 태사(太師)를 추증하고 신국공(信國公)에 추봉하였으며 휘국(徽國)으로 고쳤다.[52]

위 『송사』의 기록은 당시 세상을 뒤흔들었던 '위학(僞學)'과 관련이 있다. 송나라 광종 소희 5년(1194)에 시강이었던 주희가 '권력을 남용하여 정사를 해친다'라는 이유로 한탁주를 탄핵하자 한탁주가 임금의 특명[內批]을 이용해 주희의 시강 관직을 면직시켰다. 송나라 영종 경원 원년(1195) 2월, 한탁주는 간관(諫官)을 시켜 조여우(趙汝愚)가 종실임에도 재상의 자리에 있는 것

---

52) 脫脫, 『宋史』(臺北: 鼎文書局), 冊16, 頁12768. "自熹去國, 佗冑勢益張. 何澹爲中司, 首論專門之學, 文詐沽名, 乞辨眞僞. 劉德秀仕長沙, 不爲張栻之徒所禮, 及爲諫官, 首論留正引僞學之罪.「僞學」之稱, 蓋自此始. … 右諫議大夫姚愈論道學權臣結爲死黨, 窺伺神器. 乃命直學士院高文虎草詔諭天下, 於是攻僞日急, 選人余嘉至上書乞斬熹. … 熹旣沒, 將葬, 言者謂, 四方僞徒期會, 送僞師之葬, 會聚之間, 非妄談時人短長, 則繆議時政得失, 望令守臣約束. 從之.
嘉泰初, 學禁稍弛. 二年, 詔, 「朱熹已致仕, 除華文閣待制, 與致仕恩澤.」後佗冑死, 詔賜熹遺表恩澤, 謚曰「文」. 尋贈中大夫, 特贈寶謨閣直學士. 理宗寶慶三年, 贈太師, 追封信國公, 改徽國."

이 사직에 좋지 않다고 아뢰었다. 이로 인해 조여우는 영주(永州)로 유배되었으며 이후 그곳에서 죽었다. 조여우가 유배되자 주희·팽귀년(彭龜年) 등이 한탁주의 일을 논하며 영종에게 아뢰었지만, 영종은 오히려 그들을 유배 보내고 축출했다. 한탁주가 정권을 잡자 그와 의견이 다른 자들은 모두 '도학의 무리들[道學之人]'이라 불렸다. 이어서 한탁주는 도학을 '거짓 학문[僞學]'이라 배척하였고, 이학자들의 『어록(語錄)』과 같은 서적들을 금지하고 불태웠으며 과거 시험에서 조금이라도 의리(義理)를 말하는 학자들은 아무도 합격시키지 않았다. 이 과정에서 『육경』, 『논어』, 『맹자』, 『중용』, 『대학』 등의 책들이 금지되기도 했다. 이학자들에 대한 탄압은 이후에도 계속 이어졌다. 경원 3년(1197) 영종은 조서를 내려 '위학역적당(僞學逆黨籍)'을 정했다. 거기에 등록된 59명은 정도의 차이는 있지만 모두 처벌받았고 그들과 관계있는 사람들도 모두 관직에 오르거나 과거시험에 응시하는 것을 금지했다.

영종 경원 원년(1195)부터 실시된 위학 금지령은 경원 6년(1200) 전후까지 약 6년 정도 지속되다 끝났다. 이 사건이 바로 '경원당금(慶元黨禁)'이다. 이러한 엄격한 '당금'에 직면한 이학은 하루아침에 '거짓 학문[僞學]'이 되어 금지되고 탄압받았다. 이런 분위기 때문에 당시 유명한 이학자들은 은둔하여 서원 교육에 전념하였다. 그들은 최선을 다해 성리(性理)를 강의하고 학술 논쟁을 벌였으며, 이와 더불어 조정의 정치를 논했다.

이후 이학에 대한 탄압이 완화되면서 남송의 서원 교육도 점차 회복되었다. 이런 분위기는 이종 시기(1205~1264)에 이르러 서원의 급격한 발전으로 나타났는데, 이는 앞에서 언급했기 때문에 여기서 재차 설명하지는 않겠다.

6. 서원·이학자와 관직의 밀접한 관련성

북송 초기에는 인재가 절실하게 필요했기 때문에 과거시험을 통해 인재를 선발했다. 이때 서원에서도 많은 급제자를 배출하였는데, 수양학사(수양서원과 응천부서원의 전신)의 학생들 가운데 과거시험에 참가하여 급제한 사람은 50~60명이나 되었다. 이 때문에 수양학사는 당시 정부가 신뢰하는 교육의 중심지였다.

기타 서원 역시 많은 급제자를 배출했다. 송 진종 대중상부 7년(1014)에 '남경서원'으로 개칭된 응천서원 역시 과거와 관련이 깊다. 송 인종 천성 5년(1027), 범중엄은 응천서원을 맡게 되어 「남경서원제명기(南京書院題名記)」를 지었는데, 그는 학생들이 관직에 적극적으로 나아갈 것을 권장한다.

> 조정의 중책을 맡을 자는 천하를 걱정하는 마음이 있다. 나아가 경대부(卿大夫)가 될 수 있는 자는, 하늘이 내린 듯한 학문을 지닌 자로 옛사람의 도를 즐길 수 있으며, 물러나 시골의 선생이 될 수 있는 자 또한 없지 않을 것이다. 20년 동안 살펴보니 연이어 과거에 올라 장원을 차지하고[魁甲] 영웅의 모습으로 조정[臺閣]에 나아가는 자들이 계속해서 이어지니, 그 나부끼는 흐름이 멈추는 것을 보지 못하겠구나.[53]

이는 응천서원이 20년 동안 양성한 학자들이 졸업한 후에는 나아가 경대부가 되고 물러나서는 시골의 선생이 될 수 있었음을 말한다. 실제로 서원을 졸업한 후 순조롭게 과거에 급제하여 공명을 떨친 자들이 적지 않았다. 공부하는 자들이 관직에 나아가 정치에 힘써야 한다는 생각은 북송 시기 장재가 쓴 유명한 글인 「횡거사구(橫渠四句)」에 잘 드러나 있다. 장재는 "천지를 위해 마음을 세우고 백성을 위해 명(命)을 세우며 과거의 성인을 위해 끊어진 학문을 계승하고, 만세(萬世)를 위해 태평(太平)을 연다(為天地立心, 為生民立命, 為往聖繼絕學, 為萬世開太平)"고 말했는데, 고청미(古淸美)는 이 구절을 다음과 같이 평가했다.

> '천지를 위해 마음을 세운다', 이 말은 비록 장재가 한 말이지만, 이 글귀는

---

53) 『范文正公集』(臺北: 臺灣商務印書館) 『四部叢刊』, 冊40, 頁56.

북송 이학자들의 공통적인 관심과 이상을 대표한다. 그들이 중국 문화의 새로운 페이지를 다시 쓸 때, 그들은 국가 정치의 현실적 측면에 관심을 기울였을 뿐만 아니라, 이를 초월하여 온 백성과 후손을 위해 중국인들만의 삶의 철학을 수립하고자 했다. 그들은 천도의 운행·우주의 존재 모두가 끊임없이 생성되어 멈추지 않는[生生不已] 것이 지극한 선의 흐름, 즉 바로 강건하여 쉬지 않는 실리대도(實理大道)임을 보여주고자 했다. 이 지극한 선과 이 실리(實理)가 바로 하늘의 '마음'이며 그들이 과거 성현의 학문을 계승하여 천지를 위해 세운 '마음'이다. 이러한 패기와 의지는 북송 이학자들이 유가 도덕 정신을 주조해내고 또 단련하는 과정에서 뿜어져 나온 것이다.[54]

송대 서원이 전성기를 맞이할 당시에도 관학은 아직 완전히 정비되지 못한 상황이었다. 이 때문에 서원의 강학 내용과 과거시험은 상호보완적인 관계를 맺고 있었다. 북송의 저명한 이학자 대부분은 '서원'을 교육 활동의 중심지로 운용하지는 않았지만,[55] 종종 관직을 맡기는 했다. 이는 아마도 이학자들의 인생목표가 큰 틀에서 보면「횡거사구(橫渠四句)」의 원칙과 일치했고, 그것을 실현하기 위해 끊임없이 분투했기 때문일 것이다. 이런 목표 때문에 그들이 이학을 널리 알리고 현실에 적용하려 할 때, 조정 관직과 결코 떨어질 수 없었다. 실제로 북송 시기의 이학자들은 대부분 관직에 진출했다. 북송오자 가운데에 오직 소옹만이 관직에 나아가지 않았다. 소옹의 사후 신종이 저작랑(著作郎)을 추증하고 철종이 시호를 내리기는 했지만, 그가 살아생전 관직에 나아간 적은 없었다. 소옹을 제외한 다른 이학 대사들은 모두 관직을 맡았으며 그 내용은 아래와 같다.

---

54) 古清美,『宋明理學概述』(臺北市: 臺灣書店, 1996年) 頁3.
55) 장재는 왕안석의 변법 기간에 그와의 의견 차이로 인해 좌천되었다. 이로 인해 장재는 사직하고 고향으로 돌아와 스스로 횡거서원(橫渠書院)을 창설하였는데, 이는 비교적 보기 드문 사례에 속한다.

주돈이(1017~1073년): 침주(郴州) 현령(縣令), 침주 계양령(桂陽令), 태자중사(太子中舍)를 역임했으며, 합주판관(合州判官), 영주통판(永州通判), 소주지주(邵州知州) 등 지방 관직을 맡았다. 이후에 광남동로제점형옥(廣南東路提點刑獄)으로 승진했다.

장재(1020~1077년): 가우 2년(1057)에 진사에 합격하여 기주사법참군(祁州司法參軍), 단주운암현령(丹州雲巖縣令)을 역임했으며, 이후 저작좌랑(著作佐郞), 숭문원교서(崇文院校書) 등으로 옮겼다. 왕안석과 정치적 견해가 달랐고, 이로 인해 동생 장전(張戩)이 왕안석을 비판하는 상소문을 올리고 좌천된 후 사직하고 고향으로 돌아갔다. 희녕 9년(1077), 이대방(李大防)의 추천을 받아 수도로 돌아와 태상예원(太常禮院)을 맡았으나, 병을 얻어 서쪽으로 돌아갔다.

정호(1032~1085년): 정이의 형으로 증조부, 조부, 아버지가 모두 관직을 맡았다. 정호는 아버지의 정치사상에 깊게 영향받았다. 정호는 송 인종 가우 2년(1057)에 진사에 합격하여 호현주부(鄠縣主簿), 상원현주부(上元縣主簿), 택주진성령(澤州晉城令)을 역임하였으며 신종 초에 어사를 맡았다.

정이(1033~1107년): 여주단련추관(汝州團練推官), 서경국자감교수(西京國子監教授)를 역임했다. 원우 원년(1086), 비서성교서랑(秘書省校書郞)에 임명되었고 숭정전설서(崇政殿說書)를 맡았다.

남송 시기로 접어들면서 서원은 이학자들의 지도를 받아 성리자득(性理自得)의 학문을 추구하고 도덕·윤리적 자기 훈련과 함양을 중시하는 교육기관으로 발전했다. 서원의 선생들은 공명(功名)과 이록(利祿)을 추구하지 않고 경계하도록 가르쳤다. 그러나 서원의 교육 방침에도 불구하고 남송 이학은 오랜 기간 과거시험과 중앙 관학에서 주도적 지위를 차지하였고, 이 때문에 이학과 서원의 교육은 과거시험과 이록을 추구하는 학문과 완전히 분리될 수 없었다. 양자는 여전히 상호의존적 관계를 맺고 있었던 것이다.

주희(1130~1200년) 역시 관직에 나아가 활동했다. 그는 남송 고종 소흥 18년(1148)에 동진사출신(同進士出身)을 하사받았으며, 이후 고종·효종·광종·영종 4대에 걸쳐 관직을 역임했다. 그는 강서(江西) 남강(南康), 복건장주(福建漳州) 지부(知府), 절동(浙東) 순무(巡撫)를 역임했으며 환장각대제(煥章閣待制) 겸 시강(侍講)에 임명되어 송 영종에게 강학하기도 했다. 후에 한탁주가 영종을 옹립하여 권력을 장악하자 주희를 관직에서 박탈하고 조정에서 내쫓았다. 이후에도 주희에 대한 탄압은 계속 이어졌다. 경원 2년(1196), 감찰어사 심계조(沈繼祖)가 위학으로 사람들을 속인다는 이유로 주희를 탄핵했다. 심계조는 여섯 가지 큰 죄를 열거하며 주희를 위학의 괴수라고 공격했다. 주희는 위학의 죄 때문에 관직을 박탈당하고 사당에 머무는 것도 금지당했고, 결국 건양으로 돌아가 강의와 저술 활동에 전념했다.

호굉이 강학을 임무로 삼아 조정의 관직을 힘껏 사양한 것을 제외하면, 다른 남송 이학자들도 대부분 관직에 진출했다. 육구연·진량(陳亮)·섭적(葉適)·여조겸·진덕수·위료옹(魏了翁)·장식 등 이학의 대표 학자들은 모두 관직을 역임했다. 이를 통해 살펴보면 이학과 조정관직 체제 사이에는 실제로 분리하기 어려운 연결고리가 있었음을 알 수 있다.

사립 서원 역시 많은 관료를 배출했다. 동가서원은 당대(唐代) 새로운 독서 기풍을 조성, 괄목할 만한 교육적 성과를 거두어 이후 조정에서 활동한 수많은 인재를 양성했다. 당·송시기를 통틀어 보았을 때, 동가서원에서는 총 18명의 조정 관료[그중 3명은 재상을 역임], 29명의 지방 관료 및 55명의 진사를 배출했다. 이러한 가운데 그들의 일화를 다룬 진씨 「팔영구재자(八英九才子)」·「동방삼진사(同榜三進士)」가 미담으로 전해지고 있다.

또한, 서원은 인륜 교화를 중시하여 가족과 자제에 대한 종법 윤리 의식을 배양하였다. 덕안 진씨(德安陳氏) 집안의 가풍은 "대대로 가법을 지키고, 효와 공경이 쇠하지 않도록 하며, 규문(閨門) 안이 공문(公門)같이 엄숙하게 유지하라"였는데, 이는 고대 봉건 가족의 모범으로 여겨졌다. 이 때문에 당 희종·남당 열조·송 태조·송 태종·송 인종 등 여러 황제들은 잇달아 진씨를 '의로운 가문[義門]'으로 표창했다. 당 희종은 "구중천상에 글 읽는 소리 귀하고, 천고인간에 의로운 글자가 향기롭다(九重天上書聲貴, 千古人間義字香)"라는 시를 썼으며, 송 태종은 "삼천여 입이 글을 쓰는 집안, 오백 년 이어지는 효의(孝義)의 집안(三千餘口文章第, 五百年來孝義家)"이라는 시를 썼다. 이러한 일로 말미암아 동가서원의 명성은 널리 퍼지게 되었다.

동가서원은 산수 경치가 뛰어나고 장서가 풍부하여 구양수·주희·여단·전약수·황정견·양억·소식 등 문인 학사들이 찾아왔다. 동가서원은 학자들에게 지혜를 구하기 위해 강학의 기회를 제공하며 유람하도록 권했고, 그 과정에서 학자들은 300여 편의 제사문장(題詞文章)과 시편을 남겼다. 각지에 퍼져 있는 의문진씨종보(義門陳氏宗譜)에 의하면 송 경력 4년(1044)에 과거에 응시하여 합격한 자가 403명에 달한다. 그중 조정에 진출한 낭서는 심(琛)·손(遜) 이하 18명이고, 요직에 진출하여 자사(刺史)·사마(司馬)·참군(參軍)·현령(縣令)을 맡은 자는 규(珪)·주(儔) 이하 29명이다. 이들은 조정과 성밖에서 두루 활동하며 전국에 명성을 떨쳤다.[56]

이와 관련하여, 진문이(陳雯怡)는 다음과 같이 주장한다. "비록 서원이 도의 존엄성을 담고 있는 '사학이상(私學理想)'을 지니고 있지만, 과거 제도와 명백하게 대립하는 것은 아니다. 서원의 진정한 모습은 반드시 과거와 교육의 관계로 되돌아가서 이해해야 한다. 송대의 관학에서 서원에 이르기까지, 선발(選)에서 양성(養)에 이르는 과정은 모두 과거와 관련이 있다."[57] 위 사례를 생각하면, 우리는 진문이의 견해에 동의할 수 있을 것 같다.

이병(李兵) 또한 양송 시기에 서원 발전 양상의 복잡성을 제시하며 다음과

---

56) https://www.newton.com.tw/wiki/%E7%BE%A9%E9%96%80%E6%9B%B8%E9%99%A2/12574334
57) 陳雯怡, 『由官學到書院, 從制度與理念的互動看宋代教育的演變』(臺北: 聯經出版公司), 2004년.

같이 말한다. "북송 초 조정이 서원을 창설할 능력이 없었기 때문에 서원은 사인(士人)들의 요구에 따라 '관학을 대신하는' 양상으로 나타나게 되었다. 이후 서원은 계속 발전하여 좋은 물질적 조건을 갖추게 되었다. 서원은 풍부한 장서와 훌륭한 유학자들의 교육을 바탕으로 지역을 넘나드는 배움의 기회를 제공했다. 남송 시기에 이르러 신유학이 흥성하자 서원은 과거시험을 통해 인재를 뽑는 것을 비판하기는 했지만, 과거 제도 자체를 반대하지는 않았다. 이 때문에 실제 서원은 덕을 쌓는 일(德業)과 과거를 치르는 일(擧業)을 모두 중시했다."[58]

7. 3개 유형의 서원과 과거 시험의 밀접한 관련성

송대 서원은 세 가지 서로 다른 성격을 지닌 서원으로 나눌 수 있다. 이들은 각기 조정과 관련된 서원, 가문 문화와 관련된 서원, 그리고 지역 문화와 관련된 서원이다. 이 장에서는 이들 서원의 종류를 설명하도록 한다.

1) 조정과 관련된 서원(朝廷關聯式書院)

대중상부 2년(1009)에 조정은 '수양학사를 정식으로 '응천부서원'으로 사액했다. 5년 후 응천부서원은 '남경응천서원(南京應天書院)'으로 승격되었는데, '남경서원'이라고도 불렸다. 경력 3년(1043)에 응천부서원은 '남경국자감'으로 개칭·승격되었고, 동경[지금의 개봉]·서경[지금의 낙양]의 국자감과 함께 북송 최고의 학부가 되었다. 이는 중국 고대 서원 가운데 유일하게 국자감으로 승격된 서원이다. 이에 따라 응천부서원은 정부의 승인을 받아 송대에서는 비교적 초기에 관학화된 서원이 되었다.

북송 시기에 큰 영향력을 가진 많은 서원은 주로 북송 수도인 '동경변량

---

58) 李兵, 『書院與科擧關係研究』(武漢: 華中師範大學出版社), 2005年.

[또는 변경)' 주변과 강서·호남 일대에 집중되어 있었다. 수도 주변의 서원, 예를 들어 응천부서원·숭양서원 등은 관학의 색채가 비교적 강했는데, 이러한 서원들은 송대 초기에 흥성하여 조정과 비교적 깊은 관련이 있었다.

응천부서원의 교육 방식은 관방의 과거시험과 밀접한 관계를 맺고 있었기 때문에 그 지역 서원의 분위기에 크게 영향을 미쳤다. 응천부서원 외에도 이와 비슷한 성격을 가진 서원이 존재했다. 이구(李覯)는 일찍이 남성(南城)에 우강서원(盱江書院)을 창설했는데, 배우는 사람들의 수가 천 명을 넘었다. 이구는 황우 2년(1050)에 범중엄(范仲淹)과 여정(余靖)의 추천으로 조정에 천거되어 장사랑(將仕郞)에 임명되었고, 태학조교(太學助敎)를 거쳐 후에는 권동관구태학(權同管勾太學)을 맡았다. 또 두자야(杜子野)는 의황(宜黃)에 녹강서원(鹿崗書院)을 창설했는데, 이곳은 왕안석(王安石)이 소년 시절에 공부하던 곳이었다. 신종 희녕 6년(1073), 조정에서 두자야에게 '특주명진사(特奏名進士)'를 수여했다. 또 증공(曾鞏)은 임천(臨川)에 흥로서원(興魯書院)을 설립하고 직접 교칙을 제정하고 가르쳤으며 나아가 구양수·왕안석 등 명사들을 초청하여 학생들을 가르치기도 했다. 위 세 서원은 모두 조정과 관련 있는 서원에 속한다.

2) 가문 문화와 관련된 서원(家族文化式書院)

오대(五代) 시기에는 비록 전쟁이 빈번하게 일어나기는 했지만, 상대적으로 강서 지역의 형세는 안정적이어서 경제 및 문화가 상당히 발전했다. 화림서원(華林書院)·뇌당서원(雷塘書院)·심양진씨(潯陽陳氏)의 동가서당 등은 북송 시기에 강서 일대에 집중적으로 존재했던 서원들로 당대 말기·오대에서부터 송대 초기에 이르는 가족문화의 기원을 잘 보여준다.

(1) 화림서원

강서 봉신(奉新)에 위치했다. 초기에는 호씨(胡氏) 가족의 학숙(學塾)이었으나 화림학사(華林學舍)로 발전했다. 송대 초기에 국자감 주부(主簿) 호중요

(胡仲堯)가 이를 증축하여 화림서원이라 불렀다. 화림서원의 설립 목적[宗旨]은 호씨 가족들이 여러 세대에 걸쳐 경사(經史)·시서(詩書)·예의(禮儀)를 전승하고 대대로 공명(功名)을 얻는 것이었다. 이에 대해 서현(徐鉉)은 「화림호씨서원기(華林胡氏書院記)」에서 "조손(祖孫)이 함께 덕을 갖추고 수수와 사수(洙泗)에서 드높은 풍모를 보이는구나"라고 칭송했다. 송대에 이르러 호씨 집안에는 진사가 55명에 달했으며 자사(刺史)·상서(尚書)·재상(宰相) 등 고위직에 오른 자들도 있었다. 화림서원은 각지의 학자들을 초빙하기 위해 많은 집을 짓고 장서를 수집하였는데 그 수가 약 5000권이 되었다. 이런 환경을 바탕으로 화림서원에서는 수백 명이 수업을 듣는 등 매우 활발한 교육이 행해졌다. 이런 명성 덕분에 화림서원을 칭송하는 제사(題辭)를 지은 왕공거경(王公巨卿)이 72명이나 되었다.[59] 화림서원의 교육은 다음 네 가지 특징을 가지고 있었다. ① 문학파(文學派) 서원에 속한다. ② 가문에서 운영한 서원이었다. ③ 여성들의 배움을 중시하여 여학생을 수용한 선구적 교육 기관이다. ④ 교육 경비는 전적으로 가문에서 부담했다.[60]

(2) 뇌당서원

뇌당서원은 홍씨 집안에서 세운 서원으로 유명하다. 홍씨는 강서성 안의(安義) 지역에 세거하였다. 북송 태종 태평흥국 연간에 홍문무(洪文撫)가 거처에 뇌당서원을 세웠는데, 뇌호서원(雷湖書院)이라고도 불렀다. 그는 뇌당서원에서 자제들을 교육하였으며, 각지의 학자들을 초빙하기도 했다. 뇌당서원이라는 이름은 위치한 뇌당에서 유래한 것이다.

『송사』 「효의전」에는 뇌당서원과 홍문무에 대해 다음과 같이 기록되어 있다.

---

59) 喬衛平, 『中國遼金夏教育史』(北京: 人民出版社), 1994年, 頁73-74.
60) 百度百科, https://baike.baidu.hk/item/%E8%8F%AF%E6%9E%97%E6%9B%B8%E9%99%A2/1122679

홍문무(文撫)는 6대 동안 의롭게 살았다. 그가 살고 있는 뇌호(雷湖)에 서사(書舍)를 창설하여 학자들을 초빙했다. 북송 지도 연간에 지방 관리가 홍씨가 대대로 의롭게 살아오면서 뇌당서원을 창설한 사실을 조정에 보고했다. 이에 송 태종은 내시 배유(裴愈)를 보내 서적 백 축(軸)을 하사했다. 이 소식을 들은 홍문무는 유사(有司)에게 서당을 수리하여 자손을 교육하도록 명하고, 곧바로 그의 동생 홍문거(洪文擧)를 수도로 보내 지방 특산물을 진상함으로써 감사를 표했다. 송 태종은 또 친히 "의롭게 거주한 사람(義居人)"이라는 글을 써서 홍씨 가문에게 하사하고 홍문거를 강주(江州) 조교(助敎)로 임명했다. 재차 태종은 조서를 내려 표창과 더불어 관직을 수여하였으며 홍씨의 요역(徭役)을 면제했다. 이때부터 홍문무는 매년 제자들을 수도로 올려 보내 진상했고, 송 태종은 반드시 답문을 하사했다. 후에 홍문무의 조카 홍대용(洪待用)은 송 함평 연간에 진사가 되었으며 거듭 승진하여 관직이 도관원외랑(都官員外郞)에 이르렀다.

송대 양억(楊億)의 「뇌당서원기(雷塘書院記)」에는 다음과 같이 기록되어 있다.

처사(處士)의 형의 아들 대용(待用)이 진사에 급제하여 을과(乙科)를 받았고, 동시에 같은 무리에서 이 선발에 급제한 자들이 십여 명이었다. 처음에는 한 삼태기의 흙(一簣)이나 수레바퀴의 시초(椎輪) 같이 미약했지만 후대 사람들은 물고기를 꿰듯 앞으로 나아갔다. 황제 폐하의 은혜를 입어 거듭 발전하고, 학문을 토론하고 전습하는 바탕이 더해졌으니 빛나는 자질들이 서로를 비추어준다. 장래에도 벼슬에 나아가 가문이 계속 번영할 것이니, 필히 생도들이 점점 늘어나 만 명에 이른 연후에야 극치에 다다를 수 있으리라.[61]

---

61) 宋楊億,『武夷新集』(北京: 綫裝書局, 2004年), 收錄於『宋集珍臺叢刊』冊2, 頁245, "處士之兄子待用擧進士得乙科, 同時儕流登是選者以十數. 初覆一簣, 蓋由椎輪, 後來之人貫魚而進. 以錫羨流光之慶, 加討論博習之資 ; 圭組相輝, 將珥貂于七葉 ; 生徒益盛, 必著錄者萬人, 然後臻夫極也."

이 기록은 과거시험이 서원과 학자들에게 큰 영향을 끼쳤다는 것을 보여준다. 양억(楊億) 또한 다음과 같은 말을 남겼다.

> 예전에 순양(潯陽)의 진씨(陳氏) 집안에는 동가서당이 있었고, 예장(豫章)의 호씨(胡氏) 집안에는 화림서원이 있었는데, 모두 고대의 전적(墳索)을 모아 재능 있는 인재들을 초빙하였으니, 저명한 사람들이 이를 기록했다. 도를 강론하고 의를 논함에 있어 두 집안의 힘이 균등하여 서로 경쟁했다. 배움을 좋아하고 현인을 즐거워하여 서로 앞다투어 나란히 달렸으니, (뇌당서원은) 마땅히 두 집안과 함께 강동(江東)에서 삼각(鼎峙)의 형세를 이룰 것이다.[62]

송 철종 원우 연간(1086~1094년), 문무의 후손 홍사민(洪師民)이 홍씨서원(洪氏書院)을 중건하고 이름을 초현(招賢)으로 바꿨다. 그의 처형 황정견(黃庭堅)이 여기에서 강학했다.

홍씨 가문은 송대 초기에 흥성하기 시작했고, 북송 중기에 이르러 홍사민(師民) 부자 5명이 문호(門戶)를 빛냈다. 홍사민은 박학하고 다재다능하여 송대 희녕 3년(1070)에 진사에 급제하여 석주(石州)의 사법참군(司法參軍)을 지냈다. 그는 성품이 지극히 효성스러웠다고 전해지며, 그의 네 아들 또한 그 재능과 명망을 이어받았다. 이들에 대해 『예장서(豫章書)』에는 다음과 같이 기록되어 있다. "송대 예장(豫章)에는 네 명의 홍씨, 붕(朋)·추(芻)·염(炎)·우(羽)가 있었으니 모두 황상곡(黃山谷)의 조카로 시를 잘 지었고 높은 벼슬을 지냈다. 파양(鄱陽)에는 세 명의 홍씨, 적(適)·매(邁)·준(遵)이 있었으니, 모두 홍충선(洪忠宣)의 아들로 문장과 시에 능통하고 높은 벼슬을 지냈다."

---

62) 宋楊億, 『武夷新集』(北京: 綫裝書局, 2004年), 收錄於 『宋集珍臺叢刊』 冊2, 頁245, "先是潯陽陳氏有東佳書堂, 豫章胡氏有華林書院, 皆聚墳索以延俊髦, 咸有名流為之記述. 講道論義, 況力敵以勢均, 好事樂賢, 復爭馳而並鶩, 宜乎與二家者鼎峙於江東矣!"

(3) 동가서당

당 현종 개원 19년(731), 의문진씨의 시조 진왕(陳旺)이 일가를 이끌고 구강군(九江郡) 포당장(蒲塘場) 태평향(太平鄕)[지금의 강서성 덕안현 차교진] 동가산(東佳山) 아래로 이주해 터를 잡고 자제들을 교육하기 위한 가문의 사숙(私塾)을 설립하였다. 그의 후손 진숭(陳崇)은 당 소종 대순 원년(890)에 이 사숙을 확장해 '동가서당'으로 발전시켰다. 동가서당은 의문진씨의 가학(家學)이 되었으며 이들 가문은 여기에서 효(孝)와 의(義)를 숭상할 것을 가르쳤다. 동가서당의 명성이 널리 퍼지자 각지에서 배움을 구하는 자들이 명성을 우러러보고 줄지어 찾아왔고, 규모가 확대됨에 따라 '동가서원'으로 개칭하였다. 이는 백록동서원보다 50년 앞선 것이다. 서개(徐鍇)의 「진씨서당기(陳氏書堂記)」에는 다음과 같이 기록되어 있다.

> 옛 학자들은 집에는 점(塾)이 있고, 마을에는 상(庠)이 있으며, 지역에는 서(序)가 있으며, 나라에는 학(學)이 있었다. 이는 모두 사람과 관련된 것이다. 성왕이 처사(處士)를 편안하게 대우하고 맹자의 어머니가 아들을 훈육하기 위해 이웃을 선택한 일이 이런 것이다. 현표(玄豹)가 남산에 숨어 문장을 완성하고, 성련(成連)이 동해로 옮겨서 성정(性情)을 바꾸었다. 이는 모두 땅(地)과 관련된 것이다. 같고 다름을 논의하고 옳고 그름을 구별하는 것은 땅이 사람만 못하다. 기질을 다듬고(陶鈞) 마음을 적시는 것은 사람이 땅만 못하다. 배우는 자들이 이를 살핀다면 거처를 선택하는 데 의미가 있을 것이다.
>
> 심양(潯陽) 노산(廬山) 남쪽에 진씨(陳氏)의 서루(書樓)가 있다. … 훈(勛)의 조카 곤(袞)은 본주(本州)의 조연(曹掾)이었다. 우리 당(唐) 열조(烈祖)가 중흥할 때, 조서를 내려 면제하고 표창하여 그 의(義)를 기렸다. 곤은 가문이 번성하고 거처가 편안하게 되었으니 마땅히 예악(禮樂)으로써 그것을 굳건히 하고, 시서(詩書)로써 그것을 문식(文飾)해야 한다고 여겼다. 이에 마침내 거처에서 왼쪽 20리 떨어진 동가(東佳)에 지세가 좋은 곳을 택해 서루와 강당 수십 칸을 짓고, 수천 권의 책을 모았다. 밭 20경(頃)을 유학(游學)을 위한 자금으로 삼아 자제들 가운데

재능 있고 20세[弱冠] 이상인 자들을 모두 배우도록 했다. 용기(龍紀) 이후로 숭(崇)의 아들 태(蛻)·사촌인 발(渤), 그리고 족형인 승(乘)이 차례대로 진사에 급제하였다. 최근에는 위문(蔚文)에서도 특출난 인물들이 있는데, 손(遜)과 범(範)이 그들이다. 모두 계획에 따라 과거 시험을 보았다. 사방에서 유학하는 자들이 여기에서부터 벼슬하여 출세하고 명성을 세웠다.[63]

동가서원은 수십 칸의 집과 수천 권의 장서를 보유하였으며 '천하제일' [문덕익(文德翼) 『구시당집(求是堂集)』]이라는 편액으로 명성을 떨쳤다. 이러한 명성을 바탕으로 동가서원은 송대 초기에 강남의 유명한 서원이 되었으며 송 태종으로부터 어서(御書) 33권과 친히 지은 '진량가(眞良家)'라는 봉호(封號)를 하사받았다. 동가서원은 전형적인 가문 문화식 서원의 모습을 보여준다. 의문진씨(義門陳氏)는 북송 중기 가장 거대하면서도 전형적이지만, 동시에 극히 보기 드문 가문 조직이었다고 말할 수 있다.

3) 지역 문화와 관련된 서원

『속문헌통고』 학교고·서원의 통계에 근거하면, 남송 시기에 새롭게 창설된 서원은 약 167개소가 있다. 이렇게 생긴 서원은 주로 강소와 절강·강서·복건·호남 등지에 집중되어 있는데, 그들 가운데 많은 서원들이 지역 문화적 특징을 선명하게 드러내고 있다. 지역 문화적 특징을 드러내는 서원들은 특

---

63) 清董誥等編, 孫映逵等點校, 『全唐文』 卷888(山西教育出版社, 2002年), 冊6, 頁5469, "古之學者, 家有塾, 黨有庠, 術有序, 國有學. 此繫乎人者也. 聖王之處士也就閒燕, 孟母之訓子也擇鄰居. 玄豹隱南山而成文章, 成連適東海而移情性. 此繫乎地者也. 然則稽合同異, 別是與非者, 地不如人. 陶鈞氣質, 漸潤心靈者, 人不若地. 學者察此, 可以有意於居矣. 潯陽廬山之陽有陳氏書樓. … 勛從子袞, 本州曹掾. 我唐烈祖中興之際, 詔復除而表揭之, 旌其義也. 袞以為族既庶矣, 居既睦矣, 當禮樂以固之, 詩書以文之. 遂於居之左二十里曰東佳, 因勝據奇, 是卜是築, 為書樓堂廡數十間, 聚書數千卷. 田二十頃, 以為游學之資. 子弟之秀者, 弱冠以上, 皆就學焉. 自龍紀以降, 崇之子蛻, 從子渤, 族子乘登進士第. 近有蔚文尤出焉, 曰遜, 曰範, 皆隨計矣. 四方遊學者, 自是宦成而名立, 蓋有之."

정 가문에 한정되지 않고 각자 다른 이학 대사들의 종지를 계승하거나, 혹은 고향의 선현과 명망있는 사람들을 기리기 위해 창립되었다. 이러한 서원들은 주돈이·이정·주희·여조겸·장식·육구연·위료옹(魏了翁)·진덕수·양간(楊簡) 등 이학 대사들이나 문옹(文翁), 한유(韓愈), 호원(胡瑗), 소식(蘇軾), 황정견(黃庭堅) 등 고향의 선현이나 문화적 명인들을 기념했다.

이런 특징은 서원의 제사 활동에도 반영되었다. 송대 중앙 관학과 주·현의 학교는 선성(先聖)·선사(先師), 혹은 덕행(德行)·정치적 업적[政績]·학문적 성취[學業]와 같은 방면에서 귀감이 될 만한 선현이나 관리(官吏) 및 신령(神靈) 등을 모셨는데, 봉사(奉祀)의 대상에 엄격한 제한을 두지는 않았다. 서원에서 제사 의례[祀典]를 설치하는 이유는 지성선사(至聖先師) 공자와 선현 혹은 선유(先儒)에 대한 존경을 표명하고 서원 교육의 종지를 상징적으로 드러내기 위함이었다. 동시에 제사 의례는 서원의 초기 창립자와 학교 운영의 특징 및 사문전승의 계보를 밝히는 기능도 겸비했다. 예를 들어 백록동서원은 이발(李渤)을, 석고서원은 이관을, 수양서원은 척동문을 모셨는데, 이들은 모두 서원의 창립자였다. 남송의 서원은 대부분 이학자들이 설립했고, 따라서 제사 의례에서도 북송의 주돈이·장재·정호·정이 형제 등을 모시며 도통(道統)을 존중했다. 특정 학파가 설립한 서원은 종종 학파의 종사(宗師)를 모셨는데 예를 들어 상산서원(象山書院)은 육구연을 모셨고 두연서원(杜淵書院)은 양간(楊簡)을 모셨다. 이렇게 봉사(奉祀) 받은 이학 종사들은 인간에서 신으로 승격되었다. 이러한 문화적 특징을 지닌 서원들은 각각의 학문적 전통을 계승하고 지역성을 뚜렷하게 드러냈다.

8. 서원: 종합 교육·연구 기구로서의 학술 중심지

송대 관학의 교사(教師)와 관련하여, 정운(程運) 선생은 다음과 같이 말한다.

송대 관학은 일반적으로 한직으로 여겨졌으며 대우도 좋지 않았기 때문에 (사람들이) 맡으려 하지 않아서 실력 없는 자들이 자릿수만 채웠다. 또한 규정이 복잡하고 빈틈이 없어서 조금만 잘못해도 처벌을 받았으며 인사이동이 빈번했다. … 결국 교육 업무가 황폐해진 것은 이러한 상황들이 초래한 필연적 결과이다.[64]

송대 서원 교육은 관학에 비해 많은 측면에서 훨씬 활발했다. 서원에서는 스승과 학생이 함께 연구하고 토론하는 수업 방식을 취했고, 학문의 자유도 어느 정도 보장되었다. 이같이 상대적으로 자유롭고 개방된 교육제도 덕분에 학생들은 하나의 가문이나 학파에 얽매이지 않고 자유롭게 스승을 선택하고 왕래할 수 있었다. 이를 통해 학생들의 사고는 더욱 유연해졌고 시야도 넓어졌다. 이런 학생들의 예시로 서린(舒璘)·왕응진(汪應辰)이 있다. 절강 봉화(奉化) 출신의 서린은 어릴 때 장식 문하에서 배웠고, 후에 육구연·주희·여조겸을 따라가며 배웠다. 그는 끝내 대성하여 큰 인물이 되어 재상 유정(留正)에게 '당대 제일의 교육관'이라고 칭송받았다. 신주(信州) 옥산(玉山)[지금 강서 상요 지역에 속함] 출신의 왕응진은 어린 시절 여거인(呂居仁)에게 글을 배운 후, 호안국·장식·여조겸을 스승으로 모시며 '도에 도달하는 가르침[造道之言]'을 추구했다. 소흥 5년(1135), 마침내 전시(殿試)에 장원 급제하였다.[65]

남송 시기 서원은 저명한 학자들이 주관하고 명사들이 모인 학문의 중심지였다. 서원의 교육 수준은 일반적인 관학보다 높았으며, 교육과 연구를 동시에 진행하는 교육 기관으로 기능했다. 서원은 점차 종합적인 교육·연구기관으로 발전하였고, 경직되어 고착화된 관학이 따라올 수 없는 수준이 되었다.

서원의 발전된 교육상은 악록서원의 사례에서 찾아볼 수 있다. 남송 효종 건도 원년(1165), 호남 안무사(安撫使)이자 담주지사(知潭州)였던 유공(劉珙)이

---

64) 程運, 「兩宋學校制度之分析」, 『政大學報』 21期, 頁100, "宋代官學, 一般視為冷官, 且待遇菲薄, 都不肯就, 致濫竽充數. 且科條繁密, 動輒得咎, 人事異動頻繁, … 學事之廢弛, 自為勢所必然的結果."
65) 喬衛平, 『中國遼金夏教育史』(北京: 人民出版社), 1994年, 頁79, "重人倫之精神, 重實踐之精神, 重禮節之精神, 重組織之精神, 合作之精神等五項, 是書院教育之特點"

악록서원을 중건했다. 그는 장식을 악록서원 주교(主敎)로 초빙, 악록서원의 교육 수준을 향상시킴과 동시에 그 학문적 위상 또한 제고하였다. 장식이 주교로서 재임하던 기간 동안, 악록서원은 과거시험과 이록을 위한 학문에 반대하였을 뿐만 아니라 도를 전파하고 백성을 구제하는 것을 교육 방침으로 삼았다. 이와 같은 교육을 통해 악록서원에서는 오렵(吳獵)·조방(趙方)·유구언(游九言)·진기(陳琦) 등 경세 차원에서 뛰어난 재질을 보인 학생들을 배출했다. 이에 대해 정운(程運) 선생은 다음과 같이 말한다.

> 당시 서원은 유연한 교육 과정을 가지고 있고, 경전의 종지(宗旨)를 밝히는 것이 가능했으며 강학이 자유롭고 의(義)와 이(利)의 구분을 중시했다. 배움은 이치를 궁구하여 앎에 이르고, 스스로를 돌이켜 그 실질을 실천하는 것을 추구했다. 스승들은 모두 명확한 수양 방법을 제시하여 배우는 자들에게 보여줄 수 있었다. 의리를 밝히고 수신한 연후에 자신을 미루어 다른 사람에게 미치는데[推己及人] 힘썼지, 단지 기록된 것을 암기하는데 힘쓰거나 문장을 짓고 명성을 얻어 이록을 취하려고 한 것이 아니다.[66]

요컨대, 인륜을 중시하는 정신·실천을 중시하는 정신·예절을 중시하는 정신·조직을 중시하는 정신·협동의 정신 등 다섯 항목은 서원 교육의 특징이다.[67] 이는 모두 종합적인 교육 연구 조직과 학술 중심지가 마땅히 갖추어야 할 특징으로, 과거에 합격하여 공명을 얻는 협소한 목표를 달성하는 것과는 완전히 다르다. 이위웅(李威熊) 선생의 말에 따르면,

> 후대 사람들이 서원 제도에 대해 많은 비판을 하기는 했지만, 서원 제도가

---

66) "當時之書院, 則課程富彈性, 能發明經旨, 講學自由, 重義利之辨, 爲學能窮理以致其知, 反躬其踐其實. 爲師者人人能確指修養方法, 以示學者. 務講明義理, 以修其身, 然後推己及人, 非徒欲其務記覽, 爲詞章, 以釣名聲名, 取利祿."
67) 程運, 「兩宋學術風氣之分析」, 『政大學報』 21期, 頁129至131.

학술 활동을 일상생활에 녹여낸 가장 좋은 교육 방식이었다는 사실은 부정할 수 없다. 서원 제도는 인격 수양 측면에서 매우 훌륭한 대사(大師)들을 많이 배출했다. 아울러 잘 훈련된 정치적 인재들을 정부에 공급하고 시정(時政)과 관련된 건의 사항을 제공하였으며 평민 교육 보급을 촉진하는 등, 이러한 활동들은 분명 서원의 긍정적 작용이다. 또 서원의 주요 교재들은 중국의 경서(經書)였기 때문에, 경전을 정리·연구·확대 발전시키는 데에도 크게 공헌했다.[68]

9. 서원이 학술 문화 교류를 촉진하다

이학자들이 서원을 자신의 학설을 전파하는 중요한 거점으로 삼으면서 다양한 학파들이 생겨났다. 이렇게 탄생한 학파들 사이에는 서로 논쟁을 벌이기도 했지만, 동시에 서원의 교사들이 서로 이동하는 일도 있었다. 당대의 이름난 유학자나 여러 학파의 대표 인물들은 경력이나 나이의 제한 없이 모두 초청받아 강학할 수 있었다. 다음은 각 서원의 학술 교류 사례이다.

응천부서원의 학술 교류

북송 시기 안수(晏殊)[69]·손복(孫復)[70]·호원(胡瑗)[71] 등 다양한 학파 출신 학자들이 응천부서원에서 강학했다. 이들은 각자 다른 정치적 주장을 가지고 논변하였는데 이 덕분에 학술 교류의 분위기가 매우 활발했다.

백록동서원의 학술 교류

주희는 자신과 다른 학파이자 남송 이학의 또 다른 대표자인 여조겸에게 복원 작업을 위한 기록을 요청하며 학식을 교류했다. 주희 본인 또한 「백록

---

68) 李威熊, 『中國經學發展史論』(臺北: 文史哲出版社, 1988年), 頁288.
69) 仁宗天聖四年(1026年), 晏殊聘請范仲淹主持應天書院.
70) 仁宗慶曆二年(1042年), 范仲淹, 石介等推薦孫復前來書院講學.
71) 仁宗景佑三年(1036年), 范仲淹引薦胡瑗赴開封, 接受宋仁宗召見, 且至書院講學.

동서원학규(白鹿洞書院學規)』를 저술하고 직접 강의하여 학생들과 질의를 주고받고 토론하였다. 1180년 음력 3월, 서원이 재건되자 이학의 또 다른 대표적 인물인 육구연이 주희의 요청으로 금계(金溪)에서 백록동서원을 방문해 강학했다. 육구연이 강의 중 언급한 "군자는 의(義)에서 깨닫고, 소인은 이익(利)에서 깨닫는다."라는 말은 그곳에 있던 학생들과 객인들을 감동시켜 눈물을 흘리게 했다. 그가 강의한 이 내용은 후에 비석에 새겨졌다. 주희가 남강(南康)에서 벼슬했던 2년의 시간은 백록동서원 역사상 가장 번성했던 시기이다. 이듬해 주희와 육상산이 함께 강학하여 '백록동지회'를 열고 사액과 어서(御書)를 주청하면서 서원의 명성은 크게 높아졌다.[72]

악록서원의 학술 교류

건도 3년(1167), 주희가 악록서원을 방문해 장식과 학문을 논하였다. 이 사건이 바로 유명한 '주장회강(朱張會講)'이다. 당시 강연을 듣기 위해 온 사람들이 끊이지 않았는데, 사람들은 '말과 수레가 너무 많아서, 연못 물이 순식간에 말라버렸다'고 묘사했다. 이 회강은 송대 이학과 중국 고대 철학 발전을 촉진한 것으로 평가받으며 장사(長沙)뿐만 아니라 중국 고대 문화사의 관점에서도 중요한 사건으로 여겨진다. 주희와 장식의 만남은 서원이 다른 학파들의 이론을 토론·논쟁·교류하는 장소가 되었음을 보여주는 사건으로 이런 경향은 이학을 부흥시키고 문화·학술을 번영시켰다.

석고서원의 교류

송 효종 순희 14년(1187), 이학 대사인 주희와 장식이 석고서원에서 함께 강학했다. 그 과정에서 주희는「석고서원기(石鼓書院記)」를 저술했고, 장식은 합강정에 비석을 세워 한유(韓愈)의 합강정 시와「석고서원기」를 기록했다.

---

72) 維基百科, 2024.3.23查詢, 網址,
https://zh.wikipedia.org/zh-tw/%E7%99%BD%E9%B9%BF%E6%B4%9E%E4%B9%A6%E9%99%A2

후대 사람들이 이를 하나의 비석으로 새겨서 석고서원 안에 두고 '삼절비(三絕碑)'라고 불렀다. 송 인종 경력 4년(1044), 석고서원은 형주로(衡州路)의 관학으로 바뀌었다.

문종서원의 교류

남송 효종 순희(淳熙) 2년(1175), 주희·여조겸·육구령·육구연 등이 상요(上饒) 연산현(鉛山縣) 아호진(鵝湖鎮) 아호산(鵝湖山) 기슭에 있는 아호사(鵝湖寺)에서 만나 '그들 각자가 서로 들은 학문'을 강론하였다. 이 유명한 학술 교류가 바로 '아호지회(鵝湖之會)'이다. 그 후 송 순우 10년, '아호사'를 '문종서원'으로 바꾸었다. 명대 경태 연간(1450~1456년)에 문종서원을 중수하여 정식으로 아호서원을 출범하였다.[73]

이상 사례를 통해 송대 시기의 서원들이 각자 학술적 특징을 지니고 있었을 뿐만 아니라 학술 교류에도 상당히 공들였음을 알 수 있다. 중국의 학술 발전은 이를 통해 크게 진전될 수 있었다.

Ⅳ. 결론

1. 관방과 서원의 호혜적 관계

북송 건국 초기에는 인재가 절실히 필요하여 과거 시험을 통해 인재를 선발했다. 서원은 관방의 지원을 받아 과거 제도에 맞는 교육을 실시하여 관학의 역할을 대체했다. 예를 들어 수양서원의 교육 활동은 국가 관직에 필요한

---

73) 百度百科, 2024.3.28查詢, 網址,
https://baike.baidu.hk/item/%E9%B5%9D%E6%B9%96%E6%9B%B8%E9%99%A2

인재 양성에 크게 공헌했다. 당시 송 조정은 문치(文治)를 숭상하면서도 인재 양성이라는 근본에는 소홀하고, 또 '선발만을 중시하고 교육을 중시하지 않았던' 폐단을 가지고 있었는데, 서원은 이러한 폐단을 완화하는 데 기여했다.

원대의 마단림(馬端臨)은 북송의 4대 서원으로 형양 석고서원·강서 여산 백록동서원·호남 장사 악록서원·하남 상구 응천서원을 꼽았다. 이 서원들은 조정이나 관방으로부터 경제적 지원을 받거나 관직을 수여 받는 등 여러 차례 지원을 받았다. 이 때문에 본래 개인적으로 창립된 서원들 가운데 규모가 크고 명성이 높아진 일부 서원은 정부에 의해 '편입'되어 사립에서 공립으로 전환됐다. 이것은 조정이 교육기관 설립이라는 측면에서 적지 않은 성과를 거둔 것이다.

관방과 서원의 관계는 이학자들의 행적에서도 찾아볼 수 있다. 북송에는 다섯 명의 위대한 이학자가 있었는데, 이들 대부분은 관직을 역임하면서 학술적으로 적지 않은 영향력을 발휘했다. 남송의 주희는 이학의 선구자였고 서원은 이학자들이 교육을 추진하는 주된 장소였다. 이 시기에 호굉이 강학을 임무로 여겨 조정의 관직을 힘껏 사양한 것을 제외하면, 육구연, 진량, 섭적, 여조겸, 진덕수, 위료옹, 장식 등 여러 학파의 대표 학자들은 시대와 사회를 위한 학문 이론을 구축하고 전통 경학을 정리·연구·전파하면서 관직을 역임했다. 이는 서원의 이학자들과 조정 관직 체제가 실제로 분리할 수 없는 긴밀한 관계를 맺고 있음을 보여준다. 양측의 관계는 상호보완적 관계였다고 할 수 있다.

2. 사립 학술 기관의 건전한 발전과 독자적 기능

북송의 민간 서원은 관방의 명령이나 지침에 영향받지 않고 발전하였다. 그 결과 서원은 독자적인 교육·연구 역량을 갖추게 되었으며 운영 방식과 성과 측면에서도 관의 태학[官辦太學]을 넘어서게 되었다.

남송 초기에 국자감·주현학(州縣學) 등과 같은 관학이 설립되기는 했지만 학생들이 과거(科擧)와 공명(功名)에만 뜻을 두고 수양에는 뜻을 두지 않아 학교는 유명무실한 교육 기관으로 전락했다. 반면에 서원은 고상한 기풍과 맑은 절개를 강조하며 공명과 이록에 경도되지 않을 것을 가르쳤다. 서원의 학생들은 재물을 위해 허리를 굽히지 않고[骨梗精神] 학문 활동에 전념하며 스스로를 수양하여 지극한 도를 추구하도록 교육받았다. 이러한 서원의 모습은 부패한 관학과 뚜렷한 대조를 보였다. 앞에서 언급한 장식은 악록서원을 주관할 때, 과거의 이익을 좇는 학문에 반대하고 백성을 구제할 인재 양성을 교육의 핵심 사상으로 삼았다. 남송 서원 부흥은 주희가 폐쇄된 지 100여 년이 지난 백록동서원을 복구할 것을 요청하면서 시작되었고, 이후 서원 교육은 널리 확산되어 이종 대(1205~1264)에 이르러 크게 발전했다.

서원 교육은 관학에 비하면 여러 측면에서 훨씬 활발했다. 스승과 학생이 함께 연구하고 토론하는 수업 방식을 취했고, 학술의 자유도 중시했다. 이같이 상대적으로 자유롭고 개방된 학교 제도 덕분에 학생들은 하나의 가문이나 학파에 얽매이지 않고 자유롭게 스승을 선택하고 왕래할 수 있었다. 이를 통해 학생들의 사고는 더욱 유연해졌고 시야도 넓어졌다. 남송의 서원은 저명한 학자들이 주관하는 명사들이 모인 학문의 중심지였다. 서원의 교육 수준은 일반적인 관학보다 높았으며 교육과 연구를 동시에 진행하는 교육기관으로 기능했다. 서원은 점차 종합적인 교육·연구기관으로 발전하였고, 경직되어 고착화된 관학이 따라올 수 없는 수준이 되었다.

정운 선생 또한 말했다시피, 인륜을 중시하는 정신·실천을 중시하는 정신·예절을 중시하는 정신·조직을 중시하는 정신·협동의 정신 등 다섯 항목은 서원 교육의 특징에 해당한다. 이는 모두 종합적인 교육 연구 조직과 학술 중심지가 마땅히 갖추어야 할 조건이자 특징으로, 그저 과거에 합격하여 공명을 얻는 협소한 목표를 달성하는 것과는 완전히 다른 것이다.

3. 다양한 서원들의 다기한 발전과 관방과의 연관성

(1) 북송 인종 가우 치평 연간(1056~1067), 유학의 발전은 왕안석의 형공

학파, 사마광의 온공학파, 그리고 소식을 필두로 하는 촉학파 등의 형성으로 이루어졌다. 당시 대표적인 이학자로는 소옹·주돈이·장재·정호·정이가 있었는데 이들을 북송오자라 불렀다. 남송 주희의 시기에 이르러, 이학은 염·낙·관·민 네 학파를 형성했다. 이 학파들은 양송 시기의 학술 사상과 관료 사회의 인재 양성에 있어서 무시할 수 없는 영향력을 발휘했다.

남송의 유학은 크게 세 학파로 나뉘었다. 정호에게 영향을 받은 호오봉의 호상지학, 정이의 영향을 받은 주자의 정주이학, 그리고 호오봉과 마찬가지로 정호에게 영향을 받았으나 맹자를 인용하여 독자적으로 해석한 육구연의 심학이 있었다.

남송 효종 건도(1165~1173)·순희(1174~1189) 연간에 이학자들은 도처에 서원을 건립하고 주관하여 개인의 학문 사상을 전파하였다. 그 대표적 인물로는 주희[민학]·육구연[심학]·진량[영강지학]·섭적[영가지학]·여조겸[무학]·진덕수[서산진씨학], 위요옹[촉학], 호굉[호상학의 창시자], 장식[호상학의 집대성자] 등이 있다. 이들이 자신의 학술 이론을 적극적으로 전파함으로써 각각의 서원들이 가진 독특한 특징과 교육 성과가 뚜렷하게 드러나게 되었다. 또 이러한 이학 대사들이 대부분 관직에 진출했다는 사실을 통해 여러 학파들이 관료 사회의 인재 양성 및 선발과 밀접한 관련이 있었음을 알 수 있다.

(2) 학원(學院)의 성격으로 보면, 송대 시기의 서원은 세 가지 다른 성격을 가진 서원으로 나누어 볼 수 있다. 이들은 각각 조정과 관련된 서원, 가문 문화와 관련된 서원, 지역 문화와 관련된 서원이다.

① 조정과 관련된 서원으로는 응천부서원, 숭양서원, 그리고 이구가 창설한 서강서원, 두자야가 창설한 녹강서원, 증공이 창설한 흥로서원 등이 있다. 이 서원들은 모두 조정과 비교적 깊게 관계된 서원이다. 이 서원들의 교육목표는 국가의 인재 양성 및 선발 기능과 명확하게 부합한다.

② 가문 문화와 관련된 서원은 호씨 가문이 세운 화림서원, 홍씨 가문이 세운 뇌당서원, 의문진씨 가문이 세운 동가서당 등이 있다. 이들은 모두 동

족(同族)이 한 지역에 모여 살았는데 이들의 행적은 당말(唐末)·오대(五代)부터 송초(宋初)에 이르는 가문 문화의 연원을 보여준다. 그들은 대대로 경사(經史)·시서(詩書)·예의(禮儀)를 전승하였고 송대에 크게 번성했다. 이들은 가문 외의 학생들도 모집하여 충효(忠孝)를 가르쳐 사회 풍기를 순화했으며 여러 대에 걸쳐 과거 급제자를 배출하였는데, 이들 역시도 관직 사회와 분리할 수 없는 관계가 있었음을 알 수 있다.

③ 지역 문화와 관련된 서원은 남송 시기에 새로 창설된 약 167개소 서원을 예시로 들 수 있다. 이들은 주로 강소·절강·강서·복건·호남 등지에 집중되어 있으며 뚜렷한 지역적 특색을 지니고 있었다. 이런 서원들은 씨족에 구애받지 않고 각자 다른 이학 대사의 종지를 계승하거나 고향의 선현과 명사들을 기리기 위해 창설되었다. 일부는 서원의 창립자를 기리기도 하였는데 백록동서원은 이발, 석고서원은 이관, 수양서원은 척동문에게 제사 지내며 서원 창립자를 기렸다.

학문적 유파나 설립 배경과 무관하게, 서원은 학문을 전수하고 교육을 확장하면서 도학 전승과 인격 도야를 강조했다. 그와 동시에 학자들과 가족 구성원들이 과거 시험을 통해 관직에 나아가 국가에 헌신할 것 또한 독려했다. 이는 서원이 발전하기 위해서는 조정에 의존할 수밖에 없음을 인정하고 상호 관계를 중요하게 여겼다는 것을 보여준다.

4. 서원 교육의 백성 교화 및 사회 순화 차원에서의 효과

당대 소종 대순 원년(890)에 진숭(陳崇)이 창립한 '동가서당'[후에 확장되어 동가서원으로 개칭됨]은 당시 「의문가법삼십삼조」를 기록했다. 이 기록은 당시 지켜야 할 사회 규범 등을 보여준다. 후대의 유학자들 역시 비슷한 생각을 지니고 있었다. 호원·손복·석개·구양수·범중엄 등은 전통적 중국 문화를 재건하고 성현의 학설을 부흥시켜야 한다는 사명 의식을 가지고 있었다. 그들은 삼대의 '도'를 멀리 계승하고 '백성을 교화하는 근본[生民建敎之

체'을 구하며 '문예의 쇠퇴를 구제'하고자 했다. 그들은 유가의 문화정신을 정치·사회·학술 그리고 사람들의 마음에 다시 주입하여 '경전의 뜻을 새롭게 알리고[創通經義]'·'정령을 혁신하여[革新政令]' 내성외왕의 이상을 실현하고자 했다.

천성 5년(1027), 범중엄이 응천부서원을 관리하면서 서원을 위한 일련의 교육 과정과 관리 규칙을 만들었다. 범중엄은 평소 부지런히 학습을 감독하고, 몸소 규칙을 실천하였다. 당시 사대부들은 세상을 바로잡고자 하였으며, 동시에 스스로 엄격하고 덕성을 숭상하는 절개를 가지고 있었다. 이는 바로 범중엄의 주도적 언행에서 비롯된 것으로, 이로 인해 점차 새로운 학풍이 수립되기에 이른다. 「남경서원제명기(南京書院題名記)」에 따르면 이 서원의 기본 과정은 유가의 경전인 『시(詩)』, 『서(書)』, 『예(禮)』, 『역(易)』, 『악(樂)』 및 『춘추(春秋)』를 포함하며, '국가를 잘 다스리려면 인재를 기르는 것이 가장 중요하고, 인재를 기르는 방법은 학습을 권면하는 것에서 시작하며, 학습을 권장하는 데 있어서는 경전을 숭상함이 가장 중요하다[夫善國者, 莫先育才, 育才之方, 莫先勸學, 勸學之要, 莫尚宗經]'는 관점을 강조한 것에 해당한다. 원생들은 각기 다른 전문 분야에 따라 다양한 분과에 입학하며, 그 교육 과정은 학문을 실제로 적용하는 것을 주장하는 한편 현장 조사도 장려하였다. 이를 두고 이른바 '명체달용(明體達用)'이라 한다.

북송의 장재는 "천지를 위해 마음을 세우고 백성을 위해 명(命)을 세우며 과거의 성인을 위해 끊어진 학문을 계승하고, 만세(萬世)를 위해 태평(太平)을 연다."[74]고 말했다. 이 글귀는 그들[북송 이학자]의 공통적인 관심과 이상을 대표할 수 있다. 그들이 중국 문화의 새로운 장을 다시 쓰면서 국가 정치의 현실적 측면에 관심을 기울였을 뿐만 아니라, 이를 초월하여 온 백성과 후손을 위해 중국인들만의 삶의 철학을 수립하고자 했다. 그들은 천도의 운행·우주의 존재 모두가 끊임없이 생성되어 멈추지 않는[生生不已] 것이 지극한 선

---

74) "爲天地立心, 爲生民立命, 爲往聖繼絶學, 爲萬世開太平."

의 흐름, 즉 바로 강건하여 쉬지 않는 실리대도(實理大道) 임을 보여주고자 했다.

남송의 주희는 백록동서원을 위해 「백록동서원게시」와 「백록동서원교조」를 제정하였는데, 이는 당시는 물론 후대 교육계에도 큰 영향을 미쳤다. 그는 부자·군신·부부·장유·붕우 등 오륜(五倫)의 인간관계를 강조했고, 박학(博學)·심문(審問)·신사(愼思)·명변(明辨)·독행(篤行)을 학문을 위한 다음 단계로 명시했다. 또한 학생들에게 수신(修身)·처사(處事)·접물(接物)의 요점을 가르쳤다. 주희가 규정한 서원 교육의 종지와 내용은 조리 있는 방식으로 열거되었기 때문에 구체적이고 함의가 깊고 정밀하였고, 후대 서원 제도의 모범이 되었다. 이 외에 그는 석고서원을 위해 글을 지어 학생들에게 과거와 공명에 흔들리지 말고 의로움과 이익을 잘 분별하여 '위기지학(爲己之學)'에 뜻을 둘 것을 당부했다.

송대 서원 교육은 타인에 의지하지 않는 유능한 군자를 양성하여 국가와 사회 및 후대 자손을 오랫동안 번영시키는 데 목적이 있다. 이런 목적 때문에 서원 교육은 학문을 갈고닦고 사회에 묵묵히 봉사하는 마음을 가지도록 하며 백성들의 자질을 향상하고 사회 풍속을 순화하는 기능을 가지고 있었다. 이는 민간 서원이 관방을 대신하여 문화 교육 측면에서 사회에 크게 공헌한 것으로 볼 수 있다.

5. 서원의 학술 수준 제고 및 학문적 소통 촉진

이학자들이 서원을 자신의 학설을 전파하는 중요한 거점으로 삼으면서 다양한 학파들이 생겨났다. 이렇게 탄생한 학파들 사이서는 여러 가지 주제로 서로 논쟁을 벌이기도 했지만, 이와 동시에 서원의 선생들이 서로의 서원으로 이동하는 일도 있었다. 당대 이름난 유학자나 여러 학파의 대표 인물들은 경력이나 나이 제한 없이 모두 초청받아 강학할 수 있었다.

예컨대 응천부서원에서는 북송 시기 안수(晏殊)·손복(孫復)·호원(胡瑗) 등 서로 다른 학파의 학자들이 강학했다. 이들은 각자 다른 정치적 주장을 가지고 논변하였는데 이 덕분에 학술 교류의 분위기가 매우 활발했다. 백록동서원에서는 주희가 자신과 다른 학파이자 남송 이학의 또 다른 대표자인 여조겸에게 복원 작업을 위한 기록을 요청하며 학식을 교류했다. 주희 본인 또한 「백록동서원학규」를 저술하고 직접 강의하여 학생들과 질의를 주고받고 토론하였다. 1180년 음력 3월, 서원이 재건되자 이학의 또 다른 대표적 인물인 육구연이 주희의 요청으로 금계에서 백록동서원을 방문해 강학했다. 훗날 백록동서원에서 학계에서 자주 이야기되는 '백록동지회'도 개최되었다. 악록서원에서는 건도 3년(1167), 주희가 서원을 방문해 장식과 학문을 논하였다. 이 사건이 바로 유명한 '주장회강'이다. 석고서원에서는 송 효종 순희 14년(1187), 이학 대사인 주희와 장식이 함께 강학했다. 문종서원에서는 남송 효종 순희 2년(1175), 주희·여조겸·육구령·육구연 등이 학문적으로 중요한 교류를 했는데, 이것이 바로 '아호지회'이다.

앞의 여러 사례를 통해 우리는 송대 학자들이 각자 자신의 학문적 이론을 세우는 데 그치지 않고 학파 사이의 교류에도 공들였음을 알 수 있다. 그리고 서원은 바로 다양한 학파들의 이론을 토론·논쟁·교류할 수 있는 장소였다. 이를 미루어 보아 서원은 이학이 널리 전파되는 데 중요한 기능을 했으며 중국 학술·문화 발전에도 크게 기여하였다는 사실을 알 수 있다.

【참고문헌】

一. 單行本著作

宋楊億,『武夷新集』(北京: 綫裝書局, 2004年), 收錄於『宋集珍臺叢刊』, 冊2.
宋范仲淹,『范文正公集』(臺北: 臺灣商務印書館),『四部叢刊』, 冊40.
宋范仲淹,『范文正公集』(北京: 綫裝書局, 2004年), 收錄於『宋集珍本叢刊』, 冊3.
宋朱熹,『朱文公文集』(內頁題名,『晦庵先生朱文公文集』)(臺北: 臺灣商務印書館)『四部叢刊本』, 冊53.
宋呂祖謙,『呂東萊先生文集』(臺北縣: 板橋, 1970年).
元馬端臨,『文獻通考』(臺北: 臺灣商務印書館, 1983年)『文淵閣四庫全書』, 冊611.
元脫脫,『宋史』(臺北: 鼎文書局), 冊13.
明陳邦瞻,『宋史紀事本末』(北京: 中華書局, 1997年), 收錄於中華書局編輯部,『歷代紀事本末』, 冊2.
清袁枚,『隨園隨筆』(臺北: 鼎文書局, 1978年).
蔡仁厚,『宋明理學 北宋篇』: 心體與性體義旨述引(臺北: 臺灣學生, 1982年).
蔡仁厚,『宋明理學 南宋篇』: 心體與性體義旨述引(臺北: 臺灣學生, 1983年).
王明蓀,『宋遼金元史』(臺北市: 眾文出版, 1986年).
李威熊,『中國經學發展史論』(臺北市: 文史哲出版社, 1988年).
孫培青,『中國教育史』(上海: 華東師範大學出版社, 1992年).
傅樂成,『中國通史』(臺北市: 大中國圖書公司, 1993年).
喬衛平,『中國遼金夏教育史』(北京: 人民出版社, 1994年).
古清美,『宋明理學概述』(臺北市: 臺灣書店, 1996年).
程光裕, 王吉林,『中國通史』(臺北市: 中國文化大學出版部, 2004年).
余英時,『宋明理學與政治文化』(臺北市: 允晨文化, 2004年).
苗書梅等點校,『宋會要輯稿 崇儒』(開封: 河南大學出版社, 2004年).
陳雯怡,『由官學到書院, 從制度與理念的互動看宋代教育的演變』(臺北: 聯經出版公司, 2004年).
戴逸, 龔書鐸主編,『中國通史』(臺北縣: 中和, 中經社, 2005年).
李兵,『書院與科舉關係研究』(武漢: 華中師範大學出版社, 2005年).
季嘯風,『中國書院辭典』(杭州: 浙江教育出版社, 1996年).

二, 期刊論文,
李才棟, 「書院的起源與宋代書院的發展」, 『華東師範大學學報』, 1985年 第3期. 頁85至88.
程 運, 「兩宋學校制度之分析」, 『政大學報』, 21期, 1971年. 頁85至110.
程 運, 「兩宋學術風氣之分析」, 『政大學報』, 21期, 1971年. 頁129至131.
羅智韋, 「救斯文之薄, 論北宋初年書院的教育目的」, 『人文社會科學研究, 教育類』, 第14卷, 第2期, 2020年6月. 頁55至73

三, 網路資料,
1, 許家銘, 「南宋書院的興盛與理學的發展」,
  *(教育雲, 教育大市集, https://market.cloud.edu.tw/resources/web/1661212##)
2, 百度百科, 2024.3.28.查詢
  https://baike.baidu.hk/item/%E9%B5%9D%E6%B9%96%E6%9B%B8%E9%99%A2
3, 百度百科, 2024.4.03.查詢
  https://baike.baidu.hk/item/%E8%8F%AF%E6%9E%97%E6%9B%B8%E9%99%A2/1122679
4, 中文百科, 2024.4.05.查詢
  https://www.newton.com.tw/wiki/%E7%BE%A9%E9%96%80%E6%9B%B8%E9%99%A2/12574334
5, 中文百科, 2024.4.10.查詢
  https://www.newton.com.tw/wiki/%E7%BE%A9%E9%96%80%E6%9B%B8%E9%99%A2/12574334
6, 中文百科, 2024.4.10.查詢
  https://www.newton.com.tw/wiki/%E7%BE%A9%E9%96%80%E6%9B%B8%E9%99%A2/12574334
7, 維基百科, 2024.3.23.查詢
  https://zh.wikipedia.org/zh-tw/%E7%99%BD%E9%B9%BF%E6%B4%9E%E4%B9%A6%E9%99%A2
8, Tripadvisor網站, 2024.3.23.查詢
  https://www.tripadvisor.com.tw/LocationPhotoDirectLink-g494935-d1855271-i35504443-Bailudong_Collage-Jiujiang_Jiangxi.html

서양 교회의 중국서원

등홍파(鄧洪波)

Ⅰ. 중국 교회서원 개황

교회서원은 서양 선교사들이 중국으로 유입된 이후에 출현하기 시작한 일종의 신형 서원이다. 선교사들과 서원의 관계는 충돌, 갈등에서 융합이라는 과정을 거친 바 있다. 양자 간에 일어난 최초의 접촉은 명대 말기로, 주이존(朱彝尊)의 『폭서정집(曝書亭集)』 44권에는 다음과 같은 기록이 있다.

> 천계(天啓) 초원년(初元年, 1621), 추충개(鄒忠介)와 풍공정(馮恭定)이 (북경의) 대옹시방(大雍時坊)에 수선서원(首善書院)을 건립하여 강학 장소로 삼았다. 2년 뒤, 어사(禦史) 예문환(倪文煥)이 이를 위학(僞學)이라고 비난하여 당해에 선성(先聖)의 위패를 파괴하고 당내 경전들을 불태웠으며, 비석을 넘어뜨렸다. 서양인 탕약망(湯若望, 아담 샬)은 그 나라의 법으로『대통력(大統曆)』의 차이를 증명하였다. 서광계(徐光啓)가 이를 독실히 믿어 서원을 역국(曆局)으로 삼아 그 가운데를 점거하였으며, 또한 천주당이라 개명하였으니 서원이 폐지되고 오히려 사당이 세워졌다.[1]

"오히려 사당을 세우다(逆祠)"라는 말은 일종의 원한이 담긴 표현이라 할

---

1) "天啓初元(1621), 鄒忠介, 馮恭定建首善書院於(北京)大雍時坊, 爲講學之所。二年, 禦史倪文煥詆爲僞學, 是歲毀先聖栗主, 燔經籍於堂中, 踣其碑。西洋人湯若望以其國中推步之法, 證『大統曆』之差, 徐宮保光啓篤信之, 借書院爲曆局, 踞其中, 更名天主堂, 書院廢而逆祠建矣."

수 있다. 초기 중국으로 건너온 선교사들은 중국 서원 및 그 문화적 효용에 대한 이해도가 거의 없었거니와, 더욱이 중국의 선비들이 서원을 서양 문명과 상대되는, 중화 문명의 상징 가운데 하나로 여기고 있었다는 사실도 전혀 알지 못했다. 이 때문에 중국 선비들에게 있어서 '모독'에 해당하는, 서원을 성당으로 바꾸는 행위가 출현하게 된 것이다. 이것이 선교사들이 부지불식간에 성당-서원 간의 상호 충돌을 야기한 일례라면, 다음의 기록은 곧 중국 선비들이 의도적으로 양자의 상호 대립을 조장하려 한 태도를 명확히 보여준다.

> 이학서원(理學書院)은 (연강현, 連江縣) 화룡가(化龍街) 서쪽에 있는데, 옹정(雍正) 원년(元年, 1723)에 지현(知縣) 소습례(蘇習禮)가 천주당(天主堂)을 개조하여 건립하였다.[2]
>
> 흥상서원(興庠書院)은 (복청현, 福清縣) 서쪽 모퉁이 대로에 있으며, 옛 천주당 터이다. 옹정 원년(1723) 개조하여 건립하였다.[3]

이는 이학을 통해 천주교에 맞서려는 강경한 행동을 보여주며, 같은 해 중-서 문화 교류 가운데 출현한 일련의 충돌 현상을 반영한다. 이러한 충돌로 말미암아 중국으로 건너온 선교사들은 점차 중국 서원에 대해 인식하고 이해할 수 있게 되었다. 이에 중국 대륙에서 이제껏 유례를 찾아볼 수 없었던 서양 선교사들에 의해 세워진 서원, 즉 '교회서원'이 창건되기 시작했다. 기록에 따르면, 명대 말기 항주 예수회 소속의 신도이자 사대부였던 양정균(楊廷筠)의 사택에 건설된 '건성서원(虔誠書院)'은 젊은 인재들을 양성하고 교회를 보호, 모든 사람들을 하나님께 이끌도록 격려하는 것을 주요 설립 목적으로 삼았으며,[4] 중국 최초의 '교회적' 요소를 지닌 서원으로 간주된다. 그

---

2) 乾隆『福建續志』卷二十.
3) 乾隆『福州府志』卷十一.
4) 黃新憲『基督教教育與中國社會變遷』(福州: 福建教育出版社, 1996), 頁39.

러나 이 서원은 중국 신도들에 의해 건립된 것이며, 또한 서양 선교사들이 개입한 바가 없기에 다만 교회적 요소를 지닌 서원이라고 칭해지기만 하고, 실제로는 교회 서원의 기원에 해당한다고 볼 수 있다.

'교회서원'의 발전은 중국 외부에서 본토로 확장되는 과정을 거쳤다. 서양 선교사가 설립한 최초의 서원은 마테오 리파(Matheo Ripa)가 건립한 문화서원(文華書院)이다. 마테오 리파는 이탈리아의 천주교 선교사로서, 청(淸) 강희(康熙) 49년(1710)에 중국으로 건너와 궁중 화가로 일하던 가운데 강희제의 신임을 받았다. 옹정 원년(1723), 마테오는 곡문요(穀文耀)를 비롯한 4명의 중국 청년들과 함께 귀국하였고, 이듬해 이탈리아에 도착했다. 8년간의 노력 끝에, 1732년(옹정 10년) 그는 로마 교황의 승인을 받아 이탈리아 현지에서의 유학을 원하는 중국인들을 위한 서원을 나폴리에 건립했다. 서원의 이름은 성가서원(聖家書院, Collegio dei Clnesi)이며, 성가수원(聖家修院) 혹은 중국학원(中國學院)이라 불리기도 하는데, 현지 사람들은 문화서원(文華書院)이라 불렀다. 당초 이 서원에서는 중국 학생만을 수용했으며, 그 목표는 선교사 양성이었다. 이후에는 동양에서 선교 활동을 하려는 서양인과 튀르키예인들 또한 수용하게 되었다. 서원 재정은 교회로부터 지원되었으며, 졸업생들에게는 학위가 수여되었다. 통계에 따르면, 서원 설립부터 동치(同治) 7년(1868)에 이탈리아 정부에 의해 압류될 때까지 대략 137년 동안 총 106명의 중국 학생들이 이곳에서 공부하였다. 따라서 이 곳은 초창기 유럽 유학생들을 위한 주요 교육기관이었다.[5]

청(淸) 가경(嘉慶) 12년(1807)에는 영국 런던 교회의 로버트 모리슨(Robert Morrison) 선교사가 중국으로 건너와 개신교의 동방 전도가 시작되었다. 그로부터 4년이 채 지나지 않은 1811년, 청 정부는 재차 서양 선교사들의 선교 금지 명령을 발포하였고, 모리슨 등은 남양(南洋)의 화교 밀집 지역으로 이동

---

5) 周穀平 『明淸之際來華耶穌會士與西方敎育的傳入』, 載 『華東師範大學學報』(敎科版), 1989年 第3期.

하여 기독교의 발전을 도모해야만 했다. 1818년(가경 23년), 모리슨은 런던 교회의 또 다른 선교사인 윌리엄 밀른(William Milne)과 협력하여 말라가에 영화서원(英華書院, Anglo-Chinese College) 및 인쇄소를 설립하였고, 『중영잡지(中英雜志)』를 발간하여 화교들에게 신약을 전파하였다. 모리슨은 선교의 일환으로 『한어어법(漢語語法)』, 『화영자전(華英字典)』, 『광동성토화자휘(廣東省土話字彙)』 등을 저술하였다. 1823년(도광 3년), 서원에서는 중역(中譯) 『성경(聖經)』 21권을 인쇄하기도 하였다. 1825년부터는 여학생도 모집하기 시작했다. 1839년 한학자 제임스 레게(James Legge)가 34년간 본 서원의 원장을 역임하였다. 그는 사서(四書)와 오경(五經)을 영문으로 번역, 〈The Chinese Classics〉라는 제목으로 총 28권을 1861년~1886년에 걸쳐 출판하였다. 이 외에도 『중국인관어신귀적개념(中國人關於神鬼的概念)』, 『공자적생평화학설(孔子的生平和學說)』, 『맹자적생평화학설(孟子的生平和學說)』, 『중국적종교: 유교화도교평술급기동기독교적비교(中國的宗教 : 儒教和道教評述及其同基督教的比較)』 등을 저술하였는데, 그야말로 상당한 영향력을 지닌 서양 한학자였다. 유가의 『사서』·『오경』과 기독교 『성경』의 번역 및 전파는 중-서 문화 교류에 있어 분명 지대한 공헌을 보여준다.

 1823년, 모리슨의 영화서원이 성공적으로 운영되고 있을 당시, 싱가포르에 있던 선교사도 싱가포르 서원(Institute of Singapore)을 설립하였는데, 여기에서는 화교 자제들을 원생으로 받았다. 1837년(도광 17년)에는 특별히 중국 아이들을 모집하는 학부를 특설하였으며, 당시 95명의 중국 학생들이 재학 중이었다. 1839년, 선교사들은 바타비아(Batavia)에 중국 서원(The Chinese Seminary)을 설립하여 중-서 문화 교류의 장으로 삼았다.[6]

 1840년, 아편 전쟁이 발발하고 식민주의자들은 대포와 전함으로 중국의 문호를 열었다. 잇따라 선교사들이 상업용 항구 및 인근 지역으로 진입하게

---

6) 王樹槐『基督教教育會及其出版事業』, 轉引自陳學恂『中國近代教育史教學參考資料』下冊, 頁97.

됨으로써 중국 본토에 점차 교회 서원이 생겨나기 시작했다. 가장 처음에는 도광 22년(1842) 모리슨이 홍콩에 서원을 건립하였고, 상술한 말라가 영화서원 또한 이듬해(1843) 홍콩으로 이거하였다. 이후, 교회 교육 사업의 일환으로, 교회 서원은 통상 항구를 통해 유입되어 중국 본토에서 발전의 과정을 보이기 시작하였다. 통계에 따르면,[7] 민국 시기에 이르기까지 중국 전역에 최소 97개소의 교회 서원이 있었다. 각 서원의 정황은 아래 표와 같이 정리하였다.

중국 교회서원 일람표

서원 명칭	지역	창건 시기	건립자&기관	비고
馬禮遜書院	香港	도광 22년(1842)	馬禮遜基金會	
英華書院	香港	도광 23년(1843)	英國倫敦會	1818년 말라가에 건립
聖保羅書院	香港中環鐵崗	도광 29년(1849)	英國聖公會	
聖保羅女書院	香港		聖保羅書院兼辦	
巴陵書院	香港馬禮遜山	함풍 원년(1851)	德國義信會郭士立	
維多利亞女書院	香港九龍	함풍 10년(1860)	英國聖公會	
中央書院 (皇仁書院)	香港	동치 원년(1862)	英國敎會	광서15년 皇後書院, 즉 빅토리아(維多利亞) 서원으로 개명, 이후 20년에 다시 皇仁書院으로 개명
西醫書院	香港	광서 13년(1887)	倫敦布道會	쑨원이 수학, 졸업한 서원
心光書院	香港 九龍土瓜灣	광서 23년(1897)	德國嘉迪堪會寶女士	여성 맹인들만 전문적으로 교육

---

7) 參見, 『近代來華外國人名辭典』, 北京: 中國社會科學出版社, 1981; 陳學恂, 『中國近代敎育史參考資料』, 北京: 人民敎育出版社, 1986; [美]傑西・格盧茨, 『中國敎會大學史』, 杭州: 浙江敎育出版社, 1987; 『香港敎育手冊』, 1988; 『基督敎敎育與中國社會變遷』, 福州: 福建敎育出版社, 1996; 劉海峰等, 『福建敎育史』, 福州: 福建人民出版社, 1996; 季嘯風, 『中國書院辭典』, 杭州: 浙江敎育出版社, 1996.

서원 명칭	지역	창건 시기	건립자&기관	비고
嘉諾撒聖心書院	澳門	함풍 10년(1860)	意大利嘉諾撒仁愛修會	
拔萃女書院	澳門	함풍 10년(1860)	英國聖公會	
嘉諾撒聖芳濟書院	澳門	동치 8년(1869)	意大利嘉諾撒仁愛修會	
聖約瑟書院	澳門	광서 원년(1875)	天主教會	
聖瑪利書院	澳門	광서 26년(1900)	意大利嘉諾撒仁愛修會	
聖保羅女書院	澳門	1914	英國聖公會	
英皇書院	澳門	1926	英國教士莫理士	
聖嘉勒女書院	澳門	1927	加拿大天主教會	
瑪利諾書院	澳門	1927	美國教士瑪利諾	
喇沙書院	澳門	1932	天主教喇沙會	
眞光書院	廣州	함풍 원년(1851)	北美長老會夏禮	여성만 모집
英華書院	廣州	함풍 2년(1852)	美傳教士何伯林	
致格書院	廣州沙基	광서 13년(1887)	美國長老會哈巴安德	
培正書院	廣州	광서 16년(1890)	美國南部浸信會	
明心書院	廣州芳村	광서 17년(1891)	美國長老會賴馬女士	여자 아이만 모집
聖心書院	廣州	광서 말년		
理學堂大書院	台灣淡水	광서 8년(1882)	加拿大海外宣教會馬偕	
英華書院	廈門	도광 30년(1850)	倫敦會施敦力	
尋源書院	廈門	광서 6년(1880)	美國歸正會	
培元書院	福建莆田	광서 4년(1878)		
保羅福音書院	福州	함풍 2년(1852)		
潞河書院	福州	함풍 3년(1853)	美國教士盧公明	
格致書院	福州	함풍 3년(1853)	美國公理會	
福音書院	福州	동치 10년(1871)	美國美以美會武林吉	
培元書院	福州	동치 10년(1871)	美國美以美會武林吉	
廣學書院	福州	광서 4년(1878)		
鶴齡英華書院	福州	광서 7년(1881)	美國美以美會麥利和	
聖馬可書院	福州		美國聖公會	
英華書院	福州		美國聖公會	
三一書院	福州		美國聖公會	산 마르코와 영화서원이 병합
聖學書院	福州			

서양 교회의 중국서원 383

서원 명칭	지역	창건 시기	건립자&기관	비고
眞學書院	福州			
華英斐迪書院	寧波	동치 3년(1864)	英國偕我公會	
三一書院	寧波	광서 2년(1876)	英國安立甘會霍約瑟	
養正書院	寧波	광서 6년(1880)	美國浸禮會衛克斯	
長老會書院	寧波	광서 6년(1880)	美國長老會	
崇信書院	寧波	광서 7년(1881)	美國長老會麥嘉狄	
華英書院	寧波	광서 19년(1893)	英國基督敎會華伊萊沙白	
聖道公會書院	寧波	청대 말기	英國聖道公會	
虔誠書院	杭州	명대 말기	耶穌會敎士楊廷筠	
育英書院	杭州	동치 6년(1867)	美國長老會	
淸心書院	上海	도광 30년(1850)	美國北長老會範約翰	
聖芳濟書院	上海	동치 2년(1863)		
培雅書院	上海	동치 4년(1865)	美國聖公會	이후 산 호세 서원(聖約翰書院)으로 편입
度恩書院	上海	동치 5년(1866)	美國聖公會	이후 산 호세서원으로 편입
聖約翰書院	上海	광서 5년(1879)	美國聖公會施約瑟	
中西書院	上海昆山路	광서 7년(1881)	美國監理會林樂知	
聖馬利亞女書院	上海	광서 7년(1881)		
麥倫書院	上海	광서 말기	英國倫敦會	
存養書院	蘇州十全街	동치 10년(1871)	美國監理會曹之實	
博習書院	蘇州天賜莊	광서 5년(1879)	美國監理會林樂知	
中西書院	蘇州宮巷	광서 20년(1894)	美國監理會孫樂文	
秀州書院	嘉興	광서 말년		
彙文書院	南京幹幹河	광서 14년(1888)	美國美以美會傅羅	이후 굉육서원과 병합되어 금릉대학(金陵大學)으로 발전
基督書院	南京鼓樓	광서 17년(1891)	美國基督會美在中	이후 굉육서원에 편입됨
益智書院	南京戶部街	광서 20년(1894)	美國長老會	이후 굉육서원에 편입됨
宏育書院	南京	광서 32년(1906)	美國傳敎士	이후 휘문서원과 병합하여 금릉대학으로 발전

서원 명칭	지역	창건 시기	건립자&기관	비고
德華書院	靑島	광서 24년(1898)	德國路德會昆祚	
禮賢書院	靑島	광서 27년(1901)	德國同善會衛禮賢	
登州書院	山東 登州	동치 3년(1864)	美國長老會狄考文	
廣德書院	山東 靑州	광서 20년(1894)	英國浸禮會庫壽齡	
郭羅培眞書院	山東 靑州	광서 11년(1885)	英國浸禮會	
廣文書院	山東 濰縣	광서 30년(1904)	美英兩差會	등주서원, 광덕서원이 병합되어 이루어짐
文美書院	山東 濰縣	광서 9년(1883)	美國長老會狄樂播	
文華書院	山東 濰縣	광서 21년(1895)	美國長老會狄樂播	여성만 모집
新學書院	天津	광서 28년(1902)	英國倫敦會赫立德	
中西書院	天津	광서 말년		
潞河書院	通州	동치 6년(1867)	英國公理會裴戴德	
瞽目書院	北京	동치 9년(1870)	英國長老會莫偉良	
彙文書院	北京	동치 10년(1871)	美國美以美會	
慕貞書院	北京	동치 11년(1872)	美國美以美會	
懷理書院	北京東城	광서 11년(1885)	美國美以美會	이후 북경휘문(北京彙文)으로 개명
北京彙文書院	北京東城	광서 14년(1888)	美國美以美會	
協和書院	北京	청대 말기		
文會書院	瀋陽	광서 말기		
培文書院	開封	청대 말기	西方敎會	
同文書院	九江	광서 7년(1881)	美國美以美會庫思非	
南偉烈書院	九江	청대 말기		
博文書院	九江	청대 말기		
文華書院	武昌	동치 10년(1871)	美國聖公會	
博文書院	武昌	광서 11년(1885)	英國循道公會	
訓女書院	漢口	광서 22년(1896)	英國循道公會	
博學書院	漢口	광서 25년(1899)	英國倫敦會楊格非	
湖濱書院	湖南嶽州	광서 29년(1903)	美國複初會海維禮	
路德書院	湖南益陽	청대 말기	瑞典差會	
辣丁書院	南寧	광서 26년(1900)	法國天主敎羅思思	
法中文書院	南寧	광서 28년(1902)	巴黎外方傳敎會	
辣丁書院	廣西 桂平白沙圩	1929年	法國天主敎會	
公義書院	重慶	청대 말기	法國傳敎士古洛東	

이상 97개소의 교회서원은 중국 홍콩(香港), 마카오(澳門), 광주(廣州), 담수(淡水), 하문(廈門), 보전(莆田), 복주(福州), 영파(寧波), 항주(杭州), 상해(上海), 소주(蘇州), 남경(南京), 가흥(嘉興), 청도(靑島), 등주(登州), 유현(濰縣), 청주(靑州), 천진(天津), 통주(通州), 북경(北京), 심양(瀋陽), 개봉(開封), 구강(九江), 무창(武昌), 한구(漢口), 악주(嶽州), 익양(益陽), 남녕(南寧), 규평(桂平), 중경(重慶) 등 30개 도시에 분포되어 있었다. 가장 많은 1~6위권은 복주, 마카오, 홍콩, 상해, 영파, 광주였으며, 각각 12, 10, 9, 8, 7, 6개소가 있었다. 창건 연대를 통계로 보면, 명대 말기 1개소, 청 도광 연간 5개소, 함풍 연간 10개소, 동치 연간 15개소, 광서 연간 48개소, 청대(연대 미상) 12개소, 민국 시기 6개소이다. 가장 많은 것은 광서 연간으로, 전체 수의 과반 이상을 차지한다. 각 교회의 소속 국가 기준으로 통계를 살펴보면, 영국, 독일, 프랑스, 미국, 캐나다, 스웨덴, 이탈리아 등 7개국이며, 각국에서 건립한 서원은 각기 23, 4, 4, 42, 2, 1, 3개소이다. 건립 국가가 명확하지 않은 서원은 17개소가 있었으며, 또 영국-미국 교회가 공동으로 건립한 서원도 1개소 존재했다. 그 가운데 미국 교회에서 설립된 것이 43.29%, 영국이 23.71%의 비율을 점유하고 있다. 이로 보건대, 미국이 후발주자로서 영국을 훨씬 앞서게 되어 중국 교회서원의 주요 설립 국가가 되었다.

II. 서양 교회서원의 발전 과정과 단계적 특징

중국 본토의 교회서원의 발전은 약 70여 년의 세월에 걸쳐 이루어졌다. 그 단계적 특징에 근거하여 보면, 제2차 아편전쟁과 서원개제령 발포를 기준점으로 삼아 대략 세 시기로 나눌 수 있다.

두 차례 아편 전쟁 사이, 즉 도광~함풍 연간(1842~1861)이 제1시기로 약 20여 년이다. 『남경조약(南京條約)』이 시행된 이후 선교사들은 "나라 안의 나라"가 된 개항장으로 진입하여 선교 활동을 펼칠 수 있었다. 그러나 청 정부가 발

포함 선교사 선교 금지령은 여전히 유효하였다. 금지령이 가져다주는 위협 때문에 선교사들의 활동은 그리 활발할 수 없었는데, 이 시기 겨우 15개소의 교회서원만이 건립되었다는 것이 그 방증이다. 그 가운데 저명한 서원으로는 3개소가 있다. 우선 1850년 런던회 선교사 알렉산더 스토막(Alexander Stomach)이 하문에 건립한 영화서원(Anglo-Chinese Boarding School)이다. 이곳은 중·소학교 사이 규모의 학교였다. 이듬해, 미국 북장로회 여성 성직자 하례(夏禮)가 마카오에 설립된 여숙(女塾)을 광주로 이전, 진광서원(真光書院)으로 개명하여 여아들만 특별 모집하여 교육하였다. 같은 해, 독일 신의회의 성직자 곽사립(郭士立)은 홍콩 모리슨산에 파릉서원을 건립하였으며, 여기에서도 여성만을 모집하여 특별 교육을 시행하였다.

이 시기 건립된 서원은 총 15개소로, 홍콩(5), 마카오(2), 광주(2), 하문(1), 복주(3), 영파(1), 상해(1) 총 7개 도시에서 건립이 이루어졌다. 이들 서원의 공통점을 꼽자면 수준이 비교적 낮고 규모 또한 작았기에, 영향력이 그리 크지 않았다는 점이다. 게다가 전체 수량 또한 적었기에 이 시기 교회서원은 이제 발걸음을 떼기 시작한 초보적 단계로 볼 수밖에 없을 것이다. 어쩌면 다음 발전 단계로 나아가는 데 있어 준비 단계로 볼 수도 있을 것이다. 비록 이렇긴 하지만, 여성을 입학시킨 사례는 전통적으로 남존여비 사회였던 중국에 적지 않은 충격을 준 것으로 주목된다. 따라서 이는 케케묵은 폐쇄적 사회에 일련의 새로운 바람을 불러온 것이라 볼 수 있다.

둘째 시기는 제2차 아편전쟁의 패배로 말미암아 불평등 조약이 개시된 이후에서 1900년까지, 즉 동치~광서 26년(1900)까지로 대략 40여 년의 시간이다. 이 시기는 교회서원의 부흥기라 할 수 있다. 함풍 10년(1860), 제2차 아편전쟁은 중국의 패배로 끝났다. 이에 청은 서양 열강과 『천진조약(天津條約)』, 『북경조약(北京條約)』 등 조약을 체결할 수밖에 없었다. 조약 내용에는 외국인이 중국 본토에서 자유롭게 선교 활동을 할 수 있으며, 교회 재산 및 성당을 반환하라는 등의 조항이 포함되어 있었다. 이는 중국 정부가 교회에 대해 더 이상 통제력을 발휘할 수 없게 됨을 의미했다. 선교사들은 이러한 외국의 침략자들이 중국에 강요한 불평등 조약의 비호를 이용, 재빠르게 연안의 몇몇 항구를 통해 내륙으로 진출하였다. 교회 서원의 경우에도 본래 광주, 하문 등지에서 담수(淡水), 보전(莆田), 항주(杭州), 소주(蘇州), 남경(南京), 구강(九江), 무창(武昌), 한구(漢口), 익양(益陽), 등주(登州), 청주(靑州), 통주(通州), 북경(北京), 심양(沈陽), 개봉(開封), 남녕(南寧), 중경(重慶) 등지로 확장 발전하였다. 이 시기 새로 건립된 서원은 50개소로, 이전 시기에 비해 3배 이상 증가하였을 뿐만 아니라 비교적 빠른 속도로 발전을 이루었다.

교회 서원의 발전은 그 교육 내용에 있어 일부가 양무파·유신파 등 관료들과 새로운 지식을 추구하는 중국 지식인들의 환영을 받은 것으로 이루어져 있었다. 이에 그 이미지가 부분적으로 변화한 덕택에 예전과 같이 적대시 되지만은 않았다. 상해 중서서원(中西書院)의 임악지(林樂知) 등이 강남제조국(江南制造局)의 번역, 편집을 맡은 『서국근사휘편(西國近事彙編)』, 『만국공보(萬國公報)』 등이 당시 중국 관료들이 '신학(新學)' 지식을 얻는 주요 원천이 되었고, 등주서원(登州書院, 문회관(文會館))의 캘빈 마티어(Calvin Wilson Mateer, 狄考文)가 편찬한 『대수비지(代數備旨)』, 『형학비지(形學備旨)』(기하학), 『진흥실학기(振興實學記)』 및 그의 연임자 왓슨 하예스(Watson Mcmillen Hayes, 赫士)가 편찬한 『대수표(對數表)』, 『성학게요(聲學揭要)』, 『열학게요(熱學揭要)』, 『광학게요(光學揭要)』, 『천문초계(天文初階)』, 『천문게요(天文揭要)』, 『시비학체요(是非學體要)』(논리학) 등 학과의 교육서는 각 지역 서원 및 일부 신설 학당의 환영을 받아 널리 발행된 바 있다. 소주(蘇州) 박습서원(博習書院)의 반신문(潘愼文)이 번역한 대수학, 기하학 서적 또한 각 지역에서 광범위하게 채택, 활용되었다.

과학의 전파는 교회 서원이 환영받고 또 발전될 수 있었던 이유 가운데 하나였다. 그러나 당시 선교사들은 일반적으로 과학은 "하나님께서 특별히 교회가 이단의 사악한 설들을 타개하도록 부여하신 도구이자 사람들이 신앙과 복음에 이르게 할 수 있는 수단"[8]이라 여겼다. 요컨대 교회서원이 과학을 전파한 목적은 궁극적으로는 기독교로 중국을 통치하는 데 있었다. 이로 인해 그 '환영'의 수준이 크게 감소했다. 왜냐하면 일반적인 중국 선비들에게 있어서, 서양 문자 또는 수학, 과학 지식을 배우기 위해 기독교에 굴복하는 것은 감당키 어려운 너무나 큰 대가였기 때문이다.

예컨대 장지동(張之洞)은 자신의 손자를 무창의 문화서원(文華書院, 또는 문씨학당[文氏學堂]이라고도 한다)에 입학시키고 경제적 지원 또한 제공할 것을 원했지만, 종교 예배에 참석하는 것은 원치 않았다. 이 때문에 그의 요구가 거절되어, 어쩔 수 없이 서원 입학을 그만둔 일례가 있다.[9] 교회 서원은 복음 전파를 제1목적 또는 주요 목적으로 삼고 있었기에, 중국인들의 보편적인 적대감을 근본적으로 변화시킬 수는 없었다. 당시 사람들은 여전히 교회 서원을 서양 식민주의의 중국 탄압의 화신 가운데 하나로 여겨 반대하였다. 따라서 식민주의 세력의 직접적인 보호 아래에 있었던 몇몇 중심 도시에서만 건립, 생존할 수 있었으며, 매년 1개소 건립 정도의 더딘 발전 추세를 보이고 있었다. 중국 인민들이 교회와 외국 침략자에 대한 불만이 의화단 운동이라는 형태로 격렬하게 폭발하던 당시, 이러한 더딘 발전마저 타격을 받기에 이른다. 예컨대 상해의 성요한서원(聖約翰書院), 항주의 육영서원(育英書院), 광주의 격치서원(格致書院) 등이 잇따라 폐교되었으며, 통주(通州)의 노하서원(潞河書院)은 분노한 인민들에 의해 불태워지고 말았다.[10]

교회서원이 크게 발전한 시기에는 그 단계적 특징이 비교적 뚜렷하게 나타난다. 이에 대하여 황신헌(黃新憲) 선생이 상당히 설득적인 개괄을 한 바 있다.[11] 대체적으로 말하자면 다음과 같은 몇 가지 특징이 주목할 만하다.

첫째, 교회서원의 모집 대상은 빈곤층 자녀로부터 점차 엘리트 계층으로 전환되었다. 초창기 교회 서원은 청빈한 가정 출신의 학생들을 대대적으로

---

8) 狄考文,『基督教會與教育的關係』, 載陳學恂『中國近代教育史教學參考資料』下冊, 頁1-12.
9)『中國教會大學史』頁41.
10)『中國教會大學史』頁86-87.
11) 黃新憲,『教會書院演變的階段性特征』, 載『湘潭大學學報』, 1996年 第6期. 又載其,『基督教教育與中國社會變遷』頁297-307. 이하 세 부분 모두 인용 발췌하여 정리.

모집하여 그들의 학비와 기타 비용을 면제해주었을 뿐만 아니라, 숙식, 의복, 서적 및 문구류도 모두 서원 측에서 제공하였다. 훗날 학생 수가 증가함에 따라, 대다수의 교회 서원은 더 이상 청빈 가정 자녀들의 교육 문제에 관심을 두지 않게 되었다. 그들은 교회가 중국에서 빈곤층을 위해 끊임없이 의무 학교를 운영할 필요가 없을 뿐만 아니라, 부유하고 총명한 중국인들이 먼저 하나님의 길에 들어 그들이 복음을 널리 전파하도록 해야 한다고 생각했다. 이러한 관점은 대표적으로 사회 전환기에 활동했던 교회 서원의 교육 대상의 뚜렷한 변천 양상을 반영한다. 아울러, 양무운동이 초래한 사회의 급격한 변화에 조응하고 중국에서 제대로 자리 잡기 위해 원생 양성 목표를 시의적절하게 조정, 서학에 정통하고 양무 활동에 능숙한 사람들을 양성하는 것을 강조한 것이다. 또한 서원이 더 이상 그저 '목자 양성소'에 불과한 장소가 아님을 주장하였다. 통계에 따르면, 무창의 문화서원은 1894년 이전 대략 20여 년 동안 300여 명의 학생이 졸업했지만, 그 가운데 교회의 일에 종사한 이는 15명 미만이었다. 분명 더 많은 졸업생들이 정치, 경제, 상업 등 각 분야에서 활약하는 것이 교회의 실질적 이익에 더욱 부합했을 것이다. 또한 교회서원은 대부분 연안의 통상항구에 위치해 있었기에, 현지의 양무 기관 또는 외국인이 관리하는 세관 또는 외국 상업회사 등의 시설과 밀접한 관련이 있었다. 졸업생들의 진로는 비교적 안정성이 있었는데, 관료 또는 부유한 유지들의 가정에게 있어 상당히 매력적이었다. 이에 그들이 분분히 자녀들을 서원에 입학시켰기에 일부 서원은 매년 문전성시를 이루었던 것으로 보인다. 예컨대 상해 중서서원의 경우, 처음에는 200명의 학생을 모집했지만 1882년 1월에 이르자 학생수는 330명에 이르렀다. 교사의 수용 한계로 인해 이 당시에도 여전히 많은 신청자들이 입학하지 못하는 실정이었다.

둘째, 교회서원의 교육 과정은 중국학·서학을 병행하였다. 그들은 중국의 전통을 존중하는 동시에 서학·서양 예술 등 서양 문화 및 과학 지식 교육 확장에도 진력하였다. 이렇듯 그들은 교과 과정 수립에 있어서 중·서학을 모두 중시함을 표방하였다. 일부는 학생들에게 공맹(孔孟)을 비롯한 경서를 숙독하고 중국 전통 문화를 이해하도록 요구하였으며, 또 일부는 학생들이 과거 시험에 대비할 수 있도록 첩괄·팔고·시책 등을 학습토록 장려하였다. 하지만, 교회서원은 당시 사회의 서학에 대한 수요에 조응하기 위해 교육 과정의 주요 부분은 중국학이 아닌 서학으로 설정하였다. 중국학 과정은 단 하나만 비준하였으며, 당시 중국학을 담당한 교사는 학생들에게 동홍선생(冬烘先生)이라고 놀림 받기도 했다. 당시 대부분 서원에는 근대 교과목 과정이 설치되었다. 복주(福州) 학령(鶴齡)의 영화서원(英華書院)의 경우, 수학, 대수학, 기하학, 전기학, 격물학 등의 과정을 개설하였다. 상해 중서서원은 수학계몽, 대수학, 피타고라스 법칙, 평삼각, 구면 삼각법, 화학, 중력학, 미분, 적분 등 교과목을 개설하였다. 어떤 서원의 경우 소형 천문관찰대, 격치방(格致房), 기기방(機器房) 등을 설치하여 학생들이 서학을 공부할 때 직접 실습해볼 수 있도록 하였다. 산동(山東) 등주서원(登州書院)에서는 물리, 화학 실험실과 기계 공장, 발전소, 천문대 등을 세웠다. 심지어 성 요한서원(聖約翰書院)에서는 거금을 들여 '격치루(格致樓)'를 설치했다. 또 교회 서원에서는 일반적으로 영어 교육 또한 매우 중시했다. 성 요한서원의 책임자였던 프란시스 포트(Francis H. Pott, 葡舫濟)는 성공회에 제출한 보고에서 다음과 같은 네 가지 장점을 나열한 바 있다.

(1) 중국인의 지혜를 증진시킬 수 있다.
(2) 중국인의 배타적 선입견을 해소할 수 있다.
(3) 동-서양의 이해를 촉진하고, 국제 무역을 확대할 수 있다.
(4) 중국인이 교회 학교에서 인재를 배양하고 사회에 봉사하는 목적을 이해할 수 있도록 한다.

1896년 이전에는 성 요한서원에서 의학과 신학에 포함된 모든 과목과 문과 및 이과의 자연과학 과목을 영어로 강의해야 했으며, 학생들 또한 교실 안팎에서 모두 영어를 사용해야만 했다. 상해 중서서원은 학생들이 입학한 이듬해부터 영어 강화 교육 이수를 시행했다. 이 외에도, 교회 서원은 예술 교육을 중시, 악기 학습을 통해 심신을 도야하고 문화적 소양을 향상시키도록 하였다. 교회 서원의 책임자는 관료, 유지들을 끌어들이고 그들의 호감을 얻기 위하여 종종 그들의 교과목 과정 수립이 단순히 서학 전수에 그치는 것이 아니라 중-서양을 결합한 완벽한 체계라고 주장하였다. 실제로, 교과목 과정의 비율이나 수업 시간 할당에 있어서 중국학의 규모는 서학에 전혀 비견되지 못했지만, 이러한 선전은 분명 교회 서원이 중국 전통 문화에 적응하고 있었음을 방증한다.

셋째, 교회서원의 교육 형식은 기본적으로 당시 서양 학교의 형식을 채용하였다. 교회 서원은 당시 서양 각국 학교의 교과목 형식을 참조하여 교육 단계를 명시하여 쉬운 단계부터 점차 난이도를 높이는 형식으로 그 단계적 진전을 성취하도록 하였다. 성 요한서원에서는 정관(正館)/비관(備館) 두 등급으로 나누었는데, 정관은 정과(正科), 또는 특반(特班)이라고도 칭했다. 비관(備館)은 예과(預科)였다. 학제는 공통적으로 4년이었다. 중서서원(中西書院)에서는 미국식 교육 제도를 참조하여, 짜임새있는 3등급 교육 시스템(초급·중급·고급)을 운용하였으며 총 학습 연한은 8년이었다. 학생들은 아래에서 위로 등급을 높이는 방식으로 진학하였다. 등급을 구분하여 교육하는 방식은 과거 중국에서도 이미 몇몇 소수 서원에서 시행한 바 있으나, 4년/8년과 같은 학제는 존재한 적이 없었다. 그리고 대다수 교회 서원에서는 이러한 학급 수업제(班級授課制)를 시행하였다. 이는 중국인들로 이루어진 구식 서원에서는 매우 보기 드문 것이었으므로, 분명 전통 서원의 교육 방식에 대하여 일련의 갈등을 야기할 수 있었다.

제3시기는 광서 27년(1901)부터 민국 초년, 즉 20세기 초 10여 년간의 세월에 해당한다. 이 시기는 교회 서원의 개혁 또는 제도 개혁기이다. 이 시기 이전 중국 전통 서원의 개혁이 이미 진행되기 시작하였다. 무술변법 당시 광서제는 서원을 각급 신식 학당으로 개조하라는 명령을 하달하였다. 비록 유신 운동이 실패하고 개혁은 좌절되었지만, 이로부터 4년이 채 지나기 전에 서태후가 재차 서원을 학당으로 개조하라는 명령을 내렸고, 임인계묘(壬寅癸卯, 1902-1903) 학제를 확립하였다. 이에 약 1300년의 역사를 가진 중국 고대 서원이 근대 학당으로 전환, 고대로부터 근·현대로의 도약이 이루어졌다. 이 영향으로, 교회에서는 이 기간 동안 상해에 맥륜서원(麥倫書院, Medhurst College), 천진의 신학서원(新學書院, Tientsin Anglo-Chinese College), 중서서원(中西書院), 유현(濰縣)의 광문서원(廣文書院, Shantung Union College), 악주(嶽州) 호빈서원(湖濱書院) 등 소수 몇몇 서원만을 건립할 수 있었다. 그 가운데 광문서원은 미국 장로회의 등주서원과 영국 침례회의 영광덕서원(英廣德書院)이 합병하여 이루어진 것으로, 또한 광대대학(廣大大學)/산동연합대학(山東聯合大學)이라 부르기도 한다. 대다수 이전에 건립된 서원들 또한 전국의 모든 서원과 더불어 개혁 단계에 진입하게 된다. 예를 들어, 광주 격치서원은 광서 29년(1903)에 영남학당(嶺南學堂)으로 개조되었으며, 1926년 영남대학(嶺南大學)으로 개명한다. 상해에서는 광서 31년(1905) 미국 성공회에 소속된 성 요한서원, 베어드서원(Baird Hall), 던서원(Duane Hall)을 성 요한 대학으로 통합하였다. 남경에서는 광서 32년(1906) 미국 기독회의 기독서원(基督書院)과 장로회의 익지서원(益智書院)을 굉육서원(宏育書院)으로 합병하였고, 선통(宣統) 2년(1910)에 굉육서원이 재차 감리교의 휘문서원과 연합하여 금릉대학이 건립되었다. 상술한 산동 유현의 광문서원의 경우, 광서 31년(1905) 청주(青州) 곽라(郭羅) 배진서원(培眞書院) 및 제남(濟南) 공화(共和) 의 도학당(醫道學堂)과 연합, 산동신교대학(山東新教大學)으로 개칭하였다. 선통 원년(1909)에는 산동기독교대학(山東基督教大學)으로 개명하였으며, 1931년에 이르러 제로대학(齊魯大學)으로 개명하였다. 비록 20세기 20-30년대에 이르기까지도 개명되지 않은 서원도 있긴 하지만, 통계에 따르면 민국 기간 동안 교회에서 건립한 서원은 고작 6개소에 그친다. 이는 중국 서원을 모방하여(또는 중국 士人들과 영합하기 위하여) 생겨난 교회 서원이 중국 서원사의 종결과 더불어 스스로의 진로 또한 마침표를 찍게 되었음을 의미한다.

III. 서양 교회서원의 중국에 대한 영향

교회 서원은 교회가 중국에서 복음을 원활히 전파하기 위해 건립한 교육기구이다. 이곳에서는 당시 서양에서 통용되던 학교, 학원, 대학과 같은 명칭을 사용하지 않고, 당시 중국에서 통용되던 '서원'이라는 이름을 사용했다. 이는 앞서 말했듯 명대 말기 이후 서양 선교사들이 중국 문화를 인지, 이해하고 그것을 받아들인 결과의 소산이다. 중국에 복음을 전파하기 위하여, 선교사들은 서원에서 중문과 한어를 사용하여 선교하고, 교육하는 것을 중시했다. 산동 등주서원의 창시자이자 미국 선교사였던 캘빈 마티어는 1890년에 이루어진 중국 선교사 대회에서 이에 대해 특별히 논의한 바 있다.[12] 중국어와 문자로 선교하여야 한다는 요구는 중국으로 건너온 선교사들로 하여금 우선 반드시 중국 문화부터 학습하도록 만든 것이다. 이러한 학습의 과정은 사실상 일종의 문화적 교류였다. 선교사들이 서원에서 중국 신도들 또는 학생들을 가르치는 과정에서, 선교사는 중-서양 문화를 연결하는 연결고리 역할을 수행했다. 이 때문에 교회 서원 또한 명실상부한 중-서양 문화 융합의 실체로 작용하였을 뿐만 아니라, 서양 문명의 주요 정신을 대표하는 기독교 교리와 동양 문명의 주체 정신을 반영하는 유가 사상이 이곳에서 상호 교섭, 충돌, 융합하였고, 이로부터 근대 중국이 서학을 흡수하는 주요 장소로 자리하게 된 것이다. 이는 중-서양 문화 교류, 특히 서학동점(西學東漸)에 중요한 공헌을 하였다.

교회 서원의 문화적 효용을 말하자면 우선 그것이 서양 식민주의자들의 침탈의 산물이자 서양의 중국 침탈을 통한 이익 활동에 기여하였다는 것이다. 나아가 침략 세력의 보호 하에 중국의 기독교화라는 구호를 표방하는 '문화 침략'을 반영하고 있다는 사실을 인지해야만 한다. 이는 상술한 그 발

---

12) 狄考文, 『如何使教育工作最有效地在中國推進基督教事業』, 載陳學恂, 『中國近代教育史教學參考資料』下冊, 頁12-15를 참고하라.

전사를 통해 충분히 알 수 있다. 바로 이것이 당시 선교사들의 주관적인 바람이자 교회 서원의 존재 목적이었다. 문화 교류의 추세라는 관점에서 볼 때, 그것은 매우 불온하고, 부정적이다.

물론 이는 현상의 한 측면일 뿐이다. 시각을 달리 해서, 즉 객관적으로 보면 교회 서원은 또한 중국 문화 발전에 공헌한 바도 있다. 요약컨대 적어도 다음과 같은 몇 가지 측면을 짚어볼 수 있겠다.

첫째, 교회 서원은 근대 서양 과학 지식을 교과목 과정에 편입시켰는데, 이는 근대 중국에 과학 기술을 전파하는 주요 거점으로 작용하였다. 예컨대 중등 교육에 속했던 복주(福州) 학령(鶴齡) 영화서원(英華書院)의 교과목 과정을 보면, 중/영문『성경』및 중/서 문학, 역사에 관한 내용 외에도 수학, 대수학, 기하학, 신체학, 체조, 격물학, 전기학 등이 있었다.[13] 고등 교육에 속한 상해 중서서원의 경우, 감원 임악지(林樂知)가 제정한『과정규조(課程規條)』에 근대 과학 지식에 관련된 수학계몽(數學啟蒙), 대수학, 피타고라스 법칙, 평삼각, 구면 삼각법, 화학, 중력학, 미분, 적분, 항해측량, 천문측량, 지리학, 금석류고(金石類考, 금석학·광물학) 등의 교과목이 포함되어 있었다.

둘째, 교회 서원은 여타 교회 학교와 더불어 중국 학교에서 가장 먼저 과학 교육을 실시한 기관 중 하나였다. 이들은 비교적 잘 갖춰진 과학 교재를 편찬하였을 뿐만 아니라 과학 실험실과 부속 공장 등의 설립, 근대 중국의 과학 교육 사업에도 상당한 경험을 제공하였다. 예컨대 캘빈 마티어는 산동 등주서원에서『대구비지(代數備旨)』,『형학비지(形學備旨)』(기하학),『진흥실학기(振興實學記)』,『이화실험(理化實驗)』,『전학전서(電學全書)』,『전기도금(電氣鍍金)』,『측회전서(測繪全書)』,『미적습제(微積習題)』등을 편찬하였으며, 아울러 물리학과 화학을 위한 실험실을 각각 설치하였으며, 기계 공장, 발전 공장과 천문대 또한 설치하였다.

---

13) 福州 鶴齡 英華書院의 規章制度에 관하여서는 鄧洪波,『中國書院學規集成』, 中西書局, 2011年版, 頁556-566.

셋째, 교회 서원에서는 서양의 의학 지식을 전파하였을 뿐만 아니라, 신식 병원 또한 개설하였다. 예컨대 상해 성요한서원은 광서 6년(1880) 선교사 분(H. W. Boone)의 책임 주도로 의학(醫學)을 개설하였다. 광서 3년(1887), 영국 런던 포도회(London Missionary Society)는 홍콩에 서의서원(西醫書院)을 설립하였는데, 18년(1892)에 손문(孫文)이 이곳의 1기 졸업생이 되었다.

넷째, 교회 서원에서는 여학생만을 모집한 것으로 중국 여성 교육의 효시가 되었다. 함풍 원년(1851), 북미 장로회가 광주에 진광서원(眞光書院)을 건립, 여성만 모집하였다. 이 서원은 민국 시기 진광여중(眞光女中)으로 변경되었다. 광서 7년(1881), 상해에서는 성마리아여서원(聖瑪利亞女書院)이 건립되었다. 상해 중서서원은 비록 여성만을 모집한 것은 아니지만, "여성 선생이 여학생을 가르치는 교과 과정"을 설치한 바 있다.

다섯째, 교회 서원은 본질적으로 중국에 이식된 서양식 학교이며, 서양식 관리(예컨대 분반 학급제), 교과목 과정, 교육 방법(예컨대 사유 능력 등) 및 이로부터 구성된 서양 학교의 풍모를 가지고 있었다. 이 때문에 그것이 본래 모방한 대상, 즉 전통 서원에 대하여 일종의 압력을 조성, 종래 서원이 변통, 개혁하도록 만들었으니, 이는 오히려 모방자를 모방하도록 만들어 결국에는 서원이 고대에서의 근대라는 과도기로 나아가도록 한 것이다.

【참고문헌】

乾隆,『福建续志』卷十二.
乾隆,『福建续志』卷二十.
周谷平,「明清之际来华耶稣会士与西方教育的传入」,『华东师范大学学报』(教科版) 1989年, 第3期.
王树槐,「基督教教育会及其出版事业」, 转引自陈学恂『中国近代教育史教学参考资料』下册, 第97页.
陈学恂,『中国近代教育史参考资料』, 人民教育出版社, 1986.
杰西·格卢茨,『中国教会大学史』, 浙江教育出版社, 1987.
刘海峰等,『福建教育史』, 福建人民出版社, 1996.
季啸风,『中国书院辞典』, 浙江教育出版社, 1996.

이념과 실천의 변혁:
청말 서원 장서의 전환과 근대 도서관

장효신(張曉新)·등홍파(鄧洪波)

서원(書院)의 장서(藏書)는 항상 서원의 교육과 연구 과정에서 중요한 역할을 담당했으며, 서원의 발전과 변천에 따라 상응하는 변화가 발생했다. 이전 시대와 비교할 때, 청말 서원의 장서 사업은 뚜렷한 근대화 경향을 보였으며, 일부 학자는 "근대 서원 장서는 서원 교육 개혁과 밀접하게 호응하여 문헌 수집 구조 조정의 서막을 열었고, 청말민초(淸末民初) 시기 각급 도서관의 도서 구조 최적화의 선구가 되었다"[1]고 생각했다. 이 관점은 청말 서원 장서와 근대 도서관 사이의 밀접한 관계를 지적한다.

서원 장서는 서원 교사와 학생의 교육과 연구 요구를 충족시켜야 하기 때문에 매우 강한 실용성을 지니고 있으며, 그 성격이 도서관과 매우 유사하다. 이전 연구는 종종 서원 장서와 도서관 간의 유사성, 예를 들어 대출 방식, 관리 절차 등을 비교하고, 청말 서원 장서의 개방화와 공공화 등 주제에 집중했으며, 청말 서원 장서기(藏書記)의 관점에서 분석을 진행하거나 청말 서원 장서 목록의 편찬 속성의 변화를 연구하는 사례는 상대적으로 적다. 실제로 근대 도서관이 설립될 초기에는 수많은 서원 장서를 수용하였을 뿐만 아니라 서원의 장서 규정을 계속 사용하였다. 이러한 역사적 사실을 자세히 분석하는 것은 청말 서원 장서와 근대 도서관 사이의 밀접한 관계를 더욱 입

---

[1] 鄒桂香, 高俊寬, 「我國書院藏書事業近代化的曆程, 特征與意義」, 『圖書館建設』, 2021年, 3期.

체적으로 이해하는 데 도움이 되며, 근대 장서의 역사와 도서관 역사의 심층 연구를 촉진할 수 있다.

I. 이념의 전환: 청말 서원 장서기(藏書記)의 내용 변화

청말 서원이 장서 및 교육 과정 구조 등의 변화를 겪으면서, 장서에 대한 이념 또한 점차 변화하기 시작했다. 비록 이 시기 서원 장서 분야에서 대표성을 띤 이론이 등장하지 않았지만, 전통을 고수하던 기반은 이미 흔들리고 있었으며, 새로운 발전의 싹이 움트기 시작하고 있었다. 널리 알려진 바와 같이, 청말 서원의 급격한 개력으로 인해 한창 급속도로 발전하던 서원 건설 사업이 갑자기 중단되었으며, 결과적으로 청말 서원 장서 이념의 이러한 변화는 제대로 진행될 기회를 잃고 말았다. 비록 역사를 가정할 수는 없지만 과거의 경험에서 교훈을 얻을 수 있다. 청나라 말기부터 중화민국 초기까지의 지식 변화 과정에서, 서양의 압력 아래에서 발생한 근대 중국의 지식과 제도 체계 변화는 전면적인 서구화 방식으로 이루어졌다면 문제는 상대적으로 간단했을 것이다. 하지만 중국의 문화는 유구한 역사 속에서 시종일관 살아 움직이며 이어져 왔고, 그 거대한 힘을 통해 만들어진 연속성은 근대의 지식과 제도 전환에 중요한 제약을 형성하였다.[2] 청말 서원 장서 사업에서 나타난 이념 변화 과정은 오랜 역사를 지닌 중국 문화가 청말 서원 장서의 근대화 전환에 미친 제약을 생생히 보여준다. 다시 말해, 청말 서원 장서의 근대화는 갑작스러운 변화가 아니라 점진적이고 완만한 진화 과정이었다고 할 수 있다.

청말 서원 장서의 발전은 관련 체제의 전면적 개혁을 앞둔 시점에 있었다. 이러한 시점에서 전통적 관성이 여전히 중요한 역할을 하고 있었는데,

---

2) 桑兵, 關曉紅, 『近代學術的淸學糾結』, 上海: 上海人民出版社, 2020年, 7쪽.

서원의 장서 활동을 기록하는 장서기(藏書記)의 저술이 바로 그 중요한 전통 중 하나였다. 청말 서원은 실용적인 학문 관련 서적의 수집을 확대하고자 했으며, 이는 서원이 추구하는 경세치용(經世致用)의 학풍과 서로 표리(表裏)관계를 이루고 있었다. 발전 단계로 볼 때, 청대 서원은 짙은 관학화(官學化)의 성격을 지니고 있었고, 이로 인해 서원의 교육과 연구는 대부분 과거시험에 초점을 맞추고 있었다. 그러나 청말에 접어들어 심각한 현실 위기가 대두되자, 과거시험 준비와 인재 양성이라는 두 가지 목표가 서로 충돌하게 되었다. 이에 따라 서학(西學)에 대해 수용과 배척 어느 쪽의 태도를 취하든지 간에, 과거제도로는 인재를 제대로 양성할 수 없다는 비판과 함께, 과거시험을 목표로 이루어졌던 장서 및 독서 방식에 대한 비판이 청말 사대부들의 일반적 견해였다. 당시 각 서원에서 편찬한 장서기 속에서도 이와 유사한 표현을 심심찮게 찾아볼 수 있다.

서원의 장서기는 일반적으로 청말 서원의 장서 사업에 깊이 참여한 관원, 사신(士紳), 또는 학자들이 작성하였다. 장서기는 주로 서원 장서의 유래, 경과, 성취 등을 기록하는데, 비교적 특수한 문학 작품으로서 일정한 사실성(寫實性)을 갖추고 있다. 서원의 장서 과정과 성과를 기록할 뿐만 아니라, 저자는 글을 쓰는 과정에서 서원의 장서 사업에 대한 감상과 이념을 드러내며, 이는 일정 부분 서원의 실제 장서 상황을 반영한다고 할 수 있다. 청말 서원에는 상당수의 장서기가 남아 있으며, 비교적 흔히 볼 수 있는 것은 여러 관련 인사들이 쓴 각 서원의 장서기이다. 그중에서도 특별한 것은 같은 제목으로 작성된 여섯 편의 『종산서원장서기(鐘山書院藏書記)』인데, 이는 종산서원의 여섯 명의 학생이 과제로 제출한 작품들이다. 이러한 장서기들을 기초 문헌으로 삼아 청말 서원의 장서 이념을 분석하면 새로운 시각을 제공할 수 있다. 물론 문학 작품의 특성상 저자들이 글을 쓰는 과정에서 수식과 과장 등의 문학적 수사법을 피할 수는 없겠지만, 이들이 서술 과정에서 드러낸 청말 서원 장서 이념의 전환은 깊이 탐구할 가치가 있다.

동치(同治) 연간에 하북 낙정현(河北樂亭縣)의 지현(知縣)이었던 왕무(王霂)

는 존도서원(尊道書院)을 위해 서적을 비치하고『존도서원장서기(尊道書院藏書記)』를 지어 다음과 같이 밝혔다. "근세의 사대부(士大夫)는 벼슬을 얻는 데만 마음을 두고 빠른 성공만을 바란다. 사서육경(四書六經)의 책도 그저 아동들이 익히는 수준에 머물러 있으며, 그 내용을 숙지하고 밝히 이해하는 사람은 많지 않다." 그는 당시 선비들의 경박하고 조급한 습성을 비판하며, 많은 독서하는 선비들이 진지하게 책을 읽지 않고, "오직 표절하여 취하는 것을 중요한 기술로 여긴다"고 지적하였다. 그래서 그는 다음과 같이 말했다. "오늘날 선비들의 기풍을 진작하고자 한다면, 반드시 독서에서 시작해야 한다. 서원이 있으나 책이 없다면 명실이 부합하지 못하니, 선비들이 무엇에 의지하겠는가?"[3] 서적은 선비들의 학풍을 진작하는 데 중요한 역할을 한다. 여러 서적을 폭넓게 읽고 실학(實學)을 깊이 연구하여야만 비로소 선비들이 경전을 이해하고 실천하는 경지에 이를 수 있다. 광서(光緖) 10년(1884년), 후소영(侯紹瀛)의『소의서원장서기(昭義書院藏書記)』에는 다음과 같은 기록이 있다. "군사(軍事)가 흥기하고 관직에 진출하는 경로가 다양해지자, 사람을 쓰는 길이 넓어졌으나 과거 시험의 길은 오히려 좁아졌다. 이에 선비들은 시서(詩書)를 고루하다 여겨 학업이 점점 옛날만 못하게 되었다. … 배우는 자는 경전을 통달하는 것 외에도 다양한 서적을 널리 읽으며 여유 있게 즐기고 깊이 음미하여, 아침저녁으로 이 가운데 몰입해야 한다. 이렇게 해야만 그 의미를 마음으로 이해하고, 나아가 글을 지을 수 있는 것이다. 단지 과거급제 따위가 무엇이겠는가! 독서의 목적(致用)이란 결코 팔고문(八股文)으로 과거 급제를 위한 도구에 그쳐서는 안 된다."[4] 후소영 역시 과거시험만을 목표로 하는 학습을 비판했으며, 그의 인식은 한 걸음 더 나아가 배우는 자들이 폭넓게 독서하는 목적은 실용(致用)에 두어야 한다고 강조하였다.

청말 서원의 장서기에는 장서의 중요성이 중시되고 한층 강조되었음을

---

3) 『永平府志』 卷37, 國家圖書館藏清光緒五年(1879)刻本, 50b-51a쪽.
4) 『睢寧縣志稿』 卷8, 國家圖書館藏清光緒十二年(1886)刻本, 15b쪽.

보여주는 내용이 나타난다. 전통 관념에서 장서란 비록 다른 물품들과는 다른 특별한 수집품이었지만, 그 중요성이 생활필수품의 수준까지 높아지지는 않았던 듯하다. 그러나 청말 서원의 장서기에서는 장서의 중요성을 과장하여 물질적 식량 이상의 수준으로 끌어올렸다. 이곤(李坤)이 지은 『곤명경정서원장서기(昆明經正書院藏書記)』에서는 다음과 같이 말한다. "창고에 가득한 곡식보다 더 사람들을 배부르게 하는 것이 있으니, 그것이 바로 장서이다."[5] 그는 경정서원의 장서를 주관한 책임자를 크게 칭송하며 다음과 같이 평가하였다. "상해(滬), 광동(粵), 호북(楚), 금릉(金陵) 등지에서 구입한 서적이 앞뒤로 수십만 권에 이르며, 누각에 잘 정리해 진열하여 사람들이 자유롭게 와서 열람할 수 있게 하였다. … 이로써 인의(仁義)에 배부르게 되고, 후일 고향에서 이름을 떨치고 조정에 서며, 사방에 벼슬하는 날에는 반드시 천하의 사람들을 먹여 살릴 방도를 가질 것이니, 공(公)이 사람을 먹이는 것이 어찌 창고의 곡식에 국한되겠는가?"[6] 이곤은 책의 수집을 민생보다 더욱 중요한 사업으로 간주하였다. 비록 과장된 면이 있으나, 운남 지역이 외지에 위치하고 있음을 고려하면 그가 장서의 효용을 이처럼 강조한 것은 현지 서원 학자들에게 독서와 입신출세를 권장하려는 의도를 담고 있다고 볼 수 있다.

청말 사회가 발전하면서 서원 장서기에는 서학(西學) 서적에 대한 논술도 등장하였다. 예를 들어, 광서(光緖) 18년(1892) 갈사달(葛士達)의 『관산서원장서기(冠山書院藏書記)』에서는 다음과 같은 기록이 있다. "학술과 체용(體用)에 보탬이 되며, 성인의 도리에 어긋나지 않는 책을 선정하여 경사자집(經史子集), 산학(算學), 해양학(籌海) 등의 서적 90여 종 총 980여 권을 구입하였으며, 중외(中外) 연해 지역의 수륙(水陸) 지도 10여 점을 덧붙여 주성(州城)의 관산서원(冠山書院)에 보관하여 많은 학자들의 학습 자료로 삼았다." 갈사달

---

5) 『思亭文鈔』 卷1, 轉引自 李希泌, 張椒華, 『中國古代藏書與近代圖書館史料(春秋至五四前後)』, 北京: 中華書局, 1982年, 67쪽.
6) 『思亭文鈔』 卷1, 轉引自 李希泌, 張椒華, 『中國古代藏書與近代圖書館史料(春秋至五四前後)』, 67쪽.

은 논술에서 청말 주류였던 서학중원설(西學中源說)을 견지하면서 산학을 서양 선진기술의 근본이자 기초로 여겼다. 그는 다음과 같이 주장하였다. "역산(歷算)을 통달하면 모든 방법을 임의로 변화시킬 수 있다. 삼대(三代) 이상에서는 사람들이 어릴 때부터 이를 익혔으며, 강현(絳縣)의 노인이 갑자(甲子)로 연도를 기록했던 것이나, 군중(軍中)에서 외우는 요송(謠誦)은 불 속에서도 알았던 사례 등은 물론, 묵자(墨子)의 목연(木鳶)이 하늘에서 내려오지 않고 날아다녔던 것과, 언사(偃師)의 인형이 음악에 맞춰 눈을 움직였던 사례들이 모두 문헌에 기록되어 있었고, 당시 사람들도 이를 별로 신기하게 여기지 않았다." 이러한 인식은 다음과 같은 논리로 귀결된다. "옛 성인(聖人)은 통달하지 못한 것이 없고, 하지 못하는 것이 없었으나, 백성을 다스릴 때 도(道)를 따랐지 기술(伎術)에 의존하지 않았다. 그러나 그들이 모든 능력을 다하지 않았던 것은 아니었으며, 그 기교의 일부를 보여 이방(異邦)의 호기심을 꺾고, 먼 변방까지 위엄으로 복종시켜 민속을 풍요롭게 하고 오랜 안정을 이룰 수 있었다." 그러나 당시 과거시험에 얽매여 있던 선비들은 유가 경전에만 한정되어 안목을 넓히지 못하였다. "오늘날의 선비들은 사서(四書)와 오경(五經) 외에는 눈으로 본 것도, 귀로 들은 것도 없다. 간혹 한두 가지 새로운 것들을 만나면, 신중한 자는 이를 망령된 것으로 여겨 배척하고, 신기한 것을 좋아하는 자는 얄팍한 지식만 취하여 세상을 놀라게 하고 이를 출세의 도구로 삼는다." 그는 서학을 이단으로 보는 태도를 비판하였을 뿐 아니라, 서학을 이용해 명리를 추구하는 태도도 반대하였다. 그는 시대 상황을 다음과 같이 전망하였다. "전 세계가 혼란한 시기에, 기술을 가지고 서로 우위를 다투고, 땅을 빼앗고 사람을 죽이는 일이 그치지 않고 있으니, 그저 망령되다며 배척하고 아무런 승리할 방책도 없는 것은 옳지 않다." 따라서 그는 관산서원에 장서를 구축하여 서원의 선비들이 이를 통해 실용적 기술을 얻길 희망했다. 그러나 그는 장서가 제한적인 상황에서는 이상적인 효과를 얻기 어려움을 분명히 인식하고 있었다. 즉, "이 몇 십 종의 책을 읽었다고 해서 스스로 유자(儒者)라 칭하기는 어렵다!"고 말했다. 그는 후학들에게 기대하며 다음과 같이 말했다. "후대의 학자들이 이로부터 이익을 얻기를 바란다. 학습에는 순서가 있어 점차 진전되어야 한다. 의지가 있는 자는 바로 이 장서에서 공부하여 통달하고, 그 시작을 얻어 그 끝을 완성하며, 멈추고 싶어도 멈출 수 없게 된다. 또한 각자 스스로 멀리 탐색하고 주변을 탐구할 수도 있다."[7] 이 장서기에는 장서의 효용에 대한 갈사달의 깊은 인식이 나타난다. 그가 소장한 서적이 "성인의 도리에 어긋나지 않음"을 강조한 것은 전통적 유가 경전 속에서 제압과 승리를 위한 도리를 찾을 수 있다고 믿었기 때문이다. 중외 연해 수륙 지도를 추가한 것은 또한 실제적인 해결책을 찾으려는 노력을 나타낸다. 갈사달이 관산서원을 위해 구입하여 비치한 서적의 목록을 보면, 그는 전통적 사부분류(四部分類)를 따르지 않고 '경의(經義), 자사(子史), 치사(治事), 사장(詞章), 도(圖)'의 5가지로 분류하였다. 이 중 '치사'와 '도'는 그가 실용과 관련된다고 여긴 중서학 서적을 소장한 것이다. 갈사달의 장서 사상을 더욱 직관적으로 이해하기 위해, 그가 관산서원을 위해 구입한 '치사'류와 '도'류 서적 목록을 아래와 같이 나열하였다.

- 치사(治事): 『주제편(籌濟編)』 8권, 『해국도지(海國圖志)』 24권, 『영환지략(瀛寰志略)』 6권, 『수경주석(水經注釋)』 24권, 『수학정상(數學精詳)』 6권, 『해도도설(海道圖說)』 10권, 『공법편람(公法便覽)』 6권.
- 도(圖): 『해도총도(海道總圖)』 1폭, 『해도분도(海道分圖)』 6폭, 『지구도(地球圖)』 2폭.

위 서적 중에서 『수경주석』은 건륭(乾隆) 연간에 간행된 것으로, 역도원(酈道元)의 『수경주(水經注)』를 보충하고 해설한 것이다. 『수학정상』은 건륭 연간에 굴증발(屈曾發)이 저술한 수학 전문서로, 전통 산학과 서양의 기하학 내용을 분류하여 수록하였다. 『주제편』은 광서(光緒) 연간에 양경인(楊景仁)

---

7) 葛士達, 『冠山書院藏書記』, 「平定州志補」 不分卷, 國家圖書館藏清光緒十八年(1892) 刻本, 22a~26b쪽.

이 저술한 구황(救荒) 관련 서적이다. 만약 이 세 가지 서적이 여전히 전통적 경세치용(經世致用) 서적에 속한다고 한다면, 『해국도지』와 『영환지략』을 구입하여 소장한 것은 갈사달이 이미 새로운 세계 지식에 관심을 두고 있었음을 보여준다. 또한 미국인 존 킹(John King)이 저술하고 존 프라이어(J. Fryer, 傅蘭雅) 등이 번역한 『해도도설(海道圖說)』[8], 미국인 시어도어 드와이트 울시(Theodore Dwight Woolsey)가 저술하고 윌리엄 마틴(W. A. P. Martin, 丁韙良) 등이 번역한 『공법편람』을 구입한 것은, 갈사달의 시야가 중국 학자의 치사(治事) 서적에만 국한되지 않았음을 더욱 분명히 나타낸다. 그는 서원의 선비들이 경전을 통달하고 폭넓게 독서하여, 고대 성현이 제시한 세계의 거울에 비추어 당대 현실의 문제를 해결하기를 기대했다. 그가 주로 고대 성현의 경전과 저작을 중시했음에도 불구하고, 현실적 차원에서는 서원이 소장한 치용(致用) 서적의 범위를 확대하였다. 일정 정도 그는 서학(西學) 서적 역시 '성인의 학문(聖人之學)'을 실현하는 데 가능한 보조수단이 될 수 있음을 묵인했다고 할 수 있다.

갈사달의 『관산서원장서기』는 청말 서원에 서학 서적이 실제로 소장된 사실을 보여준다. 그의 논술과 실천은 청나라 말기 시국에 관심을 가진 서원의 선비들이 실학(實學)을 중시해야만 시대의 문제를 해결할 수 있다는 인식을 지녔음을 잘 나타낸다. 이러한 사상은 청말 서원이 장서의 범위를 적극적으로 확장하는 태도를 촉진했다. 요컨대, 청말 서원의 장서기는 서원 장서를 건설한 인물들이 장서를 통해 학풍의 전환을 촉진하고자 하였음을 보여준다. 이는 청말 서원이 과거시험만을 추구하고 실학을 경시하는 폐단을 바로잡으려는 목적과 연결된다. 또한 국위를 진작시키는 희망을 실학 인재의 양

---

[8] 金约翰이 저술한 『海道图说』은 총 15권으로 구성되어 있으며, 부록으로 『長江圖說』 1권, 『海道總圖』 1폭, 『分圖』 12폭, 『長江圖』 5폭이 첨부되어 있다. 冠山書院의 장서 중 "圖"류에 포함된 『海道總圖』 1폭과 『海道分圖』 6폭은 이 책에서 유래한 것으로 추정된다. 관련 내용은 다음 문헌을 참조할 수 있다. 徐維則, 『增版東西學書錄』, 熊月之, 『晩淸新學書目提要』, 上海: 上海书店出版社, 2007年, 122쪽.

성에 두었는데, 실학 인재의 양성은 교과 과정의 개혁 외에도 서적이 가장 직접적이고 믿을 만한 대상이었다. 또한 광서(光緒) 18년(1892)에 작성된 『묵향서원장서기(墨香書院藏書記)』에서도, 저자는 장서의 구입 과정과 내용, 이용 절차 등을 상세히 기록하였다. 이는 장서의 궁극적 목적이 서원 선비들의 활용에 있음을 더욱 분명히 보여준다. 동시에 서적은 반복적으로 활용 가능한 자원으로, 지속적이고 장기적으로 전파되어야 한다고 강조하였다. "존경서원(尊經書院)과 금강서원(錦江書院)의 관서(官書)를 여러 권 구입하여, … 두 개의 목재 책장을 제작해 서원의 성위(聖位) 앞에 두어 열람하는 이들이 엄숙히 경의를 표할 수 있게 하였다."[9] 장서의 장소를 일부러 "서원의 성위 앞"에 두어 독자가 "엄숙히 경의를 표하게" 한 것은, 그 장서 사업이 지향하는 정신이 역시 '성인의 학문(聖人之學)'에 있음을 뜻한다. 이러한 기록은 청말 서원 장서의 비전과 실천이 서로 일치했음을 충분히 드러내는 것으로, 장서의 실천을 이미 이론적 준비의 영역에 포함시키고 있음을 의미하며, 청말 서원의 장서 이념이 상당한 이론적 초월성을 갖추고 있었음을 암시한다. 묵향서원의 장서는 '경사자집(經史子集)' 사부분류(四部分類)를 따랐는데, 그중 '사부(史部)' 서적 가운데 『영환지략(瀛寰志略)』이 포함된 것은 비록 지리적으로 외진 곳에 위치한 묵향서원이라 할지라도, 청말의 학술적 조류로부터 영향을 받았음을 나타낸다.

이러한 장서기들은 청말 서원 선비들이 심각한 국가적 위기를 맞았을 때, 자신들이 가진 기존의 지식 구조에서 출발하여 오직 '성인의 학문(聖人之學)'에서만 문제 해결의 길을 찾을 수 있었다는 현실을 보여준다. 그런데 주목할 점은 이들이 '성인의 학문'을 추구하는 과정에서 서양 서적의 효용과 중요성을 인식하게 되었다는 사실이다. 이러한 이념은 『종산서원장서기(鐘山書院藏書記)』에서도 동일하게 나타난다.

---

9) 『墨香書院藏書記』, 『黔江縣志』 卷3, 國家圖書館藏淸光緒二十年(1894)刻本, 42-43쪽.

종산서원은 성(省)의 중심지에 위치한 서원으로서 지리적 위치가 우수하고 정보가 발달하였으며, 학술사상이 날로 새로워져 청말의 교육계와 사상계에서 매우 활발한 역할을 했다. 따라서 그 장서 사업 또한 독특한 특징을 보이는데, 현존하는 과예작품(課藝作品)에 수록된 여섯 편의 장서기로부터 이를 확인할 수 있다. 이 여섯 편의 작품은 『종산서원을미과예(鐘山書院乙未課藝)』에서 나온 것으로, 광서(光緒) 21년(1895년) 양정분(梁鼎芬)이 종산서원의 주강(主講)을 맡던 시기에 서원 학생들이 지은 과예작품을 간행한 것이며, 양정분이 이 시기 전개했던 장서 사업을 기록하고 양정분의 평론을 첨부하였다.

이 여섯 편의 장서기 기록에 따르면, 종산서원의 장서는 양정분의 주도하에 "강녕(江寧), 소주(蘇州), 양주(楊州) 3곳의 서국(書局)에서 서적을 징발하여 종산서원에 소장하고, 다시 관리를 파견해 호북(湖北), 운양(鄖陽), 호남(湖南), 광동(廣東), 절강(浙江) 5개 성에서 간행한 관본(官本)을 널리 구해 학생들에게 혜택을 주었다"[10](양병복楊炳福)고 한다. 양정분은 서원의 학자들이 이러한 서적들을 통해 "분발하고 스스로 노력하여 옛사람들의 성패와 득실의 이유를 깊이 통찰하고, 경세의 전략을 갖추어 장차 나아가 천하를 다스리고 임금을 보좌하여 중국 제왕의 통치 질서를 항상 유지하기를"[11](포재생鮑梓生) 기대했다. 당시 서원 학자들이 제예(制藝, 팔고문)에만 치중하고 경사(經史)에 깊이 몰두하지 않는 분위기를 바로잡기 위해, 장서기 저술을 빌려 서원 학자들은 다음과 같이 비판하였다. "선비가 어찌 경전을 소홀히 하고 고전을 무시한 채 시문(時文, 팔고문)에만 전념하고 세상을 다스리는 학문을 깊이 연구하지 않을 수 있겠는가?"[12](양염창楊炎昌) 이러한 논술들은 청말 종산서원이 실학을 중시하고 경세치용의 학풍을 적극적으로 주장한 것이 장서 사업에 상당한 영향을 미쳤음을 보여준다. 다만 서원이 수집한 서적의 범위가 주로 "경

---

10) 梁星海, 『鍾山書院乙未課藝』, 趙所生, 薛正興, 『中國曆代書院志』第11冊, 南京, 江蘇教育出版社, 1995年, 270쪽.
11) 梁星海, 『鍾山書院乙未課藝』, 趙所生, 薛正興, 『中國曆代書院志』第11冊, 272쪽.
12) 梁星海, 『鍾山書院乙未課藝』, 趙所生, 薛正興, 『中國曆代書院志』第11冊, 269쪽.

사백가(經史百家)"의 서적이었기 때문에, 그들이 강조한 경세치용의 범위는 대체로 중국의 전통적인 경사(經史)의 학문 범위를 크게 벗어나지는 않았다.

양정분은 광서 12년(1886) 혜주(惠州)의 풍호서원(豐湖書院)에서 장서 사업을 주관할 당시에는 아직 서학에 대한 견해를 밝히지 않았으나, 그로부터 십여 년 후 종산서원(鍾山書院)을 주관할 때는 부득이 서학에 주목하지 않을 수 없었다. 서학에 대해 종산서원의 학자들은 다음과 같은 견해를 나타냈다. "예수와 천주의 가르침은 사특한 언설이며, 광기화중(光氣化重)의 학설은 새롭고 기이하여 소년과 신진의 귀와 눈을 현혹시킬 뿐이다. 한(漢)과 송(宋)의 이론적 차이가 이제 겨우 잠잠해졌는데, 이번에는 다시 중서(中西)의 학파가 분열하니, 이는 진실로 학술의 위기이며 또한 교화와 사상의 궁극적 곤궁이다."[13](양병복楊炳福) "저들이 이교(異敎)의 학설을 말하며 온갖 방법으로 우리를 현혹하고, 그들의 기술을 확장하여 우리를 흔들려고 하지만, 우리가 놀라거나 미혹되지 않는다면 정학(正學)은 번성할 것이다. 정학이 번성하면 굳건하여 흔들리지 않는 기풍이 형성되어 모든 사람이 다스림을 생각하게 될 것이다."[14](석릉한石凌漢) 정통적 중학(中學)의 위치를 확고히 유지하여 "정학이 번성(正學旣昌)"하기만 하면 서학의 충격을 두려워할 필요가 없다는 것이 청말 서원 학자들의 보편적 인식이었다.

이러한 인식은 양정분의 주도하에 진행된 종산서원의 장서 사업이 여전히 전통적인 경사(經史) 서적의 수집을 위주로 하도록 결정하였다. 하지만 시대적 배경으로 인해 종산서원 학자들은 장서 사업을 논할 때 서학이 초래한 강력한 충격을 무시할 수 없었다. 『종산서원장서기』에는 서적 구입을 통해 학술의 문제점을 바로잡고자 하는 바람을 표현한 학자도 있다. "서적을 선별하고 정리하여 다양한 책을 갖추면, 학자들이 노(盧), 전(錢), 요(姚), 당(唐) 등 여러 학자의 장점을 모아 오늘날의 병폐를 바로잡을 수 있을 것이다. 장차

---

13) 梁星海, 『鍾山書院乙未課藝』, 趙所生, 薛正興, 『中國歷代書院志』 第11冊, 271쪽.
14) 梁星海, 『鍾山書院乙未課藝』, 趙所生, 薛正興, 『中國歷代書院志』 第11冊, 273쪽.

각자 성취를 이루게 되는 것은 경전을 통달하고 실용을 추구하는 것이 목적이지, 정주(程朱)을 표절하거나 허정(許鄭)을 끌어와 기이하고 현란한 말을 만들어 유행을 따르는 것이 아니다."15)(양병복楊炳福) 급격히 밀려오는 서학의 충격 속에서 장서 사업을 통해 정통적인 '성인의 학문(聖人之學)'을 공고히 하여 서학에 대항하고 '내성외왕(內聖外王)'의 이상을 실현하며 경세치용(經世致用)의 목표를 달성하고자 하는 것이 바로 종산서원의 이 여섯 편의 장서기 작품이 전달하는 이념이다. 양정분의 평론을 살펴보면, 그는 저자의 도덕적 수양을 특히 중시하였다. 양염창(楊炎昌)의 작품에 대해서는 다음과 같이 평했다. "문장이 깊고 우아하며 두텁고 풍성하여, 마음과 뜻 그리고 성정이 모두 지극히 진실하다. 진정 우리 동문(吾黨)의 영재(英才)이다."16) 석릉한(石凌漢)의 작품에 대해서도, "큰 뜻을 깊이 이해하고 스스로 웅장한 글을 지었으니, 우리 동문의 뛰어난 인재이자 상서(庠序)의 훌륭한 선비이다."17) 라고 평했다. 이러한 지극히 전통적이고 도덕적이며 심미적인 평가들은 종산서원이 도덕적 교화를 중시하는 '내성(內聖)의 학문'을 추구하며, '성인의 학문'을 존숭하는 동시에 현실적 병폐를 해결하고자 하는 목적을 더욱 분명히 보여준다.

종산서원의 구체적인 장서 현황에 대해 현재 확실히 고증할 수 있는 것은 옹정(雍正) 연간에 편찬된『종산서원지(鐘山書院志)』권9「경적(經籍)」편에 수록된 목록뿐이다. 이 목록에는 '독헌(督憲)이 반포한 서적 31종'18)이 수록되어 있는데, 전부 전통적 경사자집(經史子集) 부류의 서적이다. 양정분이 종산서원을 주관하던 시기에는 "절수(節帥, 지방 장관)와 함께 종산서원의 장서를 논의하여, 우선 강녕(江寧), 소주(蘇州), 양주(揚州) 3개 서국(書局)에서 일부를 가져왔고, 남창(南昌), 항주(杭州), 무창(武昌), 장사(長沙), 광주(廣州) 등의 관

---

15) 梁星海, 『鍾山書院乙未課藝』, 趙所生, 薛正興, 『中國曆代書院志』第11冊, 271쪽.
16) 梁星海, 『鍾山書院乙未課藝』, 趙所生, 薛正興, 『中國曆代書院志』第11冊, 270쪽.
17) 梁星海, 『鍾山書院乙未課藝』, 趙所生, 薛正興, 『中國曆代書院志』第11冊, 273쪽.
18) 湯椿年, 『鍾山書院志』, 趙所生, 薛正興, 『中國曆代書院志』第7冊, 544쪽.

서(官書) 역시 분할하여 구매를 완료하였다. 그 규모가 크고 구성이 풍성하여 문화교육(文敎)이 이로 인해 번성하였다"[19](김세화金世和)고 한다. 이를 통해 당시 구축된 장서의 규모가 결코 작지 않았음을 알 수 있다. 그러나 안타깝게도 현재 장서 목록은 보존되지 않아 당시 종산서원이 소장한 서적의 상세한 내용을 파악할 수는 없다. 양정분이 편찬한『종산서원을미과예(鍾山書院乙未課藝)』의 내용을 살펴보면, 주로 제술(制藝), 잡문(雜文), 잠(箴), 고금체시(古今體詩), 시첩시(試帖詩) 등으로 이루어져 있으며, 서학 관련 내용은 보이지 않는다. 과예의 구체적인 수록 편목은 다음과 같다.

- 제예(制藝): 「사전정칙불곤(事前定則不困)」, 「맹자왈박학이상열지장이반설약야(孟子曰博學而詳說之將以反說約也)」, 「자왈지사인인무구생이해인유살신이성인(子曰志士仁人無求生以害仁有殺身以成仁)」, 「군자고궁(君子固窮)」, 「불신인현즉국공허(不信仁賢則國空虛)」, 「민지초췌우학정미유심우차시자야(民之憔悴於虐政未有甚於此時者也)」, 「은거방언(隱居放言)」, 「풍우여회계명불이(風雨如晦雞鳴不已)」
- 잡문(雜文): 「제고정림선생문(祭顧亭林先生文)」, 「이건문종각의(移建文宗閣議)」, 「종산서원장서기(鍾山書院藏書記)」
- 잠(箴): 「행잠(行箴)」, 「학잠(學箴)」
- 고금체시(古今體詩): 「추회시(秋懷詩)」, 「종산서원향당추제예성기사(鍾山書院饗堂秋祭禮成紀事)」
- 시첩시(試帖詩): 「초장강남앵란비(草長江南鶯亂飛)」, 「야인탄식조무인(野人歎息朝無人)」, 「산중귀래만상멸(山中歸來萬想滅)」, 「오국당시기일진(誤國當時豈一秦)」, 「양신구가대(良晨詎可待)」, 「독서상전배(讀書想前輩)」

양정분이 종산서원을 위해 구입한 장서에 서학 서적이 포함되었는지 여부는 상세한 목록이 없기 때문에 현재로서는 정확한 결론을 내리기 어렵다.

---

19) 梁星海,『鍾山書院乙未課藝』, 趙所生, 薛正興,『中國曆代書院志』第11冊, 274쪽.

다만 종산서원 학자들이 작성한 여섯 편의 장서기 작품을 보면, 당시 종산서원의 교육은 여전히 경사(經史)의 학문이 중심이었으며, 기본적으로 "한학과 송학을 함께 채득하고(兼采漢宋)" "중국을 체로 삼고 서학을 용으로 삼는(中體西用)"의 통경치용(通經致用) 학풍을 숭상하고 있었다. 장서는 학술적 이상을 실현할 수 있는 자원으로서 그 역할은 전통적인 중학(中學)의 '정도(正道)'를 수호하는 데 집중되어 있었다.

광서(光緒) 23년(1897) 2월, 장지동(張之洞)은 조원필(曹元弼)을 양호서원(兩湖書院)의 경학(經學) 분교(分敎)로 초빙했으며, 당시 양정분은 서원의 감독(監督)을 맡고 있었다. 양호서원 재직 시 양정분과 조원필은 자주 서로 방문하여 학문을 논의하고 서적을 주고받았다. 이들이 서로 교열한 서적은 다음과 같다.

> 강녕국(江寧局)의 『한서(漢書)』 초인본(初印本)을 보내드리오니 보시기 바랍니다. 『후한서(後漢書)』는 산란하여 집에 돌아간 후에나 점검할 수 있을 듯합니다. 숙언(叔彦) 아우께. 정분(鼎芬)이 삼가 절합니다. 23일.
>
> 『통전(通典)』 32책을 보내드리오니 보시기 바랍니다. 빌렸던 각종 서적은 바로 사호자(四號字)를 점검한 뒤 내일 보내도록 하겠습니다. 숙언 아우께. 정분이 삼가 절합니다. 28일.
>
> 제 고향의 양문의공(楊文懿公)은 학술적으로 정림(亭林, 顧炎武)의 비판을 받은 적이 있습니다. 그가 저술한 『효경(孝經)』 1권이 『단계총서(端溪叢書)』에 수록되었는데, 아우께서 읽어보시고 정림(亭林)의 평가가 어떠한지 말씀해 주시길 바랍니다. 정분이 삼가 절합니다.[20]

『근대사소장청대명인고본초본(近代史所藏淸代名人稿本抄本)』에는 조원필이 양정분에게 보낸 서신(네 번째와 다섯 번째 편)이 수록되어 있는데, 이 역

---

20) 崔燕南, 『曹元弼與梁鼎芬交遊硏究』, 吳飛, 『南菁書院與近世學術』, 北京, 生活·讀書·新知三聯書店, 2019年, 341~342쪽.

시 이 시기에 작성된 것이다. 서신에서는 두 사람이 독서와 교서(校書) 했던 일을 기록하였다.

> 미은(薇隱)의 『역해(易解)』를 받아 읽었습니다. 어제 빌려주신 『역전(易傳)』을 처음부터 끝까지 정독하여 권점(圈點)하신 것을 상세히 살폈습니다. 대조해 보니 경탄스럽고 부끄럽습니다. 연속하여 권점을 하신 부분은 특히 대아(大雅)의 큰 안목이 드러납니다. 『역』을 배움에 있어 오류가 적으려면 이 책을 기준으로 삼아야 하겠습니다. 성해(星海) 형님이신 나의 스승께 문안을 드립니다. 아우 필(㻽)이 삼가 절합니다.
>
> 『독서기(讀書記)』를 한 번 더 교정하여 보내드립니다. 그중 잘못된 부분 한 곳을 바로잡았고, 빠진 구두점을 약간 보완하였으니 살펴주시길 바랍니다. 책을 교정하는 일은 마치 낙엽을 쓸듯이 반복하여야 하니, 눈이 침침해져서 잘못을 피하기 어렵습니다. 성해 형님이신 나의 스승께 문안을 드립니다. 아우 필이 삼가 절합니다.[21]

윗글에서 언급된 미은(薇隱)의 『역해(易解)』는 손성연(孫星衍)의 『주역집해(周易集解)』이며, 『독서기(讀書記)』는 진례(陳澧)의 『동숙독서기(東塾讀書記)』이다. 양정분과 조원필이 서로 논의하고 읽으며 교정했던 서적 목록을 볼 때, 당시에는 아직 서학 서적이 등장하지 않았다. 이를 통해 당시 서원 학자들의 독서생활이 갑자기 서학 중심으로 전환된 것은 아니었음을 알 수 있다. 이는 양정분이 종산서원을 주관할 때 가진 장서 이념을 보완하는 하나의 측면으로 볼 수 있으며, 앞서 기술한 청말 서원 학자들의 독서 방향 전환의 특징과도 부합한다. 그러나 주의해야 할 것은 양호서원이 당시 호광총독(湖廣總督)이던 장지동(張之洞)의 직접적인 주도 아래 청말 서원 개혁의 모범으로

---

21) 虞和平主編, 『近代史所藏清代名人稿本抄本』 第一輯, 135冊, 鄭州, 大象出版社, 2011年, 501~502쪽.

여겨졌으며, 서원의 교과 과정 개혁과 장서 사업에서 전통의 한계를 돌파한 사례로서 모범적인 역할을 했다는 점이다. 당재상(唐才常)이 양호서원에서 제시한 과예(課藝) 제목에는 이미 「역대상정여구주각국동이고(歷代商政與歐洲各國同異考)」, 「중국초폐필여하정제종론(中國鈔幣必如何定制綜論)」, 「전폐흥혁의(錢幣興革議)」, 「징병양병이폐설(徵兵養兵利弊說)」, 「당조용조법득실고(唐租庸調法得失考)」 등이 포함되어 있었으며, 이는 서학 관련 지식이 양호서원의 일상적인 교육 내용으로 자리 잡았음을 보여준다.[22] 양호서원은 광서 23년(1897) 개정된 규정에 따라 경학(經學), 사학(史學), 여지(輿地), 산학(算學)의 네 과목을 함께 가르쳤으며, 분교(分敎) 위에 동·서 두 도독(都督)을 두었는데, 양정분은 그중 한 명이었다. 규정을 개정한 이후 양호서원 내에서는 광동(廣東)과 강절(江浙) 지역에서 온 학자들 사이에서 경학 문제를 둘러싸고 '학통(學統)' 논쟁이 발생했는데, 이것은 중국 본토 학자들이 서학을 수용하는 또 다른 경로를 보여주는 사례이다.[23] 청말 서원의 개혁과 개제(改制)가 '시무(時務)'를 표방한 대세 아래 이루어졌지만, 양정분을 비롯한 일부 서원 학자들의 장서 및 독서 이념은 여전히 정통적 명교(名敎, 儒敎)의 입장을 견지하였다. 이를 통해 볼 때, 청말 서원의 장서가 근대화를 이루면서도 일률적

---

22) 『唐才常集』 권1, 中華書局 1980년, 2~21쪽. 주석: 唐才常이 兩湖書院에서 수학한 시기에 대해서는 이미 학자들이 여러 방면으로 고증을 시도하였으며, 현재 두 가지 주요 견해가 존재한다. 첫째, 唐才常이 兩湖書院에 급제한 시기는 光緒 20년 봄이며, 서원에서 2년 반 동안 수학했다는 견해이다. 관련 문헌으로는 湖南省哲學社會科學研究所 편, 『唐才常集』, 北京, 中華書局 1980년, 1쪽; 陳善偉, 『唐才常年譜長編』 상책, 香港, 香港中文大學出版社 1990년, 53쪽; 唐才質, 『唐才常烈士年譜』, 湖南省哲學社會科學研究所 편, 『唐才常集-附錄(二)』, 北京, 中華書局 1980년, 269쪽을 참조할 수 있다. 둘째, 唐才常이 光緒 20년 겨울에 兩湖書院에 입학하여 1년 반 동안 수학했다는 견해이다. 이에 대해서는 郭漢民, 陳宇翔, 「唐才常入兩湖書院時間考實」, 『近代史研究』, 1996년 제4기, 215쪽을 참조할 수 있다.

23) 자세한 내용은 陸胤, 「淸末兩湖書院的改章風波與學統之爭」, 『史林』, 2015년 제1기, 87~97, 200쪽을 참조. 본 논문에서는 張氏가 주도한 兩湖書院 개혁 시기 동안 梁鼎芬, 楊裕芬 등 "東塾弟子"와 江浙 지역의 "禮學"을 계승한 蒯光典 사이에 충돌이 발생하여 이로 인해 書院 제도의 내부 조정이 좌절되었음을 분석하였다.

이념과 실천의 변혁 413

으로 집단을 이뤄 서학을 향해 전환한 것은 아니었다는 점을 알 수 있다.

　청말 서원의 장서기에 나타난 기대는 비록 여전히 중학(中學)의 정통적 지위를 수호하는 것에 입각하고 있지만, 이전 시대에 비해 분명히 혁신의 기운을 지니고 있었다. 강희(康熙) 48년(1709), 이래장(李來章)이 광동 연산현(連山縣) 지현(知縣)을 역임할 때 연산서원(連山書院)을 세우고 서적을 구입하여 비치했으며, 이항통(李恒㷈)이 『연산서원장서기』를 지어 그 일을 기록하였다. 그는 서적의 효용을 다음과 같이 논하였다. "서적은 본래 종이에 불과한데도, 사람의 정신과 지혜에 크게 유익하다고 하는 이유는 무엇인가? 성현이 몸을 닦고 세상과 접하는 법, 병법·농업·예악(禮樂)에 이르기까지 세부사항과 중요한 원칙이 모두 책 속에 실려 있다. 덕성을 함양하려면 반드시 고요하고 담박한 상태에서 마음을 집중하여 이해하고, 몸소 실천하여 오래도록 이를 관통하고 융합하여 하나로 만들어야 비로소 자득(自得)했다고 할 수 있다."[24] 당시 서적의 기능에 대한 인식은 여전히 수신양성(修身養性), 지행합일(知行合一)을 강조하고 있었으며, 청나라 말기와는 상당한 차이가 있음을 알 수 있다. 건륭(乾隆) 30년(1765), 왕사한(汪師韓)은 보정(保定)의 연화서원(蓮花書院) 산장(山長)으로 있을 때, 관부에 요청하여 "번고(藩庫) 은(銀) 300냥을 배정받아 관리를 보내 경사(京師)에서 서적 약 400함을 구매하고 네 개의 큰 책장에 보관하여 경사(經史)의 주요 서적을 모두 갖추었으며, 책 목록을 네 권으로 기록했다." 또한 『연화서원장서기』를 지어 다음과 같이 말했다. "이 서원을 설립한 까닭은 빈곤한 선비들의 어려움을 걱정하여 여러 서적을 마련하여 시험 대비를 하게 하고, 읽어도 이해하지 못할까 염려하여 스승을 초빙하여 설명하도록 한 것이다. 옛 경사(經師)들은 도수(都授), 도강(都講)을 맡았다. 책이 없으면 무엇으로 가르치고 강론하겠는가?"[25] 건륭 52년(1787), 심곤(沈琨)은 『백록서원장서기(白鹿書院藏書記)』에서 서원 장서의 효용에 대해

---

24) (清)李來章編, 『連山書院志』 卷6, 『中國歷代書院志』 第3冊, 345b쪽.
25) 汪師韓, 『上湖分類文編』, 『清代詩文集彙編』 第308冊, 595a쪽.

다음과 같이 서술했다. "성현의 책을 읽어 제왕의 법을 구하고 이를 실천하여 본체를 밝히고 쓰임에 통달해야 한다."26) 이렇듯 건륭 시기 서원 장서기의 표현에 근거하면, 서원을 주관하는 이들이 '제왕의 법(帝王之法)'을 추구했던 것은 당시 서원의 장서가 여전히 전통을 고수하고 있었음을 반영한다.

이에 비해 청말 서원의 장서기에 나타난 핵심 입장이 여전히 '성인의 학문(聖人之學)'을 중심으로 한 장서 체계를 구축하여 인재를 양성하고 서학에 대항하려는 목표에 있었으나, 눈에 띄는 변화는 장서기에서 보여주는 외연이 이미 크게 확대되었다는 점이다. 비록 이들 장서기의 저자들이 중학의 정통적 입장을 끊임없이 강조했지만, 실제 서적 구매 과정에서는 대량의 서학 서적이 포함되어 있었다. 이를 통해 알 수 있듯, 청말의 엄준한 국내외 정세는 서원 장서 사업 진행자들로 하여금 장서의 합리성을 논증하고 장서의 효용을 설명할 때, 전통적 영향을 받아 학자들이 내성외왕(內聖外王)에 도달하게 만드는 최고 목표를 추구하면서도 실제적 차원에서는 서학이 밀려오는 현실을 중시할 수밖에 없도록 하였고, 서학의 중요성을 지속적으로 높이도록 만들었다. 이처럼 중서(中西)를 함께 중시하는 태도가 청말 서원 장서기의 주류적 서술이 되었다. 청말 서원 장서 사업을 진행하는 사람들에게 있어 실용적 효용성을 가진 서적이야말로 가장 중요한 장서 대상이었다. 이는 장홍렬(莊鴻烈)이 광서 25년(1899)에 지은 『수량서원장서기(壽良書院藏書記)』에서 말한 바와 같다. "학문의 길은 끝이 없고, 서적 또한 끝이 없다. 다만 실용적 서적을 구매해야 중간 수준의 인재라도 쉽게 성과를 얻을 수 있다."27) 이처럼, 청말 서원 장서기의 저자들은 장서를 통해 인재를 양성하고자 하는 기대를 충분히 드러내었으며, 장서에 실용적 특성을 부여하였다. 즉, 실용성을 기준으로 삼아 중학이든 서학이든 사회 발전에 도움이 된다면 모두 중시되어야 한다는 것이 청말 서원 장서기에 나타난 중요한 특징이다.

---

26) 沈琨, 『嘉蔭堂文集』 卷3, 『清代詩文集彙編』 第410冊, 454b-455a쪽.
27) 莊洪烈, 『壽良書院藏書記』, 『壽張縣志』 卷8, 國家圖書館藏清光緒二十六年刻本, 69b~70a쪽.

II. 실천의 발전: 청말 서원 장서 목록의 속성 변화

서원의 장서 목록은 서원이 갖춘 장서 체계를 가장 직관적으로 나타내는 표현이며, 어떠한 방식으로 장서 목록을 작성하는가 하는 실천 속에 서원의 장서 이념을 어느 정도 반영한다. 따라서 장서 목록의 편찬 방식은 매우 주목할 만한 의제이다. 전통적 목록학(目錄學) 이론에 따르면, 목록은 학문의 방향을 안내하는 중요한 도구이자 수단이다. 왕명성(王鳴盛)은 일찍부터 "목록학은 학문 가운데 제일 긴요한 일이며, 반드시 이로부터 길을 물어야만 비로소 그 문을 얻고 들어갈 수 있다"[28]고 하였는데, 이는 목록학의 효용을 잘 요약한 것이다. 중국 전통의 장서 영역에서는 공공과 개인의 장서가 기본적으로 주류를 차지하며, 그에 상응하는 공공 및 개인 장서 목록이 목록학 역사에서 중요한 영향을 끼쳤다. 공공 장서 목록으로는 『칠략(七略)』, 『한서·예문지(漢書·藝文志)』, 『수서·경적지(隋書·經籍志)』, 『사고전서총목(四庫全書總目)』 등이 있고, 개인 장서 목록으로는 『직재서록해제(直齋書錄解題)』, 『군재독서지(郡齋讀書志)』 등이 있는데, 이들 목록 편찬 방식은 모두 서적의 정리를 통해 학술을 체계적으로 정리하는 것을 강조하였다. 장학성(章學誠)이 이를 "학술을 체계적으로 정리하고 분류하며, 그 근원을 거울처럼 투명하게 규명한다(辨章學術, 考鏡源流)"고 요약한 것은 전통 목록학의 효용을 정밀하게 설명한 것이다.

청나라 말기 지식 체계의 점진적 변화에 따라 전통적인 목록학 이론은 도전을 받았다. 일부 사상계의 선구적인 학자들은 서적과 목록학을 새로운 시각으로 바라보기 시작했다. 대표적인 예로 강유위(康有爲)는 『계학답문(桂學答問)』에서 목록학에 대해 논하면서 독서인은 "목록학을 알아야 한다. 이를 통해 세상의 책들이 매우 많음을 알고, 오직 토원책자(兎園冊子, 책을 읽지 않는 사람들이 비밀스러운 보물로 여기나 사실은 내용이 얕은 책), 고두강장

---

28) 王鳴盛, 『十七史商榷』, 黃曙輝點校, 上海: 上海古籍出版社, 2016年, 1쪽.

(高頭講章, 고상하고 어려운 문장을 사용하여 강의하는 방식), 시양제예(時樣制藝, 시대에 따라 변화하는 방식이나 유행에 따른 기술)로는 충분하지 않음을 알게 될 것이다. 서책 목록은 방대하고 심오하며, 이보다 뛰어난 것은 흠정(欽定) 『사고제요(四庫提要)』뿐이다. 정교하며 자세한 것은 『서목답문(書目答問)』만한 것이 없다. 총서의 목록을 검토하면 『회각서목(彙刻書目)』이 있는데, 모두 학자들이 반드시 검토해야 할 책이다"[29]라고 주장했다. 맹소진(孟昭晉)은 강유위가 이 시기에 말한 "세상의 책들이 매우 많다"는 말 속의 '세상'이 이미 다른 언어를 사용하는 세계의 세상을 의미한다고 생각한다. 과거시험 서책들에만 만족하지 말라는 그의 충고는 이제 더 이상 오래된 학문 범위 내의 넓고 좁은 투쟁이 아니라, 중국 오래된 학문에만 만족하지 말라는 촉구였다. 따라서 그의 "목록학을 알아야 한다"는 말은 건가(乾嘉, 건륭과 가경 연간)의 학자 왕명성(王鳴盛)의 가르침과 본질적으로 다르며, 책 목록을 통해 세계 범위의 문헌과 지식을 파악하는 새로운 의미를 지니고 있다.[30] 공공 및 사적 장서와 다른 목적을 가진 청말 서원에서 장서 목록을 편찬하는 것은 여전히 일정한 학술적 색채를 띠고 있지만, 더 큰 목적은 서책을 순서대로 등록하여 대출 작업에 편의를 제공하는 것이었다. 목록 편찬의 출발점이 다르기 때문에 결과도 당연히 달랐다. 청말에 남아 있는 서원 장서 목록에서, 선원서원(仙源書院)과 잠언서원(箴言書院)은 여전히 "변장학술, 고경원류(辨章學術, 考鏡源流)" 전통적인 목록학 주장을 추구하고 있지만, 대부분의 서원은 장서 목록을 편찬할 때 도서 안내 및 등록 기능을 강조하였다. 이는 청말 서원의 장서 목록 속성이 학문적 경로를 지시하는 기능을 점차 약화하고 문헌 가치를 부각하는 방향으로 변화하고 있음을 의미한다.

이러한 의미에서 보면, 청말 서원의 장서 목록은 전통적인 목록학 이론과는 구별되는, 근대적 목록학의 성격을 내포하고 있음을 보여준다. 청말 서원

---

29) 康有爲, 『長興學記 桂學答問 萬木草堂口說』, 樓宇烈整理, 北京: 中華書局, 1988年, 38쪽.
30) 孟昭晉, 「康有爲的目錄學思想」, 『圖書館論壇』, 1993年 第4期, 16-20쪽.

의 장서 목록 편찬 상황과 발전 추세를 종합적으로 살펴보면, 청말에 서책의 보급에 뜻을 둔 독서인들은 이미 흐릿하나마 문헌에 대한 의식을 갖고 있었으며, 서책의 판본을 중시하던 사적인 장서가들과는 달리 이들은 서책이 담고 있는 내용에 더 큰 관심을 두었고, 장서의 소장 가치보다는 활용 가치를 강조했다. 현대 문헌학자들의 견해에 따르면, "문헌은 그 장구한 역사 발전 속에서 다양한 매체 형태를 경험해 왔다. … 하지만 본질적으로는 일종의 전파 매체로서, 매체 형태의 발전은 인류의 전파 욕구가 지속적으로 심화되는 과정에서 필연적으로 나타난 결과이다. … 따라서 우리는 문헌이 본질적으로 인류의 문화적 정신적 기호의 교류 체계이며, 조직화 된 기호 정보의 질서 있는 텍스트로 인류 정보를 전달하는 중요한 매체라고 말할 수 있다."[31] 이러한 표현은 청말 서원이 장서 목록을 편찬했던 목적과 부합한다. 광서(光緒) 연간에 갈사달(葛士達)이 관산서원(冠山書院)의 장서를 구성하며 "서책이 두텁게 쌓이면 그 흐름이 길어지고, 깊이 간직하면 그 빛이 멀리 퍼진다. 그러나 그것을 쌓고 간직하는 도리는 독서를 통하지 않고서는 공을 이룰 수 없다"[32]고 말한 바 있다. 서책이 지식 전달 기능이 핵심으로 인식되기 시작하면서, 서책에 내재된 문헌학적 가치 또한 점차 부각되었다. 만약 문헌을 일종의 매체로 간주한다면, 만세의 고전으로 추앙받던 유가(儒家)의 저작들이 당대의 절박한 요구를 충족하지 못할 때, 새로운 지식 체계를 받아들이는 것은 자연스러운 선택이 된다. 청말 서원의 장서 내용과 구조에 대한 개혁은 상당 부분 이와 같은 맥락에서 이루어진 것이다. 비록 중학(中學) 연구에 중점을 두었던 양정분조차도 서적에 대한 태도는 매우 포용적이었다. 그의 제자 양수창(楊壽昌)의 회고에 따르면, 양정분은 풍호서장(豐湖書藏)을 구성할 당시 중외(中外)의 서적을 모두 수용하는 태도를 취했다고 한다. "수창이 들은 바에 따르면, 선사(先師)께서는 학문을 논함에 있어 유용함을 귀결점으로

---

31) 周慶山, 『文獻傳播學』, 北京: 書目文獻出版社, 1997年, 3쪽.
32) 『冠山書院藏書記』, 『平定州志補』 卷1, 國家圖書館藏淸光緒十八年(1892)刻本, 22~26쪽.

삼았으며, 신구(新舊), 고금(古今), 중외(中外)를 가리지 않았다. 그의 장서에는 근세의 장고(掌故) 관련 서적이 많았으며, 외국과 관련된 것으로는 『해국도지(海國圖志)』, 『영환지략(瀛寰志略)』, 『사예편년표(四裔編年表)』, 『아라사기요(俄羅斯紀要)』, 『서유일기(西輶日記)』, 『인도일기(印度日記)』, 『크루프 포탄 제조법(克虜伯炮彈製造法)』 등이 있었으며, 이들 모두 빠짐없이 장서로 갖추어져 있었다."[33] 이처럼 청말 서원은 장서 실천을 통해 흐릿하나마 문헌학적 의식을 점진적으로 발아시켰으며, 이는 청말 서원의 장서 목록이 본질적인 속성의 변화를 발생시켰다. 그 변화에 대해 다음과 같이 정리할 수 있다.

1. 변장학술, 고경원류(辨章學術, 考鏡源流) 기능의 퇴보

청말 서원의 장서 목록에는 선원서원(仙源書院), 잠언서원(箴言書院)과 같이 학술의 연원과 체계를 변별하는 데 중점을 둔 제요(提要)식 목록도 존재하였으나, 전체적으로 볼 때 이러한 유형은 주류를 이루지 못했고, 상당수의 목록은 장서의 실제 상황에 따라 효율성과 간결성을 중시하여 편찬되었다. 서책이 더 이상 교화의 상징 기호가 아니라 학문을 증장하는 도구와 수단으로 인식되면서, 장서의 정리와 목록 작성은 점차 열람과 대출에 적합한 형태로 변화하였다. 전체적으로 보면, 청말 서원의 장서 목록은 학술 분류 체계를 중심 목적에 두는 전통적 방식에서 점차 이탈하는 추세를 보이게 되었다.

청대 전기 및 중기의 서원 장서 목록과 비교할 때, 청말 서원 장서 목록의 가장 두드러진 특징은 실용성을 중시한다는 점이다. 이는 두 가지 측면에서 나타난다. 첫째는 장서 목록의 서책 등록 기능을 중시한다는 것이다. 일부 서원은 장서 수가 많지 않았음에도 불구하고, 장서 목록 편찬이라는 형식을 통해 소장 도서를 빠짐없이 기록하는 데 주력하였다. 대표적인 예로는 『균양서원서적목록(筠陽書院書籍目錄)』[34], 『악양서원서적목록(岳陽書院書籍目錄)』[35]

---

33) 黃植楨等編, 『惠州豊湖書藏書目』, 民國九年(1918)同仁堂鉛印本.

이념과 실천의 변혁 **419**

등을 들 수 있으며, 이들은 대체로 장서 수가 200~300권 내외로 비교적 적은 편이고, 서책의 내용을 간략하게 기록하고 각 책의 서명과 권수를 기재하여 장서 목록의 등록 기능을 부각시켰다.

둘째는 독서에 대한 지시적 기능이 점차 강화되었다는 점이다. 즉 이 시기 서원 장서 목록 편찬은 학습자의 독서 경로를 안내하는 데 더욱 중점을 두었다. 예를 들어, 일부 분류 항목이나 특정 도서 아래에 해당 분류의 유래나 서적의 연혁 등을 상세히 설명하는 사례가 있다. 전형적인 예로는 『월수서원장서목록(粵秀書院藏書目錄)』이 있다. 이 목록에서는 "『음론(音論)』 1권, 고염무(顧炎武) 저"라는 항목 아래 다음과 같은 주석을 덧붙였다. "삼가 고찰하건대, 원래의 서목에는 자체적으로 권수가 기재되어 있으나, 이 항목은 『황청경해(皇淸經解)』의 서목에 따라 분류하여 수록한 것이므로, 『경해』의 기존 순서를 그대로 따른 것이다. 그런데 이 중에는 종종 원본의 권수와 일치하지 않는 경우가 있는데, 이는 원서의 편차가 각기 달라 『경해』에서는 중간 수준으로 조정하여 편집하였기 때문이다. 원서 가운데 경전을 해설하지 않은 부분은 따로 추출하여 싣지 않았다. 지금의 목록은 비록 항목을 나누어 표기하고 분장하여 보관하지만, 여전히 전편에 속하므로 권차는 『경해』의 원래 목차를 따름이 마땅하다."[36] 또한 "사서문류"(四書文類) 항목 아래에는 다음과 같은 상세한 해설이 실려 있다. "사서문의 경우 명대 이래로 과거시험의 규범으로 분류되어 왔으나, 경서도 아니고 문집도 아닌 까닭에 실제로 서적을 기록하는 이들이 별도로 수록하지 않았고, 어느 분류에도 속할 수 없었다. 그러나 서원이 인재를 교육함에 있어서는 이를 가장 중요하게 여겼으므로, 지금 별도로 하나의 항목을 설정하여 문집류 뒤에 덧붙여 분류한다."[37] 이러한 설명은 '사서문류'를 독립된 분류로 설정한 이유를 밝혀 줄 뿐 아니라, 해

---

34) 『高安縣志』 卷7, 國家圖書館藏淸同治十年(1871)刻本, 35a쪽.
35) 『巴陵縣志』 卷7, 國家圖書館藏淸同治十一(1872)刻本, 39~40쪽.
36) 梁廷枏, 『粵秀書院志』 卷6, 『中國歷代書院志』 第3冊, 75a쪽.
37) 梁廷枏, 『粵秀書院志』 卷6, 『中國歷代書院志』 第3冊, 88b쪽.

당 항목을 목록에 확립해야 하는 필요성을 제시함으로써 은연중에 독서 경로에 대한 효과적인 방향 제시를 실현한 것이다.

이와 같은 도서 등록 및 독서 지침 중심의 목록 편찬은 서적의 도구적 속성을 강조하는 것으로, 즉 서책은 학문을 얻고 학술 연구를 수행하는 수단이라는 점을 부각시킨다. 이러한 전환은 전통 유가 경전이 지니는 교화적 상징성과 기호적 기능이 점차 약화되고, 서원 장서의 실용성이 끊임없이 강화되며, 장서 목록의 지향성 또한 점점 더 명확해졌음을 의미한다. 장서 목록의 분류 범위가 사부분류(四部分類)에 국한되지 않게 되면서, 일부 서원 장서 목록은 더 이상 엄격하게 사부 체계와 부합하지 않았다. 비교적 뚜렷한 예로는 광서 초년의 『구지서원존원서적(求志書院存院書籍)』이 있는데, 이 목록은 장서를 '경학(經學), 사학(史學), 장고(掌故), 여지(輿地), 산학(算學), 사장(詞章), 총서(叢書)' 일곱 가지 대분류로 기록하였다.[38] 광서 13년의 『관산서원장서목(冠山書院藏書目)』은 '경의(經義), 자사(子史), 치사(治事), 사장(詞章), 도(圖)'의 다섯 가지 대분류로 나누었고, 이 중 '치사' 항목은 『해국도지(海國圖志)』, 『영환지략(瀛寰志略)』, 『공법편람(公法便覽)』 등의 서적을 포함하고, '도' 항목은 『해도총도(海道總圖)』, 『지구도(地球圖)』 등 시무서(時務書)를 포함하였다.[39] 또한 일부 서원은 사부 체계 외에 새로운 부류를 확충하는 방식으로 장서를 분류하였다. 대표적인 예로 『문정서원장서목(文正書院藏書目)』은 '경사자집(經史子集)' 외에 '시무서목록(時務書目錄)'을 따로 설정하고, 여기에 『사예연표(四裔年表)』, 『일본국지(日本國志)』, 『서국근사휘편(西國近事彙編)』 등 서양 지식을 소개하는 서적을 수록하였다.[40] 이와 같은 새로운 분류 명칭은 새로 수집된 서양 학술서적의 내용을 바탕으로 설정된 것으로, 청말 서원들이 장서의 항목을 현실 서적에 근거하여 결정했음을 보여준다. 이는 더 이상 사부

---

38) 『求志書院存院書籍』, 『上海縣續志』 卷9, 國家圖書館藏民國七年(1918)刻本, 11a~13a쪽.
39) 『平定州志補』 不分卷, 國家圖書館藏淸光緖十八年(1892)刻本, 附4a~7a쪽.
40) 『文正書院藏書目』, 國家圖書館藏淸光緖二十五年(1899)刊本.

체계와 같은 학술 체계를 절대적인 분류 기준으로 삼지 않았다는 것을 의미한다. 예를 들어 관산서원(冠山書院)이 설정한 다섯 대분류 중 '도(圖)' 항목은 서적의 형식을 기준으로 분류한 것으로, 엄밀한 의미에서는 독립적인 분류 항목으로 보기 어렵고, 앞선 네 개 항목과 병렬될 수도 없다. 그럼에도 '여도(輿圖)' 계열의 서적은 청말 선비들의 독서에서 중요한 위치를 차지하고 있었기에, 관산서원이 장서 중 여도류 서적을 별도의 항목으로 설정한 것은 장서 목록 편제 과정에서 실제 서적 상황을 반영한 실증적 접근의 결과라 할 수 있다.

실제 서적을 근거로 목록을 편제하는 것은 청말 서원 장서 목록에 드러난 중요한 특징으로, 실용성을 중심으로 삼은 당시 서원 장서 구축 이념을 철저히 반영한 것이다. 청말 서원의 장서 사업 담당자들은 새로운 내용과 새로운 형식을 갖춘 서적을 장서 체계에 포함시키기 위해 새로운 부류를 추가하거나 기존 분류를 개조하는 등의 방식으로 유연하게 대응하였으며, 이러한 사실은 당시의 장서 실천이 높은 수용성과 포용성을 지니고 있었음을 보여준다. 이는 또한 사부분류(四部分類)가 더는 청말 서원의 장서 편목에 적합하지 않게 되었으며, 새로운 지식 체계를 받아들일 가능성을 예시하는 것이기도 하다. 기증을 주된 장서 수집 경로로 삼은 일부 서원의 경우, 그 장서 목록은 대개 기증자를 항목으로 삼아 기록하였다. 예를 들어, 동치(同治) 연간의 『악록서원신기증관서총목록(岳麓書院新捐官書總目錄)』, 복주(福州)의 『치용당기증장서목(致用堂捐藏書目)』, 광서(光緒) 연간의 『풍호서원장서목(豐湖書院藏書目)』, 『용담서원진시랑기증도서명목(龍潭書院陳侍郎捐書名目)』, 『중강서원존경각서목(中江書院尊經閣書目)』 등이 그러하다. 또 일부 서원은 심지어 분류 자체를 따지지 않고 단순히 서원의 장서 현황을 장부로 작성하는 데 그쳤는데, 파천서원(巴川書院), 봉의서원(鳳儀書院), 고도서원(古桃書院) 등이 그 예에 해당한다. 광서 연간[41] 수량서원(壽良書院)의 장서 목록은 이러한 기록 중심

---

41) 목차에는 편찬 연도가 명시되어 있지 않으나, 목차에 기재된 열두 종의 서적이

의 특징을 전형적으로 보여주는 사례이다. 이 목록은 모두 15종의 서적을 기재하고 있으며, 서명과 수량 외에도 앞의 12종은 "곤기도석량(袞沂道錫良)이 기증한 것으로, 서원에 비문이 있다"고 밝혔고, 뒤의 3종은 "서국(書局)에서 구매한 것"⁴²⁾이라고 명시하였다. 수량서원 장서 목록은 서적의 기본 정보만을 기록하는 데 그쳤다. 이로 미루어 볼 때, 청말 서원의 장서 목록은 학술적 기능보다는 실용적 설명 기능으로 그 성격이 전환되어 가고 있었음을 알 수 있다. 이는 전통 목록학에서 강조되던 '문로(門路)를 지시하는 기능'이 점차 약화되고 있었음을 시사한다.

2. 기재 항목의 확장

전통적인 목록학 저작에서 도서에 대한 기재는 주로 해당 도서의 편찬 기원, 유포 상황, 그리고 학술적 가치 등을 고증하는 데 중점을 두었다. 비록 판본에 대한 언급이 있더라도, 그것은 서적의 고유한 가치를 더욱 온전하게 보존하기 위한 필요에서 비롯된 것이며, 전체적으로는 서적의 내용 기재에 치우쳐 있었다. 그러나 청말 서원에서는 장서 목록의 편찬 목적을 책의 이용 경로를 밝혀내는 데 두었기 때문에 도서의 외형적인 형식 또한 함께 기재해야 한다고 보았다. 이와 동시에 서적이 목록에 등재됨으로써, 서원의 고정자산에 대한 등록 작업도 함께 완료하게 되었다. 시대의 발전은 목록 편찬 업무에 새로운 요구를 불러일으켰고, 이는 서원 장서 목록의 속성이 변화하게 된 또 하나의 중요한 원인이었다.

근대 인쇄 기술이 중국 도서 시장에 등장하기 전까지, 필사 및 목판 인쇄는 가장 중요한 서적 생산 방식이었다. 청나라 말기에는 서구의 선진적인 인

모두 袞沂道 錫良이 기증한 것임을 고려할 때, 錫良이 光緒 20년에 沂州知府로 전임되었고, 이후 袞沂曹濟道로 승진한 사실에 비추어 보아, 이 편찬 시기는 光緒 20년 전후로 추정된다.
42) 『壽張縣志』 卷2, 國家圖書館藏清光緒二十六年(1900)刻本, 7b~8a쪽.

쇄 기술이 점차 도입되어, 석인본(石印本), 유인본(油印本) 등 신흥 인쇄 방식으로 제작된 도서들이 도서 시장에 대거 출현하였다. 청말 서원의 서적 소장 과정에서도 이러한 서적 인쇄본의 차이에 대한 주의가 나타난다. 예를 들어, 동치(同治) 12년(1873) 영향(寧鄕) 운산서원(雲山書院) 장서 목록에는 "송판『역경』(宋版『易經』), 송판『서경』(宋版『書經』), 송판『시경』(宋版『詩經』)" 등의 송본 서적은[43] 표기가 특별히 기록되어 있어, 목록 편찬자가 장서의 판본 차이를 인지하고 이를 명기해야 할 필요성을 인식했음을 보여준다. 양무운동(洋務運動) 시기에 설립된 각 지방의 관서국(官書局)은 청말 서원이 서적을 구입하는 주요 경로였다. 이들 서국에서 발행한 책은 '국판(局板)'이라 불렸고, 무영전(武英殿)에서 간행한 '전판(殿板)'과 구별되었다. 임진서원(臨津書院)의 장서 목록에는 각 도서별로 판본이 명기되어 있으며, '국판' 도서 26종, '석인(石印)' 도서 14종, '목판(木板)' 도서 19종이 기록되어 있다.[44] 『화양서원저원서목』(『華陽書院儲院書目』)에는 '석인' 도서 10종이 수록되어 있으며, 석인본『정속황청경해』(正續皇淸經解), 석인본『영환지략』(瀛寰志略) 등이 포함되어 있다.[45] 조의서원(昭義書院) 장서 목록에는 '양판(洋板)' 『자전』(字典)이 기록되어 있다.[46] 『섬감미경서원장서목』(『陝甘味經書院藏書目』)에는 '해산선관본(海山仙館本)', '월아당본(粵雅堂本)', '본서원간본(本書院刊本)' 등의 판본이 수록되어 있다.[47] 또한, 『문정서원장서목』(『文正書院藏書目』)의 '시무서목록(時務書目錄)'에는 『상학보』(湘學報), 『령학보』(嶺學報), 『격치휘편(格致彙編, 제1·4·5·6·7편)』 등 신문과 간행물, 『열학도설(熱學圖說)』, 『전체도설(全體圖說)』, 『백수도설(百獸圖說)』 등 다양한 학과와 그림을 중심으로 한 도서들이 수록

---

43) 『寧鄕雲山書院志』 卷2, 趙所生, 薛正興, 『中國歷代書院志』 第5冊, 297a쪽.
44) 『臨津書院存書目錄』, 『寧津縣志』 卷4, 國家圖書館藏淸光緒二十六年(1900)刻本, 19b~21a쪽.
45) 『華陽書院儲院書目』, 『續纂句容縣志』 卷3, 國家圖書館藏淸光緒三十年(1904)刊本, 25b~26a쪽.
46) 『睢寧縣志稿』 卷8, 國家圖書館藏淸光緒十二年(1886)刻本, 15b~16b쪽.
47) 劉光蕡, 『陝甘味經書院志』 不分卷, 附『藏書目錄』 等三種, 民國十二年(1923)刻本.

되어 있다.[48] 이러한 기록 내용들은 청말 서원이 새로운 도서 판본과 도서 형식에 대한 탐구 의식을 갖고 있었음을 설명하며, 동시에 청말 서원이 도서 수장에 대해 보다 다원적인 태도를 취하기 시작했음을 보여준다. 여기에는 서적을 정보 전달의 매체이자 도구로 간주하는 잠재적 인식이 내포되어 있다.

청말 서원이 장서에 대한 기재 항목을 확장함에 따라, 장서 분야의 관련 연구에 많은 편의를 제공하였다. 예를 들어, 숭의서원(崇義書院)은 도서의 서명과 수량 외에도 책값을 함께 기록하였는데, 이는 청말 서원의 장서 예산 문제를 연구하는 데 있어 중요한 사료가 된다.[49] 임진서원(臨津書院)은 소장 도서에 대해 '국판', '석인', '목판' 등의 판본 특성을 표기하였는데, 이러한 정보는 당시 도서 시장의 발전 양상을 파악하는 데 유익한 자료가 된다. 특히, 장서 목록에서 기증자를 명기한 경우는 더욱 주목할 만하다. 이는 한편으로 청말 서원 장서의 기증 비율을 반영하였으며, 다른 한편으로 저명한 인사나 학자가 서원에 기증한 도서 목록을 충실히 기록하였다. 이와 같은 기증 목록은 청말 지식인들이 서원 장서에 대해 어떤 태도를 가지고 있었는지를 간접적으로 파악할 수 있게 하며, 문화사, 교육사, 나아가 독서사 연구를 위한 중요한 사료로 활용될 수 있다.

서원 장서는 사회 발전과 문화 변화와의 상호작용이 매우 강하게 나타나는 분야로, 청말 서원의 장서 목록은 단지 서원의 장서 사업의 일면일 뿐만 아니라, 당대 사회문화 발전의 한 단면을 반영하는 것이기도 하다. 실제로 어떤 학자는 고대 도서사를 사회발전사의 일환으로 연구해야 한다고 주장한 바 있다.[50] 장서 목록은 장서의 실질적인 상태를 반영하는 문헌이기에, 그 사료적 가치가 점차 부각되고 있다.

---

48) 『文正書院藏書目』, 國家圖書館藏光緒二十五年(1899)刊本.
49) 『崇義書院傳書』 卷1, 趙所生, 薛正興, 『中國歷代書院志』 第5冊, 765쪽.
50) 陳力, 『中國古代圖書史, 以圖書爲中心的中國古代文化史』, 北京: 社會科學文獻出版社, 2017年, 3쪽.

3. 문헌 가치의 점진적 부각

단행본 형태의 서원 장서 목록 외에도, 다수의 서원 장서 목록이 지방지, 서원지, 청대 문집 등의 문헌에 수록되어 있는 점은 이러한 목록의 문헌적 가치가 점차 부각되었음을 증명한다. 필자가 사료를 조사하며 청말 서원 장서 목록을 살펴보는 과정에서, 비교적 많은 서원이 단행본 형태의 장서 목록을 간행한 사실을 확인할 수 있었다. 선원서원(仙源書院), 풍호서원(豐湖書院), 광아서원(廣雅書院), 대량서원(大梁書院) 등과 같이 장서 규모가 큰 서원 외에도, 용유 봉오서원(龍游鳳梧書院), 흥화 문정서원(興化文正書院) 등 장서 규모가 비교적 작은 서원도 단행본 목록을 간행한 바 있다. 그러나 전체적인 비율로 보았을 때, 단행본 장서 목록은 주류를 차지하지 않았으며, 상당수의 서원 장서 목록은 지방지, 서원지 및 청대 인물의 문집 등과 관련된 문헌 속에 수록되어 있다. 동치 12년(1873) 『영향운산서원장서장정(寧鄕雲山書院藏書章程)』에서는 "서원에서 구입한 서적은 호방(號房)이 책임지고 관리하며, 별도로 장서목록부(書目簿) 한 권을 마련하여 권수와 부수를 명확히 기록하고 수시로 등재한다"[51]고 규정하였다. 이 '수시로 등재한다(隨時登載)'는 요구는 서원 장서 목록의 편찬이 하나의 동태적(動態的) 과정임을 보여준다. 만약 서원의 장서 활동이 지속적인 장기 사업이었다면, 그 장서 목록은 고정된 학술적 가치를 유지하기 어려웠을 것이며, 점차 문헌적 가치로 전환되었을 것이라 추정할 수 있다.

청말 서원의 장서 사업 담당자들은 서책의 문헌적 가치를 중시하였다. 이곤(李坤)은 『곤명경정서원장서기(昆明經正書院藏書記)』에서 장서를 구축하여 사람들에게 열람하게 하는 것이, 곡식을 저장하여 사람들에게 식량을 제공하는 것보다 더 뛰어나다고 생각하여 "그대는 본디 우리와 함께 음식을 즐기길 좋아하지만, 창고의 곡식보다 배부르게 하는 것이 있으니, 장서가 곧 그

---

51) 『寧鄕雲山書院志』 卷1, 趙所生, 薛正興, 『中國曆代書院志』 第5冊, 274b쪽.

것이다"[52]라고 하며, 서적이 가져다주는 사회적 영향력을 강조하였다. 청말의 지방지 가운데 교육, 학교와 관련된 내용을 다룬 항목에서 서원이 언급될 경우 그 장서 사업 또한 기록되는 것이 일반적이었고, 이들 문헌에는 종종 서원의 장서 목록이 포함되어 있다. 예를 들어 광서 17년(1891), 절강(浙江) 상우현(上虞縣) 지현(知縣) 당욱춘(唐煦春)은 경정서원(經正書院)의 존경각(尊經閣)을 중건하고 장서를 보관하고자 모금 사업을 추진하였으며, 그 목적은 "문화교육(文敎)을 진흥시키고, 한 고을의 경학 연구자를 줄지어 나오게 하는 것"이었고, 서원의 흥기, 기원, 전답 소유 현황 및 장서 목록 등이 『상우현지(上虞縣志)』에 기록되었다.[53] 이로부터 서원 장서 목록이 서원의 공식 문헌으로 포함되었음을 알 수 있다. 이는 전통적인 학술적 분류 체계를 지향하던 공사(公私) 장서 목록과는 속성 면에서 크게 달라졌음을 의미한다.

주의할 점은, 지방지에 기재된 서원 관련 사료가 반드시 정확하지는 않다는 것이다. 기존의 연구자들은 특정 지방지가 지방 서원에 대해 기록한 내용을 고증하면서, 지방지가 개수(改修)되는 과정에서 정확성과 완전성이 결여되는 문제가 있음을 지적한 바 있다. 지방지는 서원 연구에서 주요한 사료 원천 중 하나이므로, 연구자가 이를 활용할 때에는 반드시 선별하여 신중하게 검토해야 한다.[54] 이런 경우에는 서원지, 개인 문집 등 기다른 서원 문헌 자료를 활용하여 교차 검토할 수 있다. 서원지에 기재된 서원 장서 목록은 수량과 내용 면에서 모두 주목할 만한 가치가 있다. 예를 들어, 잠언서원(箴言書院), 영향 운산서원(寧鄕雲山書院), 악양 신수서원(岳陽愼修書院), 단계서원(端溪書院) 등의 장서 목록은 모두 서원지 문헌에서 확인할 수 있으며, 장서 항목이 문헌 내에서 적지 않은 지면을 차지하고 있다. 이러한 장서 목록은 보통 상세하게 기술되어, 전체 서원지에서 중요한 비중을 차지한다. 또한,

---

52) 李希泌, 張椒華, 『中國古代藏書與近代圖書館史料(春秋至五四前後)』, 67쪽.
53) 『上虞縣志校續』 卷37, 國家圖書館藏淸光緖二十五年(1899)刊本, 10b-11a쪽.
54) 張勁松, 「明代寧州鳳山, 山泉二書院小考 - 兼論地方志書院史料問題」, 『九江學院學報(社會科學版)』, 2020年 第4期, 30-34, 44쪽.

일부 청말 선비의 문집에서도 서원 장서와 관련된 문헌이 발견된다. 대표적인 예는 원창(袁昶)으로, 그는 생전에 사부(四部) 분류 체계와는 다른 도서 분류법을 창안하는 데 힘을 기울였다. 그는 자신의 일기에서 복초강원(復初講院)을 위해 창립한 16문(十六門) 도서 분류체계를 기술하였는데,[55] 이는 청말 지식 체계가 사부 중심에서 분과 중심으로 이동하기 시작한 싹을 보여주는 것이며, 분류학사적 의의도 크다. 원창이 이와 같은 분류체계를 문헌에 기록해 둔 것은 서원 장서 목록이 지닌 문헌적 가치가 당시 창작자에 의해 인식되고 있었음을 시사한다.

광서 4년(1878), 황팽년(黃彭年)은 하북(河北) 보정(保定)의 연지서원(蓮池書院)을 다시 맡아 대량의 기금을 모아 서적을 매입하고 이를 만권루(萬卷樓)에 소장하였다. 그는 제자 백생 종원(白生鐘元)과 범생 우문(范生右文)에게 각각 장서를 분류하게 하고, 그에 따라 목록을 작성하게 하였다. 그는 『만권루서목서(萬卷樓書目序)』를 지어 다음과 같이 언급하였다. "책이 한데 모였다고 해도 반드시 흩어지게 되며, 지혜로운 자가 천 번을 고려하더라도 그것이 사라지지 않도록 보존할 수는 없다."[56] 이 문장은 서적은 언젠가 흩어질 수 있으므로, 장서 목록은 그 장서가 존재했음을 증명하는 기록으로 남을 수 있음을 강조한 것이다. 황팽년이 서원 장서 목록의 편찬을 중시했던 이유 역시 장서 목록이 가지는 문헌적 가치 때문이었다고 할 수 있다. 이상의 내용을 종합하면, 청말 서원 장서 목록은 그 편찬 목적, 기재 항목, 문헌적 가치에 있어서 전통적인 도서 목록학이 추구했던 "변장학술, 고경원류(辨章學術, 考鏡源流)"의 핵심 가치로부터 점차 분리되고 있었고, 이러한 과정 속에서 장서 목록의 문헌적 속성은 점차 부각된 반면, 학술적 체계를 중시하는 전통적 기능은 점차 약화되었다.

---

55) 袁昶, 『於湖文錄』, 『清代詩文集彙編』編纂委員會, 『清代詩文集彙編』第761冊, 503~504a쪽.
56) 黃彭年, 『陶樓文鈔』 卷8, 『清代詩文集彙編』第693冊, 601쪽.

Ⅲ. 근대 도서관에 대한 청말 서원 장서 근대화의 영향

근대 도서관을 언급할 때 가장 먼저 논의되는 것은 그것이 종래의 장서 체계와 달리 공개성 및 공공성을 지닌다는 점이다. 청나라 말기에 이르러, 세계 지식에 대한 사람들의 갈망이 증대함에 따라, 장서는 국민의 소양 나아가 국가의 장래와도 긴밀히 연결된 중요한 수단으로 인식되었고, 장서의 공개에 대한 요구는 이전 시대에 비해 더욱 절박해졌다. 이러한 시기의 장서 공개성에 대한 논의는 학계에서 이미 상당히 성숙한 연구 성과를 이루고 있다. 예컨대 저장(浙江)의 고월장서루(古越藏書樓)가 선도한 '사적(私的)에서 공적(公的)으로의 전환'[57], 외국 선교사들이 선교 활동 중 장서 사업을 객관적으로 촉진한 역할 등에 대한 논의가 그것이다.[58] 광서(光緒) 33년(1907년) 『격치서원장서루관서약(格致書院藏書樓觀書約)』 제8조에는 다음과 같은 규정이 명시되어 있다. "각종 신문, 잡지 가운데 학계에 유익한 것으로 여겨지는 것은 일간지·월간지·교회지 등을 불문하고 모두 관서(觀書) 규정에 따라 열람하며, 아래층에서는 열람을 허용하고, 위층에는 비치하지 않는다." 이는 도서와 신문을 분리 보관하고, 신문·잡지 열람실을 개설한 시초로 볼 수 있다.[59] 그러나 실제로 청말의 일부 서원에서는 이미 도서와 신문을 구분하여 장서하였고, 각각의 자료에 대해 열람을 제공한 사례가 존재했기 때문에, 격

---

57) 이 분야에서 비교적 이른 시기의 연구로는 高學安, 「古越藏書樓與中國近代圖書館事業」, 『浙江學刊』, 1995년 제3기를 들 수 있다. 최근에는 浙江 紹興의 장서 문화를 탐구하며 徐樹蘭이 창설한 근대적 공공도서관의 특성을 지닌 古越藏書樓에 끼친 영향을 조명한 연구들도 등장하고 있다. 예를 들어 邢豔, 周公旦, 「試論紹興藏書文化的地域特徵及其對古越藏書樓的影響」, 『圖書館』, 2022년 제8기 등이 그러하다. 물론 학계에는 古越藏書樓이 근대 도서관적 성격을 지녔는지에 대해 의문을 제기하는 연구도 적지 않다. 대표적으로 黃少明, 「質疑古越藏書樓的公共圖書館性質」, 『圖書館雜志』, 2004년 제10기가 있다.
58) 이 부분에 대한 연구는 대표적으로 齊誠, 馬楠의 『外國傳教士與中國近代圖書館事業』(北京: 光明日報出版社, 2016年)이 있다.
59) 李穎, 「近代書院藏書考」, 『圖書與情報』, 1999년 제1期.

치서원의 장서 규정은 근대 도서관의 신문·잡지 분리 보관의 출발점으로 단정 지을 수는 없으며, 청말의 서원 장서에 도서관적 요소가 출현한 시기는 이보다 더 앞선 것으로 보아야 한다.

공교등(龔蛟騰) 등의 학자는 중국 고대 도서관학이 선진(先秦) 시기에 잉태되어 서한(西漢) 시기에 형성되고, 양송(兩宋) 시대에 흥성하여 일관되게 전승되다가 민국 초기에 이르러 근대 도서관학으로 전환되었다고 보았다.[60] 중국 근대 도서관의 계승과 발전을 고찰함에 있어, 단지 20세기 초 공공도서관의 설립이라는 사건에만 주목해서는 안 되며, 앞서 분석한 바와 같이, 중국 근대 도서관의 발생 메커니즘을 형성한 기반은 그보다 더 이른 시점까지 거슬러 올라갈 수 있다. 예를 들어, 정환문(程煥文)은 청말 신정(新政)의 영향 아래 등장한 도서관 실천 활동에 대해 자세히 논술한 바 있다.[61] 실제로 광서(光緒) 22년(1896년) 5월 2일, 『형부좌시랑이단분주청추광학교절(刑部左侍郎李端棻奏請推廣學校折)』에서 이단분은 여러 조항의 교육 개혁 방안을 건의하였는데, 그 중 제1조항이 바로 "장서루(藏書樓)를 설치할 것"이었다. 그는 건륭제가 『사고전서(四庫全書)』를 편찬하고 남삼각(南三閣)을 지어 선비들이 열람하게 한 일, 완원(阮元)이 초산영은사(焦山靈隱寺)에 장서를 마련하여 후학을 도왔던 일 등을 언급한 뒤, 다음과 같이 진술하였다.

> 서양 제국은 이 도(道)를 매우 잘 터득하여, 모든 대도시마다 장서가 구비되어 있고, 그중에서도 가장 방대한 곳은 장서가 수천만 권에 이르며, 사람들에게 열람을 허용하여 수많은 학문이 이로부터 형성되었습니다. 지금 건륭제의 고사(故事)를 본받되, 더욱 확대하여 실행할 것을 청하옵니다. 경사(京師)와 열여덟 성(省)의 성도(省會)마다 모두 대형 서고(書樓)를 설치하고, 전각판(殿板) 및 각 관서국(官書局)에서 간행한 서적과 더불어 동문관(同文館), 제조국(製造局) 등에서

---

60) 劉春雲, 龔蛟騰, 「中國古代圖書館學研究述評」, 『圖書館建設』, 2017年 第9期, 11~18쪽.
61) 程煥文, 『晚淸圖書館學術思想史』, 216~319쪽.

번역한 서양 서적을 부문별로 정리하여 각 성에 배포하여 장서를 충실히 해야 합니다. 민간 각처에서 간행한 책 중 실용적이고 관서에 없는 책에 대해서는 목록을 작성하고 가격을 조사하여 점진적으로 구입하여 보완할 것이며, 서양 서적 중 계속 번역되는 책은 번역기관에서 적시에 발송할 것입니다. 장서를 효율적으로 관리하기 위한 장정(章程)을 제정하여 사람들이 장서루에 들어가 책을 보고 읽도록 허락하며, 지방 관청은 학문을 좋아하고 사무에 밝은 인물을 선발하여 그 일을 담당하게 할 것입니다. 이와 같이 한다면 그간 책이 없어 공부하지 못했던 자들도 모두 스스로 학문에 힘쓰게 되어 재능을 헛되이 버리는 일이 없게 될 것입니다. 고금중외(古今中外)의 유용한 책 중 관서에서 간행한 판본이 십중 칠팔에 해당하니, 각 관서는 적정한 수량의 책을 선별하여 각 성에 발송하면 비용도 절감되고 실행도 용이합니다. 만일 황제의 명령이 내려온다면 즉시 실행 가능하며, 학자들에게 실질적인 혜택을 주고 인재를 육성하는 데에도 큰 효과가 있을 것입니다.[62]

이단분(李端棻)의 구상은 각 성(省)에 장서루(藏書樓)를 설립하고 "규정을 잘 마련하여 사람들로 하여금 장서루에 들어가 책을 읽을 수 있도록 허가한다(妥定章程, 許人入樓看書)"는 것이었다. 그는 장서루에 소장될 서적의 출처를 세 가지로 보았다. 첫째는 "전각본(殿板)과 각 관서국(官書局)에서 간행한 서적, 동문관(同文館)·제조국(製造局) 등에서 번역한 서양 서적을 부문에 따라 각 성(省)에 배포하여 실제 장서로 삼는 것", 둘째는 "실용적인 책 중 민간에서 간행했으나 관서에 없는 것으로, 목록을 작성해 가격을 조사하고 점진적으로 구매해 보충하는 것", 셋째는 "계속 번역되는 서양 서적을 번역국에서 수시로 발송하는 것"이다. 이러한 구상은 각 성에 장서루를 설립하려는 계획으로, 근대적 공공도서관 설계와 유사하지만, 그가 제시한 각 성 장서루의 서적 세 가지 출처를 면밀히 살펴보면 이는 청말 서원의 장서 확보 방식

---

62) 陳穀嘉, 鄧洪波, 『中國書院史資料』, 杭州: 浙江教育出版社, 1998年, 1983쪽.

과 매우 유사함을 알 수 있다.

근대 중국 대학 제도의 창립 과정에서도 대학 도서관의 건립은 일정 부분 청말 서원의 장서 사업을 참고했다. 광서 24년(1898)에 설립된 경사대학당(京師大學堂)의 주정장정(奏定章程)에는 장서 건립의 중요성을 다음과 같이 서술한다. "학자가 읽어야 할 책은 매우 많으니, 한 사람의 힘으로는 결코 모두 구입할 수 없다." "근래 장지동(張之洞)이 광동에 임명되어 광아서원(廣雅書院)을 설립했고, 진보잠(陳寶箴)이 호남에 임명되어 시무학당(時務學堂)을 설립하였는데, 모두 장서를 갖추었다. 경사대학당은 각 성의 본보기가 되므로, 그 체제는 더욱 장대해야 한다. 지금 한 개의 대형 장서루를 설치하고자 하며, 중서(中西)의 중요 서적을 폭넓게 수집하여 사람들이 열람할 수 있도록 하고, 천하의 기풍을 넓히고자 한다." 이 장정은 경사대학당 장서루의 인원 배치도 구체적으로 명시하고 있으며, 제조(提調) 1명, 사무 직원 10명을 두어 그 업무를 확대하고자 하였다.[63] 경사대학당의 설립은 백일유신(百日維新)에서 거의 유일하게 보존된 성과로, 그 초기 설계 단계부터 광아서원 및 시무학당의 장서 건립을 참고 대상으로 삼았고, "중서(中西)의 중요 서적을 광범위하게 수집한다(廣集中西要籍)"는 원칙은 매우 개방적인 시야를 보여준다. 이처럼 개방성을 중시하는 인식은 청말 서원의 장서 건립이 오랜 시간에 걸쳐 누적해온 영향의 산물이라 할 수 있다.

광서 27년(1901), 안경(安慶)의 유생 하희년(何熙年)은 안휘성(安徽省)의 신사들에게 공동으로 자금을 출자하여 환성(皖省, 안휘성의 다른 이름) 장서루(藏書樓)를 건립하자고 제안하였다. 그는 "동지를 규합하여 서루를 창건하고, 경사(經史)를 널리 비치하여 학문의 근본을 배양한다. 도서를 광범위하게 구비하여 마음을 넓히며, 신문 자료를 아울러 수장하여 견문을 넓힌다"고 구상하였다.[64] 그가 제정한 장정은 모두 12조로 구성되어 있으며, 제8조에는 다

---

63) 『京師大學堂章程(節錄)』, 李希泌, 張椒華, 『中國古代藏書與近代圖書館史料(初秋至五四前後)』, 106쪽.
64) 何熙年, 『皖省紳士開辦藏書樓上王中丞公呈』, 李希泌, 張椒華, 『中國古代藏書與近代

음과 같은 내용이 규정되어 있다. "이 장서루가 개설된 후, 상해 격치서원(格致書院)의 사례를 본받아 계절마다 학업 평가(季課)를 적절히 실시하여 학업에 힘쓰는 선비들을 고무하고자 하였다. 이에 따라, 관청에서 포상을 하거나 본 장서루에서 장려금을 지급할 수 있으며, 특히 뛰어난 글을 지은 자는 본 장서루에서 이를 모아 간행하고, 먼저 상해 각 신문사에 등재하여 실제 학문을 드러내고 널리 명성을 알리고자 하였다."[65] 환성 장서루는 그 장서 구성과 봉사, 관리 이념 면에서 근대 도서관과 유사하여 중국 공공도서관의 선구로 평가되었다.[66] 그 장서 구조와 장정으로 보았을 때, 환성 장서루는 여전히 경사류 서적을 중심으로 편성되었지만, 신문의 수집 또한 중시하였으며 그 시야는 이미 확장되어 있었다. 안휘성과 상해는 지리적으로 인접해 있으며, 상해는 문화적으로 더욱 개방되고 번영된 환경을 가지고 있었기에 인근 지역의 문화건설에 자연히 영향을 미쳤다. 환성 장서루는 장서의 상당 부분을 상해에서 구입하였고, 설립 이후에는 상해 격치서원의 학업 평가 방식을 모방하여, 우수한 학업 성과를 상해의 신문에 게재하고자 하였다. 이는 환성 장서루의 창립이 격치서원의 영향을 매우 많이 받았다는 것을 보여준다. 환성 장서루의 제11조 장정은 장서루가 서원과 맺고 있는 연원을 보다 명확히 보여준다. 해당 조항은 다음과 같다. "이 일은 관원과 신사들이 힘을 합쳐 성사시킨 것으로, 안휘성이 새 기풍을 열고 실학을 진흥시키는 데 목적이 있으며, 이는 성도(省城)의 각 서원과는 전혀 관련이 없다"[67] 이 조항은 환성 장서루가 '성내의 각 서원과 전혀 관련이 없다'고 명시적으로 선언하고 있는데, 이는 장서루의 설립 과정, 장서 구조, 장정 등이 서원의 장서 제도와 지나치게 유사했기 때문에 그 성격이 서원과 다름을 드러낼 위한 조치였다. 그러나

圖書館史料(初秋至五四前後)』, 107쪽.
65) 『皖省藏書樓開辦大略章程十二條』, 李希泌, 張椒華, 『中國古代藏書與近代圖書館史料(初秋至五四前後)』, 108~109쪽.
66) 莊華峰, 劉和文, 「何熙年與皖省圖書館」, 『國家圖書館學刊』, 2006年 第3期.
67) 『皖省藏書樓開辦大略章程十二條』, 李希泌, 張椒華, 『中國古代藏書與近代圖書館史料(初秋至五四前後)』, 109쪽.

오히려 이 점이 완성 장서루가 청말 서원 사이의 긴밀한 연관성을 반증해주며, 환성 장서루의 설립이 상당부분 청말 서원의 장서 체제를 참고하였음을 짐작하게 한다.

청말 서원 장서의 근대적 근대적 전환이 근대 도서관과 밀접한 연관성을 갖게 된 것은 시대 변화의 특성에 기인한 것이다. 서구 도서관의 발전과 비교할 때, 중국 근대 도서관은 내적 진화와 외적 자극이 복합적으로 작용한 결과물이었다. 그것은 출현 시점부터 지식 엘리트 집단에 의해 '민중의 소양을 향상시키는 도구'라는 중대한 의미를 부여받았다. 일부 학자들의 논점에 따르면, 중세 유럽 대학 도서관은 장서의 활용에 중점을 두었는데 이것이 가장 이른 시기의 '근대적 도서관'으로 평가된다. 중세 대학은 직업 분화를 강조하고, 법률가·의사·사제 등 전문 직업인을 양성하는 데 주력하였다. 이들이 졸업 후 사회로 나아가 법학·철학·의학 등 전문 지식을 바탕으로 다시 타인을 교육함으로써, 중세 사회에 새로운 지식 계층을 형성하게 되었다.[68] 직업별 교육을 목표로 하는 장서 구축은 중국 고대 서원의 장서 체제에도 그 싹을 찾아볼 수 있다. 예를 들어, 원대(元代) 견성(鄄城) 역산서원(歷山書院)에는 당시 '방서(方書)'라 불린 의학 관련 도서가 소장되어 있었으며,[69] 명대(明代) 강소(江蘇) 상숙(常熟) 우산서원(虞山書院)의 '경제부(經濟部)'에는 『구변도고(九邊圖考)』, 『주해도편(籌海圖編)』, 『강남경략(江南經略)』, 『수리전서(水利全書)』, 『경부책(經賦冊)』 등 경제 관련 도서가 소장되어 있었다. 또한 '잡부(雜部)'에는 『소문(素問)』, 『의통(醫統)』, 『본초(本草)』, 『맥경(脈經)』 등 의학 서적도 포함되어 있었다.[70] 청말로 접어들면서, 서원의 장서는 점차 사회 대중에게 개방되었고, 이는 필연적으로 통속적(通俗的) 유형의 서적 수집으로

---

68) 張波, 「宋代書院藏書與西方中世紀大學圖書館之比較」, 『新世紀圖書館』, 2005年 第5期.
69) (元)程文海, 『歷山書院記』, 見『雪樓集』 卷12, 影印文淵閣 『四庫全書』本.
70) (明)張鼐等, 『虞山書院志』 卷6, 見趙所生, 薛正興, 『中國曆代書院志』 第8冊, 南京, 江蘇教育出版社, 1995年, 121~123쪽.

까지 확장되는 결과를 낳았다. 청말에서 민국(民國)으로 이행하는 시기에 전통 사대부 계층이 근대 지식인 계층으로 전환하는 과정에서, 통속적인 서적이 민중 교육에 기여한다는 것을 점차 인식하게 되었다. 이러한 포용적 경향은 완만하지만 지속적인 방식으로 전통적인 서원의 장서 구조를 개조해 나갔다. 산동(山東) 태안현(泰安縣)은 민국 5년(1916)에 통속도서관(通俗圖書館)을 설립하였는데, 이곳은 전통적인 경사(經史) 외에도 시무(時務)와 과학 관련 도서를 비롯하여 통속 소설과 소년 총서 등 200여 종을 구입하였다. 통속 소설을 구입한 이유에 대해서는 다음과 같이 논하였다. "희곡(戲曲)·소설·고사창(鼓詞) 등은 사회 대중과의 관계가 실로 크다! 경자년(庚子) 의화단(義和團)의 난 당시, 요사스럽고 괴이한 자들이 차용한 것도 『서유기(西遊記)』나 『협의전(俠義傳)』의 인물이었다. 반면, 정녀(貞女)·절부(節婦)·향곡(鄕曲) 중에는 훌륭한 본보기도 많았으며, 이는 장님 악사들의 읊조림에 감화된 바도 적지 않았다. 세상에 사회 개량을 꿈꾸는 지사(志士)들은 마땅히 그 대상을 주목해야 할 것이다."[71] 이와 같이, 청말 서원이 점차 통속적인 서적을 수용하게 되면서, 궁극적으로는 서원 장서 전통의 점진적인 전환으로 이어졌고, 이는 어느 정도 예견된 방향이었다.

---

71) 『重修泰安縣志』 卷5, 國家圖書館藏民國十八年(1929)鉛印本, 55a쪽.

【참고문헌】

程煥文, 『晚清圖書館學術思想史』.
(元)程文海, 『曆山書院記』, 『雪樓集』, 影印文淵閣『四庫全書』本.

(明)張鼐等, 『虞山書院志』, 趙所生, 薛正興, 『中國曆代書院志』, 南京, 江蘇教育出版社, 1995年.
(清)李來章編, 『連山書院志』, 趙所生, 薛正興, 『中國曆代書院志』
梁廷枏, 『粤秀書院志』, 趙所生, 薛正興, 『中國曆代書院志』.
『寧鄉雲山書院志』, 趙所生, 薛正興, 『中國曆代書院志』.
梁星海, 『鍾山書院乙未課藝』, 趙所生, 薛正興, 『中國曆代書院志』.
『崇義書院傳書』, 趙所生, 薛正興, 『中國曆代書院志』.
湯椿年, 『鍾山書院志』, 趙所生, 薛正興, 『中國曆代書院志』.

袁昶, 『於湖文錄』, 『清代詩文集彙編』.
汪師韓, 『上湖分類文編』, 『清代詩文集彙編』
沈琨, 『嘉蔭堂文集』, 『清代詩文集彙編』
黃彭年, 『陶樓文鈔』, 『清代詩文集彙編』.

何熙年, 『皖省紳士開辦藏書樓上王中丞公呈』, 李希泌, 張椒華, 『中國古代藏書與近代圖書館史料(春秋至五四前後)』, 北京, 中華書局, 1982年.
『皖省藏書樓開辦大略章程十二條』, 李希泌, 張椒華, 『中國古代藏書與近代圖書館史料(初秋至五四前後)』
『京師大學堂章程(節錄)』, 李希泌, 張椒華, 『中國古代藏書與近代圖書館史料(初秋至五四前後)』
『皖省藏書樓開辦大略章程十二條』, 李希泌, 張椒華, 『中國古代藏書與近代圖書館史料』
『思亭文鈔』, 李希泌, 張椒華, 『中國古代藏書與近代圖書館史料(春秋至五四前後)』.

徐維則, 『增版東西學書錄』, 熊月之, 『晚清新學書目提要』, 上海: 上海书店出版社, 2007年.
崔燕南, 『曹元弼與梁鼎芬交遊研究』, 吳飛, 『南菁書院與近世學術』, 北京: 生活·讀書·新知三聯書店, 2019年.

『高安縣志』, 國家圖書館藏清同治十年(1871)刻本.
『巴陵縣志』, 國家圖書館藏清同治十一(1872)刻本.
『永平府志』, 國家圖書館藏清光緒五年(1879)刻本.
『睢寧縣志稿』, 國家圖書館藏清光緒十二年(1886)刻本.
『平定州志補』, 國家圖書館藏清光緒十八年(1892)刻本.
葛士達, 「冠山書院藏書記」,『平定州志補』, 國家圖書館藏清光緒十八年(1892)刻本.
「冠山書院藏書記」,『平定州志補』, 國家圖書館藏清光緒十八年(1892)刻本.
「墨香書院藏書記」,『黔江縣志』, 國家圖書館藏清光緒二十年(1894)刻本.
「上虞縣志校續」, 國家圖書館藏清光緒二十五年(1899)刊本.
『文正書院藏書目』, 國家圖書館藏清光緒二十五年(1899)刊本.
『壽張縣志』, 國家圖書館藏清光緒二十六年(1900)刻本.
莊洪烈, 「壽良書院藏書記」,『壽張縣志』, 國家圖書館藏清光緒二十六年(1900)刻本.
「臨津書院存書目錄」,『寧津縣志』, 國家圖書館藏清光緒二十六年(1900)刻本.
「華陽書院儲院書目」,『續纂句容縣志』, 國家圖書館藏清光緒三十年(1904)刊本.
「求志書院存院書籍」,『上海縣續志』, 國家圖書館藏民國七年(1918)刻本.
『重修泰安縣志』, 國家圖書館藏民國十八年(1929)鉛印本

黃植楨等編,『惠州豐湖書藏書目』, 民國九年(1918)同仁堂鉛印本.
劉光賁,「陝甘味經書院志」, 附「藏書目錄」等三種, 民國十二年(1923)刻本.

康有爲,『長興學記 桂學答問 萬木草堂口說』, 樓宇烈整理, 北京: 中華書局, 1988年.
周慶山,『文獻傳播學』, 北京: 書目文獻出版社, 1997年.
陳穀嘉, 鄧洪波,『中國書院史資料』, 杭州: 浙江教育出版社, 1998年.
虞和平主編,『近代史所藏清代名人稿本抄本』, 鄭州: 大象出版社, 2011年.
齊誠, 馬楠,『外國傳教士與中國近代圖書館事業』, 北京: 光明日報出版社, 2016年.
王鳴盛,『十七史商榷』, 黃曙輝點校, 上海: 上海古籍出版社, 2016年.
陳力,『中國古代圖書史, 以圖書爲中心的中國古代文化史』, 北京: 社會科學文獻出版社, 2017年.
桑兵, 關曉紅,『近代學術的淸學糾結』, 上海: 上海人民出版社, 2020年.

孟昭晉,「康有爲的目錄學思想」,『圖書館論壇』, 1993年 第4期.
李穎,「近代書院藏書考」,『圖書與情報』, 1999年 第1期.

張勁松, 「明代寧州鳳山, 山泉二書院小考 - 兼論地方志書院史料問題」, 『九江學院學報(社會科學版)』, 2020年 第4期
張波, 「宋代書院藏書與西方中世紀大學圖書館之比較」, 『新世紀圖書館』, 2005年 第5期.
莊華峰, 劉和文, 「何熙年與皖省圖書館」, 『國家圖書館學刊』, 2006年 第3期.
劉春雲, 龔蛟騰, 「中國古代圖書館學研究述評」, 『圖書館建設』, 2017年 第9期.
鄒桂香, 高俊寬, 「我國書院藏書事業近代化的曆程, 特征與意義」, 『圖書館建設』, 2021年, 3期.

현대신유가(現代新儒家)와
서원의 현대적 전승(傳承)

정 병 석

Ⅰ. 머리말

청(淸)나라 말기 1898년의 학제(學制) 개혁의 단행으로 의해 중국의 서원은 학당(學堂) 등으로 개편되면서[1] 역사 속에서 점차 그 존재감과 위력을 상실하기 시작한다. 더욱 결정적인 사건은 1905년 과거제의 철폐이다. 학제 개편이나 과거제 철폐 후에도 서원은 각각의 상이한 목적과 이유로 다시 등장한다. 민국(民國) 이후 서원을 개설한 사람들은 서원을 통하여 순수히 전통유학을 회복하려도 하였고, 또 어떤 사람들은 서원이라는 전통 교육 형식을 현대적인 교육체계와 결합하여 중국을 낙후하게 만든 병근(病根)을 찾아내어 이를 문화적으로 치료하려는 시도도 있었다. 전자의 경우로는 민국 초기에

---

[1] 청나라 말에 서원을 폐지하고 학당으로 고쳐 신식 학교를 설립하려는 시도가 있었다. 1898년(광서 24) 5월에 광서제(光緖帝)는 「개서원흥학교유(改書院興學校諭)」를 내려 고(高)·중(中)·소(小) 각급 학교를 설립할 것을 명하고, 각지에 있던 크고 작은 서원을 중학(中學)과 서학(西學)을 겸하여 배우는 학교로 바꾸려 하였다. "성(省) 소재지의 큰 서원을 고등학부, 군 소재지의 서원을 중등학부, 주현(州縣)의 서원을 소학교로 개편하는(以省會之大書院爲高等學, 郡城書院爲中等學, 州縣書院爲小學)" 것은 모두 경사대학당(京師大學堂)의 경우를 모범으로 삼아 처리할 것을 명하였다. 그러나 같은 해 9월에 서태후는 각 서원을 기존의 방식에 따라 운영하고 다시 학당을 폐쇄하라고 명한다. 그 후 1901년 '신정(新政)'은 다시 명령을 내려 각 성부(省府)와 현(縣)의 서원을 각급 학당으로 바꾸도록 하였고 각 성에서는 이를 시행하였다. 서원을 학당으로 개편하는 작업이 본격적으로 대거 실행된 시기는 1905년 과거 폐지에 대한 조령(詔令) 이후이다.

설립된 운남(雲南)의 국학전수관(國學專修館)과 장병린(章炳麟, 1869~1936)의 장씨국학강습회(章氏國學講習會)는 형식과 내용 면에서 고대 서원의 전통을 그대로 계승하고 있다. 불교를 중심으로 한 교과 내용을 가지고 있기는 하지만 지나내학원(支那內學院) 역시 구국(救國)·민족주의나 현대신유가(現代新儒家) 들과의 관련성에서 보면 후자의 경우에 속한다.

항일 전쟁 시기, 구국(救國) 운동과 국학(國學) 부흥이라는 구호에 따라, 현대신유가 1대에 속하는 마일부(馬一浮, 1883~1967), 양수명(梁漱溟, 1893~1988), 웅십력(熊十力, 1885~1968), 장군매(張君勱, 1887~1969) 등은 후방에 속하는 서남(西南)이나 서북(西北)지역에서 각각 서원을 설립하거나 그곳에서 강학(講學)하였다. 이들의 공통점은 현대신유가의 1세대들로 당시 중국의 대학교육이 가진 한계를 비판하고 전통 서원의 정신적 정수와 학문적 전통을 현대에 전승(傳承)하려는 시도를 하였다는 점에 있다. 즉 서원이라는 매개체를 통해 전통적인 유학을 회복하는 동시에 그것을 현대적으로 새롭게 해석하려는 신유학(新儒學)의 이념을 표방하고 있다.

본 문장에서는 마일부가 사천(四川)에서 창립한 복성서원(復性書院), 양수명이 창립하고 웅십력이 주강(主講)한 사천의 면인서원(勉仁書院), 장군매가 운남성 대리(大理)에서 창립한 민족문화서원(民族文化書院)을 중심으로 논의하려고 한다. 이 세 곳의 서원이 추구하는 목표나 교육 내용에는 차이가 있다. 복성서원은 거의 고대의 서원이나 전혀 차이가 없을 정도로 복고적이었다. 면인서원은 시대적 상황에 부응하여 학생들에게 실천적인 민족주의 사상을 주입시켰고, 민족문화서원은 많은 서양학 과정을 개설하여 일종의 연구소와 같은 성격을 보여주고 있다.

현대신유가(Contemporary Neo-Confucianism)는 1920년대에 출현하였다. 그들이 추구하는 것은 전통적인 유가의 심성론(心性論)을 바탕으로 하여 서양의 사상과 문화를 흡수하고 회통(會通)하여 현대화된 유학으로 재건하려는 시도에 있다. 현대신유가의 발생이 5.4운동 이후라는 사실은 결코 우연이 아닌 분명한 배경을 가지고 있다. 서세동점의 이 시기는 총체적인 문화와 사상의 위기를 초래하여 존재(存在)와 현실에 대한 비관의식이 팽배하던 시대였다. 현대신유가는 새로운 역사적 조건 속에서 유학 전통을 새롭게 재건하려면 반드시 서양문화의 도전에 대한 적절한 대응이 요청된다고 보았다. 중국이 전통에서 현대로 나아가는 길목에서 분명히 해결하여야 할 문제는 다름 아닌 "전통 문화의 가치와 미래가 서양문화의 도전에 대해서 어떻게 대응할 것인가?"라는 과제이다.

현대신유가들은 유학을 중심으로 하는 전통문화를 재건하여 이 속에 들어있는 보편적인 인문주의적 가치를 발견하고 이를 통하여 전통문화를 적극적으로 홍보하고 전파하려는 시도를 한다. 그들은 유학을 중심으로 하는 전통문화의 가치를 인정하고 이것을 효과적으로 전달하기 위한 방식에서 고전적인 서원제도에 관심을 두기 시작한다. 현대신유가들은 현대적 방식의 학교는 서양식의 학교제도를 모델로 하여 과학지식과 공리적 가치의 추구를 중심으로 하고 있기 때문에 그들이 강조하려는 전통문화의 인문적 가치를 전파하기에는 적합하지 않다고 보았다. 그들은 틀에 박혀있지 않는 자유로운 강의 주제와 강의 형식·토론 및 정좌(靜坐) 등의 수련 방식을 위주로 하는 서원 교육에 더 큰 관심을 가졌다. 그들은 서원이 가진 이런 정신을 이어받아 현대 교육 제도의 울타리 밖에서 유학의 부활 방식을 찾으려 한 것으로 보인다.

이런 관점에 근거하여 본 논문은 우선 현대신유가 가지고 있는 특성과 계보에 대해 살펴보고, 위에서 언급한 세 곳의 서원이 가지고 있는 설립 취지, 정신적 추구 방향과 교육 내용에 대해 분석하려고 한다. 아울러 3대 서원이 설립 이후 어떤 길을 걷게 되는 가에 대해서 중점적으로 분석하려고 한다.

II. 현대신유가의 특성과 계보

이른바 본격적인 현대신유가는 5.4운동 이후에 출현한다. 그들은 전통적인 유가사상을 바탕으로 하여 서양의 사상과 문화를 흡수하고 회통하여 현대화된 유학으로 재건하려는 시도를 보여준다. 현대신유가가 발생한 시기가 5·4 이후라는 사실은 결코 우연이 아닌 분명한 배경을 가지고 있다. 서양과학의 동점(東漸)과 충격은 총체적인 문화와 사상의 위기를 초래하였기 때문이다.

5·4 이후 현대 중국의 시작은 첫걸음부터 양자택일(兩者擇一)이라는 냉혹한 선택을 강요받는 운명 속에 놓여 있었다. 이런 상황은 마치 두 개의 전혀 다른 언어 공동체 속에서 어떤 하나의 언어를 자신의 언어로 선택하여야만 하는 경우와 같은 것이었다. 선택의 대상인 두 개의 언어 중 하나는 자신의 역사적 선견(先見)을 형성하여 온 고향언어(故鄕言語)이고, 다른 하나는 외부 세계의 언어이다. 여기에서 그들이 처한 역사적 곤경은 회피와 면제가 완전히 불허된다는 점이다. 고향언어는 당연히 전통적 문화를 지칭하는 것이고, 외부세계의 언어는 현대화로 상징되는 서양문명이다. 그들이 어쩔 수 없이 하나의 선택을 하여야 한다는 사실은 단순한 언어의 선택이라는 것만을 의미하지 않는다. 여기에는 그들의 세계관·도덕·인생관을 포함하는 전체 문화의 패러다임을 선택하는 결단이 요구되기 때문이다.[2]

현대신유가들은 전통 문화와 서양 문화 가운데에서 어느 하나를 선택하는 국수주의나 전반적 서구화파의 양자택일의 방식과는 달리 그 둘을 선택적으로 결합하는 방식을 취한다. 형식적으로는 중체서용(中體西用)의 관점과 크게 다르지 않다. 현대신유가나 중체서용파가 유가의 전통적 가치체계와 문화체계를 인정하고 있다는 점에서는 비슷하지만, 유학과 서양문화를 바라보는 관점에서는 분명히 다르다. 즉 중체서용의 관점이 강제적인 동화(同化, assimilation)의 인지(認知) 방식을 통하여 서양 문명을 유학의 전통적 범주, 개념 속에 집어넣고 이해하려는 경향이 강한 입장이라면, 현대 신유가는 보편의식을 강조하여 중국문화가 가지고 있는 초월적 문화본성(文化本性)의 탐색에 주의를 기울이면서 문화적 인지 도식(scheme)을 부분적으로 조절

---

[2] 정병석, 「熊十力과 현대신유가의 형성」, 『동양철학연구』 17, 동양철학연구회, 36쪽.

(accommodation)하려는 시도를 하고 있다. 서양의 과학기술을 용(用)의 부분에만 가두어 두고 체(體)의 부분은 확고부동한 것으로 보는 중체서용의 입장과는 달리 현대신유가는 체의 부분도 신중하게 조절할 필요가 있을 것으로 보고 있다. 그러나 그 방식 역시 서양의 것으로 전면적인 대체를 하는 것이 아니라 유학의 자원 속에서 새롭게 발굴하거나 재인식하는 방법의 조절을 도모한다. 이것이 바로 '반본개신(返本改新)'의 관점이다. 현대신유가의 문화적 발전구상은 유가의 철학적 범주와 세계를 유지한 채 현대화된 서구의 차원 높은 문화를 받아들여 자기화하려는 노력을 의미한다.[3]

현대신유가들은 전통적 역사나 문화의 진정한 의미는 결코 그것이 과거만을 의미하는데 머물지 않고 오히려 미래의 존재와 발전 방향을 결정하는 것으로 보고 있다. 전반적 서구화파의 결론과는 완전히 상반되게 현대신유가는 근대 중국의 위기는 역사전통의 부정적 영향이라기보다는 역사전통의 단절과 곡해에서 나온 것으로 보고 있다. 이 때문에 발전 방향은 단순한 역사적 개신(改新)에 있는 것이 아니라, 오히려 역사의 가장 깊은 곳에 들어가 자신의 근거와 미래로 나아가는 계기를 찾는 데 있다는 것이다. 서양 문명과의 조우를 통하여 그들이 느낀 존재의 미망(迷妄)과 곤혹이나 우환 등은 경험하지 못한 외부세계와의 충돌에서 온 것일 뿐만 아니라, 또한 역사전통에 대한 무지와 전통과의 단절에서 오는 것으로 더 이상 어느 것에도 돌아가지 못하는 의미의 위기(Crisis of meaning)[4] 에서 출현한 것으로 보고 있다.[5]

---

3) 정병석, 「동서교섭에서 드러난 유학의 문화적 인지구조와 견고한 자아의식 - 특히 西學東漸에 대한 문화적 인지구조의 대응에 드러난 유학의 견고한 자아의식과 문화적 발전구상을 중심으로-」, 『동양철학연구』 50, 동양철학연구회, 104쪽 참조바람.
4) Chang hao, "New Confucianism and the Intellectual Crisis Contemporary China" in Charlotte Furth.,ed., *The limit of Change:Essays on Conservative Alternatives in Republican China*, (臺北 ,虹橋書店, 1976년) 林鎭國 譯, 「新儒家與當代中國的思想危機」,羅義俊 編著, 『評新儒家』(1991 제2판), 上海 : 上海人民出版社, 47~48쪽.
5) 이에 대한 상세한 논의는 정병석, 「유학의 현대적 轉型과 과제:유학의 몰락과 전형 과정을 통해 본 제3기 유학의 발전과 과제」, 『철학논총』 10, 새한철학회, 545~

이처럼 현대신유가는 유가의 보편적 가치를 여전히 인정하고 있다. 다만 서양의 학문을 어떻게 수용할 수 있는가 하는 점에서는 정도의 차이가 존재하고 있는 것은 사실이다. 이런 현대신유가의 기본적 사상 특징을 이택후(李澤厚)는 다음과 같이 말하고 있다. "신해(辛亥)와 5·4 이후 20세기의 중국 현실과 학술 토양에서 공맹과 정주육왕(程朱陸王)을 계승하고 발양할 것을 강조하고 있고, 이것을 중국철학 혹은 중국사상의 근본정신으로 보아서 이를 주체로 삼아 서양 근대사상(예를 들면 민주주의와 과학)과 서양철학(예컨대 베르그송·러셀·칸트와 화이트헤드 등)을 흡수·수용하고 또 개조하여서 현대 중국의 사회·정치·문화 방면의 현실적 출로를 모색하려고 한다. 이것이 바로 현대신유가의 기본특징이다."[6]

여기에서 초기의 현대신유가들은 고대의 학교기관인 서원이라는 매개를 통해서 그들의 이상을 실현하려는 시도를 한다. 바로 현대신유가 1세대[7]에 속하는 마일부의 복성서원, 양수명이 창립하고 웅십력이 주강(主講)한 면인서원과 장군매의 민족문화서원(民族文化書院) 등이다. 여기에서는 다루지 않고 있지만, 상술한 3대 서원이 성공적인 결과를 내지 못한 것과는 달리 전목(錢穆: 1895~1990)과 당군의(唐君毅: 1909~1978) 등의 현대신유가들이 홍콩에 설립한 신아서원(新亞書院)은 나중에 세계적인 명문대학으로 평가받고 있는 홍콩중문대학(香港中文大學, Chinese University of Hong Kong)으로 발전적인 통합을 이룬 경우도 있다.

546쪽 참조 바람.
6) 李澤厚(1987), 『中國現代思想史論』, 北京: 東方出版社, 265~266쪽.
7) 劉述先은 『現代新儒學之省察論集』(臺北: 中央研究院中國文哲研究所, 2002)에서 「三代四羣(3대 4그룹)」에 대해 말하고 있다.
　제1세대 제1그룹: 梁漱溟, 熊十力, 馬一浮, 張君勱
　제1세대 제2그룹: 馮友蘭(1895~1990), 賀麟(1902~1992), 錢穆, 方東美(1899~1977)
　제2세대 제3그룹: 唐君毅, 牟宗三(1909~1995), 徐復觀(1904~1982)
　제3세대 제4그룹: 余英時(1929~2021), 劉述先(1934~2016), 成中英, 杜維明

III. 마일부의 복성서원과 육예(六藝)

  마일부는 1883년 절강성(浙江省) 소흥(紹興)에서 태어났다. 어릴 적 이름은 복전(福田)이었으나 나중에 일부(一浮)로 개명했다. 그는 13살에 현시(縣試)에 참가하여 장원을 차지한 이래 다른 시험에서도 연거푸 장원을 차지하자 나중에 절강성 도독(都督)이 된 당시의 시험 감독관이 그를 눈여겨보고 사위로 삼는다. 17살에 결혼한 마일부는 2년 만에 부인을 잃고 그 후 평생 독신으로 지낸다. 1903년 미국으로 건너가 공부하고 그 후 독일, 스페인과 일본 등지에서 오랜 시간을 보냈기 때문에 여러 외국어에 능통한 것으로 알려져 있다. 1911년 귀국한 그는 항주에 은거하였다. 당시 북경대학 교장 채원배(蔡元培, 1868~1940)가 그를 교수로 초빙했지만 그는 "예부터 와서 배운다는 이야기는 들었어도 가서 가르친다는 말은 아직 듣지 못했다(古聞來學, 未聞往敎)"는 전형적인 유자의 태도로 근대적 교육기관으로의 진입을 스스로 거절했다.
  절강(浙江)대학 총장의 초빙으로 '특약강좌(特約講座)'를 주관하여 적극적으로 유가학설의 선양(宣揚)에 주력했다. 하지만 그는 현재의 학제(學制)에 대한 이견이 있어서 절강대학의 정식 교수 초빙을 거절한다. 그가 마음속으로 동경하는 것은 송명 시대의 고전적인 서원이었다. 이런 마일부의 성향을 알게 된 당시의 교육부 장관이었던 진립부(陳立夫, 1900~2001)는 서원의 재건에 힘을 보태기 시작한다. 당국의 도움으로 마일부는 기쁜 마음으로 사천(四川)으로 가서 서원 설립에 본격적으로 착수한다.[8] 당시 서원 설립의 의미를 "옛적의 문장들을 읽고 풀이하여 처음 배우는 사람들을 일깨워 끊어진 학문을 잇고 교화의 도리를 넓히는 것은 장차 이 일에 달려있을 것이다."[9]라는 말로 대변하고 있다.

---

8) 陳銳(1993), 「馬一浮與復性書院」, 『杭州師範學院學報』, 26~27쪽 참조 바람.
9) 馬一浮, 「復性書院緣起敍」. 載滕復編(1996). 『默然不說聲如雷』, 北京 : 中國廣播電視出版社, 164쪽. "誦說舊聞, 牖啓初學, 所以繼絶學廣敎化之道, 將有在於是者."

다른 신유가들처럼 마일부 역시 시국과 인심(人心)에 대한 걱정이 많았고, 현대 교육의 문제점에 대해서 쓴소리를 했다. 그는 전통적인 서원과 달리 요즘의 학교에서 가르치는 세간의 현학(顯學)이라는 것들은 모두 지식 판매에 중점을 두고 있으며, 새롭고 특이한 이론만을 첨단의 유행으로 보고 있다고 비판한다. 이는 자신을 버리고 다른 것을 따르거나, 말단을 추종하고 근본을 버리는 경우라고 지적했다. 유가 성현의 도인 육예지학(六藝之學)을 소홀히 하는 것이 오늘날 학계가 가지고 있는 가장 큰 문제라고 말한다.[10] 마일부의 논리에 의하면 현대교육은 과거의 전통적인 서원보다 못하다는 것이다. 즉 교사는 생계를 위해 가르치고, 학생은 진로를 위해 배우고, 학교는 상점처럼 시간제로 가르치고, 종이 울리면 그칠 뿐이다. 즉 "학교에는 정한 규칙이 있고, 배움에는 정해진 형식이 있고, 가르치는 것에는 정해진 교과과정이 있어서, 그 기량이 세상의 쓰임에 어느 정도 갖추어졌다고 생각되면 그만 그치는 정도로만 요구할 뿐이다."[11] 현대교육은 오직 기(器)라는 측면에서 공리(功利)만을 만족시킬 수 있을 뿐 그 기를 통섭하는 도(道)에 대한 교육은 하고 있지 못하다는 것이 마일부의 판단이다.

이런 형식의 현대교육은 결과적으로 학문적 분열만을 조장하게 되고 사람들은 점차 선한 본성을 잃어버리게 된다는 것이 그의 관점이다. 여기에서 그는 육예지학(六藝之學)을 강조한다. 이런 이유로 마일부는 송대 서원의 형식을 통해 사람들을 교육시키려 하였다. 그의 교육의 이념과 방향은 아래의 문장을 통해서 발견할 수 있다.

> 사람들 마음의 갈라짐과 학문의 폐단은 모두 습관적인 타성에 빠져서 잘못된 것들이다. 그 본성으로 돌아가면(復性) 모두가 같아질 것이다. 요임금과 순임금이 원형(元亨)한 것은 성(誠)이 통한 것이다. 탕과 무임금이 수양을 통하여 이

---

10) 『馬一浮集』(1996)(第二冊), 浙江古籍出版社, 浙江教育出版社, 455~456쪽.
11) 馬一浮, 『復性書院緣起敘』, 載滕復編 『默然不說聲如雷』 163쪽. "學官所守, 學有定制, 教有常程, 求其器能足備世用而止."

정(利貞)한 것은 성(誠)의 회복이다. 성(誠)으로 말미암아 선(善)에 밝은 것을 성(性)이라 하고 선(善)을 밝힘으로써 진실해지는 것(誠)을 교(敎)라고 한다. 가르침의 도는 그 본성으로 돌아가는 것에 달려있을 뿐이다.[12]

여기에서 마일부는 서원의 이름을 '복성(復性)'이라고 짓는다. 이런 교육 이념에 따라 그는 서원에서 학생들이 육예의 요지와 의미를 연구하여 도와 기(器)의 다름을 분명하게 밝혀야 할 것을 주장한다.

서원의 강의 내용은 전통 유학을 주로 하고, 서학(西學)은 개설하지 않았다. 서원의 교과 과목은 원래 이학(理學), 현학(玄學), 의학(義學), 신학(神學)의 4강좌를 설치하여, 현학은 사무량(謝無量), 의학은 웅십력, 이학은 마일부 자신이, 철학은 장진여(張眞如)가 각각 강의할 계획이었다. 그러나 이후 사무량과 장진여 모두 겸사(謙辭)하였다. 또 웅십력은 두 달 동안 복성서원에서 강의를 진행하였으나, 마일부와 의견이 서로 맞지 않아, 중도에 떠나는 바람에 할 수 없이 마일부 혼자 강학을 감당할 수밖에 없었다.

마일부는 서원 교육은 현대 학교 교육과는 다른 형식을 가지고 있으며, 정부나 다른 간섭을 받지 않고 완전히 독립적인 자주권을 가져야 한다고 생각하였다. 그는 학관(學官)과는 구별되는 독립적인 고대의 서원 전통을 계승하여 자유로운 강학을 할 수 있고, 교육부의 어떤 통제나 간섭을 받아서는 안 된다고 주장했다. 복성서원의 개강(開講) 전례(典禮)에서는 공자에게 고배(叩拜)하는 의식도 성대하게 거행했고, 마일부의 인도하에 사생(師生) 전체가 교단을 향해 북향(北向) 삼례(三禮)를 하고 분향(焚香)·헌화·축사를 한 뒤 삼례를 했다. 이런 번잡한 의례를 실행하는 이유는 유도(儒道)의 장중함을 일깨워 심신을 바르게 하고 배움에 전념할 수 있도록 하기 위한 것으로 추측된다. 마일부는 전통 유학의 공부 방법을 빌려 원생들을 위한 4조의 학규(學規)

---

12) 馬一浮, 『復性書院緣起敘』, 載滕復編, 『默然不說聲如雷』 164쪽. "夫人心之歧, 學術之弊, 皆由溺於所習而失之. 復其性則同然矣. 堯舜之元亨, 誠之通也 ; 湯武反之利貞, 誠之復也. 自誠明謂之性, 自明誠謂之教. 教之爲道在復其性而已矣."

를 제정했다.

    첫째는 주경(主敬), 둘째는 궁리(窮理), 셋째는 박문(博問), 넷째는 독행(篤行)
이다. 주경은 함양(涵養)의 요체, 궁리는 치지(致知)의 요체, 박문은 입사(立事)의
요체, 독행은 진덕(進德)의 요체이다.[13]

  위의 네 가지 내용은 모두 사람의 완성[成人]을 위한 것으로 수신 내성(內
聖) 방면에 속하는 것으로 전부 개인의 도덕적 수련을 강조하고 있다. 이것
은 단순한 서원의 학규에 그치는 것이 아니라 학생들이 평생을 두고 실천해
야 하는 것들이다. 여기에서 경세치용(經世致用)이나 외왕(外王) 방면에 대한
중시나 언급은 전혀 발견할 수가 없다. 웅십력이 불만을 가진 것은 경세치용
에 관한 부분은 보이지 않고 오직 수신이나 의리지학(義理之學)만 숭상하고
강조하고 있다는 점이다. 당연히 내성과 외왕(外王)을 겸하고 덕행을 갖춘 제
세(濟世)의 인재를 길러야 현재의 위국(危局)을 돌파할 수 있다는 것이 웅십력
의 생각이다. 결국 이런 견해 차이로 마일부와 웅십력은 서로 갈라서게 된다.
  마일부 학설의 핵심 내용은 "육예는 일체의 학술을 모두 통섭하고 있다
(六藝賅統一切學術)"는 주장이라고 할 수 있다. 마일부가 말하는 육예란 시(詩)·
서(書)·예(禮)·악(樂)·역(易)·춘추(春秋)를 말한다.[14] "육예가 일체의 학술을 모
두 통섭하고 있다"는 관점은 제자백가의 학문도 육예에서 나왔을 뿐만 아니
라, 육예는 경사자집(經史子集) 사부(四部)의 학문도 모두 통섭하고 있다는 것
이다. 마일부는 육예를 중국 학술의 연원으로 보기 때문에 학문을 하려는 사
람들은 역시 이를 공부의 내용으로 삼아야 한다고 말한다.

---

13) 馬一浮, 『復性書院緣起敘』, 載滕復編, 『默然不說聲如雷』, 122쪽. 또 馬浮撰(1979),
    『復性書院講錄』「復性書院學規」, 臺北, 廣文書局, 4쪽 참조 바람.
14) 공자가 말하는 예(禮)·악(樂)·사(射)·어(御)·서(書)·수(數)의 육예를 전육예(前六藝)
    라 하고, 시(詩)·서(書)·예(禮)·악(樂)·역(易)·춘추(春秋)를 후육예(後六藝)로 구분하
    기도 한다.

마일부는 육예의 위상을 최고의 학문적 지위로 높이고 있다. 근대의 서학 동점(西學東漸)의 추세에 따라 그는 "육예는 일체의 학술을 모두 통섭하고 있다"는 관점에서 심지어 서양 학문도 육예 속에 통합된다는 주장을 하기까지 한다. "예를 들면 자연과학은 『역(易)』에 통섭되고, 사회과학은 『춘추(春秋)』에 통섭되고....문학과 예술은 『시(詩)』와 『악(樂)』에 통섭되고, 정치·법률·경제는 『서(書)』와 『예(禮)』에 통섭된다."[15] 그의 이런 독단적 신념과 현실의 흐름을 무시한 지나친 복고적 경향으로 말미암아 서원의 학생들이 많이 빠져나가게 된다. 마일부 자신도 1941년 여름방학을 맞아 강의를 더 이상 개설하지 않았다. 파강(罷講) 이후 복성서원은 책을 찍어내는 일에만 힘을 쏟다가 참담한 경영의 실패로 말미암아 1948년 5월 완전히 문을 닫게 된다.[16] 복성서원의 실패는 현대신유가의 서원의 현대적 전승이라는 시도에 있어서 하나의 중요한 사례라고 할 수 있다.

Ⅳ. 양수명의 면인서원과 웅십력의 강학(講學)

일반적으로 양수명은 웅십력과 더불어 현대신유학의 제1세대로 평가된다. 그는 중국 현대철학사에서 차지하는 학문적 위상이나 영향력에서 뿐만 아니라, 여러 가지 다양한 활동과 극적인 삶으로 인해서 사람들의 주목과 관심을 받은 독특한 인물이다. 그는 중학 졸업의 학력으로 23세에 북경대학의 교수가 되었고 1924년 여름 7년간의 교수 생활을 청산하고 사회운동에 투신한다. 그는 초기에는 불교에 몰두하여 그 연구 성과로 인해 북경대학 교수가 되기도 하였지만, 사회문제의 해결을 위해 유학(儒學)으로 전환하게 된다. 중

---

15) 「泰和宜山會語」, 「論六藝該攝一切學術」, 『馬一浮集』(1996)(第一冊), 浙江古籍出版社, 浙江教育出版社, 14쪽.
16) 복성서원의 설립, 경과와 파강에 대한 논의는 譚凱(2016), 「現代新儒三大家與書院」, 『懷化學院學報』, 第35卷第10期의 논문을 주로 참고하였음.

화인민공화국 성립 이전까지 학술연구와 향촌(鄕村) 건설 운동에 종사하는 한편, 1940년대부터는 국민당과 공산당의 중간에서 조정을 꾀하는 제3세력의 지도자로서 정치활동에 참여하기도 하였다. 이후 1953년 중국공산당의 노선에 대해 농민의 희생을 담보로 하는 것이라고 격렬하게 비판함으로써 문화혁명이 끝날 때까지 정치적 숙청을 당한 상태가 지속되었다.

문화혁명 기간에도 신념을 굽히지 않았던 양수명은 1980년대에 정치적·학문적으로 복권되었고, 이후 그의 전집과 평전(評傳)들이 잇달아 간행되는 등 그에 대한 학문적 조명이 활발하게 이루어졌다. 그는 전통적 유자(儒者)의 이상에 따라 이론의 영역에 머물며 강단에 안주하지 않고 자신의 철학을 실현하기 위해 현실과 맞부딪친 실천적인 유자라는 점에서 앨리토(Guy S. Alitto)는 양수명을 '최후의 유자'(the Last Confucian)[17]라고 불렀다.

양수명은 이론적 연구를 지속하는 한편 정치와 사회 활동의 영역을 분주하게 오가는 동시에 교육사업 역시 활발하게 전개한다. 1940년 충칭(重慶)에 면인(勉仁)중학을 설립하고 또 다음 해에 면인서원(勉仁書院)을 설립한다. 양수명의 면인 계열의 학교 이름은 '면인재(勉仁齋)'라는 그의 개인 거처에서 따온 이름이다. '면인재(勉仁齋)'라는 세 글자는 『사친기(思親記)』라는 글에 처음 등장한다. 문장의 말미에 "면인재에서 적다(記於勉仁齋)"[18]라는 말이 있는데, 여기서 "면인재(勉仁齋)"란 곳은 청화원(淸華園) 내에 있는 양수명의 옛 거주지를 말한다. 그는 1946년 면인서원(勉仁書院)을 기초로 하여 면인국학전과학원(勉仁國學專科學院)을 설립하는데 이것은 이후 면인문학원(勉仁文學院)으로 개편된다. '면인'의 교육목표는 "인으로 뜻을 새우고 분발하여 힘써 학문을 구하는 것(仁以立志, 奮勉求學)"으로 이 말에는 매우 강한 유가적 이상이 포함되어 있다.

면인서원은 본래 양수명이 주재하던 면인재를 확장하여 만든 서원이다.

---

17) Guy S. Alitto, *The Last Confucian: Liang Shu-ming and the Chinese Dilemma of Modernity*(University of California Press, 1979).
18) 梁漱溟, 『梁漱溟全集』(2005) (第一卷), 山東人民出版社, 596과 539쪽.

양수명이 북경대학에서 강의할 때 뜻있는 젊은 학생들과 수시로 왕래하여 어울리게 되면서 심지어 함께 생활하게 되면서 '면인재'는 하나의 학술 모임 혹은 학술 단체의 명칭으로 자리잡게 된 경우이다. 함께 생활하지 않는 사람들도 수시로 만나 토론하고 강학하면서 자연스레 면인재의 일원이 된다. 이들이 나중에 양수명이 교육사업에 투신할 때 적극적으로 도운 사람들이다. 당시 모인 사람들은 심신의 수양을 위주로 하고 지식은 자유롭게 연구하자는 취지를 가지고 있었다. 특히 면인재 사우들이 같은 공간에서 함께 공부하는 중요 형식 중의 하나가 바로 조회(朝會)이다. 여기서 말하는 조회는 당연히 임금이 신하를 만난다는 의미가 아니고 사생(師生)이 아침에 모이는 일종의 정좌(靜坐)나 회강(會講)의 성격을 가지고 있다. 1925년 베이징의 스차하이(什剎海)에서 시작된 조회는 전란으로 떠돌아다니다가 중단되었지만, 1946년 양수명이 면인서원을 개설하면서 사우들간의 조회가 본격적으로 재개되었다.

조회에 대해서 그는 "조회는 더욱 이른 시간이라야 좋고, 정중하여야 비로소 조기(早氣 : 정신이 진작됨을 의미)가 생기고, 생각이 침착하여, 마음의 깊은 곳에 이르러 사람들로 하여금 반성하는 생각이 강해지게 한다." "서로 격려하고 나아가 열심히 노력하기를 구하여 매우 진지하게 된다." "우리가 함께 모여 앉아 있을 때, 모두 침묵하고, 아무런 기척도 없이…이렇게 침묵이 길어질 때도 있고, 마지막에 굳이 말을 하지 않아도 되고 말을 해도 적게 한다. 말을 하든 말든 이 순간 매우 의미 있음을 느끼게 된다. 우리는 지금 이때 우리 자신을 반성한다. 오직 반성하는 것이 바로 우리 인생에서 가장 소중한 순간이다."[19] 이들 내용들을 수록한 책이 바로 『조화(朝話)』이고 『면인독서록(勉仁讀書錄)』에도 몇몇 문장들이 보인다. 이런 조회의 학문 방법은 고대 서원의 회강과 정좌 등을 결합한 형식과 매우 유사하다.

양수명은 '인생은 봉사를 목적으로 하고 사회는 교육을 통해 밝힌다.'는

---

19) 梁漱溟, 『梁漱溟全集』(第一卷), 40~41쪽.

면인학교와 면인서원 설립의 목표를 말한다. 면인학교에서는 공민(公民) 수업(즉, 정치 수업)을 듣지 않고 『논어』의 정수를 교재로 채택하여 학생들에게 유교 선현들의 사상과 '수신제가치국평천하'의 주장을 이해시키는 동시에 민족주의를 선양하려 한다. 서원이 창립된 후 양수명은 원장직을 맡았으나 사회활동이 빈번하여 서원 일을 병행하지 못하여 1942년부터 1945년까지 웅십력이 면인서원의 주강(主講)을 맡았다.

웅십력이 면인서원에서 강학(講學)한 요지는 "중국 수천 년의 역사는 유학이 중심 사상이다"[20]라는 것이다. 웅십력은 오늘날의 학교가 "오로지 지식과 기능에만 힘을 쓰고 있는데 외국인들이 과학을 매우 중요하게 여기지만 동시에 문·사·철의 필요함을 크게 강조하고 있다는 사실을 우리나라 사람들은 전혀 깨닫지 못하고 있다."[21]고 비판한다. 이런 관점은 당시 학교 교육에 대해서 뿐만 아니라 현대의 대학교육에도 의미가 있는 탁견이라고 할 수 있다. 웅십력은 일찍이 생사를 넘나드는 혁명전쟁에 직접 참여한 사람이다. 그가 창을 버리고 붓을 든 이유는 혁명에도 학문이 필요하다는 것이다. 웅십력은 고유의 유교 학설을 회복하여 그것을 민족정신으로 승화하여 사회를 지도하고 시대정신을 고양하는 것이 매우 필요함을 누차 강조한다.

웅십력은 비록 유가학술이 전통 학설을 통섭한다고 주장하지만 서양 학설에 대해서도 거부하지 않고 겸용(兼用)하여 함께 공부할 것을 주장하여 마일부와는 큰 차이가 있다. 외국학문을 수용하여 중국과 외국의 여러 학설에 대해서 서로 장단점을 비교하여 연구하기를 주장하여 어떤 하나의 사상을 고수하지 않았다. 그러나 그는 반드시 유교 학설을 사상의 중심에 두어야 하며, 이렇게 하여야 "사상계가 분란하고 혼란스러운 현상을 초래하지 않게 되며, 사회에서 모든 규율을 세울 수 있고, 개인도 안심입명(安心立命)할 수 있

---

20) 梁漱溟(1943). 「勉仁書院講學旨趣」, 『圖書季刊』 (第四卷), 獨立出版社, 207쪽. "以爲中國數千年之歷史, 系以儒家學術爲中心思想."
21) 梁漱溟. 「勉仁書院講學旨趣」, 207쪽. "專以知識技能爲務, 而不悟外人雖極力重視科學, 同時亦必於文哲方面, 特別提倡."

다"22)고 말한다.

또한 웅십력은 한(漢)나라 이후의 역사가들은 모두 민족사상이 전무하다고 말하고, '융적(戎狄)이 장기간 유린하는 상황'을 초래한 사실에 대해 마음 아파했다. 이런 이유에서 그는 역사학에 특별한 관심을 기울였다. 그는 역사학이 민족사상을 분발시킬 수 있다고 믿어, "지금 외부의 침략이 우리를 억눌러 우리 민족이 더욱 위태로워졌으니 우리는 반드시 민족사상을 분발시킬 것을 자나 깨나 잊지 말아야 한다."23)라고 말한다. 『중국역사강화(中國歷史講話)』와 『중국역사강요(中國歷史綱要)』 등의 책들이 이런 시각을 통하여 나왔다.

항전시기에 그는 면인서원에서 학생들에게 국민이 민족사상을 함양하고 문화적 정통을 지켜나가야 국가가 오랫동안 항전할 수 있고 승리할 수 있는 날이 도래할 것이라는 점을 지속적으로 강조한다. 몇 년 후 면인서원도 결국 경비 부족으로 복성서원의 전철을 밟게 된다. 웅십력의 이런 시도는 비록 원성(圓成)되지는 못하였으나 그의 철학과 염원은 후대에 당군의(唐君毅)·모종삼(牟宗三)과 서복관(徐復觀)이라는 걸출한 학자들에게 그대로 전승된다.

V. 장군매의 민족문화서원과 동서(東西)의 융합

현대신유가의 또 다른 중요 인물인 장군매의 원래 이름은 가삼(嘉森), 자는 사림(士林), 호는 입재(立齋)이다. 상하이 출신으로 1906년 일본으로 유학하여 와세다 대학에서 법과 정치학을 전공하고 귀국 후 한림원서길사(翰林院庶吉士)가 되었다. 1913년 독일 베를린대학으로 유학하여 정치학 박사학위를 받은 후 북경대 교수를 역임했다. 그는 또 현실 문제에 많은 관심을 두고 있

---

22) 梁漱溟, 「勉仁書院講學旨趣」, 208쪽. "不至呈紛紊亂之象, 而社會上一切規律, 可以建立, 個人皆有其安心立命之地."
23) 熊十力, 『熊十力全集』 (2001) (第四卷), 武漢 : 湖北教育出版社, 47쪽. "今外侮日迫, 吾族類益危, 吾人必須激發民族思想, 念茲在茲."

어서 학문과 정치 양쪽을 모두 오간 인물로 유명하다. 그는 중국과 서양의 학문 모두에 정통한 인물이지만 유가의 전통과 문화를 현대적으로 해석하는 데에 많은 힘을 기울인다. 이는 그가 가진 민족주의적 성향과 연관이 있다.

장군매가 정치 활동에 적극적 관심을 두는 큰 이유는 당면한 현실의 위기와 혼란으로 가득 찬 중국을 변화시키기 위한 것이다. 이른바 방법이나 수단으로서의 정치에 열중한 것으로 보인다. 그는 서방 각국의 정치·경제·문화를 탐구하여 중국과 서양이 가지고 있는 차이점을 분석하여 비교하고 있다. 한 문장에서 이 둘의 차이에 관해 다음과 같은 분석을 하고 있다. 중국은 전제주의이고 그들(서양)은 민치(民治)이다. 우리 중국은 헌법이 없지만 그들은 가지고 있다. 서양에는 개인의 자유가 보장되어 있지만 우리는 그러지 못하다. 서양은 그들의 백성이 지혜롭지 못할까 두려워하여 교육을 적극적으로 시키지만, 중국은 백성을 어리석게 만드는 우민정책(愚民政策)을 쓴다."[24]

장군매는 중국에서 민주정치를 추진하기 위해서 정치 활동에 매진하였지만 구체적인 효과를 거두기에는 여러 가지 한계가 있음을 인정하지 않을 수 없었다. 우선 중요한 것은 정치의 주체인 국민이 깨어 있어야 하는데 그러지 못하다는 것이다. 즉 국민적 소양과 의식을 높여놓아야 민주주의나 민치도 가능하기 때문이다. 여기에서 장군매는 민주정치에서 교육이 가진 중요한 기능과 역할에 대한 절실한 필요성을 느끼게 된다. 이로부터 그는 교육을 구국(救國)의 핵심이라고 하는 '교육구국(敎育救國)'이라는 주장을 하게 된다.

장군매가 생각하는 교육은 어떤 성격과 내용을 가지고 있는가? 그것은 크게 세 가지로 나누어 볼 수 있다. 첫째로 민족의식을 함양하는 교육의 목적, 두 번째로 도덕과 지성을 함께 겸수(兼修)하는 교육의 취지, 세 번째로 중국과 서양의 융합이라는 교육의 방향 등을 들 수 있을 것이다. 현대신유가 중에서 교육구국론자로 불리는 장군매는 교육 이념을 이론적으로 천명할 뿐만

---

24) 장군매의 중국과 서양의 차이에 관한 더욱 상세한 내용은 張君勱, 「國民政治品格之提高」(1922), 『改造』 第4卷2號를 참조 바람.

아니라 그것을 현실에서 직접적으로 구현하려는 실천 활동에도 적극적이었다. 이런 배경에서 운남성 대리(大里)에서 1939년에 장군매가 새롭게 문을 연 서원이 바로 민족문화서원(民族文化書院)이다.

장군매가 민족문화서원을 설립한 목적은 전통 서원의 교육정신과 이념을 전승하여 나라와 백성을 구원하여 민족부흥의 대업을 이룩할 수 있는 유능한 인재를 양성하는 것에 있다. 그는 주자(朱子)가 창건한 백록동(白鹿洞) 서원을 고대 서원의 모델로 삼고 있다. 백록동서원의 교육방식과 목적에 근거하여 장군매가 실천하려고 하는 새로운 교육의 기본적 목적은 학생들에게 새로운 신념을 심어주고 학자의 인격을 형성하는 것에 있다.[25] 그는 현재의 중국 사회에 가장 필요한 것은 다름 아닌 개인의 신념과 인격을 중시하는 백록동 서원의 교육 이념이라고 보았다. 이런 그의 관점은 전통 속에서 오히려 현실에 필요한 것을 찾아내는 방식이다. 그는 이것을 진정한 창신(創新)이라고 말한다.[26] 전통 속에서 현실에 필요한 것을 찾아내는 이런 창신의 관점은 현대신유학자들이 공통적으로 가지고 있는 시각이자 신념이다.

서원의 이름을 '민족문화'로 한 의도는 '민족적 자각의식'을 형성하기 위한 것과 관련성이 있는 것으로 보인다. 장군매는 중국인들이 민족적 자각의식을 결여하고 있는 이유는 국민을 올바로 가르치지 못하고 또 먹여 살리지 못했기 때문으로 보고 있다. 따라서 "중국을 구원하는 방법은 첫째, 국민을 먹여 살리고, 둘째, 국민을 가르쳐야 한다."[27]는 것일 수밖에 없다. 즉 민족적 자각의식이 있어야 위기와 재난으로 가득 찬 나라를 변화시킬 수 있고, 이를 위해서는 무엇보다 교육이 가장 우선적으로 필요하게 되는 것이다. 말하자면 교육이 민족의식을 형성하는 근본적인 방법이라는 말이다.

장군매는 민족문화서원 이외에 1935년에 광주(廣州)에 '학해(學海)서원'을 설립한 적도 있다. 정통 서양 교육을 받은 그가 두 번이나 서원을 설립한 이

---

25) 黃克劍(1996), 『張君勱卷』, 石家莊 : 河北敎育出版社, 61쪽.
26) 黃克劍, 『張君勱卷』, 61쪽.
27) 張君勱(2006), 『民族復興之學術基礎』, 北京 : 中國人民大學出版社, 246쪽.

유는 전통적인 문화와 학통(學統)을 전승하려고 하기 때문이다. 그러나 민족문화서원은 마일부의 복성서원처럼 단순히 고대 서원제도를 그대로 복원하여 고대 선비들의 생활양식을 그대로 따라 하려는 시도와는 분명히 구별된다. 장군매는 민족문화서원에 현대적 교육체계와 요소를 가미하여 현실적인 쓰임과 상황까지 고려하고 있다. 그는 중국과 서양문화의 비교라는 점에서 서학(西學)이 확실히 국학(國學)보다 뛰어난 점이 많다는 점을 인정하고 있다. 학술적으로, 서학의 "지식의 범위가 넓고 결코 우리가 따라갈 수 없는 정도"이며, 서양은 물질과 정신 두 측면 모두 발달하여 해외에 시찰을 나간 많은 중국인들이 "이런 여러 가지를 목격하고서는 삼대(三代)의 성치(聖治)를 오늘에 다시 보게 된 것 같다고 감탄을 낳게 만든다."[28]고 하여 서양 학문에 대한 적극적 교육이 필요함을 강조하고 있다.

장군매는 중국을 중심으로 하는 동양의 학술은 도덕적 함양을 중시하고, 서양의 학술은 지식의 양성을 강조하는데 있는 것으로 보고 있다. 현대에서 학문을 할 때는 반드시 이 두 가지 모두를 소홀하게 해서는 안 되고 동시에 모두 공부해야 할 것을 지속적으로 강조하고 있다. 이런 점에서 그는 송유(宋儒), 특히 심학파(心學派)의 관점에 대해서는 상당히 부정적이다. 지식 함양 측면에 있어서 민족문화서원은 전통 서원의 즉물궁리(卽物窮理) 또는 격물치지(格物致知)의 방법과는 달리 현대적인 서양적 요소를 많이 가미하고 있다.

서원의 설립 당시 주된 교과 내용은 경자학(經子學), 사학(史學), 사회과학, 철학의 네 가지 분야로 구성되어 있었다. 경자학은 전통적인 경학과 자학(子學)을 가리킨다.[29] 장군매는 이런 전통학술 역시 과학적인 방법에 의해 연구되어야 한다는 점을 특별히 강조한다. 사학 연구는 중국 역사뿐만 아니라 동

---

28) 張君勱著, 呂希晨·陳瑩選編(1995), 『精神自由與民族文化』, 北京 : 中央廣播電視出版社, 451쪽.
29) 「民族文化書院緣起」의 〈第四, 硏究工作〉에서는 '경자학(經子學)'을 '경학부자학(經學附子學)'이라고 하여 핵심이 어디까지나 경학(經學)에 있음을 말하고 있다. 呂希晨·陳瑩選編, 張君勱著, 『精神自由與民族文化』 460쪽을 참조 바람.

아시아 이웃 나라의 역사 연구도 병행하여 시대적 요구에 대비해야 할 것을 주장한다. 사회과학의 교과과정으로는 정치학·경제학·사회학·인류학의 네 과목을 개설하였고, 특히 정치학과 경제학 두 과목을 매우 중요하게 보았다. 예를 들면 경제학에서는 애덤 스미스에서 케인스까지 이르는 시기의 학설의 진화, 은행 화폐제도와 각국의 경제 상황 등이 중요한 교과 내용이었다. 철학연구는 중국의 전통 학설뿐만 아니라 서양철학에 대한 연구도 중요한 연구 대상이 되고 있다. 서양철학의 내용으로는 철학사·논리학·과학원리와 종교사 등도 포함되어 있다.[30]

민족문화서원의 교육 내용을 살펴보면, 물론 전통 유가학문을 기본적 인 근간으로 하고 있지만, 장군매는 현대 대학의 학제와 교과과정을 그대로 흡수하여 수용하고 있음을 발견할 수 있다. 민족문화서원이 '서원'이라는 명칭에서는 송명시기의 서원과 다르지 않지만, 실제 내용과 교육방법에서는 확연히 다르다. 바로 동서(東西)의 결합 즉 장군매의 말로 하면 중서(中西)의 융합(融合)이라는 서원 설립의 취지가 다른 서원과는 분명히 구별된다.

장군매가 설립한 민족문화서원은 설립 및 운영의 취지에서 볼 때 현대교육 시스템을 받아들인 것으로 오늘날의 '대학원'이나 '연구소'와 흡사하다. 그러나 장군매는 학문과 정치를 오가며 서원을 설립하는 활동 외에도 정치적 자유와 민주주의의 실현을 위해 적극적으로 활동한다. 이런 정치적 활동으로 말미암아 당시의 위정자들에게 극도의 반감을 야기한 결과로 1942년 민족문화서원이 강제로 폐쇄되면서 그의 염원은 실현되지 못한다.

VI. 맺음말

현대신유가들은 유학을 중심으로 하는 전통문화를 재건하여 이 속에 들

---

30) 呂希晨·陳瑩選編, 張君勱著, 『精神自由與民族文化』, 460~463쪽 참조 바람.

어있는 보편적 가치를 발굴하고 이를 통하여 전통문화를 적극적으로 홍보하고 전파하려는 전략을 가지고 있다. 여기에서 현대신유가들은 먼저 전통 유가사상 속에 잠재되어 있는 보편적인 '인문주의적 전통'과 '봉건적 잔재'를 구별할 것을 요구한다. 이른바 봉건적 잔재는 정치화된 유가 윤리를 골간으로 하는 봉건사회의 의식형태와 그것이 드러내는 다양한 표현들이다. 이른바 '봉건적(封建的) 여독(餘毒)'이다.

현대신유가들은 이런 '봉건적 여독'을 제거한 전통문화들은 현재에도 여전히 통용 가능한 보편적 가치를 가지고 있는 것으로 본다. 이런 유가의 가치를 효과적으로 전달하기 위한 방식으로 초기 현대신유학자들은 고전적인 서원제도가 가진 상징성과 필요성에 관심을 두기 시작한다. 물론 서원이라는 교육 기관을 강조하는 의도가 현대적 의미의 학교를 대체하려는 목적에 있는 것은 아니다. 그보다는 고대의 서원이 강조하는 인문적 가치뿐만 아니라, 틀에 박혀있지 않는 자유로운 강의 주제와 강의 형식·토론 및 정좌(靜坐) 등의 수련 방식을 위주로 하는 서원 교육이 가지고 있는 기능 때문이다. 그들은 서원이 가진 이런 정신을 이어받아 유학을 새롭게 해석하려는 시도를 한 것으로 보인다.

본 논문에서는 마일부의 복성서원, 양수명이 창립하고 웅십력이 주강한 면인서원과 장군매의 민족문화서원을 중심으로 논의를 전개하였다. 이 세 곳의 서원이 추구하는 목표나 교육 내용에는 분명히 차이가 있었다. 마일부의 복성서원은 고대 서원이나 차이가 없을 정도로 복고적인 경향을 보여주고 있다. 특히 그가 주장하는 "육예는 일체의 학술을 모두 통섭하고 있다"는 지나친 유학 중심적 사상이 서원의 존립을 결정적으로 어렵게 만들었다.

양수명의 면인서원은 역사적 상황에 맞추어 실천적인 민족주의 사상을 주입시켰고 여기서 강의를 담당한 웅십력의 존재는 매우 큰 의미가 있다. 웅십력이 주강하던 시기에 현대신유가 2세대인 모종삼과 서복관 등이 여기에 와서 잠시 머무르면서 강의를 듣기도 하였다. 여기에서 웅십력은 자신의 대표적인 저서인 『신유식론(新唯識論)』 어체본(語體本)을 완성한다.

장군매의 민족문화서원은 '서원'이라는 명칭에서는 송명시기의 서원과 다름이 없지만, 실제 내용과 교육방법에서는 확연히 구별된다. 바로 동서(東西)의 결합 즉 장군매의 말로 하면 중서(中西)의 융합(融合)이라는 서원 설립의 취지가 고대 서원이나 다른 현대신유학자들의 서원과는 분명히 구별된다. 민족문화서원은 여러 가지 다양한 서양학 과정을 개설하여 일종의 연구소와 같은 성격을 보여주고 있다. 그러나 현실 정치로 인해 강제로 폐쇄되는 결과를 맺게 된다.

위에서 다룬 이들 세 곳의 서원이 각기 다른 방식으로 인해서 폐쇄되는 공통의 이유는 일차적으로 유학의 현대에서의 부적응 혹은 몰락을 의미하는 것으로 보아도 무방할 것이다. 그러나 동시에 지적할 수 있는 것은 서원이라는 매개를 통해서 유학의 정신이나 인문적 가치를 구현하려는 순수한 동기보다는 다른 정치적 의도나 개인의 특수한 성향이 개입되면서 더욱 좋지 않은 결과를 초래한다는 사실 역시 간과할 수는 없을 것이다. 이런 점에서 서원이 가진 정신적 취지와 방향을 이용해서 현대신유학이 추구하는 이념을 지속적으로 구현하고 있는 이른바 아호학파(鵝湖學派)[31]의 도전에 대해서 눈여겨볼 만하다.

---

31) 대만의 유명한 철학잡지인 『아호(鵝湖)』를 중심으로 웅십력, 모종삼과 당군의의 제자들 혹은 그들을 추종하는 일군의 학자들을 말함. '아호'는 강서(江西)의 아호서원(鵝湖書院)을 말한다.

【참고문헌】

Chang hao(1976), "New Confucianism and the Intellectual Crisis Contemporary China" in Charlotte Furth.,ed., *The limit of Change:Essays on Conservative Alternatives in Republican China*, 臺北: 虹橋書店, 1976.
Guy S. Alitto(1979), *The Last Confucian: Liang Shu-ming and the Chinese Dilemma of Modernity*, University of California Press, 1979.
載滕復編(1996), 『默然不說聲如雷』, 北京: 中國廣播電視出版社, 1996.
馬一浮(1996), 『馬一浮集』, 浙江古籍出版社,浙江敎育出版社, 1996.
梁漱溟(2005), 『梁漱溟全集』, 山東人民出版社, 2005.
熊十力(2001), 『熊十力全集』, 武漢: 湖北敎育出版社, 2001.
黃克劍(1996), 『張君勱卷』, 石家莊: 河北敎育出版社, 1996.
張君勱著(1995), 呂希晨·陳瑩選編, 『精神自由與民族文化』, 北京: 中央廣播電視出版社, 1995.
張君勱(2006), 『民族復興之學術基礎』, 北京: 中國人民大學出版社, 2006.
羅義俊 編著(1991), 『評新儒家』, 上海: 上海人民出版社., 1991.
劉述先(2002), 『現代新儒學之省察論集』, 臺北: 中央硏究院中國文哲硏究所, 2002.
李澤厚(1987), 『中國現代思想史論』, 北京: 東方出版社, 1987.
譚凱(2016), 「現代新儒三大家與書院」, 『懷化學院學報』, 第35卷第10期, 2016.
梁漱溟(1943), 「勉仁書院講學旨趣」, 『圖書季刊』(第四卷), 獨立出版社, 1943.
張君勱(1922), 「國民政治品格之提高」, 『改造』第4卷2號, 1922.
陳銳(1993), 「馬一浮與復性書院」, 『杭州師範學院學報』 第1期, 1993.
정병석(1994), 「유학의 현대적 轉型과 과제:유학의 몰락과 전형 과정을 통해 본 제3기 유학의 발전과 과제」, 『철학논총』, 새한철학회, 10.
정병석(2012), 「熊十力과 현대신유가의 형성」, 『동양철학연구』, 동양철학연구회, 17.
정병석(2007), 「동서교섭에서 드러난 유학의 문화적 인지구조와 견고한 자아의식 - 특히 西學東漸에 대한 문화적 인지구조의 대응에 드러난 유학의 견고한 자아의식과 문화적 발전구상을 중심으로 - 」, 『동양철학연구』, 동양철학연구회, 50.

대만 서원 정신의 실천:
봉원서원(奉元書院)을 중심으로

오진안(吳進安)

I. 서문

유가(儒家)는 공자(孔子, 기원전 511~479년)가 그 단초를 열었고 제자들이 그 맥락을 이어받아 발전시켰다. 유가는 한나라 무제(武帝, 기원전 156~기원후 88년) 시기에 이르러 독점적 지위를 획득하며 유일하게 공인된 학파로 자리 잡았으며, 문치(文治)와 교화(敎化)의 기능을 담당하게 되었다. 이러한 교화 기능은 두 가지 경로를 통해 전파되었다. 하나는 소수의 지식인이 유학의 의미를 해석하고 개척하며 유학의 생명을 유지시키는 것이었고, 다른 하나는 유학의 의리(義理)를 평범한 백성들의 삶에 적용시켜 세속적 삶의 규범으로 자리 잡게 한 것이다. 따라서 전통적으로 학자들은 증자(曾子)의 말대로 "군자는 큰 뜻을 품고 멀리 가야 하니, 무거운 짐을 짊어지고 먼 길을 가는 것과 같다. 인(仁)을 자신의 책무로 삼으니 어찌 무겁지 않겠는가? 죽어서야 끝나니 어찌 멀지 않겠는가?"[1]라는 도덕적 사명을 부여받았다. 유가는 지식 전파의 주도권을 획득한 이후, 그 영향은 유학 전통의 사명을 계승하고 발양(發揚)하는 데까지 미쳤으며, 나아가 과거 시험 제도와 서원 교육을 통해 유학의 의리를 민간에까지 전파하게 되었다. 이로 인해 지식인들은 유학(儒學)과 유교(儒敎)의 이중적 책무를 짊어지게 되었다.

---

1) 『論語』「泰伯」, "士不可以不弘毅, 任重而道遠. 仁以爲己任, 不亦重乎. 死而後已, 不亦遠乎."

송(宋)·명(明) 시대에는 '서원(書院)'이 유학 전파의 중심지로 기능했다. 역사적으로 가장 칭송받고 있는 사례로는 주희(朱熹)가 백록동서원(白鹿洞書院)을 수리하고 서원의 교규(敎規)와 학규(學規)를 제정한 일이 있다. 이는 이후 서원 '교훈(校訓)'의 기원이자 기본적 전범으로 자리 잡았다. 서원의 존재 의미에 대해 왕양명(王陽明)은 다음과 같이 말했다.

> 우리 황명(皇明) 시대는… 학교 제도가 매우 정교하고 완비되어 있다고 할 수 있지만, 이름난 지역 곳곳에 서원이 설립된 것은 왜인가? 이는 학교가 부족한 부분을 보완하기 위해서이다. 옛 삼대(三代)의 학문은 모두 인륜(人倫)을 밝히기 위한 것이었다. 지금의 학궁(學宮)이 모두 명륜명당(明倫名堂)이라 불리는 것은 그 설립 목적이 삼대의 뜻에서 벗어난 적이 없었기 때문이다. 그러나 과거 시험이 성행하면서, 선비들은 모두 글귀를 외우고 문장을 짓는 일에 몰두하며, 공리(功利)와 득실에 얽매여 마음이 혼란스러워졌다. 이로 인해 스승이 가르치는 바와 제자가 배우는 바가 결국 명륜(明倫) 의미를 알지 못하게 되었다. 세상의 도를 염려하는 이는 이를 되돌리려 고심하였으며, …[2]

유가는 다행히도 '현학(顯學)'이 되어 공맹(孔孟)의 도가 후세에 전해졌고, 유학의 생명은 세속 사회의 가치 기준으로 자리 잡을 수 있었다. 그러나 불행하게도 유학은 통치자의 지배 도구로 변질되어 맹자(孟子)가 말한 '대장부'와 '호연지기'의 지조와 기개를 잃고, 과거 시험의 교본으로 전락했다. 많은 학자들은 명예와 부귀를 추구하느라 명륜의 의미와 성현의 도리를 알지 못하게 되었다. 대도(大道)는 어두워져 분명하지 않게 되었고, 학술(學術)은 권

---

[2] 王陽明,『王陽明文集』,「萬松書院記」, 台北考正出版社, 1972, 21~22쪽, "惟我皇明, … 其於學校之制, 可謂詳且備矣. 而名區勝地, 往往復有書院之設, 何哉. 所以匡翼夫學校之不逮也. 夫三代之學, 皆所以明人倫, 今之學宮, 皆以明倫名堂, 則其所以立學者, 固未嘗非三代意也. 然自科擧之業盛, 士皆馳騖於記誦辭章, 而功利得喪, 分惑其心, 於是師之所教, 弟子之所學者, 遂不復知有明倫之意矣. 懷世道之憂者, 思挽而復之 … ."

력의 자리에만 머물렀다. 선비들은 그저 글귀를 외우고 문장을 지었을 뿐이며, 가치판단의 기준은 오로지 공리(功利)에 두었다. 그러므로 현자들이 이를 근심하였다. 이러한 상황에서 어떻게 거센 물결을 되돌리고, 유학의 철학적 이치(哲理)를 흔들리지 않게 유지할 수 있을까? 이에 대해 왕양명(王陽明)은 서원은 반드시 설립해야 하며 이를 통해 비로소 고대 성현의 학문을 굳건히 지킬 수 있다고 주장했다. 서원의 설립 목적은 어디에 있는가? 왕양명은 다음과 같이 말했다.

오늘날 서원이 설립된 이유는 바로 고대 성현들의 학문을 계승하려는 것이다. 고대 성현들의 학문은 바로 인륜을 밝히는 것(明倫)일 뿐이다. 요(堯)와 순(舜)이 서로 가르침을 전수하면서 말한 바 "사람의 마음은 위태롭고, 도의 마음은 미묘하다. 오직 정밀하고 하나됨으로 중용(中庸)을 지켜야 한다"는 것이 바로 명륜의 학문이다. 도의 마음이란, 본성을 따르는 것을 말하며, 사람의 마음은 인위적인 것이다. 인위적인 것에 섞이지 않고 도의 마음을 따를 때 비로소 실천으로 나타난다. 그 감정을 말하자면 기쁨(喜), 노여움(怒), 슬픔(哀), 즐거움(樂)이 된다. 그 행동을 말하자면 중용의 조화를 이루는 것이 되고 삼천삼백 가지 예악(禮樂)의 규범이 된다. 그 윤리를 말하자면 부모와 자식 간의 친애(父子之親), 임금과 신하 간의 의리(君臣之義), 부부 간의 차별(夫婦之別), 연장자와 연소자 간의 질서(長幼之序), 친구 간의 신뢰(朋友之信)가 된다. 그리하여 삼재(三才)의 도가 여기에서 다한다. 순(舜)이 설계(契)를 사도로 삼아 천하를 가르친 것은 바로 이것을 바탕으로 한 것이며, 이는 고금의 성인과 어리석은 자 모두가 동일하게 갖추고 있는 것이다. … 이 명륜의 학문은 어린아이도 능히 쉽게 할 수 있으나, 그 지극한 곳에 이르면 성인조차 능히 다할 수가 없다. 인륜이 위에서 밝게 드러나면 백성들이 아래에서 이를 친근히 따르니 가정과 나라가 바로 다스려지고 천하가 평화로워진다. 그러므로 인륜을 밝히는 것 외에는 다른 학문이 없다. 이것을 밖에 두고 배우는 것은 이단(異端)이라 부르며, 이것을 비난하며 논하는 것은 사설(邪說)이라 칭하고, 이것을 빌어 행동하는 것은 백술(伯術)이라 부르고,

이것을 꾸며 말하는 것은 문사(文辭)라 하며, 이것을 배반하고 다른 길로 가는 것은 공리(功利)를 추구하는 무리이자 혼란스러운 세상의 정치라 부른다.[3]

왕양명이 '인륜을 밝히는 학문(明倫之學)'을 중시한 점에서 알 수 있듯이, 서원의 설립 목적은 곧 공리주의(功利主義)와 과거 시험 제도 속에서 이미 경직되고 생명력을 잃어버린 정신을 되살리고, 공자와 맹자의 미언대의를 되찾아 인륜의 질서를 밝히는 것에 있다. 이를 통해 왕양명이 말한 '인륜이 위에서 밝게 드러나면, 백성이 아래에서 이를 친근하게 따른다'는 이상을 실현하고자 한 것이다. 서원의 설립 초기 목적을 살펴보면, 교육을 통해 지식인들이 공리주의적 가치관을 바꾸고, '작은 것에는 밝지만 큰 것에는 어두운' 함정에 빠지는 것을 피하게 한다는 데 있다. '실천이 곧 도덕'이라는 전제하에서, '도문학(道問學)'과 '존덕성(尊德性)'을 하나로 합치며, 앎과 행함(知行)을 일치시킬 때 유학의 학문적 맥은 끊이지 않고 지속될 수 있을 것이다. 근대 신유학(新儒學)의 거장 웅십력(熊十力)은 서원의 의미를 더욱 철학적인 방식으로 표현하며 다음과 같이 말했다.

서원의 본질은 철학 사상과 문학 및 역사 등의 연구에 중점을 둔다. 중국에서 최근 교육을 논하는 이들은 과학과 기술을 중시하는 반면, 인문학과 철학을 경시하는 경향이 있는데, 이는 다소 편향된 시각이라 하지 않을 수 없다. … 드

---

3) 王陽明, 『王陽明文集』, 「萬松書院記」, 台北考正出版社, 1972, 21~22쪽, "今書院之設, 固期我以古聖賢之學也. 古聖賢之學, 明倫而已. 堯舜之相授受曰, 人心惟危, 道心惟微, 惟精惟一, 允執厥中. 斯明倫之學矣. 道心也者, 率性之謂也, 人心則偽矣. 不雜於人偽, 率是道心而發之於用也. 以言其情, 則為喜怒哀樂, 以言其事, 則為中節之和. 為三千三百經曲之禮. 以言其倫, 則為父子之親, 君臣之義, 夫婦之別, 長幼之序, 朋友之信, 而三才之道盡此矣. 舜使契為司徒, 以教天下者, 教之以此也, 是固天下古今聖愚之所同具. … 是明倫之學, 孩提之童, 亦無不能, 而及其至也, 雖聖人有所不能盡也. 人倫明於上, 小民親於下, 家齊國治而天下平矣. 是故明倫之外, 無學矣. 外此而學者, 謂之異端. 非此而論者, 謂之邪說. 假此而行者, 謂之伯術. 飾此而言者, 謂之文辭. 背此而馳者, 謂之功利之徒, 亂世之政."

러난 현상을 미루어 숨겨진 진리를 밝혀내고, 만물의 근본을 탐구하고, 변화의 근원을 깨닫고, 흩어진 것들을 종합하여 궁극적인 원리를 체득하는 일은 과학만으로는 도달할 수 없는 영역이다. … 철학은 결국 모든 학문의 궁극적인 귀결점이다. … 철학이 없으면 지식은 궁극에 도달할 수 없고, 이치는 끝까지 탐구될 수 없으며, 학문은 통합되지 못할 것이다. 어찌 그것이 가하겠는가? … 철학이란 우주와 인생의 근본적인 문제를 탐구하는 것이며, 우리에게 깊은 이상을 깨우쳐 준다. 깊은 이상을 아는 것은 곧 도덕이다. 깨달음의 관점에서 보면 그것을 이상이라 하며, 궁극적 진리를 따라 현실 생활 속에서도 방황하지 않는 것을 도덕이라 한다. … 우리는 반드시 진정한 철학적 소양을 쌓고, 고원하고 심원한 이상을 가져야 한다. 만물을 두루 살피되 그 근원을 이해하고, 변화의 끝을 탐구하여 그 이치를 깨달아야 한다. 천하에 가장 복잡하고 뒤얽힌 것일지라도 통달하는 것을 두려워하지 않으며, 천하에서 가장 그윽하고 현묘한 것일지라도 그 이치를 연구하는 것을 싫어하지 않으며, 천하에 불변하는 것과 변하는 것을 신중하게 헤아리는 것을 게을리하지 않는다. 지혜가 깊고 침착하면 사유가 밝아 성인의 경지에 이를 수 있다. 얄팍한 것에 매이지 않으며, 비천하고 하찮은 것에 빠지지 않는다. 지혜로 마음을 기르면 정신이 맑고 혼란에 빠지지 않는다. 그리하여 그의 삶의 힘은 날로 충실해지지만, 본인은 그것을 깨닫지 못한다. 이는 맹자가 말한 호연지기(浩然之氣)를 기르는 것과 같다.[4]

위에서 언급한 왕양명의 서원(書院) 교육 이념에 대한 논술과 민국 초기에 웅십력 선생이 『복성서원 개강 시 제자들에게 한 말씀(復性書院開講示諸生)』에서 언급한 내용은 서로 상호 보완적으로 맞아떨어진다. 이는 서원 교육의 핵심 이념을 밝혀주며, 서원의 교육 목적이란 단순히 지식을 가르치는 것이 아니라 호연지기(浩然正氣)를 갖춘 생명력 있는 인격체를 양성하고, 정견없이 시대의 흐름에 휩쓸리지 않는 인재를 기르는 것에 있다. 이것이 바로 서

---

4) 熊十力, 「復性書院開講示諸生」, 『十力語要』, 卷二, 臺北: 明文書局, 1989, 229~257쪽.

원 교육의 궁극적인 관심사이며, 동시에 유학의 학문적 인식과 실천의 출발점이기도 하다. 이러한 정신은 정치적 갈등이나 시대적 변화에 의해 쉽게 변질되지 않는다. 이러한 결과는 바로 맹자가 말한 "모든 사람이 자신의 부모를 친애하고, 윗사람을 존경하면 천하가 평화로워진다."[5]는 도덕적 내면화와 실천의 과정이 구체적으로 구현된 것이다. 주희(朱熹)가 백록동서원(白鹿洞書院)의 학규에서 밝힌 바에 따르면, "부자(父子)는 친애해야 하며, 군신(君臣)은 의리가 있어야 하고, 부부(夫婦)는 구별이 있어야 하며, 연장자와 연소자는 질서를 지켜야 하고, 친구는 신뢰가 있어야 한다. … 이는 다섯 가지 기본 가르침이며, … 학자는 이것만을 배우면 된다."고 하였다. 이러한 내용을 보면, 비록 주희와 양명의 철학적 접근 방식은 다르지만, 인륜을 밝히는 데 있어서는 동일하게 중시하고 있음을 알 수 있다.

II. 대만 서원의 발전 회고

봉원서원(奉元書院)에 대해 논의하기 전에, 대만 역사 속에서는 공리주의와 과거 시험을 뛰어넘는 찬란한 역사가 있었다. 이는 바로 정성공(鄭成功)이 대만을 통치하던 명정(明鄭) 시기(1661~1683)였다. 1천년 서원 역사 속에서 비록 짧은 22년간의 기간이었으나, 그 의미와 가치는 부정할 수 없다. 특히 유가(儒家)에서 강조하는 '춘추대의(春秋大義)'라는 대의명분의 원칙에서 보면 그 중요성은 매우 크다고 할 수 있다. 따라서 이 시기의 내용을 간략히 서술한 후, 청(淸)나라와 일제의 통치 시기를 넘어 1949년 이후의 대만으로 넘어가겠다.

청나라의 강일승(江日昇)은 그의 저서 『대만외기(臺灣外記)』에서 대만 서원의 창립에 대해 언급하면서, 그 기원을 명정(明鄭) 시기로 소급하였다. 그는 진영화(陳永華)[6]가 정경(鄭經)에게 한 단호한 권고에 대해 기록하였으며,

---

5) 『孟子·離婁章句上』, "人人親其親, 長其長, 而天下平."

이것이 바로 '전 대만의 으뜸 학문(全台首學)'의 시작이 되었다고 밝혔다.

  옛날 성탕(成湯)은 백 리(百里)의 땅으로 왕이 되었고, 문왕(文王)은 칠십 리(七十里)로 일어났으니, 어찌 국토의 넓고 좁음이 중요한 것이겠는가? 진실로 군주가 어진 이를 좋아하고, 능히 인재를 구해 보좌하고 다스리게 했기 때문이다. 지금 대만은 수천 리에 걸친 비옥한 평야를 가지고 있으며, 해외에 멀리 위치해 있지만 그 풍속은 순박하다. 군주가 어진 인재를 등용하여 정치를 보좌하여 십 년 동안 자라게 하고, 십 년 동안 교육시키며, 십 년 동안 모아 육성하면, 삼십 년 안에 진정으로 중원(中原)과 어깨를 나란히 할 수 있을 것이다. 어찌 좁고 드물다 하여 근심할 것이 있겠는가? 지금 이미 먹을 것이 충분하다면, 마땅히 교육해야 한다. 한가롭게 지내면서도 교육이 없다면 짐승과 다를 바가 무엇인가? 반드시 땅을 골라 성묘(聖廟)를 세우고, 학교를 설립하여 인재를 양성해야 한다. 이로써 나라에 어진 선비가 있게 되면, 국가의 근본이 스스로 굳건해지고, 세상의 운세 또한 날로 번창할 것이다.[7]

---

6) 진영화(陳永華), 자(字)는 복보(復甫)로, 복건(福建) 동안(同安) 출신이다. 그는 지혜가 뛰어나 국가를 안정시키고 다스리는 도리를 깊이 이해하고 있었다. 명나라가 멸망했을 때, 그는 문(文)을 버리고 무(武)를 따르며 반청(反淸) 진영에 가담하였다. 정성공(鄭成功) 부자는 그를 매우 존경하였고, 크게 중용하였다. 정경(鄭經)은 그를 재상(宰相)에 해당하는 자의참군(諮議參軍) 직위에 임명하였고, 크고 작은 모든 일을 그와 먼저 상의한 후에 실행하였다. 아울러 대만 경영의 중대한 책임을 맡겼다. 진영화는 대만을 건설하며 직접 각지를 순회하며 군사들에게 둔전을 가르치고, 양식을 비축하게 했다. 또한, 백성들에게 설탕을 끓이고 소금을 말리는 법을 가르쳐 민생을 이롭게 하고, 벽돌을 굽는 법을 가르쳐 민가를 개선하였다. 동시에 행정구역을 설정하고, 리갑호보(里甲互保) 제도를 시행하여 백성들이 안정되고 즐겁게 살아갈 수 있도록 하였다. 백성들의 생활 물자가 더 이상 부족하지 않게 되자, 진영화는 다시 정경에게 대만 최초의 공자 사당(孔廟)을 세울 것을 제안하며 교육과 교화를 장려하였고, 동시에 완전한 교육 제도를 설계하여 인재를 양성하고 발탁하였다.
7) 江日昇, 『臺灣外記』, 台灣文獻史料叢刊(台北:大通書局), 未刊年份, 236쪽. "昔成湯以百里而王, 文王以七十里而興, 豈關地方廣闊. 實在國君好賢, 能求人才以相佐理耳. 今臺灣沃野數千里, 遠濱海外, 且其俗醇. 使國君能舉賢以助理, 則十年生長, 十年教養, 十

정경은 그의 의견을 받아들여 타이난(臺南)에 성묘(聖廟)를 세우고 명륜당(明倫堂)을 설립하여 대만에서 유학(儒學) 교육과 전파의 학풍을 열었다. 비록 이것이 관에서 설립한 학교 기관이었지만, 진영화(陳永華)의 간절한 말이 담고 있는 깊은 의미로 보자면 이러한 서원 설립의 근본 정신은 유가(儒家) 사상의 목표와 일치한다고 할 수 있다.

판차오양(潘朝陽) 교수는 명정(明鄭) 시기의 유학(儒學) 사상을 '저항과 부흥의 유학'[8]이라고 불렀다. 외로운 신하와 천한 서자의 심정으로 본다면, 명정 시기의 유학 학풍은 확실히 적절하다고 할 수 있다. 특히 진영화(陳永華)가 언급한 성왕(聖王)의 고사에 따르면, 성탕(成湯)과 문왕(文王) 모두 인의(仁義)의 가르침으로 문화 부흥의 기치를 높이 들고, 오랑캐의 난에 저항하며, 백성을 물과 불의 재난에서 구해냈다. 비록 한때는 바닷가의 외딴곳에 머물러 중화 문명을 다시 일으킬 수 없었지만, 성묘(聖廟)를 세우고 학교를 설립함으로써 유가 정신을 전승하고, 꺼지지 않는 불씨를 남겨둘 수 있었다. 이러한 유가(儒家) 문화의 생명력과 불씨의 전승은 마찬가지로 일제강점기(1896~1945)까지 이어졌다. 연횡(連橫)이 저술한 『대만통사(台灣通史)』의 역사관과 각종 역사 발전에 대한 가치 판단에서도 이러한 '저항과 부흥'의 정신이 나타난다. 이는 유학자가 단순히 공자(孔子)의 '군자(君子)'라는 도덕적 인격 이상을 실천하는 것에서 그치지 않고, 맹자(孟子)가 말한 '대장부(大丈夫)' 호연지기(浩然正氣)의 기상과 포부 또한 갖추고 있음을 보여준다. 연아당(連雅堂)의 『대만통사·예문지(台灣通史·藝文志)』에서는 다음과 같이 서술하고 있다.

  정씨(鄭氏) 시대에, 태복지경(太僕志卿) 심광문(沈光文)이 처음으로 시(詩)로

年成聚, 三十年真可與中原相甲乙. 何愁侷促稀少哉. 今既足食, 則當教之. 使逸居無教, 何異禽獸. 須擇地建立聖廟, 設學校, 以收人材. 庶國有賢士, 邦本自固, 而世運日昌矣."
8) 潘朝陽, 「抗拒與復振的台灣儒學傳統」, 『明清台灣儒學論』, 台北: 台灣學生書局, 2001, 157~215쪽.

명성을 떨쳤다.

　그 시절 난리를 피해 온 선비들은 옛 나라를 그리워하며, 강산을 바라보며 탄식하고, 시를 지어 마음을 표현하였다. 그들의 시에는 슬픔과 비통함이 가득했으며, 군자는 이를 보고 안타까워하였다. 연횡(連橫)은 다음과 같이 말했다. "나는 연평군왕(延平郡王, 鄭成功)이 대만에 입도한 이후, 시를 읊는 일에 힘썼다는 이야기를 들었다. 그러나 전쟁의 화를 입어 원고는 사라져 전해지지 않았다. 그가 남긴 것으로는 북벌의 격문(檄文)과 부친에게 올린 편지가 전해지는데, 그 글들은 격렬하고 비장하며, 뜨거운 피가 가슴 속에 가득 찬 듯하다. 이를 읽으면 저절로 춤추고 싶어질 정도이니, 이는 우주적인 문장(宇宙之文)이라 할 수 있다." 경립(經立)은 청나라 사람이 대만에 와서 강론하였고, 서신을 주고받으며 그 체계를 세심히 따랐다. 이는 분명 막부(幕府)에 인재가 많았다는 증거다. 옛날 춘추 시대(春秋時代)에 정나라(鄭國)는 작은 나라였지만, 사신의 왕래와 예물의 주고받음에 있어 예법을 잃지 않았다. 그 덕분에 제(齊), 초(楚), 진(秦), 진(晉)과 같은 강대국들도 감히 침범하거나 업신여기지 못했다.[9]

　연아당(連雅堂, 1878~1936)은 명정(明鄭) 시대의 문장을 '우주적인 문장(宇宙之文)'이라 칭했다. 이는 명나라의 유로(遺老), 외로운 신하, 천한 서자의 심정으로 춘추필법(春秋筆法)의 지조를 지키려는 의지에서 비롯된 가치 판단의 근거로 볼 수 있다. 비록 명나라는 이미 청(淸) 왕조에 의해 대체되었지만, 그럼에도 불구하고 문화의 명맥이 해외에서나마 한 가닥이라도 이어지기를 바라는 기대가 있었다. 그 의미는 중화 문명의 쇠퇴와 위기에 직면한 상황에

---

9) 連橫:『台灣通史·藝文志』(台北: 黎明文化公司), 2001, 743쪽. "鄭氏之時, 太僕志卿沈光文始以詩鳴. 一時避亂之士, 眷懷故國, 憑弔河山, 抒寫唱酬, 語多激楚, 君子傷焉. 連橫曰, 吾聞延平郡王入臺之後, 頗事吟咏. 中遭兵燹, 稿失不傳. 其傳者北征之檄, 報父之書, 激昂悲壯, 熱血滿腔, 讀之猶為起舞, 此則宇宙之文也. 經立, 清人來講, 書移往來, 曲稱其體. 信乎幕府之多士也. 在昔春秋之際, 鄭為小國, 聘問贈答不失乎禮, 齊楚秦晉莫敢侵凌."

서 대만 섬의 선비들이 이를 다듬고 분발해야 한다는 뜻을 내포하고 있다. 천자오잉(陳昭瑛)은 명정 시대 문학이 단지 비통함과 저항의 의식으로 가득 차 있는 것에 그치지 않고, 또한 '돌아갈 수 없는 곳에 대한 생각(不歸之思)' 과 '대만 발견에 대한 열정'을 담고 있다고 주장한다. 이는 곧 정경(鄭經)이 말한 "중원(中原)의 왕기(王氣)는 다하고, 예복과 관모는 해외에 남아 있다." 라는 유민(遺民)의 비애를 표현한 것이며, 지식인들의 대의명분(大是大非)에 대한 판단과 선택이라고도 할 수 있다. 따라서 송명(宋明) 유학 발전의 가치 방향 중 하나는 성묘(聖廟)와 명륜당(明倫堂)을 세워 이학(理學)의 기풍을 다시 일으키고, 경세치용(經世致用)의 실용적인 학문으로 나아가는 것이었다. 이 시기의 학풍은 심학(心學)의 폐단과 망국(亡國)의 아픔과도 깊은 관련이 있었다.

III. 봉원서원의 설립 연원과 목표

1949년 국공 내전(國共內戰)이 종결됨에 따라, 국민당 정부는 대만으로 이전하였으며, 이에 따라 다수의 전통적 지식인 엘리트들이 함께 대만으로 이주하였다. 이들 중에는 청(淸) 왕조 유민(遺老)인 유쥔(毓鋆, 1906~2011)이 포함되어 있었다. 그의 본명은 애신각라(愛新覺羅) 금성(金成)이며, 호(號)는 안인거사(安仁居士)이다. 유쥔은 청 황실의 후예(예친왕(禮親王) 대선(代善)의 후손)로, 만주 정홍기(滿洲正紅旗) 출신이며, 북경에서 태어났다. 그는 유학자로서 봉원서원(奉元書院)을 창립하였으며, 사적으로 강학(講學) 활동을 전개하였다. 대만 학계 및 사회에서는 그를 '유라오(毓老)'라 칭하였으며, 그는 대만에서 60여 년간 중화 문화를 보급하고 유학 전통을 선양하는 데 기여하였다.

1. 강학(講學) 사업

『무은록(無隱錄)』에 기록된 유쥔의 생애 소개에 따르면, 그는 대만으로 온 이후 "향리에 은거하며 독서를 즐기며 지냈다. 자학(自學)한 기간은 약 30여 년에 이르며(대략 1970년까지를 의미함), 『춘추(春秋)』 공양학(公羊學)의 미언 대의(微言大義)를 실천의 근거로 삼고, 『주역(大易)』을 궁극적 귀결점으로 삼아 경전 전체를 관통하는 연구를 수행하였다. 그는 이러한 연구의 결과로 『애신씨팔경미의(愛新氏八經微義)』(『주역(周易)』, 『서경(書經)』, 『시경(詩經)』, 『예기(禮記)』, 『춘추공양전(春秋公羊傳)』, 『논어(論語)』, 『맹자(孟子)』, 『효경(孝經)』)를 집필하였으며, 또한 『신청사(新清史)』, 『수상행식집(受想行識集)』(을유년(乙酉年) 이전의 사건 기록), 『무수상행식집(無受想行識集)』(을유년 이후의 사건 기록) 등의 원고를 남겼다."[10] 그러나 이들 저작은 출판되지 않은 채 남아 있다.

봉원서원의 온라인 자료에 따르면, 1958년 10월, 유쥔은 자택에서 외국인 유학생을 대상으로 강의를 개설하였으며, 『춘추』 공양학 철학을 강의하였다. 그러나 당시 정치적 압박을 피하기 위해 초창기에는 대만 출신 학생의 수강을 제한하였다. 그의 첫 번째 외국인 제자는 미국 캘리포니아대학교 로스앤젤레스 캠퍼스(UCLA)의 리처드 루돌프(Richard Rudolph)로, 이후 그의 강의는 1970년대 초까지 10여 년간 지속되었다. 이 기간 동안 다수의 학생들이 박사 학위를 취득한 후 미국 및 기타 국가의 주요 대학에서 학문적 연구와 교육 활동을 이어갔다. 유쥔에게 수학한 외국인 유학생은 총 39명으로, 미국인 33명, 일본인 2명, 영국인 2명, 캐나다인 1명, 베트남인 1명으로 구성되었다. 특히, 그의 강의를 수강한 인물들 중에는 중국학(漢學) 연구 분야에서 세계적으로 저명한 학자들이 포함되어 있으며, 대표적인 학자로는 존 제이미슨

---

10) 『無隱錄』, "隱於鄕, 以讀書自娛. 自學卅餘年(按：約指至1970 年之時), 以《春秋》公羊學之微言大義爲用, 以《大易》爲歸, 貫徹群經, 成《愛新氏八經微義》(易, 書, 詩, 禮記, 公羊春秋, 論, 孟, 孝經)並著《新清史》,《受想行識集》(記乙酉以前事)及《無受想行識集》(記乙酉以後事)等稿."

(John Jamieson), 네이선 시빈(Nathan Sivin), 도널드 먼로(Donald J. Munro), 라이먼 반 슬라이크(Lyman van Slyke), 데이비드 카이트리(David Keightley), 프레더릭 웨이크먼 주니어(Frederic Wakeman, Jr.), 피터 볼(Peter K. Bol), 에드워드 L. 쇼그너시(Edward L. Shaughnessy), 데이비드 W. 판커니어(David W. Pankenier) 등이 있다.

1966년, 장치윈(張其昀) 선생(중국문화학원 창립자)의 거듭된 요청을 받아들여 중국문화학원(현 중국문화대학)에서 교수직을 맡기로 동의하였다. 1967년 9월, 유췬은 해당 대학 철학과에서 강의를 시작하였으며, 〈공맹순(孔孟荀) 철학〉, 〈육왕(陸王) 철학〉, 〈학용(學庸) 철학〉, 〈주역(易經) 철학〉 등의 강좌를 개설하였다. 그는 이듬해 학기에는 철학과 학과장(系主任)을 맡았으나, 1968년 7월 인사 문제로 사직하였다. 이후 위빈(于斌) 추기경의 요청을 받아들여 푸런대학(輔仁大學) 철학연구소에서 강의를 진행하였으나, 1968년 7월부터 1969년 9월까지 단 한 학기밖에 강의하지 못했다. 1970년에는 정치대학(政治大學) 철학과장 자오야보(趙雅博)의 초청을 받아 『주역(易經)』을 강의하였으나, 이 역시 1년 후 종료되었다. 1971년, 학교 측이 정치적 압력을 받아 재임용되지 못하였고, 이에 따라 유췬은 이후 사적으로 학문을 전수하는 강학 활동을 시작하게 되었다.

1971년, 유췬은 타이베이(臺北) 청궁신촌(成功新村)(현재 '청궁국택(成功國宅) 사회구', 다안구(大安區) 허핑둥루(和平東路) 311巷) 자택에서 천덕횡사(天德黌舍, 이후 봉원서원으로 개명)를 설립하고 사적으로 강학 사업을 시작하였다. 초기에는 미국 유학생을 주 대상으로 강의를 진행하였으며, 수십 년간 수많은 외국 학생을 가르쳤다. 그의 60여 년간의 강의 활동을 통해 배출된 제자들은 정치, 경제, 예술계 등 다양한 분야에 걸쳐 활약하였다. 유췬은 60여 년간 중화 문화를 선양하는 데 헌신하였으며, 공자의 학문처럼 술이부작(述而不作)의 태도를 견지하면서, 중국 문화를 전승하는 것을 평생의 사명으로 삼았다. 그의 교육은 유가 사상을 기반으로 이루어졌으며, 특히 『대학(大學)』, 『중용(中庸)』, 『논어(論語)』, 『맹자(孟子)』의 사서(四書) 교육을 중시하였다. 따라서 횡사(黌舍)에서 학문을 배우기 위해서는 1년간 사서반(四書班)을 이수해야 비로소 정식 학적(學籍)에 등록될 수 있었으며, 이후에야 비로소 오경(五經) 및 제자백가(諸子) 등의 과정을 선택하여 수강할 수 있었다.

70년대, 유췐이 운영한 천덕횡사에서는 월요일부터 금요일까지 매일 저녁 강의가 진행되었다. 월요일은 『주역(易經)』 강의, 화요일은 사서(四書) 강의, 수요일은 『춘추번로(春秋繁露)』 강의, 목요일은 시·서·예(詩·書·禮) 강의, 금요일은 제자서(子書) 강의 - 『노자(老子)』, 『장자(莊子)』, 『순자(荀子)』, 『한비자(韓非子)』, 『손자병법(孫子)』, 『관자(管子)』 등 선진제자(先秦諸子) 및 『자치통감(資治通鑑)』, 『인물지(人物志)』. 그는 2008년까지 102세의 고령에도 불구하고 강단에 올라 강의를 지속하였다. 2011년 3월 20일, 타이베이 자택에서 별세하였으며, 향년 105세를 일기로 생을 마감하였다.

2. 원훈(院訓)

> 배움은 분노를 옮기지 않고, 같은 잘못을 반복하지 않음에서 비롯되며, 궁극적으로 성왕의 지극한 덕에 이르는 길이다.(學由不遷怒, 不貳過, 臻聖王至德.)
> 어진 이를 길러 재상으로 삼고, 군왕의 스승이 되게 하며, 일평생 도를 실천하는 것을 목표로 한다.(苑育仁者相, 帝者師, 履一平要道.)

중국 고대의 서원과 마찬가지로, 봉원서원 또한 그들만의 원훈(院訓)을 제정하여 학문을 탐구하는 학생들이 노력해야 할 목표로 삼았다. 이 두 구절은 『논어(論語)』에서 언급된 "학이시습지(學而時習之)"(『논어』 「학이(學而)」편)의 구체적 실천을 반영한 것으로, 배움이란 곧 인간됨의 근본을 세우는 일(立人之本)이며, 동시에 "불천노(不遷怒), 불이과(不貳過)"(『논어』 「옹야(雍也)」편)와 같이 사람됨의 도리를 실천하는 것을 의미한다. 따라서 성왕(聖王)의 지극한 덕(至德)이란 학문과 인격 수양의 두 가지 측면에서 실현되는 것이다. 유학(儒學)은 궁극적으로 실천을 중시하며, 사회의 가치관을 변화시키는 것을 그

최우선 과제로 삼는다. 그렇다면 이러한 변화는 어디서부터 시작되어야 하는가? 고대로부터 정치(政治)는 유학자들이 주목해 온 중요한 문제였으며, "수기안인(修己安人)", 즉 자신을 수양하고 남을 편안하게 하는 목표는 필연적으로 정치적 지원과 의존을 필요로 하였다. 따라서 공자와 맹자 이래로 유가는 국가를 다스리는 사람은 바로 제왕(帝王)의 스승과 어진(仁者) 재상(相)이다. 이러한 역할은 유가 사상의 정치적 이상을 체현하는 동시에, 유가의 정치적 포부를 분명히 드러내는 것이다.

한 걸음 더 나아가 원훈을 살펴보자. "배움은 분노를 옮기지 않고, 같은 잘못을 반복하지 않음에서 비롯되며, 궁극적으로 성왕의 지극한 덕에 이른다." 이 말은 학생들이 학문의 입문처이자 궁극적인 목표로 삼아야 함을 지시하며, 동시에 서원에서 가르치는 학문이 내성(內聖)과 외왕(外王)의 공부임을 암시한다. "어진 이를 길러 재상으로 삼고, 군왕의 스승이 되게 하며, 일평생 도를 실천하는 것을 목표로 한다." 이 말은 서원이 양성하고자 하는 인재들이 '지극한 선(至善)을 실천하는 어진 재상(仁相)과 군주의 스승(帝師)'이 되는 것을 의미하며, 이는 유쥔이 전수한 학문이 곧 '제왕지학(帝王之學)'임을 암시하는 것이다. 이를 통해 유쥔의 교육철학이 웅대한 기개와 포부를 지닌 대규모 학문 체계임을 확인할 수 있다. 이러한 맥락에서, 유쥔은 몇몇 문장을 직접 지었다. 예를 들어 "화하(華夏)의 학문으로 깊은 본질을 탐구하고, 세상을 구제할 참된 문장을 찾는다(以夏學奧質, 尋拯世真文)" 즉, 유학과 제자백가의 학문을 치세(治世)와 구세(濟世)의 방안으로 삼아야 함을 의미한다. "세상의 정세를 간파하면 간담이 서늘해지며, 모든 것이 정치와 같지 않다(看破世情驚破膽, 萬般不與政事同)" 이는 정치가 시시각각 변화하며 예측할 수 없는 속성을 지니고 있지만, 악을 제거하고 선을 향해 나아가는 도구로 활용될 수도 있고 반대로 스스로를 파멸로 이끌 위험 또한 내포하고 있음을 경계하는 것이다. "장백은 또 하나의 마을이고(長白又一村), 몰락한 나라를 그리는 노인을 제사 지낸다(遜國花甲祭)" 여기서 장백산(長白山)은 청나라(清朝)의 발상지이며, 또 하나의 마을(又一村)은 곧 "산이 막히고 강물이 굽이쳐 더는 길이 없는 듯하지만(山窮水複疑無路), 뜻밖에도 버드나무가 우거진 곳에서 새로운 길이 열린다(柳暗花明又一村)"는 의미를 담고 있으며, 이는 대만으로 오게된 과정과 맞닿아 있다. 그리고 유쥔은 60세(花甲) 무렵, 더 이상 '부국(復國, 청나라 부흥)'이라는 민족주의적 한계에 갇히지 않고, 오히려 중국 문명의 심오한 바탕과 세계적 가치를 계승하고 선양하는 것을 자신의 삶과 학문의 근본으로 삼았다.

3. 학문의 바다에서 다리를 놓아 후세에 귀감이 될 가르침이 영원한 향기로 남다.(學海津梁, 貽範永馨)

유쥔은 평생 동안 정규 교육 체제에 속하지 않는 서원 교육에 헌신하며 인재를 양성해 왔으며, 이는 마치 "춘풍화우(春風化雨, 봄바람과 단비가 만물을 기름)"와 같은 교육적 성과를 이루어 냈다. 그의 타계 이후, 중화민국(中華民國) 마잉주(馬英九) 총통이 유쥔의 중화문화 계승과 전승에 대한 공헌을 높이 평가하여 공식적으로 포상을 내렸다. 그는 정규 대학 교육 외의 또 다른 교육 모델을 개척함으로써, 전통 서원의 정신을 잇고 학문의 명맥이 끊어지지 않도록 한 공로를 인정받았다. 아래는 당시 발표된 포상령(襃揚令)의 내용이다.

현대의 경학자 류주린(劉柱林)은 본래 애신각라(愛新覺羅) 유쥔(毓鋆)이라 하며, 학문에 깊이 침잠하고 신중하며 견문이 넓고 식견이 출중하였다. 그는 어린 시절부터 사서오경을 익히고, 동시에 격물치지의 서양 학문을 공부했다. 성장한 후에는 일본과 독일에서 유학하며 깊이 사색하고 박학한 지식을 쌓았다. 그는 홀로 대만에 건너온 후, 타이동(臺東) 지역의 원주민 부족들에게 학문을 가르치며 계몽을 실천하고 혜택을 베풀었다. 이후, 국립 타이완대학(臺灣大學), 국립 정치대학(政治大學), 푸런대학(輔仁大學), 문화대학(文化大學) 등에서 강의하며, 유학 경전의 깊은 뜻을 설명하고, 법가의 통치술의 정미함을 분석하며 학문을 널리 전파하였다. 그는 평생 도를 추구하고 예술을 즐기며, 수많은 제자를 양성했다. 나아가, 봉원서원(奉元書院)을 창립하여 "수신제가치국평천하(修齊治平)"의 철학을 펼치고, 교육을 통해 사회를 변화시키는 역할을 강화하였다. 그는 소박한 삶을 실천하며, 창조적인 학문 활동보다는 전통을 해설하고 계승하는 데 집중하였다(述而不作). 또한, 인재를 양성하는 데 헌신하며, 수많은 학자를 배출하였다(濟濟多士). 그의 생애를 종합해 보면, 도덕적 풍모와 덕망을 지니고, 세상을 선하게 이끌고 백성을 계도하려는 깊은 뜻을 가지고, 전통을 계승하여 맥을 이어 중화 문화의 계승자로서 중요한 역할을 수행하였다. 그리하여 학문의 바다에서 다리를 놓아 후학들에게 길을 열어 주고 후세에 귀감이 될 가르침은 영원한 향기로 남았다. 그의 서거 소식을 접하고 깊이 애도하며, 그에 대한 공식적인 포상을 내림으로써, 정부가 원로 학자의 공로를 기리는 뜻을 표하고자 한다.[11]

Ⅳ. 봉원서원의 현대적 의의

중국의 서원은 송대(宋朝) 이래로 민간 강학(講學) 방식과 정규 학제(學制) 간에 긴장 관계를 형성하였으며, 관학(官學)에 대한 비판적 성격을 지닌 유학자의 학풍을 반영하였다. 이는 국가가 운영하는 공식적인 유학 교육에 일정한 영향을 미쳤다. 1949년 이후, 해외로 흩어진 중국 유학자들은 각기 유자의 기개(儒者之風骨)를 지키며 독자적인 학문적 전통을 구축하였고, 중국 유학의 '공명혜(共命慧, 모든 민족의 문화 정신이 공동으로 영향을 주며 형성한 지혜)'를 계승하기 위해 노력하였다. 그중에서도 비교적 널리 알려지고 영향

---

11) 《褒揚令》 "當代經學家劉柱林, 本名愛新覺羅毓鋆, 沈潛醇謹, 識度清邁. 幼歲嫻誦四書五經, 修習格致西學, 及長負笈日本德國, 覃思邃密, 績學博文. 隻身來臺後, 曾遠赴臺東部落執教, 啟迪沾漑, 嘉惠原鄉. 嗣任教國立臺灣大學政治大學暨輔仁大學文化大學等校, 闡揚儒學經典奧旨, 析論法家治術精微, 志道游藝, 桃李門牆. 復開辦奉元書院, 暢申修齊治平哲理, 厚植庠序教化功能, 勤據澹泊, 述而不作. 樂育宣勤, 濟濟多士. 綜其生平, 流風德澤, 見淑世牖民之深衷. 紹統延緒, 成中華文化之薪傳, 學海津梁, 貽範永馨. 遽聞上壽捐館, 軫悼殊般, 應予明令褒揚, 用示政府篤念耆碩之至意."

력을 가진 사례로는, 첸무(錢穆) 선생이 홍콩에서 창립한 신아서원(新亞書院, 현재 홍콩중문대학 학원 중 하나)과, 대만에서 유쥔(毓鋆)이 창립한 봉원서원(奉元書院)이 있다. 이들은 유학적 의리(義理)의 전승과 해석을 중시하며, 춘추필법(春秋筆法)을 견지하여 문화적 문제의 핵심을 날카롭게 지적하는 특징을 지닌다. 특히 봉원서원은 유쥔이 심혈을 기울여 설계한 학문 공간으로서, 현대 대학과는 전혀 다른 학문적 구조를 형성하였다. 우리는 봉원서원이 가지는 현대적 의의를 다음과 같은 여러 측면에서 고찰할 수 있다.

1. 서원의 본질적 정신은 민간에 있다.

서원(書院)이라는 명칭은 오랜 역사를 가지고 있다. 이는 유학(儒學)과 유교(儒敎)의 상징일 뿐만 아니라, 유학의 의리가 민간으로 확산되면서 새로운 생명을 얻게 되었음을 의미한다. 서원의 본래 의미는 과거 사적인 교육과 독서를 위한 장소였다. 당(唐)나라 명황(明皇)이 려정서원(麗正書院)을 설립하여 문학자들을 모은 것이 중국 서원의 시초였으며, 이후 송(宋)·명(明) 대에 성행하였다. 『오대사평화(五代史平話)·한사(漢史)·권상(卷上)』에는 "모용삼랑(慕容三郞)은 토지를 소유한 자로서, 선생을 서원에 초빙하여 의남(義男) 유지원(劉知遠)에게 경서를 익히도록 가르쳤다."[12]라는 기록이 남아 있으며, 『삼국연의(三國演義)』 제20회에서는 "아침에 일어나 다시 서원에 가서 조서를 여러 차례 살펴보았으나, 마땅한 대책이 없었다."[13]라는 서술이 등장한다. 이는 서원의 역할과 그 역사적 의미를 뒷받침하는 근거가 될 수 있다.

송(宋)대 서원(書院)은 창립자가 대부분 개인(私人)이었으며, 일부만이 국가에서 세운 관립(官立)이었다. 서원의 근본 취지는 덕업을 쌓는 데 있었으며, 단순히 과거(科擧)에 급제하여 공명을 추구하는 것이 아니었다. 서원에서

---

12) 『五代史平話·漢史』卷上, "慕容三郎是個有田產的人, 未免請先生在書院教導義男劉知遠讀習經書."
13) 『三國演義』(第20回) "晨起, 復至書院中, 將詔再三觀看, 無計可施."

수행된 세 가지 주요 사업은 강학(講學), 장서(藏書), 공사(供祀)였다. 서원의 설립은 과거 민간에서 이루어지던 강학 활동을 체계적이고 조직화된 교육기관으로 발전시키는 과정이었다. 서원 운영은 산장(山長)이 총괄하며, 그 아래 부산장(副山長), 강사(講書), 설서(說書), 당강(堂講), 재장(齋長) 또는 조교(助敎) 등의 직책이 이를 보조하였다. 서원의 운영 경비는 주로 개인의 기부 또는 관에서 할당한 전답(田産)과 관료들이 기부한 봉록(俸祿)으로 충당되었다. 서원에서 교육한 주요 내용은 유가 경전이었다. 성리학(理學)자들은 사서(四書)를 중시하였고, 여동래(呂東萊) 등은 역사학을 강조하였다. 교육 방법은 강연(講演), 토론회(講會), 고제상수(高第相授, 우수한 학생이 가르치는 것), 자율 학습(自學) 등의 형태로 이루어졌다. 서원의 교육은 특히 학생들의 인격 도야(人格陶冶)를 중시하였으며, 주희(朱熹)가 제정한 백록동학규(白鹿洞學規)는 후대에도 널리 채택되었다. 저우위원(周愚文)은 서원 교육의 핵심 정신을 다음 세 가지로 정리하였다.[14]

(1) 공리적(功利的) 사고를 배제하고, 학문을 오직 본래의 마음(放心)을 구하는 데에 두어야 한다.
(2) 스승과 제자 사이의 윤리적 관계를 중시해야 한다.
(3) 자유로운 강학(講學)을 중시해야 한다.

송대 서원이 후세에 끼친 주요 영향은 두 가지로 정리할 수 있다.[15]

(1) 관학(官學) 제도 외에 또 하나의 사립 교육기관의 전형을 확립하였다.
(2) 후세의 성리학(理學)이 발전하는 데에 촉진 작용을 하였다.

봉원서원의 창립 정신은 바로 위에서 언급한 세 가지 이념에 있으며, 이를

---

14) 周愚文, 「書院」, 『敎育部重編國語辭典修訂本』, 2000年12月.
15) 周愚文, 「書院」, 『敎育部重編國語辭典修訂本』, 2000年12月.

일이관지(一以貫之)하고 있다. 이는 곧 송대 민간 서원의 참된 정신을 직접 계승한 것이라 할 수 있다. 봉원서원에서 수학했던 학생들은 모두 유쥔이 남긴 가장 큰 유산이 바로 인격과 이상(人格與理想)임을 깊이 새겨야 할 것이다.

2. 서구식 대학 교육 모델과의 차별성: 전통에 기반하여 현대적 의미를 창출하다.

서구식 대학은 분과 학문과 전문 교육을 중시하며, 교육의 목적성에서 볼 때 인간을 사회나 국가의 기계적 도구로 삼는 경향이 있다. 일부 대학은 심지어 직업 교육 훈련소로 전락하여, 본래 대학이 지향해야 할 목표에서 멀어지고 있다. 이를 가리켜 "한 치의 차이가 천 리의 오차를 만든다(失之毫釐, 差之千里)"고 할 수 있다. 이에 반해, 봉원서원은 인간을 교육의 궁극적 목적으로 삼는다. 서구 과학 이론을 필수적이고 우선적인 학문으로 간주하지 않으며, 무엇보다도 맑고 존엄한 인격을 기르는 것을 최우선 목표로 삼는다. 인격 교육은 반드시 경전을 통해 이루어져야 하며, 이는 봉원서원이 표방하는 "화하(華夏)의 학문으로 진정한 글을 구한다(以夏學求眞文)"는 원칙과 맞닿아 있다. 서원에서는 정기적으로 국학반을 개설하고 학술 세미나를 개최하여 경전을 널리 보급하는 데 힘쓰며, 이를 통해 현대 지식인의 정신적 보금자리를 형성하고자 한다. 또한 제자들에게 지혜로 시대적 문제를 해결하고, 담대하게 역사의 책임을 짊어질 것을 장려한다. 유쥔은 책에는 고금(古今)이 있으나, 지혜에는 고금이 없다(書有古今, 智慧無古今)라고 여기며, 지행합일(知行合一) 할 것을 강조했다. 그는 실천 속에서 처세(處世)와 응세(應世)의 지혜를 배양해야 한다고 보았다. 즉, 유교 경전은 단순한 지식의 전달 수단이 아니라, 끊임없이 흘러가는 생명력 있는 원천임을 체득하는 것이 중요하다는 것이다. 놀랍고도 감탄스러운 점은, 봉원서원 벽에는 여전히 천덕횡사(天德黌舍) 시기의 옛 시간표가 걸려 있다는 것이다. 그 시간표에는 매주 월요일부터 토요일까지 저녁 7시부터 9시까지 강의가 편성되어 있으며, 과목 배정은 다음과 같다.
  월요일: 사서(四子書)
  화요일: 대역(大易, 즉 《주역》)
  수요일: 시·서·예(詩書禮, 즉 《시경》, 《서경》, 《예기》)
  목요일: 대역(大易)
  금요일: 춘추(春秋)
  토요일: 자서(子書), 자서(子書)에는 《노자》, 《장자》, 《순자》, 《한비자》, 《손자》, 《관자》 등 선진(先秦) 제자백가의 저작뿐만 아니라, 《자치통감》, 《인물지》 등의 역사·사상서도 포함되어 있다.

또한, 당시에서는 수강 규정이 엄격하여, 먼저 사서(四書)를 1년간 수강해야만 이후 다른 과정 선택이 가능하였다. 서원에서 학문을 배우려면 반드시 누군가의 소개가 있어야 했으며, 동의를 받은 후에야 강의를 들을 수 있었다. 강의를 들은 후 오래 지나지 않아 반드시 한 편의 자서전(自傳)을 작성해야 했으며, 이를 유쥔이 직접 검토하였다. 그의 심사를 통과해야만 정식으로 서원의 문하에 들어갈 수 있었다.

3. 유학을 계승하여 인재를 길러 국가에 기여하다.

민간 유학의 입장을 기반으로 하면, 관방(官方) 유학의 이념적 형태와는 구별된다. 이는 일단 관방 유학의 틀에 빠지게 되면, 활력 넘치는 유학의 생명력이 갑자기 단절되기 때문이다. 역대로 지식 계층의 기본적인 태도는 "배움에 뛰어나면 벼슬에 나아간다(學而優則仕)"는 것이었다. 하지만 벼슬길은 유학의 의리(義理)와는 크게 어긋났기에, 청초(淸初)의 대유(大儒)인 고염무(顧炎武)는 "사대부가 부끄러움을 모르는 것이 바로 나라의 치욕이다(士大夫之無恥是謂國恥)"라고 한 것이다. 그러므로 민간 서원의 창립자는 과거 벼슬길에 대한 미련을 완전히 끊고, 세속의 흐름에 휩쓸리지 않으며, 유학의 청정한 한 조각 땅을 지켜왔다. 봉원서원 또한 그러하였다. 유쥔의 본래 의도는 순전히 유학을 교육하기 위한 것은 아니었으나, 그가 사회가 타락하는 모습을 목격하고 지식인들이 팔짱만 끼고 있는 상황을 보았을 때, "사대부가 부끄러움을 모르는 것이 바로 나라의 치욕이다"라는 질책에 자극받아, 결연한 의지로 민간 서원 교육에 60여 년을 헌신하였다. 그의 문하에서 제자들은 다시금 사서(四書)와 노자(老子), 장자(莊子)의 경전을 연구하였으며, 정치 업무에 종사하는 많은 인사들이 경사(經師)와 인사(人師)의 깨우침과 가르침을 통해 절개(氣節)를 중시하게 되면서, 기존의 관료 사회와는 확연히 다른 관리의 모습과 문화를 형성하게 되었다.

V. 결론

유쥔은 선비의 한 사람으로서, "바람 소리, 빗소리, 책 읽는 소리 등등 여러 소리가 귀에 들어오고, 집안일, 나라일, 천하일 등등 일마다 마음을 쓴다."[16]는 포부를 품고 가시덤불을 헤치며 산림을 개척하듯이 서원을 창건하였다. 이는 대만의 정규 대학 교육 제도 밖에서 꽃핀 하나의 기이한 존재로, 예로부터 유례없는 교육적 성과라 할 수 있다. 유가(儒家)에서 말하는 "삼불후(三不朽, 즉 立德(덕을 세우고), 立功(공을 세우고), 立言(말을 세운다))"의 기준에 비추어 보았을 때, 유쥔을 능가할 자가 없다고 할 수 있다. 그는 전통문화의 전파에 있어 모범을 세웠을 뿐만 아니라, 정규 학술 학계 밖에서도 깊이 있는 유학을 널리 보급하고, 사람을 가르치는 데 싫증을 내지 않았다. (誨人不倦) 또한 서구 대학 교육의 개혁해야 할 부분을 날카롭게 지적하였다. 이는 곧 "입인극(立人極, 인간됨의 궁극적 경지)"이라는 가치 지향점을 확립함으로써 전통 서원의 영향력을 발휘하여 현대의 스승(大師)과 서원의 전설을 새롭게 써 내려간 것이었다.

---

16) 〈東林書院院訓〉 "風聲雨聲讀書聲, 聲聲入耳, 家事國事天下事, 事事關心."

VI. 부록

유쥔(毓鋆)   유쥔(毓鋆)

봉원서원   유라오(毓老)와 영릉(永陵)

유라오와 미국 학자   봉원서원 내 유라오 조각상
프레더릭 웨이크먼 주니어

유라오 친필 묵보

2015년 봉원서원 동계 학술회의

■ 저자 소개 (집필 순)

정순우	한국학중앙연구원 명예교수
이우진	공주교육대학교 교수
배현숙	계명문화대학교 명예교수
유하연(劉河燕)	중국 장강사범학원 교수
조위(趙偉)	중국 남창대학 강사
김국진	이탈리아 시에나외국인대학교 조교수
이광우	영남대학교 민족문화연구소 연구교수
김순한	영남대학교 민족문화연구소 연구교수
채광수	영남대학교 민족문화연구소 연구교수
임엽연(林葉連)	대만 운림과기대학 교수
등홍파(鄧洪波)	중국 호남대학 악록서원 교수
장효신(張曉新)	중국 호남대학 악록서원 박사연구생
정병석	영남대학교 명예교수
오진안(吳進安)	대만 운림과기대학 명예교수

중세 서원과 대학, 그리고 전환기 중국 서원의 변모

초판 인쇄　2025년 05월 20일
초판 발행　2025년 05월 30일

편　자　영남대학교 민족문화연구소

펴낸이　신학태
펴낸곳　도서출판 온샘
등　록　제2018-000042호
주　소　서울시 용산구 한강대로62다길 30, 트라이곤 204호
전　화　(02) 6338-1608　팩스　(02) 6455-1601
이메일　book1608@naver.com

ISBN 979-11-92062-51-8　93900
값 49,000원

ⓒ2025, Onsaem, Printed in Korea
* 잘못 만들어진 책은 구입하신 서점에서 교환해 드립니다.